W9-AGP-074

ESPANOL 920.72 JARAMILLO
   2011
Jaramillo, Maria Mercedes
Hijas del Muntu

Northside   07/09/2012

NORTHSIDE BRANCH

Jaramillo, María Mercedes, 1949-
    Hijas del Muntu : biografías críticas de mujeres
afrodescendientes de América Latina / María Mercedes Jaramillo,
Lucía Ortíz ; ilustradora Paulina Márquez. — Bogotá : Panamericana
Editorial, 2011.
        644 p. ; 21 cm.
        Incluye índice.
        ISBN 978-958-30-3794-8
        1. Mujeres - Biografías 2. Mujeres negras - Biografías I. Ortiz,
Lucía Patricia, 1961-   , II. Márquez, Paulina, il. III. Tít.
305.4 cd 21 ed.
A1297987

        CEP-Banco de la República-Biblioteca Luis Ángel Arango

HIJAS DEL MUNTU

Biografías críticas de mujeres afrodescendientes de América Latina

María Mercedes Jaramillo y Lucía Ortiz

PANAMERICANA
EDITORIAL

Editor
Panamericana Editorial Ltda.

Dirección editorial
Conrado Zuluaga Osorio

Edición
Luisa Noguera Arrieta

Ilustración de carátula
Paulina Márquez Pérez (Cuba)
Grabado de la serie *Negra con tumbao, Guajira I love too much, 2008*

Diagramación
La Piragua Editores

Diseño de cubierta
Diego Martínez Celis

Primera edición en Panamericana Editorial Ltda., octubre de 2011

© María Mercedes Jaramillo, Lucía Ortiz, Alberto Morlachetti, Adriana Genta, Pércio Castro, Simone Accorsi, Mónica Ayala-Martínez, Paola Marín, Ana Mercedes Patiño Mejía, Graciela Uribe, Juan David Zambrano, Patricia Rodríguez Martínez, Alain Lawo-Sukam, Diana Rodríguez Quevedo, Doris Lamus Canavate, Epsy Campbell Barr, Inés María Martiatu Terry, Daisy Rubiera Castillo, María del Mar López-Cabrales, Juanamaría Cordones Cook, Carmen González, Nayla Chehade, Clementina Adams, Betty Osorio, Angélica Silva, Nora Eidelberg, Diana Vela, Mayra Santos-Febres, Alejandra Rengifo, Fernando Valerio-Holguín, Yohainna Abdala, Isabel Sans, Silka Freire, Silvia Valero, Patricia A. González.
© 2011 Panamericana Editorial Ltda.
Calle 12 No. 34-30, Tels.: (57 1) 3649000
Fax: (57 1) 2373805
www.panamericanaeditorial.com
Bogotá D. C., Colombia

ISBN 978-958-30-3794-8

Todos los derechos reservados.
Prohibida su reproducción total o parcial por cualquier medio
sin permiso del Editor.

Impreso por Panamericana Formas e Impresos S.A.
Calle 65 No. 95-28, Tels.: (57 1) 4302110 - 4300355
Fax: (57 1) 2763008
Bogotá D. C., Colombia
Quien solo actúa como impresor.

Impreso en Colombia   Printed in Colombia

Contenido

Introducción 9
María Mercedes Jaramillo y Lucía Ortiz

  1. *Öriki para las negras viejas de antes* 35
     Georgina Herrera, La Habana

Argentina

  2. *Amas de cría y nodrizas* 43
     Alberto Morlachetti, Movimiento Nacional de
     los Chicos del Pueblo, Buenos Aires

  3. *Mis bellas hermanas negras: Virginia Murature* 46
     Adriana Genta, Buenos Aires

Brasil

  4. *Acuarela del Brasil: matices de una sociedad-*
     de la pigmentocracia hacia la democracia 52
     Pércio Castro, University of Dayton, Ohio

  5. *Benedita da Silva: de los tugurios cariocas a los recintos del poder* ... 81
     Simone Accorsi, Universidad del Valle, Cali

  6. *La voz negra de una favelada: raza, género y nación en*
     los testimonios de Carolina M. de Jesús 89
     Mónica Ayala-Martínez, Denison University, Ohio

Colombia

7. *La Negra Grande de Colombia y Totó la Momposina: mujer y música afro-colombiana* 104
Paola Marín, California State University, Los Angeles

8. *Lolia Pomare Myles, puente entre la palabra antigua y la nueva* ... 121
Ana Mercedes Patiño Mejía, Bucknell University, Pennsylvania

9. *Piedad Córdoba: entre la controversia y la convicción* 134
Graciela Uribe y Juan David Zambrano,
Universidad del Quindío

10. *La voz de Edelma Zapata Pérez – poeta afrocolombiana* 156
Entrevista Patricia Rodríguez Martínez,
University of Swansea, Wales

11. *Mary Grueso Romero y María Elcina Valencia Córdoba: poetas de la identidad afro-colombiana* 170
Alain Lawo-Sukam, Texas A&M University

12. *María Teresa Ramírez y María de los Ángeles Popov: herederas de Yemayá y de Changó* 190
María Mercedes Jaramillo, Fitchburg State University

13. *Goyo: impulso del rap chocoano* 214
Diana Rodríguez Quevedo, University of Toronto 214

14. *Relatos de vida de mujeres palenqueras en organizaciones del Caribe colombiano* 229
Doris Lamus Canavate,
Universidad Autónoma de Bucaramanga

Costa Rica

15. *Un camino, un sueño, un desafío. Cambio, identidad y compromiso* 245
Epsy Campbell Barr, expresidenta del
Partido Acción Ciudadana, Costa Rica

Cuba

16. *Una isla para Sara Gómez* 269
Inés María Martiatu Terry, La Habana

17. *Hilda Oates: una actriz cubana afrodescendiente* 293
Daisy Rubiera Castillo, La Habana

18. *Divas de la canción cubana. El cuarteto
    Las D'Aida y la novia del feeling* 307
    María del Mar López-Cabrales,
    Colorado State University
19. *Panorama del mundo poético de Nancy Morejón* 324
    Juanamaría Cordones Cook,
    University of Missouri, Columbia
20. *Alzar la voz: quebrar el margen. Rap y discurso femenino* 345
    Carmen González, La Habana
21. *Celia Cruz: vivir para cantar* 369
    Nayla Chehade, University of Winsconsin, Whitewater

Ecuador

22. *Luz Argentina Chiriboga, La Estrella de Esmeraldas* 388
    Clementina Adams, Clemson University, South Carolina

Honduras

23. *Prácticas rituales de la globalización: mujeres garífunas* 410
    Betty Osorio, Universidad de los Andes, Bogotá

México

24. *Luz María Martínez Montiel: "Embajadora del renacimiento
    africano en América Latina y México"* 422
    Angélica Silva, DeSales University, Pennsylvania

Perú

25. *Tres afroperuanas extraordinarias: Victoria Santa Cruz,
    Susana Baca y Eva Ayllón* 448
    Nora Eidelberg, profesora emérita de Wesleyan College y María
    Mercedes Jaramillo, Fitchburg State University
26. *Mujer, madre y dirigente:
    María Elena Moyano y el valor de la entrega* 462
    Diana Vela, Universidad Tecnológica de Pereira

Puerto Rico

27. *Ruth Fernández. "El alma de Puerto Rico hecha canción"* 478
Mayra Santos-Febres, Universidad de Puerto Rico

28. *Rompiendo paradigmas y creando nuevos arquetipos:*
el personaje del negro en la obra de Mayra Santos-Febres 507
Alejandra Rengifo, Central Michigan University

República Dominicana

29. *Salomé Ureña de Henríquez (1850-1897)* 520
Fernando Valerio-Holguín, Colorado State University

30. *La triple marginalidad: Florinda Soriano (Mamá Tingó)* 530
Fernando Valerio-Holguín, Colorado State University

31. *Scherezada Vicioso y la construcción de un Caribe a su medida*.... 536
Yohainna Abdala-Mesa, University of Colorado, Denver

Uruguay

32. *Estrellas en el sur: Martha Gularte, Lágrima Ríos y Rosa Luna* 560
Isabel Sans, Universidad de la República

33. *Alba Roballo: "De cualquier manera estoy viva"* 590
Silka Freire, Universidad de la República, Uruguay

34. *De procesos identitarios, influencias literarias y creación poética.*
Entrevista a la poeta uruguaya Cristina Rodríguez Cabral 602
Silvia Valero, Université de Montréal

Venezuela

35. *Carmen Verde Arocha: "creo que ser poeta es un destino"* 621
Patricia A. González, Universidad Central de Venezuela

Colaboradores 634

INTRODUCCIÓN

Georgina Herrera, escritora cubana, abre este volumen con un poema que recoge la voz de la mujer negra en las Américas desde su llegada al continente. La rica tradición oral africana ha sido transmitida de generación en generación hasta nuestros días y ha sido el instrumento que ha utilizado la mujer negra para preservar su historia y su cultura en su difícil trayectoria existencial.

Nos recuerda Herrera que ellas no tuvieron las oportunidades de conocer el mundo como las mujeres de la élite, quienes sí accedieron a la letra escrita de los salones culturales, de las tertulias literarias, de los libros, las publicaciones. El entorno de la mujer negra era el espacio doméstico, la plantación, la mina, el campo y desde estos espacios observaba y absorbía la cultura indígena y la española y las integraba a su imaginario, a su historia oral, a sus cantos y a veces a sus versos. Por eso en su poema, Herrera rinde homenaje a las nanas negras que no dejaron morir las tradiciones culturales africanas y que a través del tiempo fueron creando y transmitiendo historias y canciones llenas de color, de ritmo y otras de dolor y de queja. Las afrodescendientes hoy son herederas de un gran legado cultural transmitido sobre todo por ellas mismas, por sus abuelas, sus madres, sus tías, sus vecinas.

La mujer negra desde su arribo a las Américas ha tenido un impacto en la formación de las sociedades que hoy componen nuestro continente. Es el caso de las esclavas que laboraban en el campo, en la casa y quienes además fungían de chaperonas y amas de cría de los hijos de encomenderos, conquistadores, comerciantes y militares.

Desde un principio la mujer negra trató de resistir la explotación y el abuso a que era sometida. Muchas esclavas y libres demandaban sus derechos por medio del sistema legal aunque los resultados casi siempre eran nulos. Su lucha por obtener la libertad existió desde el principio y en muchas regiones de América Latina ya en el siglo XVIII cuando las esclavas obtenían *su carta de libertad* se convirtieron en el segmento más creciente de la población mezclada (Socolow 139). Una vez ganada la libertad, la mayoría de las mujeres continuaban en las mismas labores pero algunas se convertían en banqueras informales, en dueñas de estaderos modestos y de tiendas de provisiones, de tabernas y pulperías. Otras lograban comprar pequeñas porciones de tierra, casa e inclusive esclavos. Infortunadamente antes y después de su libertad, muchas de estas mujeres se veían obligadas a entrar en la prostitución debido a la necesidad de mantener a sus hijos ya que en muchos casos eran cabeza de familia (Socolow 140-141).

Una de las funciones claves de la mujer a su llegada al continente, e inclusive hasta hoy en día, fue la conformación de los palenques –comunidades de esclavos cimarrones que a partir del siglo XVI huían de sus captores y fueron creando estos lugares fortificados para protegerse de sus perseguidores–. La mujer era la encargada de las labores domésticas y medicinales y de preservar los valores culturales de sus comunidades. Desde los inicios de la esclavitud en las Américas la mujer negra, como ya anotamos, fue adueñándose de prácticas europeas e indígenas y las fue incorporando a sus propias creencias para construir espacios donde actuaba con independencia en la sociedad colonial. Este es el caso de Juana García en Santa Fe de Bogotá, en el Nuevo Reino de Granada, figura recogida en la crónica social de Juan Rodríguez Freyle, *El Carnero* (1636). García se convirtió en personaje popular entre las esposas de los vecinos más respetados de Santa Fe de Bogotá por sus habilidades de adivina. Fue acusada de bruja y exiliada de la ciudad y como apunta Betty Osorio, su caso sirve para reafirmar cómo, desde muy temprano, la mujer negra en el Nuevo Reino de Granada supo manipular sus propias creencias, superponerlas a las católicas y alimentar los apetitos e intereses de la élite local y de esta manera desafiar el poder central. De acuerdo con la crítica el caso de Juana García demuestra cómo las religiones de los afrocolombianos y el dogma católico se relacionaron y crea-ron sistemas simbólicos que sirvieron a la Iglesia para sus intereses económicos y políticos y a los africanos para resolver sus conflictos y expresar su espiritualidad (309).

Hoy en día la mujer negra ha tenido acceso a más oportunidades que le han permitido desarrollarse en campos como la literatura, el arte, la política, la música, el cine. Las mujeres que destacamos en este volumen han integrado su herencia cultural y sus conocimientos a su trabajo y se han dedicado a recuperar la historia escamoteada de sus innegables aportes al desarrollo cultural, político, económico y social del continente. A la vez son mujeres que siguen luchando por los derechos de sus comunidades y exigiendo un espacio equitativo en la sociedad.

Hemos reunido 32 ensayos y dos entrevistas que destacan la labor de mujeres afrodescendientes de la mayoría de los países hispanohablantes de América Latina y del Brasil, desde la Colonia hasta hoy día. Escritoras, actrices, bailarinas, cantantes, campesinas, ministras, antropólogas, activistas y políticas representan la diversidad de los sectores en que la mujer negra ha dejado su huella. Aquí reunimos desde mujeres educadas en los recintos universitarios más prestigiosos hasta autodidactas para ofrecer al lector sus historias de vida que han sido recopiladas por académicos, por ellas mismas, o por medio de entrevistas. En varias instancias se ha dado el caso de que el autor ha tenido la oportunidad de conocer muy de cerca a la protagonista de su ensayo y ofrece así una visión íntima y transparente de su historia. El proceso de elaboración de los ensayos fue difícil por la escasez de publicaciones sobre el tema. Cada biografía se enfoca en los aspectos más relevantes de la vida o de la labor de cada afrodescendiente. Por medio de la obra se revela la experiencia vital, pues relatos, poesía, baile, canto, acción política, conforman hilos narrativos y huellas de identidad cuyo denominador común es la lucha por la equidad en derechos y deberes. Los textos van desde la denuncia del racismo a la exaltación del erotismo, desde el reconocimiento del aporte económico a la lucha política, desde el escenario local a la fama internacional.

Como siempre resulta en este tipo de proyectos, somos conscientes de que no se han incluído a muchas otras mujeres, algunas conocidas y otras desconocidas, que han dejado plasmadas sus huellas en sus comunidades y en sus países para que otras generaciones de mujeres no enfrenten la exclusión y compartan en igualdad de condiciones los beneficios que ofrece la sociedad. De allí que esperamos que este volumen abra puertas para que muchos otros continúen la labor de conocer y estudiar a estas y a otras mujeres que son parte del corpus triétnico americano y que en su camino se han convertido, en palabras de DeCosta-Willis, en sujetos y no en objetos de nuestra historia (xxvi).

En el caso de Argentina, Alberto Morlachetti se remonta a la Colonia y muestra la labor de las esclavas que amamantaban a los hijos de sus amas en las plantaciones y las haciendas. Luego destaca la labor de los afrodescendientes durante las guerras de independencia. Morlachetti resalta la "invisibilidad del negro" y afirma que Argentina es quizás el país donde se intentó con mayor énfasis "descontaminar" la identidad nacional de cualquier negritud. La total erradicación de los afroargentinos fue uno de los objetivos de la élite gobernante que afortunadamente no se logró llevar a cabo.

Adriana Genta nos cuenta la historia de Virginia Murature, una actriz de teatro que se enfrentó a la odisea del escenario rioplatense para el cual los papeles protagónicos para una actriz negra eran habitualmente negados. Genta trabajó junto con Murature en el Taller de Investigación del Teatro San Martín y siguió de cerca la carrera de la actriz, quien a pesar de muchos tropiezos y de los prejuicios que la rodeaban constantemente, logró llevar al escenario sus habilidades dramáticas.

Según Pércio Castro, a pesar de la evidente visibilidad de los afrodescendientes en el Brasil, no se puede afirmar que exista "una democracia racial" que otorgue derechos iguales y elimine prejuicios raciales y de género porque de todas maneras la sociedad brasileña está basada en "un sistema pigmentocrático y falocrático". Afirma Castro, que esta representación explota la figura de la mujer negra como símbolo sexual utilizada para el mercadeo y la industria turística y de esta manera cosifica a la mujer alejándola cada vez más de su realidad. Es evidente que esta representación de la mujer conlleva "una falsa forma de democracia racial". La negra que se muestra en la publicidad brasileña es la mulata "blanqueada" y de "buena apariencia" (con tez clara, nariz afilada, pelo lacio y labios finos). De hecho, dentro de la escala socioeconómica brasileña, todavía, la mujer negra es la que ocupa la posición más baja en distintos sectores de la sociedad, a pesar de su innegable aporte al desarrollo del país.

Según Pércio Castro se destaca el papel de la mujer negra en los quilombos. No solamente ella tenía a su cargo todas las responsabilidades domésticas y medicinales sino también, como ya se ha señalado en el caso de todos los países de la región, ella era la que preservaba los valores culturales. En la Colonia se destaca la figura de Chica da Silva –Francisca da Silva–, una esclava cuya relación con distinguidos hombres de la época le permitió obtener la libertad y la llevó a convertirse en una mujer sobresaliente en la sociedad del momento y de esta manera retó a la aristocracia colonial del Brasil. Chica da Silva es conocida fuera de su país ya que su vida ha sido tema central del cine y la televisión, medios que de forma maniquea han explotado su figura siguiendo el arquetipo de la mujer negra lasciva y seductora eludiendo así los problemas que enfrentó en la vida real.

Castro destaca también a Maria Firmina dos Reis, la primera escritora negra brasileña y autora de la primera novela abolicionista, *Úrsula,* escrita desde un punto de vista afrodescendiente, publicada en el Brasil, en 1859. A su vez, entre las mujeres afrobrasileñas que han mantenido vivas sus tradiciones culturales encontramos a las "madres de santo", como por ejemplo a Hilda Dias dos Santos, "Madre Hilda" y a Escolástica Maria da Conceição Nazaré, "Mãe Meninha do Gantois", ambas de Bahía, quienes dedicaron sus vidas al trabajo del candomblé enfocándose en la valoración de la cultura africana. Estas mujeres se convirtieron en figuras legendarias del candomblé brasileño, enfrentando la persecución religiosa que por mucho tiempo prohibía su práctica.

En el campo de la música, Castro también destaca a varias afrobrasileñas como Clementina de Jesus, famosa por sus canciones que recuerdan los "terreiros" e integran a las entidades africanas y Elza Soares, cuya ronca voz se dio a conocer en muchos países latinoamericanos y europeos. En el teatro y en el cine la mujer negra ha tenido que enfrentarse a la discriminación y se ha visto forzada a representar roles asignados socialmente como trabajadoras domésticas o nanas. Este es el caso de la actriz Zezé Motta, quien también fue sometida a esas limitaciones pero logró superarlas y al mismo tiempo trabajó por los derechos de los artistas negros creando movimientos para su asesoramiento y su defensa. Su labor ha ido más allá del mundo artístico ya que ha trabajado como superintendente de la desigualdad racial en el estado del Río de Janeiro. Hoy en día Motta sigue su activismo y su actuación y su ejemplo ha sido seguido por otras actrices negras a quienes Castro destaca como las pioneras que crearon las condiciones necesarias que le dieron acceso a la mujer negra a los escenarios brasileños.

Así como en el escenario teatral, en el escenario político, las mujeres afrobrasileñas se han destacado por superar la discriminación social, de clase y de género y por haber asumido roles fundamentales como gestoras de cambios importantes para la población negra del país. De ellas se destacan: Antonieta de Barros que ocupa el puesto de diputada en Santa Catarina, Matilde Ribeiro ministra de la Secretaría Especial para la Promoción de la Igualdad y la más conocida, Benedita da Silva.

A da Silva, Simone Acorssi le dedica un artículo en este volumen y muestra el difícil camino que anduvo esta mujer partiendo de la favela do Chapéu en Copacabana donde creció y trabajó como sirvienta, obrera y vendedora en las calles. Su carrera de activista social se debió a su férrea determinación y esfuerzo personal con los que logró ocupar altos cargos políticos antes inalcanzables para una favelada; fue Gobernadora del estado de Río de Janeiro y secretaria del Estado. Según Acorssi, da Silva ha dedicado su vida a trabajar por las mujeres, los negros, los niños de la calle y los pobres, convirtiéndose así en modelo para la mujer negra no solo del Brasil sino de las Américas. Su ardua trayectoria quedó documentada en el libro titulado *Benedita da Silva: An Afro-Brazilian Woman's Story of Politics and Love* publicado en 1997.

A pesar de que la historia de da Silva llegó a ser conocida mundialmente como ejemplo de la resistencia de la mujer marginal al sometimiento, a la explotación y a la discriminación, hay muchas otras voces de mujeres afrobrasileñas que no han logrado tal reconocimiento. Es el caso de Carolina María de Jesús nacida en 1915 en la población Sacramento en el estado de Minas Gerais. Era hija de una familia de campesinos pobres que deambulaban por la región buscando trabajo. De allí pasó a las favelas de Sao Pablo a trabajar como criada y lavandera. A diferencia de muchas otras mujeres que vivieron la misma experiencia, Carolina María de Jesús había aprendido a leer y a escribir lo que le permitió dedicar parte de su vida a la escritura. Como nos cuenta Mónica Ayala, sus escritos llegaron a ser conocidos por algunos lectores extranjeros que decidieron publicarlos e inclusive traducirlos al inglés, integrándose así a la lista de los testimonios latinoamericanos que incluye a figuras como Rigoberta Menchú y Domitila Barrios, mujeres que han logrado que muchos lectores vuelquen sus miradas hacia la problemática social y política latinoamericana desde la perspectiva de sus protagonistas silenciados.

Entre las escritoras afrobrasileñas queremos destacar a Elisa Lucinda dos Campos Gomes, periodista, dramaturga y poeta. Su poesía también se conoce en Portugal y Cabo Verde donde ha sido premiada. Además ha sido reconocida su labor como activista política por la causa de la mujer y por luchar contra el racismo. Su poesía revela una voz coletiva, que valoriza los temas femeninos y asuntos que le incumben especialmente a la mujer afrodescendiente en su entorno cotidiano.

En Colombia el papel de la mujer afrodescendiente también se ha marcado en las distintas esferas culturales, políticas y sociales del país. Como se mencionó antes desde la Colonia encontramos ya a la mujer negra cumpliendo un papel importante en la conformación social. Desde entonces y a pesar de los muchos contratiempos, las afrocolombianas han logrado escalar por mérito propio altos cargos en el Gobierno. Es el caso de Piedad Esneda Córdoba Ruiz, senadora de la República y de Paula Marcela Moreno, ministra de Cultura. Estas mujeres han dedicado sus carreras a trabajar por los derechos de la mujer, las minorías étnicas y los derechos humanos, y también promueven una educación que incorpore las contribuciones de todas las etnias al corpus cultural colombiano. Gracias al compromiso de mujeres como Córdoba y Moreno ahora la mujer negra es más visible en las diferentes instancias de decisión del país (4).

En su artículo Doris Lamus afirma que muchas mujeres se han aprovechado de "los procesos constitucionales que han contribuído para que las comunidades negras del país estén logrando importantes avances en la recuperación de su cultura y sus tradiciones". En los últimos años han surgido una serie de organizaciones donde las mujeres han logrado avances importantes. Este resulta ser el caso de las organizaciones del Palenque de San Basilio en Cartagena de Indias. San Basilio es uno de los palenques de América Latina que se han mantenido en pie desde su creación durante el siglo XVII. Varios grupos organizados de mujeres han logrado importantes avances en la recuperación de la lengua y las tradiciones culturales de la comunidad, en la protección de los derechos de las trabajadoras, como las vendedoras de dulces y frutas, y en la propuesta de políticas públicas que mejoren las condiciones generales de la mujer afrodescendiente de la región.

Para este proyecto, Ana Mercedes Patiño nos ha entregado la historia de Lolia Pomare Myles, quien ha dedicado su vida y su obra a preservar y a promover la cultura raizal de las islas de San Andrés y Providencia. Pomare Myles representa a muchas de las mujeres que desde la periferia han trabajado por pasar los valores de su cultura de generación en generación contribuyendo al desarrollo cultural, político, económico y social de sus comunidades. Sus programas radiales y su trabajo por recopilar historias y tradiciones entre los ancianos de la isla, han sido definitivos para valorar las tradiciones raizales.

Patricia Rodríguez ha dedicado su carrera como crítica al estudio de la producción artística de los Zapata Olivella y para esta ocasión nos ha concedido su entrevista a la poeta Edelma Zapata Pérez cuyos poemas: "cubren temas intimistas como el amor, el desamor, la maternidad y la superación individual; temas filosóficos como la fragmentación del cuerpo y la amputación del alma; y temas sociales como la búsqueda de la paz y las historias de sangre inocente derramada en esta guerra colombiana sin sentido". Zapata Pérez es un ejemplo del artista que sublima el sufrimiento físico con sus versos donde explora no solo el dolor propio sino el de sus congéneres. La labor de las mujeres en la familia Zapata de preservar, promover y enseñar la cultura afrocolombiana comienza con la tía de Edelma, Delia Zapata. Con Delia las danzas y las canciones afrocolombianas desde muy temprano fueron conocidas en el exterior, y gracias a ella, mujeres como Leonor González Mina comenzaron sus carreras artísticas en el país.

Para muchos colombianos nombres como Etelvina Maldonado, Petrona Martínez y Totó la Momposina, dejaron de ser meras representaciones del folclore costeño cuando sus voces comenzaron a difundirse en otros países. Ya conocidas internacionalmente regresaron a convertirse en grandes representantes de la Cultura Colombiana "con mayúsculas", como escribe aquí Paola Marín. Según Marín, infortunadamente este sigue siendo un camino bastante común en América Latina, donde "muchos géneros con orígenes marginales, … han hecho el paradójico viaje que va de la periferia más absoluta al centro mismo de la cultura". Sin dejar de lado a otras artistas afrodescendientes del país, Paola Marín dedica su artículo a Leonor González Mina, "La Negra Grande de Colombia" y a Sonia Bazanta, mejor conocida como "Totó la Momposina". La crítica muestra los obstáculos y dificultades a los que se enfrentaron estas representantes de las raíces afro del país en su larga trayectoria artística y también reafirma cómo hasta hoy día las dos continúan activas en su compromiso de darles voz a los problemas sociales y raciales que aquejan a su nación.

En el campo de la música, es importante destacar el aporte de Teresita Gómez, pianista clásica de origen chocoano quien al ser adoptada por los conserjes de la Escuela de Bellas Artes de Medellín, creció rodeada de instrumentos musicales y desde muy pequeña demostró su vocación por el piano. Dedicó su vida a estudiar y a enseñar el instrumento que la llevó a presentarse con las orquestas sinfónicas del país y de Europa y a tocar con figuras importantes del medio. En 1983, durante el gobierno de Belisario Bentancur, fue agregada cultural en Berlín y en 2005 se le otorgó la Cruz de Boyacá en el grado de Comendador. Gómez sublimó varios momentos difíciles en su vida (pobreza, racismo, la muerte de su hijo) con su entrega total a la música. Su obra se ha difundido a través de sus conciertos y de varias grabaciones. En una entrevista con Fabio Martínez explicó su relación con el piano al que definió como "un sarcófago mágico donde llamo mis fantasmas. El piano es masculino; yo soy femenina como la música…El piano es la prolongación de los dedos; el instrumento es uno mismo" (3).

A pesar de que en Colombia no se ha valorado la literatura de escritoras afrodescendientes como la de sus contrapartes masculinos, en la última década ha crecido el número de escritoras que han dado a conocer sus voces y han enriquecido el panorama literario colombiano con sus tradiciones, sus historias y sus experiencias de vida. Lucrecia Panchano, Mary Grueso, Elcina Valencia, Dionisia Moreno, Amalia Lú Posso, Ana Milena Lucumí, Sonia y Colombia Truque, María Teresa Ramírez, María de los Ángeles Popov, Edelma Zapata entre otras, forman hoy parte fundamental de las letras colombianas y en sus obras crean imágenes poéticas y ritmos sonoros nuevos y así representan otra visión del universo.

Los artículos de Alain Lawo-Sukam y María Mercedes Jaramillo recogen la obra poética de Mary Grueso Romero, María Elcina Valencia, María Teresa Ramírez y María de los Angeles Popov, autoras de la región del Pacífico colombiano quienes gracias a los encuentros anuales de poesía organizados por Águeda Pizarro, desde hace ya más de 25 años en el Museo Rayo de la población de Roldanillo, han podido dar a conocer su obra artística y han llegado a publicarla y a ser reconocidas en su calidad de poetas. Gracias a estos encuentros, dedicados a destacar la labor de mujeres que no pertenecen a los círculos culturales privilegiados del país, varias escritoras de la periferia han sido motivadas a escribir, a compartir y a publicar sus obras logrando abrirse espacios en un medio de puertas cerradas para mujeres sin recursos ni conexiones sociales. Las obras de estas poetas, y de otras, han sido recopiladas por Guiomar Cuesta Escobar y Alfredo Ocampo Zamorano en *¡Negras somos! Antología de 21 mujeres poetas afrocolombianas de la región pacífica* (2008), colección que ha difundido la voz de estas mujeres en el ámbito nacional.

Además de destacarse como poetas, han llevado a cabo una gran labor en la investigación, creación y divulgación de la cultura del Pacífico colombiano. Este es el caso de Mary Grueso Romero cuya poesía, según Lawo-Sukam "se nutre de las vivencias del Pacífico colombiano" y "de su entorno sociocultural y paisajístico" y en Elcina Valencia, se reflejan las influencias de poetas como Jorge Artel, Nicolás Guillén, Helcías Martán Góngora, Gerardo Valencia Cano, Hugo Salazar Valdez y Mary Grueso Romero".

María Mercedes Jaramillo dedica su ensayo a María Teresa Ramírez Nieva y a María de los Ángeles Popov. Ramírez Nieva recoge en sus versos "mitos, leyendas, creencias, cantos, oraciones, alabaos, y conjuros en los que se asoman rastros africanos cuya función esencial es guardar la sabiduría ancestral a través del tiempo".

María de los Ángeles Popov, por su parte, subvierte el arquetipo de la mujer negra como objeto y símbolo sexual y se apropia del lenguaje erótico para convertirlo en instrumento de creación de una poética del cuerpo femenino que traspasa el color de la piel. Sus versos lúdicos deconstruyen los mitos de la mulata sensual y eluden la falsa moral y la explotación que se ha hecho de las mujeres negras cuya sexualidad ha sido deshumanizada.

El artículo de Diana Rodríguez Quevedo es sobre Gloria Perea Martínez, oriunda del departamento del Chocó en la costa pacífica del país. Goyo, como se le conoce, es la fundadora y cantante principal del grupo denominado Choc Quib Town, grupo musical que combina el ragga, el reggae, el R & B (Rhythm and Blues), el hip hop de oriente y occidente, el afro beat, el currulao, el levantapolvo, la salsa y el danzón jamaiquino en español para crear una especie de rap que emplea instrumentos regionales como la marimba, el cununo, el bombo y el guasá. La misión del grupo ha sido darle visibilidad a esta región del país que desde siempre ha sido marginada del desarrollo político, económico y cultural del resto de la nación. Una región a la que se le ha prestado atención solo para la explotación de los recursos naturales en detrimento de la población y de la rica biodiversidad de la selva y de los ríos; es también un territorio de conflictos entre las diferentes fuerzas armadas del país y entre los intereses de los pobladores y de las grandes compañías que destruyen el medio ambiente. Estos hechos han forzado a la población al desplazamiento y pérdida de sus tierras. Las letras de las canciones de Goyo y su grupo revelan la identidad y la cultura del Pacífico, denuncian la situación que aflige a la población y a su vez celebran con orgullo la cultura y la belleza de la región. La popularidad del grupo ha logrado que muchos jóvenes colombianos y extranjeros adquieran conciencia de las circunstancias en que viven miles de afrocolombianos que siguen defendiendo sus derechos y rechazando la devastación de su entorno. Goyo y su grupo Choc Quib Town ganaron en noviembre de 2010 el premio Mejor Canción Alternativa del Grammy Latino por su título *De donde vengo yo*.

De Costa Rica nos ha llegado la historia de vida de Epsy Campbell Barr, originaria de San José, quien al mudarse a Limón vivió de cerca las condiciones de los habitantes de esta región que contiene la mayoría de los afrodescendientes del país. Campbell Barr cree firmemente en la posibilidad de construir una sociedad sin exclusión y sin discriminación por lo que desde muy temprano se ha dedicado a trabajar por los derechos de las mujeres, de los afrocostarricenses y por el desarrollo sostenible de la región y en contra del racismo. Sus esfuerzos la han llevado a trabajar con importantes organizaciones internacionales. Ha sido diputada, candidata a la vicepresidencia y precandidata presidencial en el 2009 por el Partido Acción Ciudadana. Su campaña a la presidencia trajo a escena a los afrocostarricenses y señaló los problemas que aquejan a sus comunidades.

La diversidad de los artículos que conforman la sección de Cuba demuestra los muchos aportes de la mujer afrocubana al corpus cultural de las Américas. En el cine tenemos a Sara Gómez, que fue reconocida sobre todo por su largo metraje *De cierta manera* (1974) pero Inés María Martiatu en su artículo se enfoca en sus documentales que habían permanecido extraviados y que fueron rescatados en noviembre de 2007 durante el Coloquio dedicado a ella. Señala Martiatu que en su obra Sara Gómez dejó evidencia de su compromiso social en un momento de transición política en que "las desigualdades sociales, la discriminación de la mujer, el prejuicio religioso, la doble moral y el prejuicio racial" seguían siendo parte de la vida diaria de todos los cubanos.

La actriz cubana Hilda Oates vivió de cerca el desalojo y la discriminación racial desde pequeña. Su primer papel importante como actriz fue de criada. A partir de 1963 comenzó a integrarse a grupos más conocidos y a talleres dramáticos. Logró su triunfo como actriz en la obra *María Antonia* estrenada en La Habana en 1967. Según Daisy Rubiera, "personajes negros hasta el momento marginados de la escena la colmaron con su presencia, sus expresiones, la música de los tambores batá, los cantos y rezos de las ceremonias de la santería". La obra causó polémicas y contradicciones y nunca se pudo volver a poner en escena en aquellos años. A pesar de esa actitud reaccionaria, Oates llegó a desempeñar diferentes papeles protagónicos y a viajar a muchos países sin tener que desempeñar los roles que tradicionalmente se asignaban al actor negro.

Nancy Morejón es una de las voces más importantes de la literatura cubana actual, destacándose como poeta, ensayista, traductora, crítica y periodista. Ha recibido importantes reconocimientos dentro y fuera del continente americano. Su obra poética incluye más de veinte títulos. Entre los temas que ha desarrollado en su poesía se destacan la realidad femenina, la cultura afrocubana, con sus costumbres, sus colores y el lenguaje propio de la rica tradición oral. Cuba misma también ha sido motivo de inspiración desde diversos ángulos; el histórico, el político, el social y el emocional retratado en sus versos desde un ángulo íntimo. Juanamaría Cordones-Cook ha estudiado extensamente la obra de Morejón y muestra cómo las raíces afrocubanas de sus antepasados y el impacto de ritmos como el jazz y el *feeling* se infiltran constantemente en su poética. Morejón también representa "las aspiraciones, la experiencia y la ideología social revolucionaria" vivida en su país y reconoce el dolor de sus compatriotas forzados al exilio. La prolífica escritora ha sido responsable por revitalizar y liderar el discurso literario feminista del Caribe contemporáneo y como mujer afro ha contribuido a que la mujer negra se haya hecho visible "en su dimensión cultural, social y política". Gracias a Morejón otras poetas afrohispanas como Georgina Herrera, Excilia Saldaña, Chiqui Vicioso, Ivonne Truque, Luz Argentina Chiriboga y Brindis de Salas comienzan a ser reconocidas y los investigadores demuestran interés por estudiar sus obras.

Desde "La Lupe" (Guadalupe Victoria Yolí Raymond), pasando por Celia Cruz y llegando a las raperas de hoy en día, la mujer cubana ha hecho invaluables contribuciones a la música de las Américas. "La Lupe" fue una mujer extraordinaria y emotiva cuyas inigualables interpretaciones conmovían profundamente a los espectadores y llegaron a transformar la relación entre el público y el artista. Marioantonio Rosa escribe:

> El teatro es vida. Ella, La Lupe, siempre lo hizo en el escenario bajo la firme repetición del espejo: todos tenemos en la vida, nuestro teatro. La Lupe marcó un hito en la historia musical de Hispanoamérica y del mundo. De vida intensa, esta mujer toda hecha de música, nos enseñó a vivir desde la piel, el alma, el amor y la belleza... a pesar de su llanto, a pesar de su soledad. (mensaje electrónico 10 de agosto, 2009)

A La Lupe le siguieron otras estrellas como Celia Cruz cuya voz, ritmo y personalidad lanzaron la música cubana al mundo y a públicos de todas las edades y culturas desvirtuando los prototipos de raza, género, belleza y pudor al exhibir el talento a tantos que en un momento no creyeron en sus capacidades artísticas.

Nayla Chehade presenta a Úrsula Hilaria Celia Caridad Cruz Alfonso, nombre de pila de Celia Cruz, quien nació en 1925 en La Habana en un hogar humilde y cuya prodigiosa voz la llevaría a los escenarios más importantes del mundo entero. Su talento le permitió vencer obstáculos que se interponían a su carrera artística, logrando cantar para diversas generaciones, en diferentes espacios culturales y sociales. Celia se presentó en toda clase de escenarios desde los populares a los más exclusivos, en plazas o pequeños cabarets y siempre "con la misma presencia escénica y fuerza en la voz que literalmente haría estremecer de entusiasmo a las multitudes que acudían a verla".

El artículo de María del Mar López-Cabrales recoge la trayectoria artística de Omara Portuondo, la única mujer del famoso y galardonado grupo de artistas cubanos Buena Vista Social Club. *Siboney*, *Quiéreme mucho*, *El manisero*, *Dos gardenias*, son clásicos de la música latina que Portuondo ha cantado en los escenarios de todo el mundo y que a partir del Grammy Latino en el 2009 la han convertido en una figura familiar para la comunidad internacional de amantes de la música cubana. Pero lo que muchos no sabíamos es que Portuondo ya había recorrido las salas de Europa, Estados Unidos y América Latina como solista y como integrante de varios grupos, entre ellos el cuarteto cubano Las D'Aida, famoso durante los años cuarenta por sus interpretaciones musicales que integraban el *feeling*. Hoy en día, sus interpretaciones reúnen melodías y ritmos que van desde la vieja trova cubana, a la guajira, la guaracha, el son y el bolero en una voz cargada de sentimiento, sensibilidad y sensualidad.

La influencia de La Lupe, Celia Cruz y Omara Portuondo es sentida hoy en día por todas las intérpretes de la música afrocubana incluyendo a las más jóvenes. Carmen González reúne en su trabajo a "las nuevas guerreras de la palabra urbana" de Cuba para hacer un repaso de la labor que la propia autora ha llevado a cabo con varias cantantes de rap a quienes ha reunido en el proyecto titulado *Alzar la voz*. Ya sabemos cómo el rap y el hip hop se han convertido, no solo en Cuba, en un instrumento escogido por la mujer negra joven para expresar su cultura, su condición y la de su pueblo. Las Krudas es uno de los grupos que ha logrado salir de los confines de la isla para cantar en defensa de los derechos de la mujer, la diversidad sexual y la emancipación social de negros y negras. González nos narra la vida y la trayectoria de otras mujeres menos conocidas que las Krudas, ellas son Nono, Aché y la Amazona, y nos cuenta cómo llegaron a integrarse al proyecto *Alzar la voz*. En palabras de González "son mujeres que vienen cantando de sus experiencias personales, de su vida en el barrio, de su disfrute de ser mujeres negras, mujeres capaces de regir y disfrutar de su elección sexual y de hablar sobre las abstinencias nacionales incrustadas al Caribe".

Clementina Adams escribe sobre Luz Argentina Chiriboga, una reconocida escritora afroecuatoriana, cuyas obras desafían el discurso patriarcal hegemónico para sobreponer un discurso femenino que resalta temas como la sexualidad femenina y la historia americana desde la perspectiva de la mujer. Chiriboga es activista, conferencista y divulgadora de tópicos afrohispanos y también ha sido presidenta de la Unión Nacional de Mujeres del Ecuador. Fue la esposa del escritor Nelson Estupiñán Bass y nació en Esmeralda, región donde viven la mayoría de los ciudadanos afroecuatorianos. En ella vemos cómo la escritora afrolatinoamericana ha desarrollado una variedad de temas que van desde la literatura para niños hasta la novela histórica.

Betty Osorio resume no solo la historia de la etnia garífuna sino que resalta el papel fundamental que la mujer ha cumplido en el mantenimiento de las tradiciones culturales de este pueblo y en la preservación de los principios que han mantenido unidas a estas comunidades, a pesar del colonialismo y de la expansión del capitalismo. Desde su establecimiento en las zonas del Caribe y de Centroamérica este ha sido el caso de las madres y ancianas en las ceremonias que recrean las tradiciones culturales de la comunidad como por ejemplo en la ceremonia religiosa del Dugú que convoca a los espíritus de los antepasados y que sirve a la comunidad para fortalecer su unidad y reafirmar su cultura y su pertenencia a la tierra. Osorio destaca también el importante papel que por muchos años ha desarrollado Antonieta Máximo, dramaturga, poeta y activista que ha fomentado la preservación de la cultura garífuna en Honduras y en el extranjero actuando "como un puente dinámico que activa los principios culturales y políticos de los afrohondureños tanto en Estados Unidos como en su propio país".

De México la mayoría de nosotros habremos oído hablar de Toña la Negra y de su invaluable contribución a la música, pero Angélica Silva escribe sobre una afromexicana que pocos hemos tenido la oportunidad de conocer: Luz María Martínez Montiel antropóloga y etnóloga mexicana, profesora e investigadora, que ha dedicado su vida entera a estudiar la presencia e influencia africana en México, en América Latina, Norteamérica, el Caribe y otros países. Coordinadora de diferentes programas en múltiples instituciones mexicanas, la reputación de Montiel se extiende a varios países de América Latina, Europa y África. Su foco de atención ha sido conocer la demografía cultural por lo cual ha recibido innumerables premios y reconocimientos. Sus cátedras de estudios de la africanidad han sido impartidas en varias universidades nacionales e internacionales, como en Cuba, España, Puerto Rico y Francia. Bajo la difusión de su proyecto "La tercera raíz" sus aportes son invaluables. Dice ella "hay que crear conciencia histórica para combatir el criadero de aves siniestras que van difundiendo el virus del racismo y enseñar el respeto por la diversidad cultural, para que deje de haber indios, negros porque todos somos iguales en México. Hay que enseñar la historia que no está en los libros de educación oficial, la que ha sido omitida, negada y ocultada".

Victoria Santa Cruz, Susana Baca y Eva Ayllón se han destacado por llevar a los escenarios del mundo ritmos, melodías y letras en canciones que manifiestan el espíritu afroperuano. Nora Eidelberg y María Mercedes Jaramillo destacan la labor de Victoria Santa Cruz Gamarra, autora y directora teatral, coreógrafa e investigadora. Su trascendental labor en el devenir del folclore afroperuano ha sido reconocido en los muchos premios que ha recibido. Junto con su hermano, el poeta Nicomedes Santa Cruz, fundó el conjunto Cumanana con el que iniciaron el resurgimiento del folclore negro del Perú. Hoy en día Santa Cruz continúa llevando a escenarios nacionales e internacionales sus composiciones para pregones, panalivios, marineras, landós y zamacuecas; las cuales han quedado grabadas en varias producciones discográficas. Sus pasos son seguidos por otros artistas y entre estos se destacan las intérpretes Eva Ayllón y Susana Baca, que han incorporado otros ritmos y tendencias musicales y han mantenido el interés del público internacional por la música peruana originada en las comunidades afrodescendientes.

Diana Vela dedica su ensayo a la afroperuana María Elena Moyano, activista del barrio Villa El Salvador, población adjunta a Lima establecida en 1973. A pesar de la difícil situación en que vivía su familia, María Elena logró completar sus estudios y convertirse en activista dedicada a defender los derechos de los pobres y ayudó a fundar la Federación Popular de Mujeres de Villa El Salvador. Esta organización logró centralizar a todas las otras organizaciones femeninas de la capital que enfatizaban la importancia de la salud de la mujer. Maria Elena llegó a convertirse en una organizadora creativa y eficiente y fue apoyada por otros grupos y activistas. En distintas ocasiones denunció públicamente las acciones violentas de Sendero Luminoso y su desafío al grupo le costó la vida en 1992.

Puerto Rico nos ha dado muchas escritoras que han sabido representar la experiencia de vida de la mujer caribeña a través de la lírica y la narrativa. Es el caso de Julia de Burgos que para muchos se convirtió en la madre de las poetas del Caribe y a quien repetidas veces se le rinde tributo en poemas dentro y fuera de la isla. Identificada como una autodidacta mulata y jíbara, Burgos desafió los conceptos de raza, clase y género de su tiempo. Fue una escritora que vagó por las Américas y Europa en busca de un "cuarto propio" para realizar su obra artística en un mundo que, como dice Miriam DeCosta-Willis, se negaba a reconocer a sus hijas brillantes y dotadas (xvii). Reconocida hoy como una de las grandes poetas de la América Hispana, murió a los 39 años, pobre y enferma en las calles de Harlem. A pesar de los tropiezos y limitaciones que sigue viviendo la escritora afropuertorriqueña para llegar a vivir de su oficio, existen hoy más oportunidades para publicar sus obras a las cuales se les concede más reconocimiento.

Este ha sido el caso de Mayra Santos-Febres, la escritora más leída y premiada de la isla en este momento y a quien Alejandra Rengifo dedica aquí un ensayo. Poeta, narradora, crítica y catedrática de la Universidad de Puerto Rico, sus obras han sido traducidas a varios idiomas. Ganó el Premio Juan Rulfo en 1996 por sus cuentos y obtuvo la beca Guggenheim en 2009. Sus novelas y cuentos exploran profunda y artísticamente la diversidad de los seres humanos, de personajes que mantienen control de su cuerpo y los convierten en sitios de poder y de resistencia (DeCosta-Willis xxvi-xxvii). Nos encontramos con personajes marginados en la urbe; travestis y prostitutas. Dice la escritora:

> Me obsesiona cómo se vive en las ciudades del Caribe, ese pegote de infraestructura primermundista, visión alterada por los sueños "civilizados" de las naciones que nos colonizaron, y la experiencia de un sol, una temperatura emocional, cultural y física diferentes. También me interesa desarrollar un lenguaje musical que intenta reproducir el 'tono,' 'la cadencia' conceptual y sonora que se planta frente a lo caribeño como experiencia profunda. (Morgado)

Yolanda Arroyo Pizarro es una narradora y ensayista puertorriqueña, que se ha destacado en estos últimos años y quien fue elegida como una de las escritoras latinoamericanas más importantes menores de 39 años del Bogotá 39 en 2007. Según Marioantonio Rosa "Yolanda es provocadora en el decir de sus relatos, nos aproxima a la frontera oculta de la condición humana en todos sus testimonios o duelos, aplausos o dudas, pórticos y silencios" (mensaje electrónico, 10 de agosto, 2009).

En el ensayo de Maya Santos-Febres sobre la intérprete puertorriqueña Ruth Hernández, volvemos a leer sobre las dificultades vividas por la mujer negra puertorriqueña al tratar de abrirse un espacio para realizarse en su oficio. Basada en una serie de entrevistas a Ruth Hernández, mejor conocida como "Titi Ruth", Santos-Febres nos cuenta la historia de vida de una mujer cuya niñez se lleva a cabo en el Puerto Rico de principios del siglo XX en el barrio Bélgica de Ponce, uno de los sectores más pobres y negros de la isla. Criada por su abuela quien la motivó y la aconsejó hasta su muerte, Titi Ruth vivió entre cantantes y músicos y aprendió los ritmos y las letras populares del momento. A pesar de haber sido criticada por ser "demasiado negrita, narizona y flaca", su inconfundible voz grave la llevó a convertirse en la primera mujer solista de las orquestas integradas entonces solo por hombres. Desde su interpretación a los quince años en la radio con el grupo Los Hijos del Arte, su carrera como intérprete de boleros, plenas y guarachas la llevó a ser la solista de las orquestas más respetadas de la isla. Viajó a Nueva York, Noruega, España, Cuba y México donde conoció y trabajó con personajes reconocidos de la música como Lecuona y Pablo Casals. Más adelante aprovechó la novedad de la llegada de la televisión a la isla para participar en numerosos programas y llegar a crear su propio show de variedades. Su interés por ayudar a los demás la llevó a trabajar por los ancianos y por los niños hasta llegar a convertirse en senadora por el Partido Popular Democrático donde trabajó en programas relacionados con el arte y la cultura. Titi Ruth se negó a entrar "por la puerta de atrás" en una sociedad enorgullecida por sus antepasados criollos y donde los negros ocupaban los estratos inferiores y no debían pretender el acceso a los niveles superiores de "la gente bien". Supo infiltrarse por los medios de comunicación masivos y se ganó el respeto de toda la gente desafiando y traspasando divisiones sociales y raciales para por siempre convertirse en "La Impostergable".

Salomé Ureña fue un personaje central de la lírica dominicana del siglo XIX y pionera de la educación femenina formal en el país. Entró al mundo literario cuando todavía era una adolescente. Fundó en 1881 el Instituto de Señoritas, primer centro femenino de enseñanza secundaria donde se formaron las primeras maestras del país. En su poesía predominan tres temas: el patriótico, el sentimental y el indianista. Por medio de esta figura observamos la complejidad que se presenta al tratar el tema de la negritud en América Latina ya que como bien se sabe, muchos se niegan a identificarse como afrodescendientes a pesar de que su fenotipo revele su herencia africana. Desde siempre y en el afán por esconder su negritud, muchas mujeres hacen uso de todas las fórmulas disponibles para "blanquear" su apariencia. En el caso de Salomé Ureña, el tema es planteado por la escritora Julia Álvarez en su novela *En nombre de Salomé* (2000) cuando una estudiante norteamericana de su hija Camila, ve el famoso retrato que ha circulado de Ureña y se sorprende al encontrarse con una mujer mulata. La hija de Salomé le explica los esfuerzos del esposo de su madre al hacer retocar la fotografía para que la heroína dominicana no pareciera tan "negra". Como apunta FernandoValerio-Holguín en su artículo, es gracias a escritoras como Scherezada Vicioso y Julia Álvarez que hoy en día podemos tener una imagen más real de esta mujer mitificada por la historia como uno más de los héroes de piedra que conforman el patrimonio nacional dominicano. La poeta nunca confrontó su negritud en su obra, ni se identificó como una dominicana afrodescendiente. Quedaría para la posteridad el interrogante de si en realidad, así como tuvo que esconder sus frustraciones y su sufrimiento en su vida íntima, esta mujer también tuvo que esconder su etnicidad debido a las presiones que imponía la sociedad patriarcal orgullosa de su herencia racial hispana. De acuerdo con Valerio-Holguín las obras que han recreado la vida de Ureña revelan a una mujer atrapada dentro de una prestigiosa familia y de una sociedad criolla sexista que nunca se reconoció como afrodescendiente.

En su segundo artículo para este volumen, Valerio-Holguín advierte que aunque la recreación de las vidas de mujeres como Salomé Ureña o las hermanas Mirabal no ha dejado de ser una labor esencial para el acercamiento a la historia dominicana, pocos esfuerzos se han hecho para acercarse a las vidas de mujeres marginales, negras, obreras y campesinas que fueron esenciales en el logro de cambios sociales y políticos que beneficiaron a los habitantes más explotados de la isla y a los que el crítico llama "agentes anónimos de la historia". Es el caso de Florinda Soriano (Mamá Tingó), que luchó por los derechos de las familias campesinas de la región de Hato Viejo para que permanecieran y trabajaran sus terrenos de donde habían sido desalojados durante la dictadura de Rafael Leonidas Trujillo (1930-1961). Debido a su participación en los grupos y en las protestas de los campesinos, Mamá Tingó fue asesinada de un tiro en la cabeza por el capataz del terrateniente donde habitaban ella y su familia. A partir de su muerte, se convirtió en un símbolo de los campesinos que luchan por sus tierras y ha inspirado a varias organizaciones y grupos de campesinos y de mujeres. Al mismo tiempo artistas y escritores rinden hoy homenaje en sus letras a la labor de esta mujer, a su fortaleza y a sus raíces afrocaribeñas.

El tema de la identidad racial se plantea una vez más en el artículo de Yohainna Abdala-Mesa dedicado a Scherezada Vicioso al comentar cómo a partir de su estadía en Estados Unidos, la autora comienza a cuestionar su propia etnicidad en un país donde las divisiones raciales no comparten los niveles de pigmentación a los que se aferran los dominicanos de la isla. A partir de allí la escritora abraza su afrodescendencia y comienza un proceso de reivindicación de sus raíces plasmadas a través de todas sus obras. Convertida en una de las voces dominicanas más reconocidas y premiadas de hoy en día, además de poeta, Vicioso es ensayista, periodista, dramaturga y pedagoga dedicada a realizar proyectos sociales que la han llevado a representar a su país en varias organizaciones internacionales que se enfocan en programas para la mujer.

Isabel Sanz dedica un ensayo a Martha Gularte, Lágrima Ríos y Rosa Luna hoy reconocidas como las más destacadas exponentes del candombe uruguayo, práctica tradicional que integra la herencia de los ancestros africanos a la cultura de todo el cono sur. "La diosa Gularte" y Rosa Luna dedicaron sus vidas al carnaval montevideano, llegaron a los escenarios de todo el mundo y fueron galardonadas con muchos premios. A parte de su fama como bailarinas, estas mujeres abogaban por la representación de las tradiciones afrouruguayas que integran el movimiento corporal que reta las convenciones moralistas conservadoras. Lágrima Ríos de una manera más recatada pero sin dejar de ofrecer abiertamente a su público el alma del candombe, llegó a convertirse en "la Perla Negra del Tango" y "la Dama del Candombe". Por vivir en una sociedad donde los establecimientos públicos "se reservaban el derecho de admisión", es decir que los negros no podían pisar dichos lugares si no era por la puerta de la cocina, Lágrima Ríos también fue una incansable activista y se convirtió en presidenta de la organización Mundo Afro, una institución de protección de la comunidad afrouruguaya. Fue la primera mujer nombrada miembro honoraria por la Academia Nacional de Tango de Uruguay en el año 2000 y "visitante ilustre" de la ciudad de Buenos Aires.

Silka Freire nos presenta a Alba Roballo, a quien el pueblo llamaba cariñosamente "la Negra Roballo", poeta y política que desempeñó cargos públicos importantes dentro del Partido Colorado del Uruguay y que en 1958 fue nombrada ministra de Educación y Cultura. Después de una larga carrera política llena de altibajos, fundó el partido Frente Amplio. Freire escribe: "Alba Roballo. Negra. Sin pelos en la lengua. … Marcó un antes y un después en la imagen de la mujer en la política y la acción social de América. De espíritu avasallante, sus discursos en el Parlamento y fuera de él reflejaban a una mujer visceral, de fuertes convicciones políticas, preocupada siempre por los más pobres".

La sección de Uruguay termina con una entrevista de Silvia Valero a la escritora Cristina Rodríguez Cabral quien confiesa no haber sido consciente de lo que implicaba su herencia africana ya que creció en un medio bastante privilegiado donde no recuerda haber sido "abofeteada" por el racismo y la discriminación. Su despertar a la construcción de su identidad como afrouruguaya es contado con mucha franqueza y refleja, una vez más, la complejidad que se presenta al plantear el asunto de identidad étnica y racial en América Latina. No fue hasta un viaje a Brasil cuando empezó a hacerse más consciente de su negritud y la de sus compatriotas y luego un viaje al África despertó su interés por profundizar en las conexiones del continente de sus antepasados y de su propio país. Sus consecuentes viajes al Caribe y a Estados Unidos enriquecieron aún más su despertar que fue plasmando a través de su obra creativa. A partir de 1995 su obra poética representa su militancia social, su oposición al racismo y su constante indagación en su identidad cultural. Es su convivencia con escritores y con críticos como

Nelson Estupiñán Bass, Quince Duncan, Manuel Zapata Olivella, Argentina Chiriboga y Marvin Lewis lo que hace un replanteamiento que va más allá de la cuestión racial para encontrar que tanto ellos como otros miembros de la comunidad de afrodescendientes también luchan por la paz y la justicia social.

Basada en su conversación con la escritora, Patricia González nos ofrece un amplio panorama de la obra de Carmen Verde Arocha, prolífica poeta que resalta la importancia de su herencia afrovenezolana que se filtra en su obra a través de los rituales afrolatinos. Entre los temas que se destacan en su poesía están: la herencia católica de España, como en la figura de la Magdalena, la fortaleza de los afrodescendientes, la sabiduría de los indígenas, las labores cotidianas de la mujer y los oficios del hombre. Según Patricia González, las imágenes que crean sus poemas evocan la danza, la naturaleza, la infancia y rescatan el sueño como un estado de inocencia puro, cuando el ser humano se conecta con la fuente, con la esencia.

Lo que dice Juanamaría Cordones-Cook en este volumen sobre las afrocaribeñas se aplica también a las otras afrolatinoamericanas ya que la diferencia de raza, género y clase se implementó en todo el continente y generó una política cultural textual/sexual que autorizó, apoyó y perpetuó la marginación de las afrodescendientes, cuyas consecuencias fueron la invisibilidad, el silencio y la exclusión debidos en parte al desconocimiento y temor al otro. Estos hechos sin embargo, originaron la toma de conciencia y la necesidad de expresión de las afrodescendientes como podemos observar en las mujeres reunidas aquí.

La experiencia de las afrodescendientes en la América Latina ha marcado su trayectoria personal y su visión de mundo. Desde su llegada al continente han sido una fuerza vital para el desarrollo social, cultural, político y económico de sus regiones. Su tenacidad les ha permitido conservar tradiciones y actitudes culturales de origen africano, y han sido las encargadas de ese legado que ha enriquecido a la América Latina.

Una vez más, reconocemos que en este proyecto no se han incluido a otras mujeres que han hecho invaluables aportes, sobre todo en el campo de la literatura, como es el caso de varias escritoras recogidas y traducidas al inglés por las críticas Clementina Adams y Miriam DeCosta-Willis en sus respectivos volúmenes.[1] Las mujeres incluidas por Adams y DeCosta-Willis son poetas, novelistas y dramaturgas cuyas obras exponen y denuncian la discriminación, el racismo, el sexismo, la violencia contra la mujer y la homofobia. Son mujeres que en su mayoría reconocen, aceptan y celebran su identidad racial y constantemente exploran su género, su identidad sexual y su construcción en las sociedades donde han vivido. Al mismo tiempo, examinan el efecto que el silencio y la invisibilidad han tenido en la mujer y en su trabajo creativo. Muchas de ellas también se han comprometido con cambios sociales y políticos en sus comunidades y en sus países (DeCosta-Willis xxv).

El objetivo del presente volumen ha sido reunir una serie de historias de vida que muestran la experiencia vital y el imaginario de las afrodescendientes en un mundo hostil que todavía ve en el afrodescendiente al "otro", al sujeto que amenaza los privilegios y el ideal –empobrecedor– de una homogeneidad racial inexistente e inalcanzable. Poetas, escritoras, activistas y artistas se unen para denunciar el racismo y alabar la herencia africana. Su imaginario se revela en las fiestas celebratorias, en los ritos funerarios, en los remedios caseros, en la música, en la danza, en la experiencia del cuerpo, en la visión intimista de la naturaleza, y en el culto a los ancestros. Las sonoras palabras de origen africano articulan un universo dramático lleno de sugerencias y de ritmos con los que comparten la experiencia histórica del despojo y la explotación de la esclavitud. Al llegar a América, habían traído no solamente su mano de obra, sino también un rico legado cultural, religioso, lingüístico y culinario, con imágenes y actitudes que se rescatan en estos ensayos al recrear la intrahistoria y la historia, tejidas en sus obras y mezcladas con sus vivencias en el continente. La arqueología, la antropología y la historiografía modernas han ido mostrando que los caminos genéticos como también los históricos nos llevan al África ancestral y no a Grecia o Roma. A pesar del esfuerzo de los eruditos de blanquear el origen de las civilizaciones europeas, las huellas de africanía son cada vez más incuestionables[2].

Notas

[1] Ver de Clementina Adams, *Common Threads: Themes in Afro-Hispanic Women's Literature.* (Miami: Ediciones Universal, 1998) y de Miriam DeCosta-Willis, *Daughters of the Diaspora: Afra-Hispanic Writers,* (Kingston, Miami: Ian Randle Publishers, 2003).

[2] Entre los críticos que denuncian el eurocentrismo por escamotear los aportes de otros pueblos a la cultura occidental, están, para solo mencionar algunos: Aimé Césaire, iniciador del concepto de "negritud" fundado en el rechazo a la opresión cultural y al proyecto de asimilación del sistema colonial francés; Franz Fanon, quien, en *Black Skin, White Masks* (1952), analizó los efectos del individuo colonizado cultural y psicológicamente; Mudimbe, quien definió el concepto de otredad aplicado a los africanos en su libro *The Invention of Africa: Gnosis, Philosophy and the Order of Knowledge* (1988); Martín Bernal, cuya teoría modelo antiguo revisado abrió una polémica en los estudios clásicos, y que además, en *Black Athena: The Afroasiatic Roots of Classical Civilization* (1987), sostuvo que el origen de la antigua civilización griega se hallaba en el antiguo Egipto y en la cultura semítica; Fernando Ortiz, rescata y revaloriza la presencia africana en la cultura cubana; Manuel Zapata Olivella quien dedicó su narrativa y también su ensayística a la historia y la cultura de los afrocolombianos; Enrique Buenaventura, quien en sus obras recogió tradiciones afrolatinoamericanas y reconoció la riqueza del legado cultural de los afrodescendientes en América Latina; y muchos otros estudiosos, teóricos y creadores que han venido profundizando brillantemente esta problemática.

Obras citadas

Adams, Clementina. *Common Threads: Themes in Afro-Hispanic Women's Literature*. Miami: Ediciones Universal, 1998.

Álvarez, Julia. *In the Name of Salomé*. Chapel Hill, NC: Algoquin Books of Chapel Hill, 2000.

Bernal, Martín. *Black Athena: The Afroasiatic Roots of Classical Civilization*. New Brunswick, N.J.: Rutgers University Press, 1987.

Cuesta Escobar, Guiomar y Alfredo Ocampo Zamorano. *¡Negras somos! Antología de 21 mujeres poetas afrocolombianas de la región pacífica*. Cali, Colombia: Universidad del Valle, 2008.

Da Silva, Benedita. *An Afro-Brazilian Woman's Story of Politics and Love*. Oakland, CA: Institute for Food and Development Policy, 1997.

DeCosta-Willis, Miriam. *Daughters of the Diaspora: Afra-Hispanic Writers*. Kingston, Miami: Ian Randle Publishers, 2003.

Fanon, Franz. *Black Skin, White Masks*. New York: Groove Press, 2008.

Martínez, Fabio. "Sarcófago para llamar fantasmas". *El Magazín Dominical. El Espectador*. No. 800. Bogotá, Sept. 13-1998. 1-5.

Morgado, Marcia. "Literatura para curar el asma. Una entrevista con Mayra Santos Febres". *The Barcelona Review*. marzo -abril 2000 num 17. http://barcelonareview.com/17/s_ent_msf.htm.

Mudimbe, V.Y. *The Invention of Africa: Gnosis, Philosophy and the Order of Knowledge (African Systems of Thought)*. Bloomington: Indiana University Press, 1988.

Osorio, Betty. "Brujería y chamanismo. Duelo de símbolos en el Tribunal de la Inquisición de Cartagena de Indias". *"Chambacú, la historia la escribe tú". Ensayos sobre cultura afrocolombiana*. Lucia Ortiz, Ed. Madrid/Frankfurt, Iberoamericana/Vervuert, 2007. 299-318.

Revista Cambio. "Póngale color". Páginas 1-7. http://www.cambio. com.co/portadacambio/726/ARTICULO-WEB-NOTA_INTERIOR_CAMBIO-3570904.html. 02/11/2008.

Rosa, Marioantonio. "La Lupe". Mensaje electrónico. 10 de agosto 2009. marioantoniorosa@hotmail.com.

—. "Yolanda Arroyo". Mensaje electrónico. 10 de agosto 2009. marioantoniorosa@hotmail.com.

Socolow, Susan Migden. *The Women of Colonial Latin America*. Cambridge UK; New York: Cambridge University Press, 2000.

Öríkí para las negras viejas de antes

Georgina Herrera, La Habana

En los velorios
o a la hora en que el sueño era ese manto
que tapaba los ojos,
ellas eran como libros fabulosos abiertos
en doradas páginas.
Las negras viejas, picos
de misteriosos pájaros
contando
como en cantos lo que antes
había llegado a sus oídos
éramos, sin saberlo, dueñas
de toda la verdad oculta
en lo más profundo de la tierra.
Pero nosotras, las que ahora
debíamos ser ellas, fuimos
contestonas.
No supimos oír, tomamos
cursos de filosofía.
No creímos.
Habíamos nacido muy cerca de otro
siglo.
Solo aprendimos a preguntarlo todo

y al final estamos sin respuestas.
Ahora, en la cocina, el patio,
en cualquier sitio, alguien,
estoy segura, espera
que contemos lo que debimos aprender.
Permanecemos silenciosas.
Parecemos tristes cotorras mudas.
No supimos
apoderarnos de la magia de contar
sencillamente
porque nuestros oídos se cerraron,
quedaron tercamente sordos
ante la gracia de oír.
En la literatura, constancia escrita de un tiempo,
un sitio, un modo de vida o un suceso, no hay huella
dejada por la mujer negra cubana hasta los albores
del siglo XX salvo mínimas excepciones, además,
de una manera muy vaga, elemental. Esto se explica
muy fácilmente. Primero, la esclavitud a la que fue
sometida, después, el verse confinada a lo más
excluido de la sociedad. Se impidió así que brotara a
la luz del mundo lo que de sensibilidad creadora
pudiera haber en ella. Pero…hubo o no talento…
Gritando Sí salta esa Literatura Oral de la que se han
nutrido escritoras y escritores, hijos propios e hijos
de amos. La picaresca, la ciencia ficción, el realismo
mágico, el testimonio, la poesía, el drama, todo esta ahí.
Fue y será única. Hizo todo lo que por los roles
asignados le correspondía y más. Parió, 'cogió el monte',
participó en complots y los armó. Después de la libertad
se dedicó a contarlo todo. Entre los roles ya reconocidos,
el de ser una *negra vieja de antes* reclama su sitio.

Si la mujer blanca, a la que se le concedían ciertos
mimos y privilegios, estuvo inmersa en una literatura
intimista, restringida, pacata y pudorosa, qué quedó
para la mujer negra, esclava por su raza y por su sexo,
analfabeta además, Nada, pero… era o no un ser sensible.
Tenía o no la imaginación necesaria para ser creativa.

Buscando en la literatura cubana, desde los albores
del siglo XVIII hasta nuestros días no se encuentra nada
o muy poco. Me estoy refiriendo a lo escrito. Pero, no
sabiendo leer ni escribir, sin que se le concediera
este derecho, porque de derechos estoy hablando,
cómo incrementar sus conocimientos. La mujer negra
no disfrutaba de viajes por otros continentes,
no se extasiaba ante la diferencia de paisajes.
Su memoria estaba detenida entre África y América,
adivinando, cruzando el mar sin descifrar sus ruidos
ni su olor, porque lamentos, latigazos y pestes infernales
era todo cuanto penetraba por sus sentidos.
No participaba en fiestas suntuosas. De ellas sabía
solamente de amenazas y castigos si cristales y
cubiertos no relumbraban como soles.
Loas, elogios al oído, asombrando e incrementando
la sensibilidad, quedaban para el ama y para las
amitas blancas. Pero...qué sucedió, qué pasa aún
con todas esas historias que ellas contaban, sobre todo
en la cocina de la casa, o por las noches, sentadas
en un sillón o en un taburete, junto a una cuna o una
hamaca, o tal vez frente a un simple jergón de pobre paja.

Siendo Minerva, la diosa de la Sabiduría blanca,
y las Musas todas igual, o sea, que toda la sensibilidad
en las distintas ramas del arte se desarrollaba solamente
en mujeres blancas, qué podía esperarse de ellas,
las mujeres negras, dentro de la incipiente
manifestación literaria femenina.

El Antiguo y el Nuevo Testamento dan fe
de todo lo que aconteció en el mundo desde su
milagrosa creación por una energía única, masculina
por demás Dios. De cómo fue todo, desde la primera
mujer, el primer parto y el porqué del dolor, dan fe
los hombres. Ninguna santa opina, ninguna mujer,
ni aún la que sintió los dolores. Si desde entonces se le
negó a la mujer el derecho al testimonio, siendo blanca,
porque desde el punto de vista sexista racial Eva lo era,
cómo hacerlo la mujer negra, tenida como algo menos

que una mujer, si acaso un animal especial con algunas
atribuciones humanas, como andar en dos pies, no tener
cola, etc. Pero resumamos concretamente esta
presentación. La mujer negra, en la literatura oral que
trajo desde África, que resistió en su memoria la travesía
brutal, volcándose después en hijos de amos e hijos propios,
es de una variedad y riqueza sin límites.

Cuando murió mi abuelo, las mujeres de la familia,
ya mayores, se preocupaban por saber qué pasaba
con mi madre y, sobre todo conmigo, que tan apegada
a él estaba por esa manera suya de contar historias en las
que entretejía verdades y mentiras. Después las vecinas,
las amigas. Llegaban mujeres negras conocidas de todas
partes del pueblo, fueron alzando cada vez más la voz,
perdiendo ese respeto que el abuelo inspiraba o, más bien
imponía, porque solamente él, machista sin saberlo,
pero hasta la médula, era dueño de la palabra. Con su
"sió, calla lo boca" lograba un silencio que parecía
no iba a acabarse nunca, pero se acabó, se fue acabando
poco a poco y ellas empezaron a contar.
Muchas eran historias nuevas, otras, las mismas que él contaba,
sosteniéndome como en el aire, pero resultó que
las de ellas, las negras viejas, no solamente me suspendían,
sino que me trasladaban. ¿A dónde? Qué sé yo,
pero yo iba y venía en medio de lo que escuchaba,
dándome un gusto que aún hoy me llena el corazón
y la memoria. Y, al cabo de más de medio siglo
me hago preguntas y no encuentro las respuestas que ahora
trato de encontrar aquí, con ayuda de quienes están presentes.

Mi tía abuela Sabina gustaba de contar cómo
su hermana Victoria se "cimarroneaba", y de cómo
cuando lo hacía eran necesarios varios hombres para
reducirla a la obediencia, entreteniéndola, cosa que
no era fácil, porque ella, machete en mano,
semiagachada y con las piernas abiertas, miraba
hacia todos lados, o como Owení fue cazado como
un leopardo, apaleado sin necesidad y conducido
hasta Cuba en la bodega de un barco negrero, bien

debajo de los demás esclavos para que se estuviera
quieto, pero "cimarroneándose" apenas fue comprado
y llevado a una plantación cañera. En esta historia hay
un testimonio desgarrador y un alerta para que
nadie se equivoque.

Y pura ciencia ficción era lo que contaba
Ma Leoncia. Delgadita, de baja estatura y lenta por
sus muchos años. Decía cómo ella vio a los muertos
a los que se les conectaba electricidad e iban solos,
desde la casa al cementerio. Y para dar fe de cómo era
aquello se volvía ligera, cabeza, brazos y pies yendo y
viniendo hacia delante y hacia atrás. Y aún hoy, prendida
a la magia de sus gestos y palabras, me parece verla, y,
además, la creo.

Cuando cualquiera otra hablaba, ya fuera Ma Cocó,
Juliana o Ma Luisa, y era sobre el Viernes Santo aquel en
que se obligó a trabajar a los esclavos en el ingenio Montalvo,
y el buey habló, prohibiéndolo por tres veces sin que fuera
obedecido, lo que trajo como consecuencia que el ingenio,
así como sus trabajadores, y la casa vivienda, con los amos
y los descendientes se hundieran, cuando yo cuento lo que oí
...¿quién no siente el estrépito tremendo, no ve la tierra
abriéndose, tragándose todo lo que no respetó que ese día
el hijo de Dios había muerto para salvarnos?
¿Esto es otra cosa que no sea Realismo mágico?

¿Y la dramaturgia teatral en lo sucedido a la
joven esclava y madre Isabel? Aunque sabíamos esa historia,
podía contarse muchas veces más, porque se incrementaban
los hechos, se ratificaban y se rectificaban logrando versiones
cada vez más dramáticas. A Isabel le estaba prohibido amamantar
a su hijo, porque el hijo de los amos, goloso, disfrutaba él solo
el alimento de los pechos prodigiosos. Pero un día, Isabel
sintió que su hijo lloraba por hambre. Lloraba siempre, pero
ese día lo sintió, tal vez en la sangre, y lo pegó al alimento que
le pertenecía, y otro, y otro día más, sin que al parecer,
le importara ya lo que podía sucederle si era descubierta.
La ley de las probabilidades la llevó a lo que al fin sucedió.
El ama blanca, afligida por la falta de la esclava, le hizo ver

al amo cómo los labios oscuros del hijo de Isabel disfrutaban
del alimento reservado a los labios rosados del niño blanco.
Con el cuero separó el hombre la boquita ávida del pezón
de su madre. Fueron tres los cuerpos sacudidos, pero pareció
un solo estremecimiento. Isabel lanzó un alarido de loca,
y, como una loca corrió sin que pudieran darle alcance,
con un niño en cada brazo, lanzándose a un precipicio
distante de la casa vivienda. El cuento quedaba ahí, y
ahí también, sintiendo una rara estrechez en la garganta,
quienes lo habíamos escuchado, sin decir palabra alguna,
pero pensando en muchas cosas. Y, entonces, ya ahí estaba
Ma Encarnación, esperando, sabía, su momento preciso,
con su sonrisa pícara, trasladándonos al bohío de congo
Benito y conga Matilde, una pareja de esa etnia africana,
pero, al parecer, él tenía algo de lele, porque conga Matilde
tuvo que buscarse otra compañía mientras Benito
trabajaba el conuco. Para que el otro supiera cuando el
camino no estaba libre, Matilde colgaba un hueso en la ventana,
pero, hubo una vez en que Benito tomó mucho *malafo* y
a Matilde se le olvidó colgar el hueso.
Y, ¿qué sucedió? Pues, que cuando el otro pensó que
tenía el camino libre, se encontró con la puerta cerrada
y la ventana sin el hueso de costumbre. Silbidos van
y silbidos vienen, a lo que Benito, medio asustado,
le dijo a su mujer que lo estaba más que él: "¿Matilde,
tú tá cuchá cosa así como suspiros de un ánima en pena?"
"Sí, Benito, pero yo rezo a esa ánima. Tú verá".
Y Matilde fue hasta la ventana donde debería estar colgado
el hueso del aviso, proyectando su voz hacia las
malezas en las que el otro esperaba..."Anima que
tá penando, por si acaso algún suceso, mi
marido tá en la casa, me olvidé colgar lo hueso!".

Rápido, entre los árboles, vio Matilde perderse
al Don Juan africano, al que al parecer, los ardores de
la pasión se le habían ido para los pies, por la velocidad
que llevaba. Congo Benito suspiró aliviado, y con más
alivio aún lo hizo Matilde, a la que seguro, seguro nunca
más se le olvidaría la contraseña de sus enredos amorosos.

Como se verá, la ingenua picaresca criolla africana
adquiere una relevancia con la que, seguramente, de conocerla,
se hubieran sentido complacidos sus cultivadores europeos.

Pero no faltaron, en esta literatura singular,
mantenida para siempre en los labios y la memoria
de las negras viejas, el policíaco o el cuento de horror
y misterio, como este.

Había una muchacha, desobediente y curiosa
y trasnochada, que todas las noches se asomaba a la
ventana en la sala de su casa. La madre le recordaba que,
a partir de las doce, los muertos andaban sueltos, pero ella,
como si nada, hasta el día en que se le acercó un hombre
bien vestido, muy correcto, de dientes impecables,
con una vela en la mano pidiéndole por favor, le guardara
esa vela hasta el día siguiente en que vendría, sin falta,
a buscarla. Como era tan correcto, con tan buena ropa
y buenos dientes, la muchacha tomó la vela y, apenas
lo hizo, se le convirtió en un hueso humano, de una pierna.
Vaya el horror en la casa, y los regaños y el ir y venir bien
temprano en la mañana de casa de alguien que supiera
de esas cosas. La persona existía y recomendó a la muchacha
que se buscara un niño bien pequeño, que esperara al
aparentemente correcto caballero en la ventana a las doce
de la noche con el niño y el fémur, que cuando lo viera llegar
pellizcara al niño hasta hacerlo llorar. Así lo hizo, y,
al entregar el fémur y llorar el niño, el hueso se convirtió
nuevamente en vela. El hombre, entonces, le dijo a la curiosa
trasnochada "Usted se ha salvado porque el llanto del
niño es como la voz de Dios, pero no se asome más
a la ventana a partir de las horas que son nuestras".
Segura estoy, lo estamos todas y todos de que la
advertencia estuvo de más.

Y, retomando el tema de la imposible literatura
escrita por la mujer negra de antes, pensemos en que
después de tantos años como han pasado desde el aparente
fin de la esclavitud, muchas cosas provechosas han ocurrido.
Se ha aprendido a leer y a escribir, se ha ido a la universidad
y se ha viajado por el mundo. Tarde, pero no nunca,

se han abierto posibilidades para nosotras. Hay nombres
conocidos, otros, lamentablemente no tanto pero que se
conozcan cada día más es parte de nuestra lucha,
al parecer eterna, pero a la que se va y de la que se viene
como "de un baño de luz".

ARGENTINA

AMAS DE CRÍA Y NODRIZAS

ALBERTO MORLACHETTI, MOVIMIENTO NACIONAL DE LOS CHICOS DEL PUEBLO, BUENOS AIRES

En todas las ciudades de la colonia las amas de cría negras, amamantan a sus amitos blancos. Futuros encomenderos, conquistadores, comerciantes, militares, sacerdotes, abogados, "cabecean al compás arrastrado de los arrorroes. A veces el canto no es más que un sonido gutural, de violonchelo humano, emitido a boca cerrada", que adormece como una caricia.

Tan comunes debieron ser entre nosotros las amas negras, y tanto prolongaron su soberanía, sobre los sueños y la crianza de sus amitos blancos, que Lucio V. Mansilla, al intentar la biografía de su tío Juan Manuel de Rosas manifiesta que "no tomó leche de negra esclava, ni de mulata, ni de china", deduciendo de ahí que tenía "sangre pura, por encarnación sexual y absorción sanguínea" según una teoría que ha hecho sonreír a los científicos, pero que coincide curiosamente con la de fray Reginaldo de Lizárraga. Este fue, a fines del siglo XVI, visitador de los conventos dominicos de la provincia del Perú, en la que estaban comprendidas las nuestras, y luego, a principios del XVII, obispo de la Imperial, en Chile, y obispo del Paraguay. Escribió, después de haber recorrido vastísimos territorios, un libro con sus observaciones y recuerdos: *Descripción breve de toda la tierra del Perú, Tucumán, Río de la Plata y Chile.* Y en un capítulo se indigna por la abundancia de amas de color, asegurando que si "a ningún mero español criase negra ni india, otras costumbres esperaríamos". Pero de nada sirvieron los escritos de Reginaldo. No se puede atacar a las amas que están en todas partes "canturreando, adormeciendo, nutriendo a la naciente sociedad colonial".

Las amas de cría negras, antes del fin de siglo XIX, fueron condenadas a la extinción y devoradas por el olvido. Inclusive "el arrorró" que todavía nos acuna, les fue expropiado y ya nadie recuerda a quienes lo gestaron. Su origen se remonta a la época de los colonizadores, donde la nodriza esclava mecía en sus brazos al "amito", cantándole en su expresiva lengua bozalona "A-ro-ró", voz africana, que repetían incansablemente las morenas, invitando al pequeño a dormir profundamente. Los negros en su media lengua transformaban las palabras. En lugar de "dormir", decían "romi" y simplificaban aún más diciendo solamente "ro" (...) De ahí, pues, que en su dulce forma imperativa, "A-ro-oró" significa: "A dormir, dormir" o "duérmete".

Después del exterminio a que fueron sometidos los negros y con la llegada de la inmigración, a fines del siglo XIX y principios del XX, las nuevas amas de cría y nodrizas tenían otro color, y la palabra blanca. Los estratos más altos de la sociedad recurrieron, como siempre, al servicio doméstico para la crianza y educación de sus hijos. Las nodrizas, madres mozas, ofrecían sus senos y su leche al servicio de los hijos ajenos. Provenían de los sectores más empobrecidos de la sociedad y dar de mamar era un trabajo. No obstante para obtener mejor paga las nodrizas buscaban lactancias simultáneas, lo que perjudicaba la crianza de los hijos propios, la mayoría de ellos fallecían (dos tercios) porque la salud se deterioraba por causa de la alimentación insuficiente. De nada servían las palabras de Alfredo Palacios que en el Congreso de la Nación (1906) manifestaba que la leche materna es propiedad del hijo. En general, las nodrizas eran colocadas en las familias por agencias que las ofrecían en los grandes periódicos de la época. El aviso cuidaba en señalar el origen como factor de calidad: inglesas, lombardas, vascas, italianas.

Hacia 1910, se leían avisos como en *La Nación*: "Ama robusta, recién llegada, leche de 3 meses, joven, sueldo $80, se ofrece; otra italiana, de primer orden, leche de 5 meses; otra vasca, con excelentes informes de crianzas anteriores, leche de 4 meses; otra inglesa, leche fresca, recomendada, sueldo $70 (…) en la más antigua y acreditada agencia de Irene Gay. Partera. Todas las amas tienen certificado de la asistencia pública".

Cuando por 1925 la migración interna llenaba a Buenos Aires de rostros morenos, los senos oscuros y nativos no eran parte del tipo de nodriza o ama de leche deseada. Eran parte de esa América mestiza, cuyos linajes, en el imaginario de las clases dominantes, remontaban a la barbarie. Así el hábito de alimentar a los niños con leche de nodriza comenzó a disminuir, con lo cual la alimentación con leche artificial volvió a ser un tema preocupante para la sociedad.

OBRAS CITADAS

Carámbula, Rubén. *Negro y Tambor,* Buenos Aires, 1952.

Lanuza, José Luis. *Morenada*, Editorial Schapire, Buenos Aires, 1968.

Pagani, Estela y María V. Alcaraz. *Las nodrizas en Buenos Aires*, Centro Editor de América Latina.

Rossi, Vicente. *Cosas de Negro.* Librerías Hachette, Buenos Aires, 1958.

Mis bellas hermanas negras:
Virginia Murature

Adriana Genta, Buenos Aires

Siempre puedes pensar que fue el tren el que se arrojó a ti.

Poema "Estorbo", de Paula Sinos

Breve biografía de Virginia Murature

Virginia Murature nació el 3 de enero de 1961, en Buenos Aires, Argentina, en el seno de una familia de raza negra, integrada por personas trabajadoras, de modestos recursos. Sus padres fueron Juan Carlos Murature y Julia Mercedes Picot. Fue la menor de tres hermanas: Cecilia, la mayor, actualmente instrumentista quirúrgica y Mirta, doctorada en veterinaria y la más próxima a Virginia en edad y vínculo.

Cursó la educación primaria en la escuela pública de su barrio y la secundaria en el Colegio Sagrado Corazón. Estudió también teatro y música, atendiendo a su temprana inclinación artística. Trabajó como empleada administrativa en una sodería como forma de ganarse la vida, pero siguió paralelamente con su actividad vocacional como actriz y cantante. Integró el coro de voces de su localidad y con el grupo viajó a Europa, a Israel y a Sudáfrica. Formó parte del grupo Huerque Mapu, dedicado a la música folclórica. Después de participar en algunas obras de teatro barriales, fue convocada por el director Lorenzo Quinteros para integrar el entonces flamante Taller de Investigación del Teatro San Martín, creado en 1984, como parte de un resurgir cultural luego de los años oscuros de la dictadura militar (1976-1983). En el marco del Taller, participó como actriz de las puestas *El gigante amapolas*, de J.B. Alberdi y *El retrete real*, de Bernardo Carey. Durante este período fue contratada por el Teatro San Martín, por lo cual pudo dejar su trabajo en la sodería y dedicarse plenamente a la actuación.

El invierno de 1985 resulta de mucha pérdida para Virginia. Muere su padre y el director del Teatro, Kive Staiff, decide el cierre del Taller de Investigación y la cesantía de todos sus integrantes. Al perder su ingreso económico, Virginia, que había logrado instalarse por su cuenta en un departamento en el centro de Buenos Aires, debe volver a la casa familiar. Empieza el peregrinaje en busca de trabajo como actriz, pero a pesar de su talento, su negritud es un obstáculo en una plaza teatral y televisiva que no incluye actores negros en sus repartos, porque además de los solapados prejuicios raciales que afectan a todos los estratos sociales, las ficciones argentinas no imaginan morenos entre sus personajes y no se concibe que un negro desempeñe un papel que no aluda estrictamente a esa condición racial. Solo consigue un rol muy secundario en una obra de Tennessee Williams que dirige Hugo Urquijo. Intenta dar clases de teatro, pero la actividad no prospera lo suficiente y vuelve a la sodería, a su viejo puesto administrativo.

El desaliento la va ganando y se instala la depresión. Comienza un tratamiento psicológico que la ayuda a sentirse mejor. Busca alivio espiritual en una secta evangelista donde la convencen de abandonar la terapia y solo confiar en la oración, según testimonian la madre y la hermana. En su casa la notan muy extraña, con una actitud de hostilidad, ausencia y mutismo.

En la madrugada del 18 de noviembre de 1990, la policía se presenta en la casa de los Murature para comunicar que Virginia se había arrojado bajo el tren. Solo llevaba consigo el carné que daba cuenta de su identidad en las letras del nombre sonoro y en la foto de su bella negritud. Tenía 29 años.

* * *

Conocí a Virginia Murature en el invierno de 1984, cuando ambas nos integramos como actrices al Taller de Investigación del Teatro

San Martín que dirigía Lorenzo Quinteros. Trabajamos juntas en *El gigante Amapolas* de Juan B. Alberdi y en *El retrete real*, de Bernardo Carey, obra en la cual le había tocado representar, con su presencia negra como símbolo, a todos los esclavos del Virreinato. Su papel no tenía texto. Solo podíamos oír su voz potente y conmovedora cuando entonaba un canto africano mientras arrastraba el paso desventurado y sufriente de su personaje por la escena, tal como sus antepasados reales lo habían arrastrado tiempo atrás entre los salvajes hombres blancos de la Colonia que sometían sus cuerpos oscuros y negaban la existencia de sus almas.

Pero no era solo bajo las luces de la sala Cunil donde Virginia asumía su negritud y se levantaba como emisaria de una etnia negada antes y ahora por la sociedad rioplatense o reconocida solo en las expresiones de su folclore (lo cual no deja de ser una forma de confinamiento). Lo hacía cada día. No era de grandes proclamas, sino que daba su testimonio lúcido, espontáneo y sincero tanto en su discurso como en la búsqueda vital de un lugar en la sociedad que pudiera obtener por reconocimiento de sus habilidades y más allá de los prejuicios que la cercaban constantemente.

"Mi familia lleva muchísimas generaciones acá —nos contaba—, pero cuando digo que soy argentina, no me creen. Dicen que siendo tan negra debo venir de otra parte". Con el correr de los meses, a los integrantes del Taller nos asimilaron a la categoría de los actores del Elenco Estable del Teatro. Eso significaba condiciones de trabajo idílicas, donde además de dedicarnos a una tarea artística atractiva, se obtenía contratación fija, sueldo estable, obra social y aporte jubilatorio. Recuerdo la alegría de Virginia cuando llegó al ensayo exultante, anunciando que había podido renunciar a la sodería del oeste del Gran Buenos Aires, donde trabajaba por necesidad pero sin vocación. Por fin podría entregarse a su verdadera pasión: el teatro.

El paraíso duró poco. El autoritarismo de Kive Staiff cerró el Taller de Investigación. Nos quedamos sin ilusión y sin trabajo. Nos dispersamos. Dejé de ver a Virginia.

Tiempo después me encontré con mi bella camarada negra. En ese lapso ella solo había conseguido algún papel chico en alguna producción. "Solo me llaman para hacer de negra —reflexionaba—. Los negros no podemos hacer de médicos o de madres o de panaderos... El único rol que nos asignan es el de nuestro color. ¡Como si eso fuera un rol! Y además, nunca un papel importante y menos que menos un protagónico".

Nuestras vidas siguieron su rumbo, sin contacto entre nosotras. Seis años después de la clausura del Taller de Investigación fui convocada –esta vez como dramaturga– para escribir un monólogo en el marco de un proyecto que reuniría diez autores, diez actores y diez directores. Sentí el impulso de escribir un texto para que Virginia lo actuara.

Recordé su esplendor negro, la fuerza de su cuerpo, su dolor de afrodescendiente, su pasión, sus sueños. Y cuando quise acordar, sin darme cuenta cómo, el personaje estaba allí, pidiendo posada en mi imaginario: se llamaba Estrella y era una esclava negra en la época de las luchas independentistas en el Virreinato del Río de la Plata. Amamantaba un bebé y tenía unos enormes deseos de alcanzar la utopía del amor y la libertad. Se parecía mucho a Virginia Murature.

Era ya el momento entonces de contactarla y proponerle el trabajo. Me sentía muy feliz por mí y por Virginia. Yo iba a contar con todo su talento actoral para encarnar mi texto y ella tendría por fin su papel protagónico, su posibilidad de desplegar sus enormes dones.

Pero había perdido todo rastro. No tenía cómo ubicarla y ninguno de los excompañeros del Taller sabía nada de ella ni cómo encontrarla. Luego de unas cuantas pesquisas, logré hablar por teléfono con una tía. Le comuniqué con todo mi entusiasmo que andaba buscando a su sobrina porque tenía para ofrecerle un trabajo actoral que creía que iba a interesarle.

"¿Virginia…? –preguntó la tía con voz entrecortada– …Virginia se cansó de esperar".

Seis meses antes, Virginia Murature había dejado caer sus sueños incumplidos bajo las ruedas de un tren. El dolor y el desencanto habían podido más.

No sé cuáles fueron (¿quién podría saberlo?) las exactas razones por las que Virginia puso en acto las muertes que llevaba adentro. Ni cuáles eran (¿quién podría saberlo?) exactamente esas muertes.

Pero sabemos cuán letal es para los portadores de talentos que se les niegue el derecho de ejercer esos dones con los que ellos suelen transmutar sus penas en actos de belleza redentores.

Mi primer impulso después de la consternación fue abandonar el proyecto. Sin Virginia como destinataria, el texto parecía sin sentido y exhalaba la culpa de haber llegado tarde. Pero una fuerza contraria al desaliento me convenció de que con más razón la obra debía ser escrita.

En homenaje a Virginia, me propuse completar con la escritura el personaje que por inspiración de ella ya había comenzado a vivir en mi imaginación. Una esclava que llevando adelante su africanía no se limitara a "hacer el rol de negra" evitando los esquematismos que Virginia denunciaba. Una muchacha afrodescendiente, sensible, inteligente y soñadora, capaz de participar de una epopeya desde el protagonismo heroico, desplegando atributos habitualmente negados a los personajes literarios negros en nuestro ámbito cultural rioplatense. Un personaje que promoviera identificaciones desde su condición racial, pero más allá de ella, hasta esa zona de universalidad de lo humano donde podemos encontrarnos en deseos, miedos, amores y utopías.

Finalmente, la obra quedó escrita. Se llamó *Estrella negra*, en un título que intenta jugar con el luminoso resplandor de lo oscuro, como el personaje, como Virginia y como las antiguas esclavas que derramaban desde sus pechos morenos su blanca leche para los niños de la Colonia.

A pesar de que el proyecto que reuniría a autores, actores y directores, se había caído, el texto había seguido su propio rumbo, su vocación de obra. Pero sin Virginia ¿quién podría actuarlo en un país donde no suele haber actrices negras?

Pasó un buen tiempo de silencio. Un día vi en el diario la foto de la brasileña Ángela Correa, en su boda con el cineasta argentino, Pino Solanas. La había encontrado. Allí estaba la actriz negra que prestaría cuerpo, alma, experiencia vital, sensualidad y talento para hilvanar desde Estrella penas y sueños de remotas africanas y los de Virginia. Ángela montó su talento al desafío. Se sumó la chilena Verónica Oddó para la dirección, quien asumió el rol apasionadamente, poniendo en él toda su capacidad, su intuición y su experiencia.

Trabajamos mucho. Disfrutamos de la labor que en torno a femineidades y negritudes reunía, bajo la inspiración primigenia de la argentina Virginia, a una brasileña, a una chilena y a una uruguaya. Estábamos orgullosas de la mixtura de pueblos que implicaba nuestro encuentro. Mujeres de antes y de ahora. Hembras blancas y negras.

Hermanas quebrando las fronteras. La obra se estrenó en abril de 1995, en el Centro Cultural Recoleta de Buenos Aires.

Pero Virginia nos deja abierta, como herida que interpela, como boca que no cesa, la sospecha dolorosa de que la muerte enamorada –diría Hernández– tuvo con ella su hora temprana porque la vida en estas tierras es más desatenta con las pieles morenas que desbaratan la absurda presunción de blancuras europeas.

BRASIL

ACUARELA DEL BRASIL
MATICES DE UNA SOCIEDAD
—DE LA PIGMENTOCRACIA
HACIA LA DEMOCRACIA

PÉRCIO CASTRO, UNIVERSITY OF DAYTON, OHIO

"Brasil, meu Brasil brasileiro, meu mulato inzoneiro, vou cantarte nos meus versos. . ." Brasil, mi Brasil brasileño. Mi mulato juguetón, voy a cantarte en mis versos. . . Así empieza la famosa y tan conocida canción, samba de exaltación, *Acuarela del Brasil* (1939) de Ari Barroso que ha sido interpretada por muchos cantantes como Carmen Miranda tanto fuera como dentro del territorio nacional brasileño y que incluso ha llegado a la pantalla cinematográfica de Hollywood en 1942 con el famoso personaje de Walt Disney, el pato Donald, que por medio de Zé Carioca es presentado a las maravillas tropicales del Brasil, a la samba y a la ciudad de Río de Janeiro.

Desde un principio se ve claramente la relación que tiene el Brasil con el continente africano a través de la letra de la canción: un Brasil que "abre as cortinas do pasado", abre las cortinas del pasado, para recuperar sus raíces africanas; un Brasil que "tira a mãe preta do serrado", saca la nana/madre negra del cerro; "bota o rei Congo no congado", pone al rey Congo en el congado; en suma, un Brasil "lindo y trigueño"; un "Brasil brasileño". La afirmación de estos dos últimos versos denota notoriamente que la etnia del Brasil es una etnia trigueña y al apuntar hacia la nacionalidad, recalca la idea del mestizaje en lo que corresponde a la formación de su población. Pero ¿hasta qué punto llega la belleza de este "Brasil trigueño", de este país mestizo, que es tan reconocido por los artistas, eliminar o disminuir el prejuicio racial dentro de la sociedad? ¿Hasta qué punto podemos afirmar que existe una democracia racial en lo que concierne a los derechos iguales y a la eliminación por consiguiente de los prejuicios raciales y de género y no una sociedad basada en un sistema pigmentocrático y a la vez falocrático?

Desde luego ya sabemos que el Brasil ha tenido un proceso largo de esclavitud que solo desapareció, supuestamente, en 1888 con la proclamación de la Ley Áurea, un año antes de que el país se transformara en una república en 1889. Aún así, después de la aparente libertad otorgada a los esclavos, este sistema de subyugación hasta cierto punto clasista y racial, se perpetuó hasta el día de hoy –quizás no de una forma que evocara el aprisionamiento y el castigo físico a través de las cadenas y del látigo–, sino que se empezó a demarcar dentro de la sociedad brasileña un sistema piramidal basado en el color de la piel; o sea, una pigmentocracia. De hecho, parece que en el Brasil muchas veces la raza se determina por el color de la piel de una persona: negro, blanco, pardo (marrón), amarillo (asiático o de origen asiático) y rojo (indígena e indio o de origen indígena)[1]. Es, específicamente dentro de este sistema matizado de colores de un país mestizo, donde el negro se encuentra formando la base de la pirámide social no solo por una cuestión histórica que se encadena y lo ata al pasado, a la esclavitud que existió, sino también por un sentido de prejuicio social que todavía se encuentra arraigado a la sociedad contemporánea brasileña. Por ende, el elemento negro sufrió durante la esclavitud y sigue padeciendo las consecuencias de la misma aún después de más de 120 años de la abolición. Este sufrimiento se hace patente en muchas obras literarias como las de Antonio Federico de Castro Alves (Castro Alves), el poeta de los esclavos, quien por medio de su poesía criticaba severamente el sistema de esclavitud. De igual modo, los problemas raciales son expuestos como una constante antes y después de la proclamación de la república en los escritos de muchos otros autores, entre ellos, Aluisio Tancredo Goncalves de Azevedo (Aluisio de Azevedo) como *O Mulato* (1881) y *O Cortico* (1890). A lo largo de la historia del Brasil, sin embargo, hay que destacar también la participación de los mulatos en la vida política y cultural del país. Hombres como Machado de Assis (escritor), José do Patrocinio (periodista), Andrés Rebouças (ingeniero), Nilo Peçanha (expresidente del Brasil), Antônio Francisco Lisboa –Aleijadinho (escultor) entre muchos otros, tuvieron un gran papel en la formación de lo que hoy es la sociedad brasileña.

Solo hay que observar la historia del arte tanto en lo literario como en lo musical y plástico para ver que el Brasil conserva una relación directa e imposible de negar con el continente africano. Muchas veces la imagen del pueblo brasileño es vendida al exterior a través de la figura representativa del mulato y sobre todo de su representación femenina, la mulata. Los ejemplos que podríamos citar aquí, respecto a la alegórica imagen de la mulata, formarían una lista interminable de nombres reconocidos y se destacarían entre ellos varios pintores como Emiliano Augusto Cavalcanti de Albuquerque Melo (Di Cavalcanti) que muchas veces ha personificado la figura de la mulata en sus lienzos y que inmortalizó la imagen de Marina Montini, muchos escritores famosos como Jorge Amado que entre muchas de sus obras se encuentra una de las más conocidas, la historia de la famosa mulata, *Gabriela Cravo e Canela* que más tarde se volvió una telenovela y que también llegó a la pantalla grande con su estreno como película en 1983. Claro está que tampoco podríamos dejar de pensar en las famosas mulatas del carnaval brasileño, las de las noches de los clubes nocturnos como las de Oswaldo Sargentelli –la mulata exportación– y en las mulatas homenajeadas en las canciones como en *Salve a Mulata Brasileira* interpretada por Martinho da Vila.

A pesar de la apoteosis de la mulata como un símbolo de belleza brasileña, muchas veces este tipo de "homenaje", exacerbación, enardecimiento o distinción, podría ser visto desde una perspectiva de explotación sexual e incluso como una forma de publicidad y mercadeo en el cual ocurre la cosificación o deshumanización de la mujer. En este caso, lo que se valoriza es el cuerpo lleno de curvas de la mulata. La mujer mulata de "buen cuerpo", entonces, nos es, consecuentemente, apreciada como persona. El enfoque de sus habilidades y destrezas se concentran en su cuerpo escultural y en su forma de bailar la samba casi desnuda y su sensualidad y sexualidad. Esta explotación publicitaria de los medios de comunicación dentro y fuera del carnaval como una falsa forma de democracia racial, rompe los parámetros del ámbito cultural y termina desembocando en una actitud de prejuicios velados. Es decir, la mujer mulata o parda logra su espacio a causa de su cuerpo y como elemento de exótica belleza que es usado para vender al exterior la imagen del carnaval y del sensualismo tropical brasileño. Sin embargo, si esta no tiene buen cuerpo, si no es la "mulata gostosa", mulata fogosa, ocupará el mismo rango que la mujer negra dentro de la escala social. En otras palabras, este proceso de cosificación y de deshumanización de la mujer mulata, remite directamente a la explotación de la mujer negra durante el período de esclavitud como un objeto de los placeres sexuales del señor blanco. Al enaltecer a la mujer mulata dentro de un proceso de "blanqueamiento", una mulata que muchas veces tiene "buena apariencia" (con tez clara, nariz afilada, pelo lacio y labios finos –rasgos comúnmente característicos de la raza blanca), se enfatiza, indirectamente más que nada, este mismo sistema pigmentocrático que desvaloriza la representación de la mujer negra dentro de la sociedad brasileña que dentro de la escala socioeconómica brasileña, todavía es la que ocupa la posición más baja en distintos sectores de la sociedad. Porque tanto el rol de la mujer parda/mulata, así como el de la negra, continúa siendo subalterno al de la mujer blanca. La mujer negra en el Brasil, por ejemplo, se encuentra a niveles inferiores en cuanto a la educación, el trabajo, la salud y es la que sufre el mayor índice de violencia. En suma, se puede argüir que la mujer negra y los prejuicios enmascarados o no, encontrados en el Brasil conllevan un prejuicio que puede ser considerado por lo menos como triple –de raza, de género y de clase. Claro está que podríamos sumar a esta dimensión tripartita otros elementos que nos indicarían prejuicios polifacéticos dentro de los cuales tendríamos también que considerar cuestiones de edad, preferencia sexual, capacidad física y mental entre otras posibilidades.

¿Logramos entonces, como propone *Acuarela del Brasil*, abrir "las cortinas del pasado" para sacar "a la nana/madre negra del cerro" y poner "al rey Congo en el congado"? Parece que la sociedad brasileña, al abrir estas cortinas, solo vislumbra el pasado, quizás para admirarlo como simple espectador; tal vez para intentar comprender la etnicidad de este Brasil "lindo y trigueño". Lo cierto es que el Brasil todavía sigue dando sus primeros pasos con respecto al proceso de ecuanimidad, legitimidad y equilibrio de lo que en el futuro acaso pueda ser considerado una democracia racial. Efectivamente, podríamos incluso considerar que todavía en el Brasil no existe un sistema bien desarrollado de Acción Afirmativa que ofrezca igualdad a los grupos minoritarios. El primer sistema, en el país, que se relaciona con lo que hoy conocemos como Acción Afirmativa, se ata a la idea que surgió en 1968 dentro del Ministerio del Trabajo y del Tribunal Superior del Trabajo de crear una ley que obligara a las empresas a tener un porcentaje (20 %, 15 % o 10 %) de "trabajadores de color" –ley que nunca fue promulgada (Peres 1). Cabe apuntar que durante el período de la dictadura militar –después del golpe de 1964, sobre todo durante 1964 hasta 1985–, "discussion of race was severely censured and denounced as politically subversive" (Caldwell 45), las discusiones sobre raza fueron severamente censuradas y denunciadas como políticamente subversivas. No obstante, durante el proceso de liberación política que ocurrió en 1974 se promovió un espacio para la movilización y creación de movimientos de oposición social y en 1979 se fundó el (MNU) Movimiento Negro Unificado (Caldwell 45). De hecho, dentro del marco de la educación al nivel universitario, el Brasil tiene hoy un sistema de cuotas para minorías. Según Sabrina Moehleke, es ingenuo pensar que una política de acción afirmativa cambie el escenario de desigualdades sociales en el país. Para que eso funcione, como añade Moehleke, son necesarios muchos programas y acciones (citada en Peres 3).

La expresión de la raza negra en el Brasil puede ser vista a través de una forma diversificada de posibles manifestaciones. Innumerables son los vocablos oriundos de raíces africanas utilizados por los brasileños a diario no solo en lo que se atañe al nombre propio de lugares y de personas, sino también a un sin par de palabras que se usan tanto en el campo de las creencias religiosas, como en el uso de un vocabulario coloquial en el ámbito culinario y gastronómico. Dicha manifestación o la afirmación de estas raíces africanas dentro del Brasil no se detienen en el entorno filológico. Es decir, rompen los parámetros lingüísticos para afirmarse también al nivel musical y artístico.

En lo que concierne el ámbito gastronómico, por ejemplo, durante el período de la esclavitud, la mujer negra trabajaba tanto dentro como fuera de la casa grande. Se les daba a los esclavos el derecho de tener una comida que casi siempre consistía en frijoles, harina de mandioca, maíz y restos de carne de dudosa categoría y calidad. Al cocinar la carne con los frijoles, las esclavas de la época estarían creando uno de los platos más conocidos dentro de la gastronomía brasileña, especialmente en la región de Río de Janeiro –la feijoada (Schumaher y Vital Brazil 9). ¿Pero cuántos brasileños saben el origen de este famoso plato típico? Quizás muchos sepan que es un plato que se acopló a la cocina del país y que vino de la cultura africana, ¿pero, cuántos, en realidad, saben de qué forma se originó? Tal vez estas preguntas retóricas jamás tengan una respuesta definitiva. Sin embargo, y una vez más, al "abrir las cortinas del pasado", miramos y no vemos, y al mirar, todavía no aprendemos. Así, parece que el Brasil tiene que ir más allá de las cuotas creadas para equilibrar el sistema universitario y abarcar otros tipos de acción afirmativa. A lo mejor, un paso cierto hacia ese rumbo, sería poner en práctica la implementación de la ley que incluye la enseñanza de la historia afrobrasileña en el currículo académico (Sabrina Moehleke, citada en Peres 4).

El carnaval en todo el país, a través del desfile de las escuelas de samba, además de presentar a la población sus mulatas exuberantes que "samban" al enredo musical que cuenta una historia, tiene como uno de los elementos obligatorios del desfile, el grupo de las bahianas que en su mayoría se compone de señoras negras que bailan con sus trajes típicos de faldas almidonadas, blusa o bata con encajes, turbantes, "pano da costa"[2], grandes aretes de aro, collares y brazaletes, "balagandãnas", etc. Sin mencionar el aspecto cultural que pueda tener esta parte del carnaval brasileño, es importante señalar que este traje típico, de influencia nagô-ioruba o quizás dahomé, usado por las bahianas se asemeja al traje anteriormente usado por las esclavas y que hoy todavía es visto muchas veces como un elemento folclórico y regional de las mujeres que venden platos bahianos típicos en las calles de muchas ciudades del estado de Bahía y que durante el período de la esclavitud eran muy comúnmente usados por las "quitandeiras", mayormente esclavas libertas que cargaban en la cabeza una bandeja, caja o canasta con productos alimenticios y otras cosas para venderlos en las calles y en las plazas de las ciudades.

Dentro del carnaval, se hace patente que las bahianas adquieren su lugar solamente como grupo. La individualidad de cada una de estas mujeres es eliminada a partir del momento en que el enfoque de su participación se radica sobre sus vestimentas y el colorido de las mismas. Su personalidad se desvanece en medio de una evocación folclórica, de los sonidos de los panderos, de los tambores, de la "batucada" –ruido emitido por los tambores de los africanos– y del enredo musical de las escuelas. Sin embargo, el "batuque" de los tambores y la conciencia del origen de las raíces y de las reminiscencias africanas se pierden en medio del júbilo de los placeres carnavalescos y del ritmo de la samba[3]. El pueblo, en medio de los turistas, una vez más ignora y desconoce su pasado. Vale decir, ahora, escucha sin oír los reclamos de un ritmo de reminiscencias africanas. A diferencia de las bahianas, las mulatas dentro de las escuelas de samba muchas veces son seleccionadas y destacadas por su exótica belleza, perfección corporal, sensualidad y habilidad de mover las caderas al compás de la samba. Sería válido, sin embargo, especular si dentro de la sociedad brasileña estas tienen el mismo tipo de destaque que reciben durante estos cuatro días de fiesta y esplendor. El ser mulato de cierta forma dentro de la sociedad brasileña conlleva varios estigmas. Por un lado, es evidente que esta persona ha pasado por un proceso de blanqueamiento ya que consta de una mezcla racial. Por el otro, esta mezcla, esta blanqueadura en sí tampoco le proporciona o le posibilita encontrar más aceptación dentro de la sociedad y, por ende, tener más éxito. Para la mujer negra o parda, más bien para que esto ocurra todavía, a esta se le exige a que tenga "buena apariencia"[4] y a que se enfrente a los patrones asociados con la raza blanca y de origen europeo. No obstante, y aunque esta se acerque y muchas veces tenga los elementos de la tan demandada "buena apariencia", su destino está marcado por la "contaminación" con la raza negra, por un contagio racial que casi siempre es visto de forma negativa. Como menciona la letra de una famosa canción carnavalesca de Lamartine Babo *O Teu Cabelo Não Nega*, Tu pelo no niega, grabada en diciembre de 1931 y lanzada durante el carnaval de 1932, el tener sangre negra puede ser la sombra que le roba al elemento de la raza negra el brillo del carnaval y que le acompaña en su vía crucis social: "O teu cabelo não nega mulata / Porque és mulata na cor / Mas como a cor não pega mulata / Mulata eu quero o teu amor", Tu pelo no niega mulata / Porque eres mulata en el color / Pero como el color no se le pega a uno mulata / Mulata yo quiero tu amor. En esta marcha de carnaval, aunque la mulata "tenga un sabor bien Brasil" y sea considerada por su belleza como algo fuera de ese mundo "Porque mulata tu não és deste planeta" y llegue a incitar envidia en la luna que le hace muecas, "A lua te invejando faz careta", la mulata sufre las consecuencias de su herencia negra que es vista como un tipo de mácula. En otras palabras, ya que el color no se le pega a uno, el hombre en este caso, puede hacerle el amor sin arriesgarse a "contaminarse" con la raza negra. Claro está que los tiempos eran otros y que habían pasado poco más de cuarenta años desde la abolición de la esclavitud. Sin embargo, este tipo de actitud fue inculcado lentamente dentro de la sociedad, generando no solo un tipo de prejuicio disimulado de parte de los blancos hacia los negros, sino también un tipo de prejuicio intrínseco que se ha interiorizado dentro del propio elemento negro que muchas veces creía que para que se mejorara su estirpe, había que blanquear su linaje y, consecuentemente, "mejorar la raza". Esta mácula mencionada en la canción se transfiere a la idiosincrasia del idioma en la creación de expresiones peyorativas que indirectamente estipulan la herencia negra como algo negativo y enfatizan la idea de la inferioridad de la raza negra y, consecuentemente, las desigualdades raciales: "tener un pie en la cocina" o "tener un pie en la choza/'senzala'". Este prejuicio extrínseca e intrínsecamente remite a las teorías de Joseph Arthur, conde de Gobineau y sus presunciones segregacionistas que postulaban la superioridad de la raza blanca –gobinismo; es decir, teorías basadas en el racismo científico del siglo XIX. Estas ideas europeas, usadas en un Brasil mestizo, desembocan en la inversión de la mano de obra inmigrante con el propósito de blanquear la nación y del mejoramiento de la raza mestiza brasileña.

Durante el 8 de marzo se celebra el Día Internacional de la Mujer, el 21 de marzo se conmemora el Día Internacional de la Eliminación de la Discriminación Racial, el 20 de noviembre es el Día Nacional de la Conciencia Negra, el 25 de julio se aclama el Día Internacional de la Mujer Negra Latinoamericana y Caribeña, el 23 de agosto es seleccionado para el Día Internacional del Recuerdo de la Trata de Esclavos y de su Abolición, el 2 de diciembre se define como el Día Internacional para la Abolición de la Esclavitud y el 13 de mayo marca el Día Nacional de la Lucha Contra el Racismo[5] en el Brasil. La lista de fechas significativas que se relacionan directa o indirectamente con la figura femenina y la raza negra se expande en todo el mundo, pero si tomamos en consideración el rol de la mujer, especialmente el de la mujer negra, en la sociedad brasileña, esa aclamación todavía está lejos de ser reivindicada por muchas de ellas. Si la figura de la "bahiana" puede ser vista como una posible representación metafórica de la mujer negra y mestiza brasileña, valdría la pena utilizar el título de la famosa canción de Dorival Caymmi *O que é que a baiana tem?*, ¿Qué es lo que tiene la bahiana?, para indagar ¿qué es lo que tiene la mujer negra brasileña hoy? Según el censo de 2000, más del 30 % de las familias brasileñas son lideradas por mujeres negras. No obstante, hay que tomar en cuenta que estas sufren un doble prejuicio –el de ser mujeres y el de ser negras. "Um estudo publicado recentemente pela Unifem (Fundo de Desenvolvimento das Nações Unidas para a Mulher) comprovou que o salário da brasileira é, em média, 30% inferior ao do homem, chegando a 61 % essa diferença, se a mulher for negra" (Brisolara 1). Un estudio publicado recientemente por la UNIFEM (Fondo del Desarrollo de las Naciones Unidas para la Mujer) comprobó que el sueldo de la brasileña es inferior al del hombre en un promedio de un 30 %, llegando la diferencia a un 61 % si la mujer es negra. En otras palabras, la situación de la mayoría de las mujeres de la raza negra o mestiza en el Brasil, es una situación deplorable y desequilibrada al nivel socioeconómico. Así, la riqueza de los aretes y de los brazaletes de oro, de la falda de seda mencionados en la canción se queda perdida en una utopía folclórica y lírica y discrepa a la vez con la realidad de muchas familias de mujeres negras brasileñas. En resumidas cuentas, la sociedad brasileña no puede ser comprendida como una sociedad daltónica en la cual no ocurren distinciones a causa del color de la piel. La idea de una democracia racial, previamente desarrollada en el libro *Casa-grande e Senzala* (1933) a partir de la interpretación del antropólogo Gilberto Freire, termina como una realidad soñada, utópica e inventada. Vale decir, "a exclusão no mercado de trabalho no Brasil tem cor" (Souza 6), la exclusión en el mercado de trabajo en el Brasil tiene color. El sistema pigmentocrático adoptado antes parece todavía tener validez en una sociedad que no logra encontrar una solución para la problemática del prejuicio y de las diferencias raciales así como la de las capas sociales.

De acuerdo com pesquisa feita pelo DIESE (Departamento Intersindical de Estudos Sócio-econômicos) e publicada por Fabiana Futema, de A Folha de São Paulo, é nítida a discriminação sofrida pelas mulheres negras no mercado de trabalho: primeiro por ser mulher, depois, por ser negra; não necessariamente nesta ordem (Santos 1054). De acuerdo con una encuesta hecha por el DIESE y publicada por Fabiana Futema, de 'A Folha de São Paulo', es nítida la discriminación sufrida por las mujeres negras en el mercado de trabajo: primero por ser mujer, después, por ser negra; pero no necesariamente en este orden.

En otras palabras, una segregación que al desdoblarse en género y raza se triparte cuando a estas, como consecuencia, se les añade la discriminación de rango social.

El lugar que ocupa la figura femenina negra y afrodescendiente dentro de la sociedad brasileña empieza poco a poco a cambiar a partir del momento en que esta idealización de la mulata de cuerpo escultural y los prejuicios raciales comienzan lentamente a desvanecerse. Hoy existe en el Brasil una serie de organizaciones que defienden y propagan los derechos de la mujer negra y a la vez generan una conciencia racial: Criola-Organização de Mulheres Negras, Geledés-Instituto da Mulher Negra, Casa de Cultura da Mulher Negra, Mulheres Negras –do Umbigo para o Mundo, entre muchas otras. Existen también varias revistas que se enfocan en la raza negra como *Raça Brasil*, *Revistas Plural*, *Agito Geral*, etc. Quizás el Brasil de ahora sea un país adulto, pero parece que todavía camina a gatas en lo que atañe a la discriminación de género y a la disparidad socioeconómica-racial; un país en el cual se encuentra una de la mayores poblaciones de afrodescendientes, según el Instituto Brasileño de Geografía y Estadística (IBGE), y en el cual aún no hay equilibrio étnico que engendre, facilite y mantenga un nivel de ecuanimidad. Pero ¿cómo puede negar ese "Brasil lindo y trigueño" sus orígenes y por ende ignorar la figura de la mujer negra que lo amamantó?

El 28 de septiembre de 1871, se promulgó la "Ley del Vientre Libre –Ley Vizconde del Rio Branco"– que determinaba que todo hijo de esclava que naciera después de esa fecha sería un ser libre. De hecho, la mujer negra en la sociedad brasileña ha sido la madre de muchos

negros y blancos. Las esclavas trabajaban tanto fuera como dentro
de la "casa grande" y muchas veces eran usadas por sus señoras como
amas de leche y para ayudar en la crianza de los hijos de los señores
como amas secas. Lo deplorable de la situación actual es que la mujer
negra y mestiza todavía se encuentre cuidando a los niños de los más
adinerados y de la clase más acomodada financieramente –los niños
de los que se encuentran a niveles más elevados en la pirámide social
pigmentocrática– los étnicamente más blancos. Aunque la figura de
la "ama de leche" haya desaparecido de la sociedad brasileña, la nana
negra o la madre negra como ama seca parece no haber sido totalmente sustituida por la misma sociedad que sin darles a esas mujeres
muchas veces el derecho a tener derechos tanto en el pasado[6] así como
en el presente, a existir como mujeres dentro de la comunidad, siguen
explotándolas como sirvientas, cocineras y nodrizas:

> Dados indicativos apresentam com propriedade a realidade
> cruel que enfrenta a comunidade negra no espaço de trabalho
> brasileiro: ele se encontra de maneira mais expressiva nas
> áreas de serviço mais pesados [sic], como a construção civil,
> no campo, em serviços domésticos, as mulheres recebem essa
> responsabilidade por trás da capa de "dons naturais"... [A]
> s mulheres são as que mais sofrem, pois estão empregadas
> como domésticas, balconistas, limpeza e conservação de
> ambientes, copeiras, etc. (Souza 4). Datos indicativos pre-
> sentan con propiedad la realidad cruel a la cual se enfrenta la
> comunidad negra en el ambiente de trabajo brasileño: esto se
> encuentra de manera más expresiva en las aéreas de trabajo
> más pesadas, como la construcción civil, en el campo, en
> trabajos domésticos, las mujeres reciben esa responsabilidad
> tras la capa de "dones naturales"...
> Las mujeres son las que más sufren, puesto que están emplea-
> das como sirvientas, dependientes, limpieza y conservación
> de ambientes, coperas, etc.

Hoy en el Brasil, la madre negra es celebrada el 28 de septiembre,
fecha seleccionada a causa de la promulgación de la Ley del Vientre
Libre y de la Ley del Sexagenario que fueron proclamadas durante el

mismo día en 1871 y 1885 respectivamente. La relación entre el pueblo brasileño y la madre negra se estrecha aún más a partir de la creación en 1955 del monumento Homenaje a la "Mãe Preta" –Madre Negra– de Julio Guerra que se ubica en la plaza del Largo do Paissandú (en el centro de la ciudad de São Paulo), en la cual también se sitúa la Iglesia de Nuestra Señora del Rosario de los Hombres Negros, punto de gran referencia para la población afrodescendiente brasileña[7]. No obstante, la relación de la mujer como madre y figura negra en el Brasil va más allá de la escultura creada por Julio Guerra. Es imposible negar la negritud de un país que tiene como patrona la figura de una Virgen negra –Nuestra Señora de la Concepción (de la) Aparecida– "Nossa Senhora Aparecida". La Virgen ennegrecida sumergida en el río Paraíba fue encontrada por tres pescadores en 1716 y fue declarada solemnemente como patrona del Brasil el 16 de julio de 1930 por el papa Pío XII y tiene como día de celebración nacional el 12 de octubre. Si la figura de la madre de Dios que es representada en color castaño oscuro y es considerada como la santa protectora del Brasil, recibe una de las mayores peregrinaciones de fieles del mundo entero, ¿cómo negar entonces la relación de la mujer negra como la posible representación simbólica de la madre de la sociedad brasileña? ¿Cómo no abrir las cortinas del pasado para comprender un poco más los orígenes, la historia y la cultura de una sociedad tan mestiza como la sociedad brasileña contemporánea?

El número de mujeres negras y afrodescendientes que han cambiado la estructura sociorracial en la historia brasileña es incalculable. Sería imposible intentar mencionar a todas ellas sin suscitar algún tipo de injusticia. Pero ¿quiénes son y fueron esas mujeres? Sus posiciones sociales y trasfondos económico-culturales son diversos. Las encontraremos en el medio artístico, en la política, en los deportes, en el entorno religioso, en el período de la esclavitud; en suma, en el medio sociopolítico y cultural de la sociedad brasileña y a lo largo de la historia del Brasil. Para empezar, tendríamos que considerar el papel de la mujer negra en los quilombos. Existe muy poca información acerca de la función de las quilombolas o mocambeiras; sin embargo, hay indicios de que muchas tuvieron gran influencia en los quilombos, sobre todo en uno de los principales, el "quilombo"[8] de los Palmares en Alagoas. La participación de las mujeres en ellos abarcaba distintos ámbitos: eran responsables del abastecimiento de alimentos, la confección de la ropa y utensilios, preservaban los valores culturales, cuidaban de los heridos e incluso acompañaban a los guerreros algunas veces en los combates. Hoy vemos que las actividades de estas mujeres del pasado repercuten en el presente. En 2004, por ejemplo, se dio en Manaus el I Encuentro Nacional de Mujeres Quilombolas que logró congregar representantes de 21 estados brasileños (Schumaher y Vital Brazil 86).

En el campo de la literatura se destaca como la primera escritora negra brasileña el nombre de Maria Firmina dos Reis, autora de la primera novela abolicionista publicada en el Brasil, *Úrsula* (1859), con un punto de vista y una perspectiva afrodescendientes. Hija de Leonor Felipe dos Reis, la escritora nació en 1825 en São Luís y se trasladó más tarde cuando tenía 5 años a la ciudad de Guimarães donde posteriormente trabajó como profesora hasta 1881. Sobre los temas de la esclavitud publica también 2 cuentos "13 de maio" y "A Escrava" en la revista *Maranhense*. Su osadía, así como su interés por la necesidad comunitaria, la llevó a fundar una escuela mixta para niños pobres en la ciudad de Guimarães. Nunca se casó; sin embargo, adoptó a varios niños y amadrinó a otros. Falleció, cuando ya estaba ciega, a la edad de 92 años en 1917 en la casa de una amiga que había sido esclava (Schumaher y Vital Brazil 390). En *Úrsula*, los personajes negros, Túlio, Madre Susana y Antero, son tratados y descritos con valor y decencia a diferencia de otras obras en las cuales los esclavos roban y terminan a veces por sabotear al amo blanco como es el caso que se encuentra en la obra de Joaquim Manoel de Macedo, *As Vítimas Algozes* (1869). En otras palabras, "no discurso do narrador onisciente, o negro é parâmetro de elevação moral. Tal fato se constitui em verdadeira inversão de valores numa sociedade escravocrata, cujas elites difundiam teorias 'científicas' a respeito da inferioridade natural dos africanos" (Duarte y Oliveira 1), en el discurso del narrador ominisciente, el negro es parámetro de elevación moral. Tal hecho constituye una verdadera inversión de los valores en una sociedad esclavista, cuyas élites difundían teorías "científicas" respecto a la inferioridad natural de los africanos.

Uno de los personajes más conocidos dentro de la historia negra brasileña es el de Chica da Silva –Francisca da Silva. Chica nació esclava y logró su libertad en 1753. Era hija de la negra Maria da Costa y del portugués Antonio Caetano de Sá. Fue esclava del médico portugués Manuel Pires Sardinha, con quien tuvo su primer hijo Simão. Después de la muerte del médico, Chica logró su carta de libertad y adoptó el apellido Silva. La carta que le otorgaba la libertad fue firmada por João Fernandes de Oliveira con quien pasó a vivir en concubinato y con quien posteriormente tuvo 13 hijos. Al parir a su primera hija con él, Chica adoptó también el apellido Oliveira. Así, ella empezó a ser conocida como Doña Chica da Silva de Oliveira forma por la cual era tratada debido al prestigio que tenía. Educó a todos los hijos, confiriéndoles la ascensión social ya que ella formaba parte de la élite local. Vivía en una casa espaciosa de dos pisos y con capilla privada. A lo largo de su vida también fue conocida como "Chica parda" y más tarde como "Chica la que manda" a causa del poder adquirido. Fue enterrada en 1796 en la iglesia de San Francisco de Asís que era exclusividad de la élite blanca del lugar (Schumaher y Vital Brazil 148-50)[9].

En lo que concierne a los rituales y las religiones que llegaron al Brasil con los negros, hay una gama infinita de nombres de mujeres negras que podríamos citar. A pesar de ser incontable el número de mujeres que trabajaron dentro de este contexto, su función ha sido indudablemente importante en la perpetuación de los ritos y tradiciones africanos. Lograban mantener la unidad de los africanos que se reunían alrededor de ellas, no solo a través de los rituales religiosos en las conocidas "familias de santo", sino también por medio de sus creencias y oraciones, fueron muchas veces las responsables de la propagación de las costumbres y tradiciones africanas en distintos ámbitos: lingüístico, indumentario, litúrgico, artístico, etc. Todos estos elementos hoy se combinan para formar un sincretismo peculiar y a la vez genuinamente brasileño que a los ojos del visitante extranjero es de difícil comprensión. Esas mujeres a lo largo de la historia ocuparon dentro de los "terreiros"[10] los principales puestos formando, consecuentemente, un sistema jerárquico típicamente femenino dentro del cual lograron dogmatizar la identidad de la mujer como ser político:

No desenvolvimento de uma sociedade em que a histórica
exclusão das mulheres foi agravada por sua origem étnica e

de clase, as afrodescendentes, além do exercício do sagrado, encontraram nos terreiros o lugar de afirmação de sua identidade como mulher e ser político, gerando ali, paulatinamente, a legítima mudança social (Schumaher y Vital Brazil 111). En el desarrollo de una sociedad en la cual la histórica exclusión de las mujeres fue agraviada por su origen étnico y de clase, las afrodescendientes, más allá de tener su función dentro del ámbito religioso, encuentran en los "terreiros" el lugar de afirmación de su identidad como mujer y ser político, generando allí, paulatinamente, la legítima mudanza social.

Entre las muchas "madres de santo" se encuentran Hilda Dias dos Santos –Hilda Jitolu. Madre Hilda nació el 6 de enero de 1923 en Salvador, Bahía. Contribuyó en la filosofía de trabajo de uno de los primeros grupos de carnaval que se enfoca en la valoración de la cultura africana y del proceso de re-africanización, el Ilê Aiyê. Hilda, como la escritora Maria Frimina dos Reis, fundó en 1988 una escuela para alfabetizar a los niños de su comunidad.

Mãe Meninha do Gantois –Escolástica Maria da Conceição Nazaré– nació el 10 de febrero de 1894 en Salvador en el estado de Bahía y desde niña estuvo involucrada con la religión africana –candomblé. Nombraba sus muñecas improvisadas con los nombres de las entidades y divinidades africanas. El apodo "menininha" le fue dado más tarde por Pulquéria da Conceição Nazaré. Se inició en el candomblé, en el "terreiro do Gantois" (apellido francés del antiguo propietario del terreno), fundado por su bisabuela. Asumió la función de madre de santo muy temprano en su vida, antes de los 30 años. Durante cierto período de tiempo sufrió las consecuencias de la persecución religiosa en contra del candomblé ya que no había en el Brasil de entonces libertad religiosa. Muchas veces los "terreiros" eran invadidos por la policía; sin embargo, a causa de su popularidad, Mãe Menininha, logró que su "terreiro" fuera protegido por personas de prestigio de Bahía. Posteriormente, su fama se expandió por el país entero y fue consultada por muchas personalidades famosas del Brasil –cantantes, poetas, políticos, escritores, etc. Murió a los 92 años, el 13 de agosto de 1986. Mãe Meninha do Gantois tuvo dos hijas, Cleusa y Carmen. Después de su muerte Cleusa asumió su puesto hasta el día en que falleció en 1998. Mãe Menininha do Gantois es reconocida como una de las ialorixás más respetadas de todo el Brasil. Su nombre ha sido inmortalizado, no solo a través de un memorial creado por el Gobierno brasileño en los años 90, sino también por canciones y sobre todo por la *Oração a Mãe Menininha do Gantois* compuesta por Dorival Caimi en 1972. En su memorial se encuentra una frase que sintetiza el sincretismo religioso brasileño y, consecuentemente, la unión de dos religiones tan importantes en el país –el candomblé y el catolicismo: "Deus? O mesmo Deus da Igreja é o do Candomblé. A África conhece o nosso Deus tanto quanto nós, com o nome de Olorum. A morada dele é lá em cima e a nossa, cá embaixo"; ¿Dios? El mismo Dios de la Iglesia es el del Candomblé. África conoce a nuestro Dios tanto como nosotros, con el nombre de Olorum. Su casa está allá arriba y la nuestra acá abajo (Associação Portuguesa de Cultura Afro-Brasileira – Mãe menininha do Gantois).

Este homenaje a Mãe Menininha, compuesto por Dorival Caimi, ha sido interpretado por varios cantantes brasileños y entre los muchos que homenajearon la belleza y la bondad de Mãe Menininha con esta canción, se encuentra una mujer negra que también fue adorada por muchos –Clementina de Jesús que cantó el poema de Caimi en el Teatro Municipal de São Paulo en 1982. Clementina nació pobre el 7 de febrero de 1902 en la ciudad de Valença en el estado de Río de Janeiro. Trabajó como sirvienta en una casa de familia durante más de 20 años donde era básicamente pasada por alto, excepto por las quejas de la patrona que le decía que su voz la importunaba. Dueña de una voz ronca y con su forma de cantar y mover el cuerpo mientras interpretaba las canciones nos lleva a pensar en los "terreiros" y en las entidades africanas. Su manera de cantar abarca su propia experiencia de vida: su participación en el coro de la iglesia cuando tenía 15 años, los recuerdos de las canciones que cantaba su madre mientras esta lavaba la ropa, la samba de roda, etc. Su figura en sí engendraba un mundo ecléctico de ritmos y musicalidad. Clementina no empezó oficialmente su carrera hasta la edad de los 63 años cuando estrenó en el espectáculo *Rosa de Ouro*. A partir de ese momento recibió invitaciones para cantar en otros estados y también en el exterior donde representó al Brasil en el Festival del Arte Negro al lado de otros cantantes y compatriotas. En 1970, lanzó su primer disco individual titulado *Clementina Cadê Você?* El nombre del disco se origina de una canción compuesta en su homenaje por Elton Medeiros. Clementina, también conocida como Quelé, falleció el 19 de septiembre de 1987.

El ritmo de la música brasileña está repleto de sonidos, de ritmos y de palabras africanas. No hay cómo negar las raíces negras de la cultura brasileña, de la personificación que recibe el país como un "mulato juguetón" presentada en la letra de *Acuarela del Brasil*. Ni siquiera el carnaval, fiesta llevada al Brasil por los portugueses durante el siglo XVII, puede subsistir sin la influencia de la raza negra. La samba al ritmo de los tambores o de otros instrumentos de percusión ata a cada sonido emitido la sangre que corre por las venas del pueblo a los orígenes africanos. Es evidente que Clementina no ha sido la única en llevar este ritmo mágico que por medio de la música y del canto abrió paulatinamente un poco más las puertas a la representación de la negritud en el Brasil. Elza Soares, por ejemplo, nació también en la pobreza el 23 de junio de 1937. Vivió en la favela de Agua Santa en Río de Janeiro. Era hija de lavandera. Se casó cuando todavía era niña y contaba solamente 12 años. Después de participar en una competencia musical cuando tenía 14, empezó gradualmente su carrera como cantante y grabó en 1960 su primera canción, *Se Acaso Você Chegasse* de Lupicínio Rodriguez. Elza, como otros negros, también sufrió en su propia piel los prejuicios de la sociedad. En una de las ocasiones que tenía que presentarse con la orquesta de Garan, la dirección del club intentó impedirlo porque era negra. Sin tomar conocimiento de lo sucedido, se presentó siendo muy aplaudida por el público. Su voz ronca se dio a conocer en muchos países latinoamericanos y europeos. Su segundo disco se tituló *Bossa Negra*, lo que directamente la vincula a sus raíces africanas. En el año 2000 recibió el premio de "Mejor cantante del milenio" que le fue otorgado por la BBC de Londres.

La pregunta que le hace Regina Duearte a Zezé Motta en el programa "Mulher 80" –una pregunta hasta cierto punto retórica– "Mulher, preta e pobre, deu para sonhar em ser atriz, Zezé?"; mujer, negra y pobre, ¿fue posible soñar con ser actriz?, retumba en el pasado y repercute en el presente en la vida de muchos negros y afrodescendientes brasileños. El sueño con la libertad del pasado, de romper las cadenas del cautiverio, de salir del sometimiento, de eliminar la esclavitud, se vuelve la ilusión de encontrar un lugar en la sociedad del presente, de descubrir un entorno de aceptación, de encontrar el respeto y la dignidad. Zezé Motta menciona en una entrevista que el negro en el Brasil es, básicamente, invisible, que en la mayoría de los casos, los roles que los actores y actrices negros recibían eran los de los sirvientes y trabajadores domésticos. Zezé explica que la excusa utilizada era de que esta era la realidad de los negros brasileños, realidad que de acuerdo con la actriz no es verdadera, aunque muchos todavía vivan en condiciones de extrema pobreza, la población negra en el Brasil también tiene su élite. Lo que falta entonces, según ella, es interés puesto que el patrón de belleza usado es el europeo y lo que se valoriza es el tipo rubio de ojos azules. Zezé, señala que después de su éxito como Xica da Silva, empezó a hacerse a sí misma preguntas para las cuales no encontraba respuestas. En suma, de ahí nació en ella una responsabilidad más fuerte en cuanto a los derechos de los afrodescendientes. Zezé Motta no es solo parte integrante del Movimiento Negro, sino que también fundó una organización en la cual funciona como presidenta (CEDAN) Centro de Documentación y del Artista Negro. Durante la época en que estaba trabajando en la obra de teatro *7-O Musical*, Zezé aclara en una entrevista con Nilton Carauta que aunque el espacio para el artista negro haya mejorado, todavía hay un largo camino que recorrer ya que solo vemos a un grupo mayor de negros en el mundo del espectáculo contemporáneo cuando el tema enfocado es la esclavitud o en películas como *Ciudad de Dios*. Hoy, después de más de 40 años de actuación, Zezé Motta también desempeña la función de superintendente de la desigualdad racial en el estado del Río de Janeiro.

Ruth de Souza, como Elza Soares, también nació en una familia humilde y su madre trabajaba como lavandera. Su interés por el arte dramático, la llevó a fundar a los 17 años el Teatro Experimental del Negro (TEN) junto con Abdias do Nascimento y Agnaldo Camargo. Ruth fue la primera actriz negra en presentarse en el Teatro Municipal de Río de Janeiro y la primera actriz negra brasileña en interpretar Desdémona. Su dedicación le proporcionó una beca para estudiar artes dramáticas en los Estados Unidos en Karamu House en Cleveland. Estudió también durante un mes en Howard University en Washington, D.C. y después estuvo en la Academia Nacional de Teatro Americano en Nueva York durante un período de 2 meses. Su participación en el mundo de la televisión, del cine y del teatro le dio la oportunidad de representar varios papeles importantes y secundarios a lo largo de su carrera. Entre los diversos premios que recibió se encuentra también el Premio Ministerio de la Cultura, que le otorgaron en 1999.

La lucha de la mujer negra y afrodescendiente por alcanzar la visibilidad en la sociedad brasileña también puede ser vista en el panorama político al igual que la participación de ellas en el mundo artístico. La mujer brasileña logra obtener el derecho al voto en 1932 durante la gestión del presidente Getúlio Vargas. Poco después en 1934, la mujer negra es representada en la política a través de la figura de Antonieta de Barros que ocupa el puesto de diputada en Santa Catarina. Antonieta nació en 1901 en Florianópolis y, como muchas otras mujeres negras, era oriunda de una familia humilde. Su padre trabajaba como jardinero y su madre como lavandera. Aunque la mujer negra haya sido representada en la política con la elección de Antonieta de Barros en los años 30, esa solo logra llegar a la Cámara Federal casi un siglo después de que se terminó oficialmente la esclavitud en el Brasil (Schumaher y Vital Brazil 319).

A diferencia de muchas otras mujeres negras brasileñas, Matilde Ribeiro, aunque sea oriunda de una familia de escasos recursos económicos, es una mujer con instrucción que tiene un diploma universitario en Ciencias Sociales y una maestría en Psicología Social. En 2003 fue invitada a trabajar, durante el Gobierno de Luis Inácio Lula da Silva como ministra de la Secretaría Especial para la Promoción de la Igualdad Racial (SEPPIR)[11]. Directa o indirectamente, su educación y preparación académica remiten a las palabras de Zezé Motta de que la élite negra también existe. Vale decir, el alegato de que la realidad de la raza negra es una realidad de sirvientas y obreros se desmorona a partir del momento en que los afrodescendientes brasileños alcanzan un nivel más alto de instrucción. Infortunadamente, Matilde Ribeiro no entra en la historia de la igualdad de derechos de forma legal. En 2008 es forzada a pedir dimisión del puesto público que ocupaba como ministra debido a las irregularidades encontradas en el uso que hacía de la tarjeta corporativa del Gobierno. Irónicamente, en 2003 en una entrevista concedida a Marcelo Pereira, la exministra declaró que "clase, género y raza son tres miradas que estructuran la vida y la desigualdad, y también pueden estructurar la igualdad" (Pereira 1).

Por ende, sería lógico que esta igualdad fuera aplicada por el Gobierno brasileño sin discriminación de raza. En otras palabras, la corrupción, independientemente de la raza, debe de ser castigada para el bien de todos los ciudadanos en la búsqueda de derechos iguales. Hay que subrayar, sin embargo, que contrariamente a la existencia de un sistema hincado en un triple prejuicio –clase, género y raza, como el aludido por Matilde Ribeiro–, muchas mujeres negras logran superarse de forma honesta, derrocando las fronteras de los convencionalismos, como es el caso de Benedita da Silva, Bené. Benedita creció en la favela do Chapéu en Copacabana y antes de llegar a ocupar un lugar público en la sociedad brasileña, trabajó como sirvienta, obrera en una fábrica y vendedora de limones y cacahuetes en las calles. Nació el 11 de marzo de 1942 en la ciudad de Río de Janeiro y a pesar de las dificultades de la vida, con ahínco logró estudiar y se graduó en Servicio Social en 1982. En su carrera pública ha desempeñado varias funciones dentro del orbe político: diputada, concejal, miembro del Ayuntamiento, senadora, gobernadora del Estado de Río de Janeiro, ministra de la Asistencia Social y ocupa hoy el puesto de secretaria de la Asistencia Social y Derechos Humanos.

En el panorama deportivo, la participación de la mujer negra afrodescendiente brasileña se evidencia en varias modalidades. Su presencia se hace patente tanto en lo individual, así como en equipo en la representación del Brasil en el mundo de los deportes tanto en la esfera nacional como la internacional. La mujer negra ha representado el Brasil en el vóleibol, judo, básquetbol, ciclismo, gimnasia artística, levantamiento de pesas, lanzamiento de peso, maratones, fútbol, salto con garrocha, salto largo, natación, polo acuático, etc. Hélia Rogério de Souza, voleibolista, también conocida como "Fofão" llevó la imagen del Brasil a cinco Olimpiadas de verano –Barcelona 1992, Atenas 1996 (bronce), Sídney 2000 (bronce), Atenas 2004 y Beijing 2008 (oro). Hélia nació en São Paulo el 10 de marzo de 1970 y empezó a participar en la selección brasileña en 1993.

Al igual que en distinto ámbitos, en el mundo de los deportes, el protagonismo de la mujer como participante activa de la sociedad, también fue alterado por una cuestión del triple prejuicio de género, raza y clase. La participación de ellas en algunas actividades deportivas fue prohibida durante el "Estado Nuevo" a través del Decreto

Nº 3199 de 14 de abril de 1941. A esta sanción se adicionó más tarde en 1965 la Deliberación número 7 del 2 de agosto en la cual vigorizaban restricciones en cuanto a la participación femenina en competencias deportivas de cualquier tipo, fútbol, polo acuático, rugby, halterofilia y béisbol (Farias 4-5). Durante el período en que la "blancura da mulher e sua conduta ideal eram divulgadas nos concursos de miss" (Farias 4), blancura de la mujer y su conducta ideal eran divulgadas en los concursos de belleza, Wanda dos Santos, la única mujer a representar el Brasil en las Olimpiadas de 1960 en Roma, declaró que, cuando estaba en Finlandia participando de las Olimpiadas de 1952 en Helsinki, las anfitrionas finlandesas eran amables, pero que no resistían pasar los dedos por su piel puesto que allá solo se veían negros en el cine (citado en Schumaher y Vital Brazil 465 y Farias 4). Aida Menezes dos Santos, nacida el primero de marzo de 1935 en Río de Janeiro, por ejemplo, tuvo que enfrentarse también a la resistencia de su padre que consideraba los deportes "cosa de ricos". En medio de los entrenamientos, Aida tenía que ayudar a la familia trabajando como lavandera y limpiando casas; situación parecida a la de Wanda dos Santos (Farias 5). Sin duda, la participación de la mujer negra y afrodescendiente en el Brasil es fundamental en todas las esferas. No solo lo ha sido en el pasado, sino que también se hace imperativa en el presente. La lista de nombres de atletas negras sigue aumentando a medida que la mujer negra logra adquirir más derechos en la sociedad. Entre muchas otras jóvenes atletas se encuentran también Diane Garcia dos Santos en la gimnasia olímpica. Diane ha recibido varias medallas y en 2003 fue la campeona en la gimnasia de suelo. En la halterofilia brasileña se destacó en los años recientes Aline Campeiro que, también como muchos otros atletas brasileños, enfrenta problemas de recursos financieros, lo que dificulta su participación y desarrollo en el mundo deportivo.

Hoy, el mundo sociopolítico-cultural afrobrasileño se desarrolla también por medio de múltiples perspectivas y se encamina a distintos rumbos. El programa *O Negro en Foco* producido desde 2004 por la Afrobras –sociedad Afrobrasileña de Desenvolvimiento Sociocultural– fundada en 1997 informa al público sobre la realidad del negro fuera y dentro del país. Se celebra la contribución de la comunidad negra a través del premio Trofeo Raza Negra, el Oscar de los negros brasileños, que según muchos, es un icono de la representación de la acción afirmativa en la nación. En 2008, se llevó a cabo la sexta edición del trofeo durante la celebración de los 120 años de abolición de la esclavitud. Por medio del sistema de cuotas, empieza a disminuir la desigualdad en la educación, aumentando la participación negra al nivel universitario. Se reconocen comunidades quilombolas[12]. Se declara por el Proyecto de Ley N° 4437/2007 el 20 de noviembre como el "Dia Nacional de Zumbi e da Consciência Negra". Según Zezé Motta, hoy los actores negros ya tienen roles diversificados y los medios de comunicación ya se preocupan de ser "políticamente correctos". El Proyecto de Ley N° 10639/2003 implementó los estudios afrobrasileños en el currículo. Se inaugura la Facultad de la Ciudadanía Zumbi de los Palmares el 21 de noviembre de 2007. Es decir, en medio de una gama infinita de estos y otros ejemplos, lo cierto es que esta población que antes era considerada invisible durante los tiempos de la esclavitud, se vuelve activa y reclama su lugar en una sociedad y en un país, los cuales ayudó también a construir a lo largo de más de cuatro siglos. De acuerdo con las encuestas hechas por el IBGE, la población negra sobrepasará a la blanca en 2010 puesto que el Brasil, en lo que corresponde a la raza blanca, tiene un sistema autodeclaratorio y más ciudadanos afrodescendientes se declaran negros[13].

Aunque el Brasil haya progresado en el campo de la igualdad de derechos, el "Instituto de Pesquisa Econômica Aplicada", Instituto de Investigación Económica Aplicada (IPEA) demuestra que la mujer negra, según un estudio hecho en 2007, todavía sufre la doble discriminación que resulta en sueldos más bajos. Se espera que, a través de la lucha por la igualdad, el Brasil logre alcanzar, más allá de la igualdad racial, un equilibrio económico y que se haga realidad la letra de la canción de Wilson Moreira e Nei Lopes, *Señora Libertad*, Senhora Liberdade, y que este "sueño tan bonito" se haga realidad y que esta "abra las alas" sobre el país.

El Brasil de antaño, el Brasil de la época de la *Acuarela del Brasil* ya no es el mismo. Quizás este Brasil haya cambiado y haya logrado abrir las puertas del pasado para sacar a la madre negra del serrado y poner al rey negro en el congado. El Zumbi de los Palmares sigue vivo en las venas del pueblo afrodescendiente brasileño a través de la conciencia negra que se ha formado y de la reivindicación de derechos. Tal vez ya no haya siquiera la necesidad de usar el término "diáspora africana" en el Brasil. Considerando el mestizaje de razas en el país, el vocablo parece perder poco a poco sentido dentro de la realidad de la sociedad mestiza del Brasil y se desvanece dentro de su propio significado. Como expresó Zezé Motta, "En la realidad, está todo errado. Raza es la raza humana… Todos somos parte de la misma raza. La diferencia está solo en el color de la piel" (entrevista grabada el 13 de mayo de 2000).

Hoy el Brasil logra entonar más que nunca el *Canto de las Tres Razas*, Canto das Três Raças, de Paulo César Pinheiro y Mauro Duarte, consagrado por la interpretación de La Guerrera, Clara Nunes. Pero ya no es un lamento de tristeza que viene desde el cautiverio, o un canto de revuelta que sale del quilombo de los Palmares donde tantos esclavos se refugiaron, sino un canto de victoria de un Brasil que ya no puede ser considerado blanco y negro. Es un "Brasil brasileño", un "mulato juguetón", que ha sido cantado y ensalzado en tantos versos, pero que trabaja seriamente hacia el futuro de la aceptación de la diversidad y del multiculturalismo. Así, a causa de muchos que lucharon por esa igualdad; a causa de tantas madres, amigas y hermanas; a causa de tantas mujeres negras –esclavas y libertas; a causa de tanta gente de antaño y de hoy, el Brasil poco a poco rompe con las cadenas del pasado y se libera de la esclavitud que lo aprisionaba a los prejuicios. Quizás, este Brasil nuevo, este Brasil lindo y trigueño, haya logrado dejar hacia atrás la pigmentocracia para seguir adelante hacia la democracia. Hoy, el Brasil es un país multicolor que enaltece los matices de su sociedad; es un Brasil de muchos colores con los cuales el pueblo, su gente, un día pintará con orgullo, la verdadera y auténtica "acuarela del Brasil".

Notas

[1] El Brasil implementó paulatinamente a partir de 1967 el sistema de Investigación Nacional por Muestra de Domicilio (PNAD) [Pequisa Nacional por Amostra de Domicílio] que tiene como propósito inquirir y analizar datos de carácter socio-económicos (ocupación, salud,

nutrición, fecundidad, migración, raza, tipo de vivienda, entre muchos otros). El cuestionario creado en 1976 por el PNAD que buscaba encontrar una alternativa para las categorías de color y raza, dándole a la persona entrevistada el poder de auto-clasificarse, generó más de 100 categorías distintas (Miranda-Ribeiro y Caetano). Según Kia Lilly Caldwell, 135 colores distintos fueron categorizados (35).

[2] El "pano da costa" es parte constante de la indumentaria de la bahianas y ha sido adoptado como una prenda de la vestimenta en los rituales religiosos afrobrasileños. Muchas veces llevan los colores de los orixas y, según algunos investigadores, también servían para determinar el rango social de la mujer junto con los "balagandãs" y "berlorques" que ellas añadían a sus indumentarias. El "pano da costa" cuando no estaba suelto sobre el hombro le servía a la mujer para cargar a su hijo, atándolo a sus espaldas.

[3] Samba en el idioma bantú significa "ombligo". El ritmo llega a Río de Janeiro con las familias negras oriundas de Bahía que se trasladaron a la entonces capital brasileña. Hoy existen varios tipos de samba, entre ellos: "samba exaltção, samba de breque, samba canção", etc.

[4] El requisito "buena apariencia", hoy está prohibido por ley ya que conlleva un prejuicio sociorracial; sin embargo, era constantemente utilizado en anuncios clasificados como exigencia obligatoria en muchos puestos de trabajo anunciados en los periódicos. De esta forma, se le daba al empleador la posibilidad de discriminar a cualquier candidato por el color de su piel, su tipo de pelo, etc. "Para barrar essa discriminação mascarada, o deputado estadual Maurício Picarelli (PTB) elaborou a Lei Nº 1905 de 24 de novembro de 1998, que proíbe a expressão 'Exige-se boa aparência' em anúncios de recrutamento ou seleção de pessoal. Conforme o parlamentar, 'esse tipo de descriminaçã o constitui grave violação ao artigo 7º da Constituição Federal, que proíbe a diferença de salários, de exercício, de funções e de critério de admissão, por motivos de sexo, idade, cor ou estado civil" (Picarelli 1). [Para parar esa discriminación enmascarada, el diputado estatal Maurício Picarelli (PTB) elaboró la Ley Nº 1905 del 24 de noviembre de 1998, que prohíbe la expresión 'Se exige buena apariencia' en anuncios de reclutamiento o selección personal. Según el parlamentario, ese tipo de discriminación constituye una grave violación del 7º artículo de la Constitución Fe-

deral que prohíbe la diferencia de sueldos, de ejercicio, de funciones y de criterio de admisión, por motivos de sexo, edad, color o estado civil"]. De igual manera, el Proyecto de Ley N° 1950/2008 presentado por la diputata estatal Beatriz Santos en la Asamblea del Estado de Río de Janeiro, menciona en el artículo 2, II que: "Considerase atos discriminatórios contra a mulher os que atentem contra a igualdade de direitos prevista em lei e, especialmente… II – exigência de boa aparência como requisito para admissão…" (Projeto de Lei N° 1950/2008). [Se consideran actos discriminatorios en contra de la mujer los que atenten en contra de la igualdad de derechos prevista en ley y, especialmente… II – exigencia de buena apariencia como requisito para admisión…].

[5] El 21 de marzo fue seleccionado como la fecha para la conmemoración en contra de la discriminación racial debido a la matanza que ocurrió en Sharpeville, Sudáfrica durante el mismo día en 1960 cuando la policía, rompiendo las leyes de pases del apartheid, disparó contra un grupo de personas que se manifestaba pacíficamente, matando a 69 personas. El 25 de julio, en Santo Domingo, ocurrió el I Encuentro de Mujeres Afrolatinoamericanas y Afrocaribeñas. El 23 de agosto es proclamado por la UNESCO en 1997 para ser el Día Internacional del Recuerdo de la Trata de Esclavos y su Abolición a causa de la revuelta que ocurrió en 1791 en la entonces Isla de Santo Domingo (hoy Haití y República Dominicana); revuelta que acarreó la abolición del tráfico de esclavos. El 2 de diciembre marca el día en que la Asamblea General de las Naciones Unidas sancionó el Convenio para la Represión de la Trata de Personas y de la Explotación de la Prostitución Ajena, suscrita en 1949. Posteriormente, en 1996, fue determinado por la Asamblea General que este día se establecería como el Día Internacional para la Abolición de la Esclavitud. El 13 de mayo de 1888, es firmada por la Princesa Isabel la Ley Áurea que termina con la esclavitud en el Brasil.

[6] Al ser usadas como "amas de leche", las esclavas no tenían muchas veces el derecho a amamantar a sus propios hijos, lo que ocasionaba, la mayoría de las veces, la muerte de los infantes esclavos. Esta falta de derechos, la de dar el pecho a sus hijos, se basaba en la idea de que para los blancos era inadmisible que la esclava compartiera sus senos entre los hijos de los blancos y los de los negros. En esas situaciones, los hijos de las esclavas eran, consecuentemente, vistos por los que las

alquilaban como un gasto adicional (Schumaher y Vital Brazil 44-45).

[7]   Una réplica del monumento se encuentra en el Largo São Benedito, en la municipalidad de Campinas que empezó, en 1983, año de la inauguración de la estatua, a brindarles homenaje a todas las madres negras.

[8] Los "quilombos" eran las poblaciones construidas por los esclavos que lograban escapar de los señores y servían como una forma de resistencia a la esclavitud. En su mayoría se encontraban en lugares de difícil acceso y alejados de las regiones urbanas –en medio de la selva o en las montañas. Entre los más famosos se encontraba el "quilombo de los Palmares" que resistió durante más de un siglo. Su líder era conocido como Zumbi.

[9]   El nombre de Ch(X)ica da Silva se volvió un mito en la historia brasileña amalgamando la ficción y la realidad. Este mito ha sido inmortalizado tanto en el mundo cinematográfico y televisivo, así como en el musical. La película de Carlos (Cacá) Diegues, Xica da Silva, interpretada por Zezé Motta es llevada a la pantalla grande en 1976 y fue considerada un éxito de taquilla. Este éxito ocurre de igual forma con la telenovela homónima, escrita por Walcyr Carrasco (Adamo Angel), para la Red Manchete de televisión que es estrenada en 1996, con la actuación de la actriz negra Taís Araújo. Ch(X)ica también es cantada en la letra de la popular canción compuesta por Jorge Ben que sirvió de tema musical para las obras.

[10]   Los "terreiros" son los lugares donde se llevan a cabo las celebraciones y rituales religiosos que fueron llevados al Brasil por los esclavos.

[11]   La Secretaria Especial de Políticas de Promoción de la Igualdad Racial (SEPPIR) fue creada por medio de la Ley 10687 del 23 de mayo de 2003 con el propósito de demarcar los parámetros de las políticas de la promoción de la igualdad racial.

[12]   Las comunidades quilombolas son reconocidas a finales de los años 80 por el gobierno brasileño en la nueva Constitución Federal de 1988. Se hace patente el derecho a la preservación de la identidad

cultural de estas comunidades. De igual manera, se les otorga también el derecho al título de las tierras ocupadas por ellos a lo largo de muchas generaciones. En marzo de 2004, el gobierno brasileño crea el programa Brasil Quilombola que tiene una política de estado especialmente para esas comunidades.

[13] Según el resultado de las encuestas, en la población que cuenta con por lo menos 16 años o más de edad, el 37 % se declaran blancos, el 36 % pardos y el 14 % negros. El sistema auto-declaratorio adoptado por el Brasil, le da al individuo 5 opciones distintas (blanco, pardo, negro, amarillo, indígena) en la cual, este selecciona su etnia. El IBGE también le da a la persona entrevistada el derecho a definir su color de piel de forma espontánea, lo que hizo que muchos se declararan "moreno claro" o "moreno oscuro" (Gois en Afrobras, Racismo e identidade).

Obras citadas

"Aquarela do Brasil". De Ari Barroso, 1939.

"Associação Portuguesa de Cultura Afrobrasileira" (Mãe menininha do Gantois). < http://www.apcab.net/tag/bahia/>. 13/11/2008.

Brisolara, Lisiane y Melina Féliz. *Diario Popular.* "Ponto de Vista". < G:\Mulher negra-aquarela do brasil\ Diário Popular – A mulher negra no Brasil.htm>. 10/10/2008.

Caldwel, Kia Lilly. *Negras in Brazil: Re-envisioning Black Women, Citenship, and Politics of Identity.* New Brunswick: Rutgers University Press, 2007.

"Canto das Três Raças". De Paulo César Pinheiro y Mauro Duarte. 1974.

Carauta, Nilton. Entrevista con Zezé Motta. TV O Dia. You Tube. Grabada el 21 de octubre de 2008. <http://www.youtube.com/watch?v=gHRheV21Yes>. 05/01/2009.

"Dramaturgia Brasileira – In Memorian (Marina Montini)". <.http://inmemorian.multiply. com /photos/album/163>. 09/09/2008.

Duarte, Eduardo de Assis y Adriana Barbosa de Oliveira. "Resumos Comentados". "Úusula de Maria Firmina dos Reis". <http://www. passeiweb.com/na_ponta_lingua/livros/resumos_comentarios/u/ ursula>. 15/11/2008.

Duarte, Regina. *Mulher 80*. Viodeoclip, *You Tube*. <http://www. youtube.com/watch?v= m8DvEykGwMg>. 13/11/2008.

Entrevista con Zezé Motta. *You Tube*. Grabada el 13 de mayo de 2000. <http://video.google.com/videoplay? docid=4842723109 527859191>. 15/11/2008.

Farias, Cláudia Maria de. "Superando barreiras e preconceitos: a trajetória do atletismo feminino brasileiro, 1948-1971". 7 págs. <http://www. fazendogenero8.ufsc.br/sts/ST67/Claudia_Maria de_Farias_67.pdf>. 10/10/2008.

Gois, Antônio. "País se vê menos branco e mais pardo" en Afrobras, "Racismo – identidade". <http://www2.afrobras.org.br/ index.php?option= com_content &task=view&id=19 4&Itemid=2>. 23/01/2008.

Miranda-Ribeiro, Paula y André Junqueira Caetano. "Preta, negra ou morena? Em busca de categorias alternativas para a classifica-ção racial/por cor". 18 págs. <http://www. abep.nepo.unicamp.br/ site_eventos_abep/PDF/ABEP2004_624.pdf>. 12/01/2009.

Pereira, Marcelo. "Brasil: Mujer, negra y ministra de igualdad". <http:// www.mujereshoy. com/secciones/680. shtml>. 09/09/2008.

Peres, Andréia. "Gênero e raça – Ações afirmativas no Brasil". < http://www. mulheresnobrasil.org.br/pdf /PMB_Cap5_Reporta-gem.pdf>. 15/11/2008.

Picarelli, Maurício. "Lei de Picarelli proíbe que empresas exijam 'boa aparência' de candidatas a emprego". En "Pica-relli News". <http://www.picarelli.com.br/mauricio/not012 006aparencia.htm>. 12/01/2009.

"Projeto de Lei N° 1950/2008". <http://alerjln1.alerj. rj.gov.br/scpro0711.nsf/012cfef1f272 c0ec832566ec0018 d831/ c8e38b95be0a69d0832574f700 56de8b?Open Document>. 12/01/2009.

Santos, Giceli Ribeiro dos. "O Não – Lugar da Mulher Negra na Sociedade Brasileira: em Busca de Una Nova Perspectiva". 3 Págs. (1053-55). <http://www.inicepg.univap.br/INIC_2005/inic/IC7%20 anais/IC7-13.pdf>. 12/01/2009.

Secretaria Especial de Políticas de Promoção de Igualdade Racial (SEPPIR). Presidêcia da República Federativa do Brasil. <http://www. presidencia.gov.br/estru-tura_presidencia/seppir/copy_of_acoes/ Principal.2007-11-18.5002/principalfolder_view/>. 12/01/2009.

"Senhora Liberdade". De Wilson Moreira y Nei Lopes, 1989.

Schumaher, y Érico Vital Brazil. Orgs. *Dicionario Mulheres do Brasil*. Rio de Janeiro, Brasil: Jorge Zahar Editora, Brasil: 2000.

—. *Mulheres Negras do Brasil*. Rio de Janeiro, Brasil: Senac Editoras y Rede de Deselvolvimento Humano, 2006.

Souza, Eliane Almeida de. "A exclusão social e sua dialética com a mulher negra no século XXI". En "Fazendo Gênero 8 – Corpo, Violência e Poder". 7 págs.   (Florianópolis, Brasil. 25-28 de agosto de 2008). <http://www.fazendogenero8.ufsc.br/sts/ST41/ Eliane_Almeida_ de_Souza_41.pd. 12/01/2009.

"O Teu Cabelo Não Nega". Lamartine Babo, 1931.

Benedita da Silva: de los tugurios cariocas a los recintos del poder

Simone Accorsi,
Universidad del Valle, Cali

El ejemplo de nuestras bisabuelas intelectuales, escritoras, periodistas, sufragistas y activistas a favor de los derechos de la mujer, inspiró a toda una generación de mujeres que creyeron que sí podían salir adelante, a pesar de su género y condición social desfavorable. Aquí contaremos la historia de Benedita da Silva, una brasileña cuya trayectoria parece más una historia de ficción.

Benedita da Silva nació el día 26 de abril de 1942. Sin embargo, ya entonces tenía tres factores en su contra: nació mujer, negra y pobre en una gran ciudad como Río de Janeiro. Dichos factores que han sellado la suerte de tantas personas en las famosas "favelas" cariocas condenándolas a una vida de analfabetismo, miseria y desempleo, no fue impedimento para que la "Bené" (así la llama cariñosamente todo el pueblo brasileño) llegara al Consejo del departamento de Río de Janeiro, a la Cámara de Diputados en Brasilia, al Gobierno del Estado de Río de Janeiro, al Ministerio de la Acción Social al lado del Presidente Luis Inácio da Silva, el "Lula", y a la Secretaría de Acción Social y Derechos Humanos de Río de Janeiro.

Su vida que comienza en la favela de Morro do Chapéu Mangueira, un barrio de viviendas precarias, calles maltrechas y surcadas por zanjas

de desagües, es un ejemplo de lo que puede lograr una mujer cuando
osa enfrentar las crueles circunstancias de la vida. "Muy pronto sentí
en la piel lo que era ser mujer negra y pobre", recuerda Bené. Por
fortuna tenía una familia que siempre le brindó mucho apoyo.

> Eso me dio la posibilidad de luchar, de tratar que lo que le
> pasaba a mis amigos, no me pasara a mí. Choqué contra las
> barreras de las apariencias, según las cuales ser blanco es ser
> inteligente, que a su vez significa *no ser* pobre. Hasta cuando
> una ha estudiado y conseguido las notas más altas no se le
> considera brillante. Muy pronto me topé con los prejuicios
> y con la discriminación. (Silva 1995, 5)

Las adversidades que llevan a mucha gente a rendirse, para Benedita
da Silva representaron las puertas que ella abrió de par en par, siempre
en el sentido de ayudar a otros. Comprometida con los derechos de la
mujer desde pequeña aprendió a leer y escribir para más tarde presentarse como voluntaria para enseñar a niños y adultos en una escuela
comunitaria. Ese fue su primer paso, que la llevó a la fundación de una
asociación femenina en su barrio. Por su importancia y relevancia fue
tomada como modelo y generó un proceso de formación de muchas
otras fundaciones que más tarde se reunieron en la "Federación Estatal
de Asociaciones de Favelas".

Estos barrios, que crecieron en la pobreza, son remanentes de los
palenques donde los negros, que fueron tirados a la calle después de
la abolición de la esclavitud, volvieron a organizarse a fin de buscar
condiciones de supervivencia. Nadie vive en una favela porque es el
mejor lugar. Falta agua, falta luz, no hay alcantarillas, ni escuelas, ni
guarderías. Los mayores problemas vienen del abandono del Estado
y del poder público; y como falta todo, la única solución que sus moradores encuentran es organizarse para crear condiciones de vida más
o menos digna.

Excluidos de la ciudad que crece y expulsa a sus pobres, la favela
es la única alternativa para obtener techo, lo que causa la expansión
de esos barrios y el surgimiento de otros que ocupan los terrenos
baldíos de forma irregular; así se construyen viviendas a las orillas de
los ríos y en las laderas de los cerros de la ciudad. Son constantes las

disputas por la posesión de las tierras; las invasiones sucesivas acaban en conflictos entre los moradores y los supuestos propietarios de esos espacios en las favelas de Río. Existen, hoy por hoy, aproximadamente 2,5 millones de "favelados" en el departamento. Sin embargo, raramente la nación invierte en obras de urbanización para beneficiar a esa población. Nos cuenta Bené:

> Mi trabajo en la comunidad fue muy intenso y representó una importante formación política. En el inicio hacía un trabajo más asistencialista pero, a medida que fui involucrándome, percibí que existía la necesidad de crear una organización. A partir de la influencia de mi mamá comencé a organizar a las mujeres y a las niñas/os en un proyecto de alfabetización. Improvisábamos y creábamos nuestras propias cartillas. Algunos religiosos y marxistas pasaron a colaborar con ese trabajo y traían su filosofía hablando de la necesidad de crear una sociedad más justa e igualitaria. Desde esa organización fueron creados los comités que trabajaron por mejores condiciones de vivienda y saneamiento básico, que contaban principalmente con el apoyo de la Iglesia católica. El éxito de varias organizaciones como la nuestra llevó al propio Gobierno a crear oficialmente las asociaciones de moradores, por supuesto como una forma de control de nuestras actividades y nuestros líderes. Era importante controlar el crecimiento de esas organizaciones de base. (Silva 1995, 5)

Con el golpe militar de 1964, los dictadores se dedicaron a desarticular la amenaza que representaban las organizaciones de movimientos populares. Fue un período muy duro de represión en las favelas. Una de las tácticas del Gobierno era desplazar a los líderes a conjuntos habitacionales, generalmente ubicados en regiones muy distantes entre sí y distantes también del trabajo de la gente de manera que no pudieran reunirse.

Benedita da Silva jamás flaqueo. Siguió trabajando como asistente de enfermería mientras estudiaba Ciencias Sociales. Líder por vocación decidió aspirar por el naciente Partido de los Trabajadores, el cual había llegado a liderar. Después de ocupar una curul en el Consejo de Río de Janeiro, fue elegida diputada en 1986. En el Congreso Nacional defendió los derechos de los negros y otras minorías y buscó incorporar cláusulas referentes a delitos por discriminación racial, la licencia de maternidad, el derecho de las reclusas a cuidar a sus hijos en la cárcel y la igualdad de salarios por igual trabajo. Fue reelegida en 1992 y en 1994 se convirtió en la primera mujer pobre y de raza negra en llegar al selecto recinto del Senado de la República. Durante todo ese tiempo siguió viviendo en su barrio y nunca se avergonzó de recibir en su modesta casa a visitantes ilustres del movimiento mundial por las negritudes, como el americano Jesse Jackson y el famoso arzobispo sudafricano Desmond Tutu.

Del Senado en Brasilia, Benedita pasa a la vicegobernación del Estado de Río de Janeiro donde tenía a su cargo los programas más importantes en pro de la población más desposeída. En su agenda tenía 21 proyectos que ayudaron a casi 50 mil jóvenes. Uno de esos, conocido como Vida Nueva, permitió a 1500 jóvenes de 50 comunidades diferentes recibir capacitación laboral ganando un salario mínimo. El proyecto sigue vigente y aprovecha la experiencia y los recursos de 13 organismos del Gobierno. Brinda asistencia legal y médica a estos jóvenes.

Ha logrado además muchos progresos en proyectos educacionales. Sin embargo, el mayor problema no era llevar los niños a las escuelas, sino asegurar que hubiese maestros. Con su apoyo el Estado contrató 3000 docentes adicionales y propició un servicio de comidas, atención médica y dental, lo que representó un nuevo incentivo para asistir a la escuela.

En 2002, con la renuncia del entonces gobernador Anthony Garotinho, Benedita da Silva pasó a ser la primera mujer gobernadora del Estado de Río de Janeiro lo que le permitió invertir aún más en sus programas de acción social:

> Hay gente que trabaja, que produce riqueza, que ayuda a otros a obtener ganancias, pero si esta gente no tiene una vivienda decente, si no tiene agua corriente y alcantarillado, si ven niños muriendo por desnutrición, se vuelven contra la sociedad. Se dedican a robar, a asaltar o al narcotráfico. Un programa social que no reconoce eso, se engaña a sí mismo. (Silva 1995, 5)

Da Silva, sin embargo, no está a favor de regalar las cosas. Argumenta que:

> Los organismos públicos y la empresa privada, deben poner mucha atención a lo que dicen las comunidades. No hay inversiones, dinero o proyectos que puedan producir buenos resultados a menos que la comunidad tome sus propias decisiones y elija sus propios destinos. No se debe regalar nada. La gente debe obtener los medios para resolver sus problemas mediante mucho trabajo. (Silva 1995, 5)

No fue fácil para Benedita da Silva ocupar una posición de líder en el PT (Partido de los Trabajadores). Las mujeres "petistas" estaban siempre trabajando, pero a la hora de escoger los líderes, ellas no eran consideradas. Algunos compañeros les decían que debían conquistar ese espacio mostrando efectividad. ¿Qué efectividad? Si eran competentes para hacer el trabajo que los hombres hacían, también deberían ocupar posiciones de visibilidad y poder. A da Silva, le tocó luchar también contra la discriminación de género y hacer un trabajo didáctico con los compañeros.

Esa discriminación ha marcado fuertemente su trayectoria: "Durante mi campaña para el Senado", nos cuenta Bené, "estaba visitando una fábrica y vi cuando dos operarias me miraron con desprecio y tiraron al piso mi panfleto y se los devolví a ellas diciéndoles: yo soy Benedita da Silva, candidata a senadora, una mujer igualita a ustedes, una trabajadora". En 1988, cuando participó de las celebraciones del Bicentenario de la Declaración Universal de los Derechos Humanos en París, una periodista le preguntó cómo se sentía siendo recibida en la residencia del presidente François Mitterrand. Serenamente contestó: "Me sentí tan a gusto en aquella mansión como si estuviera subiendo la favela con una lata de agua en la cabeza". (Silva 1995, 5)

El período entre 1986 y 1988 ha sido tal vez de los más fructíferos en su vida. Da Silva se dedicó a trabajar contra la violencia, la discriminación de la mujer y sobre todo se dedicó con otros grupos de mujeres a las intensas movilizaciones que exigían la inclusión de los derechos de las mujeres en la nueva Constitución que surgía.

Benedita da Silva siempre ha estado al lado de los oprimidos: las mujeres, los negros, los niños de la calle y los pobres. En Brasil, segundo país con población negra en el mundo después de Nigeria, la participación de da Silva en el Gobierno brasileño es mucho más que algo "simbólico". Su trabajo político marcó una diferencia concreta para los brasileños pobres. En un gobierno dominado por los ricos, ella es una abogada efectiva a favor del Movimiento contra el Hambre o de los Sin Tierra. Ha logrado que se aprueben leyes que regulan la labor doméstica y fue miembro de comisiones que investigaron desde la prostitución de los niños hasta las inequidades raciales en los colegios, en los lugares públicos y en los medios de comunicación.

La importancia de Brasil como uno de los países de mayor población negra en el mundo es clave para las discusiones sobre raza y desigualdades raciales. En 1888 (cuando finalmente fue abolida la esclavitud), el 35 % de todos los esclavos del Nuevo Mundo estaban en Brasil. Eso representa 10 veces el número de los que fueron llevados a Estados Unidos.

Hablar sobre discriminación contra la mujer en Brasil nos obliga a hablar de mujeres negras como Benedita da Silva, que muchos llamaban "*negra maluca*", negra loca, cuando empezó su carrera. Nacida en una familia de catorce hermanos, creció vendiendo frutas en las calles y ayudando a su mamá a lavar ropa. Todavía se acuerda de sus pocos años en la escuela, en una época en que no tenía plata ni siquiera para comprar ropa interior. Una vez se le cayó al suelo, mientras cantaba con todos los alumnos el Himno Nacional, una tela vieja que usaba a modo de panty. Demoró muchos años en transformar en risa su vergüenza de niña.

Casada a los dieciséis años, a los veintiuno ya había dado a luz cuatro hijos, dos de los cuales murieron por la miseria en que vivían, sin que ella tuviera dinero para enterrarlos. Ha escuchado muchas veces: "Macaca, una mujer no debe hacer esas cosas". Pero no se ha desanimado jamás.

En los últimos cincuenta años, las mujeres hemos alcanzado más conquistas que a lo largo de la historia. Los sueños de liberación han arrullado la conciencia de que el camino de las mujeres hacia la equidad no tendrá resultados sino a través de la lucha contra toda explotación discriminatoria de sexo, clase, etnia o cultura. Por lo tanto es importante estar unidas.

La situación de marginalidad de muchos hombres y mujeres es más aguda en regiones como Palestina, Colombia, el mundo árabe, África, hechos agudizados por las guerras, el empobrecimiento por explotación, el desempleo y todas las nefastas consecuencias que la pobreza acarrea. Hechos que han llevado a líderes como Benedita da Silva a apostar por su gente y a dedicar su vida a la lucha por el bienestar de las mujeres, los afrodescendientes y los campesinos, muchos de los cuales son un ejemplo de lucha y determinación, y que a través de organizaciones populares luchan por mejores condiciones de educación, salud y de respeto a los derechos humanos.

Ha de llegar el día en que el ser humano no tendrá más que luchar por el derecho de las mujeres, de los negros, de los indios, de los campesinos y de los seres humanos con necesidades especiales de cualquier grupo. No hay causa que valga más la pena que la lucha por la equidad de derechos entre todas las personas, independiente de género, etnia, raza, etc. Cuando podamos mirarnos los unos a los otros sin que lo de afuera parezca más importante que el "contenido", habremos conquistado la sabiduría de actuar en relación con el prójimo de forma fraterna, justa y solidaria.

Si elegí, contarles la historia de vida de Benedita da Silva es porque ella es el reflejo de las luchas, las esperanzas, no solo de las mujeres brasileñas, sino de todo un pueblo, y es también la demostración de que con mucha osadía y trabajo sí se puede aportar en pro del desarrollo de nuestras naciones.

OBRAS CITADAS

Ianni, Octavio; Silva, Benedita da; Santos, Genivalda Gomes; Santos, Luis Alberto. *O Negro e o Socialismo*, São Paulo, Editora Fundação Perseu Abramo, 2005.

Silva, Benedita da; Benjamin, Medea; Mendonça, Maria Luisa, *Benedita da Silva: an Afro Brazilian Woman's Story of Politics and Love*, Oakland, California, The Institute for Food and Development Policy, 1997.

Silva, Benedita da. "Entrevista", *Revista Sem Fronteiras*, n. 234, São Paulo, Novembro de 1995.

FUENTES DE INTERNET

http:// WWW.beneditadasilva.com.br

http://mulher.terra.com.br

http://www1.folha.uol.com.br

La voz negra de una favelada: raza, género y nación en los testimonios de Carolina María de Jesús

Mónica Ayala-Martínez,
Denison University, Ohio

…La vida es lo mismo que un libro. Solo después de haberlo leído sabemos lo que encierra. Y nosotros cuando estamos al final de la vida es cuando sabemos cómo ella transcurrió. La mía, hasta aquí, ha sido negra. Negra es mi piel. Negro el lugar donde yo vivo. (*Quarto de Despejo* 160)

Carolina María de Jesús se convirtió en una figura relevante en la escena intelectual de Brasil al publicarse su libro *Quarto de Despejo* en agosto de 1960. Desde entonces, ha sido una figura reconocida por algunos como representante de la literatura testimonial al lado de figuras como Rigoberta Menchú y Domitila Barrios de Chungara. No obstante, Carolina María nunca alcanzó el estatus de líder de un grupo étnico ni de un grupo social marginalizado. Luego de vivir un período de reconocimiento y prosperidad, Carolina muere pobre, olvidada y silenciada. Este trabajo se propone hacer una lectura de dos textos de Carolina María escritos a manera de diario para identificar las conexiones entre su identidad cultural brasileña y su condición de mujer negra en el contexto urbano de la ciudad de São Paulo. Mi propósito es mostrar que la voz que Carolina María encuentra en sus textos está directamente atravesada por sus experiencias como mujer negra y pobre, en una cultura construida sobre el mito de la democracia racial. Además, su voz está marcada por los fenómenos políticos de su época y por las condiciones específicas desde las que se han definido la etnicidad y la raza en la cultura de Brasil.

El trabajo identifica las tensiones y contradicciones de Carolina María hacia los otros favelados, al mismo tiempo que señala las tensiones y contradicciones que las personas blancas, de una clase social más alta y más educadas que conocieron a Carolina, sentían hacia ella. Ese reconocimiento se hace mostrando que dichas contradicciones, igualmente, se producen en un marco cultural y social en el cual se ha establecido una compleja red de relaciones entre raza, género y clase, determinada por condiciones históricas originadas en una vivencia prolongada de la institución de la esclavitud. Dichas condiciones se combinan con problemáticas teorías raciales producidas por intelectuales brasileños desde el siglo XIX quienes vivieron el conflicto de crear una nación "moderna" y racialmente homogénea mientras Brasil tenía una alta población negra y mulata.

La vida de favelada que Carolina María describe en *Quarto de Despejo* y en *Diario de Bitita* contiene referencias al Brasil que ha pasado igualmente por la experiencia de los diversos regímenes de Getúlio Vargas (1930-1934, 1934-1937, 1937-1945, y como presidente electo 1951-1954), por el Gobierno de João Goulart (1961-1964) y por la dictadura militar (1964-1984). Su vida y su escritura están también atravesadas por políticas corporativistas y, posteriormente, por políticas de intenso nacionalismo, acompañadas por el populismo y el desarrollismo impulsado por Vargas.

Dentro de todos esos cambios políticos y sociales, se ubica la voz de una favelada cuya vida contrasta con ellos dado que ninguno de esos cambios le proporciona a Carolina María mejores condiciones económicas ni le ofrecen ninguna movilidad social. En su vida, la pobreza, la marginalización y el dolor son constantes que siempre permanecen.

I. DESPLAZAMIENTO,
MARGINALIDAD Y ESCRITURA

Carolina María, la "Hija de la oscuridad," había nacido en el llamado "Triângulo Mineiro", en un pueblito de Minas Gerais llamado

Sacramento, en 1915. Hija de campesinos que trabajaban la tierra en alquiler, su vida está marcada por tres componentes fundamentales: la segregación, la pobreza y la errancia que señala la búsqueda de un lugar propio, tanto a nivel de la realidad concreta de una casa, como a nivel de su identidad personal y como ciudadana brasileña. Las condiciones económicas difíciles en las que crece, se ven intensificadas por la marginación social que produce su ilegitimidad. Referencias biográficas indican que Carolina María y su familia deambularon por Minas Gerais, viviendo en diferentes haciendas. Esta errancia continua y un fuerte temperamento contribuyeron también a su marginalización. Ambos manifestaban la pobreza absoluta de la familia y la necesidad continua de defenderse de condiciones completamente adversas. Ambos le impidieron desarrollar un sentido de pertenencia y contribuyeron a que no completara su escolaridad. Como muchos otros brasileños del interior del país, Carolina María migra a la ciudad en busca de mejores condiciones de vida en 1947, luego de la muerte de su madre. No obstante, ella había tenido una experiencia particular durante su infancia. Si bien solo asistió a la escuela por dos años auspiciada por la esposa de un terrateniente de la zona, durante este tiempo aprendió a leer y a escribir. Es su relación con la escritura y la lectura la que dará a Carolina María de Jesús una vida diferente a la de los otros miles de desplazados del interior del país, quienes emigran hacia los dos grandes centros urbanos en los que este fenómeno social es más reconocible, São Paulo y Río de Janeiro.

Carolina viaja desde Sacramento hasta São Paulo donde se dedica a labores típicas de las mujeres que migran del interior del país: trabajar como criadas y lavar ropa ajena. En el *Diario de Bitita* ella cuenta en detalle sus experiencias y decepciones en todos estos trabajos de los que típicamente fue echada por razones injustas. Un ejemplo de estas experiencias aparece en la siguiente cita en la cual habla de su trabajo con don Emilio Bruxelas y doña Zizinha en cuya casa Bitita prestó particular atención a las habilidades culinarias de la patrona pues veía en ello una oportunidad de lograr su sueño de ser una cocinera famosa. Carolina presencia la entrega de una caja de seguridad que compra su patrón y, al recibir este las instrucciones de uso de la caja de seguridad, recibe la información del número de la clave para abrirla. Carolina, que presencia el incidente más tarde es despedida porque ella da la información a su patrón quien ha perdido la clave de la caja de seguridad y sospecha que ella le robará en el futuro (*Bitita's Diary*, "The Safe" 137-139).

Después de deambular por diferentes lugares y trabajos, la "Cenicienta negra" decide buscar otra manera de ganarse la vida luego de múltiples infortunios en su vida de criada y debido a que su vida personal se había modificado radicalmente. Había tenido tres hijos de tres padres diferentes y nadie la hubiera aceptado para trabajar como criada acompañada de tres niños pequeños. Carolina María encuentra otra ocupación más acorde con su independencia y sus condiciones personales. Se instala en la recién establecida favela Canindé y empieza a seleccionar basura, recuperando papel y otros objetos reciclables. La llegada a São Paulo significa para ella la realización de un sueño. Desde pequeña quiso abandonar Sacramento porque se sentía diferente y fuera de lugar. Ahora su sueño se realiza a medias puesto que tiene que vivir como marginal en la favela, sin participar de la realidad moderna y sofisticada de la vida urbana de São Paulo. Entre la basura reciclable que recoge ella se apropiará de cuadernos viejos que le servirán como materiales para desarrollar una actividad que le produce placer y sosiego: la escritura.

Según las investigaciones de Robert Levine y José Carlos Sebe Bom Meihy, y según referencias en su *Diario de Bitita*, Carolina María siempre sintió el deseo de leer, aprender y escribir. Recuerda que, de niña, sentía envidia de los niños que iban a la escuela y deseaba intensamente asistir a clases pero su madre le decía que tenía que esperar la edad adecuada (*Bitita's Diary* 71). En otras partes del diario cuenta cómo se dedicaba a leer *Os Lusíadas*, el famoso poema épico portugués, mientras se recuperaba de una enfermedad en sus piernas. Con la ayuda de un diccionario leía el poema, mientras la gente que pasaba se burlaba del diccionario y aseguraba que debía ser el Libro de San Cipriano, un famoso manual de hechicería. Carolina María, por su parte, sentía que a través de la lectura se había hecho intelectual, poeta, artista:

> Me volví más intelectual entendiendo que una persona educada sabe cómo tolerar sus aflicciones… Por medio de los libros comencé a saber sobre las guerras que habían ocurrido en Brasil, la guerra de los Farrapos, la guerra con Paraguay.

Condené este método brutal e inhumano que el hombre ha
encontrado para resolver problemas. (*Bitita's Diary* 132, mi
traducción)

No obstante, ante las acusaciones de que ella estudiaba el Libro de
San Cipriano para hacerse hechicera, su madre le decía "Es mejor que
dejes de leer estos libros, ya la gente anda diciendo que es el Libro de
San Cipriano y que tú eres una hechicera" (*Bitita's Diary* 133). Mientras vive en la favela van a reaparecer estos estereotipos de la cultura
popular que la señalan como loca porque le gusta leer y se dedica a
escribir, además de que producen burla porque la escritura no le ofrece
ganancias económicas.

En *Quarto de Despejo* se encuentran referencias diversas que igualmente muestran cómo su relación con la lectura y la escritura constituyen para ella el signo de la diferencia y el poder y el orgullo de no ser
como otros favelados. Por una parte, siente orgullo de poder educar a
sus hijos. En la entrada del 27 de noviembre de *Quarto de Despejo* dice:
"Estoy contenta con que mis hijos estén alfabetizados. Comprenden
todo. José Carlos me dice que va a ser un hombre distinto y que yo
voy a tener que tratarlo de Señor José" (135).

Por otra parte, Carolina María siente que es la educación la que
hace valiosa a una mujer y expresa que ella prefiere tener la libertad
de leer y escribir antes que casarse:

El señor Manuel apareció diciendo que quiere casarse conmigo. Pero yo no quiero porque ya estoy en la madurez. Y
después, un hombre no ha de gustar de una mujer que no
puede pasar el tiempo sin leer. Y que se levanta para escribir.
Y que se acuesta con lápiz y papel debajo de la almohada.
Por eso es que yo prefiero vivir para mi ideal. (*Quarto de
Despejo* 50)

Esta decisión pone de manifiesto aspectos de su personalidad que
la particularizan y que afectarán su vida en dos sentidos: su carácter
fuerte y su decisiva actitud son indicadores de su poca tolerancia a
las exigencias de la vida matrimonial en un sistema eminentemente
patriarcal. Esta decisión también es indicadora de su independencia y

actitud de autosuficiencia y de su fortaleza para vivir a su manera. Sin embargo, estas características al mismo tiempo la aíslan, haciéndola diferente, dificultando su sentido de pertenencia en la favela. Ella lo expresa en varias entradas en *Quarto de Despejo* como la siguiente:

> 23 de mayo.
> Me levanté por la mañana triste porque estaba lloviendo. (...)
> el barracón está en un desorden horrible. Es que no tengo
> jabón para lavar los platos. Digo platos por costumbre. Pero
> son latas. Si tuviera jabón iría a lavar las ropas. No soy una
> mujer dejada. Si ando sucia es por la transformación que sufre
> la vida de un favelado. Llegué a la conclusión de que quien no
> tiene que ir al cielo, no tiene para qué mirar hacia arriba. Es
> lo mismo con nosotros a quienes no nos gusta la favela, pero
> estamos obligados a vivir en la favela. (*Quarto de Despejo* 43)

En cualquier caso, Carolina María quiere un lugar digno en el cual vivir, criar a sus hijos y escribir. En la escritura, como lo indica Silvana José Benevenuto en su artículo "*Quarto de Despejo:* A escrita como arma e confronto á fome":

> Carolina encuentra en la escritura la posibilidad de mostrarse
> diferente de los demás habitantes de la favela, no se identifica
> con ellos y, escribiendo, se siente más digna. Ella nos cuenta
> que se supo separar de las "banalidades" en las que están
> envueltas las otras mujeres de la favela Canindé y que formó
> su "carácter" por la lectura y la escritura[1].

De igual forma, su relación con la escritura es una relación seria, a la que ella dedica tiempo y la que considera digna de ser publicada. Ella se considera a sí misma escritora e intenta varias veces sin éxito que sus textos sean publicados. Carolina María sabe que al describir la realidad de su vida, denuncia las condiciones de miseria de los favelados al mismo tiempo que expresa críticas continuas a las actitudes y promesas falsas de los políticos.

La escritura no solo le abre las posibilidades de escapar de la favela a través de la palabra sino que ella la considera una salida real a la pobreza. En *Quarto de Despejo*, julio 27, ella afirma: "Es que estoy escribiendo un libro, para venderlo. Pienso con ese dinero comprar un terreno para yo salir de la favela" (28).

La escritura igualmente le permite ejercer el acto político de denunciar la injusticia y la marginación, le permite también ejercer el poder de denuncia de los vecinos a los que amenaza continuamente con incluirlos con nombre propio en sus relatos. Por último, escribir le permite expresar sus anhelos y deseos de una vida en la ciudad, realidad que ella ha idealizado en su fantasía de sujeto marginal, y cuyos valores ha internalizado como valores importantes pues sueña no solo con comprar una casa, sino con tener ropas bonitas y de calidad, con ir al cine y, especialmente, con comer bien.

Su escritura está, sin embargo, marcada por la ambigüedad y las contradicciones generadas por los ideales de progreso e industrialización del Brasil en el que vive. De estos ideales se derivan su consideración del campo como sinónimo de atraso, la idealización de la ciudad como "paraíso de los pobres," la visión de la favela como sinónimo de pobreza mientras se idealiza al mismo tiempo la vida burguesa. Si bien ella desconfía de la retórica engañosa de los políticos, Carolina ha crecido en una cultura que construye el modelo de Brasil como "el país del futuro", el centro en el que confluirán la modernización, el desarrollo y se encarnarán los dos ideales de "orden y progreso" contenidos en el símbolo nacional que es la bandera.

Otra ambigüedad visible en sus textos es la que pone en evidencia un modo de escribir que escoge la forma íntima de la escritura del diario al mismo tiempo que es consciente de que podrá ser leída por otros, subvirtiendo el principio de intimidad que define la producción de un diario. Carolina "escoge" la escritura personal y "sencilla" de un texto en el que se recogerían aparentemente sucesos cotidianos, de relevancia personal. No obstante, ella no solo describe su vida, sino que al hacerlo, también denuncia y documenta una realidad social que los paulistas y, los brasileños en general, habían optado por desconocer. De esta manera, sus textos hablan de ella y de sus hijos pero también revelan la vida de su comunidad, dibujando de manera directa un aspecto acallado de la realidad nacional del Brasil.

Ahora bien, Carolina María describe la favela con un lenguaje ambiguo. Esta ambivalencia marca la diferencia entre sus textos y otros textos testimoniales como los de Menchú y Barrios de Chungara. En la medida en que Carolina manifiesta un distanciamiento crítico de los otros favelados no adopta una posición que de forma consistente y coherente explique sus comportamientos como resultado de su condición de marginalización. Ella más bien oscila entre denunciar la corrupción política como la causa principal de las deplorables condiciones de vida en la favela, culpar la vida en la favela como una fuerza nociva que pervierte a los habitantes del lugar, y acusar a los favelados de ser directamente responsables de sus acciones. Esta ambivalencia pone en evidencia componentes fundamentales de la retórica progresista característica del Brasil que experimenta la construcción de Brasilia como nueva capital del país, y pasa por la experiencia de la implementación del llamado "Plano de Metas" del presidente Juscelino Kubitscheck, conocido por la sigla "cincuenta años en cinco".

II. EL MALESTAR DE LA FAVELA, LA RAZA Y EL SUEÑO DE LA CIUDAD

> Cuando estoy en la ciudad tengo la impresión de estar en una sala de visita con sus cristales brillantes, sus tapetes y almohadas de satín. Y cuando estoy en la favela tengo la sensación de estar en un cuarto de desperdicios y despojos.

En *Bitita's Diary*, Carolina María expresa diferentes aspectos criticables en la vida de sus vecinos. Uno de ellos queda indicado en la cita que dice: "Lo que yo no podía respetar eran las vanidades superfluas. Ellas trabajaban solo para comprar ropa. Podían haber trabajado para comprar un pedazo de tierra y construir una casita, que es la cosa más importante en la vida" (132).

No obstante, ella va a tener que reconocer que, al mismo tiempo, su deseo de conseguir un pedazo de tierra se ve truncado por las condiciones adversas en las que vive. Mantener unos principios y un estilo de vida diferentes no le garantizan una vida mejor, fuera de la favela. De ahí su dificultad de aceptar su vida en Canindé. De ahí que enfatice su disgusto por vivir en la favela. Así lo expresa cuando dice cosas en *Quarto de Despejo* como estas de la entrada del 20 de julio.

> Mi sueño era andar bien limpiecita, usar ropa costosa, residir en una casa cómoda, pero no es posible. Yo no estoy descontenta con la profesión que ejerzo. Ya me acostumbré a andar sucia. Ya hace ocho años que reciclo papel. El disgusto que tengo es vivir en la favela.

Carolina no solo se siente diferente sino que en algunas partes de su escritura manifiesta que la favela es un lugar que corrompe, donde las personas llegan buenas y educadas pero, afectadas por la degradación del ambiente en el que se encuentran, terminan siendo agresivas y vulgares. Su percepción de la favela está igualmente enmarcada por su contraste con la ciudad. Aquí es importante recordar que la característica espacial de los cordones de miseria en São Paulo es diferente a los de Río de Janeiro. Las favelas en São Paulo están literalmente fuera de la ciudad, mientras en Río hacen parte de la geografía concreta de la ciudad. Este distanciamiento espacial quizás contribuyó al sentido de separación en el que vivía Carolina María en relación con la ciudad. No obstante, su sentido de no pertenencia a la ciudad es más complejo e involucra no ya la separación entre el campo y la ciudad, marcada según el imaginario nacional brasileño por la diferencia entre retraso y desarrollo, sino por la separación entre ricos y pobres; entre los que tienen una casa, vestidos, zapatos, comida y los que difícilmente consiguen sobrevivir. Ese mundo de la ciudad es el que ella anhela y del que sueña ser parte algún día.

Ella describe la relación de la ciudad con la favela en los siguientes términos: "El Palacio (de Gobierno) es la sala de visita, la Alcaldía es el comedor y la ciudad es el jardín. Y la favela es el rincón en el que tiran la basura" (*Quarto de Despejo* 47).

Tal como sucede con otros temas en sus textos, Carolina habla de la favela expresando tensiones y ambivalencias. En algunas partes de *Quarto de Despejo* indica que no puede referirse a la favela como la casa por eso escribe: "Llegué a la favela en vez de llegué a casa". Sin embargo, en otras partes del texto escribe "Llegué a casa" al describir que llega a la favela.

En algunas partes del texto la identifica como un lugar nauseabundo, lleno de basura, pobreza, violencia y feas costumbres. En esos casos parece indicar que este contexto disfuncional daña a las personas que llegan a vivir en él. Igualmente, ella critica con fuerza a otros favelados. Critica a los jóvenes por su falta de respeto a los mayores. Critica a las mujeres que se agreden entre ellas, que solo piensan en banalidades y en hombres, que no cuidan bien a sus hijos. No obstante, ella también reconoce que hay diversidad en la favela y no todos los residentes son iguales. Así lo expresa, por ejemplo, cuando dice en *Quarto de Despejo*: "En las favelas, las jóvenes de 15 años permanecen fuera hasta la hora que quieren. Se mezclan con las prostitutas, cuentan sus aventuras (…) Hay los que trabajan. Y hay los que llevan la vida a tuertas y revueltas" (20).

Una de las cosas que critica con mayor intensidad en los favelados es la ignorancia y el hecho de que no puedan comprender su gusto por la lectura ni su proyecto de escritura. Los favelados temen el proyecto de libro de Carolina María. Algunos, como la Silvia (21) le piden que retire su nombre del libro. Otros la acusan de hechicera y otros le advierten que se volverá loca si continúa escribiendo. A estas increpaciones ella responde con argumentos como el siguiente:

> Ustedes son incultas, no pueden comprender. Voy a escribir un libro sobre la favela. He de citar todo lo que sucede aquí. Y todo lo que ustedes me hacen. Quiero escribir el libro, y ustedes con estas escenas desagradables me proveen los argumentos. (*Quarto de Despejo* 20)

Si bien Carolina oscila entre una posición crítica y una posición de conmiseración hacia los favelados, su crítica más fuerte revela su apropiación de una posición política derivada de una clara comprensión de la actitud de los políticos hacia los pobres. Ella desconfía de todos los políticos, particularmente de aquellos que, como Juscelino Kubitscheck, llevan un nombre difícil de pronunciar. En varias partes de *Quarto de Despejo* se refiere a cómo los políticos solo vienen a la favela cuando quieren decirles sus falsas promesas para lograr sus votos. Ella los culpa directamente de la pobreza extrema en que viven, del abandono y la ausencia de justicia social. Así lo resumen estos versos: "Tengo náuseas, tengo pavor, del dinero de aluminio, del dinero sin valor. Dinero de Juscelino".

Las obras de Carolina enfatizan reiteradamente que son las diferencias de clase y la injusticia social lo que ella más resiente y critica.

Como muchos latinoamericanos de esa época, que crecieron en un contexto marcado por la retórica del desarrollo, la industrialización y el progreso, Carolina María critica la falta de oportunidades y la marginalización a la que los condena la pobreza. Sin embargo, si bien ella se refiere al tema de las diferencias raciales en Brasil, lo hace sin establecer una conexión directa entre la pobreza y la raza negra. Su queja constante, su denuncia directa y tajante es por el hambre que continuamente la asedia, por su resentimiento de no poder alimentar bien a sus hijos, hasta el punto de llevarla a pensar en la posibilidad del suicidio y de considerar la posibilidad de proponerles a sus hijos que lo hagan con ella. Aunque las referencias al tema racial no son el centro de sus textos, es claro que ella tiene una posición analítica y crítica de las diferencias entre negros y blancos. Esta queda específicamente expresada en la siguiente cita extensa de *Quarto de Despejo*:

> Yo escribía piezas y se las presentaba a los directores de circos. Ellos me respondían: "—Qué pena que eres negra". Ellos olvidan que yo adoro mi piel negra, y mi cabello rústico. Yo hasta encuentro que el cabello del negro es más educado que el del blanco. Porque el cabello del negro donde usted lo pone ahí se queda. El cabello del blanco solo es mover un poco la cabeza y ya se sale de su lugar. Es indisciplinado. Si es que existen reencarnaciones, quiero siempre volver siendo negra. (65)

Su actitud no es solo de aceptación y orgullo de su raza sino que cuestiona la posición que da supremacía a la raza blanca, criticando sus fundamentos. También en *Quarto de Despejo* ella dice:

> Un día un blanco me dijo: si los negros hubieran llegado al mundo después de los blancos, ahí los blancos podían protestar con razón. Pero, ni el blanco ni el negro conocen su origen. El blanco dice que es superior. ¿Qué superioridad presenta el blanco? Si el negro bebe "cachaça", el blanco bebe. La enfermedad que aflige al negro, aflige al blanco. Si el blanco siente hambre, el negro también. La naturaleza no selecciona a nadie. (65)

Carolina María se sabe negra y se sabe pobre. De su primera condición, su condición racial, se siente orgullosa. De la segunda, su condición de pobre favelada, reclama, se lamenta, siente rabia y se entristece. Ella parece haber mantenido la esperanza de salir de la favela, un lugar que denunció como inhumano y que esperaba desapareciera algún día del mapa urbano de las grandes ciudades: "Resido en la favela. Mas si Dios me ayuda me he de mudar de aquí. Espero que los políticos hagan desaparecer las favelas" (*Quarto de Despejo* 21).

III. Al final, vuelta a lo mismo: igualmente negra, mujer y pobre

> Ha de existir alguien que al leer lo que escribo diga… ¡esto es mentira! Pero, las miserias son reales. (*Quarto de Despejo* 47)

Carolina María muere olvidada, sola y pobre en 1977. El periodista Eudálio Danta tuvo acceso de manera fortuita a sus escritos y decidió editar *Quarto de Despejo* para buscar su publicación. Inicialmente saca en el periódico apartes del texto hasta conseguir, luego de polémicas conversaciones con los editores sobre la viabilidad de su publicación, que saliera en 1960. La obra es aún reconocida como una de las más vendidas y traducidas en el país. *Quarto de Despejo* es divulgado como el diario de una favelada, como una perspectiva personal e íntima de la vida en la favela. Nunca como un relato testimonial. Aún hoy no se reconoce como parte del canon de los textos testimoniales. Carolina no es una líder comunitaria, ni es la voz que defiende a los favelados. Es una voz directa y personal que pone en evidencia la pobreza absoluta y el hambre de las familias marginales en los grandes centros urbanos brasileños. Tal y como lo indica José Carlos Sebe:

> En cierta medida, aquel era un momento en que la sociedad brasileña comenzaba a reconocerse como "moderna". En aquel instante entre nosotros se daba el encuentro de dos procesos complementarios e importantes: la vivencia de un

> ambiente democrático y los movimientos de contracultura brasileña. Juntas esas manifestaciones, política y cultural, promovieron aperturas que podían funcionar tanto como demostraciones de ciertas patologías urbanas individuales, pequeño burguesas como para las crisis políticas de carácter social. (Carolina Maria de Jesus: Emblema do silêncio)

Las condiciones históricas y culturales del Brasil de 1960 abren un espacio mínimo por cuyos intersticios logran filtrarse las imágenes de la vida de Carolina en la favela. Frente al brillo deslumbrante de la modernización, el consumo, la inversión extranjera, aparece la imagen de otra cultura brasileña, ajena a una vida burguesa que se empeña en negarla. En ese intersticio van a aparecer grupos diversos que hablarán con disonancia. Movimientos estudiantiles, de trabajadores sindicalizados al igual que los pobres desplazados a los centros urbanos van a aparecer en la escena política del país para convertirse incluso en tema de campañas políticas. En ese contexto es donde el periodista Eudálio Dantas logra la publicación de *Quarto de Despejo*. Lo que Carolina, como mujer, negra y autora no había conseguido lo consigue la voz autorizada de un periodista interesado en temas sociales. Esta autorización patriarcal, sellada con las correcciones que hizo para editar el texto, garantiza finalmente que ella sea leída. Al momento de la publicación ella es acogida por un grupo intelectual de clase media pero Carolina María nunca asimila completamente esa fama, inclusive sale a reciclar papel el día del lanzamiento del libro. Efectivamente, la publicación le permite dejar la favela y mudarse a un barrio de clase media en la ciudad. No obstante, allí continúa su experiencia de sentirse otra y de no poder integrarse a su nueva comunidad. Sus hijos, particularmente, no son aceptados en su nuevo vecindario y ella termina por "renunciar" a vivir en este nuevo contexto, regresando después de un tiempo a un barrio pobre. La fama de Carolina María es efímera. Su voz es escuchada temporalmente pero pronto surgen preguntas sobre su escritura: ¿un diario escrito por una mujer pobre y casi analfabeta puede considerarse literatura? ¿Cómo confiar en la originalidad de un texto que no se publicó en su versión original sino que fue editado y modificado por un periodista? ¿Cómo evitar asociar *Quarto de Despejo* con la posición ideológica de Dantas? Su éxito es claramente descrito por José Carlos Sebe en la siguiente cita:

Éxito inmediato de contornos extraños, dígase, puesto que aquel agosto de 1960 Carolina se hizo famosa del día a la noche, sin embargo, sin perder su rastro de miseria. Con eso se sugiere que toda la transformación que tuvo lugar fue superficial y externa a la propia Carolina, quien se vio transformada en una especie de muñequita negra de una sociedad que aprendía a ser flexible. Eso, además, daba aires de tropicalización al mito importado de una cierta "self made woman" brasileña. Esa versión nacionalizada del ascenso social inmediato era algo interesante para el sistema que pasaba a "probar la movilidad social de los nuevos tiempos". Es curioso notar que la propia Carolina no tenía una mínima dimensión de lo que pasaba. El hecho de que ella, el día del lanzamiento del libro, haya salido a reciclar papel porque no tenía dinero para la alimentación de los hijos, muestra cuán extrañas eran las conexiones entre ella y el mundo que la reconocía como un fenómeno reciente. Vendidos en la ciudad de São Paulo, en tres días, el éxito editorial fue sorprendente. Una prueba elocuente de esto es el hecho de que la Editorial Francisco Alves no estuviera preparada para responder de manera inmediata los incesantes pedidos que venían de los lugares más distantes del país. (Carolina María de Jesús: Emblema do silêncio)

Sus textos van a tener una recepción mayor y más duradera luego de ser conocidos en traducción en otras lenguas. En Brasil, Carolina es olvidada pronto y su figura va a estar rodeada de rumores sobre malos manejos del dinero ganado por la publicación. En el momento de su muerte, vive sola en su casa pobre y silenciada. No obstante, no puede olvidarse que gracias a su gesto atrevido y desafiante, Carolina María logra ser publicada y, con ello, la voz de una mujer negra, casi analfabeta y pobre del interior del estado de São Paulo, logró describir, desde la precariedad, la realidad marginalizada de los pobres favelados de Brasil.

Obras citadas

Benevenuto, Silvana José. *Quarto de Despejo: A escrita como arma e conforto à fome.*

En Baleia na Rede. Revista online do Grupo de Pesquisa e Estudos em Cinema e Literatura. Da Universidade Estadual Paulista http://www.marilla.unesp.br 20/01/2010.

Dávila, Jerry. *Diploma of Whiteness. Race and Social Policy in Brazil, 1917-1945.* Duke University Press, 2003.

Ferreira, Débora. *Carolina María de Jesús and Clarice Lispector: Constructing Brazil and Brasileiras. Torre de Papel.* Summer 2001, Vol. XI, Number 2/ Fall 2001, Vol. XI, Number 3.

Hanchard, Michael, Ed. *Racial Politics in Contemporary Brazil.* Durham: Duke University Press, 1999.

Jesús, Carolina María de. *Quarto de Despejo.* São Paulo: Livraria Francisco Alves, 7º. Edição.

——. *Bitita's Diary. The Childhood Memoirs of Carolina Maria de Jesus.* Robert Levine, Ed. New York: M. E. Sharpe, 1998.

Reichmann, Rebecca, Ed. *From Indifference to Inequality. Race in Contemporary Brazil.* University Park, PA. The Pennsylvania State University Press, 1999.

Sansone, Livio. *Blackness Without Ethnicity. Constructing Race in Brazil.* New York: Palgrave Mcmillan ed. 2003.

Sebe Bom Meihy, José Carlos. *Carolina María de Jesús: Emblema do silêncio.* Biblioteca Virtual de Direitos Humanos da Universidade de São Paulo. http://www.cefetsp.br/edu/eso/cidadania/meihyusp.html

Winddance Twine, France. *Racism in a Racial Democracy. The Maintenance of White Supremacy in Brazil.* New Brunswick: Rutgers University Press, 1998.

COLOMBIA

LA NEGRA GRANDE DE COLOMBIA Y TOTÓ LA MOMPOSINA: MUJER Y MÚSICA AFROCOLOMBIANA

PAOLA MARÍN, CALIFORNIA STATE UNIVERSITY, LOS ÁNGELES

Cuando se habla de figuras representativas de la cultura colombiana, especialmente en el ámbito musical, no hay duda de que son imprescindibles los nombres de las cantantes Leonor González Mina, la Negra Grande de Colombia; y de Sonia Bazanta, mejor conocida como Totó la Momposina. Cada una por derecho propio ha contribuido a la creación de nuevos espacios para la música colombiana de raíces afro más allá de las fronteras regionales y nacionales. Puede decirse que muchos artistas nacionales que en años recientes han entrado al circuito de la World Music, término por demás discutible, transitan un camino que estas dos mujeres les abrieron a ritmos originarios de su patria en todo el mundo.

LA NEGRA GRANDE DE COLOMBIA

Leonor González Mina nació en 1934 en Robledo, pequeña población ubicada en el departamento del Valle del Cauca, perteneciente a la región del Pacífico colombiano. Estudió en un internado y después de haber tenido gran aceptación en su debut como cantante,

como se verá en detalle más adelante, decidió entrar al Conservatorio
Antonio María Valencia de la ciudad de Cali, la capital departamental. El Valle cuenta con una numerosa población negra pero como
en muchas otras regiones de América Latina, aún son perceptibles
las divisiones étnicas y socioeconómicas provenientes de tiempos
coloniales. En la actualidad un enorme segmento de esta población
no solo vive en condiciones de pobreza sino que aquellos que han
accedido a un nivel social superior todavía son vistos con recelo por
quienes se piensan a sí mismos como blancos. En febrero de 2007,
en el II Encuentro Afrocolombiano y I Afroamericano (Universidad
Santiago de Cali), co-organizado por la fundación Falú con sede en
Nueva York, González Mina habló de "los paradigmas que tuvo que
romper para poder entrar al Conservatorio de Cali a estudiar música,
donde no quería ser aceptada (sic), lo mismo que su internado en un
colegio de monjas donde no habían estudiado negras" (Diario *El País*
de Cali, 17 de febrero de 2007). Su participación en dicho encuentro
demuestra que ya sea en la música o en otros ámbitos, ha permanecido
activa en su deseo de darles voz a los problemas sociales y raciales
que aquejan a su país.

A los 18 años González Mina se fue de su casa y pocos meses
después se integró como bailarina al conjunto de danzas tradicionales
de Delia Zapata Olivella, la gran pionera en la valoración de la cultura
afrocolombiana en el país y en el exterior más allá de exotismos o
prejuicios primitivistas. Zapata Olivella, artista plástica, coreógrafa
y profesora universitaria, usó su formación en estudios de folclore y
etnomusicología para dedicarse a investigar en sus fuentes la cultura
dancística y musical del Caribe y del Pacífico colombianos. Creó un
ballet con integrantes provenientes de diversos pueblos y rancherías
que fue un "parteaguas" en la difusión del folclore colombiano, con
el que también habría de tener relación Totó la Momposina. Junto a
este ballet González Mina realizó giras por varios países como China,
Francia, Alemania y la Unión Soviética. En 1958 durante una estadía
en París, la cantante del conjunto se indispuso y fue reemplazada con
gran éxito por González Mina en una presentación en el Teatro Olim-
pia. Al regreso de la gira decidió estudiar *bel canto* en el Conservatorio
de Cali, contrajo matrimonio con Esteban Cabezas, bailarín y músico
del Pacífico nacido en Guapi (Cauca) que también pertenecía a dicho

grupo, y poco después grabó su primer disco titulado *Cantos de mi tierra y de mi raza*, una serie de tres LPs. Valga destacar que la Negra Grande fue la primera artista en la historia de Sonolux, un importante sello discográfico, que grabó un disco completo con temas del Pacífico colombiano. Por su parte, Cabezas habría de escribir canciones esenciales para la carrera musical de su esposa como *El boga, boga bogando* y *A la mina*. Cabezas y González Mina tuvieron dos hijos, Juan Camilo, administrador de empresas, y Candelario, afamado percusionista que murió de un aneurisma a los 34 años cuando gozaba de gran éxito como integrante del grupo del cantante italiano Eros Ramazzoti.

En entrevista concedida a Isabel Patiño Collazos en julio de 2006, Cabezas habla de su relación con la cantante y del papel de la misma en la revaloración de la cultura afrodescendiente: "Con Leonor tuve la experiencia más milagrosa. Las primeras canciones que cantó las produje yo, todo este repertorio que ella interpretó era como una forma de expresar una rebeldía contra la explotación del negro. Por ejemplo la canción *A la mina* nace en Gorgona, donde estaban las minas (...): "Aunque mi amo me mate a la mina no voy, no quiero morirme en un socavón, don Pedro es tu amo, el te compró, se compran las cosas a los hombres no". En cuanto a *El boga, boga bogando*, inspirada en cantos tradicionales de la población afro del Pacífico colombiano, se estrenó como cantata profana en 1964 en el Teatro Municipal de Cali, en el marco del IV Festival Nacional de Arte de dicha ciudad. Participaron la Orquesta Sinfónica del Valle, la Coral Palestrina y González Mina como solista, con arreglos y bajo la dirección del reconocido compositor vallecaucano Luis Carlos Figueroa.

González Mina ha interpretado una variedad de bellas canciones correspondientes a diversos ritmos de las dos costas colombianas. Sin embargo, la más exitosa en su carrera ha sido *Yo me llamo cumbia*, del compositor Mario Gareña. Aunque es su tema más conocido e incluso se convirtió en su época en un himno de la "colombianidad" en la voz de esta intérprete, hay que decir que tanto a nivel musical como de la letra es muy rudimentario comparado con otras de sus canciones. En *Yo me llamo cumbia* no hay juego con la sonoridad misma de las palabras como ocurre en las composiciones de origen afro (por ejemplo las de Esteban Cabezas), sino que la letra es sobre todo descriptiva: una visión de lo negro como algo alegre y bullicioso que se observa desde afuera, una traducción para los salones de baile del interior del país: "Yo me llamo cumbia yo soy la reina por donde voy/ No hay una cadera que se esté quieta donde yo estoy/ mi piel es morena como los cueros de mi tambor (...)". Por el contrario, las canciones más marcadamente afro, ya sean del Pacífico o del Caribe no describen sino más bien expresan, juegan con el lenguaje y son profundamente creativas a nivel musical. La melodía de *Yo me llamo cumbia* es bastante primaria, no tiene síncopa o cadencia ni hay juegos armónicos o modales como ocurre en la cumbia tradicional, incluyendo varios otros temas interpretados por González Mina, según afirma el compositor Leopoldo Novoa Matallana (entrevista personal). Un buen ejemplo es *El pescador*, una cumbia compuesta por José Barros que hila toda una historia a partir de vivencias relacionadas con el contexto afrocaribeño, en la que los versos van siguiendo la cadencia oscilante de la música: "el pescador habla con la luna/ el pescador habla con la playa/ no tiene fortuna/ solo su atarraya". Para explicar el gran éxito comercial de *Yo me llamo cumbia* hay que tener en cuenta que cuando la Negra Grande empieza a ser famosa (años sesenta y setenta), la cultura afro en Colombia era vista, incluso más que hoy en día, como de "mal gusto", por lo que darle cierta estilización como ocurre en esta canción permitía que tuviera más difusión. De hecho, la gran popularidad de la misma se debió principalmente a la radio.

Durante su extensa carrera musical la Negra Grande grabó más de 30 discos, en los que interpretó no solo géneros afro del Caribe y del Pacífico colombianos sino también boleros, pasillos y bambucos (ritmos del interior del país), así como música de los llanos colombo-venezolanos. En las últimas tres décadas ha trabajado en otros campos como la actuación, siendo su más grato recuerdo su papel en un seriado televisivo sobre la vida del Libertador Simón Bolívar, dirigido por el colombiano Jorge Alí Triana. También destacan su papel en la telenovela *Azúcar* dirigida por otro reconocido director colombiano (el ya fallecido Carlos Mayolo), al igual que su incursión en el cine bajo la dirección del italiano Bernardo Bertolucci, entre otras experiencias significativas.

En el presente la Negra Grande se dedica principalmente a causas sociales e incluso llegó a ocupar el cargo de congresista hace unos años. Esta experiencia le dejó sentimientos encontrados, ya que según afirma en entrevista concedida a María Fernanda Santander para el suplemento en línea "calibuenanota.com" el 14 de diciembre de 2005: "La política me ha dejado enseñanzas. Me enseñó a mirar cómo es que en el Congreso ajustan y desajustan el país. Es más lo que lo desajustan que lo que ajustan, eso es lo que más me duele, porque hay mucha gente que va con deseos de trabajar. Pero hay otros que van detrás de intereses personales".

Actualmente vive en Colombia, donde es habitual su presencia en los medios de comunicación y todavía es una figura de gran notoriedad. Esporádicamente es invitada a cantar en importantes eventos de tipo social y cultural como el homenaje a Chavela Vargas en Bogotá en 2004, en el que se presentó junto a Diego El Cigala, o el homenaje que ella misma recibió en noviembre de 2008 durante el I Festival de Música Latinoamericana en Jamundí, entre otros. En 2007 se mudó de Bogotá a Robledo, su pueblo natal.

Totó la Momposina

Si de Leonor González Mina puede decirse que como mujer negra abrió un importante espacio de visibilidad para los ritmos afrocolombianos, con respecto a Totó la Momposina no se exagera al decir que ha jugado un papel esencial en la continuidad de dichas tradiciones al entenderlas como algo vivo, que debe crecer a través del fomento de sus raíces pero también del intercambio con el afuera y de una constante búsqueda musical. De hecho, en numerosas ocasiones ha afirmado que prefiere no usar el término "folclore" porque la remite a algo anquilosado, como de museo. En esta concepción coincide con muchos otros artistas provenientes de diversas etnias latinoamericanas que se niegan a ver sus culturas relegadas a un ámbito exótico o estático del pasado, y las reivindican como parte esencial del presente de sus países. Al respecto, en una entrevista de 1998 con la etnomusicóloga estadounidense Isabelle Leymarie publicada en línea en el *Unesco Courier*, Totó dice que la música que interpreta "puede describirse como una empresa que se inició hace 500 años, un proceso que se ha desarrollado y ha cambiado pero perpetúa las tradiciones de los pueblos en los que surgió. Lo que queremos hacer es inyectarle nuestra propia energía, desarrollarla al máximo y ayudar a fortalecer nuestra identidad musical nacional. Queremos contribuir a que la música de nuestro país exprese la cultura de *toda* nuestra gente" (La traducción del inglés es mía).

Sonia Bazanta nació en Barrancabermeja en 1940 pero por razones evidentes si se considera su periplo artístico y vital, se considera a sí misma como originaria de Talaigua, en la isla de Mompox, perteneciente a la región de los bajos del río Magdalena. Esta zona posee una marcada influencia de diversas etnias indígenas y por su cercanía con Cartagena, durante la colonización española frecuentemente sirvió como lugar de refugio para esclavos fugitivos (cimarrones) que crearon poblados independientes (palenques), de modo que era común la mezcla entre indígenas y africanos. Tal historia de mestizaje y resistencia nutrió la riquísima tradición de "Bailes Cantados" de la zona. Estos son definidos por Totó de la siguiente manera: "Los Bailes Cantados son los que se hacen con percusión, con relaciones versadas en la melodía, con bailadoras y con grupos de más de 13 cantadoras o respondonas, con tamboleros (tambores de origen bantú), con palmas, coros y versos con sus tonadas. Se bailan en pareja de tal modo que, una a una van saliendo al ruedo y todo el pueblo toma parte en la celebración. Es la fiesta del pueblo, en la que se hacen palmas, coros y se baila hasta el amanecer" (véase totolamomposina.com). Además de los elementos indígenas y africanos, otra influencia importante en las manifestaciones culturales afrocaribeñas relacionadas con la tradición oral como es el caso de estos bailes, es el romancero español.

Los padres de Totó son de la región del Bajo Magdalena, al igual que todo el contexto vivencial y musical de su infancia, ya que su padre nacido en Magangué además de zapatero era percusionista, mientras que su madre, cantadora y bailadora, nació en Talaigua (Mompox). De niña Totó se familiarizó con la interpretación de diversos ritmos autóctonos como la puya, el porro o la cumbia, al igual que la tambora, el chandé, el bullerengue o el fandango, entre otros. Estos últimos corresponden a Bailes Cantados en los que se danza y se toca de modo particular con instrumentos específicos, en determinadas ocasiones o épocas del año, y con variantes según cada población[1].

De Barranca, su familia se mudó a Bogotá tras una breve y difícil estancia en Villavicencio. En la capital colombiana su casa era lugar de reunión obligado de gran cantidad de músicos provenientes de ambas costas e intelectuales interesados en la cultura popular afrodescendiente, incluyendo figuras como Alejo Durán, Emiliano Zuleta, Delia Zapata y quien habría de convertirse en gran amiga y colaboradora de Totó, la destacada antropóloga Gloria Triana. Allí se tocaba y se bailaba hasta el amanecer. Con respecto a su familia como núcleo vivo de cultura, en una conversación con Triana, Totó recuerda sobre su madre y su vivienda en el barrio Restrepo de Bogotá: "La casa era grandísima. Un día cualquiera ella nos dijo que se iba para Talaigua, a traer unos tambores, un millero y un gaitero (la flauta de millo y la gaita son instrumentos de viento de origen indígena) para que nosotros no olvidáramos las tradiciones de nuestro pueblo, y los trajo. Ellos vivieron con nosotros varios meses mientras aprendíamos. Yo tenía entonces como trece años, y cuando ya habíamos aprendido algunos cantos y bailes, mi mamá armó un grupo y nos llevaba a concursos" ("Entrevista con Totó la Momposina"). Esta misma investigadora menciona que la madre de Totó, Livia Vides, tomó la decisión de hacer de su tradición musical y dancística el eje de su vida familiar debido a la discriminación sufrida al establecerse en Bogotá por venir de la Costa, es decir, aunque no quisieran, los bogotanos iban a tener que escucharlos y tomarlos en cuenta.

Algunos de los primeros programas de televisión sobre folclore afrocolombiano contaron con la participación del grupo de danzas de la familia de Totó, dirigidos por Esteban Cabezas y con la producción de Álvaro García Pombo. Debido al contacto con Cabezas, la intérprete también aprendió diversos ritmos del Pacífico como arrullos, currulaos, abozaos, danzas y contradanzas[2]. Es por esa época cuando notando el gran talento de su hija, la madre decide bautizarla con un nombre profesional que conserve la sonoridad del mote familiar "Totó", como la llamaban desde pequeña, complementándolo con un apelativo de origen que fuera igualmente llamativo, "la Momposina".

Por su necesidad de aprender más, muy joven Totó se fue a vivir a Talaigua y en diversos períodos de su vida se fue a buscar a las cantaoras de la zona del Bajo Magdalena. Conoció y convivió con Ramona Ruiz, las hermanas Arce, Estefanía Caicedo, entre otras figuras legendarias. Según Totó, "las cantaoras son como un núcleo familiar, como una dinastía, pues ellas son el punto de referencia del pueblo al ser respetadas, admiradas y gozar de jerarquía" (véase totolamomposina.com). A Estefanía Caicedo, originaria de Cartagena, le compone una canción titulada *Oye Manita*, de la que un fragmento reza así: Estefanía con su canto, alegraba el Magdalena/ a la Boquilla y Malagana/ El Playón del Blanco allá en la arena/ Oh Chambacú sudor de negro/ historia de esclavos/ que como tú Estefanía/ escribieron la historia mía"[3]. Esa preocupación por la recuperación, la continuidad y la difusión de la propia historia a través de la música ha sido uno de los rasgos fundamentales de la carrera de Totó, no solo como intérprete sino como impulsora cultural. En su artículo *Totó la Momposina, nuestra cantadora trashumante*, Gloria Triana habla del interés que gracias al contacto con la familia de Totó se le despertó sobre la cultura caribeña y comenta los viajes que con ella realizaba a la zona del Bajo Magdalena en el período vacacional, ya que esta antropóloga daba clases en la Universidad Nacional mientras que Totó estudiaba canto en el conservatorio de esa misma institución en Bogotá. Por otro lado, en el libro *Totó, nuestra diva descalza*, su más completa biografía, la periodista Patricia Iriarte describe en detalle la labor amorosa y constante por ella realizada en beneficio de la tradición musical del Caribe colombiano. Entre muchos otros ejemplos, valga lo que José Acosta, el cajero (percusionista que toca la caja) del grupo de Ramona Ruiz, le comenta a la periodista en Talaigua: "(...) en el ochenta, porque cuando Totó estuvo por acá fue cuando nos revivió, ella fue la que organizó todos esos grupos que hay ahora por la región. Ahora vienen cada rato de todas partes a averiguar por el chandé, por la tambora" (112). Iriarte también registra la triste situación en la que Totó encuentra a los intérpretes tradicionales, por ejemplo los músicos que han tenido que empeñar sus tambores para poder comer y cantadoras que se dedican a labores varias para sobrevivir, además de que en diversas ocasiones durante varios años los cantos y bailes no se llevaban a cabo. Sobra decir que el interés del Gobierno por la cultura colombiana afrodescendiente es casi nulo, cuestión que se corresponde con las ideas predominantes en el país sobre la misma. Según la historiadora Adriana Maya: "Desde la Colonia se construyó una imagen de la 'colombianidad' sin negros y sin indios, pero sobre todo sin negros" (citado por Salazar). Esta marginación es todavía más sorprendente si se considera que

Colombia tiene la tercera población negra más grande de América, después de Estados Unidos y de Brasil.

Volviendo a los inicios de su trayectoria, en 1969 Totó empezó su carrera profesional con su propio grupo. Entre sus músicos estaban Daniel Bazanta, su padre, quien ya falleció; Julio Rentería, originario del Chocó (costa Pacífica); Gilberto Martínez, proveniente de Buga (Valle del Cauca); el legendario tamborero Paulino Salgado "Batata", descendiente de reyes africanos y nacido en San Basilio de Palenque, quien falleció en 2004; y su propio hijo Marco Vinicio, producto del matrimonio de la intérprete con un médico del que posteriormente se divorció. De esta unión también habrían de nacer sus hijas Eurídice y Angélica, hoy día cantadoras en el conjunto de su madre, en el que también participan sus nietos.

En 1974, Totó hizo su primera aparición en un escenario de renombre mundial (el Radio City Music Hall de Nueva York) como parte de una muestra folclórica colombiana junto al conjunto de Delia Zapata y a los Gaiteros de San Jacinto. Siguieron viajes por las dos Alemanias, Francia, Polonia, Suecia, Yugoslavia y cinco repúblicas de la Unión Soviética. En el año 1982, por iniciativa de Gloria Triana, antropóloga clave para el apoyo a las culturas populares en Colombia, quien en ese momento trabajaba en el Instituto Colombiano de Cultura y con quien, como ya se mencionó, había recorrido la zona del Bajo Magdalena para documentar e impulsar la música tradicional, Totó y su conjunto formaron parte de la comitiva de Gabriel García Márquez para recibir el Nobel de Literatura, pues el escritor quería cumbias y vallenatos como parte de la celebración.

Aunque importante para la valoración de las culturas relegadas, con demasiada frecuencia ocurre que el reconocimiento oficial es puntual y se queda en la superficie. Difícilmente implica la anulación de prejuicios o la aceptación integral de una etnia y de sus manifestaciones culturales. Al respecto, en entrevista con Ángel Galeano, Totó afirma sobre el viaje a Estocolmo: "durante el viaje habíamos tenido muchos roces con los dirigentes de la delegación porque nos trataban mal, usaban las palabras 'negro' e 'indio' como si fueran un insulto, pero en verdad eran un desafío" (Citado por Iriarte 81). Por la misma línea, Triana comenta que la decisión de llevar una delegación folclórica de la Costa fue tildada de "ridícula" en los medios colombianos e incluso el escritor mismo debido a la presión social llegó a dudar de que fuera una buena idea. Los titulares de la prensa sueca al día siguiente de la presentación demostraron todo lo contrario: "Los amigos de García Márquez nos enseñaron cómo se celebra un Nobel" ("Totó la Momposina, nuestra cantadora trashumante", 173). Pero más que los titulares de los diarios suecos, el paso del tiempo y la globalización cultural (a pesar de los problemas que esta conlleva), han confirmado que la cultura costeña, aquella que era vista como de "mal gusto" por las élites sociales y los modelos culturales dominantes del interior del país, hoy día ha llegado a convertirse en la Cultura Colombiana con mayúsculas, siguiendo por demás, un camino bastante común en América Latina a muchos géneros con orígenes marginales, los cuales han hecho el paradójico viaje que va de la periferia más absoluta al centro mismo de la cultura (tango, bolero, corridos, samba, etc.) No hay que olvidar que el éxito internacional de un cantante como Carlos Vives, el primero de una serie de intérpretes colombianos que han triunfado comercialmente en Estados Unidos y América Latina, se debió precisamente a que al comienzo supo escoger músicos tradicionales, canciones y ritmos de la costa Caribe de su país, vertiente que hoy día muchos otros han aprovechado (por ejemplo Cabas y Fonseca). A pesar de ello, este camino también ha dado buenos resultados, pues hay otros músicos que han explorado fusiones con gran originalidad y un sentido de valoración de la tradición afrocolombiana, como es el caso de los grupos Puerto Candelaria o La Mojarra Eléctrica, la cantante Liliana Montes, o el proyecto Ale Kuma que reunió a varias cantadoras tradicionales de las dos costas colombianas.

De regreso a la historia de una de las pioneras en esta apertura de caminos para la cultura afrocolombiana en todo el mundo, Totó ve su participación en los Nobel como una importante oportunidad para repensar su carrera y se queda en París por cuatro años para estudiar Historia de la Danza en La Sorbona. Debido a su presentación en Estocolmo es invitada al Festival Womad (World Music Arts and Dance) por vez primera y realiza diversas giras por Europa, si bien con escasos recursos. Womad marca un hito en su trayectoria porque le permite entrar en contacto con músicos de otros países, especialmente africanos, facilitándole la exploración de nuevas sonoridades y el encuentro de raíces comunes entre África y el Caribe. De hecho, Womad puede considerarse como su puerta de entrada al circuito mundial de la "World Music", término que puede ser problemático por cuanto identifica lo étnico como lo diferente (es decir, como si lo europeo o lo norteamericano blanco no fueran también étnicos), aunque al mismo tiempo tiene la ventaja de que apela a un público global con intereses culturales más allá de lo comercial y de la música pop, lo cual es un rasgo muy positivo.

En 1983, durante su estadía en Francia graba su primer disco titulado *Totó la Momposina y sus tambores*. Entretanto, su hijo Marco Vinicio, tamborero por tradición, viaja a Cuba para estudiar percusión en el conservatorio. Tras cuatro años Totó regresa a Colombia y también pasa una temporada en Cuba estudiando la historia del Bolero en Santiago de Cuba y en La Habana.

Diez años después de su primer disco aparece el segundo, *La Candela Viva*, titulado como uno de los temas compuestos por Paulino Salgado "Batata" y editado por Real World, sello del famoso músico inglés Peter Gabriel. Esta producción se basó en un homenaje a los sextetos palenqueros que a principios del siglo XX llegaron de Cuba al Caribe colombiano, donde son interpretados con variaciones instrumentales, especialmente en la comunidad de San Basilio de Palenque. En este disco también se incluyó una cumbia de Pacho Cubillos titulada *Dos de febrero*, relacionada con la continuidad de la celebración de la Virgen de la Candelaria desde tiempos coloniales en Cartagena de Indias por parte de los esclavos, la cual ejemplifica la fuerza de la mujer afrocaribeña como encarnación del carácter mezclado de su raza y de su música, vistas como ilegítimas por la cultura dominante pero aquí celebradas con orgullo. Los primeros versos dicen: "Noche del dos de febrero, fiesta de la Candelaria/ una ventana, un lucero/ un ritmo mestizo y paria". Más adelante la voz cantante interpela a una muchacha embarazada que no quiere salir a bailar porque su vientre ya se nota: "No temas muchacha ultraje/ Por no tener tu hijo padre/ Muchacha ponte coraje/ Muchacha no te acobardes/ Muchacha ponte coraje/ Que hasta la virgen fue madre". Esta canción bien puede resumir el empeño de Totó con respecto a la música y danzas de su región, ya que nunca ha cedido a las presiones de la comercialización pese a haber pasado períodos de dificultad económica, ni se ha arredrado por el desprecio de quienes ven las culturas afrodescendientes, indígenas y campesinas como inferiores. Esto se comprueba en que toda innovación en sus producciones ha provenido de la indagación en la propia tradición, del estudio riguroso de otras vertientes musicales y, sobre todo, de una necesidad expresiva, ya que su meta principal es avanzar a nivel musical sin depender de lo que esté de moda o lo que sea más aceptable para el mercado. En referencia a la decisión de Totó de mantener sus raíces, comenta Gloria Triana:

> Cuando nos conocimos ella ya había comenzado a tener éxito pero existían muchas presiones sobre el género de música que había escogido. Muchos le decían que debía cantar salsa, boleros, que estos cantos tradicionales no le gustaban a la gente, que las casas disqueras no estaban interesadas en grabarla. Creo haber sido una de las voces que junto con su familia y los músicos que desfilaban por su casa, influyeron en la decisión de mantener el camino que había escogido y la hacía diferente de las demás cantantes que surgieron en la época, muchas de las cuales ya no son vigentes. ("Totó, nuestra cantadora trashumante" 170)

A raíz de sus presentaciones en Europa conoce al productor John Hollis, quien se convierte en su manager y se casa con su hija Eurídice. La colaboración con Hollis le da un enorme impulso a su carrera en el Viejo Continente y en los Estados Unidos. A partir de los años noventa se inicia el período en que recibe mayores reconocimientos. A mediados de esa década es invitada a participar en una serie de conciertos de World Music llamada "Las divas descalzas", entre quienes también se cuentan grandes figuras como Cesaria Evora y Susana Baca. En 1996, sale su disco *Carmelina*, el primero editado por una disquera colombiana, MTM, y en el que Totó incursiona en el bolero con muy positivos comentarios de la crítica especializada. Esta producción contó con la asesoría de un importante músico cubano, Andrés Hernández Font, quien había sido director del reconocido grupo "Son 14". Puede decirse que esta producción muestra cómo la carrera de Totó ha sido un continuo aprendizaje, siempre buscando y aprovechando los intercambios con músicos de su tierra y de otros países con el objetivo de enriquecer su música. Tras este disco y por sugerencia de Hollis, Totó se establece en Inglaterra, donde realiza rigurosos estudios de técnica vocal con la soprano Valerie Cox Boyle.

Continuando en su deseo de avanzar musicalmente, Totó y su hijo Marco Vinicio realizan los arreglos para su siguiente disco, "Pacantó", al que invitan a colaborar a músicos africanos. En este disco Totó interpreta una canción tradicional del África Occidental (Mami Watá) e incluye el ritmo de la "champeta", un género musical urbano surgido de las calles de los barrios pobres de Cartagena. Según cuenta Triana, en esta producción "el aporte de Papá Nono Noel, de origen congolés, fue muy importante para lograr fusiones con la música tradicional" ("Totó, nuestra cantadora trashumante" 178). En general, la exploración de vasos comunicantes musicales entre África y el Caribe, entre Cuba y Colombia, entre lo tradicional y lo moderno, le dan un carácter extremadamente vital y creativo a la música de Totó.

Pacantó fue uno de los diez discos del género World Music mejor vendidos tan solo seis meses después de su lanzamiento en 1999. Sin embargo, como señala Zandra Quintero en un artículo al respecto, esto no fue suficiente para que la intérprete tuviera la divulgación o el reconocimiento que merecía en su propio país. Totó le comenta a Quintero que "a diferencia de países como Cuba, México o la India, donde la gente consume su propia música, nosotros no creemos en la nuestra". Obviamente la intérprete se refiere a los ritmos más tradicionales, no a los ritmos tropicales más comerciales. Esto es fácilmente comprobable, pues a pesar de que en años recientes cantadoras como Etelvina Maldonado o Petrona Martínez, entre otras, han recibido cierto reconocimiento, también es cierto que este les ha llegado tardíamente y a una edad muy avanzada. A la misma Totó le costó varios años que su música fuera reconocida oficialmente en los medios colombianos. Aunque siempre hubo cierto público que valoró su música, a nivel masivo la difusión solamente llegó después de su triunfo en el exterior.

En 2002, Totó fue nominada al Grammy Latino por mejor álbum tropical tradicional y en 2006 recibió el premio a toda una trayectoria de excelencia musical en la feria internacional de World Music "Womex" en Sevilla, España. En 2007, recibió el Premio Nuestra Tierra y ese mismo año salió a la luz su biografía escrita por Patricia Iriarte, cuya lectura se recomienda a quienes quieran conocer en detalle la vida de esta mujer tan valiosa para la cultura y la música latinoamericanas. También se sugiere visitar la página oficial de la intérprete, ya que allí se encuentra un muy completo recuento escrito por ella misma sobre la historia de los Bailes Cantados, sus géneros y variantes, el papel de las cantadoras, el mestizaje étnico-musical del Caribe colombiano, en fin, un magnífico resumen de los más de 38 años de investigación y vivencias que esta intérprete le ha dedicado a la herencia musical de su tierra, de la que hoy día, infortunadamente, muchas manifestaciones han desaparecido. En la actualidad, Totó está radicada en Bogotá en compañía de sus hijos y nietos, donde continúa dedicada al canto y a la danza con gran conciencia de la dimensión ética, espiritual y cultural de su trabajo musical.

La Negra Grande fue la primera figura femenina en la música afrocolombiana que obtuvo gran difusión y renombre en el siglo XX. No sin dificultades, durante varias décadas dio a conocer a un amplio público nacional e internacional el riquísimo repertorio cultural y musical afrodescendiente de su país. Por su parte, Totó la Momposina se ha encargado de investigar, recrear y renovar ritmos tradicionales, constituyendo así otro aporte enorme a dicha tradición. Yendo más allá de lo que se dijo al principio de este artículo, no hay duda de que ambas mujeres son figuras irreemplazables en la historia musical de nuestro continente. Según se ha visto en las líneas precedentes, ya hace un buen tiempo que sus voces forman parte del patrimonio cultural intangible de nuestra América Latina.

Notas

[1] Un ejemplo de estos bailes es el bullerengue, que se define como una danza efectuada solo por mujeres, con palmoteo y un canto coral que acompaña su ejecución, inicialmente relacionada con rituales de pubertad en comunidades cimarronas. El baile incluye "movimientos pausados, coordinados y simétricos de la pelvis, y un juego efectuado con las polleras para obtener combinaciones armoniosas y diversas figuras como mariposas, remolinos y batir de olas, que al igual que el palmoteo de las manos, asigna a las bailarinas un aire sereno y cere-monial, y una actitud de expectativa. El paso de la danza es menudo y deslizado, apoyando plenamente los pies en el piso. Los desplazamien-

tos se realizan juntando los pies y flexionando levemente las rodillas, conservando el donaire y la compostura. La coreografía forma hileras y filas en línea recta y, en menor medida, círculos. La danza termina en un gran torbellino de cruces de parejas en cuadrillas" (véase http://www.danzasjocaycu.com/danzas-colombianas.html. 16/02/2009). Diana Hernández (cuyo nombre artístico es María Mulata) explica con respecto a las cantadoras de bullerengue: "Este baile cantao se cultiva en Antioquia, en Córdoba y en Bolívar, así como en la provincia del Darién, en Panamá (...) Las maestras bullerengueras componen sus canciones mientras realizan sus labores cotidianas (...) La temática utilizada en los coros de bullerengue está muy ligada a esta cotidianidad: le cantan al dolor, a sus hijos, a sus labores, a las penas, a la naturaleza, a la muerte. Los pregones tienen una mayor libertad literaria y allí es frecuente encontrar la temática del amor y el desamor, la picaresca y el doble sentido. No siempre existe coherencia interna entre la temática del coro y los versos del pregón. Más bien, estos son producto del ingenio, de la memoria y del repentismo del intérprete" (http://mariamulata.bloginom.com/. 16/02/2009).

[2] Incluyo las definiciones de dos de los ritmos más conocidos, según el sitio web DanzasJocaycu.com (http://www.danzasjocaycu. com/danzas-colombianas.html. 16/02/2009): "Abozao es una danza y ritmo típico de la región del Chocó, originado en la cuenca del río Atrato, al occidente de Colombia, como expresión danzaria preferencialmente instrumental. Hace parte del repertorio festivo cuya ejecución se hace con chirimía (un formato compuesto por clarinete, redoblante, bombardino, tambora y platillos, esencial en la música chocoana). La coreografía se plantea como un juego de incitaciones mutuas entre el hombre y la mujer, en cada pareja, terminando con un careo de acento erótico. El ritmo fuerte y variado de 2x4, revela su ascendiente africano". Por otro lado, el currulao "es la danza patrón de las comunidades afrocolombianas del litoral Pacífico (...) Es un baile de pareja suelta, de temática amorosa y de naturaleza ritual. Los movimientos de los danzarines son ágiles y vigorosos; en el hombre adquieren por momentos una gran fuerza, sin desmedro de la armonía. La mujer perpetúa una actitud sosegada ante los anhelos de su compañero, quien busca enamorarla con flirteos, zapateados, flexiones, abaniqueos y los chasquidos de su pañuelo. La coreografía se desa-

rrolla con base en dos desplazamientos simultáneos: uno de rotación circular y otro de translación lateral, formando círculos pequeños, los que a su vez configuran un ocho. Las figuras que predominan son la confrontación en cuadrillas, avances y retrocesos en corredor, cruces de los bailarines, giros, saltos y movimientos del pañuelo".

[3] Chambacú era un asentamiento negro de Cartagena de Indias, hoy desaparecido.

Obras citadas

Cifuentes Ramírez, Jaime. *Memoria cultural del Pacífico*. Biblioteca Virtual Luis Ángel Arango. http://www.lablaa. org/blaavirtual/antropologia/memoria/memo28l .htm. 16/02/2009.

Diario *El País* de Cali. "Mujeres afro ganan más espacio en la sociedad", 17 de febrero de 2007. http://www.elpais.com.co/paisonline/calionline/notas/Febrero17 2007/afro.html. 16/02/2009.

Iriarte, Patricia. *Totó, nuestra diva descalza*. Bogotá: CEREC/Instituto Distrital de Cultura y Turismo de Barranquilla, 2004.

Leymarie, Isabel. "Totó la Momposina". *Unesco Courier*, January 1998. http://findarticles.com/p/articles/mi_m1310/is_1998_Jan/ai_20355201?tag=untagged. 16/02/2009.

Maya Restrepo, Luz Adriana (Coord.). *Los Afrocolombianos*. Tomo VI: Geografía Humana de Colombia. Bogotá: Instituto Colombiano de Cultura Hispánica (ICCH), 1993.

Momposina, Totó la. Sitio web oficial. 16/02/2009. http://www.totolamomposina.com/

Novoa Matallana, Leopoldo (Músico y compositor colombo-mexicano). Entrevista personal, México DF, 15/07/2008.

Patiño Collazos, Isabel. "Sueños no realizados. Entrevista con Esteban Cabezas". *La palabra*, julio 2006 [Universidad del Valle]. http://paginasweb.univalle.edu.co/~lapalabra/julio06/suenos.htm. 06/08/2008.

Quintero-Ovalle, Zandra. "Candela Viva". *Revista Buen Vivir* 65 (2000). http://www.colarte.com/recuentos/Cantantes/TotoLaMomposina/recuento.htm?nomartista= Toto+La+Momposina+Cantante&idartista=8388. 16/02/2009.

Salazar, Hernando. "¿Colombia hacia la integración racial?". BBC-Mundo.com. Viernes 25 de mayo de 2007. http://newsvote.bbc.co.uk/mpapps/pagetools/print/news.bbc.co.uk/hi/spanish/latin_america/newsid_6691000/6691309.stm. 16/02/2009.

Santander, María Fernanda. "El folclore pierde su virginidad cuando llega a las ciudades. Entrevista con la Negra Grande". *Calibuenanota.com*. 14 de diciembre, 2005. http://www.calibuenanota.com/portada/notas/Diciembre142005/Negra_colombia.html. 31/07/2008.

Triana, Gloria. "Entrevista con Totó la Momposina. Guerrera y cantadora de historias de mar, sabana y río". *Aguaita: Revista del Observatorio del Caribe Colombiano* No. 8, julio de 2002. http://www.ocaribe.org/revista_aguaita/8/opinion.htm. 16/02/2009.

—. "Totó la Momposina, nuestra cantadora trashumante". *Nómadas* 28 (2008): 64-179.

Lolia Pomare Myles,
puente entre la palabra antigua
y la nueva

Ana Mercedes Patiño Mejía,
Bucknell University, Pennsylvania

En el archipiélago colombiano de San Andrés, Providencia y Santa Catalina, un territorio marginado dentro de Colombia, la comunidad nativa raizal[1] es, a su vez, marginada, se constituye como minoritaria en su propio lugar de origen, y posee una cultura que está amenazada con desaparecer. De ahí que cobre aún más importancia el papel preponderante de las mujeres raizales en la conservación, el estudio y la difusión de la riquísima cultura ancestral del archipiélago. Una de estas mujeres es la sanandresana Lolia Pomare Myles, artista y promotora cultural, quien se destaca como escritora, cuentera, investigadora, compiladora y difusora de la cultura afrocaribeña del archipiélago, especialmente de aspectos tales como gastronomía, rondas, juegos, dichos, creencias y leyendas. La labor de Lolia Pomare Myles a favor de la cultura de estas islas, así como la encomiable actitud altruista con la cual la desempeña, han sido reconocidas local, nacional e in ternacionalmente.

Las islas de San Andrés, Providencia y Santa Catalina, en el mar Caribe, por su posición geográfica, parecen vincularse a Nicaragua; por sus afinidades culturales, a las Indias Occidentales Inglesas y a

Norteamérica; pero políticamente, hacen parte de Colombia (Parsons 11). La complejidad del archipiélago se aprecia también en la composición étnica de la población actual de la isla de San Andrés, en esta hay dos comunidades afrocolombianas: la raizal, originaria de las islas, de religión predominantemente protestante y anglófona, y una comunidad negra inmigrante originaria de la costa Caribe colombiana, de religión católica y lengua española. Hay también grupos de inmigrantes de otras partes de Colombia, particularmente del Valle del Cauca, Antioquia y Cundinamarca, y una comunidad extranjera, la sirio-libanesa, que habla árabe y profesa la religión musulmana (Avella 77).

La sobrepoblación y la marginalización económica, cultural y social de los raizales –quienes se han convertido en minoría en su isla nativa– son los mayores problemas que afronta San Andrés (Meisel Roca 21). Uno de los efectos de esta situación es que muchos isleños emigran del archipiélago, con el consecuente abandono de su cultura ancestral. Debido a esta problemática, la cultura nativa de San Andrés, Providencia y Santa Catalina está amenazada con desaparecer como "entidad diferenciada en el marco de la nación colombiana" (S. de Friedman 140).

En el archipiélago las mujeres raizales asumen una mayor responsabilidad en conservar, recrear y dar cohesión a su cultura, gracias a ellas se mantienen especialmente la gastronomía y la lengua nativa de los isleños, el *creole*[2]. Así lo señala Emiliana Bernard, líder raizal, quien anota que estas "matronas isleñas" tienen papeles preponderantes en la familia, la Iglesia y la cultura (Silva Vallejo 54). Por ello, no sorprende el numeroso grupo de mujeres que han participado de forma muy activa en el conocimiento, el estudio, la recreación y la difusión de la cultura tradicional del archipiélago.

Algunas de estas notables sanandresanas y providencianas son: Vergencia Hoy Hudgson –Miss Gal Gal– (San Andrés 1908-2004) bailarina de danzas tradicionales isleñas, estudiosa y difusora de danzas, rondas, juegos y tradición oral de las islas; Iva Virginia Archbold (Providencia, 1932-2003) docente, historiadora, líder política y comunitaria; Maria Cecilia Francis Hall –Miss Chiqui– (San Andrés 1931) compositora, intérprete de varios instrumentos musicales, directora de grupos corales, estudiosa y difusora de la cultura popular tradicional de las islas; Hazel Robinson Abrahams (San Andrés 1935) corresponsal de prensa, escritora y estudiosa de la historia del archipiélago, particularmente de las empresas de navegación que han sido inherentes al mismo, y Marylin Leanor Biscaino Miller (San Andrés 1966) actriz de teatro y de televisión, directora e instructora de teatro, gestora cultural y líder comunitaria[3].

A este grupo de mujeres pertenece Lolia Pomare Myles, quien nació en la isla de San Andrés, en el año de 1956, es la cuarta de once hermanos y es hija de Miss Verna Myles de Pomare y de Mr. Linly Pomare. Lolia nació y creció dentro del sector conocido con el nombre de Smith Channels, enclave de la familia Pomare en el tradicional barrio de San Luis. "El apellido Pomare lo llevan los descendientes de los esclavos que pertenecían a un cultivador francés de ese apellido, quien estuvo cultivando algodón en la isla a principios del siglo XIX" (Parsons 107). Lolia se casó con un bogotano y tiene cuatro hijos. Ella afirma que la experiencia de casarse con alguien de otra cultura le ha confirmado que sí es posible respetar la cultura que se adopta y a la vez mantener las costumbres heredadas de sus propios antepasados (*Nacimiento* 17).

Lolia Pomare Myles cursó primaria en San Andrés, secundaria en San Andrés y en Magangué (Bolívar) y educación superior en Bogotá, donde estudió psicología básica, en el IDEL. En San Andrés, además, obtuvo un diplomado en gestión cultural y recibió formación en áreas tales como teatro, tradición y narración oral. Lolia Pomare Myles se ha desempeñado como docente en colegios de Magangué y de San Andrés; en la isla también ha sido instructora de cultura en la Fundación Trasatlántico de San Andrés, promotora de cultura en la Gobernación de San Andrés (1980-2000) y presentadora en eventos y programas locales.

Consciente de los factores que atentan contra la conservación de la cultura nativa de las islas, Lolia Pomare Myles se autodefine como "puente de la palabra antigua y la nueva". La palabra oral y escrita ha sido eje de su labor; en publicaciones de diversa índole, ella ha dado a conocer sus conocimientos y reflexiones sobre la cultura de las islas. Sus trabajos más conocidos son las compilaciones de *Cuentos de Anancy* (2001), *Miss Nancy y otros relatos* (1998), *San Andrés, Providencia y Santa Catalina: un cuento de amor* (2005); la recopilación de tradiciones isleñas que hace en *Nacimiento, vida y muerte de un sanandresano* (1998), la novela *Vendaval de ilusiones* (2002), las columnas que mantuvo durante 1998 y

1999 en los periódicos de circulación local *Horizontes* y *La voz del viento* y las contribuciones esporádicas para periódicos y revistas en los que cuenta, comenta y recrea las tradiciones autóctonas de San Andrés.

> Los cuentos de Anancy son relatos tradicionales sobre Anancy, figura legendaria que proviene de África Occidental y que se mantiene en relatos orales de pueblos con ancestro africano, tales como Jamaica, Islas del Gran Caimán, Nicaragua, Panamá, Costa Rica, Belice y Colombia.

Anancy es una araña que se deleita con la música, los bailes y las chicas [...] es embaucadora, ingeniosa, burlona e irreverente; quien no duda en acudir a los más hábiles artilugios, algunas veces de carácter jocoso, con el fin de sobrevivir y engañar a sus enemigos y congéneres de mayor fuerza física. El comportamiento de Anancy no es para ser imitado, sino para promover a la reflexión, que en la mayoría de los casos tiene que ver con la supervivencia (Eusse xv).

Así explica Lolia Pomare Myles su propósito al narrar los cuentos de Anancy:

> Es una forma de conservar el ancestro africano, especialmente el legado cultural de los Fanti-Ashanti, de donde proviene este personaje. También es una manera de prolongar las enseñanzas de mis abuelos, que vieron en mí un instrumento de sabiduría. En cada cuento hay una enseñanza de vida, alrededor de cada historia se tejen valores como la humildad, el amor y la sagacidad. Estos valores que se transmiten de generación en generación, nos permiten superar las adversidades. Así, los cuentos de Anancy son formas de salir adelante, desde una posición débil pero sagaz, como es Anancy. ("Miss Nancy" 281)

Nacimiento, vida y muerte de un sanandresano. *Birth, Life and Death of a San Andrean*, producto de su trabajo de quince años de investigación, es una recopilación de descripciones, narraciones y explicaciones sobre aspectos tradicionales de la cultura del archipiélago, tal como los vivió Lolia cuando era niña y como los vive cuando es adulta. Algunos de estos aspectos son: juegos, lenguas usadas en la escuela, parto, bautismo, noviazgos, obia (tipo de hechicería que se origina en África), muerte, velatorio, entierro y regreso. Este "regreso" se explica así:

> El velatorio dura nueve días, al igual que la madre tuvo que esperar nueve meses para dar a luz. Nosotros comparamos la entrada del mundo con el regreso al hogar. Cada noche representa un mes de los que pasa el niño en el vientre de la madre antes de nacer. También, cuando nace el niño, la madre tiene que quedarse en la casa durante nueve días. Y, cuando alguien muere, el espíritu demora nueve noches antes de irse. (70)

Por *Nacimiento, vida y muerte de un sanandresano. Birth, Life and Death of a San Andrean* Lolia Pomare Myles y Marcia Dittmann (quien trabajó en la versión escrita del texto) recibieron el Premio Nacional de Cultura 1993 en la modalidad de Literatura Oral, Negra y Raizal. La novela de Pomare Myles, *Vendaval de ilusiones,* es una sencilla narración autobiográfica, en español, en la que se cuenta el amor imposible entre una sanandresana y un mestizo de la costa Atlántica de Colombia. La novela invita a reflexionar sobre el desencuentro y la mutua exclusión entre la comunidad raizal sanandresana y los habitantes de Colombia continental.

El interés de Lolia Pomare Myles en investigar y difundir la cultura autóctona del archipiélago tiene antecedentes familiares. Su tío materno, Gaylan Terry, es un reconocido folclorista nicaragüense. El abuelo paterno, William Pomare, predicador en la iglesia bautista, le contaba historias de la Biblia y de obras de William Shakespeare y de otros autores clásicos. Este abuelo fue ejemplo e inspiración para que ella escribiera sobre la cultura de las islas (Leipold 240). Además de la escritura en la que compila, recrea y crea historias, Loila Pomare Myles ejerce la narración oral. Para ella tanto la pasión por los cuentos como por la narración oral vienen de sus bisabuelos africanos, quienes creían que la sabiduría se obtiene a través de los cuentos. Así explica ella, en una entrevista concedida a Evelyn Ugalde y Ana Victoria Garro, su motivación para conocer y difundir las historias del archipiélago:

> Los cuentos compilan la sabiduría milenaria de una etnia humillada, que busca en la astucia la estrategia para vencer al poderoso. Saber indispensable para que los niños lleguen a la

meta de ser adultos y en ese camino no pierdan la brújula del disfrute en medio de la adversidad. Es cultura en contacto con la naturaleza, que no cree en la acumulación del dinero como llave para la felicidad, sino como fuerza que manda a construir pero también manda a destruir, manda a matar.

Lolia Pomare Myles ofrece conferencias y espectáculos de narración oral en instituciones públicas y privadas y participa en los *concerts,* eventos culturales y recreativos que antiguamente se realizaban en San Andrés y que todavía se realizan en ocasiones especiales –se conservan especialmente en Providencia– (Moyano 5). Otra labor de Lolia Pomare para difundir la cultura autóctona ha consistido en escribir breves cuadros descriptivos que explican y exaltan aspectos de la cultura del archipiélago. Ejemplo de ello son sus columnas en periódicos locales, como esta en la que describe los *concerts*:

> Estas obras teatrales de antaño tenían una combinación particular que consistía en un tema concreto bien desarrollado, pero se permitía entre escenas otras expresiones artísticas, como por ejemplo: canto, bailes y danzas, narraciones de historias, cuentos y chistes, entre otras. Estas actividades se realizaban en diferentes escenarios, las obras basadas en pasajes bíblicos y literarios como las de William Shakespeare, se presentaban en recintos cerrados, como iglesias y colegios; mientras que otras representaciones se efectuaban en patios de casas de familia o lugares públicos ubicados en diferentes sectores de la isla. En este último caso, se construía un cerramiento hecho de hojas de coco, provisto de una tarima de madera, donde una sábana común y corriente hacía las veces de telón. Las obras, se realizaban en noches de luna llena para aprovechar la luz y en las tarimas eran ubicadas como parte de la utilería o del arreglo del escenario algunas lámparas o mechones. ("Apuntes" 14)[4]

La investigación sobre la cultura nativa de las islas le ha exigido a Lolia Pomare Myles el desempeñarse como mediadora y como traductora. Un procedimiento utilizado por ella para hacer acopio del acerbo de la comunidad es visitar las casas de ancianos isleños y hablar con ellos mientras les ayuda con las labores domésticas que estos realizan. Ella no graba estas conversaciones porque sus informantes se niegan a hablar frente a una grabadora; una vez terminada la conversación, ella toma notas de la misma y decide sobre qué aspectos necesita más información, lo que supone visitas a otros lugareños. Los ancianos de la comunidad narran sus historias en *creole*, Pomare Myles traduce del creole al inglés "standard" y de este al español; posteriormente ella difunde –en español y en inglés– los resultados de su investigación. Ella tiene especial interés en que tales resultados lleguen a los niños y jóvenes isleños, de modo que la labor de mediadora que realiza se establece no solo entre la cultura isleña y la foránea, sino también entre distintas generaciones de nativos isleños.

Otro procedimiento que Pomare Myles ha utilizado para conocer, recopilar, estudiar y difundir su cultura ancestral es El libro viajero (*The Travelling Book*), un cuaderno que va de casa en casa para consignar en él las tradiciones e historias que los mayores recuerdan de su infancia. Este cuaderno, además de constituir un compendio de la cultura tradicional, permite que los isleños se reconozcan como autores de sus propias historias y fomenta la conversación entre adultos, jóvenes y niños. En el trabajo de Lolia Pomare siempre ha prevalecido el interés por rescatar tanto las historias, como las maneras de contar del pueblo de las islas, así se aprecia también, en sus programas de radio y televisión, donde intenta captar la espontaneidad de las costumbres y del habla de los isleños (Leipold 238).

Un aspecto más de la cultura isleña en el que Lolia Pomare Myles ha centrado su trabajo de estudio y difusión es la gastronomía, interés que, una vez más, tiene antecedentes familiares. Su madre, Miss Verna, una conocida cocinera en San Andrés, era propietaria de un restaurante de comida típica sanandresana. Su tía, Miss Best, fue difusora de la gastronomía de las islas en festivales gastronómicos locales y nacionales. De esta última fue de quien Lolia Pomare recopiló las recetas que divulgaría en su programa de radio semanal, "Tradición y cultura con Lolia". Durante veinte años este programa, que se trasmitía por la emisora local La Voz de las Islas, todos los sábados de 10:00 a 11:00 de la mañana, se proponía resaltar y rescatar elementos tradicionales y nuevos de la cultura del archipiélago tales como música, gastronomía, arte, historias, adivinanzas y juegos de palabras (Ugalde y Garro).

En el programa también se recibían llamadas de los oyentes y se anunciaban nacimientos, decesos, matrimonios, cumpleaños y eventos comunitarios. Afirma Pomare Myles que este espacio radial, que se constituía en foro para la discusión de asuntos de importancia para los isleños, se conducía en inglés "porque así la gente nativa podía participar libremente y porque el inglés es lengua de los isleños" (Ross 365). Con objetivos similares, surge su programa de televisión "Lolia's Show", que se transmitía a través del canal regional Teleislas. En este, cada semana, había invitados distintos a quienes ella mostraba su casa y para quienes preparaba una comida típica. Los invitados eran exponentes de la cultura regional, tales como músicos, cuenteros y pintores; en este programa se daban a conocer artistas que cultivaban arte típico, clásico y religioso de las islas. También invitaba a personas que desempeñaban labores tradicionales isleñas, por ejemplo a pescadores que contaban sobre sus faenas de pesca o marineros y capitanes de barco que relataban sus historias acaecidas en el mar.

Un segundo programa de televisión en el que Lolia ha participado es "Granny's Kitchen", en el cual se enseña cómo preparar comidas típicas de San Andrés. Este programa, que consta de 52 capítulos, todavía se presenta por la televisión local y también se exhibe en la televisión de Gran Caimán, Jamaica y Brasil. Lolia Pomare Myles manifiesta una preocupación constante porque las nuevas generaciones de isleños conozcan y mantengan sus tradiciones culinarias, tanto si ellos viven dentro como si viven fuera del archipiélago. Un aspecto importante en el trabajo documental y en las reflexiones de Lolia Pomare Myles, y que la diferencia de muchos isleños, es su interés por rescatar los ancestros africanos de la cultura de las islas, como ella declara:

> Hay jóvenes que no quieren ver el esclavo y recuerdan a su abuelo procedente de Inglaterra, pero no quieren recordar a su bisabuela que vino de África [...] Los puritanos tratan de enfatizar sus costumbres y cortar toda relación con África. ¡África es la madre y todas las cosas vienen de África! Por ejemplo, cuando se ve la forma como cocinan, mezclan y hierven todo junto con una gran cantidad de pimienta, ¡esto es negro procedente de África! ¡Esto no es colombiano! Y si se ve la manera como combinan la ropa o como envuelvo mi cabeza, esto no es europeo, ni de Colombia, ¡se trata de África y me

siento muy orgullosa de ello y sé que nuestras raíces están ahí
que no deberíamos estar avergonzados de esto! (Leipold 242)[5]

Como Lolia Pomare es estudiosa de las tradiciones de las islas,
acuden a ella jóvenes nativos isleños e investigadores de diversa
procedencia, interesados todos en la cultura del archipiélago. Como
conocedora de las islas, ella ha participado en numerosos proyectos
educativos sobre San Andrés, Providencia y Santa Catalina, entre estos
figuran videos documentales dirigidos por conocidos gestores culturales colombianos tales como Gloria Triana y Nicolás Buenaventura.

Además de ejercer como presentadora en sus programas de radio
y televisión, Lolia Pomare Myles ha sido presentadora oficial de conciertos y eventos culturales tales como "El Festival de la Luna Verde",
"Festival Cultural de Providencia", "El Festival del Cangrejo", "El
Festival de la Iguana", "Sun, Sand and Sea Festival" y "Caribbean
Evening", este último es un programa semanal que organiza la Casa
de la Cultura, sede Centro, de San Andrés. Fuera de San Andrés,
Lolia Pomare Myles ha representado al Departamento Archipiélago
como conferencista, escritora y narradora oral en diversos certámenes
nacionales e internacionales. Entre estos eventos figuran La Feria del
Libro, en Bogotá, el Encuentro de Escritores Cuenca del Caribe y el
Encuentro de Cuenteros Luneta 50, en Barranquilla.

Como escritora y como cuentera, Lolia Pomare Myles ha recorrido
el territorio colombiano. En Bogotá se ha presentado con algunos
de los cuenteros colombianos más conocidos, tales como Carolina
Rueda, Nicolás Buenaventura y J. Villaza, en eventos realizados en la
Universidad Nacional, la Universidad del Bosque, el Parque Central
Bavaria y la Casa del Cuento. En Cartagena se presentó durante el
Encuentro de los No Alineados (1995) y en el Chocó representó a
San Andrés en un concurso de cuentos ambientales (1996) en el cual
ella ocupó el tercer lugar, entre setenta y cinco participantes. A nivel
internacional, Lolia Pomare ha representado al archipiélago y a Co-
lombia en Nicaragua, Panamá, Venezuela, Costa Rica, México, Islas
Caimán, Jamaica, Honduras, Grecia, Japón, Alemania y Francia.

En 1993, el presidente César Gaviria Trujillo le extendió una invitación de honor para asistir a la Casa de Nariño, donde le entregó el
premio por el primer puesto en el concurso que adelantó la Presidencia

de la República en la modalidad de Literatura Oral Negra y Raizal. En 2001, el presidente Andrés Pastrana participó en el lanzamiento del libro *Nacimiento, vida y muerte de un sanandresano, Birth, Life and Death of a San Andrean*, evento que tuvo lugar en San Andrés, en el marco de la declaratoria del Departamento Archipiélago como zona de reserva mundial de la biosfera, proferida por la UNESCO en el año 2000.

Así como el trabajo de investigación, difusión y creación de Lolia Pomare Myles ha sido celebrado local y nacionalmente, también ha sido premiada su constante labor en beneficio de la comunidad. Por décadas, y sin retribución económica alguna, Lolia Pomare ha utilizado su conocimiento, talento, experiencia y prestigio para contribuir en proyectos de beneficio comunitario, tales como restauración o construcción de viviendas y de lugares de atención pública para personas de bajos recursos económicos. Ha aportado su trabajo –y en ocasiones su dinero– a iniciativas de diferentes centros culturales, iglesias y escuelas. Una de las labores sociales que ella considera más importante es la de consejera para jóvenes. Los mencionados proyectos han beneficiado mayormente a niños, ancianos, madres cabeza de familia y a nativos de las islas. En reconocimiento a este trabajo, Lolia Pomare Myles fue escogida como Mujer CAFAM en el año 2000. El Premio CAFAM es un muy alto reconocimiento que se hace en Colombia a las obras, acciones y programas de mujeres de cualquier edad y condición socioeconómica que se han distinguido por su trabajo en beneficio de la familia y de la comunidad.

Hasta aquí se han mencionado los más destacados aportes de Lolia Pomare Myles al conocimiento, la conservación y la difusión de la cultura angloafrocaribeña del archipiélago, y al bienestar de su comunidad. Las distinciones locales, nacionales e internacionales a este trabajo no alcanzan a dar cuenta de la magnitud de la labor que Lolia Pomare Myles ha desempeñado a lo largo de su vida a favor de la cultura de la comunidad nativa de San Andrés, Providencia y Santa Catalina.

Notas

[1] Aunque no hay acuerdo total en cuanto al sentido y al uso del término "raizal," en el presente escrito se emplea para distinguir la población ancestral del archipiélago de San Andrés, Providencia y Santa Catalina. De acuerdo con Oakley Forbes, un raizal se distingue por tres rasgos fundamentales: características fenotípicas, la ocupación del territorio y características culturales. 1. La composición genética base de lo raizal se expresa fenotípicamente en la forma dominante a través de sustratos negroides con remanentes anglosajones y, excepcionalmente, de otros híbridos europeos. Históricamente, la mayoría de los raizales tenemos el pelo crespo, ojos negros, nariz chata y grande, dientes blancos, labios gruesos, brazos y piernas fuertes, musculatura sólida, glúteos sobresalientes, manos y pies grandes con empeines altos. [...] 2. El territorio raizal corresponde a lo que originalmente era considerado como el archipiélago de San Andrés, desde Providencia hasta las Islas del Maíz y la Costa de la Mosquitia. Como territorio indígena, el hábitat está formado por el suelo, el subsuelo y la estratosfera. 3. Culturalmente hablando, una persona que sea raizal, es decir, isleño indígena, tiene una herencia cultural. Esta rica herencia, en primer lugar, tiene que ver con raíces, costumbres y tradición, representadas en las actividades cotidianas, nuestra(s) lengua(s) (el creole y el inglés), nuestra religión cristiana, entre las cuales [figuran] nuestras creencias y nuestros rituales, nuestras instituciones sociales y nuestras actividades étnicas como resultado de nuestra relación con el territorio (Forbes 87).

[2] En la isla de San Andrés se hablan predominantemente cuatro lenguas: creole (criollo sanandresano), inglés, español y árabe. El mayor conflicto se presenta en el uso de creole y de español. "Actualmente se da en San Andrés y en Providencia una situación lingüística de 'diglosia'. Es decir, la comunicación se realiza a través de dos códigos estructural y funcionalmente diferentes que son el idioma español implantado por la Administración colombiana, y la lengua criolla ancestral de base inglesa. El vernáculo criollo es empleado por toda la población nativa en sus interacciones diarias y normales" (Patiño Rosselli 10).

[3] Información sobre promotores de la cultura del archipiélago se puede encontrar en una compilación de reseñas biográficas hechas por Leonor Umbacia Howard, directora de la Casa de la Cultura de San Andrés, sede centro. El manuscrito, no publicado, es de consulta permanente en la biblioteca de la Casa de la Cultura.

[4] En esa misma columna, Lolia Pomare Myles menciona a algunas de las personas que fomentaron estos concerts y, vale la pena notar, todas son mujeres: Entre algunas personas que trabajaron en el teatro del pasado aportando sus patios y recursos mencionaremos a: Miss Darris Gambel, Verna Pomare, Vergencia Hall (Miss Gal Gal), Doroty Forbes, Darly Myles, Florencia Steele, Amelia Steele, Juliana Jessie, Alda Suárez y Ofrancia Martínez. Los patios caseros más usados para estas representaciones fueron los de Alda Suárez, Leticia Gordon y Vergencia Hall, además de El Rancho de San Luis y el patio de la Primera Iglesia Bautista" ("Apuntes" 14).

[5] (Traducción de las editoras).

Obras citadas

Avella, Francisco. "Conflictualidad latente y convivencia abierta. El caso de San Andrés". *La universidad piensa la paz: obstáculos y posibilidades*. Bogotá: Universidad Nacional, (2002)77-94.

Forbes, Oakley. "Multiculturalismo & multilingüismo: un análisis de la microfísica y la geopolítica de las culturas y lenguas en contacto y en conflicto en San Andrés isla". *Anaconda*. Bogotá: Fundación BAT Colombia (2005)65-95.

Friedemann, Nina S. de. "Religión y tradición oral en San Andrés y Providencia". Isabel Clemente Ed., *San Andrés y Providencia: tradiciones culturales y coyuntura política*. Bogotá: Ediciones Uniandes, (1989)139-159.

Leipold, Claudia. "Lolia Pomare –Interview 14 February 1995". *Our Native thing. Studie zum Geschichtsbild der Sanandresanos in der kolummbianischen Karibik*. Germany: Curupira, 2004.

Meisel Roca, Adolfo. "La continentalización de la Isla de San Andrés: Panyas, raizales y turismo, 1953-2003". *Aguaita* 9. Cartagena: Observatorio del Caribe Colombiano, Diciembre (2003)7-22.

Moyano, Juan Carlos. "Marylin Biscaíno: la Big Mamma del archipiélago". *Teatros* 7. Bogotá, noviembre (2007-enero 2008) 4-9.

Parsons, James J. *San Andrés y Providencia. Una geografía histórica de las islas colombianas del mar Caribe Occidental.* Bogotá: Banco de la República, 1964.

Patiño Rosselli, Carlos. "Sobre la cuestión lingüística en San Andrés y Providencia". *Glotta.* Bogotá: Instituto Meyer. Vol. 1, no 2, mayo-agosto (1986)8-15.

Pomare Myles, Lolia. "Apuntes para la historia del teatro del Archipiélago". *Horizontes.* San Andrés, octubre 20 (1999)14.

—. "Anancy Stories and other tales compiled by Lolia Pomare. Cuentos de Anancy y otros relatos compilados por Lolia Pomare". Eusse, Fabio Ed., *Anancy Stories. Cuentos de Anancy.* San Andrés: Fondo Mixto para la Promoción de la Cultura y las Artes del Departamento Archipiélago de San Andrés, Providencia y Santa Catalina, (2001)113-155.

—. "Miss Nancy y otros relatos". *Geografía humana de Colombia. Los afrocolombianos.* Tomo VI. Bogotá: Instituto Colombiano de Cultura Hispánica, (1998)281-202.

—. "San Andrés, Providencia y Santa Catalina: un cuento de amor". *Anaconda.* Bogotá: Fundación BAT Colombia, (2005)12-20.

—. *Vendaval de Ilusiones.* Barranquilla: Antillas, 2002.

—. y Marcia Dittmann. *Nacimiento, vida y muerte de un sanandresano. Birth, Life and Death of a San Andrean.* Bogotá: Ministerio de Cultura, 2000.

Ross, Jim. "San Andrés: An Islander Comeback?" Oliver Marshall Ed., *English-Speaking Communities in Latin America.* London: MacMillan Press Ltd., (2000)344-374. Silva Vallejo, Fabio. "San Andrés: entre la ruptura de la tradición y la tradición de la ruptura". *Jangwa Pana. Revista de antropología 3.* Santa Marta: Universidad del Magdalena, julio (2004)52-61.

Ugalde, Evelyn y Ana Victoria Garro. "Conversación con la cuentera colombiana Lolia Pomare. http://www.clubdelibros.com/archivo lolia.htm 12/16/2008.

Piedad Córdoba: entre la controversia y la convicción

Graciela Uribe Álvarez
Juan David Zambrano Valencia,
Universidad del Quindío

Yo que la creí indigna y sin fe; yo que bajé maliciosamente la vista para no saludarla en el ascensor, yo que la juzgué con liviandad, con perrería, soy el mismo que hoy se levanta de la butaca para aplaudirla, para agradecerle, para honrarla. Las virtudes se alaban o se admiran aun en los enemigos.

Juan Linares (columnista de la revista *Semana*)[1] 2 de mayo de 2009.

La senadora Piedad Córdoba Ruiz es, sin lugar a dudas, un icono de la mujer combatiente y polémica. Su nombre evoca controversia, irreverencia, terquedad, desparpajo. Pero con inteligencia, valentía y convicción, esta "negra" (como le dicen, a veces con cariño, otras con rencor) sigue adelante porque está convencida de la razón de ser de su lucha. Nació en Medellín, Antioquia, Colombia, un 25 de enero de 1955, en un barrio de clase media, denominado "La América". Ella recuerda que cuando estaba niña los discriminaban. Comenta que los vecinos (niños) tocaban la puerta y salían corriendo para ver la cara que hacían los "negros" cuando se asomaban y no veían a nadie. Esa parte anecdótica de su vida, le sirvió para "condimentar" muchas "luchas" jurídicas y políticas en el Congreso, en favor de las comunidades negras (años 70).

Su padre, don Sabulón Córdoba, un sociólogo chocoano, negro, alto, bien parecido; un hombre severo, serio y muy estudioso –fue decano de la Facultad de Sociología de la Universidad Pontificia Bolivariana de Medellín–, para quien la senadora era la niña de sus ojos y en quien ella siempre creyó y por eso la seguía. Su madre, doña Lía Esneda Ruiz, una señora de tez blanca y ojos azules que no heredó ninguno de sus hijos, fue maestra de escuela hasta hace muy poco, no porque necesitara económicamente del trabajo, sino porque su pasión era la docencia; no es como su hija un turbión de actividades; por el contrario, siempre le repite: "¿Tú crees que vale la pena todo tu sacrificio?".

Piedad Córdoba recuerda con un gran cariño a su tío abuelo, Diego Luis Córdoba, fundador del departamento del Chocó y uno de los grandes oradores del Partido Liberal en el Senado, a finales de los años 40. Era un hombre muy culto; una persona que hablaba y hablaba y cuando quería aburrir o confundir a sus adversarios en el Congreso, se dirigía a ellos en latín; escribía sus discursos en tal lengua. Parece que esa parte histriónica de la política la heredó muy bien la senadora, con un alto "performance", diría yo (Alonso Cruz)[2]. Su tío abuelo fue, por largo tiempo, un espejo en el cual Piedad se reflejó; sus enseñanzas la sensibilizaron hacia la injusticia, el dolor ajeno, la carencia de igualdad social en Colombia y la debilidad de las libertades democráticas: a los ocho años, ya marchaba junto a organizaciones cívicas y de afrodescendientes; en la actualidad, su postura sigue siendo la misma: "Yo los invito a la subversión, yo los invito a la rebeldía, a decir que no estamos de acuerdo con el Gobierno actual"[3].

De su núcleo familiar hacen parte cuatro hermanos: Augusto, Byron, Álvaro y Fernando; dos hermanas, Gloria y Martha, para un total de siete, incluida Piedad; por Augusto, el mayor de los varones, ella siente un particular cariño, tal vez por el parecido de este con su padre. Piedad es la mayor, la más inquieta y rebelde de todos. La única que ha sido en su familia activista, militante, mujer de partido, "un animal político" (en el mejor sentido de la expresión). Muy jovencita se casó con su primer novio, Luis Castro, pero le tocó "volarse" de la casa, pues su padre era muy "fregado" (características de aquellos tiempos). Cuando se ennovió con Castro, él le dijo "camine" y ella, sin más, se fue. Tal matrimonio, por la juventud de Piedad, se efectuó a contrapelo de su familia. Él era un sociólogo que se desempeñaba como profesor de humanidades en el SENA.

Su matrimonio duró más de 25 años. De este nacieron 4 hijos: Juan Luis, el mayor (actualmente médico, con estudios en Canadá; no es un hombre con inclinaciones políticas marcadas, ya que ha visto el sacrificio que implica). Después está Camilo Andrés, el más parecido a la senadora; físicamente es igual a su papá, pero anímicamente y en su forma de ser, es idéntico a su madre: claro, directo, de decisiones inalterables. Luego sigue Natalia María, con una historia un poco triste, que no es preciso relatar. Se quedó sola en Canadá; allí nació Piedad, la primera nieta de Córdoba. El menor de todos es César Augusto ("Chachín"), él estuvo siempre junto a su papá; aunque todos permanecieron mayor tiempo al lado de su padre.

Piedad Córdoba se separó hace varios años, en un proceso que comenzó, al parecer, a partir del secuestro al que la sometieron las Autodefensas Unidas de Colombia (AUC), en cabeza de Carlos Castaño[4], en 1999; aprovechando la información precisa que habían conseguido del lugar, día y hora en la que estaría en un centro médico de Medellín y, además, sola; pero ¿dónde habían obtenido tal información? "Todo indica que por culpa de ella misma, quien no oculta nada, va diciendo las cosas por el teléfono sabiendo que está intervenido y que la van a grabar". Fue así como se enteraron de su paradero ya que, a pesar de que la Policía la instruye: le dice que no use siempre la misma ruta, que no coordine las citas con precisión, que tome precauciones, que salga de su casa en horarios distintos, que no caiga en rutinas, Córdoba hace caso omiso, pues considera que estas precauciones no sirven para nada porque tiene a los enemigos muy cerca; tanto así que, luego de su liberación, comentó que las autoridades habían sido cómplices de su secuestro, puesto que las autodefensas no tuvieron ningún inconveniente para desplazarse por todo Medellín de lado a lado, del norte al sur de la ciudad; no en dos o tres camionetas, sino en una caravana de vehículos y "armados hasta los dientes". Parecía como si las fuerzas públicas le abrieran paso a dicha caravana, sostenía.

Después de la captura, la llevaron ante Castaño quien le dijo que la iban a matar, dadas sus fuertes denuncias contra los paramilitares. Ante tal situación, la actitud más destacada de su esposo fue la de un hombre sencillo, familiar, en cuya mente no estaban claras las magnitudes, ni del suceso ni de su esposa como dirigente política. Por tal razón, cuando algún medio lo entrevistó para que se dirigiera a los captores, solicitaba su liberación porque era "una buena ama de casa y tenía cuatro hijos". Por supuesto, estas palabras en nada conmovían a Castaño, porque a él no le interesaba si era buena o mala persona, sino su actitud en el Congreso y ante la opinión pública, con respecto a las AUC. Este acontecimiento incidió posteriormente en el divorcio. La estatura de la dirigente se sobrepuso a la de su pareja e inició un lento distanciamiento que terminó en ruptura.

En el mismo sentido, la relación se vio afectada cuando intentaron secuestrar a uno de sus hijos, para presionarla, lo cual derivó en una solicitud de protección, por parte de Córdoba, al Gobierno de Canadá y que, por tanto, sus hijos se vieran en la necesidad de marcharse a ese país. Además, Castro era muy tranquilo, nada volcánico, muy distinto a Piedad Córdoba: una mujer enérgica, de temperamento explosivo; aunque, detrás de esa coraza, de esa imagen dura, existe una mujer muy sensible, a pesar de que en muy pocas ocasiones podamos ver a la senadora en un papel de mujer llorona, sensiblera o blanda. Por el contrario, siempre luce fuerte, con un sarcasmo permanente y gran sentido del humor, a través del cual esconde sus lágrimas, aún en las situaciones más difíciles, afirma Cruz.

Estudió Derecho en la Universidad Pontificia Bolivariana de Medellín (UPB) y desde entonces se forjó fama de rebelde y contestataria. A propósito, Córdoba comenta: "yo debería haber estudiado en la Universidad Nacional o en la Universidad de Antioquia. El ingreso a la 'Ponti' fue curioso y lleno de contradicciones pues mis entrevistadores tenían un informe minucioso del Centro de Educación Femenina (CEF), donde cursé el bachillerato. En aquel informe se decía que yo era una de las instigadoras de un paro. Entonces, los entrevistadores de la universidad comenzaron a hacerme preguntas como si fuera la hermanita menor del cura guerrillero Camilo Torres". Sin embargo, explica Cruz, durante su vida de estudiante universitaria no fue una activista destacada (a diferencia de muchos políticos que hacen sus primeros pinos en la universidad).

En la dinámica universitaria se destacó más en el ejercicio del liderazgo –cualidad propia–, no se la ubicó en el orden político, sino en el orden de la organización de actividades sociales y culturales. Piedad Córdoba, para entonces, recitó poemas, organizó festivales de poesía, incursionó en el teatro. Ella misma sostiene en relación con su vida universitaria: "Mi permanencia en la UPB fue contradictoria, pero al mismo tiempo fecunda, pues en medio de un ambiente de discriminación y de rechazo, yo comenzaba a saber qué me gustaba y, sobre todo, a saber elegir en la vida". Tiempo más tarde, realizó una especialización en Opinión Pública y Mercadeo Político en la Pontificia Universidad Javeriana de Bogotá y otra en Derecho Organizacional y de Familia en la Universidad Pontificia Bolivariana de Medellín. Este recorrido por la academia le ha permitido compartir como docente, la cátedra *Contexto Político*, con estudiantes de la Universidad Nacional de Colombia, sede Bogotá.

Sus estudios, junto con el apoyo del hombre que la descubrió como líder política, William Jaramillo Gómez, dirigente del Partido Liberal, le permitieron ingresar en la administración pública. Él fue su maestro, tanto en la forma de hacer política como en la forma de aparecer o mostrarse en público. Con este reservorio ha ocupado en varias ocasiones cargos de elección popular, entre ellos: senadora de la República, durante cuatro períodos (1994–1998, 1998–2002, 2002–2006, 2006–2010); representante a la Cámara, por Antioquia (1992–1994); diputada del departamento de Antioquia (1990–1992) y concejal de Medellín (1987–1989). Hizo parte de la Comisión Séptima del Senado, que aborda asuntos laborales. Ha pertenecido, también, a las Comisiones Tercera, de Asuntos Económicos; Quinta, de Minas y Energía y Segunda, de Relaciones Exteriores. Fue miembro y presidenta de la Comisión de Derechos Humanos del Senado y de la Comisión de Paz. Pero en contraste con lo que ocurre con los viejos gamonales de la política que, al llegar las elecciones, llaman a la gente para hacerle ofrecimientos a cambio de votos, para la senadora ocupar estos cargos no ha sido fácil; ella sufre mucho, porque es incorruptible; se asegura incluso que "es más fácil lograr un puesto con el Papa". Inclusive los negros le reclaman porque no les consigue cargos públicos. Ella les responde: "no, yo no soy de empleos, ni siquiera para mis seres más cercanos". "A Piedad nunca la podrán vincular con clientelismo o cosas por el estilo", asegura Alonso Cruz.

La senadora, según Cruz, "es una gran trabajadora, una activista enorme, ella ve solo por los ojos de su actividad política y eso le restó tiempo para su esposo e hijos. Córdoba reconoce que tiene una deuda muy grande con ellos, ya que los únicos momentos que disfrutaba a plenitud eran los fines de año, en Navidad, cuando celebraban en su casa las novenas, que su familia llamaba novenas bailables. Se reunían y realizaban una especie de concurso de salsa; esto se volvía una rumba colectiva de todo el barrio". En síntesis, sustenta Cruz: "su trabajo político genera una responsabilidad que no puede dejar a un lado, ni asumir de otra manera y, por ello, en cierta medida se ha alejado de sus hijos. Hecho que, en realidad, le ha ocasionado lágrimas, pero está convencida de la racionalidad de su actuación, de la honradez con la que pretende hacer las cosas (obviamente todo dirigente político requiere de esa vocación o parte mesiánica)".

Y continúa Cruz "ella es una persona que se puede acostar a las 12:00 de la noche y estar en pie a las 4:00 de la mañana; y así, día tras día, sin parar. Siempre a las seis de la mañana ya se ha hecho arreglar las uñas y el cabello, ya ha leído la prensa o le han contado los primeros chismes o le han narrado las primeras informaciones o como se quiera ver. Es algo así: mientras le arreglan la mano derecha, con la izquierda va comiendo, y cuando pasan a la izquierda, con la derecha voltea las páginas del periódico, porque a las 7 de la mañana tendrá la primera reunión, a las 8 la segunda, a las 9 la tercera y así hasta las 10 o 12 de la noche".

Ahora, desde su posición como congresista, Piedad Córdoba ha impulsado proyectos en beneficio de la participación democrática de madres comunitarias, mujeres cabeza de hogar, comunidad afrocolombiana, homosexuales y en contra de la violencia intrafamiliar y la corrupción. Entre algunos de esos proyectos se encuentran:

- Proyecto de ley por el cual se reglamenta la seguridad social para las madres comunitarias.
- Proyecto de ley por el cual se reglamentan los derechos de las comunidades negras. Aprobado y vigente como Ley 70 de 1993.
- Proyecto de ley por el cual se dictan normas para la protección de la familia y se sanciona la violencia intrafamiliar. Aprobado y vigente como ley 294 de1996.

- Proyecto de ley por el cual se crea la Dirección Nacional de Equidad para las Mujeres. Incluido en la ley 188 de 1995 (Plan Nacional de Desarrollo).

- Proyecto de ley por el cual se reforma el Código Penal, en lo relativo al aumento de penas para los delitos sexuales. Aprobado y vigente como ley 360 de1997.

- Proyecto de acto legislativo (reforma constitucional) por el cual se restablece la extradición de nacionales. Aprobado y vigente como Acto legislativo No. 1 de 1997.

- Proyecto de ley No. 53 de 1998, por el cual se crea la circunscripción especial para las comunidades negras en la Cámara de Representantes, en desarrollo del artículo 176 de la Constitución.

- Proyecto de acto legislativo No. 4 de 1998, por el cual se erige al municipio de Buenaventura en Distrito Especial Portuario y Turístico.

- Proyecto de ley No. 52 de 1998, por el cual se sanciona con prisión la evasión tributaria.

Igualmente, desempeñó para el Estado diversos cargos de libre nombramiento o remoción, entre ellos: subcontralora en la Contraloría de Medellín de 1984 a 1986 y secretaria general del municipio de Medellín, entre 1986 y 1988. Defendió, por otro lado, la importancia de adelantar la reforma política, con base en los lineamientos del liberalismo y de los partidos de oposición que tenían filosofías similares; pero el Gobierno, según ella, trabó los intentos de sacar adelante la reforma aprovechándose de su mayoría oficialista en las cámaras legislativas. Condenó, así mismo, la política económica del Gobierno, por considerar que solo hacía eco de los mandatos del Fondo Monetario Internacional y dejaba de lado la precaria situación de la gran mayoría de los colombianos.

En mayo de 2003 registró la más alta votación durante el Primer Congreso Nacional del Partido Liberal Colombiano. Este triunfo la facultó por segunda vez como codirectora y, por primera vez, como su presidenta. En este cargo adelantó importantes debates; uno de los que más llamaron la atención de la opinión pública fue el que sostuvo contra el ministro de Justicia e Interior, de la época, Fernando Londoño

Hoyos, a quien acusó de corrupción por el negocio en Inversiones Gases de Colombia (*Invercolsa*)[5], según el cual en 1997, el hoy exministro, esgrimiendo su calidad de trabajador de la empresa, participó en una operación de venta accionaria y compró 179 millones de acciones a *Invercolsa*. Entre las pruebas de los malos manejos de Londoño Hoyos, Córdoba presentó la demanda civil que *Ecopetrol*[6] entabló contra él, por una operación de venta fundamentada en un contrato de trabajo que nunca existió; en realidad, lo que Londoño Hoyos recibió por parte de *Invercolsa* fue un contrato de mandato comercial.

A esto se añade su reconocida oposición a los términos del proceso de paz que entabló el presidente de entonces Andrés Pastrana (1998-2002), con las Fuerzas Armadas Revolucionarias de Colombia (FARC)[7]. Para la senadora, defensora de la solución política al conflicto armado y del respeto a los derechos humanos, las negociaciones, en la forma como estaban concebidas, aunque eran necesarias, solo llevarían al país a la frustración general. La paz para Córdoba se convierte, no en una obsesión o controversia infundada (como algunos indican), sino en su palabra, su razón, su voto, su utopía:

> Lo primero que tenemos que hacer es reconocer que en nuestro país existe un conflicto armado y en la necesidad de buscar la paz y la reconciliación nacional... no es con más guerra como vamos a superar estos 60 años de violencia [...] La paz es el derecho más importante que debemos exigir los colombianos, no podemos ser pesimistas ante el panorama que se nos presenta y entre todos y todas debemos trabajar por una construcción democrática; cada uno de los colombianos y colombianas debemos convertirnos en gestores de paz, en facilitadores del acuerdo humanitario, y exigir que el secuestro salga del conflicto como herramienta de lucha política. (2008)[8]

Otra actitud de público conocimiento es su oposición a la estrategia paramilitar. Tal vez por ello y, en un hecho sin precedentes (ya reseñado), en mayo de 1999 fue secuestrada en Medellín por hombres de Carlos Castaño Gil, quien la acusaba de pertenecer al Ejército de Liberación Nacional (ELN)[9] y de haber asumido con ahínco el tema de la solución negociada del conflicto armado. A propósito, no es exagerado decir que la presión que ejerció una buena porción del país y del mundo, en favor de su regreso a la libertad, lo obligó a devolverla casi cuatro semanas después. A pesar de ello, esta dolorosa experiencia la sensibilizó aún más frente al sufrimiento de los secuestrados. Sintió, como ellos, el desamparo, la impotencia, la indefensión y su postura en contra de las autodefensas se radicalizó todavía más. Este episodio, entre tantos otros, hizo más fuerte su convencimiento de la necesidad de un proceso de paz y su rechazo a un gobierno causante, según ella, del empeoramiento de la situación de guerra en el país. El hecho de ser una víctima de la violencia, tanto en el plano político como en el familiar, le transmite una sensibilidad extrema. Así lo evidencian su accionar constante y las palabras pronunciadas tras el retorno a la libertad de quince secuestrados:

> Estoy dichosa, todos tenemos que celebrar el regreso a la vida de 12 compatriotas y de los tres norteamericanos. La felicidad de ver a Ingrid, a los policías y soldados, es maravilloso; este es un canto a la vida que debemos entonar todos los colombianos y colombianas […] Esto nos obliga a seguir trabajando por la libertad de todos los secuestrados, por el regreso sanos y salvos de los que aún permanecen en las selvas. No podemos perder el ánimo para buscar la salida negociada del conflicto desde la democracia, desde la civilidad, desde la política. (2008)[10]

Algunos dirán que de nada ha servido su gestión de facilitadora para el acuerdo humanitario, ni sus entrevistas con el presidente de Venezuela, Hugo Chávez, ni sus conversaciones con Raúl Reyes, el vocero, en su momento, de las FARC. Cabe oponer a esto que, gracias a ella, el tema de los secuestrados ha revivido en el escenario nacional e internacional y se siguen revelando pruebas de supervivencia[11]. De igual manera, Colombia, por su intermediación, ha celebrado el regreso de varios de sus secuestrados; ella, a pesar de todos los rechazos, aún sigue trabajando en favor de los que permanecen en la selva, sin importar su rango social o político, porque considera que todas las víctimas y no solo algunas, representan para este país grandes tragedias humanas. En definitiva, como afirma Octavio Moreno: "Todos son colombianos, todos merecen que se les respete la vida, todos merecen que el Gobierno gaste hasta el último gramo de energía para salvarlos" (2008)[12].

De hecho, sigue tan fuerte su interés por conseguir la paz en Colombia que, en entrevista[13] reciente, y ante las preguntas: ¿Cuáles son sus planes inmediatos y a largo plazo? Respondió: "Por ahora, estoy en el tema de la paz, el tema del proceso político, el intercambio humanitario, volver al Senado de la República en el corto y en el mediano plazo; construir cada vez más un frente popular en el país, en el que no solamente estén obreros y trabajadores sino también empresarios, que se preocupen por el desarrollo del país en su integralidad y pensar, en el futuro, en ser presidenta de la República". Y ¿qué sería lo primero que haría siendo presidenta? "Yo... convocar a un proceso de paz, ya que las colombianas y colombianos tenemos que tomar nuestro destino en nuestras manos de una manera activa y madura y hacer realidad formas de convivencia en las que imperen el respeto a las personas y la cultura del diálogo y la paz. No podemos seguir esgrimiendo como válido nuestro propio discurso y como detractor de la paz y la democracia, el de los contradictores; hay que convocar a un proceso de paz".

De igual forma, está convencida de que los trabajadores colombianos merecen un estatuto digno e integral que determine, por una parte, que "las relaciones de trabajo en el Estado Social de Derecho deben estar fundadas en el respeto de la dignidad humana, para garantizar un orden económico y social justo"; y por otra, que "las relaciones laborales estarán orientadas por los principios fundamentales establecidos en el artículo 53 de la Carta Política Colombiana"[14], entre los que se destacan: Igualdad de oportunidades para todos los trabajadores, estabilidad en el empleo y situaciones más favorables para el trabajador, en caso de duda en la aplicación e interpretación de las fuentes formales del derecho.

Desde estos principios se configura su oposición inalterable al Tratado de Libre Comercio (TLC) entre Colombia y los Estados Unidos de Norteamérica, por considerarlo una de las mayores catástrofes políticas, sociales, económicas, culturales y, por ende, laborales que, de aprobarse, podría enfrentar Colombia. Al respecto, Córdoba aseveró que: "el presidente Uribe está viendo frenada esta pretensión (no solo con EE.UU.), ya que, por ejemplo, Canadá retrasó hace poco la ratificación del TLC con Colombia; Inglaterra, uno de los Estados con los que Uribe mantenía mejores relaciones y que destinaba muchos recursos a Colombia, ha comenzado a cortar el envío. Respecto a EE.UU., el retraso en la tramitación del TLC no parece que sea pasajero. Hay que recordar que hace muy poco se efectuó el terrible asesinato de otro sindicalista más en Colombia; por ello, EE.UU. no puede aceptar aprobar nada si las cosas no cambian de verdad"[15].

La senadora ha representado a su Partido y a Colombia, en general, en importantes foros y encuentros mundiales, entre ellos la Conferencia de la Mujer realizada en Beijing, China, en 1995, como favorecedora de la reivindicación del papel de la mujer en la vida moderna y la participación de las minorías afrocolombianas en los asuntos del país; otro de los retos que ha asumido en contra de posiciones antagónicas, frente a las que ha demostrado una férrea convicción de sus principios: "Tal como he tenido la oportunidad de expresar en diversas ocasiones, una de mis mayores preocupaciones como congresista ha sido la de impulsar mecanismos que lleven mejores condiciones de vida a la población negra del país, agobiada históricamente por los índices más bajos de calidad de vida"[16].

Esta permanente disidente de políticas que no beneficien al pueblo, considerada una de las colombianas más representativas del movimiento latinoamericano feminista, hace parte del Grupo Interparlamentario Poblacional, por medio del cual se impulsan políticas públicas en salud sexual y reproductiva. En relación con el feminismo, la senadora dice:

> El feminismo es teoría y práctica plural que engloba diversas percepciones, distintas elaboraciones intelectuales y diferentes propuestas de actuación, derivadas en todos los casos de un mismo hecho: la subordinación y opresión de las mujeres en las sociedades patriarcales. […] Si las mujeres han de participar por igual en la vida social, los varones han de compartir por igual la crianza y cuidado de las/os hijas/os. Mientras a las mujeres se les continúe identificando con el "trabajo privado", su estatus público siempre se verá debilitado[17].

A propósito y en relación con los fenómenos de la lucha de género y la defensa de las negritudes colombianas, en la entrevista reciente, ya citada, se le preguntó acerca de su interpretación del graffiti "Dios es negra", pintado en un muro de la ciudad. Córdoba respondió:

> Opino que los graffitis tienen un sustrato social muy fuerte. Lo que significa eso es una apelación a la lucha contra la discriminación, a la búsqueda de la igualdad partiendo de las diferencias étnicas… y así lo interpreto yo, como una persona que consagra en un mural, precisamente, la resistencia contra la discriminación. (de género y de raza)

En sí misma Ud. involucra y representa los fenómenos de la lucha de género, la marginación y defensa de los derechos de las afrocolombianas y también es una rebelde dentro de un partido de derecha. Como mujer negra y como dirigente política, ¿qué opina sobre ello?

> Primero, yo no soy una rebelde sin causa, yo creo que en una sociedad como la nuestra, la rebeldía se justifica y, además, porque esto no sucede, aunque esté contemplado claramente en el pacto de derechos civiles, el derecho a la rebelión y el derecho, inclusive, a buscar un orden diferente. Segundo, yo creo que la formulación del partido se dio en unas circunstancias que siguen siendo las mismas de búsqueda de la igualdad, de la justicia, del desarrollo de la ciudadanía; sin embargo, el partido se lo tomaron unas oligarquías que lo usaron como una divisa para enriquecerse y mi presencia allí, finalmente, significa volver, precisamente, a las fuentes originarias del partido y a la búsqueda de liderazgos que se compenetren con la gente, que le busquen salida a la gente, que atiendan a las necesidades de la gente.

Continuando con la entrevista y a propósito del periplo de la senadora por diversas universidades colombianas, para realizar conferencias sobre la necesidad de los acuerdos humanitarios, se le formuló la siguiente pregunta: ¿cuál es la relevancia de los acuerdos humanitarios en el marco de una posible salida política negociada al conflicto social y armado? Córdoba respondió:

> Los acuerdos humanitarios tienen características importantes; primero, son el desprendimiento de avances de las sociedades en guerra que responden a los planteamientos del Protocolo de Ginebra y lo que tratan es, en medio del fragor del combate, tan espantoso, humanizar la guerra; es decir, sacar a los civiles y a los no combatientes del conflicto. Y por esta razón son primordiales y se procura implantarlos en el país, a pesar de que prácticamente no se logra; pero yo sigo pensando que es fundamental mantenerlos, lucharlos, para que la gente sepa que hay un conflicto y que en el reconocimiento de ese conflicto se da también la posibilidad de que se aplique el Derecho Internacional Humanitario.

Ante las preguntas: ¿Cuántas veces ha estado en peligro su vida? ¿Y qué siente al saber que su vida corre peligro?, su respuesta es contundente y segura:

> Han sido muchas veces y en muchas oportunidades. Ello está totalmente relacionado con el tema de la paz, del conflicto y, fundamentalmente, con el tema del narcotráfico. Los dirigentes como yo se nutren de la esperanza y nuestra fuerza tiene que ver con la utopía, con los sueños de un país de todos y para todos y no con propuestas individuales… para eso Colombia necesita democracia. Desde hace unos 15 años, he sufrido atentados, amenazas, que no me afectan porque mi fuerza se centra en la búsqueda de otro país, de otra sociedad. Se puede tener miedo, pero eso no puede paralizar, es necesario seguir trabajando.

Sus problemas de seguridad, entonces, son latentes y, de igual forma, las denuncias que ha hecho. Se ha hablado, inclusive, de planes de funcionarios del Gobierno nacional, cuyo propósito es acabar con la vida de la senadora. Su controversia, pues, genera múltiples detractores, mientras su convicción, múltiples seguidores. Piedad Córdoba se mueve entre el amor y el odio, entre la vida y la muerte, entre la convicción y la inseguridad: "En días pasados recibí información seria y confiable sobre un plan para atentar contra mi vida que sería perpetrado en la ciudad de Caracas y que contaba con el aval de un alto funcionario del Gobierno colombiano. Ese mismo día informé, a través de los medios de comunicación, la situación que ponía en riesgo mi integridad física".

Esta valiente mujer, a pesar de que estuvo en el exilio (en Canadá) con sus cuatro hijos, de que ha sufrido atentados y ha sido amenazada de muerte, se desplaza por el país sin escolta alguna. De hecho, aceptó responder, sin ningún recelo, las preguntas de su entrevistador Juan David Zambrano (a quien no conocía) durante su traslado desde Medellín, Colombia, al aeropuerto de Rionegro, después de su presentación ante los estudiantes de la Universidad de Antioquia –sobre la necesidad del acuerdo humanitario en Colombia–. Admirado ante tanto arrojo, Zambrano la indagó y ella respondió:

> Una de las cosas más desesperantes es esa vigilancia que, no es tal escolta, sino una vigilancia y espionaje de los que, supuestamente, lo cuidan a uno que, además, es repugnante; o sea, creo que para uno debe ser motivo de preocupación el hecho de que otros seres humanos lo tengan que cuidar; que haya un cuarto de país dedicado a cuidar a unos pocos, porque no hay justicia, no hay democracia, no hay igualdad… pero, pienso que eso tiene mucho que ver con el compromiso de lo que uno defiende, del hecho que a uno le duela el dolor de los demás, de que le preocupe lo que pasa con el otro. Si fuera por esto, yo no saldría a la calle, con todas las actitudes tan amenazantes que se dan en la gente en este país… pero puede más lo otro. La universidad, por ejemplo, es un escenario muy gratificante.

Esta actitud pone de presente su espíritu combativo, su convicción, sin importar el peligro, los riesgos.

Aunque sus actuaciones siempre han despertado controversia, fue elegida mujer del año 2007, por tomar como propia la bandera de viabilizar un acuerdo humanitario que permita la libertad de los secuestrados por las FARC, a cambio de la excarcelación de subversivos. A pesar de su elección, no han sido pocas las polémicas que sus acciones como facilitadora del canje generaron, incluso hay quienes la señalan como responsable, en el fondo, del desatino de la mediación del presidente venezolano Hugo Chávez, lo que obligó al Gobierno de Uribe a revocarle las autorizaciones a ambos, con la posterior crisis binacional; sin embargo, no puede negarse que Piedad Córdoba ha obrado con buena fe y sin segundas intenciones o cálculos políticos o intereses personales.

Córdoba se convirtió en ojo del huracán, cuando en un foro en México invitó a todos los países latinoamericanos a romper con el Gobierno de Colombia, debido a la gravedad del escándalo de la parapolítica, sugerencia que incluso dio para que en el país, vastos círculos políticos y económicos, junto con la mayoría de los medios y amplios sectores de la opinión pública, la acusaran de incurrir en traición a la Patria. En desmedro de tales acusaciones, Alfonso Gómez Méndez asegura que Piedad Córdoba es "una mujer demócrata y batalladora y no se le debe estigmatizar por su papel en la búsqueda de la paz. Puede haberse equivocado en algunas apreciaciones sobre las FARC o sobre las actitudes del presidente Chávez, pero tiene más méritos que muchos o muchas dirigentes que han hecho del acomodo una forma de supervivencia política". En suma, es una mujer que crea odios y amores. Por ejemplo, no pocos de los miles de colombianos que se solidarizaron con ella cuando salió llorando en televisión tras la ruptura de su labor de facilitación para el canje, igualmente se alinearon entre quienes la criticaron por ser, directa o indirectamente, responsable, en parte, de las crisis entre los Gobiernos de Uribe y Chávez.

En otro momento de la mencionada reciente entrevista se le preguntó: De no haber optado por la política o el derecho, ¿en qué otro campo le habría gustado formarse? "Seguramente en el teatro, en la cultura. Yo estudié declamación desde muy pequeña y también teatro, pero indudablemente lo hubiese utilizado para la denuncia, para la búsqueda de otras opciones, como una forma de construir igualdad". A esto se añaden las precisiones de Cruz: "Sus inclinaciones artísticas son aspectos que pocos conocen de ella; es muy amiga o, mejor, amante de la poesía: declamaba y lo hacía muy bien. Incluso ganó premios por su desempeño como declamadora, en Antioquia, cuando estaba estudiando secundaria".

Su padre, que era amigo de la música clásica, pero, además, apasionado por la música tropical, como la salsa, inculcó en sus hijos la misma afición, algo que Piedad heredó. Por tal razón, habla con mucha propiedad, tanto de la música clásica como de la tropical, de la cual, conjuntamente, es una buena bailadora. Ha sido promotora de conciertos y ha perdido plata con ello. Además canta y no lo hace mal. Piedad escucha salsa el 90 % del tiempo que consagra a tal cosa, el otro 10 % se lo dedica a los boleros, pero no a boleros lentos o trágicos, sino tipo son, tipo mambo –como los de Alberto Beltrán–. Es una mujer a la que le gusta la música de las mujeres negras como Susana Esther Baca de la Colina[18] y oye música folclórica africana y del Caribe, a más de música clásica como la de Béla Bartok[19] (influencia directa de su padre). Ella es familiar de Alexis Do Santos, integrante del grupo Guayacán, del cual es admiradora. De hecho, cuando se reúne con sus amigos recuerda a su padre y canta el bolero de Beny Moré, "Mucho corazón":

> Di si encontraste en mi pasado una razón para olvidarme o para quererme... Pides cariño, pides olvido si te conviene, no llames corazón lo que tú tienes... De mi pasado, preguntas todo que cómo fue; si antes de amar debe tenerse fe. Dar por un querer la vida misma sin morir, eso es cariño no lo que hay en ti... Yo para querer no necesito una razón, me sobra mucho, pero mucho corazón...

Y... ¿qué hace sufrir a Piedad Córdoba? "La injusticia, creo que esa es una preocupación que ha vivido siempre en mí. Ocurre que la burbuja de protección que te dan los padres se rompe y uno se desarrolla en un mundo en el que resulta muy difícil cerrar los ojos ante una realidad que golpea y que si eres un poco sensible no puedes aceptar. Es casi una respuesta de sentido común, no se requiere mucha elaboración ni razonamiento. Solo sensibilidad. Y esa la tengo, me ha llegado de muchas maneras: en la casa, en la calle, con los profesores, con la gente común. Por eso me he pasado la vida defendiendo el derecho a la igualdad, el respeto por las diferencias. Todo lo que tiene que ver con la discriminación, con la violencia, me hiere. Siento un enorme rechazo a la autoridad, sobre todo la que no tiene explicación, la arbitraria, porque conduce a abusos de poder". En ese orden de ideas, ¿qué quisiera borrar de su memoria? "El oprobio y la injusticia a los que me he visto sometida sin razón". Y ¿qué no le gustaría borrar jamás? "Lo que seguramente muchas mamás, que lo son porque quieren, indudablemente, recordarán siempre: el nacimiento de los hijos o hijas".

En este sentido, en la entrevista realizada a Alonso Cruz se le preguntó: ¿Cuál tramo de la historia colombiana recuerda con dolor la senadora y por qué? Y así respondió: "Las matanzas de los paramilitares. Una, en especial, la matanza de Ituango, la del Aro, donde murieron 15 campesinos". Ella misma, cuando Uribe fue gobernador de Antioquia, denunció cómo el ahora expresidente, había participado en tal suceso de manera directa[20]. Asimismo, un atentado del ELN contra un oleoducto que produjo un incendio en un poblado y, en derivación, la muerte de varias personas. De igual manera, la lucha contra Núñez; lo que los liberales llaman "La traición de Núñez" en la famosa "Ley de los caballos"[21], es un pasaje de la historia que recuerda con mucha frecuencia (lo cita a cada rato).

Y… ¿A quién admira la senadora? "Hay un hombre en Antioquia, Evelio Ramírez, un hombre mayor, del ala izquierda del Partido Liberal, vinculado con el Partido Comunista en su juventud"; esa es la única persona por la que Córdoba siente una profunda admiración y respeto –respeto en términos ideológicos y de la vida–. Una sugerencia suya es acogida sin duda. Ella le pide un consejo, él le dice: "yo haría esto", y Piedad se inclina hacia tal opción. No obstante, también admira a Alfonso López Pumarejo y, actualmente, a Alfonso Gómez Méndez, a quien considera como una persona brillante; cree en el jurista, en el hombre de leyes que está detrás de él. En este último tramo de su vida, siente gran respeto, al tiempo, por las posturas ideológicas que asume Iván Marulanda. Los tres son dirigentes del Partido Liberal.

Continuando con la entrevista de Zambrano a la senadora: ¿Aparte de las lecturas políticas, ¿qué otro tipo de lecturas hace?

Leo biografías, lecturas que tengan que ver con los movimientos sociales y a los autores colombianos. Actualmente, estoy leyendo a John Carlin, a José Saramago con *Ensayo sobre la ceguera* y a William Ospina con *El país de la canela* que tiene que ver con lo que fue la travesía que organizó Pizarro con gente venida de Europa, ávida, por un lado, de poseer las tierras que les arrebataban a los indígenas, de exterminarlos para quedarse con el oro y, por el otro, con la sed de heroísmo, de fama. Colombia, como sostiene Ospina, ha padecido siempre el síndrome de la falta de inclusión del pueblo en la leyenda nacional. Las víctimas son invisibles o imaginarias, dejan de tener nombre propio, el genérico reemplaza la individualidad y allí ya está contenida la semilla de todos los males que aún padecemos: la expulsión de los campesinos de sus tierras, las masacres, el odio, la falta de entendimiento.

El martes 6 de octubre de 2009 se conoció la nominación de la senadora Piedad Córdoba al Premio Nobel de la Paz, por el docente argentino Adolfo Pérez Esquivel, galardonado con el mismo premio en 1980: "Ella viene trabajando intensamente desde hace mucho tiempo y con demasiadas dificultades para lograr la paz en Colombia y el premio ayudaría a encontrar los caminos de la paz para su país", aseguró Pérez Esquivel. Por su parte y desde Noruega, el director del Instituto para la Investigación sobre la Paz, Kristian Berg Harpviken, aseguró que la senadora liberal era una de las tres personas que más opciones tenía para quedarse con el Premio Nobel de Paz porque ha mediado en varias liberaciones de secuestrados de las FARC y ha defendido una solución negociada al conflicto colombiano. La senadora, sostuvo Berg, "ha logrado abrirse un espacio independiente en un conflicto cuya solución ha sido largamente postergada". Las otras dos personas que Berg consideraba merecedoras de este reconocimiento fueron el príncipe jordano Ghazi bin Muhammad, impulsor del diálogo entre religiones en Oriente Medio y la activista afgana, relatora de Naciones Unidas para Sudán, Sima Samar, quien provee atención en salud a mujeres afganas. Más tarde, el 27 de septiembre del 2010, la Procuraduría General de la Nación destituyó a Piedad Córdoba de su cargo como senadora y la inhabilitó por 18 años para ejercer oficios gubernamentales fundamentados, según el procurador Alejandro Ordóñez, en pruebas de sus vínculos con las FARC extraídas de los computadores del guerrillero Luis Edgar Devia Silva, alias Raúl Reyes. Estos computadores fueron obtenidos después del ataque de las fuerzas militares colombianas al campamento de Reyes en Ecuador y de los informes de autenticidad presentados por la Interpol, el Cuerpo Técnico de Investigación (CTI) y la Dirección Central de Policía Judicial e Inteligencia (DIJIN). La sentencia, a pesar de las protestas de Córdoba, quien manifestó cómo esta acción respondía a la persecución política de la que había sido objeto durante casi toda su vida pública y de la indignación generada en algunos sectores colombianos y de la comunidad internacional, fue ratificada por la Procuraduría. El presidente del Congreso colombiano Armando Benedetti firmó la destitución definitiva de la senadora quien oficialmente dejó su cargo el 3 de noviembre de 2010.

Y colorín colorado, este cuento no se ha acabado porque aún con todas las amenazas, "aquí me quedo, de aquí no me voy" (Piedad Córdoba)[22].

Notas

[1] http://www.semana.com/wf_InfoBlog.aspx?IdBlg= 26&IdEnt= 1770

[2] Alonso Cruz Reyes: Ingeniero electrónico, periodista aficionado, pequeño empresario y antiguo activista político, fue asesor de Piedad Córdoba durante 6 años (2000-2006) y la persona que nos confía la mayor parte de informaciones sobre la vida personal y familiar de la senadora.

[3] En: http://universidad.edu.co/index.php?Itemid= 198&catid= 16:noticias&id=480:universidad-nacional-cuestiona-a-piedad-cba-por-invitar-a-los-estudiantes-a-la-subversi&option=com_ content&view =article Así lo dijo en la apertura del segundo Congreso de la Federación de Estudiantes Universitarios (FEU), Universidad Nacional, Sede Bogotá, 5 septiembre 2008.

En: http://vulcano.wordpress.com/2008/02/20/para-un-gobierno-sin-piedad-entrevista-con-piedad-cordoba-por-fabio-martinez/

[4] Jefe político de las Autodefensas Unidas de Colombia (AUC). Carlos Castaño armó un grupo de venganza contra las Fuerzas Armadas

Revolucionarias de Colombia (FARC) por el asesinato de su padre Jesús Antonio Castaño González. De hecho, uno de sus primeros crímenes fue el cometido contra Conrado Ramírez, guerrillero señalado como autor del secuestro de su padre. Así nacieron las AUC, una organización ilegal paramilitar confederada, creada en abril de 1997 en Colombia, para reunir en una entidad relativamente centralizada a muchos de los múltiples grupos paramilitares y de autodefensa regionales pre existentes, que se dedicaron a sembrar el terror en el departamento de Córdoba y en la región de Urabá, como método para expulsar a la guerrilla y de paso hacerse a tierras. Las AUC fueron clasificadas como una organización terrorista por el Gobierno de Colombia, la Unión Europea y por los Estados Unidos.

[5] Invercolsa es una empresa holding que controla aproximadamente el 80 % de las inversiones del gas en Colombia. Nació en 1990, cuando el Gobierno Nacional decidió que era conveniente separar las actividades de distribución de las actividades de inversión que Ecopetrol y sus filiales Explotaciones Cóndor y South American Gulf Oil Co. tenían en Colgas S. A. Sus accionistas la crearon con un portafolio de inversiones en trece compañías dedicadas al negocio del gas y nombraron presidente a Fernando Londoño Hoyos, con la misión de liquidarla.

[6] Empresa Colombiana de Petróleos. Dejó de ser una empresa Estatal, para ser convertida durante el Gobierno de Álvaro Uribe Vélez en Ecopetrol S. A. En la actualidad es una sociedad de economía mixta, del Estado colombiano, dedicada a explorar, producir, transportar, refinar hidrocarburos.

[7] El Ejército del Pueblo o FARC-EP es un grupo guerrillero que opera en Colombia y en las regiones fronterizas de Venezuela, Ecuador, Panamá y Perú y participa en el conflicto armado colombiano desde su conformación en 1964. Su actual comandante en jefe es Alfonso Cano.

[8] En: http://www.piedadcordoba.net/piedadparalapaz/modules. php?name=News&file=article&sid=2562

[9] El ELN o UC-ELN (Unión Camilista - Ejército de Liberación Nacional) es una organización guerrillera e insurgente colombiana pro-revolución cubana. Su jefe es Nicolás Rodríguez Bautista alias "Gabino".

[10] En: http://www.piedadcordoba.net/piedadparalapaz/modu-les.php?name=News&file=article&sid=2629

[11] El 31 de agosto de 2009, la senadora Piedad Córdoba entregó pruebas de supervivencia a familiares de 9 secuestrados.

[12] En: http://www.semana.com/wf_InfoBlog.aspx?IdBlg=26 &IdEnt=1770

[13] Realizada por Juan David Zambrano a la Senadora Piedad Córdoba Ruiz, el 14 de agosto de 2009, en la ciudad de Medellín, Colombia.

[14] En: http://www.piedadcordoba.net/piedadparalapaz/modules.php?name=News&file=print&sid=1766, 2006

[15] En: http://www.americaeconomica.com/portada/entrevistas/junio09/260609/MIpiedadcordoba.html

[16] En: http://www.piedadcordoba.net/piedadparalapaz/modules.php?name=News&file=article&sid=2576 2008

[17] En: http://www.piedadcordoba.net/piedadparalapaz/modules.php?name=News&file=article&sid=2113 2007

[18] Cantante, compositora e investigadora de música afroperuana. Nació en el costero barrio de Chorrillos en las afueras de Lima, la capital peruana, un lugar en el que han vivido los descendientes de los esclavos desde la época de la Colonia. Desde muy niña estuvo rodeada de músicos; su padre era guitarrista, su madre bailarina, sus tías cantaban al estilo Aretha Franklin y un par de sus vecinos fueron los creadores del grupo Perú Negro. Ellos aportaron la fuerza necesaria que impulsó a Baca a dedicarse de lleno a la música. En sus 30 años de labor artística ha realizado más de 500 conciertos en diversos lugares del mundo.

[19] Bela Bartok es el compositor más importante que ha dado la música húngara a lo largo de su historia y una de las figuras imprescindibles en las que se fundamenta la música contemporánea.

[20] Según un exparamilitar, Álvaro Uribe se reunió con Mancuso y los generales Ospina, Rosso José Serrano y Manosalva para planear la incursión en Ituango (Antioquia), en octubre del 2007.

[21] En 1896, ocurrió la división del Partido Conservador en dos fraccio-nes: los "nacionalistas", defensores acérrimos de la Regeneración, y los "históricos", partidarios de reformar el proyecto político y económico de Rafael Núñez, continuado por Miguel Antonio Caro. Los conservadores históricos irían a establecer alianzas con los liberales en contra de la Regeneración, lo que dio lugar a fuertes disputas que se tradujeron en enfrentamientos bélicos. Los perjuicios, sin duda, estaban relacionados con las drásticas sanciones previstas en la Ley 61 de 1888, conocida como la Ley de los Caballos, destinada a regular la prensa y la oposición a la Regeneración. La prensa se amordazó con el "Artículo transitorio K", de puño y letra de Núñez que rezaba: "Mientras no se expida la ley de imprenta el Gobierno queda facultado para prevenir y reprimir los abusos de la prensa". La medida rigió de 1886 a 1910 y permitió al régimen cerrar periódicos, encarcelar, torturar y expulsar periodistas del país.

[22] En: http://www.zonaj.net/noticia/58/6/piedad-cordo-ba-en-uniquindio/

Fuentes de Internet

http://www.piedadcordoba.net

http://www.minoriassexuales.com

http://www.poderciudadano.info

http://www.delitocuelloblanco.com

http://www.poderafro.com

http://www.nodejeasi.com

LA VOZ DE EDELMA ZAPATA PÉREZ –
POETA AFROCOLOMBIANA

ENTREVISTA PATRICIA RODRÍGUEZ-MARTÍNEZ,
UNIVERSITY OF SWANSEA, WALES

En esta entrevista Edelma Zapata Pérez nos habla de su verso, con gran pasión, como una brasa que ha mantenido encendida siempre en la búsqueda mágica de la palabra; de su enfermedad, con una valentía admirable, como una cruz que la ha acompañado desde su adolescencia pero que le ha ayudado a conocerse a sí misma y a superar sus flaquezas; y de su cosmovisión que enaltece el espíritu al hacer un llamado a la esperanza y a la reconciliación de las razas. Sus poemas cubren temas intimistas como el amor, el desamor, la maternidad y la superación individual; temas filosóficos como la fragmentación del cuerpo y la amputación del alma; y temas sociales como la búsqueda de la paz y las historias de sangre inocente derramada en esta guerra colombiana sin sentido.

P: Edelma, agradezco muchísimo que hayas acordado entrevistarte conmigo. Vamos a empezar por el principio. Dime, ¿dónde naciste tú?

E: Siempre es un placer hablar con investigadores interesados en nuestra cultura afrocolombiana como tú. Yo nací en un pueblo llamado La Paz, ubicado en el departamento del Cesar, en la costa atlántica colombiana, un 6 de julio a mediados de los años cincuenta. Es una pequeña población de valles ganaderos sobre las últimas estribaciones de la sierra del Perijá. El valle del Cacique Upar, Valledupar, capital del departamento, tomaría su nombre en memoria de un jefe indígena, rebelde, torturado y asesinado por los conquistadores españoles. Es un sitio que hace homenaje a la indianidad americana en busca de autonomía y defensa de su cultura.

P: Durante la Colonia arribarían allí grupos humanos de africanos esclavizados, quienes huídos del puerto de Cartagena, o de las plantaciones y minas coloniales se convertirían en los cimarrones que fundarían los palenques ¿no?

E: Sí, el más importante de ellos, San Basilio de Palenque, cerca a Cartagena de Indias, que se convertiría en el primer pueblo libre de América y en escenario central de las luchas cimarronas de afros en busca de su libertad. Gestas del pueblo africano en América que todavía resuenan en los oídos: Benkos Biojó, Makanda, Domingo Criollo, Gumga Zumbi, y tantos otros rebeldes encadenados y marcados con el hierro candente de la esclavitud.

P: En este espejo multicolor de sangres derramadas, de sueños y libertad, donde se desarrollaba tu temprana existencia, ¿sentías el espíritu de tus antepasados indígenas y negros?

E: Sin duda, sentía que me seguía el ojo mágico de la saga del mestizaje en tierras americanas, donde la diversidad constituyó las raíces de aquellos quijotes que dejarían su huella indeleble en la naturaleza más íntima de mis actos: mestizaje étnico, cultural y humano, espíritu inmortal de mis ancestros que daría forma a las más profundas respuestas de mis pensamientos conscientes e inconscientes, una intuición mágica por conocer los ritmos internos de las fibras más profundas de mi naturaleza femenina.

P: ¿Qué memorias tienes de tu infancia?

E: Mi primera infancia transcurre en este pequeño espacio del universo, perdido en la historia de los pueblos, cuna de poetas, de acordeoneros[1] y canciones, origen del vallenato, de los cantos ya famosos de Escalona, Oñate y los Zuleta. Único sitio en el mundo donde los mangos son de oro en abril, en verano tienen olor a tierra mojada y en mayo ostentan el sabor de los duraznos. En aquel tiempo remoto las casas eran de cal y barro pisado. De las paredes blancas, en la humilde casa de los abuelos, colgaban los objetos de laboreo y, desde la cocina, el olor del café anunciaba la mañana; la tía Dolores, con la vieja Mayo y mi madre, de cuclillas en el suelo, encendían el fogón de leña, y llenaban de agua fresca las tinajas en el tinajero.

P: Además del olor a café ¿qué otros olores te recuerdan esa época?

E: Olor a gas de las lámparas que colgaban del umbral de las puertas para orientar a los viajeros en la noche. Olor a tamarindo de los palos de tamarindo que botaban sus frutos sobre las hojas secas a lo largo de los patios; allí, a su sombra, amparados, nos refugiábamos del sol caliente del trópico, jugando al escondite, buscando escabullirnos de los mayores. Las almojábanas[2] que los hornos de barro doraban en los patios que posteriormente las almojabaneras venderían a lo largo de la carretera que de La Paz conduce a San Diego. Atropellándose, se arremolinaban alrededor de los vehículos de pasajeros para ser las primeras en ganar la venta y lograr con ello unos pesos para el alimento básico de sus hogares. Y el olor a comida hecha de trinitarias[3] moradas, rojas y amarillas que esparcían su perfume por las cercas de palo. En las terrazas las mecedoras se balanceaban solas al ritmo monótono del viento.

P: El olor y sabor a almojábana son también parte de mi infancia y juventud, y mis favoritos eran los ¡deliciosos pandeyucas![4]... Fuera de tu madre ¿qué otras personas mayores alimentaron tus años de infancia?

E: Eran en su mayoría analfabetas y semiletrados, poseedores de una cultura ancestral rica y poderosa, de una tradición oral sabia y profunda. Los más memorables, las voces de mis abuelos que aún me hablan en susurros y las de mis tíos que caminan mi memoria.

P: ¿Cuándo se produjo tu llegada a Bogotá?

E: La separación de mis padres nos llevaría a mi hermana Harlem[5] y a mí a vivir en Bogotá en donde mi padre tenía su lugar de residencia, y años antes de nuestra llegada, en el año de mil novecientos sesenta, se había casado por el rito católico con la catalana Rosa Bosch[6], hija de un famoso pintor español.

P: Me imagino que ella alimentaría tu sensibilidad por el arte y la creación y que compartirías buena parte de tu vida con ella.

E: Sí, así es, ella se constituyó en el eje central de la familia, y en torno a ella giraría el resto de mi infancia y mi temprana juventud. Inspiradora, intuitiva, racional y lógica sería el estímulo mayor y el aliento básico de quien obtendría mi padre la paz para dedicarse por entero a la literatura y la investigación; protegería al artista de los quebrantamientos económicos y emotivos de la vida cotidiana hasta el fin de sus días.

P: Tus años de adolescencia, ¿fueron tiempos de rebeldía o placidez?

E: De rebeldía, sin duda. Mis años de bachillerato los cursé en colegios, en los que excepcionalmente había unos cuantos niños afro, esto unido a la circunstancia de que nuestra madre adoptiva era blanca, despertaba siempre la curiosidad de la gente cuando visitábamos los sitios públicos: parques, supermercados, cines, restaurantes, teatros etc., siendo muchas veces objeto de burlas suspicaces que hacían alusión al color y al pelo quieto, como solían llamar a los crespos. Todo esto me enfurecía, como te podrás imaginar, esas miradas que nos hacían sentir como animalillos raros salidos de un circo.

P: Supongo que estos hechos y experiencias irían despertando en ti cierta aprensión hacia las diferencias, pero ¿te hicieron arrastrar huellas de alienación cultural y étnica?

E: Desgraciadamente sí. Me llevaron a mirar la belleza con ojos de blanca, que solo superaría haciéndolos conscientes a medida que corrieron los años, permitiéndome ir depurando lentamente mi mundo interior y exterior.

P: Tu padre, Manuel Zapata Olivella, y su gran amor a la literatura, ¿te motivaron a las primeras lecturas de personajes afro?

E: Sí, me introdujo a Angela Davis, Malcolm X, Martín Luther King, Las Panteras Negras; serían el preámbulo a las lecturas de los poetas de la negritud de los años treinta en París: Césaire, Damas, Senghor. En Colombia los poetas Obeso, Artel, Martán Góngora, Truque y mi tío Juan Zapata Olivella me introducirían en el hacer poético. En el ámbito de la historia conocería el pensamiento político de El Negro Robles, Diego Luis Córdoba, Sofonías Yacub, Adán

Arriaga. Cómo olvidar en las ciencias humanas al antropólogo Rogelio Velásquez, Aquiles Escalante y al autor de la ilustre novela *Las estrellas son negras*, el afrocolombiano Arnoldo Palacios.

P: Todo un conjunto de evocaciones, sentimientos, ideas y actos creadores encadenados a tu producción poética ¿no es así?

E: Así es. De todos ellos nutriría mi pensamiento, convirtiéndolos en los ángeles guardianes de mi identidad.

P: Tengo entendido que pasaste una temporada en México ¿no? ¿Qué impacto tuvo esa experiencia en tu vida?

E: Mi viaje a Ciudad Juárez, en la frontera mexicana con Estados Unidos, sería la consecuencia directa de actos de rebeldía propios de la adolescencia y juventud. Huésped en el hogar de una familia acomodada, de estricta orientación católica, escucharía advertencias morales de todo tipo, que alimentaron el miedo por mi propia sexualidad, y toda clase de inquietudes espirituales ocasionadas por las severas doctrinas religiosas.

P: También te iniciarían en tus primeras lecturas de los grandes de la revolución mexicana, Juárez, Morelos...

E: Zapata, Villa..., líderes de la epopeya del pueblo mexicano, cuyas banderas de identidad y libertad me animarían hacia la lectura de todo aquello que hiciera referencia a las culturas de los pueblos antiguos: Teotihuacán, la Ciudad Sagrada, el dios Quetzalcóatl, la Anaconda y el Jaguar, serían los protectores de la sabiduría de aztecas e incas, y los depositarios de la memoria ancestral indígena.

P: Sospecho que a través de ellos volaste por los maravillosos caminos de la imaginación, el mito, y la magia. ¿Viajaste también por el pragmatismo de los Estados Unidos antes de regresar a Colombia?

E: Un poco. En ese viaje tendría la oportunidad de conocer algunas ciudades de los Estados Unidos: El Paso, San Antonio, San Luis y Washington, entre otras. En todo caso, de Estados Unidos lo que más me ha impresionado siempre ha sido la lucha por las reivindicaciones de los hermanos afroamericanos, como a mi padre, a mi tío Juan y a toda mi familia.

P: En los años setenta aprobaste los exámenes de ingreso a la Universidad Nacional en Bogotá y empezaste a estudiar antropología. Dime, ¿qué pasó en esa época?

E: ¡Ah! la Universidad Nacional, sede estudiantil donde se realizaban toda clase de paros porque sí, o porque no. Eran notables sus continuos mítines, manifestaciones y boicoteos de carácter revolucionario, violaciones al orden del statu quo, trincheras, y paralización del tráfico en las calles alrededor de la universidad que se convertían en campo de guerra, y eran pan de todos los días. Allí recibí mis primeros adoctrinamientos marxistas, leninistas, y di pasos inseguros en la militancia de izquierda. Al año de cursar estudios de antropología cerraron las puertas de la universidad indefinidamente, y tomé la determinación de viajar a Barcelona para continuar mis estudios.

P: Llegaste a España justo cuando se anunciaba que los tiempos del franquismo habían muerto y cuando la democracia volaba por el aire. Descríbeme cómo percibiste ese cambio.

E: Sí, el día de mi llegada las banderas de la libertad ondeaban en todas las ventanas. Los jóvenes catalanes, con la risa en la boca, recorrerían las calles agitados. Contagiada por tantas emociones, los acompañaría caminando a lo largo de Las Ramblas, donde las flores de colores vivos parecían querer saltar de sus materas, y los besos y abrazos corrían de boca en boca, de brazo en brazo, de hombro en hombro, rompiendo los viejos condicionamientos que los separaban, y uniéndolos en un abrazo fraternal: estudiantes, gays, prostitutas y viejos se confundían en el mar de gentes; desde las terrazas parecían una sola ola gigante a punto de desbordarse, olvidando, aunque fuera por un rato —como dijo el poema de Machado— "los leves lazos que los separaban".

P: ¿Crees que las batallas políticas y culturales que libró el pueblo español en sus respectivas provincias, por conservar sus lenguas autóctonas y su cultura incrementaron tu conciencia de pertenencia e identidad?

E: Sin lugar a duda. La experiencia de vida estudiantil fue, a su vez, una luz que iluminó el camino del aprendizaje y el conocimiento, y me acercó más a los caminos de mi identidad triétnica colombiana.

P: En España encontraste el amor y te llevó a la experiencia de la maternidad. ¿Qué significado tuvo para ti este advenimiento?

E: La maternidad, como la primavera, floreció una a una todas las luces del templo. Despertando mi instinto natural de mujer, dándole significación al alma y devolviéndole su instinto natural, el que le habla desde lo más profundo de su ser, el aliento de creación que anima su vientre con una criatura, suscitando en ella el sentimiento de amor más profundo que cualquier mujer puede llegar a sentir y que depende enteramente de su esfuerzo personal y solitario, el de dar vida a un ser. Fue así, con ese sentimiento, que di luz a mi primer hijo de nombre Karib y posteriormente, a mi regreso a Colombia, nacería mi hija Manuela del Mar.

P: Entonces llegaste a Colombia muy cambiada...

E: Bastante... contagiada por esas ideas libertarias e independentistas, regresé llevando sobre mi cabeza un gran afro, símbolo de rebeldía frente a una cultura que negaba cualquier atributo de belleza a las mujeres, que no fuera aquellas que identificaran al hombre blanco. A partir de allí, reconocería la belleza en mis hermanas de raza, y en mí misma por tantas veces invisibilizada, con la patraña de que "todo lo blanco es lindo, y todo lo negro feo".

P: Como antídoto a esa filfa participaste con tu padre como investigadora para producir el *Archivo colombiano de tradición oral*, recogido en los años setenta con empíricos de la cultura popular mayores de sesenta años. Debió ser algo muy emocionante ¿no?

E: Sí, fue un trabajo apasionante y muy gratificante. Entrevistamos abuelas fumadoras de tabaco, que en noches oscuras, contaban cuentos de miedo para espantar a los fantasmas que osaban acercarse al fuego, y los niños que en torno a ellas temblaban de miedo. Cuentos de vida, muerte y libertad, de sufrimiento y esperanza. Abuelos tamborileros que cantaban relatos de antaño acompañados de acordeoneros y gaiteros. Este trabajo dispersó muchos de mis cuestionamientos: ¿Quién soy? ¿Cuáles son mis raíces? ¿Cuál el espíritu femenino que me anima? ¿Qué ha ocurrido con la voz de mi alma? ¿Quién vive en mí y determina la naturaleza de mis actos? ¿Qué pasa en mi país? ¿Qué pasa con mi gente? ¿Cuáles son las necesidades y aspiraciones del pueblo afrocolombiano? ¿Qué lugar ocupan dentro de la sociedad colombiana?

P: También ya por esa época te había empezado a afligir la enfermedad. ¿Cómo la has enfrentado?

E: Así es, abriendo otros cuestionamientos: ¿Qué es artritis reumatoidea? ¿Qué pasa con mi cuerpo? ¿Cómo recobrar mis articulaciones?

Los médicos, chamanes y amigos; las cirugías y posteriormente la recuperación en medio del dolor, si puede llamarse recuperación a esta agonía diaria de un lento morir. Tales interrogantes irían encontrando respuestas, madurando, tomando cuerpo y sentido al paso de los años.

P: No es nada fácil, lo sé. He tenido que luchar contra mis propios luzbeles desafiantes... pero no me he dado por vencida ni tú tampoco. ¿Qué te ha enseñado tu aflicción, vórtice de vida?

E: Manifiesta a los quince años, me enseñaría a asimilar los procesos físicos y espirituales propios de la misma, lentamente y con mucho trabajo de mi parte. La experiencia adquirida me llevaría a no desgastarme en cada crisis, a conocer la fragilidad de mis huesos, a no sentirme asustada, fatigada, confusa; a recoger el polvo de las estrellas y no rendirme frente a las limitaciones físicas en un padecer sin control; a permanecer en mi propio cuerpo a pesar del dolor que esto signifique; a entender que los ciclos de la enfermedad me conducirían a su vez al aprendizaje a través de la enfermedad. No podía entender cómo algo que me infligía tanto dolor podría ser un maestro; era demasiado contradictorio y pasarían muchos, pero muchos años, antes de que lograra la comprensión y complejidad de este aprendizaje, de no sentirme confusa a punto de perecer, olvidada de Dios y de los hombres. Y confieso que todavía, a pesar del tiempo transcurrido, no he hecho las paces con mis propios demonios.

P: Aún así, no has dejado de trabajar. Tu experiencia de investigadora con tu padre te abriría puertas en Radio Nacional de Colombia como directora y libretista. Coméntame qué programas radiales liderabas.

E: Se llamaban "Identidad colombiana" y "Afro-Colombia". El primero, "Identidad Colombiana", tendría como objetivo: difundir el aporte de la memoria de esa masa de pueblo empírica, que aunque analfabeta y semiletrada, posee un conocimiento profundo y sabio que ha sido transmitido a través de la tradición oral, y forma parte intrínseca de la multiculturalidad y diversidad de la Colombia mestiza, y de los valores que nos acreditan como un país de múltiples caras, por sus constantes entrecruzamientos biológicos, históricos, sociales y culturales, que hacen parte de la gran familia colombiana.

Y el segundo programa, "Afro-Colombia", dirigido al conocimiento y herencia de la cultura afro al país; de la autenticidad y autonomía de sus convicciones; de una filosofía de rebeldía africana por conservar los principios del Muntu: el vínculo fraterno entre orichas, vivos y ancestrales, y sus ricas manifestaciones en todos los ámbitos de la cultura: filosofía, música, danza, manifestaciones religiosas, fiestas patronales, etc. Las largas charlas con mi padre despertaron rápidamente mi interés por mis ancestros africanos, indígenas y europeos, trietnicidad y mestizaje. Las investigaciones sobre tradición oral y cultura popular colombiana fueron creando en mí una conciencia interior de pertenencia y orientación hacia dónde dirigir mis pasos. Alimentada, además, por la lectura de los libros escritos por mi padre, fui acercándome a la realidad histórica del pueblo afrocolombiano e indígena, a las luchas de reivindicación social y al aporte que hicieron estas culturas a la historia y formación del hombre americano.

P: La poesía ha sido tu otra acompañante de cabecera. Me atrevería a decir que más fuerte que esa cruz de la que me hablabas.

E: Tienes razón, una musa y una cruz han sido mis compañeras perseverantes: la poesía, y la enfermedad. La poesía manifiesta mi alma derramada en versos, mi naturaleza femenina en busca de mi propia voz, de los mundos visibles e invisibles, de lo manifiesto y lo oculto, de los susurros del alma, de la intuición y la percepción, de la sabiduría que se gana en el sudor de los días y las noches; del dolor, maestro del espíritu. La poesía me ayuda a sostener el mundo mientras la enfermedad invalida y corroe mi cuerpo, afectando mi espíritu, y mi alma. En primera instancia, fue la herramienta que me permitió reconocerme como un habitante de la tierra, conectada con el universo, con la naturaleza, Unidad o Todo, como quiera uno denominarlo.

P: Es decir, que la poesía ha sido la brújula que te ha conducido a acceder al camino de la reafirmación étnica, cultural, y a la comprensión del mundo. ¿Siempre has leído mucho?

E: Siempre. La biblioteca de mi padre era el espacio entrañable, mi lugar preferido. Allí me refugiaba a llorar, reír, leer y soñar. Al fondo un gran ventanal dejaba ver el jardín en la planta baja, las rosas rojas delicadas y bellas iluminaban las sombras de la tarde cuando caían sobre el prado verde y los sauces, cuyas hojas lloraban lánguidamente sobre sí mismos. Las estanterías cubrían de libros las cuatro paredes de la gran habitación. Mi acercamiento a la lectura la propiciaron mis padres de una manera mágica: visitábamos las librerías situadas en el centro de la ciudad. Entrar a estos establecimientos era todo un acontecimiento para mí. Me gustaba sentir el olor de los libros, mirar a las personas cuando seguían minuciosamente los lomos en su búsqueda particular. Yo estaba autorizada a escoger los libros infantiles que quisiera. ¡Oh! eran tantas las opciones que yo no sabía cuáles de ellos escoger; poco a poco se iban amontonando sobre la mesa los elegidos. Al llegar a casa, corría con los libros en las manos a la biblioteca paterna, y allí, leía y leía ávidamente sin fatigarme. Muchas fueron las veces en las cuales tenían que irme a buscar, y me llevaban casi a rastras al comedor; para mí, cualquier actividad quedaba relegada al placer de leer. Los hermanos Grimm, Andersen, los cuentos de hadas, de aventuras, *La vuelta al mundo en 80 días*, Tarzán y tantos otros personajes pasaron veloces por mis ojos.

P: Y volviendo al tema de la identidad es preciso anotar que a pesar de que Colombia es un país donde conviven desde la época colonial las tres etnias, muchos colombianos niegan sus raíces aún hoy en día. Pero ¿te parece útil hablar de "indocolombianos", "afrocolombianas", "raizales", "mestizos", "blancos", etc.?

E: Es útil para las reivindicaciones y las reparaciones. Pero, lo que realmente se necesita e interesa es hablar un lenguaje diferente, humano, para unirnos finalmente en un abrazo fraternal. Es entonces cuando alzas el vuelo, y desde esas alturas respiras otros aires y miras lo pequeño que es ese mundo lleno de sectarismo, y te ubicas en el sitio donde te sientes más cómoda, en el amor, lejos de esa patraña en la que han querido encajonarnos algunos desde tiempos inmemoriales. Pero yo me tengo designado un puesto y un sentido de pertenencia: el género humano. Un mundo sin fronteras donde me siento libre, donde despliego mis alas y alzo el vuelo.

P: Coincides en tu visión del cosmos con tu tío Juan, quien a través de su poesía, quiso destruir todas las doctrinas sectarias, todas las construcciones de odio y vergüenza, de ira, de la cruz y la espada, de los asesinos del alma, de los secuestradores de sueños, de los imaginarios mórbidos, de los diablos, del infierno, de las armas, de los conquistadores, de las iniquidades de las sangres puras, de la esclavitud, de la sumisión pasiva, de los asesinos de niños, de la violación de los sueños, del racismo...

E: Sí, y es más, mi más reciente poesía es un llamado a denunciar a los exterminadores, a los bárbaros aniquiladores y a los salvajes secuestradores de la vida, del alma y del pensamiento, las cadenas de los esclavizadores, el hacha y el miedo.

P: Dime tu definición de poeta.

E: Ser poeta es tener la facultad de desvincularse y hacerse inquilino del mundo y de los sueños; beber el aire del hombre que se sabe pasajero, andariego de todos los caminos, del universo del verso y del color, de la tela y el pincel, del abrazo de lo bello y lo feo, del espíritu, del alma de los pueblos, y el espíritu de los héroes, de los mártires del cadalso, y los condenados a muerte, del poder del verso, de los encadenados a la palabra y el viento, amigos de los espíritus divinos, del sol, la luna y las estrellas. Ser poeta es pintar los sueños, construir un mundo de besos, forjar la libertad de un mundo más armonioso, más bueno, más amoroso.

P: ¡Magnífica definición! En tu primer libro, *Ritual con mi sombra*, algunos poemas reflejan en cierta manera tus inquietudes por las raíces, tu intimidad solitaria, el susurro de un verso, la ingenuidad. Creo que también revela la transición desde la calidez del amor a la inocencia hasta la tristeza de los sueños rotos. ¿Y tu segundo libro?

E: Completamente de acuerdo. Mi segundo libro de poemas, aún inédito, *La otra cara de la luna* es un canto en mi búsqueda de la paz, de la superación, de todas las huellas dejadas por la enfermedad. La vida me presentaba dos opciones: una, seguir adelante en mi lucha por vencer mis limitaciones, otra, rendirme para sentirme lisiada, sola y abandonada. Opté por la primera, vencerme a mí misma a través del poema, rescatarme, aventurarme a enriquecer mi vida con la creatividad, con la imaginación, sacarle punta a los versos del dolor, a la soledad y fragilidad de mi alma, mi experiencia de la vida, las lágrimas de la tristeza, del corazón herido, el silencio de los dioses, de la compasión, las exigencias de la creatividad. Todos estos sentimientos plasmados en el papel dan sentido al trágico viaje que me planteaba la vida, a la otra cara de la luna, a la purificación del espíritu a través de los sentidos, a los remedios del cuerpo que mi alma necesita.

P: ¡Muy diciente! Rememoro tu poema *Frida*[7], a quien tanto admiras...

E: Pincelada de sangre en la nieve.

Los ríos de la vida siempre regresan,
secreto de vida, paloma, secreto de muerte.

He leído muchas veces
en noches pálidas de luna, el libro de tus días:
tu mágico viaje, tus momentos ciegos, tu útero vacío.
Cuenta la historia, la pena ya borrada.

Tu coja pata que sostuvo el mundo, tu parto de luces,
momentos de tu vida que trenzo en la oscuridad,
en el sabor amargo y húmedo de cárcel.
Arenas movedizas, tus noches y las mías.
Todas ellas de sed y de locura.
Los últimos escarceos me dejan rota
el cuerpo fragmentado, la mente huidiza.
Asunto del montón:
"un corazón que late calladamente la pena
ruidosamente el dolor," se abre a la vida.

XOCOLAT
Mi noche espera, mi noche tiene nombre
FRIDA...

P: ¡Qué lindo! Tienes un tercer libro, inédito también ¿no? Poemas que diría yo son un producto de la patria dolida, de las historias de sangre inocente derramada en esta guerra colombiana sin sentido, de los gritos de una madre llorando en el regazo del hijo muerto, de la locura enajenada de los cuerdos, de cómo lucen los cuerpos de los asesinados, del secuestro del alma y del cuerpo, de la sangre de los niños, de la fragmentación del cuerpo y la amputación del alma...

E: Sí, *Rumores de la melancolía* tomó forma, como un hermano gemelo en el vientre de su madre, el susurro del miedo que no se puede musitar, de los inocentes, de los niños, del sonido del silencio, de nuestros hermanos muertos, de los secuestrados que sueñan con su libertad, de lo que se presiente y no se puede asir, de las sombras de la muerte, de la sangre inocente, del silencio que habla, de la lluvia inclemente, de la pobreza y el abandono, del amor y el desamor, pero también de la esperanza y la reconciliación. De un corazón que convoca a los espíritus para que se hagan presentes antes de emprender el viaje de los muertos.

P: Terminemos con un poema de *Rumores* ¿te parece bien?

E: Me parece muy bien. Aquí va:[8]

Mientras les roben la vida

ayer, hoy, mañana, día a día,

estaré de pie al alba de los guerreros.

¡Suenen los cascabeles

de la libertad

en la soledad de mi hermano!

¡Hablemos de lo sagrado!

De la desesperación que no se entrega.

Del inocente que riega las mañanas,

el día, la noche, con su último aliento.

Guardián soy

de ese hombre que espera.

Mientras ve pasar su tiempo,

los sueños, la vida.

P: Ha sido un verdadero placer dialogar contigo, Edelma

E: Te agradezco muchísimo que hayas querido escuchar mi voz, Patricia.

Notas

[1] Palabra local para "acordeonistas".

[2] Masa hecha de maíz, queso, azúcar, leche y un puntico de bicarbonato que toma su forma redonda y ovalada en las manos diestras de las almojabaneras.

[3] Planta herbácea vivaz de tallo anguloso y flores muy variables como la buganvilla o la violeta.

[4] Masa hecha de almidón de yuca cernido, queso molido, huevos, mantequilla, polvo de hornear y sal que toma su forma de media luna en las manos diestras de las pandeyuqueras.

[5] Cuyo nombre lo debe al tiempo de vagabundaje de su padre, por las calles de Nueva York, en los años cuarenta.

[6] El pintor paisajista Andrés Bosch Canals < http://usuarios.lycos.es/boschcanals/biografia.htm>.

[7] En La otra cara de la luna (inédito): 23. Este poema ha sido citado en un artículo en Afro-Hispanic Review, Octubre 2008 < http://www.highbeam.com/doc/1P3-1631698741.html>.

[8] Poema "Al Alba" en Rumores de la Melancolía (inédito), 32.

Mary Grueso Romero y María Elcina Valencia Córdoba: Poetas de la identidad afrocolombiana.[1]

Alain Lawo-Sukam, Texas A&M University

Mary Grueso es una mole negra nacida del vientre del mar. Alta, gruesa, se mueve como las olas violentas en noche de leva. Su cara sonríe con labios pintados de negro y carmín. De carnes firmes y voz de barco que saluda cuando llega al puerto. Su palabra es ola sonora y a veces grito de alerta, es marisco, es pájaro, es chonta de selva, es fúnebre chigualo de niño muerto. Todo en ella huele y tiene sabor a niebla marina, a sal de ambiente, a sol y cielo abierto, a sudor y cansancio de muelle, a risa franca y mano de mujer amiga (Leopoldo de Quevedo y Monroy, *Letraria* 205, 2009).

Elcina Valencia es conocida como cantautora. Las dos fases de su crea-tividad son inseparables, así que es imposible hablar de su obra sin referirse a la voz que lleva sus palabras a los oyentes. Lo más aparente al escuchar el canto de esta mujer de la costa Pacífica es la claridad: la de ella es una voz que ilumina y revela. Abre nuevos paisajes sobre el horizonte marino como los celajes lo hacen. Una pureza que al mismo tiempo tiene ecos y matices que transportan a la audiencia a un estado de conciencia donde las palabras llegan como naves al puerto, porque las composiciones de Elcina Valencia transmi-ten un mensaje (Águeda Pizarro Rayo en el Prólogo a *Todos somos culpables*).

Conocí a Mary Grueso Romero y a María Elcina Valencia Córdoba el miércoles 15 de julio de 2009 en la Biblioteca Departamental de

Cali. Participaban, junto a otros poetas afrocolombianos (como Lorena Torres Herrera, Alfredo Vanín Romero, Leonardo Buechekou Buako, Lucrecia Panchano y Hernando Revelo) en un recital de poesía en homenaje al poeta Helcías Martán Góngora. Durante casi media hora alagaron al público con sus versos de dolor y alegría, a la vez trágica y humorística. Con una voz melodiosa e imponente al compás de su cautivante ademán, poetizaron la cotidianidad del pueblo afrocolombiano, el amor y la historia infame de sus ancestros esclavos. Mary Grueso Romero y María Elcina Valencia son sin duda una de las voces femeninas más representativas de la poesía afrocolombiana contemporánea, del pueblo afrocolombiano en general y afropacífico en particular.

María Grueso Romero

Mary Grueso Romero nació en 1947 en el corregimiento de Chuare Napi, en el municipio de Guapi, Cauca. Hija de Wilfredo Grueso y Eustaquia Romero, creció entre currulaos, alabaos, arrullos y chigualos junto al abuelo Martín Romero. Sus padres se mudaron luego a Zarzal (Valle), su padre trabajaba en el Ingenio Riopaila. A los 23 años se casó y con el apoyo moral y financiero de su marido estudió en La Normal Nacional la Inmaculada de Guapi donde obtuvo el título de maestra bachiller en 1980 y luego, la licenciatura en Español y Literatura en la Universidad del Quindío en 1999. Se ha especializado en Enseñanza de la Literatura, en Gestión de Proyectos Culturales, en Lúdica y Recreación para el Desarrollo Social y Cultural. Ha enseñado Literatura en la Universidad del Valle en Buenaventura. Su poesía y su trabajo pedagógico se reconocen en entrevistas, en artículos periodísticos y en los festivales donde ha participado, como el recital de poesía al son de los tambores y marimbas del Pacífico.

Ha sido vicepresidenta y presidenta del Consejo de Literatura del departamento del Valle del Cauca. Desde 1995 asiste al Encuentro de Poetas Colombianas en el Museo Rayo en Roldanillo (Valle del Cauca). Ha recibido diversos premios por sus méritos literarios y por la divulgación cultural étnico-regional. Grueso Romero se destaca por su labor de investigación, conservación, creación y divulgación de la tradición oral del Pacífico. En 2009, participó en la celebración del Día Nacional de la Afrocolombianidad y la Diversidad Cultural auspiciada por la ministra de Cultura, Paula Marcela Moreno.

Al igual que sus pares María Teresa Ramírez y Elcina Valencia Córdoba, Mary Grueso Romero fue designada en 2007 como "Almanegra" por Águeda Pizarro Rayo (directora del Encuentro de Poetas Colombianas). Esta distinción es equivalente al "Almadre" el más alto reconocimiento a las mujeres poetas colombianas, que se otorgó en el Museo Rayo durante uno de los encuentros de Poetas.

El trabajo poético de Mary se nutre de las vivencias del Pacífico colombiano y de la idiosincrasia del hombre y la mujer del Pacífico. En el estudio de un artista, aunque es solo para delimitar su origen y sus aportes, es imprescindible hacer hincapié en sus lecturas y sus influencias. Mary Grueso Romero se nutre primero de su entorno sociocultural y paisajístico. De acuerdo con las aseveraciones de la profesora María Mercedes Jaramillo, en los poemarios de Mary Grueso se plantea "su destino personal insertado en el destino de la comunidad y afianzado en el entorno del paisaje marino" (217). Se nota una gran influencia de la tradición oral con sus mitos, cuentos y coloquialismos líricos en (*Metáfora de tambor o negra soy*). La naturaleza marina como fuente de inspiración se logra en *El mar y tú* y *El otro yo que sí soy*. Con la combinación de la cultura y de la naturaleza, la poeta sigue la misma trayectoria literaria de los pioneros de la poesía afrocolombiana como Helcías Martán Góngora, Hugo Salazar Valdés, Guillermo Portocarrero, Nataniel Díaz, y más recientemente Héctor León Mina. Segundo, se percibe en los poemarios una influencia estética de los poetas caribeños como Luís Palés Matos y Nicolás Guillén por el uso de la jitanjáfora, la onomatopeya e imágenes sensoriales que dan ritmo a los versos. Es además una poesía comprometida en cuanto a la defensa/valoración de la cultura afrocolombiana y la crítica de la dura condición de vida de su raza. En última instancia y como lo afirma Jairo Aníbal Nino, es una literatura "puesta al servicio de la vida" (Contraportada de *Del baúl a la escuela*).

La temática de Mary Grueso gira en torno a los conceptos de enfrentamiento, dualismo, identidad y liberación. Esta temática se divide luego en subtemas del amor, dolor, tradición (en su contexto sagrado y secular), condición femenina, injusticia y lucha. La producción literaria de Mary Grueso sigue el esquema propuesto por Martha Cobb y Richard Jackson acerca de la literatura afrohispana en general: Confrontation-Dualism-Identity and Liberation (Cobb

1979, Jackson 1976). Martha Cobb define estos cuatro conceptos de la siguiente manera:

> Enfrentamiento con una sociedad ajena y hostil. Dualismo o sentido de división entre la percepción que uno tiene de sí mismo en conflicto con la definición impuesta por la cultura dominante. Identidad, una búsqueda que abarca la pregunta ¿quién soy yo? de la situación presente cuando al mismo tiempo examina los orígenes africanos y las bases históricas en las Américas. Liberación política y psíquica, la cual ha sido la meta principal del negro desde su enfrentamiento histórico con el Occidente. (53)[2]

Estos cuatro conceptos caben dentro de los parámetros de la *negritud* de gran importancia en la valoración de la herencia cultural africana: "A lo largo de las Américas, la negritud ha tenido como impacto tanto el avivamiento del interés como el énfasis positivo sobre la herencia cultural africana en sociedades donde su valor a veces ha sido negado" (Lewis 4)[3].

El concepto del enfrentamiento se manifiesta por ejemplo en *Los vericuetos de la maestra* en lo cual la voz poética critica vehemente la discriminación educativa y el maltrato de los estudiantes negros:

> Qué maestra tan joría,
> la que me ha tocado a mí:
> que risque no me he peinaro,
> que no me siente así,
> que una cosa que la otra,
> que ya no puedo resistí.
> que por qué hablo tan feo,
> que no pronuncie así,
> que por qué grito tanto,
> que debo saber reí. (*El mar y tú* 88)

De manera burlesca, el estudiante se ofusca por el odio que tiene la maestra a los negros. Esta discriminación arraigada en la educación es una metonimia del discurso nacional incipiente en el país; un discurso que animaliza y deshumaniza al afrocolombiano. La discriminación no solo se limita al renglón educativo sino que es también notable en el sector económico, político y social. En *Pobreza negra* ilustra esta miseria que combate la poeta con su pluma y cantos. La imagen del negrito que tiene un sueño que nunca se realiza o hambre y no hay quien lo alimente es una muestra del descuido y abandono de la población afrocolombiana.

En cuanto a los conceptos de dualismo y de identidad, ambos se manifiestan tanto en el deseo de afirmar la pertenencia étnico-racial a la comunidad negra (marginada por el discurso dominante) como en la memoria histórica que recoge el origen y la conexión con África y el triste fenómeno de la esclavitud. Estos fenómenos se hacen explícitos en los poemas *Negra soy, Zumbo zurungo, Naufragio de tambores, Tradición* y otros más. En *Negra soy* y *Naufragio de tambores* la voz poética reafirma su identidad negra contra todo intento de aculturación. Remonta la historia de su raza desde la África antigua a las Américas. En este viaje histórico y mítico, recuerda su herencia africana, los gritos de sus ancestros encadenados, cruzando el triste océano de su destino. La suerte del negro no se paró por lo tanto en las Américas sino que empeoró con el sistema de la esclavitud y luego con la miseria y las enfermedades. Esta triste situación es visible en el poema *Zumbo zurungo*, al ritmo de la jitanjáfora:

> Cuando se habla de manigua
> de mina, manglar y son
> esclavo, negro, negrero
> de África viene el clamor.
> Palabras que se repiten
> por el viento en los esteros:
> timba marimba cimbran
> los cununos de la negra.
> Manambá mandinga singa
> guasá cununo y tambó
> pescando en los esteros
> el negro se enfermó.
> Cusumbo, zumbo zurungo
> palabras amargas son.
> Pronuncia el negro coplero
> ardido de fiebre y sudor.

Delirando de malaria
que en los raiceros pescó
no pescó más que miseria
enfermedad y dolor.
Y se murió como vino
el negro en su pregón.
Esclavo negro y negrero
de África viene el clamor. (*El mar y tú* 73)

En este poema se hace visible el recorrido histórico del negro; desde África donde ha sido desarraigado a las Américas donde se tejió su nueva identidad como esclavo en las minas y luego su vida en la manigua y el manglar. La muerte final en los raiceros ilustra el dolor y la pena que ha sufrido por muchos siglos debido al descuido de la élite dominante. Al fin y al cabo no son todos los negros que se mueren de la miseria. A pesar del descuido y sufrimiento, el negro encuentra en la cultura una herramienta para suavizar la infelicidad. Como bien lo afirma Mary Grueso: "He visto que solo las chirimías, el cununo, la marimba y el guasá hacen que el hombre de mi raza se olvide de su desamparo milenario, para entregarse al placer de bailar una jota, una juga, o un currulao viejo" (citado por Alaix 2001: 183).

La identidad cultural afrocolombiana se expresa en *Tradición*, *Hombre hacé carida* y *Niño Dios bendito,* por la descripción del contexto sagrado de la cultura como el alabao, el arrullo y el chigualo. El baile y la música son aspectos fundamentales de los ritos sagrados y participan en la vida cotidiana del afrocolombiano. El *alabao* es un canto a los adultos cuando se mueren, el *chigualo* es un canto durante el velorio del niño muerto (al nacer o en la infancia) y el arrullo es un canto espiritual cantado durante los velorios de los niños y cuando se celebra el día de un santo. En el poema *Tradición*, la voz poética logra plasmar estas manifestaciones culturales:

Cuando un negro se muere
le tenemos que cantar
y si muere un niño
lo vamos a chigualiar,
porque cantando contamos

lo que se lleva en el corazón:
un lamento de tristezas
o un jolgorio de pasión.
Y los tambores suenan tristes
cuando un negro se murió
y lo velamos cantando
y así contamos el dolor. (*El mar y tú* 79)

La tristeza llena los espacios funerarios. A pesar del dolor, el ritual debe seguir su curso, ya que la felicidad del alma del difunto depende de los cantos de los vivos y sobre todo de las mujeres quienes son (en la mayoría de los casos) responsables de las oraciones en la tradición afrocolombiana.

En cuanto al concepto de la liberación, es un fenómeno importante y muy característico de la diáspora africana. Si para el mundo occidental moderno la Revolución francesa de 1789 constituye el elemento catalizador de la lucha por la libertad y la igualdad, es de interés subrayar que ya desde los inicios de la esclavización en las Américas los negros habían emprendido tal camino. Aunque sufrieron mucho durante aquella tiranía se distinguieron por su ansia de libertad y lucharon para lograrla. La imagen de las cadenas que se rompen en *El otro yo que sí soy* da muestra del espíritu cimarrón y libertario del negro. El orgullo que tiene la poeta por la combatividad y la rebeldía de su raza se hace notorio en los siguientes versos:

Yo tengo mi raza pura
y de ella orgullosa estoy
de mis ancestros africanos
y del sonar del tambó.
Yo vengo de una raza que tiene
una historia pa'contá,
que rompiendo las cadenas
alcanzó la libertá.
A sangre y fuego rompieron
las cadenas de opresión
y ese yugo esclavista
que por siglos nos aplastó.

La sangre en mi cuerpo
se empieza a desbocá,
se me sube a la cabeza
y comienzo a protestá.
Yo soy negra como la noche,
como el carbón mineral,
como las entrañas de la tierra
y como el oscuro pedernal. (116)

La lucha por la libertad no se limita solo a acontecimientos históricos sino también a las condiciones actuales del negro que lucha contra la pobreza tanto material como psicológica causada por la élite dominante. Más allá de este grito de liberación, se esconde otra de género sexual. Con *La piangua en el raicero* Mary Grueso se convierte en defensora de la condición femenina. En este poema la poeta cuenta la dura labor de las mujeres que pescan la piangua. Esta actividad viene acompañada de cantos humorísticos para suavizar el dolor. La condición de las piangueras representa una metonimia de la mujer afrocolombiana que es el pilar y la fuente alimenticia de la familia. Sin embargo su papel como mujer al igual que su faena y esfuerzos no han sido apreciados en su justo valor.

Mary Grueso Romero ha contribuido y sigue contribuyendo en el desarrollo de la identidad y de la cultura afrocolombiana. Tanto su vida profesional como artística es una afirmación definitiva de la vida de la comunidad afrocolombiana. Su activismo como mujer y su compromiso literario y social lo comparte también una de sus coetáneas artísticas, María Elcina Valencia Córdoba.

María Elcina Valencia Córdoba

María Elcina Valencia Córdoba es poeta, cantautora y coetánea de María Grueso Romero. Nació el 27 de abril de 1963 en el corregimiento de Puerto Merizalde –Vereda San José (Buenaventura). Es hija de don Julio Francisco Valencia Castro y doña Nicolasa Córdoba Caicedo, ambos líderes comunitarios. Elcina Valencia está casada con José Antonio Suárez y tienen una hija, Sary Rocío Suárez Valencia. La poeta hizo la primaria en la Escuela Sagrado Corazón de Jesús en Puerto Merizalde (1972). Antes de ingresar al bachillerato realizó cursos de modistería en la academia "El bigote que cose" y de comercio. Obtuvo el bachillerato pedagógico en la Escuela Normal Juan Ladrilleros de Buenaventura (1982). Licenciada en Ciencias de la Educación con especialidad en básica primaria en la Universidad de Quindío (1989). Maestría en Educación (Universidad Católica de Manizales 2005) y su tesis: "Territorio existencial sensible" obtuvo mención especial. También ha continuado su educación con una serie de cursos y diplomados sobre temas de cultura, educación, música y computación entre otros.

Su experiencia laboral es extensa debido a su calidad de docente, promotora cultural, jurado, coordinadora de programas de comunicación, alfabetización y a que es especialista en etnoeducación. Ha trabajado en distintas instituciones en el Valle del Cauca, sobre todo en el municipio de Buenaventura donde trabaja como coordinadora de etnoeducación desde 2003. Aparte de sus ocupaciones profesionales, es investigadora cultural desde 1979, escritora y directora de la Escuela de Expresión Cultural "Tradiciones del Pacífico", en Buenaventura desde 1989. Ha sido jurado en eventos musicales, literarios y de danza. Uno de sus logros más significativos, según la cantautora, es haber interpretado música del Pacífico con la orquesta Sinfónica del Valle en 1994.

Valencia ha participado en numerosas tertulias y festivales y ha realizado presentaciones de carácter sociocultural y literario en Colombia y otros países, entre ellos: Brasil, Ecuador y Costa Rica. Desde 1991, participa en el Encuentro de Poetas en Roldanillo. También participa cada año en los Encuentros nacionales de Directores de Núcleo (Riohacha-La Guajira, Manizales-Caldas, Cartagena-Bolívar, Ibagué-Tolima, Montería-Córdoba, entre otros). Participa, en el festival folclórico del Pacífico, realizando recitales poéticos, y musicales con el grupo Kantares. También ha participado con recitales y conferencias sobre la Literatura afrocolombiana en la Feria del Libro de Manizales, de Pereira y de Bogotá. Ha recibido muchos premios y bandejas de plata, placas honoríficas, medallas y menciones especiales en reconocimiento a su obra artística, a su trabajo con sus grupos de música "Kantares" y "Tambores de la noche", y también por su trabajo a favor de la mujer y la etnoeducación. Recibió el honroso título de Almanegra durante el Encuentro de Mujeres Poetas Colombianas de Roldanillo. Ella ha liderado muchos eventos por iniciativa propia: como encuentros de tradición oral del Pacífico realizados en La Aldea Escuela Matía

Mulumba y de "Gente Inquieta". Colaboró en el diseño y desarrollo del festival internacional de poesía "Buenaventura tiene la palabra" y de los programas radiales de la emisora Radio Buenaventura como las tertulias literarias Guachupecito y El guasá-Univalle sede Pacífico.

Su labor artística está enmarcada en la poesía, el canto y la dirección de grupos artísticos de música y danza. Este amor por la música viene de su abuela y de su madre, cantadoras de oficio. A los 14 años, cuando terminaba primaria y llegaban las vacaciones escribía canciones a sus amigos. Este fragmento inédito lo suministró la poeta a la revista *Letralia* Número 216 (2009):

Fue una sorpresa tu beso
y por temor al regaño
y al pellizco de mi madre
he esperado largos años.
He crecido atravesando
este río para verte
con el anhelo de un día
crecer y poder tenerte
y cuando fuéramos grandes
quizás amarte para siempre.
Pero mi vana ilusión
se me va con la corriente
por una prueba de amor
que yo no puedo ofrecerte.

Su talento como poeta se fortaleció con tareas escolares. Por ejemplo cuando cumplió los 17 años, su profesora Elba Martínez le pidió escribir un poema. Se lució con el poema *De qué te quejas*. He aquí una estrofa sacada del poemario *Todos somos culpables* publicado en 1993 del que afirma: "ese poema no lo escribí para un novio… fue solo una tarea… el del novio es el anterior".

¿De qué te quejas? ¿Acaso temes?
¿Acaso sientes tu corazón hirviendo?
Date cuenta que los vicios que aún no dejas
son motivo de tu vida en sufrimiento. (2)

Como poeta y cantautora ha enriquecido la cultura afrocolombiana con sus múltiples representaciones culturales y artísticas. Su talento excepcional se manifiesta tanto en el espacio público (festivales, eventos culturales, congresos y conferencias) como en su producción literaria. Ambos escenarios contribuyen en un mejor entendimiento de la cultura afrocolombiana y una valoración de la identidad negra. Su repertorio literario y sus canciones son el reflejo de su alma poética y emana de la experiencia personal, de la naturaleza local y de algunas influencias e inspiraciones literarias externas como Jorge Artel, Nicolás Guillén, Helcías Martán Góngora, Gerardo Valencia Cano, Hugo Salazar Valdez y Mary Grueso Romero. Las composiciones artísticas de Elcina Valencia no son solamente para regocijar el cuerpo sino también para despertar las conciencias y contribuir al cambio de la sociedad. Declara en su autorrepresentación:

Considero que mi canción no debe ser una canción cualquiera impregnada únicamente de ritmo para mover cuerpos embriagados y eufóricos; debe servir para fortalecer la filosofía popular y contribuir al cambio pensamiento sociocultural y político del hombre y la mujer de América Latina. Debe ser una canción que se inmortalice por su estilo y por su significado para la vida misma. Debe ser parte de la historia universal que se gesta desde el pueblo con sus decires, pensares, haceres y en ningún momento separadas del contexto cultural" ("Prólogo" *Todos somos culpables* 7).

Aunque Valencia ha tenido muchos éxitos artísticos y literarios, el proceso no ha sido fácil. Tuvo que batallar duro contra una sociedad patriarcal y androcéntrica. En efecto en el prólogo a la obra *Susurros de palmeras* (2001) el Almanegra Mary Grueso revela lo difícil que es para una mujer como Elcina Valencia superar y socavar la doble discriminación de ser mujer y negra en la sociedad actual. Dice lo siguiente:

No ha sido fácil, ni lo será, para una mujer, levantar su voz contestataria, abrirse paso en el campo literario a pesar de los vientos de modernidad que nos refrescan; pero es doblemente difícil si es una mujer "negra" y del Pacífico colombiano, donde toca remar fuerte, con mareas en contra, transgredir normas y romper paradigmas, para ser una digna sucesora de Sor Juana Inés de la Cruz, de la madre Josefa del Castillo o una de nuestras pocas mujeres Premio Nobel de Literatura: Gabriela Mistral. (7)

La temática de la producción literaria y artística de Valencia gira en torno a la naturaleza (el mar y el río y el manglar), el amor, la educación, la lucha por la identidad cultural y femenina. Esta temática se inscribe dentro de los parámetros de la negritud y la teoría poscolonial que tratan con los conceptos de la representación, la opresión, la resistencia y emancipación frente a la cultura dominante (Lewis 3; Ashcroft 2).

Entre los elementos paisajísticos dominantes en la poesía de Elcina Valencia se destaca la figura poética del mar. En *Vaveganto* (CD *Rumbas y arrullos de manglar*), *Por eso aquí he venido* (*Cantos*) y *¿Esta es mi tierra?* (*Todos somos culpables*) la voz poética rinde un homenaje al mar por la belleza y riqueza de su fauna y flora. El espacio marino constituye una fuente alimentaria imprescindible para los pueblos negros del Pacífico. Representa para la poeta un maná divino, fruto de la creación celestial. El mar no solo sirve como una entidad física y económica sino también como herramienta para desarrollar la temática del amor y de la esperanza. Eso se nota tanto en los poemarios (inéditos) *Nuestra espera* y *Pentagrama de pasión* como en los poemas sueltos *Me gustas*, *Amor secreto*, *Deseos*, *Hechizo* (de *Susurros*) y *Busco un hombre* (de *Cantos*). La pasión que tiene el personaje poético femenino por el hombre de sus sueños se traduce por el uso de expresiones marinas como "algas", "playas", "atarraya", "canalete", "sirena", etc. El varón deber ser trabajador, educado, cristiano, no egoísta, no machista, que sepa escuchar y hablar.

Después del amor, la poeta se apega al tema de la identidad cultural. El folclore del Pacífico se hace sentir en los poemas *Run Run con el cante*, *Son de madrugada*, *Herencia y legado de tambores*, *Juga ronda*, *Bombón que enamora* y *Ay Oí me voy* (de *Cantos* y del CD *Rumbas y arrullos de manglar*). Los cantos populares afrocolombianos que riegan estos versos se inscriben dentro de la tradición del currulao y se manifiestan por la presencia de los instrumentos musicales como el cununo, la marimba, el bombo y otros tambores. El contenido ideológico de los cantos abarca la cotidianidad del pueblo, la relación entre género sexual, la borrachera y los asuntos recurrentes en la comunidad. El estilo poético de que se vale la poeta para expresar el contexto secular de la cultura es el uso de la repetición, la onomatopeya y la jitanjáfora (típico de la literatura afrohispana). El objetivo principal de estos cantos y bailes es el rescate del folclore afrocolombiano que constituye el alma de la identidad negra.

Elcina Valencia no se limita a la descripción de los fenómenos culturales sino que se compromete a criticar algunos problemas que minan la comunidad negra. Se ofusca primero contra el fenómeno del éxodo rural. Muchos son los afrocolombianos que se quejan de la pobreza en los campos para refugiarse en las ciudades donde viven en la promiscuidad, la insalubridad, desempleados y desamparados. Dice la voz poética en *Colombia cuida lo tuyo*:

Las aldeas y los pueblos
¡ay! qué olvidados están
y buscamos las ciudades
sin pensar en lo demás
mientras hay campos vacíos
las ciudades viven llenas
y no hay en qué trabajar. (*Cantos* / CD *Gente inquieta*)

Si los campos se quedan vacíos, también lo están los bosques y los mares por el abuso de sus recursos:

Los bosques ya quedan solos
por la rienda que le dan
cortan árboles por miles
para industrias y demás.
Los mares quedan vacíos
y la fauna más pequeñuela persiguen sin parar. (*Cantos*)

Esta estrofa es, en cierta medida, una crítica dirigida a aquellas compañías capitalistas que participan en la deforestación y la explotación abusiva de los recursos naturales sin miramientos por el bienestar del pueblo. Este comportamiento inescrupuloso es fuente del egoísmo que critica la poeta en *¿Esta mi tierra?* de *Todos somos culpables*:

Pero se destila la zozobra del egoísmo,
la lujuria y la codicia
de este mundo materialista
que solo piensa en la maldad. (13)

Como si no fuera bastante su desdicha, el pueblo tiene que enfrentarse a un peligro aún peor: la violencia. La historia reciente del la nación colombiana ha sido una llena de guerras y violencia. Esta situación atroz ha dejado traumatizados a muchos colombianos en general y afrocolombianos en particular. El sinnúmero de desplazados que pueblan hoy en día las grandes ciudades del país es una de las consecuencias silenciosas de la violencia. En *¿Dónde está la paz?* la poeta se interroga sobre la situación de su querida patria y se alarma del reino de la violencia y del baño de sangre que corre en los campos, las ciudades, las carreteras y los barrios.

Valencia denuncia la noción de la democracia racial que constituye uno de los símbolos oficiales de la nación colombiana. En el poema *La negra María Jesú* la voz poética ilustra el mecanismo de la discriminación racial que se ha vestido del conflicto de clase:

Cuando habla de discriminación
la llaman la resentida
y le dicen al oído
que ya olvide su pasado
que no hay problemas de razas
que son problemas de clase
pero la siguen llamando
la negra María Jesú. (*Cantos*)

Esta estrofa ilustra la contradicción dialéctica que existe en Colombia en cuanto al problema del racismo. Si el discurso dominante justifica la pobreza del negro y su exclusión del poder por razones económicas, Valencia se sirve del personaje poético de la negra María Jesú para retar estos argumentos. Si bien la negra sufre bastante para educarse y obtener un diploma, aun así no la dejan subir de escala social:

La que tiene la boca grande
la que tiene la nariz chata
y que es la buena pa´cociná
y que es la diabla pa´enamorá
y que es lo último pa´parí
y que es la diabla pa´l pollo asao.
todavía vive allí

abajo de más arriba
estudia antropología
y no la dejan subí
y cuando mete la pata
los que dicen ser amigos
le gritan a todo coro
que negra tenía que ser. (*Cantos*)

Este poema ejemplifica el fenómeno del racismo estructural que salpica el país entero. Muchos son los afrocolombianos que se identifican con el personaje de la negra María Jesú y es una lástima que las autoridades se escondan detrás del concepto de la democracia racial para evitar combatir esta forma de racismo incipiente. Frente al racismo recurrente que desluce la imagen del país, se destaca también el sexismo y el desamor. En *Qué pasa papá* se ofusca contra la actitud de ciertos hombres que usan a sus mujeres y las echan del hogar a su gusto como si fueran objetos. En este poema, la mujer se quedó por 20 años con su esposo, cuidándolo y sufriendo por él. A pesar de este amor excepcional el marido la echó de la casa para buscar a otra más joven. En *No quiero tener marido* la poeta deplora el machismo exacerbado de los hombres que ven a las mujeres no como iguales sino como esclavas.

Ellos buscan la mujer
pa' las cosas del amor;
que los ponga en la cuestión,
que les haga de comer
los hijos le ha de tener
y cuidarlos en la casa
y si sale por la plaza,
recibe su buen mal trato.
No quiero aceptar el trato
porque esclava me han de ver. (*Todos somos culpables* 27)

La lucha contra el maltrato de la mujer en general es una meta que comparten la mayoría de las escritoras colombianas por haberlo sufrido (algunas de ellas) en carne propia. Este maltrato y/o discriminación no solamente se encuentra en el renglón familiar sino también en el espacio socio-económico y político.

Uno de los factores vitales para el desarrollo del pueblo afrocolombiano es la educación. A pesar de la pobreza y de la discriminación racial, el afrocolombiano tiene que salir del analfabetismo y
seguir educándose para evitar el engaño en todas sus formas. Este
fenómeno se nota, por ejemplo, en el canto *Mi taita*. La voz poética
implícitamente revela la estafa que sufren los campesinos durante la
cosecha. En las primeras estrofas se percibe claramente el duro labor
del padre en el campo:

> Mi taita en su sementera
> trabajó con mucho afán
> sembró matas por montones
> y esperó su retoñar.
> Trabajó de mañana y tarde
> con hambre con frío y sed
> buscando pan pa´sus hijos
> y también pa ´su mujer.
> ....
> Trochó monte hizo socola
> sanjió bañao en sudor
> sembró matica por mata
> aguantándose ese sol.
> Lucho contra la corriente
> con tatabro y con conejo
> con arriero y toda plaga
> era el diablo pa'l manejo. (*Cantos*)

El padre trabaja de sol a sol para mantener a su familia. El sustan-
tivo "diablo" es una metáfora que muestra al padre como un diestro
campesino y hábil para afrontar la naturaleza inhóspita y controlar
animales peligrosos e insectos dañinos. Trabaja por mucho tiempo
hasta el momento de la cosecha y aún así no se acaban sus problemas:

> Y ahora que ya hay cosecha
> que peleó hasta con venao
> cómo es que viene otro diablo
> a coger lo que no ha sembrao.
> Vienen los de la ciudad

a comprarle muy barato
creen que hacer una sementera
eso es trabajo de un rato. (*Cantos*)

El "otro diablo" se refiere a los comerciantes de la ciudad que vienen para estafar a los campesinos, comprándoles la cosecha a precio bajo para venderlas a alto precio en la ciudad y ganarse todos los beneficios. Es un sistema *mafioso* que se aprovecha de la ignorancia y la falta de educación de los campesinos para explotarlos. Afortunadamente el personaje del padre no cae en esta trampa ya que había sido educado:

Mi taita sabe leer
sabe escribir y contar
y aunque vengan de corbata
a él no lo van a engañar. (*Cantos*)

Valencia invita al pueblo a no descuidarse de la educación, ya que es una herramienta poderosa para el progreso y contra la ignorancia, el abuso y la explotación. Como dijo Abraham Lincoln (1809-1865) el 29 de mayo de 1849: "Puedes engañar a algunas personas todo el tiempo y todo el mundo a veces, pero no puedes engañar a todo el mundo, todo el tiempo".

Por medio de sus representaciones artísticas y literarias, Mary Grueso y Elcina Valencia Córdoba logran erigirse como la voz del pueblo afrocolombiano. Critican abiertamente lo que la sociedad quiere tapar y ocultar. Sus vidas son toda una biblioteca cultural y una vitrina del mundo afrocolombiano. Hoy en día son figuras cumbre de la literatura y cultura afrocolombianas.

OBRAS CITADAS

Alaix De Valencia, Hortensia. *La palabra poética del afrocolombiano: antología.* Bogotá: Litocencoa, 2001.

Ashcroft, Bill, Gareth Griffiths, and Helen Tiffin. *The Post-Colonial Studies Reader.* London: Routledge, 1995.

Cobb, Martha. *Harlem, Haiti and Havana: A Comparative Critical Study of Langston Hughes, Jacques Roumain and Nicolás Guillén*. Washington: Three Continents Press, 1979.

Grueso Romero, María. "Prólogo" *Susurros de palmera* de Elcina Valencia. Buenaventura: Litografía Palacio, (2001) 1.

Jackson, Richard. *The Black Image in Latin American Literature*. Albuquerque: University of New Mexico Press, 1976.

Jaramillo, María Mercedes. "Mary Grueso Romero: Poesía, memoria e identidad". *Chambacú, la historia la escribes tú: Ensayos sobre cultura afrocolombiana*. Ed. Lucía Ortiz. Vervuert: Iberoamericana, (2007) 217-230.

Lewis, Marvin. *Afro-Hispanic Poetry 1940-1980: From Slavery to Negritude in South American Verse*. Columbia: Missouri UP, 1983.

Quevedo y Monroy, Leopoldo de. "Elcina Valencia Córdoba, voz sirena y palma". *Letralia Tierra de Letras No 216*. 17 de agosto de 2009. http://www.letralia.com/205/articu-lo07.htm. 10/08/2009.

—. "Mary Grueso, almanegra de piangua y mar" *Letralia Tierra de Letras No 205*. 2 de Marzo 2009. http://www. le-tralia.com/205/articulo07.htm. 10/08/2009.

OBRAS DE MARY GRUESO

—. *Del Baúl a la escuela-Antología Literaria Infantil*. Cali: Feriva, 2003

—. *El mar y tú*. Cali: Feriva 2003.

—. *Metáfora del tambor o negra soy*. Roldanillo: Ediciones Embalaje Museo Rayo, 2008.

—. *Mi gente, mi tierra y mi mar*. CD audio 2003

—. *El otro yo que sí soy. Poemas de amor y mar*. Buenaventura: Ediciones Marymar, 2003.

OBRAS INÉDITAS DE MARY GRUESO ROMERO

Entre Natos y Manglares
Para que los recuerdos perduren
Cuentos, poemas y rondas infantiles
Buscando el amor
Tómame antes que la noche llegue
Yo conozco a Buenaventura.

OBRAS DE MARÍA ELCINA VALENCIA CÓRDOBA

Valencia Córdoba, María Elcina. *Analogías y anhelos*. Ediciones embalaje, Roldanillo valle, 2008.

—. *Cantos. Colección de poemas inéditos*.

—. *Cartilla Aprendamos con nuestra cultura*, Litografía Inmulumba, 1989.

—. *Rompamos el silencio con la agrupación Gente Inquieta* (CD y LP), Cali: Grabaciones Bautistas, (1992)

—. *"Rumbas y arrullos de manglar"* (CD de cantos), Cali: Estudios guayacán, 2004.

—. *Rutas de autonomía y caminos de identidad. Razón de mis luchas*. Buenaventura: Impresos y Diseños EVA. 2001.

—. *Susurros de palmeras*. Poemas. Insomnio. Buenaventura: Litografía Palacio. 2001. Con el que ganó en el año 2002 un premio especial en el concurso ediciones embalaje del Museo Rayo-Roldanillo.

—. *Todos somos culpables. Poemas y cantos*. 2ª ed. Cali: Imprenta Departamental del Valle. 1993.

Obras inéditas de
María Elcina Valencia Córdoba

Cantos

Cornelio el loco más cuerdo, el comité de defensa (obra de teatro para niños)

Cartilla aprendamos con la poesía de Miguel A Caicedo (más de 125 canciones en variados tonos).

Mis décimas y las tuyas

Nuestra espera,

Pentagrama de pasión

Versos de mi identidad

Investigaciones culturales y pedagógicas.

Notas

[1] Esta (bio)bibliografía ha sido posible gracias a la ayuda preciosa de Mary Grueso Romero, María Elcina Valencia Córdoba y la de Gina Viviana Morales Acosta.

María Teresa Ramírez y María de los Ángeles Popov: herederas de Yemayá y Changó

María Mercedes Jaramillo, Fitchburg State University

La literatura afrocolombiana surgió en el siglo XIX, pero debido a la discriminación y a la marginación, el aporte de los afrocolombianos no se ha validado debidamente como parte del patrimonio cultural. Algunos autores reconocidos son Candelario Obeso (1849- 1884), Jorge Artel (1909-1994), Helcías Martán Góngora (1920-1984), Manuel Zapata Olivella (1920-2004), Carlos Arturo Truque (1927- 1970), Arnulfo Palacios (1949-), Alfredo Vanín Romero (1950-). En las últimas décadas muchas autoras han conquistado un espacio propio; sus voces enriquecen el panorama literario colombiano con sus tradiciones, sus historias y su experiencia vital, como: Lucrecia Panchano, Mary Grueso, Elcina Valencia, Dionisia Moreno, Amalia Lú Posso, Ana Milena Lucumí, Sonia y Colombia Truque, entre otras. En sus obras traen nuevas imágenes poéticas, diferentes tradiciones y ritmos sonoros que sugieren otras formas de ver y sentir el universo.

Es necesario también reconocer la innegable repercusión de los encuentros anuales de poetas en el Museo Rayo en Roldanillo, Valle del Cauca, organizados por Águeda Pizarro desde 1984; debido a estos encuentros las obras de mujeres afrocolombianas, indígenas y de regiones rurales se hacen cada vez más visibles en el panorama cultural y poético de la nación. Estos encuentros se iniciaron con la misión de estimular la creatividad de las mujeres colombianas que estaban excluidas de los círculos literarios de la capital del país. La filosofía incluyente y plural de los encuentros fue la clave que marcó su desarrollo y su ahínco entre las mujeres que asisten cada año a esta fiesta de poesía, arte, teatro y danza. Los recitales son ritos celebratorios donde las mujeres se confrontan y se nutren de imágenes y mundos poéticos tradicionales como también de tradiciones regionales. Desde el principio Águeda Pizarro invitó a las poetas de los grupos étnicos minoritarios.[1] En el encuentro de julio de 2009, hubo conciertos, recitales en los que participaron "Las Cantadoras del Patía", las indígenas del resguardo de Silvia, Cauca, y las "Almanegras": María Teresa Ramírez, Elcina Valencia y Mary Grueso. Según Pizarro:

> A estas mujeres fundadoras del encuentro las he llamado así por su contribución a la investigación y el entendimiento del legado afrocolombiano y su aporte a nuestra cultura y por la fuerza y la originalidad de su obra individual. Son la contraparte de las "Almadres," las grandes poetas de alta edad quienes forjaron su poesía en la primera parte del siglo cuando no existían instituciones que apoyaran su labor solitaria.[2]

En las ediciones Embalaje del Museo Rayo se publica la obra de la poeta ganadora del concurso anual, publicaciones cuyo diseño estuvo a cargo de Omar Rayo y que recogen la producción poética que ha surgido de estos encomiables festivales. Este espacio se abre para que todas las mujeres puedan leer sus versos, hecho que ha generado crítica en los círculos de las élites letradas. Sin reconocer que este espacio ha permitido elevar la calidad y el nivel de muchas autoras a través de los años; como se puede comprobar con la cantidad de poetas que van conquistando espacios y que ya son invitadas a participar en diferentes eventos culturales y cuya producción fue recientemente compilada por Guiomar Cuesta y Alfredo Ocampo en *¡Negras somos! Antología de 21 mujeres poetas afrocolombianas de la región pacífica* (2008). Según ellos, en los poemas y las obras de las afrocolombianas resalta la individualidad, pero sin embargo hay un eje común en sus obras que constituye una revolución rítmica en el actual canon poético colombiano (17).

El legado cultural africano solo puede ser comprendido si se tienen en cuenta los procesos de ajuste y transformación que se desarrollaron en el marco de la resistencia a la esclavitud en América. La creatividad y la capacidad de invención de los afrodescendientes convierten estos legados en textos valiosos y en testimonios de las complejas etapas de creación y recreación cultural en el nuevo territorio americano. El contexto y el ambiente de las poetas afrocolombianas actuales son distintos a los que experimentaron sus antepasados tanto africanos como afrocolombianos. Sin embargo, más allá de los contenidos ideológicos y del entorno cultural que las rodea, subsiste la fuerza de la palabra que la convierte en un vehículo de comunicación sagrado, siempre ligada a las memorias ancestrales. La teatralización de la puesta en escena y la expresión corporal que acompañan la enunciación de textos narrativos y poéticos son legados cinéticos de África a la cultura colombiana[3].

María Teresa Ramírez Nieva: "Huracana de la poesía"

Esta poeta colombiana nació en 1944 en Corinto, pero la familia se fue a Buenaventura por los conflictos políticos que afectaban la región, allí estudió en el Liceo Femenino donde terminó su escuela secundaria en 1963. Sacó su grado en Licenciatura en Historia y Filosofía en la Universidad del Valle en 1967. Ha trabajado como maestra en diversos colegios del Cauca y del Valle del Cauca. En 1988, conoce en Roldanillo a Omar Rayo y a su esposa Águeda Pizarro, quienes la impulsaron a escribir y recopilar su poesía, y debido a su pasión por declamar recibió el título de "Huracana de la poesía".

Abalenga y *La noche de mi piel* son obras que fueron publicadas en Ediciones Embalaje del Museo Rayo. Entre los manúscritos inéditos están: "Ancestro y son", "Bordados en la tela del juicio", "Historia del Cantón de la Palma a Villa Palmira", "La flor de Palenque" y "Poesía afrocolombiana" [PA][4], en este último la poeta define términos, leyendas y cuentos de la cultura afrocolombiana. Ella rescata estructuras idiomáticas y actitudes culturales en los poemas escritos en el lenguaje de los habitantes de San Basilio de Palenque, y en ellos también evoca a los orishas y al famoso héroe afroamericano Benkos Biojó; alaba el color de la piel negra y el "pelo duro". La repetición, el lenguaje sonoro y rítmico de los poemas de Ramírez son medios de información de danzas, fiestas, ceremonias, celebraciones y funerales. Su obra recoge mitos, leyendas, creencias, cantos, oraciones, alabaos, y conjuros en los que se asoman rastros africanos cuya función esencial es guardar la sabiduría ancestral a través del tiempo.

Su antología de poemas bilingües *Abalenga* es un arca de la memoria que conserva la cultura y la lengua palenquera desconocida por la élite cultural colombiana. *Abalenga* significa noche hermosa, pero también señala el abolengo como lo anota Águeda Pizarro en el prólogo de la obra; *abalenga*/abolengo, palabras cargadas de significado que remiten a los ancestros tan venerados en el mundo africano (XVII).

En el poema *Kadumen Bo/Sigue tu caminito* (*Abalenga* 7-8) describe el movimiento sigiloso del caracol, el ligero del ciempiés y el vuelo del comején y muestra un especial respeto por estos seres vivientes minúsculos que habitan en los lugares oscuros y en los rincones de la casa. Sus graciosos movimientos son imágenes que se visualizan en el lenguaje palenquero. "Ngombechamoniká/ngombechaminikasito/ kadumen bo/kadumen bo. "Caracol/caracolito /sigue tu caminito/ sigue tu caminito". El lento desplazamiento del caracol se hace evidente en la extensión del vocablo que lo nombra. El imperativo "sigue tu caminito" que se dirige al caracol, expresa el deseo de prolongar el momento pues quien lo observa con atención, disfruta de esta escena minimalista. "Ngongolo/ngongolosito/andemo bo/andemo bo". "Ciempiés/ciempiecito/camina rapidito/camina rapidito". La imagen del caracol se contrapone a la del ciempiés, uno es lento, el otro es rápido, aquel no tiene patas y este tiene cien. La orden que se le da al ciempiés es la de desplazarse rápido para complacer la mirada con sus ágiles movimientos. "Ngurianjuriá/ngurianjuriansito/ reboliá bo/reboliá bo". "Comején alado/principito alado/revolea en el aire/revolea en el aire". El comején con sus alas es la imagen de un príncipe con su capa cuyo vuelo divierte al observador quien lo invita a seguir repitiendo la acción insinuada en el verbo revolear. La poeta en la estrofa final rompe el paralelismo de las estrofas anteriores para enunciar la virtud de estos animalitos que son repelidos en la aséptica vida citadina "moderna". "Ngombechamoniká/ngongolo/ ngurianjuriá/penené tyela suto". "Caracol/ciempiés/comején alado /ojitos de nuestra tierra". Estos ojitos reflejan la naturaleza viva que nos circunda y la tierra animada puede ver el espacio desde diferentes ángulos: del suelo y del cielo. El poema se inicia con el lento movimiento del caracol y sigue con el rápido del ciempiés para culminar con el vertiginoso vuelo del comején, crescendo que se detiene en la mirada de esos "ojitos" atentos que observan el entorno. La silenciosa batalla de los animalitos que 'invaden' rincones de edificios y jardines representa la desigual confrontación entre el hombre y la naturaleza. Los poemas ponen en escena el derecho a la existencia de todos los seres vivientes; y Ramírez Nieva reconoce la vital importancia del equilibrio ecológico. La destrucción que trae la explotación de los recursos naturales aniquila ese entorno que el poema alaba. Esta escena minimalista es una hermosa lección de ética y de ecología.

María Teresa Ramírez dice que con el poeta y declamador Diego Álvarez (Sabas Mandinga) descubrió el universo mágico de la poesía afrocolombiana. Cuando declama sus poemas el componente teatral con que acompaña sus recitales revitaliza uno de los aspectos más arcaicos de la tradición oral antigua, cuando el griot[5] recreaba historias de interés común frente al grupo en un acto único e irrepetible que unía a emisor y receptor en una experiencia catártica. Su *performance* es un puente vivo entre el ayer y el ahora, con el que establece un juego de permanencias en el tiempo (Requejo del Blanco). En el poema "Destruyendo el Fucú" la poeta tiende ese puente temporal donde acude a los orishas para que amarren "las patas de la Loba Blanca" y para que destruyan "el reino del Fucú".

> ¡Agangú hijo de Odumare,
> Yemayá hija de Odumare!
> Yo: Hija de los Ashantis, hija de los Ararás
> nieta de Kafres, nieta de Bámbaras,
> biznietas de bozales,
> desde el pasado ¡clamo!
> desde el presente ¡llamo!
> desde el futuro ¡clamo! (PA 64)

Este presente continuo del poema enlaza el pasado y el futuro para invocar a los orishas y crear la conexión entre el aquí y el ahora con diferentes épocas desde las que se pide justicia. Clamor que busca la compensación y el equilibrio; el tono de la invocación y la repetición de la petición convierten el poema en letanía. El sufrimiento que aflige al yo lírico constituye el núcleo de la queja, pues por largo tiempo, ella como representante de su pueblo, experimenta el mismo dolor que sintieron sus antepasados y el que también posiblemente sentirán sus descendientes. Para que la cadena se rompa los orishas deben destruir al "Fucú" y a la "Loba Blanca con su roja barba" y "sus dedos de fuego" porque han derramado la sangre de los esclavos. El bien y el mal no se oponen en términos judeocristianos, el "Fucú" y la "Loba Blanca" señalan a los esclavistas y la deshumanización que implica la esclavitud. El racismo, la discriminación y el sistema de *apartheid* que siguen vigentes son las consecuencias directas del reino del "Fucú". Razón por la cual se debe mantener vivo el recuerdo de los antepasados y mantener la resistencia cultural en la memoria colectiva del pueblo afrocolombiano, pues "Las vivas cicatrices invisibles/aún duelen en el alma" (PA 64).

El siguiente poema se conecta con el anterior ya que es una oración titulada *Elegua, Elegba* donde se pide protección en un mundo que todavía es ajeno, y a la vez, es una denuncia del despojo de los territorios y del continuo desplazamiento al que son sometidas las comunidades del Pacífico. "Kongorioco: toca nuestro ancestral Linga/y muéstranos el destino.../el kilumbu curará las venideras penas./Ifafa, tus diez y seis ojos/Vigilarán nuestra marcha /en este mundo nuestro, no nuestro" (PA 62). Elegba es el encargado de tender el puente infinito y misterioso y mostrar el camino a los espíritus para llevarlos al cielo de Changó. También debe tejer "los hilos negros de los negros" y debe unirlos "en el mismo recuerdo negro" (PA, 62). El poema reclama la justicia social y es clara muestra de la resistencia cultural.

Ramírez Nieva en el poema *Mamitica* mezcla el español y el bembérico (forma de hablar en algunas partes de la costa Pacífica) que muestra la vitalidad del pasado y el habla que muchas veces es rechazada por los letrados. "Mamá, mamitica soy negro de África, soy negro de América /y soy Yoruba y soy Lucumí, Mandinga, Kongo, Carabalí. [...]/ chaqui quí, chaqui chaca chí, la rumba me llama /me canta el bongó, mamá mamitica ¡vamos a bailar!" (PA 22). El valor fonético de la jitanjáfora transmite la musicalidad y el ritmo para la danza. La poeta exhibe su origen africano incierto e ilustra los posibles lugares de su origen que se convierten en "lugares de memoria": Lucumí, Carabalí, Yoruba, etc. pero la sonoridad de los vocablos, la danza y el deseo de vivir son elementos paradigmáticos que establecen lazos entre los diversos miembros de la comunidad afrocolombiana, pues ya "son negros de América". "Soy negro Arará, soy negro Yoruba, soy negro de América, chaqui quí, tumba a la tumba a la rumba me voy" (PA 22). África es el lugar evocado pero el presente en América lleva a la rumba y después a la tumba. La poeta acude al tópico del *Carpe diem* e invita a la rumba presente, a gozar el momento antes de que llegue la muerte. Y es precisamente el deseo de vivir y gozar el momento lo que permitió a los esclavos de ayer y a los afrocolombianos de hoy enfrentar las vicisitudes cotidianas.

El poema refuerza la oralidad con la repetición, la aliteración, el ritmo y la rima, lo que ayuda a memorizar el contenido de los versos recobrando el tiempo perdido y transmitiendo de generación en generación actitudes, quehaceres, costumbres, conocimientos y valores. La jitanjáfora "chaqui quí, chaqui chaca chí" es un juego con el lenguaje y un homenaje al bembérico que Ramírez utiliza para fijar conceptos primordiales al interior de su cultura. Las características propias de la oralidad son estructuras lingüísticas que contienen ideas aptas para ser declamadas y transferidas, y por eso pueden ser memorizadas por poetas, narradores y oradores en una función similar a la del *griot* ancestral ya mencionado. Según Margarita Krakusin, en los poemas Ramírez repasa con un gran sentido rítmico y dramático las creencias y la cultura del Pacífico afrocolombiano, al representar su idiosincrasia, su regocijo y bullicio a través de jitanjáforas y onomatopeyas; así, pone en escena su fina percepción poética y su intuición musical en la composición de sus obras (201).

La literatura surgida en la diáspora africana al mezclarse con contenidos indígenas y europeos, conserva conceptos esenciales y auténticos de su visión de mundo. Los afrodescendientes se apropian y negocian con los elementos ajenos para crear un acervo poético y narrativo con el que logran expresarse con palabras ya americanizadas. Hecho que se ve en los alabaos[6] o velorios de los niños o en las novenas para los muertos que evocan los cantos de lágrimas de origen bantú. El sistema de versificación de los alabaos y los arrullos viene de la poesía española tradicional como las coplas y los romances; y según Enrique Buenaventura, son variantes de los cantos gregorianos y de los cantos ambrosianos con dejes y cortes de influencia africana.[7] Adriana Maya considera que con los alabaos se iniciaron procesos de resocialización y humanización porque los esclavos retomaban las matrices rítmicas y métricas de los rezos y alabanzas españolas en los que vertían nuevos contenidos y trazaban líneas de parentesco ancestral y sobrenatural con los santos (25). Así, pudieron guardar la memoria de sus antepasados y recobrar la dignidad negada por los esclavistas.

María Teresa Ramírez en el poema *Bundeando o chigualiando* recoge la tradición de los velorios de los niños menores de 8 años de las comunidades negras del norte del Cauca. El poema recrea los ritos durante el velorio donde se canta, se baila y se bebe para celebrar la entrada al cielo del niño, su transformación en angelito y para evitar que las brujas se apoderen de su espíritu. Esta fiesta funeraria se llama *Bundear* o *chigualiar*.

> Este niño precioso, en brazos de sus padrinos
> lo vamos a chigualiar:
> denle duro a ese cununo porque vamos a bailar.
> El chigualo o el bundeo lo vamos a comenzar:
> bailo yo pa'cá, baile usted pa'llá
> bailo yo pa'llá, baile usted pa'cá
> Están las brujas mirando con ganas de molestar
> quieren robarse al niño
> para poderlo embrujar.
> ....
> Están todos ya cantando el bunde del "Para siempre"
> Para siempre alabado
> mi Jesús Sacramentado.
> ....
> Comadrita no lo llore ¡Ay!
> El niño va para el cielo.
> Ya están cantando los gallos en lo alto del gallinero,…
> (PA 108)

Los cantos funerarios oscilan entre lo sagrado y lo profano, la alegría y el dolor, la risa y el llanto y en ellos participa la comunidad con danzas y su transformación para honrar a sus muertos, y festejar la vida del niño y su entrada al cielo. Jesús Sacramentado, las brujas y los dolientes comparten este rito funerario y de pasaje, entre lo terrenal, evocado inclusive con los gallos, y lo celestial con la llegada de la Aurora y la invocación a Jesús. La entrada al cielo y la presencia de Jesús en el velorio apuntan al equilibrio en el ámbito humano, pues el espacio sagrado es neutro y el color de la piel no tiene valor en la esfera divina. Esta ceremonia celebra la dignidad y muestra la justicia divina, y sobre todo, niega los prejuicios y convenciones de la élite. Las clases sociales y los privilegios desaparecen en la muerte como ya lo proclamaba Jorge Manrique en las coplas por la muerte de su padre.

María de los Ángeles Popov, poeta del "buen amor"

Para batallas de amor campos de pluma.

Luis de Góngora y Argote, *Soledades*

María de los Ángeles Popov nació en Roldanillo en 1969. Esta poeta se ha destacado también en el teatro, con *Oremos y bailemos con el diablo* se ganó una beca de estudios en Cuba en 1995. Ha enseñado danza y teatro en el Museo Rayo y en las Alcaldías de Roldanillo y Zarzal. Desde el año 2009 vive en los Estados Unidos. Tiene varias obras premiadas en el Museo Rayo: *La W de hembra* (2000), *Agua de tinaja* (2002); *Envaginarse* fue publicada en 2000. "Lenguas movedizas" y "Espíritus vulgares" son obras sin publicar. Es ya una de las más reconocidas poetas que surgió del círculo del Museo Rayo, de sus recitales y de sus talleres de escritura creativa dirigidos por Marga López. Los encuentros son competencias verbales que enriquecen el espíritu de las participantes pues comparten el gozo de oír y ser oídas.

Popov escribió a lápiz algunos de sus poemas en el reverso de los recibos de su tienda y cuando los recita los encarna con pasión y ritmo; es un *performance* que arranca gritos de alegría en la audiencia como afirma Águeda Pizarro, y al comentar los poemas de Popov con razón afirma que "el sexo [está] en un contexto cotidiano, humanamente sentido, vivido y visto con ojos nuevos que crean imágenes insólitas y sorprendentes" (*Cosecha de viento verde* X-XI). Su poesía es original y audaz en su manera lúdica de recrear el erotismo. Popov se apropia de su cuerpo y lo transforma en motivo poético y deja de lado el estereotipo de la mulata sensual que ha sido el objeto erótico del otro y se transforma en sujeto creativo, empoderado con voz propia[8]. El tópico del gozo corporal es también gozo poético, satisfacción del hallazgo y del control del lenguaje que se ajusta a sus necesidades expresivas, lo que le permite escribir sobre un tema que ha sido tabú en la escritura femenina. Ella lo hace con tino y desparpajo enunciando la plenitud y el deseo formulados sin la moral pacata de la educación sentimental femenina acolitada por la familia, la Iglesia y también por las mismas mujeres. La poeta retoma el goce sin el pudor martillado por la religión católica, represiva y atormentada con el sexo. Popov asume la sexualidad liberada de todo proyecto de reproducción y recrea el gozo independiente de la función biológica. El erotismo está presente en muchos de los aspectos de su universo poético, y de tal manera, que se transfiere a otras funciones que implican placer sensorial, desde reposar hasta comer. Los poemas evocan la sensualidad que es más que el simple deseo del otro; es un deseo exacerbado por el aquí y el ahora, por una libido que se opone a Tánatos y se enfrenta a convenciones y restricciones del sistema patriarcal y a su control de la sexualidad femenina.

En la exégesis de algunos de los poemas he utilizado las ideas sobre la relación entre poesía, erotismo y misticismo que desarrolló con maestría Octavio Paz (1914-1998) en varias de sus obras como *El laberinto de la soledad* (1950), *El arco y la lira* (1956) y *La llama doble. Amor y erotismo* (1993). En *La llama doble* el autor dice que: "La relación entre erotismo y poesía es tal que puede decirse, sin afectación, que el primero es una poética corporal y que la segunda, es una erótica verbal. (…) La imagen poética es abrazo de realidades opuestas y la rima es cópula de sonidos; la poesía erotiza al lenguaje y al mundo porque ella misma, en su modo de operación, es ya erotismo. Y del mismo modo: el erotismo es una metáfora de la sexualidad animal" (Paz 1993B, 10). El erotismo es eminentemente humano, en su calidad de juego, de búsqueda de placer por el placer mismo.

Popov en sus poemas habla del cuerpo femenino, del amor, del orgasmo, del placer y presenta el erotismo como una parte integral de la vida. Su cuerpo es el territorio de la escritura, su sexo es el centro de gravedad que alinea imágenes, ritmos y ciclos vitales. La sexualidad la conjuga con el universo que la rodea. La hablante lírica es un cuerpo luminoso en la noche que atrae al amante, quien gravita en ese centro vital que es su sexo; este universo erótico y cósmico aparece en *Sexo solar*.

> Soy
> una
> noche
> luminosa,
> de cuerpo celeste.
> Mi
> sexo
> gira
> sobre tu boca.
> Soy
> una
> cadera
> álbela
> en órbita.
> Tengo
> luz propia.
> Soy
> una
> mórula
> mercuria,
> tú
> movimiento
> alfelio de planetas.
> Soy
> una
> aureola solar,
> perihelia,
> óvula
> de matriz saturna.
> Tú
> rotación de espermas.

Soy
una
cometa en la cama,
asteroida,
uretra sin agua,
foliculina.
Tú
translación de lenguas.
Soy
una
amante de la tierra.
Venus o Marte,
Júpiter a besarme,
Urano a fecundarme,
Neptuno a ovularme.
Tú
Mercurio
próximo al sol…
(*Cosecha de viento verde* 32-33)

Los neologismos son una manera de nombrar lo intransferible y lo inefable. De esta manera Popov crea imágenes metafóricas que imbrican el cosmos y el cuerpo femenino, lenguaje paradójico con el que certeramente describe el gozo. Esta amante sideral tiene luz y órbita propia, y el otro es una "rotación de espermas", es un satélite de ese ser luminoso y nocturno, amante de los planetas. Lenguaje hiperbólico que une a los contrarios, al ser con el universo, explosión orgásmica que se refleja en el momento que el amante se aproxima al sol. Es el momento de luz y sombra, movimiento que encuentra su equilibrio en "Sexo solar".

La imaginación poética enriquece el erotismo y en María de los Ángeles Popov el erotismo implica todos los sentidos, vista, olfato, tacto, gusto oído, y por lo tanto, su lenguaje poético se apoya en un entorno rico en olores, sabores, colores, sonidos, texturas, es un lenguaje que se nutre de sus experiencias familiares y de las imágenes de su mundo. Por ejemplo, al describir el hogar en el poema *Casa negra*, usa un lenguaje escueto acorde con la escasez de bienes materiales de la familia del pescador; sin embargo es un ambiente acogedor, donde lo sensorial crea un marco descriptivo para las faenas de la vida diaria, incluyendo el amor. Los aromas que perfuman el ambiente son los que "visten" ese espacio despojado donde el erotismo es parte esencial de las relaciones amorosas. La poeta recrea los oficios de la madre, el regreso del padre en la noche y la cópula de la pareja. El poema se inicia con una imagen primigenia del fuego que convoca, que se hace centro, que evoca la pasión y la creación. La imagen del agua produce la antítesis entre estos elementos vitales. La olla de barro une y separa al fuego y al agua y esta síntesis connota la imagen del lar, que solo se nombra en el título del poema: *Casa negra*. "El fuego original y primordial, la sexualidad levanta la llama roja del erotismo y este, a su vez, sostiene y alza otra llama, azul y trémula: la del amor. Erotismo y amor: la llama doble de la vida" (Paz 1993B, 12).

> Fogón,
> candela,
> agua
> olla de barro,
> fríjoles verdes,
> café y tabaco.
> Madre negra,
> paciente,
> sudorosa,
> inagotable,
> barre la casa,
> remoja la tierra
> con agua de albahaca.
> Lava la ropa,
> cose la atarraya,
> recose la sábana.
> Llega la noche, con su negro,
> cansado el canalete.
> Ella, superflua,
> desescama los pescados
> y en cama los negros duermen.
> Su negro estaba pescando.
> Él, anochecido, le besa la paciencia,
> le acaricia la cadera
> y con malicia, le pide leche materna.

> Leche negra, sudorosa,
> sobrado nuevemesino,
> carnada de atarraya rota.
> Pasa la noche,
> las ocho, las nueve, las once.
> Se alborota el sexo de los negros.
> El búho planifica en la ventana,
> vuelan los orgasmos,
> se desestreza un pescado ahumado,
> de repente
> amanece
> y otro negro encanoa su vientre. (*Envaginarse* 48-49)

El trabajo inagotable no consume la energía pasional; y así hombre y mujer, fuego y agua son polos opuestos que se complementan y generan una nueva vida. El fuego original es la sexualidad que alimenta esa doble llama: erotismo y amor. Siguiendo los postulados de Octavio Paz, se puede decir que el amor erótico posibilita la comunicación con "las fuerzas más vastas y ocultas de la vida" (1993A 207). No es solo el sexo lo que describe el poema ni el acto animal y repetitivo del que habla Octavio Paz lo que se refleja. Popov prepara la escena que culmina con el rito amoroso con elementos indispensables de esta ceremonia ritual antigua y siempre nueva; sagrada en su carácter de creación y comunicación con lo divino; agua, fuego, albahaca, sábana blanca, la hora iniciática. Todos los negros duermen solo la pasión está alerta como el búho que vigila y oficia el rito; llegado el momento indicado, se alborota el sexo y los orgasmos vuelan. La imaginación enriquece el acto erótico y el placer como el poema se dilatan en los preparativos que llevan al clímax, es solo al amanecer que se menciona la concepción de un nuevo ser. El lenguaje preciso y las metáforas inesperadas del poema son los medios de acercarse a lo sublime de la experiencia amorosa. "El agente que mueve lo mismo al acto erótico que al poético es la imaginación. Es la potencia que transfigura al sexo en ceremonia y rito, [y] al lenguaje en ritmo y metáfora" (Paz 1993B, 10).

En *Posición sexual*, otro poema de la colección *Envaginarse*, se describe la posible unión de los amantes, de los opuestos que se encuentran en una cópula única e irrepetible en sus infinitas posibilidades, y recurre a una metáfora insólita, como también lo apunta Águeda Pizarro y según ella: "La ironía es evidente y desencadena una multiplicidad de interpretaciones, incluyendo aquella de la objetivación de la mujer por el hombre" (X). Este poema se apoya en una imagen recurrente de la vida cotidiana: el sentarse a la mesa para comer. Imagen que se desdobla pues connota ese otro sentido del verbo comer. "La mesa/ se pone en cuatro/ cuando te sientas./ Se cuadra y se enmantela/ por si le gustas./ La mesa/ es de madera/ por si acaso/ te quieres volver/ gorgojo" (*Envaginarse* 40). La mesa y el gorgojo son los antagonistas del combate amoroso entre lo femenino y lo masculino, pero ya no es solo lo pasivo frente a lo activo; aquí la mesa toma la iniciativa, se prepara al ponerse en cuatro y enmantelarse y luego invita al otro a convertirse en el objeto del deseo. Se invierten los términos en los que generalmente se describen las relaciones entre hombres y mujeres. La proposición del encuentro amoroso se hace en forma lúdica que burla el machismo al convertir al otro en un insecto; la mesa al animarse elude la cotidianidad y entra al reino de lo erótico y sublime. Popov interrumpe el proceso entre el significante y el significado esperado; hace un paréntesis en el proceso de comunicación porque el sentido ya no es claro. La relación entre mesa y gorgojo alude al erotismo, unión que no busca la reproducción. Se juega con lo erótico y con el lenguaje ya que se invierten los términos de la significación; la mesa en su alteridad invita al comensal a transformarse en otro. El poema es siempre un juego sorprendente con el lenguaje y el erotismo siempre sublimiza la necesidad de perpetuarse pues su objetivo primordial es la unión y la comunicación con el amado. El erotismo lleva al amor y trasciende la sexualidad y el lenguaje se convierte en poesía pues supera los límites del lenguaje denotativo cotidiano; así, la mujer mesa se enmantela y se cuadra para seducir al hombre gorgojo.

En *Lado a lado* el cuerpo de la hablante lírica es el territorio de la escritura poética. Las metáforas telúricas crean un vínculo entre tierra y mujer, y las emociones sensoriales se confunden para expresar esa unión cósmica entre un "hombre doméstico" y una mujer-tierra surcada de ríos, de cultivos donde se puede tanto sembrar "arroz ardiente" como "injertar ombligos", los grillos, ahora silenciosos, se dedican a soñar, y en este espacio hasta "la luna tiene coito con el verano". De nuevo, Popov invierte los papeles en las relaciones amorosas porque la actuante es la luna, lo femenino, la que se une al verano que evoca al sol, al fuego y a la pasión.

> Al otro lado de mi cuerpo, hay un río.
> Un pedazo de tierra, un monte púbico.
> Al otro lado de mi cuerpo sueñan grillos.
> Se siembra arroz ardiente, tilo, sexo, trigo,
> besos aromáticos, manzanilla,
> té menstruado, anís, vino.
> En medio de mis piernas, corren los ríos.
> Mis caderas en forma de cascada,
> y un hombre doméstico.
> Al otro lado de mi cuerpo
> se podan cidros, se injertan ombligos,
> la tierra suda con el agua.
> La luna tiene coito con el verano,
> mi boca poliniza tu oído.
> Para pasar mi cultivo atraviesas el río.
> Un canalete erecto y un bote ebrio.
> Te bajas del bote de un brinco.
> No mojes tu destino.
> Quieres buscarme, ubícame en tus sentidos.
> Gusto para abrazarme,
> vista para sexuarme,
> tacto para escucharme,
> olfato para mi cosecha arrodillada.
> Al otro lado de mi cuerpo hay un río…
> (*Envaginarse* 47-48).

Siguiendo las ideas de Octavio Paz, se puede ver en este poema cómo el instante del éxtasis es a la vez efímero y eterno; el trastorno ocasionado por la pasión se desplaza a la imagen del "canalete erecto" y del "bote ebrio". Cuando los amantes se unen los sentidos se desordenan: el gusto abraza, la vista sexualiza, el tacto escucha y el olfato está dedicado a su "cosecha arrodillada". La amante convoca al hombre doméstico: "Si quieres buscarme, ubícame en tus sentidos", expresión del deseo que se asemeja a la experiencia de los místicos en la vía unitiva, su encuentro con lo divino. Sensación inefable que deja al ser sin palabras y olvidado de sí mismo. "Al otro lado de mi cuerpo hay un río…" es el verso inicial y final del poema, la serpiente se muerde la cola, cierra el círculo y el poema queda interrumpido, pero la experiencia se prolonga en esa imagen del río que sigue fluyendo. Este hecho se ratifica en los puntos suspensivos que finalizan el último verso, y el poema de nuevo se reanuda. Es un eterno retorno como el fluir del río y como el eterno instante de la unión amorosa, del olvido de sí misma, de la pequeña muerte. Y según Octavio Paz: "Un instante y para siempre. Instante en el que somos lo que fuimos y seremos. Nacer y morir: un instante. En ese instante somos vida y muerte, esto y aquello." (1998, 155). Así, Popov relaciona el clímax erótico y el éxtasis místico y se puede evocar, respetando las distancias, el incomparable poema de San Juan de la Cruz (1542-1591) "Noche oscura". "Quedéme, y olvidéme, /el rostro recliné sobre el Amado, /cesó todo, y dejéme, /dejando mi cuidado/ entre las azucenas olvidado". Las sensaciones y emociones indescriptibles e intransmisibles a través del lenguaje son las que posibilitan la analogía entre poesía, erotismo y misticismo. Como ya es sabido en muchos textos religiosos se ha comparado el placer sexual con el "deleite extático del místico…" (Paz 1993B, 22). Según Paz en toda experiencia de lo sagrado hay un elemento que es 'sublime', "en el sentido kantiano de la palabra". Y en lo sublime hay sensaciones que muestran la presencia de lo incalculable y desconocido que reflejan trazos "del horror divino". En el amor: la sexualidad se evidencia en la vivencia de lo sagrado que también se manifiesta en la experiencia erótica. Toda experiencia amorosa es una revelación que sacude al yo que emite palabras similares a las del místico. La creación poética es: "ausencia y presencia, silencio y palabra, vacío y plenitud [y estos] son estados poéticos como religiosos y amorosos. Y en todos ellos los sentidos racionales se dan al mismo tiempo que los irracionales, sin que sea posible separarlos sino tras una transformación" (1998, 141).

El complejo e ingenioso juego con las metáforas, la sensualidad explícita de las imágenes: "mi boca poliniza tu oído./ Para pasar mi cultivo atraviesas el río" muestran la atrevida originalidad de la poeta de Roldanillo. Este poema se afianza en una serie de paralelismos cuyas imágenes sinestésicas eluden la lógica y definen lo indescriptible al vincularlo con realidades sensoriales: "Gusto para abrazarme,/ vista para sexuarme,/ tacto para escucharme". También se puede ver el desenfadado uso de tópicos tabúes como la referencia al "té menstruado" pócima amorosa que transforma al amante en "un hombre doméstico" y cuyo oído queda polinizado". Metonimia que dispersa el significado por medio del desplazamiento del semen al polen, de lo masculino a lo femenino, de los órganos genitales a la boca y el oído. Esta imagen tiene un doble significado cuyo referente es ambiguo; por un lado, es la imagen del amante que recibe palabras sublimes, fecundantes y la mujer como dueña de la palabra fecundiza el oído del hombre; y por otro lado, es una imagen lúdica de la eyaculación.

"En medio de mis piernas, corren los ríos. /Mis caderas en forma de cascada", son imágenes que recurren al agua que en la forma de río y de cascada señalan un movimiento continuo, función que queda relacionada a la cadera. La batalla amorosa se lleva a cabo en un espacio cósmico, los antagonistas se acoplan con el ritmo fluido de la cadera-cascada; "la tierra suda con el agua. /La luna tiene coito con el verano". El poema también es una batalla con el lenguaje, un rompimiento de las estructuras del discurso coloquial. El salto mortal es el riesgo que corre el amante al unirse al otro, el poeta al crear sus versos y el místico al alcanzar el éxtasis. Riesgo que Popov expresa con la imagen del amante que se baja de ese bote ebrio de un brinco con el riesgo de mojar su destino; es decir, de morir en el intento. Se llega a la unidad por medio de la cópula de los amantes en el caso del erotismo; por medio de metáforas y ritmos en el caso de la poesía, y por medio del abandono total en el caso del misticismo. Ese instante del encuentro erótico, poético y místico lo define Octavio Paz como: una sensación que va de la extrema tensión y concentración al total abandono y olvido de sí mismo. Es una unión de contrarios instantánea, cuando el yo se afirma y se aleja de sí mismo, ascenso y descenso, aquí y allá, el tiempo y el no tiempo. "La experiencia mística es igualmente indecible: la instantánea fusión de los opuestos, la tensión y la distensión, la afirmación y la negación, el estar fuera de sí y el reunirse con uno mismo en el seno de la naturaleza reconciliada" (1998, 110).

En el poema *Vagina*, cada verso es una metáfora que desborda la función biológica del órgano genital y se extienden y desplazan las sensaciones eróticas de la mujer hasta llegar al instante único y eterno cuando el cuerpo queda abandonado/ olvidado por un tiempo. Desde lo sensorial se llega al éxtasis.

> Puerta semicerrada,
> cortina de besos amarrada,
> ventana de palabras,
> casa de movimientos,
> cuarto de remojo,
> sala de momentos,
> lavadero de sexo,
> estregadero de recuerdos,
> patio donde se tienden los cuerpos,
> se destienden los besos
> y queda la casa sola,
> por algún tiempo (*Negras somos* 199).

La vagina es puerta, cortina, ventana, casa, cuarto, sala, lavadero, estragadero y patio de ese cuerpo femenino entregado al amor. Este sitio de la cópula es el escenario donde se complementan mujer y hombre formando un todo, creando ese momento indecible, que Popov anuncia con una serie de sinécdoques, que erigen la vagina como parte de la casa-cuerpo. Las metáforas se enraízan en la esfera de lo doméstico y prosaico, de un oficio manual que incorpora el escenario del lavadero, que se ubica en el patio de la casa, en esa parte trasera a la que solo pocos tienen acceso. Allí se pone en remojo, se lava, se estrega y se tiende la ropa; pero el poema elude el oficio cotidiano y a través de estas imágenes materiales se alude al sexo purificado en ese lavadero, estregadero que finalmente lleva a los recuerdos, a los besos, al amor y al éxtasis. La amante se asoma al abismo de la muerte, a Tánatos pero retorna a la vida a Eros; y así, "queda la casa sola, por algún tiempo". En este poema se puede observar la manera como Popov utiliza el lenguaje para mostrar las posibilidades de gozo que proporciona la vagina, solo nombrada en el título y que es la puerta de entrada al hogar, recinto íntimo e imagen del ser. Siguiendo a Paz podemos decir que los amantes –Yin y Yang– se turnan y crean la totalidad donde nada se suprime, todo elemento está presente, vivo y sin perder sus particularidades. "Yin es el invierno, la estación de las mujeres, la casa y la sombra. Su símbolo es la puerta, lo cerrado y escondido que madura en la oscuridad. Yang es la luz, los trabajos agrícolas, la caza y la pesca, el aire libre, el tiempo de los hombres, abierto, calor y frío, luz y oscuridad, 'tiempo de plenitud y tiempo de decrepitud: tiempo masculino y tiempo femenino -un aspecto dragón y un aspecto serpiente-, tal es la vida'. El universo es un sistema bipartito de ritmos contrarios, alternantes y complementarios" (1998, 59).

El lenguaje alterna lo racional y lo irracional, la lógica y el caos, lo sublime y lo prosaico para expresar la fusión de los contrarios en ese momento único de la copula, del hallazgo poético, del instante de la unión mística. Este hecho es lo que permite que se pueda relacionar a la poesía con el erotismo y con el misticismo. El clímax se dilata y los amantes se olvidan de sí mismos logrando una comunión con el otro. En el poema se vislumbra lo inexpresable: el éxtasis amoroso. Se elude el lenguaje y el significado preciso solo es inteligible con las imágenes poéticas. Y como Octavio Paz afirma: "Hay que volver al lenguaje para ver cómo la imagen puede decir lo que, por naturaleza, el lenguaje parece incapaz de decir" (1998, 106).

Y con *Interceptación de besos*, se puede concluir con este erotismo cósmico de la poesía de María de los Ángeles Popov: "Movimiento de lengua, /beso total. / Boca en sombra, /luna lenguona, /sexo creciente, / labios menguantes: /eclipse entre cuarto y cama" (*Cosecha de viento verde* 31). Y terminamos con el erotismo doméstico de *Torta de solterona*: "Un beso de limón rayado, /la cama clara de canela, /esencia, sexo de vainilla. /El amor no vino /se quedó esperando nuezmoscada, / se volvieron longevas las pasas, /el vestido de novia, mantequilla /y harina de trigo /las palabras" (*Cosecha de viento verde* 34).

Los poemas de María Teresa Ramírez recrean memorias fragmentadas, elaboradas de retazos que se superponen y reúnen pasado, presente y futuro. Para esta poeta escribir y declamar son procesos de búsqueda de las raíces de la identidad -el espacio poético se hace un espacio de resistencia y de lucha política. Sus poemas recogen memorias ancestrales y huellas de las cicatrices dejadas por la esclavitud, que "aún le duelen en el alma" hasta llegar a convertirse en esos "lugares de memoria", que según Joël Candau refuerzan los vínculos en los que un pueblo se reconoce, ya que son los lugares (y en este caso cicatrices y textos) donde la memoria se encarna (113). Y en torno a ellos la comunidad "se hace o se deshace, se tranquiliza o se desgarra, se abre o se cierra, se expone o se censura" (111). Para

María de los Ángeles Popov, por el contrario, escribir es exponer sus emociones, explorar las posibilidades del goce y analizar la relación amorosa con el "otro". Y sobre todo con desenfado y lucidez desafía estereotipos, crea imágenes poéticas lúdicas y abre espacios vedados a la escritura femenina.

Notas

[1] Los tercos de Roldanillo, Revista Semana. 29 de julio de 2006. http://www.semana.com/noticias-cultura/tercos-roldanillo/96177. aspx. 18/07/2009.

[2] Entre las "Almadres," están Meira Delmar, Gloria Cepeda, Olga Elena Mattei y Marga López. "XXVI Encuentro de poetas colombianas".

[3] "Literatura y tradición oral "Atlas de las culturas afrocolombianas. http://www.colombiaaprende.edu.co/html/etnias/1604/property value-30513.html. 08/29/10.

[4] Algunos poemas que analizo aparecen en "Poesía Afrocolombiana", y lo abreviaré como PA.

[5] Rogerio Velásquez, antropólogo y escritor chocoano, en 1948 investigó las expresiones tradicionales de su pueblo y mostró la riqueza y complejidad de la literatura oral y escrita afrocolombiana cuyos símbolos y significados, personajes y situaciones expresan la influencia africana, enmarcada en el ritmo del habla y en la teatralidad de la expresión. También Nina S. de Friedemann, una de las investigadoras más destacadas de la cultura afrocolombiana, anotaba que el apego a la palabra de cuenteros y decimeros, rezanderos y cantadoras surge del griot africano, quien relataba cosmovisiones, historias y genealogías para conservar la sabiduría sagrada y profana. En los medios rurales de Colombia estos oradores conservan roles similares a los de los macumberos del Brasil o los santeros de Cuba que con la palabra se conectan con las divinidades. http://www. colombiaaprende.edu.co/html/etnias/1604/articles-82856_archivo. pdf 15/10/10.

⁶ Según Andrés Pardo Tovar y Jesús Pinzón Urrea: se designa como alabao a los rezos cantados en los velorios o en las fiestas de los santos del calendario católico. Ellos afirman que el nombre alabao "se deriva sin duda de una oración muy popularizada entre la población negra y mestiza de Colombia: "Bendito y alabado (sea) el Santísimo Sacramento del altar..." que los campesinos transformaron en saludo para los amos: 'Bendito y alabao, mi amo', invocación que pierde su sentido religioso para adquirir un valor profano que denota la estratificación de las clases sociales.

⁷ Conversación con el autor el 6 de junio de 2003.

⁸ Guadalupe Mejía Núñez en su ensayo "La mulata en la expresión artística", muestra que ya desde los cantos de amor del rey Salomón y Sulamita de *El Cantar de los Cantares* aparece la joven hermosa de piel morena explicando el oscurecimiento de su piel, a causa del sol: Nigra sum, sed formosa. "Tengo la tez morena, pero hermosa, muchachas de Jerusalén, / como las tiendas de cadar, los pabellones de Salomón / no se fijen en mi tez oscura, / es que el sol me ha bronceado: / enfadados conmigo, mis hermanos de madre / me pusieron a guardar sus viñas; / y mi viña, la mía, no la supe guardar" (La Biblia, A.T. Trad. de L. Alonso Schöekel y Juan Mateos, Madrid: Cristiandad, 1982, 945). Estereotipo que sigue arraigado en el imaginario judeocristiano, y reduce a la mujer negra y morena en un objeto de deseo de la mirada masculina, pero María de los Ángeles Popov elude el reduccionismo y en calidad de sujeto escribe y crea. Según Guadalupe Mejía Núñez el mito de la mulata se deconstruye en diversas versiones, que en la mayoría de los casos evocan el mito de la sexualidad negra en un espacio paradisíaco. Las expresiones artísticas de la mulata están en un contexto de placer que la asocia con el arquetipo de la femme fatale. Ella es la hechicera que elimina a sus víctimas, es la bruja transgresora del orden social, no es la esposa o compañera del hombre, y tampoco se la incluye en los ritos cristianos pues su belleza evoca lo diabólico, las tentaciones y el pecado. Así, ella representa lo primitivo y salvaje, en oposición a la cultura y civilización del hombre blanco. Es un nuevo estereotipo de belleza femenina creado en torno al mito de la sensualidad y objeto del deseo masculino. http://sincronia.cucsh. udg.mx/lamulata.htm. 10/08/10 Ver también el ensayo de Jean Marcel Carvalho França, "O paraíso das mulatas", donde plantea que la sensualidad exacerbada de la mulata es una construcción de la época esclavista. http://pphp.uol. com.br/tropico/html/textos/594,1.shl. 05/03/10.

OBRAS CITADAS

Candau, Joël. *Antropología de la memoria*. Trad. Paula Mahler, Buenos Aires: Nueva Visión, 2002.

Cuesta, Guiomar y Alfredo Ocampo. *¡Negras somos!, Antología de 21 mujeres poetas afrocolombianas de la región pacífica*. Cali: Universidad del Valle, 2008.

http://www.onewebdesign.net/museorayo/contenido/poetas_colombianas.html

Krakusin, Margarita. "Cuerpo y texto: El espacio femenino en la cultura afrocolombiana en María Teresa Ramírez, Mary Grueso Romero, Edelma Zapata Pérez y Amalia Lú Posso Figueroa". *Chambacú, la historia la escribes tú. Ensayos sobre cultura y literatura afrocolombiana,* Ed. Lucía Ortiz, Iberoamericana - Vervuert, 2007.

Maya, Adriana. "África: legados espirituales en La Nueva Granada, siglo XVII", *Historia Crítica No 12*, Bogotá: Universidad de los Andes, Depto. de Historia, enero - junio de (1996) 29-41.

Mejía Núñez, Guadalupe. "La mulata en la expresión artística". http://sincronia.cucsh.udg.mx/lamulata.htm. 10/08/10.

Pardo Tovar, Andrés y Jesús Pinzón Urrea. "Rítmica y melódica del folcloreee chocoano: Bogotá: Universidad Nacional de Colombia, 1961. http://www.lablaa.org/blaavirtual/musica/ritmica/indice.htm, 14/04/ 2006.

Paz, Octavio. *El arco y la lira*. [1956] México D.F.: Fondo de Cultura Económica, 1998.

—. *El Laberinto de la Soledad*. [1950] Fondo de Cultura Económica, México, 1993A.

—. *La llama doble. Amor y Erotismo*, Barcelona: Seix Barral, 1993B.

Pizarro, Águeda. "Cosecha de viento verde", prólogo a *Cosecha de viento verde. 5 poetas de Roldanillo* (2003), Museo Rayo, Roldanillo, Valle: Ediciones Embalaje, 20-34.

—. XXVI Encuentro de poetas colombianas. http://www.onewebdesign.net/museorayo/contenido/poetas_colom-bianas.html 17/07/2009.

Popov, María de los Ángeles. *La W de hembra* (2003), CD Multimedia de poesía, Manizales: Hoyos Editores.

—. *Envaginarse* (2007), Colección de poesía, escala de Jacob, Cali: Universidad del Valle

Ramírez, María Teresa. *Abalenga,* Roldanillo: Museo Rayo, 2008.

—. "Poesía Afrocolombiana", colección inédita.

Requejo del Blanco, Antonio. "Poesía Indígena de tradición oral", *Oralidad y Comunicación. Razón y Palabra.* Primera Revista Electrónica en América Latina Especializada en Tópicos de la Comunicación. 15.4(1999). http://www.razonypalabra.org.mx/anteriores/n15/torequejo15.html. 04/09/2010.

Revista Semana. "Los Tercos de Roldanillo, *29 de julio de 2006. http*://www.semana.com/noticias-cultura/tercos-roldanillo/96177. aspx. 18/07/2009.

Zapata Olivella, Manuel. *Las claves mágicas de América (Raza, Clase, Etnia y Cultura).* Bogotá: Plaza y Janés, 1989.

GOYO: IMPULSO DEL RAP CHOCOANO

DIANA RODRÍGUEZ QUEVEDO,
UNIVERSITY OF TORONTO

Gloria Perea Martínez es una artista colombiana que en los últimos años se ha dedicado al rol de compositora y líder vocal de música rap como integrante de la agrupación Choc Quib Town[1]. Para Gloria, la música es un talento que viene desarrollando desde la infancia, pero no por eso le ha sido fácil la trayectoria y el éxito como artista[2]. Ella es psicóloga de profesión, pero la música ha sido el eje constante en su vida, y es una parte integral de la cultura del Pacífico, si bien allá no se puede subsistir de eso. Gloria ha luchado para romper barreras no solo al incursionar en un ámbito predominantemente masculino, sino por su valiosa labor para rescatar y fomentar las raíces afrocolombianas. Ella se siente muy orgullosa de representar su raza, y toma con mucha responsabilidad la tarea de enaltecer la cultura del Pacífico colombiano.

Gloria es oriunda del Chocó, un departamento conocido por un alto nivel de pobreza, estigmatización y explotación, y una región donde la población es primordialmente afrodescendiente. La cantante es de descendencia afro y también tiene linaje indígena. Nació en la región minera de Condoto —el 12 de julio de 1982— y desde niña, su padre fue su influencia musical principal. Él era un coleccionista de discos que pedía música por catálogo, lo cual expuso a la joven cantante a una gran diversidad de ritmos y combinaciones musicales que impactaron su concepción musical. Gloria declara que su padre era el dueño del sonido en Condoto. Una de las canciones predilectas de su padre era *Goyito Sabater* del Gran Combo de Puerto Rico. A Gloria también le gustaba la canción y la pedía con frecuencia. De ahí salió Goyo, el nombre por el cual se conoce popularmente a Gloria hoy en día.

Goyo vivió y estudió en Quibdó, Buenaventura, Cali, y tuvo que adaptarse a la vida urbana. Estas fueron oportunidades de mucho aprendizaje a niveles socioculturales. Sus épocas de vacaciones y de colegio en la ciudad de Buenaventura fundamentaron su apreciación musical aún más. Allí, no solo siguió aprendiendo sobre el currulao y la música del Pacífico Sur, sobre modas y distintas maneras de vivir, sino que se instruyó sobre muchos tipos de música que llegaban al puerto como, por ejemplo, el ragga jamaiquino, el ragga en español de Panamá y el rap de los Estados Unidos. Esa fue su introducción a la música rap y a la cultura hip hop. Durante esas temporadas, igualmente, le influenciaron bastante el spanglish y el uso de anglicismos. En resumen, su infancia y su juventud se caracterizaron por el ambiente de gran diversidad musical. Inclusive, algo de su herencia musical está de parte de su abuelo materno quien fue guitarrista y compositor. Asimismo, Goyo recuerda la espontaneidad de sentarse con su mamá y su abuela a cantar todo tipo de boleros, baladas y melodías folclóricas. Aún hoy en día, durante la época de diciembre, se reúne con su mamá y sus tías a entonar canciones en distintas voces. El canto y la música, según Goyo, son parte del legado natural de un chocoano ya que, en muchos casos, aún en la actualidad, es la forma de entretenimiento predilecta dado que en muchos hogares no hay televisor ni computador.

Goyo inició sus estudios de Psicología en la Universidad del Valle en Cali y los terminó en la Universidad Iberoamericana en Bogotá en el año 2007. Esta formación le ha sido muy valiosa tanto en la música como en los proyectos comunitarios que desarrolla y en los que colabora con distintos organismos estatales y no-gubernamentales. Lo que más le llama la atención de la Psicología es el trabajo con la gente, y al elegir su carrera, ella tuvo muy presente que deseaba trabajar en un área que le permitiera desarrollarse personalmente, al mismo tiempo que poder contribuir a la sociedad. Goyo está muy abierta a la música de distintas partes del mundo y no se deja regir por lo que esté de moda. Se interesa mucho por el jazz y le encanta la música afrodescendiente con fusiones de otros ritmos. Ella afirma que la música es una manera no solo de animar y alentar a la gente, sino también de integrar y de recibirla. A pesar de no tener una educación formal en música, esta es su mayor pasión, de modo que le enardece componer canciones y observar la recepción del público, ya sea a través de la Red o directamente en los conciertos. Según Simon Frith, hacer música no solo es una manera de expresar y compartir ideas sino que es una manera de vivirlas tanto para el intérprete como para quien escucha (111). Esto apoya precisamente la actitud de Goyo en cuanto a su rol como cantautora. Frith añade que al responder a una canción, el público se acerca al artista y forma alianzas emocionales tanto con los intérpretes como con los demás fans (121). Inicialmente, Goyo creyó que su música impactaría a la gente afrodescendiente, en especial a la población del Pacífico colombiano, pero con el tiempo, se ha dado cuenta que tiene un público más amplio, lo cual le sorprende y satisface mucho a la vez. La cantante cree que su música atrae gente que aprecia experiencias musicales que van más allá de las canciones de amor, es decir, canciones con un contenido más amplio y diverso. El apoyo de su familia ha sido muy preciado para su carrera. Igualmente, Iván Benavides y Richard Blair han apoyado y promovido los talentos de Goyo desde hace años[3]. Durante una temporada, la cantante integró la agrupación Sidestepper y grabó con el grupo. Cantó y se desempeño como rapera del grupo durante tres años y medio.

En la actualidad, Goyo vive la mayor parte del tiempo en Bogotá. Durante su trayectoria profesional ha tenido que adaptarse a distintos espacios urbanos, y comenta que la urbe se vive diferentemente en el Pacífico, al igual que muchas otras cosas. A su juicio, cuando se está en el Chocó, uno siente que es de la "República del Chocó porque no se tiene ese sentimiento de ser colombiano en cuanto a muchas cosas porque uno prende el televisor y allí dice que la gente que existe es la gente de Bogotá" (Entrevista 2009). La cantante agrega que uno no tiene ese reconocimiento ni esa identificación con lo que muestran que es Colombia y es nacional como en los medios de comunicación (Entrevista 2009).

Choc Quib Town se conformó en el año 2000, y el grupo incluye al productor y hermano menor de Goyo, Miguel "Slow" Martínez y a "Tostao" —Carlos Valencia— el MC líder. Los tres eran amigos de barrio desde su juventud y se unieron por la música. Empezaron a grabar canciones juntos y tenían en común el amor por el Chocó. Al principio quisieron formar un colectivo de artistas en lugar de un grupo concreto, pero ese plan no se cumplió. Goyo declara que la agrupación muestra lo que son sus integrantes: chocoanos, jóvenes, colombianos y músicos. Además, resalta que el rap que producen no sigue los parámetros del rap que surge en los EE.UU., el rap del Pacífico es diferente porque ha sido influenciado por distintas fuentes folclóricas y musicales en cuanto al ritmo y el sabor, por ejemplo: el ragga, el reggae, el Rhythm & Blues, el hip hop de oriente y occidente, el afro beat, el currulao, el boogaloo, el levantapolvo, el bunde, el aguabajo, la salsa y el danzón jamaiquino en español proveniente de Panamá. Es un rap que emplea instrumentos con raíces africanas como la marimba, el cununo, el bombo y el guasá.

El hip hop se ha convertido en un género influyente para la juventud de Norte y Suramérica. Es conocido como un movimiento que promueve valores típicamente patriarcales mediante el uso de lenguaje obsceno, la glorificación de la violencia y la objetivización de la mujer. Por lo general, dicha subcultura moldea comportamientos y actitudes —dirigidos a la juventud— de naturaleza machista. Las canciones y el ritmo singulares de Choc Quib Town se apartan del hip hop que predomina en los Estados Unidos —influencia primordial del género— y desafía dichos estereotipos negativos. La música de este grupo del Chocó no promueve actitudes sexistas, materialismo excesivo ni violencia absurda. Al contrario, la diversidad de temas y de perspectivas destacan las preocupaciones por la juventud, las mujeres y las comunidades afrodescendientes, al igual que el orgullo por las raíces y la cultura del Pacífico colombiano señalando las riquezas y los problemas que afligen la zona. Asimismo, su sonido innovador con elementos de fusión engloba un sentido de transculturalización que atrae a un público extenso. Goyo juega un rol activo en la agrupación no solamente en el escenario, sino desde los aspectos de composición, organización, representación, producción y publicidad. Ella detenta voz y autoridad en su capacidad de artista e integrante de la agrupación, lo cual contrarresta la postura popular del hip hop que reduce a la mujer erotizándola y fetichizándola.

Las canciones de Goyo y de Choc Quib Town son principalmente en estilo rap con influencias y fusiones muy particulares de instrumentos y ritmos del Pacífico colombiano. Hay crítica que opina que la música de Choc Quib Town no es rap porque no sigue los parámetros del rap estadounidense, pero eso es precisamente lo que los distingue. Los integrantes de la agrupación sostienen que es un rap particular que los destaca y les ha otorgado éxito. Frith plantea que el hip hop es una expresión polifacética que integra una mezcla de textos para lograr nuevos significados, y que este género sobresale por el alto sentido de presencia (115). Justamente, además de combinaciones discursivas, Choc Quib Town incorpora y yuxtapone —al proceso de creación, a sus presentaciones y a sus productos finales— ritmos y conceptos musicales innovadores. Goyo comenta que para la agrupación es importante resaltar sus orígenes y su propia identidad. En efecto, parte de esa pertenencia es el vínculo con el tambor africano. En cuanto a la conexión con la cultura afrocolombiana, el tambor es la línea de conducto y la herencia musical más significativa de acuerdo con la artista. A propósito, Choc Quib Town tiene una canción titulada *El bombo* que hace homenaje al tambor como símbolo de la raíz rítmica y evoca un sentimiento de la trayectoria del instrumento.

La obra de la agrupación se encuentra grabada principalmente en dos discos compactos titulados *Somos Pacífico* que salió al mercado en el año 2007 y *Oro* en el 2009. Además, ha colaborado con otros músicos y agrupaciones, y ha compartido el estudio de grabación y el escenario con muchos otros, entre ellos, el cantante y percusionista senegalés Youssou N'Dour, el rapero malí radicado en Francia, Oxmo Puccino, y la Orquesta Filarmónica de Bogotá. La música de Goyo y de Choc Quib Town tiene como objetivo dar visibilidad a la región del Pacífico, denotando particularidades de raza y de identidad cultural porque, según la cantante, existe ignorancia y discriminación en cuanto a esa parte del país. Goyo ha vivido momentos de discriminación directamente, y al respecto afirma que a veces se siente impotente ante el racismo. En cuanto a los temas y las letras, el rap que producen Goyo y Choc Quib Town se distingue del que surge en otras partes del país en el que se habla de lo social, de la pobreza y de las luchas del proletariado pero que no indaga en la problemática de la gente afro. Goyo expone que los demás raperos no tratan temas de las poblaciones negras como la discriminación y el racismo, y agrega que aunque viven muchos afrocolombianos en los suburbios de Bogotá, la situación y las dificultades de las personas desplazadas hasta ahora no es algo que integre las canciones de los raperos mestizos, blancos y rolos[4].

Pese a que el rap sea una forma expresiva de origen negro, la apropiación por parte de otros grupos sociales hace que músicos como Goyo, Tostao y Slow sufran ataques raciales, a través de cartas y mensajes por correo electrónico que dicen, por ejemplo, "negros, váyanse al Chocó a vender frutas […] ustedes no nacieron pa' esto [de la música]" (Entrevista 2009). En opinión de Goyo, hacen falta espacios para tratar estas preocupaciones y para analizar las ramificaciones. Sin embargo, permanece optimista, lo cual la inspira a seguir con su labor musical y continuar con otros proyectos comunitarios para luchar contra ideologías y comportamientos que limitan y excluyen a mujeres y a miembros de poblaciones afrodescendientes. Goyo plantea que la dicotomía en cuanto a la discriminación es que hay quienes se esfuerzan por diferenciarse de la gente mestiza y blanca destacando con orgullo sus características particulares, mientras hay quienes —sobre todo en el caso de mujeres jóvenes— se exceden intentando integrarse a la cultura mestiza, de modo que recurren a cambiar su apariencia física, tiñéndose y alisándose el cabello, usando cremas blanqueadoras para la piel y alterando su postura y su forma de caminar.

Las letras de las canciones *Somos Pacífico*, *De donde vengo yo*, *Los tenis*, *Oro*, *Eso es lo que hay* y *Prietos* ilustran las raíces raciales de los músicos al igual que diferentes aspectos de la identidad y de la cultura del Pacífico. Asimismo, deslumbran los factores y las circunstancias que afligen, sostienen y enorgullecen a su población. En sus canciones, Goyo se identifica como mujer, negra y rapera y da las gracias a todos quienes la han apoyado y quienes han influenciado su camino:

> Y prieta como yo la Goyo /Que los procesos culturales
> siempre apoyo / Tomémosle una foto a esas mujeres prietas
> /Que han dado la vida por nosotros / No vamos a ceder
> el puesto en el bus /Ya hemos sufrido mucho con la escla-
> vitud […] En los procesos culturales /Habrá prietos /En
> espacios de intelectuales / Habrá prietos /Porque tenemos
> la inteligencia /Los prietos / Ciencia y tecnología también
> /Tienen prietos. (Choc Quib Town "Prietos")

La identificación de "negro" hace referencia a una validez ideológica que según Victorien Lavou es reseñar "lo inferior, lo bárbaro, lo malo, lo que se [tiene] que educar o civilizar" (340). No obstante, lo que hace Choc Quib Town en estas canciones con los términos "negro" y "prieto" es apropiarse del concepto justamente para consolidar una identidad que conlleve a la unión y a la solidaridad reconociendo la problemática de la población afrodescendiente en el Pacífico colombiano y acentuando lo positivo de la gente, su cultura, su tierra y sus creencias.

Por una parte, la música es un ámbito intrínseco de ese simbolismo, de lo negro, del Chocó, del Pacífico, y el rap reconocido como "la música negra," de acuerdo con Christopher Dennis, ofrece un sentimiento de "pertenencia a lo imaginado, lo diaspórico, a la comunidad 'negra' de gente de descendencia africana con una historia en común de esclavitud, explotación y discriminación racial" ("The Afro-Colombianization" 196). Por otra parte, el medio musical privilegia lo oral, por lo tanto, las letras y la instrumentación rinden honor a las tradiciones de la región del Chocó. Esencialmente, la música de Goyo y de sus compañeros promueve una lucha de reivindicación socio-cultural de esa zona del país.

Goyo expone una preocupación sincera por el territorio del Chocó. Su inquietud y compromiso radican en las experiencias de su abuela y su mamá, quienes trabajaron en una mina de oro de forma rudimentaria, con bateas e instrumentos muy primitivos. La canción *Oro* –un currulao netamente tradicional— critica la explotación de las minas por los colonizadores en América. Goyo es consciente de que la letra es muy impactante y expresa que con esta problemática, es importante llamar la atención con intrepidez: "A mi tierra llegó un fulano llevándose todo mi oro (bis) /Vestido de blanco entero y con acento extranjero /Prometió a cambio de oro dejarme mucho dinero /El tipo del que les hablo nunca más apareció /Cogió mi metal precioso y todo se lo llevó /Ladrón te fuiste /Con mi oro /Y me dejaste / Sin mi oro (bis)" (Choc Quib Town *Oro*). La idea central es que las actitudes de comercialización, explotación y apropiación continúan. A saber, las políticas neoliberales de las últimas décadas han comportado políticas nocivas para los habitantes de la región del Pacífico colombiano. Lo cierto es que corporaciones transnacionales explotan los recursos naturales de la zona. En el caso del uso de cianuro y mercurio, las operaciones mineras contaminan y perjudican a largo plazo el ecosistema, por consiguiente, damnifican las comunidades que son predominantemente campesinas, indígenas y afrocolombianas. Esta es una realidad que sigue afectando a las poblaciones del Pacífico porque la minería usa tóxicos que dañan el ecosistema y la población debe abandonar las áreas contaminadas. Además, estas acciones y políticas han sido motivos preponderantes en las circunstancias del fenómeno de desplazamiento interno forzado en el país.

En las canciones de Choc Quib Town se detectan factores homogeneizadores del territorio geográfico como de las distintas comunidades que habitan los diferentes espacios. Esta estrategia es útil para lograr unión, solidaridad, seguridad y apoyo para los habitantes, en especial para quienes han sido amenazados, agredidos y han sufrido las consecuencias de la falta de desarrollo de salud, servicios públicos, educación, al igual que la problemática del desplazamiento interno forzado. Frith establece que la música ofrece una forma de ser en el mundo y de darle sentido (114). Efectivamente, la combinación de los ritmos y de las letras de las melodías de Goyo y sus compañeros responden a la realidad de la población del litoral Pacífico, de modo que encontrar rasgos y lazos de unión es una manera de sobrevivir y sobrellevar las dificultades de violencia, de la violación de los derechos humanos y de la explotación de los recursos naturales de sus territorios. Si las diferencias separan, la homogeneización une. Así, se observa en el segmento de la siguiente canción:

> Somos Pacífico, estamos unidos /Nos une la región /La pinta, la raza y el don del sabor [...] Unidos por siempre, por la sangre, el color /Y hasta por la tierra /No hay quien se me pierda /Con un vínculo familiar que aterra /Característico en muchos de nosotros /que nos reconozcan por la mamá y hasta por los rostros étnicos /Estilos que entre todos se ven /La forma de caminar / El cabello y hasta por la piel.
> (Choc Quib Town *Somos Pacífico*)

Somos Pacífico se ha convertido en canción emblemática y funciona precisamente para alcanzar la meta que se proponen Goyo, Tostao

y Slow, es decir, transmitir su posición como "afro" con miras a dar
visibilidad y lograr respeto para los habitantes del Chocó y del resto
del Pacífico colombiano (Entrevista 2009). Por ejemplo, la canción
Busco personas fue compuesta para llamar la atención al desplazamiento
interno forzado en Colombia, teniendo en cuenta que la región del
norte del Pacífico ha sido gravemente afectada por este fenómeno.
Goyo explica que la agrupación quería tratar el tema y resaltar las
características de las experiencias de una persona desarraigada de una
manera no-literal. "La canción habla de alguien que sale a la calle y
está buscando gente desplazada" (Entrevista 2009):

> Esta es la historia de una gente que casi siempre /la comida
> queda pendiente /y tú los ves por todas partes enseñando su
> arte. /Pero duermen en un parque […] Sufriendo de abuso
> de personas que a veces miran raro. /En un juego de azar
> que trae un clavo. /Comiendo de frases alentadoras como
> un te amo. (Choc Quib Town *Oro*)

A Goyo personalmente le duele y le avergüenza esta crisis dado
que ella se identifica con las poblaciones más afectadas. Goyo opina
que es muy difícil para un campesino –acostumbrado a sembrar su
propia comida– verse obligado a buscar alternativas para sobrevivir
en la ciudad. Además, como mujer se compadece de las niñas, las
jóvenes, las madres y las esposas porque las mujeres –muchas madres
cabeza de hogar– son las principales testigos y víctimas sobrevivientes
que se enfrentan a responder por todas las necesidades de la familia
en lugares desconocidos mientras lidian con el estigma y el trauma
emocional y físico del desarraigo.

La tierra sobresale en muchas de las piezas de Choc Quib Town. En
la esfera del rap, "el barrio" como territorio, adquiere una dimensión
política que corrobora sentidos de identidad y de agencia. El rap es
una expresión territorializada que conecta al origen, pero en el caso
de Goyo y sus compañeros de Choc Quib Town, la tierra como hogar
y sustento adquiere una dimensión más amplia cuando se toma en
cuenta que vastas zonas del territorio del Pacífico son explotadas por
compañías extranjeras. Además, otros tantos sectores están ocupados

por distintos grupos armados y disputados por muchos debido al valor económico de los recursos naturales. La canción *De donde vengo yo* enuncia varios de los aspectos de esa realidad del Chocó: "Característica general, alegría total. /Invisibilidad nacional e internacional. /Autodiscriminación sin razón. /Racismo inminente y mucha corrupción. /Monte culebra, máquina de guerra. /Desplazamiento por intereses en la tierra. /Subienda de pescao, agua por todo lao" (*Oro*).

La cuestión de invisibilidad se relaciona no solo a la problemática racial sino también con la polémica del género rap como música "underground" en todo el mundo. Goyo afirma que no hay industria hip hop en Colombia (Entrevista 2010). Esto se debe en parte a la concepción generalizada de que es un movimiento artístico marginal, pero también es un efecto de sus cualidades subversivas fundadas en las actitudes violentas y misóginas de los raperos. En comparación con otros géneros musicales, son muy pocos los conciertos de hip hop que se realizan en Colombia, pero esto ha ido evolucionando. La cantante arguye que el hecho de pertenecer a una corriente "underground" no debería interferir con la posibilidad de que los artistas salgan a tocar, a amenizar fiestas y a vender discos en el mercado comercial (entrevista 2009). A pesar del estigma, en los últimos años han surgido más espacios para exponer este tipo de música, por ejemplo, en el año 2009, se cumplieron trece años del Festival Hip Hop al Parque. Para Goyo es importante compartir y explotar espacios con artistas de diferentes géneros –rockeros, punkeros, salseros, entre otros– para explorar nuevos horizontes musicales. Tanto es así, que la cantante, Slow y Tostao han participado en una gran variedad de festivales y de eventos musicales dentro y fuera de Colombia. Este año estuvieron de gira por diversos países de Europa, entre ellos: los Países Bajos, España, Inglaterra, Alemania, Francia, Estonia, Suiza, Dinamarca, Suecia y Luxemburgo. El año pasado compartieron escenarios en el festival SXSW en Texas y también se presentaron en Cuba y en la India.

Fuera de acreditar a sus padres, Goyo reconoce el impacto que han tenido las alabanzas religiosas que cantaban sus tías y los cantos folclóricos del Chocó. Asimismo, aprecia las influencias de las orquestas salseras Niche y Guayacán, y expresa con orgullo que es salsa hecha por los chocoanos; por ende, su música incluye pasajes muy conocidos de la costa Pacífica. Goyo fue iniciadora del club de fans del Grupo Niche, y comenta que el apoyo y la valoración en la región es tan ferviente que la gente promueve la música de estas agrupaciones pero no la piratean. Asimismo, Goyo menciona otros grupos que la impresionaron de joven y que han alimentado su creación músical. Del panorama norteamericano incluye a Public Enemy, Run DMC, Fugees, Lauryn Hill, Erykah Badu y Michael Jackson, en especial su álbum "Bad". Las influencias mayores del hip hop panameño han sido Renato, Nando Boom y Los Generales R & R. Igualmente, el reggae de Bob Marley, el hip hop de la agrupación cubana Orishas y la música de K'naan –poeta y rapero somalí-canadiense– también nutren sus composiciones.

Goyo es una artista comprometida con la juventud. También es consciente de ser un ejemplo para adolescentes y mujeres jóvenes. Tiene muy presente que los cambios culturales y tecnológicos han cambiado la vida y consecuentemente, han creado una brecha entre las generaciones. La canción *La calle o la casa* recalca los deseos y las convicciones de la juventud por seguir su propio camino y explorar terrenos nuevos, en especial para las chicas. Es la expresión de respaldo a la resistencia contra el statu quo para atreverse a alcanzar metas individuales rechazando las presiones del sistema y de las instituciones tradicionales. Goyo acierta que con esta canción busca fomentar conciencia y responsabilidad en los jóvenes para las decisiones que toman sobre sus objetivos y sus ideales.

Goyo incorpora la música dentro de otros proyectos para apoyar a los jóvenes y a las mujeres en especial. En el año 2009 realizó un trabajo con la organización Unicef para la creación y producción de un disco y un video de música hip hop con jóvenes afrocolombianos. El objetivo fue llamar la atención y llevar prevención al problema de minas antipersonas porque el Chocó es uno de los lugares más afectados por esto y la mayoría de las víctimas son niños (Entrevista 2010). Goyo coordina vínculos e intervención proactiva para darle poder y vocería a la juventud. Este proyecto constó de un segmento de capacitación sobre el conflicto armado y los procesos de paz y de resolución posterior a enfrentamientos entre bandos armados. El programa se enfocó en el tema de la prevención, pero también estructuró una agencia de artistas y estableció un plan de seguimiento posterior para colaborar con la comunidad después de los talleres y de la grabación del disco compacto.

Recientemente, Goyo colaboró en la realización y producción del primer disco de mujeres *hiphoppers* en Colombia. Estuvo a cargo de la parte artística del proyecto ayudándoles a las participantes a escribir las canciones y la música. *Llenas somos de gracia: compilación de hip hop femenino* reúne a once representantes del rap del país. Cada una ostenta un estilo particular y los temas de sus canciones varían desde cuestiones de amor y de relaciones de pareja hasta temas de identidad, de la problemática social de la mujer y de la opresión de grupos sociales minoritarios. El disco, que fue producido por Miguel "Slow" Martínez y coproducido por Goyo, salió al mercado en la primera mitad del año 2010. El proyecto se llevó a cabo gracias al apoyo de la Orquesta Filarmónica de Bogotá y de la fundación artística y social La Familia Ayara. Esta producción es un aporte significativo al ámbito de la música puesto que resalta el valor creativo femenino. Las canciones plantean atención y reflexión sobre cuestiones de identidad, etnicidad, raza, cultura, derechos de igualdad, dignidad hacia la mujer y celebración de la mujer. Por su formato y contenido, enaltece la voz y la autoridad femenina y abre un camino importante para otras artistas. Igualmente, es una inspiración para que a las mujeres se las tome en serio y se invierta en su potencial.

En el año 2009, Choc Quib Twon fue nominado a los Premios Grammy Latinos bajo la categoría de Mejor Artista Nuevo, y en el 2010, la agrupación firmó un contrato con la compañía estadounidense National Records, que les financió una compilación del primer y segundo discos compactos titulada *Oro*. Según Goyo, esta negociación es importante para la distribución de su música, para exponer otra música de Colombia y para difundir la cultura y la historia del Chocó. Además, la compañía distribuidora World Connection le colaboró a la agrupación para la gira por Europa que se realizó entre los meses de mayo y julio del 2010. Las metas de Goyo son seguir trabajando en su música y expandir la onda de Choc Quib Town internacionalmente porque para ella es importante dar a conocer su cultura y alcanzar el triunfo como afrocolombiana dentro y más allá de su tierra natal. La artista desea incluso realizar algún proyecto como solista y experimentar independientemente, aun dentro de la esfera del rap y del folclore colombiano. Goyo es muy consciente de los cambios enormes que ha padecido la industria disquera y, ahora como parte de la agrupación

Choc Quib Town, ella aprovecha las herramientas tecnológicas a su alcance para romper barreras de distancia y poder compartir y divulgar su música libremente mediante circuitos o sitios de redes de interacción social como MySpace, Facebook, Hi5 y Hoot. A la artista le interesa sobremanera divulgar su música y llevar a cabo obras y proyectos para la gente del Chocó a través de la música. Por consiguiente, hace viajes regulares al Chocó donde aplica sus conocimientos no solo como música sino también como psicóloga desarrollando y participando activamente en proyectos con otras mujeres y con la juventud.

En conclusión, es importante destacar que las canciones de Goyo y Choc Quib Town no promueven contenidos líricos comerciales de moda como el amor romántico, el sexo, las drogas y la violencia callejera. Asimismo, sus canciones rap no glorifican el consumo de drogas y el uso de violencia, tampoco acuden al empleo de groserías ni denigran a las mujeres. Si se considera que el noventa por ciento de la población negra en Colombia vive en el litoral Pacífico, entonces, estas canciones son un vehículo que permite disminuir los efectos de la estigmatización y la estereotipificación de quienes son categorizados ampliamente como "negros". (Dennis, "Afro-Colombian Hip-Hop" 277). Además, estas canciones funcionan como marcadores de identidad afrocolombiana y como herramientas de expresión y de resistencia declarando las características positivas al igual que la problemática que aflige a los habitantes de la región. Considerando que en Colombia no hay una industria de música rap y que el circuito de hip hop que existe es "underground", los aportes de Goyo y de Choc Quib Town son muy meritorios, no solo al margen de la música de la costa Pacífica, sino de la industria musical internacional. Goyo constata con contundencia que el futuro está en manos de la juventud, que el arte es un medio que se presta para estimular el pensamiento y la creatividad, y para transmitir entusiasmo. De manera profesional e individual, Goyo está constantemente motivando y habilitando a jóvenes y a mujeres a través de su ejemplo, su participación con las comunidades negras y mediante su talento y labor musical. Es una mujer que ha demostrado profesionalismo, valentía y tenacidad para sacar este género de la esfera marginal al mismo tiempo que resalta su lugar de origen y concientiza a un público que se amplía día a día en cuanto a las circunstancias de vida en esos sectores del país. A Goyo le dan fuerzas las demás mujeres para perseverar porque afirma que no es fácil ser mujer, negra y rapera. Igualmente, su familia y su gente nutren su ánimo y voluntad de seguir con la música y las causas sociales. Profesionalmente, Goyo se destaca por su presentación como vocera, artista, cantante y rapera. Incluso, se siente orgullosa de guardar su delicadeza y esencia femenina en lugar de dejarse llevar por los estereotipos de la mujer rapper que adopta modas, comportamientos y movimientos masculinos para entrar e integrarse al circuito del hip hop. A su propio modo está enfrentando y transformando los prejuicios y esquemas machistas arraigados en el mundo del hip hop.

NOTAS

[1] El nombre de la agrupación connota lugares de la costa pacífica de Colombia. Quibdó es la capital del departamento del Chocó.

[2] Obtuve la información biográfica, al igual que los datos profesionales de Gloria Martínez Perea durante una serie de entrevistas telefónicas que le hice en los años 2009 y 2010.

[3] Iván Benavides es cantautor y productor de música en Colombia. Fue miembro del dúo musical Iván y Lucía. También fundó y fue integrante (compositor y músico) de las agrupaciones Sidestepper y Grupo Taller. Es conocido sobremanera por los temas que ha compuesto para Carlos Vives.

[4] Rolos son los bogotanos.

OBRAS CITADAS

Choc Quib Town. "Somos Pacífico" en *Somos Pacífico*. Bogotá, 2007.

—. "De donde vengo yo" en *Oro*. Bogotá, 2009.

—. "Oro" en *Oro*. Bogotá, 2009.

—. "Prietos" en *Oro*. Bogotá, 2009.

Dennis, Christopher. "Afro-Colombian Hip-Hop: Globalization, Popular Music and Ethnic Identities." *Studies in Latin American Popular Culture* 25 (2006) 271-295.

—. "The "Afro-Colombianization" of Hip-Hop and Discourses on Authenticity" en *Postnational.*

Musical Identities: Cultural Production, Distribution, and Consumption in a Globalized Scenario. Ed. Ignacio Corona and Alejandro L. Madrid. Lanham: Lexington Books, (2008) 185-207.

Frith, Simon. "Music and Identity" en *Questions of Cultural Identity.* London, Thousand Oaks, New Delhi: Sage P, 1996.

Lavou, Victorien. "Negro/a no hay tal cosa: una lectura ideológica de la canción "Me gritaron negra" de Victoria Santa Cruz en *Afrodescendientes en las Américas: trayectorias sociales e identitarias; 150 años de la abolición de la esclavitud en Colombia.* Ed. Claudia Mosquera, Mauricio Pardo y Odile Hoffmann. Bogotá: U Nacional de Colombia, Icanh, Ird, Ilsa, (2002) 333-347.

Martínez Perea, Gloria. Entrevistas por teléfono: 14 y 15 de marzo de 2009. 8 de mayo de 2009. 7 de mayo de 2010.

Relatos de vida de mujeres palenqueras en organizaciones del Caribe colombiano

Doris Lamus Canavate, Universidad Autónoma de Bucaramanga

San Basilio de Palenque es un corregimiento del municipio de Mahantes, departamento de Bolívar, cuya capital es la ciudad de Cartagena de Indias, en la costa Caribe colombiana. A unos 50 kilómetros de la capital, San Basilio es un poblado que simboliza la resistencia que sus antepasados opusieron a la violencia colonial y a la esclavitud a que fueron sometidos. Representa también hoy la resistencia a las condiciones de pobreza, exclusión y marginalidad en que continúan viviendo como consecuencia de aquella historia. Pese a todos los embates de la vida, el Palenque de San Basilio es una comunidad de cerca de 3000 personas con residencia permanente, que puede llegar a unos 10 000 habitantes, cuando se trata de las festividades patronales o las vacaciones de fin de año, épocas en las que la familia palenquera regresa a casa.

El poblado de San Basilio permanece como congelado en el tiempo. Las mismas calles polvorientas de hace siglos, las mismas casas modestas con sus techos de paja; otras que décadas atrás fueron hermosas, hoy se encuentran en franco deterioro por el tiempo y el abandono. En la amplia plaza bajo los árboles y en un costado hay una escultura de Benkos Biohó, el mítico héroe rebelde que luchó por la libertad de su pueblo (Arrázola). Allí cerca, en el marco de la plaza, hay una pequeña y antigua capilla de paredes blancas. Unas cuantas cuadras divididas en "el barrio arriba" y "el barrio abajo" conforman el poblado[1], circundado por dos arroyos –uno a cada costado– delimitan el lugar. La misma precariedad y marginalidad en que han vivido por siglos han permitido que importantes elementos de su cultura ancestral se conserven, pero la tradición oral fácilmente puede desaparecer. Por ello, desde hace unas tres décadas, los hijos e hijas del Palenque que han logrado educarse, sin olvidar sus orígenes, han hecho enormes esfuerzos no solo por recuperar sino por fortalecer la riqueza cultural que les ha valido el reconocimiento de San Basilio de Palenque como "Obra Maestra del Patrimonio Intangible de la Humanidad" por la Unesco en 2005. Parte de este esfuerzo ha estado orientado a la recuperación de una de las lenguas criollas que existen en Colombia y el mecanismo fundamental para su preservación y revitalización ha sido la *etnoeducación*. Los agentes directos de este trabajo, los educadores, en su mayoría son mujeres, con un profundo compromiso con su historia, su lengua, sus costumbres y prácticas sociales y culturales. Volveré sobre estos asuntos más adelante.

Es en el puerto de Cartagena de Indias donde se inicia la historia del cimarronaje y de los palenques en esta región del Caribe colombiano. Cimarrón era el africano que huía de sus captores y se escondía en el monte. Cuentan que los africanos, tanto hombres como mujeres, en cuanto llegaban a Cartagena o a otros puertos iniciaban la huída y muy pronto también la formación de palenques, lugares fortificados en los cuales vivían, se protegían y que con el tiempo dieron origen a una forma de vida en libertad desde el siglo XVI siempre perseguidos por las autoridades locales con el propósito de someterlos. Por ello, serán los palenques lugares de resistencia y de lucha por la conservación de la vida, la libertad y lo que podía sobrevivir de sus prácticas culturales de África. De este modo, los palenques constituyeron el punto de partida para la creación de una organización social de nuevo tipo que, además de extenderse por la región, dejó un legado cultural importante que sobrevive hasta hoy. Esta historia de rebeldía se recrea en el actual Palenque de San Basilio, una comunidad descendiente de los cimarrones del siglo XVII.

LENGUA RI PALENGE
Y PROYECTO ETNOEDUCATIVO

En San Basilio de Palenque sobrevive una de las dos lenguas criollas existentes en la actualidad en Colombia: el criollo palenquero. La otra es el criollo que se habla en las islas de San Andrés y Providencia, producto de la colonización inglesa. En la década de los años 80 algunos investigadores (Friedemann y Patiño), habían presagiado la desaparición de la lengua palenquera si no se tomaban medidas urgentes al respecto.

Para esa misma época en Cartagena, en el barrio Nariño, lugar de asentamiento de personas provenientes de Palenque, surgió una iniciativa que consistió en un programa de alfabetización a cargo de jóvenes palenqueros, hombres y mujeres, entre 16 y 18 años que cursaban el bachillerato, como parte de los requisitos académicos para su grado. Estos jóvenes, además de desarrollar su tarea educativa, "fueron partícipes de un proceso de interacción con la comunidad negra del barrio Nariño que les permitió observar su propia realidad desde otra perspectiva…" (Cassiani 20). "En la alfabetización empezaron a trabajar la lengua, la situación cultural. Los mismos rituales religiosos. Lo que significaba la lengua para ellos. Las danzas, los bailes. Para las vacaciones se iban a Palenque y hacían una serie de actividades que tenían que ver con el patrimonio cultural" (Cunin 230).

Una respuesta activa y comprometida surgió de la propia comunidad y con ella los procesos de etnoeducación que, con posterioridad, se institucionalizarían como política de Estado (Bodnar, Rojas y Castillo). Se propusieron no solo la recuperación de la lengua palenquera, sino la reestructuración de la educación y la reconstrucción de la historia general y local, así como el fortalecimiento de las propias relaciones internas de la comunidad y su interacción con su entorno social (Hernández, et alt).

Una de aquellas jóvenes que se iniciara con la alfabetización en el reconocimiento de su "propia realidad" es Teresa Cassiani[2], quien fuera maestra del Instituto Técnico Agropecuario Benkos Biohó, institución en la cual dirigió en 1992 el primer proyecto etnoeducativo basado en la tradición e historia de Palenque y la memoria colectiva de los abuelos palenqueros. Junto con Dorina Hernández Palomino, y otros educadores, presentaron el proyecto "La etnoceducación como camino de salvaguarda del patrimonio cultural palenquero" (Hernández), ganaron el Premio en Gestión Cultural 2006 del Ministerio de Cultura. El proyecto proponía fortalecer y desarrollar la identidad cultural, histórica y social de la comunidad del Palenque de San Basilio a partir del respeto y el reconocimiento de la diversidad cultural del país. También fortalecer la memoria colectiva y el sentido de pertenencia al territorio, así como la interculturalidad y la comprensión de todas las culturas (Hernández 9-10). En resumen, el objetivo era reconstruir y fortalecer la historia, la cultura, la lengua, la organización social, las prácticas medicinales, rituales de vida y muerte, la música, la danza, junto con las estrategias pedagógicas requeridas para incorporar toda esta riqueza cultural en la formación de las nuevas generaciones de Palenque. Con la etnoeducación la comunidad ha desarrollado un proyecto de vida a partir de *elementos propios*.

Sobre la implementación del proyecto etnoeducativo, quise averiguar directamente en el Instituto Benkos Biohó de San Basilio qué había pasado a lo largo de estos años. La respuesta la obtuve de Moraima Simarra Hernández. Ella es Licenciada en Ciencias Naturales y Educación Ambiental. Trabaja con niños y niñas de cuarto grado de primaria; además es madre de dos hijos adolescentes, hace parte del Consejo Comunitario *Macancamaná*, la máxima autoridad de Palenque, es la consejera de vivienda; es instructora de danzas en las Escuela de Danzas y Músicas Tradicionales Batata y pertenece a la Asociación de Mujeres Afrodescendientes "Graciela Cha Inés", entre otras actividades.

Moraima Simarra nos recibió en un salón de clases del Benkos Biohó con un saludo en lengua palenquera. Cuenta ella que en 1993 lograron desarrollar el proyecto institucional etnoeducativo hasta quinto de primaria. A partir de 2007 se continuó con sexto y hasta undécimo, es decir, la secundaria completa. Sobre la organización del currículo, comenta:

> Aquí se ve únicamente *historia afroamericana*. Está en proyecto la etnomatemática; ya no va a ser castellano sino arte…, allí entra lo artístico, la lengua, la educación física; en *cosmovisión y religiosidad* entra sociales, historia afro y religiosidad palenquera. Vemos la lengua palenquera desde preescolar hasta undécimo.

…la tarea de la etnoeducación es mantener las raíces, la cultura palenquera, porque siempre para conocer lo de afuera debe conocer lo suyo y Palenque, teniendo una lengua propia, no podemos enseñar solamente castellano e inglés (…), con la globalización se estaba perdiendo un poco [la lengua palenquera], pero gracias a que nosotros nos pusimos al frente con el proceso de comunidades negras, se está recuperando…

El proceso al cual alude Moraima Simarra, de "comunidades negras", fue una amplia e importante movilización que tuvo lugar en Colombia en los procesos previos y posteriores al cambio constitucional de 1991. Los debates que llevaron a la definición de la nación colombiana como multiétnica y pluricultural propiciaron la multiplicación de espacios de reflexión entre aquellos "grupos étnicos" existentes en el país y que habían sido "incorporados", en un proyecto de nación homogénea, con una sola lengua y una sola religión, lo cual produjo a lo largo de los tiempos, un efecto de *borramiento* de las diferencias culturales y de los valores que aquellos "otros" portaban históricamente, así como de sus conocimientos y prácticas, instaurando lo que algunos autores han denominado "democracia racial" (Rodríguez). La Constitución Nacional de 1991, la reglamentación de su artículo transitorio 55 y la Ley 70 de 1993 (conocida como Ley de Comunidades Negras), constituyen el marco normativo de la movilización y organización nacional denominada "Proceso de Comunidades Negras", que forma parte activa hoy del amplio movimiento afrocolombiano.

Un elemento, este sí, *absolutamente exógeno* que ha ingresado junto con la revaloración de "lo propio", de las tradiciones del palenque y con relativa importancia y visibilidad, al menos en los discursos de las maestras y de las mujeres en las organizaciones, es el asunto de la *igualdad de género*. Al respecto, dicen las propias mujeres, existe el reconocimiento del dominio masculino en la vida cotidiana y en los escasos espacios públicos, pero *las cosas empiezan a cambiar,* señalan ellas. En San Basilio también "existe el machismo, pero aquí lo tratamos las mujeres que estamos al frente de lo de género". A juicio de Moraima Simarra, un buen indicador del cambio es que los hombres, sus compañeros, utilizan en su discurso las expresiones "nosotros y nosotras"; es decir, "manejamos el discurso de la igualdad, la igualdad de género". Y, con respecto al currículo, puntualiza: "En el currículo, lo de género, lo estamos trabajando, lo generalizamos en la reestructuración del proyecto educativo institucional". Las maestras de San Basilio están haciendo lo que en el contexto de la formulación de políticas públicas se denomina "transversalizar el género". Es decir, el Instituto Benkos Biohó de Palenque lleva algunos pasos adelante con respecto a la formación de los niños y niñas con una visión de igualdad de género frente a la mayoría de las instituciones de educación de este país y, además, "desde lo afro".

Por otro lado, así como las instituciones educativas fortalecieron los procesos de identidad y valoración del patrimonio palenquero y, en general, afrodescendiente, organizaciones sociales y personas oriundas del lugar o descendientes de palenqueros, desde diversos frentes, trabajan para preservar la lengua. Rutzely Simarra, integrante de la Asociación de Mujeres Afrodescendientes del Caribe "Graciela Cha Inés", participa en un grupo de investigación llamado *Muntu*, cuyo propósito es el de contribuir en la recuperación de la lengua. Fruto de ello es el *Léxico de la lengua palenquera*, publicado en 2008 (Simarra et alt.), con la participación de educadores, estudiantes, padres de familia de la Institución Educativa Benkos Biohó, e instituciones como la Secretaría de Educación y Cultura del Departamento de Bolívar y el Ministerio de Cultura, así como especialistas en lingüística, como Rutzely Simarra. Juntas, estas personas han logrado desarrollar un léxico que contiene más de setecientos vocablos de la lengua palenquera, el cual se constituye en una importante herramienta para la revitalización del legado de tradición oral de Palenque.

Así, con el diseño y la implementación de un currículo escolar basado en la enseñanza de la historia, la lengua y la cultura palenquera que ya cumple 18 años, la formación de maestros y maestras etnoeducadores, el trabajo de investigación participativa y comunitaria y el redescubrimiento de una inmensa riqueza cultural, niños, niñas y jóvenes han empezado a valorar positivamente aquello de lo que habían llegado a avergonzarse: su lengua, la que hoy aprenden junto con el español y el inglés.

Alegría, alegría: sabores de palenque

Hace cerca de 15 años, caminando por la avenida Amazonas de la ciudad de Quito, me encontré con un cuadro casi surrealista en aquel momento y lugar. En la fría ciudad, en sentido contrario al mío venía una robusta mujer de piel negra con una generosa ponchera en la cabeza y su atuendo habitual, cual si se encontrara a la orilla del mar en Cartagena de Indias. Era una mujer de palenque vendiendo sus dulces en aquella distante y ajena tierra. Con el tiempo, las fuimos encontrando en las calles de Caracas, en las ciudades del interior de Colombia, tal como en nuestra infancia las vimos en las de Barranquilla. En la puerta de la casa todas las tardes, esperábamos oír sus voces graves anunciando: "alegría, alegría, con coco y anís".

Hoy en Cartagena son un icono frecuentemente utilizado en campañas publicitarias[3] institucionales para promocionar la imagen de la ciudad y del país en el exterior. Pero, en la vida real, la producción y venta de dulces, como toda actividad informal, es hoy complicada, competida, poco rentable y hasta perseguida por las autoridades. Cada vez resulta más controlada y regulada por la Policía, sobre todo en Cartagena, por tratarse de una ciudad eminentemente turística, pretendiendo velar por la seguridad y el orden público en las playas.

Todo ello hace que las palenqueras se vean obligadas a ir cada vez más lejos con sus platones de dulces sostenidos en su cabeza. Organizan entonces su periplo, una especie de ciclo de tres y más meses durante los cuales un grupo sale de San Basilio hacia distintas ciudades del país (o hacia las fronteras al norte y al sur de Colombia). Al cabo de ese tiempo regresan unas y salen otras, cuando no se quedan definitivamente en estas ciudades, lo cual ocurre con alguna frecuencia. Para su estancia y trabajo, alquilan una modesta vivienda en el lugar y por ello siempre han tenido el sueño, el proyecto, de producir y no tener que dejar a los hijos e hijas, "sin control" en la casa. Con este propósito han creado una organización (junto con los productores rurales y los servicios de etnoturismo), Asopraduse, con la cual aspiran a resolver este dilema.

Ana Benilda Cáceres Obeso[4] es una mujer palenquera y participa del proyecto de Asopraduse. "Hago cocadas, alegrías, enyucados, dulces sueltos, que son muy famosos". Y los hace desde que tenía 12 años. "Aprendí viendo a mi mamá". Tiene tres hijos, "el mayor tiene

20, el segundo 14 y la niña 9 años. El papá se fue a Caracas y no vino más". Ana Benilda distribuye sus dulces "en varias ciudades: Caracas, Montería, Cartagena, Garzón (Huila), Sincelejo, en donde uno vea el núcleo de venta".

A Caracas se fue Ana Benilda la primera vez,

> ... sin papeles; entré por la frontera de Maicao, pusieron mucho problema pero como las cocadas producen emoción en todas partes donde uno las muestra, entonces hay policías que ponen problema pero hay otros que no. Iba con dos compañeras más, con sus cocadas, con platón y todo. Llevamos poquitas hechas pero allá mismo las fabricamos y salimos a promocionarlas. Nos va bien pero todo se queda acá, no hay cómo presionar a los hijos para que vayan a la escuela y esa es la idea de Asopraduse, no tener que salir de acá. Otras compañeras van a Cúcuta, a Bucaramanga, a Ecuador.

EL LUGAR DE LAS MUJERES EN EL MOVIMIENTO AFROCARIBE

Los procesos constitucionales a que hice referencia con anterioridad han coadyuvado para que las comunidades negras de Colombia avancen no solo en la recuperación de su cultura y sus tradiciones, sino también en el desarrollo organizativo, cultural, social y político de estas comunidades. El conjunto de las organizaciones del movimiento han sido tradicionalmente dirigidas y lideradas por varones. Sin embargo, en décadas recientes se ha producido una suerte de "implosión" (Flórez) en el movimiento amplio afrocolombiano y en diversas organizaciones en las cuales las mujeres han ido tomando lugar destacado. Muchas de ellas han creado espacios *propios,* solo de mujeres, en los cuales definen orientaciones relacionadas con su identidad afrocolombiana o negra y de género, con una particularidad –contrariamente a lo que la mayoría de las organizaciones feministas y de mujeres entienden por "el trabajo de género" – las afrocolombianas se inclinan por una intervención también con los hombres, pues creen que ellos tienen una responsabilidad importante en la tarea de construir relaciones de igualdad con las mujeres.

Además, estas organizaciones participan de las demandas del movimiento afrocolombiano regional y del movimiento social de mujeres de la costa Caribe (Lamus, *Negras* 157). Defienden sus derechos y los de muchas otras mujeres que requieren de formación, capacitación y asesoría en diversos campos. En muy buena medida, los logros alcanzados por las comunidades palenqueras y afrocolombianas de la región Caribe colombiana se deben a la participación comprometida de organizaciones constituidas por mujeres con tales propósitos. Mujeres como las maestras Moraima Simarra y Teresa Cassiani del instituto Benkos Biohó, o algunas de las creadoras del *Léxico de la lengua palenquera*, como Rutzely Simarra, forman parte de diversas organizaciones que trabajan por el bienestar de su comunidad, sus derechos y su cultura.

En esta perspectiva se creó en 1992 la Asociación de Mujeres Afrodescendientes del Caribe "Graciela Cha Inés"[5], radicada en Cartagena y con influencia en la región Caribe que, dentro del movimiento nacional afrocolombiano, se identifica con el Proceso de Comunidades Negras (PCN), al tiempo que forma parte de otros grupos y organizaciones de la ciudad y mantiene activas relaciones con el movimiento feminista y de mujeres de la región Caribe. Como explica Jacqueline Cervantes, una de sus integrantes:

> Nos reunimos bajo las directrices del PCN a nivel nacional y bajo los principios de libertad, identidad y derecho a un territorio, los cuales nos permiten consolidar una visión de trabajo colectiva. Además, como mujeres trabajadoras del movimiento de mujeres, reivindicamos la perspectiva de género, tema que nos ha preocupado mucho…

Sobre el origen del nombre de la organización, cuenta Rutzely Simarra, otra de sus integrantes:

> Graciela Cha[6] Inés, lo tomamos de dos grandes e importantes mujeres de la cultura palenquera. *Graciela* es una tamborera, es la más representativa *cantaora del lumbalú* hace parte de las Alegres ambulancias[7], un grupo de *bullerengue*[8] *palenquero* muy representativo que ha mostrado su folclore en muchas partes del mundo; hace como dos años, estuvieron en Francia y en muchos eventos en Colombia. Y *Cha*[9]

Inés es una anciana que tiene mucho bagaje sobre la cultura
palenquera, ya está bastante mayor y es una de esas insignias
que guardan toda esa historia que ha hecho importante a la
comunidad de San Basilio.

La organización "Graciela Cha Inés" está en función de aportar a
la construcción y consolidación del movimiento afrocolombiano con
una nueva perspectiva integradora, puntualiza Rutzely:

Estamos apostándole al *desarrollo integral con perspectiva de género*; también a tratar de consolidar *nuestros referentes culturales
y nuestra historia como mujeres*. A trabajar sobre la equidad, la
igualdad y la participación política en los escenarios públicos,
con las instancias de participación política, para que ganemos
también representación y visibilidad en el entorno.

Además de su lucha permanente por incidir en la formulación de
políticas públicas para las mujeres afrodescendientes, las actividades
actuales de la organización se centran en las mujeres vendedoras y
peinadoras de las playas de Cartagena y las mujeres de familias desplazadas por el conflicto armado en el departamento de Bolívar. El
trabajo consiste, básicamente, en el fortalecimiento organizativo, la
promoción de formas de asociación que les permitan responder a un
proceso que algunos medios han denominado de "privatización"[10]
de las playas de Cartagena, y que consiste en entregar en "concesión"
a las cadenas de hoteles extensiones considerables de playa –consti-
tucionalmente definidas como propiedad estatal–, espacio que estas
empresas entran a controlar, lo cual implicaría la restricción para el
ingreso de vendedores, incluidas las palenqueras.

De este modo, lo que hace el "Graciela Cha-Inés" con cerca de
80 mujeres de las playas, es consolidar un proceso organizativo que
propugna por el acceso a estos escenarios públicos en igualdad de
derechos, dentro de las condiciones del trabajo en las playas y respetando también su derecho a compartir el espacio público, precisamente
porque ellas, las palenqueras con su atuendo –hoy "modernizado" y
"folclorizado"–, son las que aparecen en las revistas, en los afiches
en los aeropuertos, mostrando imágenes de Cartagena y de Colombia.

El "Graciela Cha-Inés" trabaja también con un grupo de mujeres afectadas por la violencia y el desplazamiento forzado y con jóvenes, hombres y mujeres, de la Loma, un sector altamente deprimido y vulnerable de Cartagena. En estos sectores intervienen en problemas como la ausencia de auto-reconocimiento como afrodescendientes; así mismo desarrollan talleres con temas como la drogadicción, los embarazos en adolescentes, muy frecuentes en el sector; también ocupan creativamente el excesivo tiempo de ocio improductivo, promoviendo actividades deportivas y recreativas.

Con el movimiento social de mujeres de Cartagena y Bolívar, frente a la alta incidencia de violencia doméstica y abuso sexual, participan en campañas que se han extendido a las otras ciudades de la costa Caribe. Las organizaciones denuncian los hechos y demandan "Una vida libre de violencia para las mujeres".

Teresa Cassiani Herrera es la voz de la experiencia en el grupo. Es la misma que inició su historia con la alfabetización en el barrio Nariño siendo aún una adolescente: "soy palenquera, estoy en el Proceso de Comunidades Negras, *al frente,* con este grupo de mujeres y otras de la Asociación de Mujeres Afrodescendientes del Caribe". Su trabajo se orienta "a todo lo que tiene que ver con género y mujeres". Desde 2007 es docente etnoeducativa en Cartagena, luego de haber trabajado por más de una década en San Basilio. Reconoce que su proceso ha tenido la influencia del feminismo local, pero que está pendiente la tarea de "ver el género desde lo afro"; aunque se han hecho intentos desde el PCN, existen resistencias "de compañeros y compañeras también", comenta Teresa.

La resistencia de los hombres y de muchas personas (no solo afrodescendientes) a la discusión sobre las asimetrías que ha construido la cultura patriarcal en las relaciones entre hombres y mujeres y la subvaloración que, con frecuencia, se hace de las actividades atribuidas al ser femenino, es un problema que las mujeres, no solo feministas, siguen y seguirán cuestionando y cambiando en la medida de lo posible, gracias a una mayor conciencia y conocimiento del carácter sociocultural y, por tanto, modificable de unas prácticas *naturalizadas.* Y esta es su propuesta: "ver el género desde lo afro".

Para terminar, en estas pocas páginas he intentado delinear unos relatos de vida de un grupo de mujeres, no solo para destacar su líderazgo y compromiso con su comunidad y con la región Caribe, sino con el propósito de simbolizar, con sus historias, las de muchas otras, generalmente poco visibles, ocultas tras labores interminables en los hogares de otras mujeres, cuidando a otros hijos, alimentando a otras familias, mientras los propios esperan por su regreso con el sustento diario. Más que mirar los atributos exóticos y folclóricos que muchas veces se destacan de estas mujeres, he querido subrayar aquí su capacidad de lucha, su sentido de responsabilidad social y de compromiso con su comunidad, con la región y con Colombia.

Muy a nuestro pesar, ellas llevan en su piel el estigma de una historia que hoy se refleja en las cifras que dan cuenta de su alta vulnerabilidad como población, y los consecuentes riesgos de que las nuevas generaciones pertenecientes a los estratos más pobres reproduzcan, casi sin ninguna modificación, las cifras de la afrodiscriminación (Viáfara, Urrea-Giraldo y Correa 153-345). La tarea que emprenden las organizaciones no es, por tanto, menor. Con los mínimos recursos y muchas ganas, se enfrentan a problemas estructurales de la sociedad colombiana: la pobreza, el machismo y el racismo. Pero es precisamente porque existen personas con tal grado de conciencia y compromiso que el mundo cambia, y es precisamente a través de los procesos organizativos de la sociedad civil movilizada como en la actualidad se demandan y se construyen proyectos de cambio social y cultural.

NOTAS

[1] Alcaldía de Mahates. Web. http://mahates-bolivar. gov.co/apc-aa-files/366431303265333435623366 33303566/sbasilio_ poblacion. jpg. 18/02/2010.

[2] También fue la primera docente de la Cátedra de Estudios Afrocolombianos de la región Caribe. Hoy es líder de una organización de mujeres afrodescendientes llamada "Graciela Cha Inés". Vuelvo sobre ello más adelante.

[3] El titular de *El Tiempo,* en los 50 años de BID, en Medellín, dice: "Con movimientos de cadera, las palenqueras de San Basilio llevan frutas a los visitantes del BID". 29/03/2009. Web. <http://www.eltiempo.

com/bid/con-movimientos-de-cadera-las-palenqueras-de-san-basilio-llevan-frutas-a-los-visitantes-del-bid_4911148-1>. 10/07/2010.

[4] Entrevista realizada en agosto de 2009, en San Basilio de Palenque.

[5] Entrevista realizada en la sede del PCN, el 6 de agosto de 2009, a Jacqueline Cervantes Obeso, Rutzely Simarra Obeso, Tatiana Pérez Cassiani, Ana María Cassiani y Teresa Cassiani.

[6] El lumbalú es una ceremonia de carácter funerario y ritual que se realiza con ocasión de un velorio en San Basilio de Palenque. Colombia Aprende. Web. http://www.colombiaaprende.edu.co/html/etnias/1604/article-85706.html. 25/03/2010.

[7] "Alegres ambulancias, más alegres que nunca". Palenque de San Basilio. 30/03/2007. Web. http://palenque desanbasilio.masterimpresores.com/servicios/gestor page.asp?id=34. 10/07/2010.

[8] Danza efectuada solo por mujeres. Es quizás uno de los bailes en los cuales se destaca con mayor fuerza la ascendencia africana en los tambores, el palmoteo y el canto coral que acompaña su ejecución. Al parecer, surgió como una reacción cultural dentro del contexto ceremonial de las comunidades cimarronas, probablemente en el palenque de San Basilio. En esencia es una danza ritual que se realiza de manera especial cuando las jóvenes llegan a la pubertad. Simboliza la fecundidad femenina. Colombia aprende. Web. http://www.colombiaaprende.edu.co/html/etnias/1604/article-83214.html Ver video en: http://www.vidoemo.com/yvideo.php?baile-de-bullerengue-escuela-de-danzas-batata-san-basilio-de-palenke-cartagena-colombia=&i=NmlRVk4tc WuRpS21LbDg. 25/03/2010.

[9] Cha significa tía en lengua palenquera.

[10] Artículo publicado en El Espectador, 17/09/ 2009. Web. <http://www.elespectador.com/noticias/nacional/articulo161985-via-libre-privatizacion-de-una-playa-cartagena>. 01/08/2010.

[11] Publicado por El Espectador 22/07/2009. <http://www.elespectador.com/noticias/nacional/articulo152125-falta-de-agua-potable-100-familias-protestan-cartagena>. 01/08/2010.

OBRAS CITADAS

Arrázola, Roberto. *Palenque Primer pueblo libre de América*. Cartagena: Ediciones Hernández. 1970. Impreso.

Bodnar, Yolanda. "Una mirada a la etnoeducación desde las prácticas pedagógicas culturales". Bogotá: 2009. *Corprodic*. <http://www.corprodic.com/una_mirada_a_la_etnoeducacion.pdf>. 10/04/2010.

Cassiani, Alfonso. "Las comunidades renacientes de la costa Caribe continental: construcción identitaria de las comunidades renacientes en el Caribe continental colombiano". *Afrodescendientes en las Américas: trayectorias sociales e identitarias,* Bogotá: Universidad Nacional de Colombia-ICANH-IRD-ILAS. 2002. 573-592. Impreso

Cunnin, Elisabeth. *Identidades a flor de piel. Lo 'negro' entre apariencias y pertenencias: mestizaje y categorías raciales en Cartagena (Colombia),* Bogotá: IFEA-ICANH-Uniandes-Observatorio del Caribe Colombiano.

Flórez-Flórez, Juliana. "Una aproximación a la dimensión del disenso de los movimientos sociales: la implosión de la identidad étnica en la red "Proceso de Comunidades Negras" de Colombia". *Colección Monografías*, Nº 12. Caracas: Programa Globalización, Cultura y Transformaciones Sociales, CIPOST, FACES, Universidad Central de Venezuela. 2004. Impreso.

Friedemann, Nina S. de y Carlos Patiño. *Lengua y sociedad en el Palenque de San Basilio*, Bogotá: Instituto Caro y Cuervo.1983. Impreso.

Hernández Palomino, Dorina, *et alt*. "La etnoeducación como camino de salvaguarda del patrimonio cultural palenquero", Cartagena de Indias: 2006. Versión electrónica cedida por Dorina Hernández, marzo 2010.

Lamus Canavate, Doris. "Negras, palenquera, afrocartageneras: Construyendo un lugar contra la exclusión y la discriminación". *Revista Reflexión Política*. 23(2010)152-166.

— "Mujeres negras/afrocolombianas en los procesos organizativos en Colombia: un aporte al estado del debate". *Revista Reflexión Política*. 21(2009)108-125. Impreso.

— "El lugar político de las mujeres en el movimiento negro/afro-colombiano". *Revista Reflexión Política*. 20 (2008) 237-257. Impreso.

Patiño Roselli, Carlos. "Historia y Sociedad en la génesis de las lenguas criollas". *Revista de Estudios Sociales*. Universidad de los Andes. Bogotá: 2002. 109-115. <http://redalyc.uaemex.mx /pdf/815/81501313. pdf>. 20/02/2010.

Pérez Palomino, Jesús Natividad. "Palenque patrimonio oral e inmaterial: entre lo tuyo y lo mío". 50-63. *Fundación Bat*. 26 mayo. 2006. <Palenque patrimonio oral e inmaterial:>. 20/01/2010.

Rodríguez Garavito, César, et alt. "Raza y derechos humanos en Colombia". *Informe sobre discriminación racial y derechos de la población afrocolombiana*. Universidad de los Andes, Centro de Investigaciones Sociojurícias, CIJUS, Bogotá: 2009. Impreso.

Rojas, Axel, comp. *Cátedra de Estudios Afocolombianos. Aportes para maestros*. Cali: Universidad del Cauca. 2008. Impreso.

— y Elizabeth Castillo. Educar a los otros: Estado, políticas educativas y diferencia cultural en Colombia. Cali: Edit. Universidad del Cauca. 2005. Impreso.

Simarra Obeso, Rutzely. *et alt.* "Lengua ri palenge jende suto ta chtia". *Léxico de la lengua palenquera*. Instituto de Educación e Investigación "Manuel Zapata Olivella", Cartagena: 2008. Palenque de San Basilio Jul. 19 2009. http://palenquedesanbasilio. masterimpresores. com/servicios/gestor/categor y.asp?id=2. 12/05/2010.

Viáfara López, Carlos Augusto, Fernando Urrea-Giraldo, y Juan Byron Correa Fonnegra. "Desigualdades sociodemográficas y socioeconómicas, mercado laboral y discriminación étnico-racial en Colombia: análisis estadístico como sustento de Acciones afirmativas a favor de la población afrocolombiana". *Acciones afirmativas y ciudadanía diferenciada étnico-racial negra, afrocolombiana, palenquera y raizal. Entre Bicentenarios de las Independencias y Constitución de 1991*. Bogotá: Centro de Estudios Sociales, Universidad Nacional de Colombia. (2009)153-345.

"San Basilio de Palenque frente a los Objetivos de Desarrollo del Milenio, Observatorio del Caribe Colombiano". *PNUD*. Cartagena: PNUD. 2008. Web. <http://www.pnud.org.co/img_upload/33323133323161646164 616461646164/ODM%20Palen-que.pdf >. 25/02/2010.

Costa Rica

Un camino, un sueño, un desafío. Cambio, identidad y compromiso

Epsy Campbell Barr, expresidenta del Partido Acción Ciudadana, Costa Rica

Introducción

Mi vida ha sido un camino permanente, para aportar en el sueño de un mundo en el cual todas las personas, sin pretexto alguno, podamos vivir dignamente. Desde mi identidad de mujer afrodescendiente he utilizado todas las herramientas posibles para convertirme en una protagonista de mi propia historia, de la historia de mi gente y de la historia de mi país, que asume que es parte de un colectivo que toma la palabra, hace las propuestas y se incorpora en los movimientos de transformación y justicia que nuestros ancestros iniciaron desde hace centurias.

El presente ensayo es un relato de la forma mediante la cual decidí ubicarme como ciudadana plena de derechos, no solo para ejercer el derecho al voto sino, también, para representar a mi gente en el más amplio sentido de la palabra. Se trata de una reflexión autobiográfica, como mujer afrodescendiente, de la experiencia política vivida, que empieza por un compromiso en la lucha social a favor de los derechos humanos y llega a mi incorporación en la actividad política formal del país, Costa Rica; al ser electa diputada para el período del 1 de mayo de 2002 al 30 de abril de 2006, candidata a la vicepresidencia en 2006 y precandidata presidencial en 2009.

Soy el resultado de una larga historia de más de 500 años en el continente americano. Soy costarricense por nacimiento, afrodescendiente por identidad histórica y cultural, y ciudadana del mundo por derecho propio.

Partí de las luchas que muchas y muchos hicieron antes que yo, fue el reconocimiento de lo avanzado por mis ancestros, principalmente mi abuela, lo que me permitió tener la fuerza y las agallas para no tener miedo, para tener coraje, para avanzar a pesar de los obstáculos que muchos pusieron en mi camino, para no desmayar cuando me sentía cansada, para llevar la mística de tanta gente que creyó en mí y que tenía cifrada la esperanza en el trabajo que estaba haciendo. Miro atrás solo para aprender de los pasos ya recorridos y marcar el rumbo de todo lo que debo conquistar para las personas que menos tienen, para las que aún en silencio esperan la oportunidad de por lo menos llegar a ser protagonistas de sus propias vidas.

Soy una mujer privilegiada pues he contado con las condiciones para convertirme en una activa protagonista de la vida de mi país y de mi pueblo. Provengo de las más de 80 millones de mujeres afrodescendientes que son parte del grupo, casi insignificante, que emerge ante la oportunidad real de participar en los procesos de desarrollo de su país, desde la primera fila.

Entré a la política desde mi activismo social, desde mis luchas por los derechos de las mujeres, de los pueblos y las comunidades afrodescendientes, por mi inconformidad al sentir que la mayoría de quienes estaban en la arena política lo hacían con fines absolutamente personales o gremiales. Aproveché un maravilloso espacio que la vida me entregó y me convertí en parte de un grupo de costarricenses que dijo que era posible construir una sociedad sin exclusión y sin discriminación.

Mi intención, tanto en el pasado como en el presente, es ser yo misma, con mis defectos, mis virtudes, mis aciertos y mis errores. Mi intención ha sido, y sigue siendo, hacer propuestas, denunciar y enfrentar la realidad del país y de este continente en el que vivo para construir sociedades nuevas, sin discriminaciones ni exclusiones. Por eso, sigo sin hacer cálculos en mis respuestas, sin pensar en un futuro político; me siento feliz porque continúo hablando con el corazón y acompañada de mi razón.

Este ensayo me permite compartir lo que he ido construyendo con mi propia práctica, como una nueva forma de hacer política. Soy consciente de lo que hago porque como mujer afrodescendiente he sido de aquellas que estaban dispuestas a arriesgarlo todo por los que no tienen nada. Esta autobiografía nació de un ensayo que hice a propósito de una publicación impulsada por la doctora Martha Moreno, para exponer al mundo, a nuestro continente, a nuestros países y a nuestras comunidades, quiénes somos las mujeres afrodescendientes que estamos siendo protagonistas de nuestras vidas y en nuestras comunidades.

Es un esfuerzo más para romper el silencio, la invisibilidad, la ignorancia de esas sociedades que se empeñan muchas veces en no vernos o en vernos estereotipadamente. Es un grito a la vida. Es un llamado de esperanza para las niñas negras, quienes necesitan referentes para observar lo que hemos hecho algunas de nosotras.

Se trata entonces de un esfuerzo de contar lo vivido para soñar, para darnos fuerza las unas a las otras, para reconocernos entre nosotras, para escribir nuestra historia de la manera en que la hemos vivido. Es un relato para la sociedad en la que vivo y para el mundo del que soy parte. Es trasladar un poquito de mi espíritu y mi alma a mi gente afrodescendiente en donde quiera que esté; pero también a todas las personas que luchan cada día por los derechos de otros y contra la discriminación y el maltrato.

Desde el principio

Nací en San José, Costa Rica, en un barrio de clase baja, soy la cuarta de una familia de siete, cinco mujeres y dos hombres. Mi padre trabajaba en una lavandería y mi mamá se dedicaba a las labores domésticas. Cuando nací, mi hermana mayor aún no cumplía los 4 años. Mi nombre me marcó la vida pues llevo orgullosamente el nombre de mi abuela paterna, una mujer luchadora que hizo todo lo que estuvo a su alcance para transformar las adversas condiciones socioeconómicas suyas y las de sus cinco hijas y dos hijos. Nací unos años después de su muerte, así solo tengo de ella referencias de mi padre y de las tías; muy pronto deduje que con su nombre heredaba su fuerza y su determinación.

El esfuerzo de mi padre y de mi madre nos permitió a mis hermanos y a mí culminar los estudios universitarios. Mi papá logró graduarse como economista debido a su perseverancia y a pesar de un matrimonio temprano, de una familia tan numerosa y de un humilde trabajo.

Tuve una infancia feliz con oportunidades de acceder al arte, al deporte y a la recreación, a pesar de las evidentes limitaciones familiares, pero la visión de mis padres y los servicios gratuitos que, por aquellos años, se ofrecían en San José lo hicieron posible. Como familia nos acostumbramos a ser los únicos negros del barrio, de la escuela, de la clase y prácticamente de todos los lugares en donde participamos. Por eso, muy pronto nos enseñaron a defendernos de cualquier manifestación de discriminación y de racismo. Sin llorar, sintiéndonos orgullosos de quienes éramos, aprendimos no solo a contestar los insultos sino a afirmarnos con fuerza y determinación.

Tuve la oportunidad de estudiar durante 9 años música (flauta y saxofón) en el Programa Juvenil de la Orquesta Sinfónica Nacional. Esto me permitió desarrollar la sensibilidad para apreciar el arte y la vida en general.

Desde mi infancia luché en el círculo familiar por lo que creía justo o injusto. Siempre consideré injusto que las hermanas tuviésemos responsabilidades diferentes que los hermanos y nunca me cansé de levantar esa bandera, la mayoría de las veces perdida.

Mi activismo se inicia en la casa pues pedí que las responsabilidades domésticas que nos imponían a las hermanas debían ser asumidas igualmente por mis hermanos. Nunca dejé de reclamar dentro de la familia derechos y responsabilidades iguales para mujeres y hombres.

Me casé pronto y me convertí en madre, apenas empezaba la carrera universitaria, lo que me obligó a desplazarme a Limón, en el caribe de Costa Rica, donde existe la mayor concentración de población afrocaribeña. Allí viví por más de diez años, aprendiendo, a ensayo y error, a ser madre de Tanisha primero y de Narda. Estudié, trabajé y con esfuerzo me hice líder estudiantil y comunal.

Tani y Narda, como niñas y adolescentes, también aportaron a las luchas sociales, participando en reuniones y renunciando involuntariamente a un tiempo que su mamá dedicaba simultáneamente a la maternidad, al estudio, al trabajo y al activismo. Ellas tuvieron que aprender a generar un espacio de complicidad y de amor de hermanas para enfrentar la vida.

El liderazgo estudiantil
y juvenil en Limón

Me inscribí en la sede regional de la Universidad de Costa Rica en Limón, donde mi matrimonio temprano me llevó. Allí busqué continuar con mi preparación universitaria, sin dejar las responsabilidades domésticas y con menos oportunidades locales para continuar con las actividades que desarrollaba. Sin embargo la oferta académica y la infraestructura eran realmente deprimentes. Como muchos limonenses pude comprobar la discriminación que se vivía en esa provincia donde vive la mayoría de la población negra.

Con la organización estudiantil empecé a desarrollar propuestas para generar más participación colectiva como el único mecanismo para solucionar los problemas que tenía la universidad. Con organizaciones de desarrollo luché contra el racismo, por los derechos de las mujeres y de las comunidades afrocostarricenses. Pero dediqué más tiempo al activismo estudiantil que al estudio, pues la universidad no ofrecía carreras completas, ni opciones reales para culminar una carrera universitaria.

La vinculación al activismo internacional

Participé en actividades sociales por medio de la agenda de juventud y por el desarrollo sostenible, fue también, desde Limón, cuando empecé a aprovechar las oportunidades de apoyo internacional para las luchas locales. Mi incursión en el activismo internacional me permitió reforzar la agenda interna, y exponer la invisibilidad de los afrodescendientes y especialmente de las mujeres.

En ese trabajo internacional encontré el incentivo para escribir y hacer propuestas en temas económicos, desde una perspectiva de desarrollo humano, para contribuir con diversos sectores excluidos y promover una verdadera agenda de desarrollo sostenible a largo plazo. Se inició así una larga tarea de alianzas con líderes de mayor perfil para lograr una inserción en redes de trabajo que luchan por la inclusión social y la democracia.

Son muchos los procesos en los que traté de vincular lo local con lo nacional e internacional; participé ampliamente en el proceso de la Conferencia Mundial del Ambiente, ECO 92 realizada en Río de

Janeiro. Llevaba la perspectiva de la gente joven como mujer afrodescendiente. Pude ser parte del comité internacional para promover la
conferencia paralela de la sociedad civil que representba a América
Latina; esa conferencia reunió a miles de personas de organizaciones
sociales. También integré el comité internacional que organizó la conferencia mundial preparativa de Juventud 92. Además formé parte de
la coordinación latinoamericana de seguimiento a la IV Conferencia
Mundial de las Mujeres.

Como parte de ese proceso participé en el I Encuentro de Mujeres Negras de América Latina y el Caribe que se realizó en República
Dominicana, en julio de 1992, lo que me permitió a mí y a dos compañeras más vincularnos con un sinnúmero de organizaciones y de
mujeres líderes negras de toda la región e intercambiar experiencias
para fortalecer los roles de liderazgo que estábamos asumiendo. Por
primera vez, en ese entonces pensamos en constituir una organización de solo mujeres afrocostarricenses, para poder abordar nuestra
realidad y hacer reflexiones, propuestas y acercamientos en un espacio
propio y autónomo.

Entre la vida personal y la vida de activista

Debatía entre el deseo de lucha por todo aquello que consideraba
injusto y el tiempo que debía dedicarles a mis dos pequeñas hijas quienes, muchas veces, fueron sacrificadas por las incontables agendas que
tenía que llevar a cabo producto de un activismo extremo. La gente
en Limón empezó a conocerme por el ímpetu de mis discursos y por
el compromiso que demostraba con distintas causas.

El terremoto de Limón de 1991 marcó mi vida, pues perdí la casa
recién comprada con un esfuerzo extraordinario, mis hijas tuvieron
que vivir casi un año en la casa de los abuelos y, sentí de manera más
cruda, la pobreza y la exclusión del desarrollo de las comunidades de la
región. El terremoto acabó con mi casa y desintegró a la familia, pues
mi esposo se fue a trabajar fuera del país para hacer frente a esa realidad
y transformó la vida misma. En los días posteriores trabajé intensamente por los damnificados buscando y repartiendo alimentos y ropa
a la gente que se había quedado sin casa. Fui a San José a promover
una red popular de apoyo para los cientos de personas que lo habían
perdido todo, y fui de las creadoras de una Comisión de emergencia

popular, aunque rápidamente fui desplazada de la coordinación por la discriminación de algunos líderes sindicales, siempre sedientos de protagonismo y a quienes les parecía inaceptable que una mujer negra y joven, como yo, se sentara con ellos en igualdad de condiciones, a tomar decisiones sobre la forma en que se repartiría la ayuda. No obstante, la desmotivación me duró poco; había tanto por hacer que rápidamente estaba ya realizando diversas tareas para contribuir en las interminables labores de la emergencia.

Ese esfuerzo enorme que me hizo trabajar de 12 a 16 horas por día, me hizo olvidar que yo también era víctima de la tragedia y que, también, debía de buscar soluciones para una casa que estaba destruida y para resolver mi condición de inquilina temporal de vecinos, amigos y familiares.

Pero el terremoto me motivó también a participar activamente en la creación de una organización para el desarrollo sostenible, con un grupo de amigos de la universidad que quería fervientemente no solo quejarse sino ser capaz de dar respuesta a los innumerables problemas que se vivían, agravados por la tragedia en Limón, una de las regiones de mayor rezago del país. En eso puse el mayor esfuerzo y parte de mis sueños de futuro pero, en menos de 4 años, cuando se empezaban a ver los resultados, la avaricia de unos cuantos trató de llevar el proyecto hacia un mecanismo de beneficio personal. Además querían eliminar de la agenda temas básicos para mí, como los derechos humanos de las mujeres y de los afrodescendientes y la lucha contra el racismo.

Luché junto con mis dos compañeras Ann Mc Kinley y Jeanneth Cooper para evitar que el proyecto que habíamos construido fracasara por el egoísmo y la miopía. Pero pronto tuve que reconocer mi primera gran derrota, pues fue imposible reencauzar el barco y, finalmente, las tres tuvimos que abandonar la organización para buscar otras trincheras de lucha.

El retorno a San José

Esa situación me hizo replantearme la permanencia en Limón; ya tenía poco más de diez años de vivir allá y formaba parte de un proceso de construcción de una organización específica de mujeres negras que podía seguir su camino, no solo en Limón. Había postergado, por la carencia de oferta académica, la conclusión de mis estudios universitarios; mi matrimonio no iba bien y mis hijas se hacían grandes. Estos hechos me hicieron finalmente tomar la decisión de regresar a San José.

El proceso de transición fue muy difícil, a pesar de contar, como siempre, con el apoyo incondicional de mi familia. El estudio se me hacía difícil pues debía terminar la carrera interrumpida por mis responsabilidades, autoimpuestas, de activismo y de lucha a favor de las mujeres. Además, debía convertirme en cabeza de familia y darle forma al Centro de Mujeres Afrocostarricenses.

En San José pude terminar mis estudios de Economía, volver al activismo y consolidar el Centro de Mujeres Afrocostarricenses, continuar mi trabajo internacional, y participar en diversos espacios de coordinación del movimiento de mujeres y de lucha contra el racismo. Mi vuelta a San José también me hizo decidir lo que podía hacer por Limón y lo que no podía hacer. No dejé atrás mis luchas comunales, pero tuve que buscar la forma de contribuir, desde fuera de la provincia. Por esa razón el Centro de mujeres afrocostarricenses se convirtió en una herramienta poderosa, pues se podía articular el trabajo con las mujeres negras que vivían en Limón, apoyar y contribuir con lo que se estaba haciendo desde allí. Así se dio una dimensión nacional e internacional a las reivindicaciones locales con la coordinación de esfuerzos de las mujeres y los afrodescendientes.

Fue una nueva apuesta para realizar el trabajo con el que estaba comprometida. Para ese momento, la vida ya me había demostrado que puede contribuirse a la construcción de sociedades más justas y felices desde muy diferentes lugares. Y trabajé sin tratar de competir con nadie para aportar a los múltiples esfuerzos que se están llevando a cabo en este sentido.

Participé en la IV Conferencia Mundial de las Mujeres en Beijing en 1995, para llevar la voz de las mujeres afrocostarricenses. Lograr la financiación y el espacio para las mujeres negras fue un gran esfuerzo interno del movimiento de mujeres en Costa Rica. Se logró incorporar el tema de la diversidad en la distribución de espacios, pero hubo tensión y disputa. La Conferencia nos permitió encontrarnos con otras compañeras afrodescendientes con las cuales coordinamos los temas relacionados con el racismo y la invisibilización de los más de 75 millones de mujeres del continente americano. Allí planeamos lo que sería el II Encuentro de Mujeres Negras y yo misma asumí el desafío de realizarlo en Costa Rica.

Con el tiempo fui desarrollando una de las habilidades más importantes que la vida me ha dado: el poder de la palabra como herramienta de lucha permanente, y para buscar más y más aliados para la construcción de sociedades más justas. El paso del tiempo me ha enseñado a ser más sensible al dolor ajeno y a indignarme por las injusticias y a seguir con mi compromiso. Me tuve que volver estudiosa en los temas de la exclusión y de los derechos humanos para integrarlos a los conocimientos académicos que me había dado mi educación universitaria como economista.

Continué con el trabajo nacional e internacional de las organizaciones, convencida de que mi aporte estaba del lado de la gente y no de la política. Siempre me dije y les dije a los otros que para contribuir con la sociedad en la que una vive, no era necesario entrar a la política a disputar puestos con nadie. Por el contrario, consideré que el aporte de las organizaciones se convertía en un mecanismo crucial para generar democracia y para exigirles a los políticos, cada vez más "inútiles y oportunistas", dar respuestas a la gente.

El desarrollo nacional estaba directamente relacionado con el desarrollo regional y global, así que, con el Centro de Mujeres Afro, impulsé un espacio de coordinación de mujeres, para incidir en las políticas centroamericanas, principalmente de desarrollo económico, para que estas contribuyan al desarrollo social y a la calidad de vida para las mayorías excluidas de la región, principalmente las mujeres que son las que enfrentan las condiciones realmente difíciles.

El Foro de Mujeres para la Integración Centroamericana, constituido el 10 de julio de 1996, se convirtió pronto en un espacio de obligada referencia en los temas de la integración regional. Hice todo lo que estuvo a mi alcance para convencer a organizaciones de mujeres, que usualmente no se ocupaban de temas económicos, de que debíamos tomar la palabra en las materias de integración y globalización. También tuve que convencer a las agencias internacionales para que aportaran los recursos que nos permitieran constituir esa red de coordinación.

El Foro se construyó como un espacio muy diverso, con mujeres cooperativistas, campesinas, indígenas, sindicalistas, pequeñas empresarias, académicas, líderes comunales y de organizaciones no gubernamentales. Mi interés al impulsar el Foro se sustentaba en el convencimiento de que, como mujeres, debíamos tener un lugar en el proceso regional de integración, pues muchas de las decisiones nacionales y globales se tomaban en espacios regionales, por lo que las mujeres debían hacer esfuerzos para ejercer una ciudadanía también regional.

Las mujeres, desde los más diversos espacios, debían convertirse en *"Protagonistas en el presente para construir el futuro"*, lo cual se convirtió en la frase que caracterizó al Foro y dio nombre a una publicación periódica que se distribuyó mientras fui su coordinadora.

Realizamos investigaciones que dieron como resultado publicaciones que evidenciaban la situación de las mujeres. De ellas cabe destacar: "Construyendo una Centroamérica con equidad" y "Pobres, excluidas y desempleadas: Estudio sobre el empleo de las mujeres en Centroamérica".

1996 fue definitivamente un año muy activo para mí pues, a la par del proceso de constitución del Foro de mujeres, estaba coordinando el proceso para la realización del II Encuentro de Mujeres Afrocaribeñas y Afrolatinoamericanas en Costa Rica. Fue una lucha muy intensa ya que al igual que en el Foro, mi responsabilidad no se limitaba a coordinar las actividades, sino también a buscar el financiamiento necesario, al mismo tiempo que a construir la base conceptual para darle el contenido político al II Encuentro.

Asumí la coordinación de la Red de Mujeres Afrocaribeñas y Afrolatinoamericanas, por 5 años. La coordinación de la Red me permitió darles continuidad a los esfuerzos internacionales para llevar la agenda de las mujeres negras a la institucionalidad y para iniciar el diálogo de coordinación con otras expresiones del Movimiento Negro del Continente.

Elaboramos 16 números de una revista titulada "Cimarronas" para dar cuenta de lo que hacíamos; también se informaba sobre lo que hacían las diversas organizaciones de la Red. En cada número había temas políticos de debate sobre los que asumíamos alguna posición. La Agencia Latinoamericana de Información, ALAI contribuyó con la distribución de los primeros ejemplares.

El objetivo de "Cimarronas" fue también romper el silencio comunicativo que tenían tanto las mujeres como el movimiento negro de la región y fue un medio de difusión internacional. Si bien "Cimarronas" no logró el objetivo de una difusión masiva y eficaz, nos obligó a desarrollar hábitos mínimos para conocer, sistematizar e informar lo que muchas organizaciones hacían y articular, de mejor manera, el trabajo.

En Costa Rica el Centro se dio a conocer por la lucha contra el racismo en lugares públicos y por la defensa de los derechos de los afrocostarricenses. Enfrentamos jurídica y públicamente un proceso en contra de un establecimiento comercial denominado "Bar El coyote" pues no permitían ahí la entrada de personas negras. Fuimos a los medios de comunicación; llegaron muchos jóvenes, hombres y mujeres negras a contarnos sus experiencias en ese lugar y documentamos más de diez casos. La lucha en el sistema judicial la perdimos pero ganamos la lucha social, pues el bar tuvo que cerrar, ocasionando amenazas por exponer públicamente el hecho.

Otro proceso que se impulsó desde el Centro fue contra un producto de limpieza que tenía una propaganda discriminatoria y estigmatizadora para las mujeres negras. A pesar de creerse que era imposible ganarle a la compañía dueña de la marca, Ann encabezó el litigio que seguimos hasta ganarlo. Toda la propaganda tuvo que ser sacada del aire e incluso se obligó a la empresa a cambiar su "icono característico" (un dibujo de una negrita con características fenotípicas exageradas). Un punto más para el Centro.

Desde el Centro y la Red fui parte de todo el proceso de la III Conferencia Mundial Contra el Racismo, tanto en los procesos regionales, en las Américas, como globales. El objetivo colectivo de quienes estuvimos trabajando arduamente en ese proceso fue que se reconociera el racismo como el problema estructural de exclusión de los más de 150 millones de afrodescendientes, además de garantizar que, por primera vez, los gobiernos asumieran su responsabilidad histórica con los pueblos y las comunidades afrodescendientes, y con las mujeres afrodescendientes en particular.

La conferencia mundial contra el Racismo puso de relieve las capacidades de incidencia y de experiencia internacional que muchas mujeres afrodescendientes habían desarrollado en la última década, producto de su activismo internacional. Fuimos nosotras, las mujeres las que llevamos el liderazgo en los procesos y en las propuestas que finalmente fueron asumidas por los gobiernos. Compañeras como

Sergia Galván, Doris García, Maura Mosquera, Nilza Iraci, Ana Irma Rivera, Ann Mc kinley, Beatriz Rodríguez, Jurema Werneck, Lucía Xavier, Palmira Ríos y Nirva Camacho, para mencionar a unas pocas, realizaron un trabajo inmenso en la Conferencia regional preparatoria, en la Conferencia regional de las Américas, en las pre-conferencias y en la misma Conferencia Mundial. Realmente ellas hicieron una diferencia en su impacto y en los resultados. Paradójicamente, quienes quedaron posicionados como referentes políticos y hasta académicos, para organismos, espacios internacionales y nacionales, fueron los hombres, nuestros compañeros líderes; así se confirmó la máxima de que "unas hacen el trabajo y otros se llevan la gloria".

Participamos activamente como mujeres en la creación de la Alianza de Líderes Afrodescendientes de América Latina y el Caribe, en el año 2000, y, junto con los compañeros, hicimos posible que los afrodescendientes finalmente fueran reconocidos como sujetos de compromisos por parte de los Estados. Sin embargo, no cabe duda de que, pese a nuestros esfuerzos e innegable protagonismo femenino, esos espacios siguen formalmente liderados por hombres.

El proceso de la Conferencia Mundial fue un pretexto para que, como Red, se promoviera un espacio de discusión sobre el sexismo y el racismo, junto con académicas de la Universidad Nacional Autónoma de México, con el objetivo de que, como líderes, escribiéramos y sistematizáramos nuestras experiencias y reflexionáramos sobre las formas en que el racismo y el sexismo impactaban nuestra realidad y nuestras oportunidades. Del mismo modo, nos propusimos que académicas feministas no negras reflexionaran sobre el tema. El resultado de este proceso fue la publicación de la Red, en coordinación con el Programa de Estudios de Género de la UNAM, "Poderes cuestionados: sexismo y racismo en América Latina".

Desde siempre he entendido que este camino del activismo tiene que ver con compromiso, sacrificio y la propia satisfacción de lo que se logra, aunque sea pequeño, sin esperar reconocimiento ajeno. El compromiso es lo que me mueve y la recompensa, el saber que no me quedé en el lado cómodo de la crítica sino que di lo mejor de mí para contribuir a que las cosas estén hoy mejor que ayer.

Un salto a la política nacional

Nunca había pensado en incorporarme a la política formal de mi país. Estaba convencida de que aportaba, desde mi activismo, todo lo que podía ofrecer. En Costa Rica se había creado un partido político nuevo, en diciembre del año 2000, llamado Partido Acción Ciudadana (PAC). Me llamó la atención la gente que lo constituyó, pues eran personas a las que realmente yo consideraba honestas. Tenían no solo una agenda ética clara sino que una agenda de derechos humanos decidida.

Hacia finales del mes de septiembre de 2001, recibí una llamada telefónica en donde me informaban que un grupo de mujeres le había propuesto mi nombre al Partido Acción Ciudadana como precandidata a una diputación por la provincia de San José, en el tercer lugar de la lista. Para ese tiempo ya se presagiaba que el PAC tendría más del 5 % de los votos; eso indicaba que, si fuera electa por la Asamblea del partido, tenía amplias posibilidades de llegar a la Asamblea Legislativa de mi país. La propuesta me sorprendió mucho y me dieron menos de 24 horas para decidir, si tres días después, me presentaría al proceso. Me presenté ante la Asamblea del partido con un discurso corto pero muy emotivo, convencí a una amplia mayoría de los delegados y fui escogida como candidata a diputada.

El PAC planteó la paridad de género en todas sus estructuras y en todas las papeletas de elección popular. Planteaba el rol de un Estado eficiente como herramienta de producción de bienestar. Luchaba frontalmente contra la corrupción presentando una agenda ética clara. Incorporaba los temas de la lucha contra la discriminación de manera contundente y el respeto como principio básico. Su planteamiento en cuanto a la eliminación del clientelismo y del uso del poder como herramienta de servicio me convencieron de que estaba iniciándose un proceso nuevo en Costa Rica, que me daba esperanza. Siendo o no candidata, no cabía la menor duda de que, por primera vez en mi vida tendría una bandera política partidista. De la noche a la mañana, sin mucha certeza de lo que implicaría en mi vida, había pasado de ser parte de la geografía electoral de Costa Rica a incorporarme, de manera directa, en un proceso electoral que se mostraría atípico por la participación del Partido Acción Ciudadana en la arena política nacional.

Hubo mucha gente que se sorprendió positivamente por mi incursión en la política, pero, por supuesto, no faltó aquella que me presagió un futuro tremendamente difícil. De las personas vinculadas a las luchas por los derechos de los afrodescendientes hubo, en su mayoría apoyo.

Decidí fortalecer la propuesta del Partido en cuanto a la participación social y articular esfuerzos con los diferentes sectores sociales durante la campaña para constituir un espacio permanente de articulación que denominé el Consejo Consultivo de la Sociedad Civil. Mi propuesta permitía formalizar lo que las organizaciones han hecho tradicionalmente con la clase política en la Asamblea Legislativa. Pero partía del compromiso que debíamos tener, quienes asumíamos puestos de representación, de buscar los diálogos necesarios. Para fortalecer la propuesta, hicimos en campaña consultas sobre temas nuevos y buscamos conocer las posiciones de los ciudadanos y las ciudadanas organizados sobre los más diversos temas relacionados con el desarrollo.

El Consejo Consultivo del PAC como propuesta de campaña, se puso en práctica en mi gestión legislativa, y continúa en la actualidad, ya que fue positivamente asumido por las más diversas organizaciones sociales y por las autoridades del Partido.

Finalmente, el día de las elecciones fue una experiencia realmente emocionante, con un recorrido que me permitió ver cómo el discurso del Partido había llegado a los más diversos sectores y cómo ya habíamos pasado de ser un simple partido emergente a una amenaza seria para la política tradicional costarricense, que se había robado hasta la esperanza de la gente. Definitivamente sentí que estaba siendo parte de los protagonistas de un cambio en mi pequeña Costa Rica.

Los resultados electorales le dieron un nuevo aliento a la democracia costarricense, tan golpeada en los últimos años. El PAC obtuvo un tercer lugar con el 26% de los votos, pese a la campaña sucia que fue orquestada por los partidos tradicionales al ver el apoyo creciente al Partido. Nos convertimos en una tercera fuerza política que rompía el bipartidismo de los últimos 20 años. Por San José logramos 6 asientos en la Asamblea Legislativa y en total llegamos a la Asamblea 14 personas: 7 mujeres y 7 hombres. El país tenía cifradas las esperanzas en que devolviéramos, con nuestra gestión, la confianza en la política que decenas de miles de costarricenses habían ido perdiendo poco a poco. El voto para el PAC se caracterizó por ser un voto joven, de clase media y de los sectores más educados del país.

La responsabilidad individual y colectiva era enorme. Durante los tres meses que separan la elección de la instalación de las nuevas autoridades, tuve que hacer muchísimas cosas pues después de estar al frente del Centro de Mujeres Afrocostarricenses desde su creación, adquirí una responsabilidad que me imposibilitaba para tener el mismo rol; igualmente, debí hacer una serie de arreglos personales que me permitieran asumir con toda responsabilidad mi nuevo papel.

El 1 de mayo de 2002, vestida de blanco, aunque la etiqueta exigía negro, y con un juego de pantalón y saco, aunque la costumbre era usar vestido para las mujeres, entré a la Asamblea Legislativa para asumir mi responsabilidad como representante del pueblo costarricense. Sabía, desde que entré allí, que no solo llevaba sobre las espaldas la responsabilidad de hacer bien el trabajo para los más de 4 millones de habitantes del país, sino también, tenía que aprovechar el espacio para seguir profundizando en la agenda de los más de 150 millones de afrodescendientes, de los cuales más del 99% no tendrían ninguna oportunidad como la que yo estaba asumiendo en ese momento.

Logros y retos como legisladora

Mi carrera como diputada se convirtió en un desafío permanente para mí, para mis hijas y para el país mismo. Llegué con certeza, con alegría y con el convencimiento de que el lugar que estaba ocupando debía de servirle a mucha gente. Pronto me encontré sumida en un trabajo intenso, apariciones permanentes en la prensa, demandas incontables de mucha gente, y con dos hijas que empezaban a entender lo que significaba tener una madre en la vida pública de un país pequeño, como Costa Rica.

Decidí contrario a lo que mucha gente esperaba, especializarme en aquellas comisiones de corte económico; en todo caso, mis estudios universitarios me facultaban para ello. Decidí conscientemente no vincularme a la Comisión Especial de la Mujer; en la cual de todos modos teníamos una compañera de la fracción legislativa que tenía luchas históricas a favor de las mujeres y un gran conocimiento en el tema: Margarita Penón. Con ella, además, hice una alianza poderosa para enfrentar los más diversos temas.

Mi trabajo se centró en las comisiones: Presupuestaria (de Asuntos Hacendarios), de Reforma Fiscal, de Control del Ingreso y el Gasto

Público, de Reforma al Sistema Aduanero, de Comercio Exterior y Relaciones Internacionales y por supuesto con un perfil muy alto en el control político del Gobierno Central de la República en cuanto a sus funciones y responsabilidades con la gente y con sus promesas de campaña y también en cuanto a la ética misma (o falta de ella) de sus funcionarios.

Por otra parte me propuse como meta que la Asamblea Legislativa de Costa Rica debía institucionalizar el trabajo de Derechos Humanos con la creación de una Comisión especial. Ya que paradójicamente, Costa Rica que ha suscrito prácticamente todos los Convenios y Tratados Internacionales y que cuenta con la Defensoría de los habitantes como órgano adscrito a la Asamblea Legislativa, no contaba para ese entonces con una Comisión de Derechos Humanos. Hice un trabajo con las organizaciones sociales especializadas en la materia para tener el respaldo y el contenido técnico para la Comisión. Mis esfuerzos fracasaron. Sin embargo la nueva Asamblea Legislativa 2006-2010 instauró esta Comisión.

Me parece que uno de los aportes más importantes que fui estableciendo a lo largo de mi gestión fue el hecho de romper estereotipos en relación a la gestión política que podía y debía hacer una mujer negra. En todos los espacios estratégicos de discusión acerca del desarrollo y de los problemas económicos del país fui ganándome un espacio. Para los medios de comunicación me convertí en fuente de noticia y tuve la oportunidad de plantear ideas y propuestas no solo sobre los temas legislativos propiamente dichos sino sobre los temas importantes de la agenda nacional.

También creo que un aporte fue ir poniendo en práctica lo que hemos llamado: "la nueva política" en el Partido. La nueva política significó para mí darle un sentido real a la representación, partiendo del hecho de que mi puesto no era un privilegio personal sino una responsabilidad con la gente a la cual debía respetar y rendir cuentas.

La nueva política se basó en no transar decisiones buenas por decisiones malas. Si una cree que algo es bueno, debe apoyarlo aunque lo proponga su peor enemigo. Del mismo modo, las propuestas malas son malas, vengan de donde vengan. En la nueva política no se cambian favores o votos por otros favores y otros votos. Es necesario que la gente sepa como una va a votar y con base en qué elementos;

igualmente lo que está malo se critica, pero, sobre todo, se proponen cosas mejores.

En esa "nueva política" que practiqué en mi gestión el diálogo con la ciudadanía, por medio de las organizaciones y de sus líderes, era una obligación para tomar las mejores decisiones y dar todas las explicaciones. De allí que mi propuesta de campaña de crear el Consejo Consultivo de la Sociedad Civil se convirtió, como dije anteriormente, en realidad desde el día primero de mi gestión. Para echar a andar esa herramienta, el aporte profesional y personal de Marcela Guerrero fue fundamental. Ella fue convirtiendo la propuesta en práctica y construyendo el tejido necesario para tener diálogos permanentes con las organizaciones. Asumió la propuesta como suya y dio lo mejor de sí, para lograr resultados extraordinarios.

En la nueva política se trabaja en equipo para fortalecer y hacer más eficaces las respuestas que la gente necesita. El principio fundamental de esa nueva forma de hacer las cosas es el respeto. A la gente se la respeta diciéndole la verdad, utilizando los recursos de manera racional, no aprovechándose del puesto circunstancial que una tiene para beneficiarse o beneficiar a pequeñas cúpulas. El respeto a la gente se practica cuando no se le hacen favores políticos a unos cuantos poniendo en desventaja a las mayorías. El respeto a la gente es la base para cumplir con lo que se dice, hacer lo mejor que se puede, rendir cuentas del trabajo hecho de los obstáculos y de los errores, garantizar que el dinero público se utilice eficiente y solidariamente. La nueva política me impulsó a buscar todos los días las mejores formas de impulsar un "buen gobierno", con solidaridad pensando en el bien común.

A finales de mi primer año de gestión, fui declarada la "Mejor Diputada" por la prensa nacional. A menos de un año, también una encuesta de opinión me ubicó como la diputada que la gente reconocía más en su gestión; de allí en adelante fui reconocida muchas veces por la gente del país, la que empezó muy temprano a mostrarme su cariño y admiración en todos los lugares a donde llegaba.

El trabajo en equipo así como el apoyo y respaldo que logré de Margarita Penón por más de dos años, fueron elementos muy importantes para realizar una tarea que cada día se me hacía más grande. Con Edwin Patterson, compañero diputado afrocostarricense del PAC, quien también había sido líder social y empresarial y al que había conocido años atrás, logré articular la mayoría de las propuestas a favor de la comunidad negra. Él tuvo una actuación muy destacada en su gestión; y con acciones cotidianas, denuncias directas, humor fino, alegría contagiosa, inteligencia ancestral y propuestas innovadoras enfrentó el racismo de forma creativa.

Para el segundo y tercer año legislativos asumí ya la coordinación de la fracción legislativa con su consecuente voz oficial. Mi experiencia como Jefa de Fracción fue muy importante, pero desgastante, pues se trataba de un esfuerzo continuo para darle coherencia a la propuesta política del partido, cohesión entre diputados diputadas y contundencia en la actuación, pues debíamos demostrar la fuerza del Partido, a pesar de una ruptura que se presentó el primer año. La jefatura de fracción necesariamente implicaba roces y disputas de poder, pese al compromiso innegable de todos y todas las integrantes de la fracción legislativa. Sin embargo, durante el período nuestro Partido fue catalogado como el que realizó la mejor gestión legislativa.

Durante todo el período realicé una gestión internacional constante sin dejar de lado ninguna de mis responsabilidades nacionales como diputada. Esto significó un desgaste, pero acumulé también un sinfín de experiencias. Seguí contribuyendo en la lucha por los derechos y la visibilización de las mujeres y pueblos afrodescendientes en todos los espacios posibles, potenciado ahora por puesto, que menos de 100 diputados y diputadas representamos en las Américas a los más de 150 millones de afrodescendientes.

Desde mi diputación, en coordinación con Edwin Patterson, con el diputado Luiz Alberto dos Santos, de Brasil y el diputado Edgar Ulises, de Colombia, se promovió hasta constituir en San José de Costa Rica, el Parlamento Negro de las Américas, en una evento que reunió a más de 100 líderes políticos y sociales del 29 al 31 de agosto de 2005, en la Asamblea Legislativa de Costa Rica.

Mi trabajo internacional fue objeto de críticas de los compañeros diputados, pues creo que no se explicaban cómo, teniendo el trabajo que tenía a nivel nacional, invertía tiempo en activismo internacional parlamentario. A nivel internacional fui entrevistada en el programa de mayor audiencia mundial hispana de UNIVISIÓN "Don Francisco presenta"; así como se me hizo un reportaje por la Cadena CNN Internacional y por el periódico regional "Tiempos del Mundo". La revista "América Economía" me identificó, para febrero de 2006 como una de las 15 mujeres más destacadas en la política latinoamericana. Todas estas cosas fueron resultado del trabajo no de la promoción.

En la promoción de mis logros internacionales Gloria Careaga jugó un papel estratégico, pues difundió por iniciativa propia, en las organizaciones sociales latinoamericanas los diferentes logros y reconocimientos que fui teniendo durante mi gestión. Al final de mi gestión, con la popularidad adquirida y los distintos reconocimientos que obtuve se levantaron grandes expectativas sobre el futuro de mi carrera política, lo que me enfrentó a nuevos dilemas. Al final de 2005 resolví aceptar la candidatura a la Vicepresidencia del PAC.

La candidatura a la Vicepresidencia

La aceptación de la candidatura a la Primera Vicepresidencia de la República por el PAC fue, de alguna forma inevitable para mí. A un año de las elecciones nacionales del 2006, asumí la presidencia del Partido, por cuatro años, en una decisión unánime y por ovación en la Asamblea del PAC. La presidencia del PAC implica en parte el compromiso de seguir afinando nuestra propuesta para ganar las elecciones y realmente devolverle al país no solo la esperanza en la clase política sino, también, iniciar el camino para darle calidad de vida a casi un millón de personas que viven en Costa Rica en la pobreza.

Fui presionada, tanto por la prensa como por grupos de personas de dentro y fuera del Partido, para que asumiera una precandidatura presidencial. Al tener los más altos niveles de calificación política, dados por la gente, pues ya para principios del 2005 todas las encuestas de opinión me colocaban como la persona mejor calificada en la política costarricense, por encima de expresidentes y hasta del Obispo, diversas personas pensaban que mi candidatura, o al menos precandidatura presidencial, era un hecho.

Yo ni siquiera me había planteado la posibilidad de una candidatura y sin embargo tuve que ponerme a pensar en el tema. Mi respuesta fue sencilla, primero consideraba desgastante un proceso político interno dentro del Partido pues apenas se estaban consolidando y sanando sus heridas. Segundo, Ottón Solís, fundador del Partido y quien había sido ya candidato en 2002 no solo tenía la propuesta y el perfil sino que había cumplido muy bien su rol de líder y presidente del PAC. Tercero, hasta el momento no tenía diferencias sustantivas con su propuesta y su liderazgo. Por mi parte, me parecía sin sentido aceptar la candidatura por las presiones y tomar decisiones que no estaban marcadas ni por mis intereses ni por mis expectativas. No creía en las luchas tradicionales del poder por el poder, sino más bien en el poder como herramienta de construcción. Tal vez la respuesta más sencilla podría ser que no estaba lista para tomar esa clase de decisión. Lo cierto es que era una decisión que tendría que tomar, en algún momento, sobre ser candidata presidencial en Costa Rica. Las presiones, las preguntas y los cálculos sobre ese tema siguen hasta hoy.

En ese contexto había descartado cualquier posibilidad de tener un rol electoral en la campaña 2006. Mi papel como Presidenta del Partido me obligaba a un sinnúmero de responsabilidades en la campaña política que, sumado al de diputada me hacía prácticamente imposible una responsabilidad más. Como en Costa Rica no se permite legalmente la reelección consecutiva de los y las diputadas me quedaba muy fácil descartar cualquier posibilidad de puestos.

Pero el camino estaba marcado; una vez que Ottón Solís fue ratificado como candidato del PAC a la Presidencia de la República para 2006, me solicitó de manera directa que lo acompañara en su fórmula presidencial. Para ese momento habría querido que esa propuesta no se presentara, pero no quedaba otra que pensarla y no tenía yo otra mejor respuesta. Ottón se sorprendió de que no le diera una respuesta inmediata. Más bien le pedí un mes de tiempo para pensarlo, lo que finalmente se convirtió en cuatro meses.

Mes con mes y día con día la presión se multiplicaba. De nuevo consulté con mi familia primero, a amigas luego y a algunas compañeras activistas afrodescendientes no costarricenses. Mi familia me dijo que aceptara la propuesta. Era un gran orgullo para mis hermanas, hermanos, para mi mamá y mi papá que yo fuese candidata a la vicepresidencia. Nardita, mi hija menor me dijo que aceptara y Tani mi hija mayor, me aconsejó que de ninguna manera podía aceptar esa candidatura. Las opiniones de mis amigas en su mayoría eran favorables pero Ann mi amiga y hermana me recomendó que si aceptaba debía dejar bien clara mi intención de ser candidata a la presidencia para 2010 aunque aún no lo hubiese decidido.

Tal vez lo que más me conmovió fue la reunión que tuve con un grupo de mujeres afrobrasileñas en octubre del 2005, a propósito del Encuentro Feminista de Brasil al que fui invitada para exponer sobre democracia y participación, a pocas horas de tener que resolver si aceptaba o no la candidatura. Ellas, estando tan lejos, me dijeron que debía aceptar pues ese paso era muy importante para todas las mujeres afrodescendientes de la región. Significaba tener un punto de referencia y la esperanza de llegar a tener una presidenta negra en alguno de nuestros países. Ellas no saben que fueron las que finalmente me convencieron.

Una respuesta negativa después de tantos meses era imposible, había una opinión generalizada de que mi nombre en la papeleta del PAC podía fortalecer nuestra propuesta y que sería una buena noticia para muchísimas mujeres y hombres afrodescendientes acepté la candidatura a la vicepresidencia. Estuvimos a muy cerca de ganar esas elecciones, lo que nos faltó fue experiencia para haber logrado ese paso.

El camino a la presidencia

Por decisión personal me mantuve con un bajo perfil desde la Presidencia del Partido del 2006 al 2008, el resultado electoral que obtuvimos en las elecciones fue extraordinario y aunque perdimos, colocaba al PAC como una estructura política con dos cabezas: Otton Solís y Epsy Campbell.

Desde mi perspectiva Otton como líder fundador y ex candidato presidencial debía asumir la responsabilidad de ser la voz del PAC a pesar de mi rol como presidenta. Decidí que mi participación estaría más enfocada hacia adentro del partido y que debíamos hacer no solo una evaluación sino cambios cualitativos para tener posibilidades reales de alcanzar la Presidencia de la Republica.

Durante más de dos años impulsé diversos procesos internos para hacer más grande al partido. Muchos obstáculos enfrenté y por supuesto las tradicionales luchas de poder, debido a que se presumía que yo asumiría el desafío por la candidatura presidencial.

El poder como presidenta fue totalmente relativo, y mis apariciones en la prensa limitadas, en contraposición de una actuación permanente en los medios de comunicación durante cuatro años. Volví a tener cierto protagonismo como líder nacional durante algunos meses de la discusión nacional que surgió a propósito de un referéndum para la aprobación del Tratado de Libre Comercio con los Estados Unidos. Estaba del lado de quienes consideramos que ese acuerdo comercial no beneficiaba a nuestro país como un todo, aunque algunos sectores empresariales podrían sacar ventaja. Participé en una campaña con líderes nacionales y locales comprometidos con un proyecto de país inclusivo y solidario en donde los derechos de la gente no se definieran en el mercado. En una inmensa mayoría entendimos el comercio como estratégico en estos tiempos pero desde una perspectiva de comercio justo.

La experiencia fue extraordinaria tanto por la participación y acción ciudadana como por un patriotismo sano que volvía a colocar a muchos y muchas costarricenses como protagonistas de nuestra propia historia. El resultado de la elección no nos favoreció, el proceso fue con reglas injustas y un desequilibrio de recursos impresionante. El TLC se aprobó en Costa Rica por las urnas, pero inmediatamente tuvimos que empezar a enfrentar las consecuencias de la crisis mundial, por lo que las promesas de un país desarrollado a corto plazo y a partir de un acuerdo comercial, muy pronto fueron olvidadas por el Gobierno y por quienes apoyaron el TLC.

Dentro del Partido Acción Ciudadana promoví una discusión para analizar la nueva realidad como producto del TLC aprobado y los desafíos electorales así como las nuevas condiciones que enfrentaríamos en caso de llegar al gobierno central. Una mayoría de la cúpula partidaria prefirió postergar el debate hasta el proceso electoral.

Impulsar procesos internos con poco o ningún resultado me hizo replantear mi participación en la política nacional. En todo caso, durante esos años, seguía vinculada a los procesos internacionales relacionados con afrodescendientes, en particular lo relacionado con los censos y estadísticas y la revisión de los compromisos de la III Conferencia Mundial contra el Racismo.

En la segunda mitad de 2008, me trasladé a Panamá para trabajar con UNICEF en el tema de afrodescendientes. El objetivo de mi contrato fue institucionalizar el trabajo con afrodescendientes en el nivel regional con las diversas agencias del sistema. Desde noviembre empecé a pensar seriamente en presentar mi nombre como pre-candidata presidencial dentro del PAC. Identificaba diferencias de forma y fondo con el candidato histórico que tenía intenciones de postularse sin proceso interno por tercera vez. Seguía, según las encuestas nacionales, con importantes niveles de aceptación popular. Sin embargo era también obvio que no contaba con los recursos ni con todo el equipo técnico necesario. Después de dos meses de reflexionar y consultar, emprendí mi proceso como precandidata presidencial. El Partido escogió un proceso interno cerrado, con lo que mis posibilidades de ganar internamente eran nulas. Sin embargo decidí mantenerme en el proceso.

Perdí la elección interna como se presumía. Sin embargo el proceso fue extraordinario. El respaldo popular más allá de las urnas me llenó el corazón de alegría y de la certeza de que las cosas se pueden cambiar. La realidad de que la mayoría de los líderes negros a excepción de una de ellas, Mirna Pierre, le dieran el apoyo al candidato histórico me sorprendió. Principalmente porque las coincidencias de planteamientos eran obvias. Lo cierto es que la mayoría, creo, apostó a su propio futuro, lo que por demás es absolutamente legítimo.

Las limitaciones financieras dieron al traste con la posibilidad de que el movimiento que lidero creciera sustantivamente. El proceso electoral fue muy corto y las limitaciones institucionales evidentes. Yo gané en experiencia y vi mis capacidades para ser presidenta. Algunos líderes del movimiento afrodescendiente, sin embargo consideraron casi un atrevimiento de mi parte que como mujer afrodescendiente de clase media, sin padrinos políticos, venida de movimientos sociales, osara con una candidatura presidencial.

Los costos fueron inmensos también. Tuve que enfrentar como mujer afrodescendiente la impotencia y la soledad propia de quien camina en el camino más estrecho del poder. Además de entender que en la política las amistades son circunstanciales y que los logros se construyen con la determinación de los objetivos de vida que una se plantea.

El presente y el futuro

El país se encuentra en una transición democrática y tenemos la posibilidad de sacarlo adelante; pero eso implica mucho trabajo. Ahora estoy más convencida que nunca de que necesitamos sacar la tarea con un liderazgo colectivo cada una, y cada uno de nosotros tiene una partecita de la responsabilidad y de las respuestas. No podemos conformarnos con convivir con tantas cosas que están mal. La fuerza de mis ancestras me obligan a caminar, a caminar y a seguir caminando.

Soy un poco más fuerte y, aunque me sorprenda yo misma, más decidida. He querido aprender de todo lo vivido pero confieso que no he tenido el tiempo suficiente para reflexionar. Mi activismo político nacional e internacional lo tengo que combinar con mi trabajo independiente como consultora internacional en temas de desarrollo y sobre afrodescendientes. Hoy estoy más indignada que ayer con la exclusión de tanta gente de las oportunidades del desarrollo y de la felicidad.

PERSPECTIVAS FUTURAS

Quiero seguir trabajando intensamente para que lo que hoy es un sueño sea una realidad: una vida digna para todas las personas. Tengo que dedicarle mucho tiempo al Parlamento Negro de las Américas para que camine con pies propios y enfrente los innumerables desafíos que tienen a favor los millones de hombres y mujeres afrodescendientes.

Hay que convencer a más líderes negros para que se sumen a la lucha pequeña pero importantísima de reconstruir nuestras familias y nuestras comunidades. No solo la pobreza nos está matando; a veces pareciera que nos estamos matando entre nosotros mismos. En la calle las pandillas, en las familias las niñas y niños son víctimas de las más abominables formas de explotación y violencia sexual, que les roba el presente y los deja sin futuro para ser felices y contribuir con la felicidad de los demás.

Quiero contribuir a que nuestra gente se levante y diga ya es tiempo de construir un nuevo mundo. Es tiempo de juntarnos todos para exigir, proponer y hacer.

También sigo en la construcción de las condiciones para llegar a la Presidencia de Costa Rica, comprometida con una propuesta de derechos humanos para todos y todas y con un trabajo internacional que contribuya con los de 150 millones de afrodescendientes que vivimos en esta parte del mundo.

CUBA

UNA ISLA PARA SARA GÓMEZ

INÉS MARÍA MARTIATU TERRY, LA HABANA

A SARITA

El cine, como medio de comunicación de masas, es de tal agresividad que muy a menudo siento mi profesión como un reto y un privilegio. Cuando pensamos que millones de espectadores con diferentes niveles y extracciones van a recibir nuestras imágenes sonoras, y que estas le agredirán en la pasividad de una sala cinematográfica, garantizando toda la atención de aquellos, nos sentimos obligados a un rigor ideológico y formal sin límites. Por ellos y para ellos [los cubanos] habrá que hacer un cine sin concesiones, que toque la raíz de sus intereses, un cine capaz de expresarlos en sus contradicciones [...]   (Sara Gómez 1970, 6)

Cuando se habla o escribe sobre Sara Gómez[1], de su personalidad y su obra, afloran las múltiples connotaciones y lecturas a que ellas concitan. Las circunstancias de su corta vida y su muerte, llevan nuestro discurso del elogio a la diatriba. Pero sin embargo mucho más a la reflexión. La obra de Sara va creciendo con los años y el devenir y encuentra en cada momento "su definición mejor" diría yo parafraseando a José Lezama Lima. Todo ello a pesar de haber sido invisibilizada y muy poco promovida. Se ha dicho de Sara que su cine es antropológico, sociológico, se ha afirmado que es feminista. Es todas esas cosas y quizás muchas más. Todos esos acercamientos son válidos. Yo me arriesgo a aportar una tesis de un cine político en Sara Gómez.

Tendríamos que ubicar a Sara Gómez en el vórtice mismo de los avatares de la política del campo cultural cubano y no solamente del cine. Tratándose de la obra de esta artista estamos hablando o escribiendo de todo un universo. Pero es claro que hay algunos aspectos a los que se ha ido una y otra vez y que se han dejado de lado otros. Uno de ellos que me parece fundamental, es precisamente su carácter político.

Sabemos que le tocó vivir en un tiempo extraordinario, rico en acontecimientos y ella fue sin duda una mujer de ese tiempo. Podemos decir que Sara Gómez trató no solamente de profundizar en los diferentes fenómenos que estaban ocurriendo en aquellos momentos de transformación de la sociedad, sino que se involucró decididamente en ellos. Sara realizó significativas intervenciones en el cine.

Me acercaré a su obra documental que, aunque es la más amplia, es la menos conocida. El gran público sí ha tenido acceso a *De cierta manera* (1974), su largometraje de ficción, que no está exento de esta característica y propósito.

En estos momentos han pasado a primer plano la investigación y el análisis de la política cultural cubana de la Revolución. El debate se está desarrollando en diversos ámbitos. Han aparecido libros como *Los juegos de la escritura o la (re)escritura de la historia,* del crítico cultural Alberto Abreu Arcia (2007) con el cual obtuvo el Premio Casa 2007, en el género de ensayo artístico-literario. En este texto, su autor, basándose en una investigación exhaustiva, realiza un análisis de los procesos culturales ocurridos en nuestro país a partir de 1959 hasta la fecha. En el de Graziella Pogolotti, *Las polémicas culturales de los 60* (2006), la ensayista e investigadora repasa algunos textos fundamentales del período. En ellos se parte de diversos puntos de vista de las relaciones que imbrican lo artístico con lo social y lo político. Valiéndose de las más diversas fuentes documentales, se sacan a relucir las polémicas más interesantes que jalonaron toda una época y llenaron las páginas de periódicos, revistas y libros donde se debatían determinadas posiciones estéticas y en definitiva se luchaba por la posibilidad de protagonizar y controlar los espacios de representación pública. También se trataba la lucha por el poder para imponer las cosmovisiones de cada cual dentro de las institu-

ciones que representaban el campo artístico-literario de la época. A
saber, se argumentaba sobre el realismo socialista como propuesta
oficial estética, la función del arte en el socialismo que se quería
didáctica y propagandística, las siempre complejas relaciones entre
cultura y política y entre cultura y poder, y la implementación de la
política cultural. En este juego se manifestaban las diferencias entre
los grupos que habían participado en la lucha contra la dictadura
de Batista y las diferencias ideológicas y de interés con respecto al
poder que los dividían. Se debatían los más importantes acontecimientos que van desde las polémicas personales hasta los sucesos
más relevantes que conmovieron al mundo intelectual de entonces,
nacional e internacionalmente. El caso de las ediciones El Puente,
el proceso del poeta Heberto Padilla y el de la "parametración"[2].
Numerosos *dossiers* han aparecido en revistas culturales dedicadas a
temas puntuales de esta rica y compleja etapa. Incluso se desató la
famosa "guerra de los e-mails", en 2007, importante acontecimiento
que dinamizó la vida cultural de los últimos años como ningún otro
y que dio lugar al menos a la convocatoria y a despejar estos asuntos pospuestos y silenciados durante mucho tiempo en un ciclo de
conferencias organizado por el Centro Cultural Criterios y en otros
muchos escenarios públicos y privados del campo cultural cubano
alcanzando una amplia resonancia internacional.

Sobre las diferencias entre los distintos grupos el cineasta Manuel
Pérez recuerda que:

> Aquí estaba el ICAIC (Instituto Cubano de Arte e Industria
> Cinematográficos), Lunes de Revolución y el CNC (Consejo
> Nacional de Cultura), o sea, maneras de ver la cultura en un
> país donde una generación acaba de llegar al poder haciendo
> la guerra. Por lo tanto, repito palabras de Alfredo en su charla
> en el Centro Dulce María Loynaz: "una generación de man-
> dones". Aunque "todos estábamos por la Revolución, pero
> de distinta manera o con distintos prismas de cómo hacer
> las cosas. Y Lunes de Revolución tenía su prisma, el CNC
> otro, –donde donde había mayor presencia de compañeros
> que procedían del viejo PSP–, y Alfredo otro punto de vista.
> (Pérez 2005, 72)

Sara Gómez estaba realizando una obra significativa, las tensiones antes mencionadas dentro del campo cultural se reflejan ampliamente en ella. También, su obra abordó algunos de los más importantes planes que emprendió la Revolución en su momento y que por supuesto estaban imbricados dentro de esa compleja relación ideología-sociedad. Sin embargo, los historiadores y críticos del período la mencionan pero no la analizan. Esto se explica por el desconocimiento y las pocas oportunidades de visionar la obra documental de esta cineasta. Fue preciso rescatar algunos de sus documentales que se encontraban extraviados en archivos y/o en malas condiciones técnicas para su exhibición para la muestra que tuvo lugar en el Coloquio que se le dedicó en noviembre de 2007[3]. Tal fue el caso de *Mi aporte* (1970), uno de sus más importantes documentales, obra de madurez que nunca se había exhibido en Cuba. Se presentó por primera vez ante un público reducido durante las sesiones del Coloquio *Sara Gómez: Imagen múltiple. El audiovisual cubano desde una perspectiva de género,* celebrado en La Habana del 1° al 3 de noviembre de 2007.

La personalidad de Sara Gómez, una de las más influyentes en el medio no ya del cine sino de la cultura cubana de los 60 y 70, se nos sigue descubriendo claramente en todas sus connotaciones artísticas, pero también sociales y políticas. Esta personalidad y los trabajos que dejó, ejercen un interés, casi fascinación, en la joven generación y en muchos investigadores extranjeros que se acercan a ella.

> Cada día, jóvenes cineastas e intelectuales en general son conmovidos por la percepción de los graves problemas sociales en el contexto de la sociedad cubana actual, indagan en la obra de esta artista y encuentran en ella la inspiración para la continuidad y el aliento de las suyas propias. (Martiatu 2007, 2)

A dichas personas les preocupan las desigualdades sociales, la discriminación de la mujer, el prejuicio religioso, la doble moral y el prejuicio racial en momentos en que como escribiera el ensayista Roberto Zurbano han aparecido "expresiones neorracistas que han venido emergiendo en la vida cotidiana cubana del siglo XXI" (Zurbano 2005, 13).

Sara creyó en un proyecto perfectible. En una quizás prisa pre-
monitoria por expresarse y no tuvo tiempo de medir consecuencias
ni de negociar con la mediocridad o con el poder. En su obra ella se
manifiesta sin temor a la crítica o a la censura.

Una negrita clase media
que tocaba el piano

Sara nació en el seno de una familia negra de clase media, de
profesionales y músicos por tradición. Ella recibió una esmerada educación familiar que incluyó estudios de bachillerato en el Instituto de
La Habana y de música y piano, en el Conservatorio Municipal –hoy
Amadeo Roldán– punto importante en su formación. Se desenvolvió
en el ámbito familiar de su abuela paterna. Junto a esta, la educaron
cuatro tías, profesora de piano una y de pintura la otra. Dentista y
modista respectivamente las otras dos. En su familia se destacaron
además varios músicos que mantenían la tradición de las bandas y
uno de ellos llegó a tocar en la orquesta Filarmónica de La Habana y
luego en la Orquesta Sinfónica Nacional. Así también debemos subrayar como un hecho importante su participación siendo muy joven
aún como alumna en el Seminario de Etnología y Folclore del Teatro
Nacional de Cuba organizado por el profesor, investigador y músico
Argeliers León, donde tuvo también como profesores a figuras como
Isaac Barreal, María Teresa Linares y Manuel Moreno Fraginals. Estos
y otros elementos de su formación llegarían a influir notablemente en
su obra posterior como artista.

Sara era una intelectual y muchas veces se ha querido confundir
torpemente su obra, su interés por diferentes aspectos de la marginalidad con su personalidad y hasta con su vida y origen. Nada más
superficial ni tendencioso. Esto sin duda es producto de la ignorancia
pero también de los prejuicios por su condición de mujer y de negra.
Un caso notable en ese sentido es la imagen de Sara Gómez que se
construye, porque no podemos decir de otra manera, en el documental
de la realizadora suiza Alessandra Müller[4], dedicado a la vida y obra
de la cineasta cubana. En diversas secuencias la directora incluye
extensos fragmentos de los documentales de Sara. En otras hace
énfasis en aspectos superficiales de la obra y la vida de la cineasta con
un propósito tendencioso. Nos muestra algunos detalles de su vida

familiar o privada en que la realizadora excluye lo esencial y destaca lo anecdótico y más superficial. Tal es el caso de su divorcio de un hombre blanco y posterior matrimonio con uno negro. En la forma en que se presenta la relación y la conducta de Sara se enfatizan algunas falacias con que se ha estereotipado la percepción de la conducta sexual de la mujer negra y mestiza desde siempre: "La imagen de la mujer negra en la sociedad cubana en todas las épocas ha sido construida a base de estereotipos negativos. La violencia, el escándalo, la vulgaridad, el desorden y la promiscuidad sexual les han sido atribuidas" (Martiatu 2004, 55).

En la entrevista a la cineasta belga Agnes Vardá, en el documental de Alessandra Müller, se soslayan quizás aspectos sobre la creación y el papel de la mujer como cineasta. Se sabe que Sara ayudó y guio a Vardá al seleccionar los tópicos del documental *Saluts les cubains*[5] en que aparece una Sara juvenil y bailando. En esta entrevista se destaca la declaración de Agnes de que ella estaba buscando una muchacha que supiera bailar chachachá. Dados los logros del documental, aunque Sara también sabía bailar muy bien, no es probable que ese haya sido el aporte principal de Sara Gómez al documental de Vardá ni mucho menos el tono de las relaciones entre estas dos mujeres creadoras.

El tema de la santería, entre otros, se sobredimensiona como si la cineasta hubiera sido una iyalocha[6]. Incluso se incluyen ritos funerarios que solo tienen lugar cuando una persona está iniciada formalmente en esa religión, lo cual no era el caso de Sara. De una manera segura-mente premeditada, en el propio documental se omiten aspectos fundamentales de su formación y el entorno de la familia de clase media donde se crio. Ni una mención o imágenes de sus padres, ni de la Sara estudiante, ni una toma del Instituto de La Habana donde estudió bachillerato, ni del Conservatorio donde recibió clases de música. Tampoco aparecen su abuela y tías paternas que la criaron y educaron, ni las fotos de su fiesta de quince años o de su viaje a Nueva York a visitar a su madre que residía en esa ciudad. Nada del entorno de una muchacha bien criada de clase media. Es una Sara folclórica fabricada por la cineasta suiza en el más perfecto estilo complaciente y eurocentrista para desconocer a la Sara intelectual bien formada y consciente de lo que estaba realizando a través de su obra. Según el punto de vista de la cineasta suiza, la personalidad y la obra de Sara serían producto de la marginalidad[7] que ella estudia pero de la cual no ha formado parte. La Müller no quiere salirse del esquema, de la imagen predecible de una negrita cubana. Una cosmovisión que no acepta a una mujer negra intelectual en toda la extensión de la palabra como lo fue Sara.

¿POR QUÉ UNA NEGRITA CLASE MEDIA QUE TOCABA EL PIANO?

Sara, como sabemos muchos de los que tuvimos la suerte de conocerla y tratarla, era una persona de inteligencia muy aguda. De carácter alegre pero capaz de hacer gala de ironías y sarcasmos de los que hacía víctimas a algunos de sus conocidos. Pero ella, no se excluía a sí misma de sus propias ironías. Declaró en varias ocasiones que ella "no quería ser una negrita de clase media que tocaba el piano", por eso llegó a ser directora de cine. Esta frase jocosa fue malinterpretada por algunos como una manifestación de burla y hasta de rechazo con respecto a su origen. Sara, efectivamente, dejó de tocar el piano y se hizo directora de cine. Pero por supuesto siguió siendo una negrita de clase media.

Esta expresión irónica de Sara ha llenado de confusión la imagen que algunos tienen de ella. Sara no rechazó nunca su origen y precisamente fueron la educación y el capital simbólico que le fue transmitido por la familia de clase media negra de la que provenía y el entorno social en que se desenvolvían sus amistades, compañeras y compañeros de su etapa de infancia y de estudiante después, que por cierto mantuvo hasta el final de su vida, los que le proporcionaron algunos rasgos identitarios que la acompañarían para siempre y que le hicieron comprender y desempeñarse como lo hizo dentro del ámbito de la cultura cubana, entre ellos una sólida conciencia racial y de clase.

Eso está bien claro en uno de sus primeros documentales, *Guanabacoa, crónica de mi familia* (1966) donde de forma bien explícita y con gran sensibilidad, presenta credenciales con orgullo de "negrita clase media que tocaba el piano".

Sara es consciente de la ignorancia de las características de esa parte de la población negra y mulata de Cuba. Los negros y mulatos, la gente de color y precisamente los de clase media, habían sido desconocidos al triunfo de la Revolución en ciertos sectores y reducidos a la categoría subalterna de negros, de pobres que no tenían aspiraciones y una tradición cultural y de lucha en todas las etapas de la historia de la nación. Esto forma parte de actitudes racistas, paternalistas que niegan los esfuerzos y la historia de ese sector que se remonta al siglo XVIII. Ya en pleno siglo XIX habían alcanzado determinado protagonismo social e independencia económica y se habían destacado en diferentes profesiones y oficios, particularmente en las artes en la sociedad colonial[8] (Martiatu 2008, 181).

Sin embargo, desde entonces este sector fue blanco de ataques y de burlas. Recuérdese solamente en el teatro bufo a los personajes de "los negros catedráticos". Importantes figuras de este grupo social se destacaron en las guerras de independencia y en la vida cultural y política. Ya en el período republicano, a pesar de las evidentes desventajas, alcanzaron también representatividad en amplios sectores. Sara se reconoce como tal. En ese documental se trata no solo de la historia de una clase sino de la de su propia familia. La de los negros músicos, profesores, artesanos, que asistían a las sociedades de Guanabacoa y otras ciudades, fundadas especialmente por ellos y para ellos. Ella es consciente también de la ausencia de toda una iconografía que les es propia, especialmente en el ámbito del cine. Develar esas imágenes para el cine cubano a través de una especie de álbum de familia es una hazaña estética, es un hallazgo más de este interesante, de ese bello y evocador documental. Las imágenes de esa familia negra irrumpen en un campo donde la imagen del negro había sido siempre distorsionada, estereotipada. Aquí nos muestra un mundo delicado y culto[9] (Martínez 2007, 155).

Por todo ello podemos tomar el título del documental de Alessandra Müller y peguntarnos "*¿Dónde está Sara Gómez?*".

A algunos negros despistados –que no son pocos– unos de clase trabajadora, pobre y otros hasta de la clase media, les han inculcado que esa clase no existe, que no tiene sus propias características y aspiraciones y que solamente fueron un remedo ridículo de la clase dominante blanca. Identifican cualquier rasgo específico en el ámbito profesional o artístico con lo blanco. Lo creen privativo de los blancos. Los negros, según ese criterio, no deben incursionar en esos campos, deben quedarse en su lugar, el lugar que ellos les tienen asignado y en todo caso agradecer[10].

Muchos jóvenes negros y mulatos no conocen esa historia y no tienen el orgullo de lo que lograron e hicieron sus antecesores. Como pretexto de unidad y de un falso populismo se atacó a esa clase, sin embargo no a la clase media blanca y a los descendientes de inmigrantes españoles que precisamente con la Revolución reivindican con orgullo su origen y lo manifiestan públicamente sin ambages[11]. Incluso algunos llegan a celebrar su prosapia esclavista, claro que teñida de cierto paternalismo de amo bueno.

Un ejemplo de lo que decimos fue la disolución de las sociedades negras. La Federación de Sociedades de Color, la cual era similar a la Asociación Nacional para el Progreso de los Pueblos de Color (NA-ACP) de los Estados Unidos. Esta Federación de Sociedades de Color tuvo su origen en el Directorio fundado por Juan Gualberto Gómez después de la abolición de la esclavitud. Su batalla por la igualdad fue muy exitosa en su tiempo, además ganó el completo apoyo de José Martí. Como el historiador Alejandro de la Fuente destacó, esta política fue un pretexto para afirmar que era parte del proceso de la eliminación de la segregación racial en Cuba, de que estas sociedades no hacían falta y dar la impresión de que el problema racial estaba resuelto. Esto privó a los negros de la oportunidad de articular su propio discurso en cuanto al tema y tener que soportar posiciones paternalistas.

La más emblemática y reconocida de esas sociedades, El Club Atenas, fue suprimida por la resolución N° 678 del Gobierno Provincial Revolucionario de La Habana, el 11 de julio de 1961. Se argumentó "que no está cumpliendo los fines para los que fue creada; que se desenvuelve de modo anormal; que constituye un serio obstáculo al cumplimiento de los objetivos de cordialidad cubana, de integración revolucionaria, y superación social que sustenta la obra reivindicadora del Gobierno Revolucionario". "En septiembre de 1961 más de 170 de estas asociaciones fueron cerradas por las autoridades provinciales solamente en La Habana" (Alejandro de la Fuente 2000, 390).

Sara Gómez accedió a trabajar en el Instituto Cubano de Arte e Industria Cinematográficos (ICAIC) en un momento fundacional. Este se había creado en marzo de 1959 y ella pasó a trabajar allí en agosto de 1961. Sara Gómez logró realizar una importante: obra catorce documentales y un largometraje de ficción.

CINCO DOCUMENTALES

A diferencia de los múltiples trabajos que se han escrito sobre su único largometraje, *De cierta manera*, mucho más conocido por el público y la crítica, tomaré como objeto de análisis cinco documentales. Pretendo confrontar su obra, sus métodos de trabajo y sus resultados con los diferentes aspectos de la política cultural de entonces, puestos en función de la política del estado en ese momento, sin dudas uno de los más interesantes, complejos y hasta dramáticos de la vida cultural cubana después del triunfo de la Revolución. Para dar una idea del ambiente ideológico en que se desenvolvió Sara Gómez debemos recordar aquí el carácter de los principales documentos y lineamientos que fueron definiendo la política cultural en Cuba. La ley que creó el ICAIC en marzo de 1959 declaró:

> El cine constituye, por virtud de sus características, un instrumento de opinión y formación de la conciencia individual y colectiva, y puede contribuir a la profundidad y claridad del espíritu revolucionario y ayudar a mantener su vitalidad creadora… El cine es el medio más poderoso y sugestivo de expresión artística y es el vehículo más directo y extensivo de educación y popularización de las ideas. (Revista *Cine Cubano* 1964, 22)

En *Palabras a los intelectuales*, documento clave que se produce con motivo precisamente de la polémica alrededor de la censura del filme *PM* de Sabás Cabrera Infante y Orlando Jiménez-Leal en 1961, Fidel Castro declara "dentro de la Revolución todo y fuera de la Revolución nada", refiriéndose a la actitud de los intelectuales en cuanto a su lealtad al proceso político que se gestaba hacía solamente dos años. Esa frase ya célebre no estaba exenta de ambigüedad y se ha interpretado de diferentes maneras a través de los años.

Más tarde esta ambigüedad iría desapareciendo en la medida en que la política cultural se iba definiendo. En otro momento de ese paradigmático documento expresa "nosotros hemos sido agentes de esta Revolución, de la Revolución económico-social que está teniendo lugar en Cuba. A su vez esa Revolución económica y social tiene que producir inevitablemente también una Revolución cultural en nuestro país" (Castro 1987, 23).

Dos declaraciones habrían de completar la idea de lo que sería la política cultural y el concepto y el papel del intelectual en la sociedad cubana. A su vez esclarecerían los sucesos más relevantes que ocurrirían más tarde. Sobre lo primero se expresa en la Declaración final del Primer Congreso de Educación y Cultura en 1971. En la que afirma que "la cultura de una sociedad colectivista es una actividad de las masas, no el monopolio de una élite, el adorno de unos pocos escogidos o la patente de corso de los desarraigados. [...] En el seno de las masas se halla el verdadero genio y no en cenáculos o individuos aislados" (Castro 1971, 21).

Y en cuanto a la concepción del deber ser del intelectual revolucionario y su función nada más claro que las palabras de Ernesto Che Guevara:

> ... la culpabilidad de muchos de nuestros intelectuales y artistas reside en su pecado original; no son auténticamente revolucionarios. [...] Las nuevas generaciones vendrán libres del pecado original. [...] Nuestra tarea consiste en impedir que la generación actual, dislocada por sus conflictos, se pervierta y pervierta a las nuevas. Ya vendrán los revolucionarios que entonen el canto del hombre nuevo con la auténtica voz del pueblo[2]. (Guevara 2003, 20)

Estos lineamientos se consolidan en la etapa que Alberto Abreu Arcia sitúa entre los años 1968 y 1971 y que en un capítulo de su libro llama *Crisis de confianza*.

Apenas cuatro años entre los que transcurren la censura de los libros *Lenguaje de mudos* de Delfín Prats (Premio David 1968), *Los siete contra Tebas* de Antón Arrufat y *Fuera de juego* de Heberto Padilla (Premios UNEAC 1968 en teatro y poesía respectivamente), la desaparición de la revista *Pensamiento crítico* y la disolución del Departamento de Filosofía de la Universidad de La Habana (Abreu 2007, 101).

Otros aspectos que incidieron en esta etapa a que nos estamos refiriendo fueron el fracaso de la zafra del 70 y las derrotas de las guerrillas en diferentes países de América Latina. Cuba vio acentuado su aislamiento político y fue obligada a redefinir sus relaciones con la URSS y el campo socialista en general[12].

Podemos decir que estos sucesos afianzarían una política cultural que habría de ser aplicada desde entonces y que se mantendría por muchos años, dando lugar a otra serie de actitudes y eventos por parte de los creadores y funcionarios de la cultura.

Un paréntesis en estas contiendas fueron sin duda el Salón de Mayo celebrado en junio de 1967 y el Congreso Cultural de La Habana, celebrado en enero de 1968. Estos programas de indudable repercusión internacional atrajeron a numerosos intelectuales de Europa, América Latina, Asia y África. Sobre todo los europeos y latinoamericanos refrendaron sus simpatías por la Revolución cubana. Estas reuniones se celebraron en medio de un ambiente de apertura. Además de las invitaciones que cubrieron, en la mayoría de los casos, los gastos por entero de esos visitantes.

Ya en esos momentos en que la política cultural iría alcanzando características muy diferentes en lo interno, se definía una imagen para el exterior y otra doméstica en cuanto a política cultural y al tratamiento de los propios intelectuales. Esta etapa quedaría cerrada por los acontecimientos antes citados en la etapa del 1968 a 1971 como explicaría Abreu Arcia en su libro (2007, 101).

En las conclusiones del histórico Primer Congreso de Educación y Cultura quedó bien claro que la función del arte y de los artistas debería circunscribirse a preceptos pedagógicos y colectivistas. El congreso también delineó la política de los organismos e instituciones que regían la cultura del país. Se excluían las manifestaciones relacionadas con las religiones y cultos de origen africano (como la santería, el Palo Monte y el Abakuá), a los creadores faltos de credenciales revolucionarias y a los de conducta social reprensible, como homosexuales y religiosos. Un núcleo de intelectuales negros y mulatos enfrentaron mayores problemas que sus colegas blancos: los específicos de la discriminación racial, y el rechazo a la temática que abordase la herencia africana.

Se sabe que en los debates del Primer Congreso de Educación y Cultura se impugnó la postura de intelectuales como Walterio Carbonell y Tomás González. Ellos habían debatido en círculos privados y académicos la presencia y participación de la intelectualidad afrocubana y la inclusión de la historia de África y del negro en Cuba en los planes de estudios de todos los niveles de enseñanza y otras demandas por el estilo. Se les reprimió, se les acusó de estar fomentando en Cuba un "black power" [13].

En esos días se produjo la polémica sobre la obra teatral *María Antonia* de Eugenio Hernández Espinosa por mostrarse en esta tragedia elementos de la vida popular, del negro y de la santería. El escritor Lisandro Otero fue uno de los que intentaron incluso prohibir su representación y discutió con Eugenio Hernández Espinosa, su autor, con Rogelio Martínez Furé, asesor, y Roberto Blanco, su director.

Sara Gómez, refirió cómo ella, el dramaturgo y guionista Tomás González y el etnólogo Alberto Pedro Díaz fueron llamados y advertidos por el entonces ministro de Educación José Llanuza, por supuestas actividades divergentes a la línea ideológica de la Revolución por haber planteado esas y otras demandas. Funcionarios del Partido discutieron esos temas con Rogelio Martínez Furé, Tomás González y Alberto Pedro Díaz en entrevistas individuales. En este proceso estuvieron implicados muchos más intelectuales y hasta diplomáticos negros. Sara continuó trabajando en el ICAIC, pero no eran exhibidas sus obras. Alberto Pedro se quedó en la Academia de Ciencias por muchos años. Aquella experiencia es sin duda la causa de que no quisiera publicar ningún libro e incluso de que dejara a sus herederos la prohibición de hacerlo. Los intelectuales negros y mulatos exiliados serían sometidos además a un doble ostracismo, el de la Isla y la discriminación del exilio cubano predominantemente blanco y prejuicioso.

Es preciso destacar aquí que las obras documentales de Sara que analizo se realizan casi exactamente en este período[14].

Sara Gómez en la otra isla... *Una isla para Miguel* (1968) y *En la otra isla* (1968)

Con estos designios de las conclusiones del Primer Congreso de Educación y Cultura y la firme decisión de crear el paradigma de "el hombre nuevo" se emprendió en isla de Pinos, la otra isla, un experimento de ingeniería social sin precedentes.

Llevados por el principio de la alteridad y aprovechando incluso ese accidente geográfico del llamado archipiélago cubano se intentó crear un universo, una especie de lugar utópico, alternativo en esa otra isla. No en la isla grande, no en Cuba, sino en isla de Pinos rebautizada posteriormente como Isla de la Juventud.

Es cierto que la idea de isla, ínsula, ha estado cargada históricamente de diferentes sentidos desde la antigüedad. Se la ha asociado constantemente con lo exótico, lo ajeno, lo lejano, lo peligroso, lo indefinido, lo ignoto, lo desconocido, lo misterioso, lo diferente, en fin, con la otredad en su más amplio sentido.

En una isla Próspero y Calibán, en una isla Robinson y Viernes, en una isla La Utopía de Tomás Moro, símbolo de lugar que no existe, de lo irrealizable. En una isla todo puede ser diferente y nuevo, pueden suceder las mejores y peores aventuras porque en definitiva no está sujeta, una isla navega en la mar océano, permanece fuera de las normas de la tierra firme de la isla grande, en este caso, fuera de sus leyes. No nos tenemos que guiar por personas de anteriores generaciones que impondrían como lastre sus costumbres, sus tradiciones, sus leyes. Es por eso que esa virtual tierra de nadie, ese lugar nuevo, incontaminado, fue seleccionado para iniciar tamaña hazaña educativa y reeducativa.

Si Virgilio Piñera se refirió a la isla de Cuba como un espacio con la desgracia de estar rodeado de agua por todas partes, esa otra isla constituye un escenario ideal para ese experimento que involucra la creación del llamado "hombre nuevo" y la "mujer nueva". Se trata de lograrlo por medio del trabajo que purifica y aleja de los males de la vida en la isla.

Allí llegó Sara Gómez en 1968 dispuesta a filmar. Allí realizó tres documentales. *En la otra isla*, *Una isla para Miguel* y *La isla del tesoro*.

ABORDAREMOS *UNA ISLA PARA MIGUEL* Y *EN LA OTRA ISLA*

Ya en esos momentos había comenzado este muy delirante pero coherente experimento de ingeniería social. Aquí se estaban cumpliendo los propósitos de la alteridad. Una isla donde seguramente se creía que se estaba ensayando lo que, de tener éxito se podría aplicar en la isla grande, Cuba. Se trasladó allí a una masa de jóvenes clasificados como pre-delincuentes unos y desviados otros. Se les aplicaron diferentes concepciones didácticas, represivas y militares pretendiendo reeducarlos. Fuera de su ambiente familiar y social se les hace vivir en "la isla".

En el caso de Miguel, el protagonista de *Una isla para Miguel*, se trata de la reeducación de un adolescente negro, procedente de una familia numerosa y muy pobre de un barrio marginado. Miguel es un muchacho de la calle y los padres no pueden controlar su conducta que se torna peligrosa hasta el punto de derivar hacia la vagancia o el delito. Él es llevado a esa isla a ser reeducado, purificado. En el campamento donde comparte con chicos como él, se les aplica una disciplina militar. El vestuario y el calzado desarrapado y diverso con que llegaron allí no ha podido ser sustituido por uniformes y las marchas y los ejercicios militares parecen ridículos, grotescos. Son llevados a la corte marcial y sometidos a ella por indisciplinas tan ligeras como vagabundear o comer frutas de los árboles e incluso se les inculca la delación de sus compañeros. Una entrevista de Sara nos ofrece la parte oscura. Uno de los muchachos está aprendiendo algo indeseado o inesperado quizás, el oportunismo y la simulación. Le explica a Miguel entre consideraciones machistas que debe portarse bien para escalar posiciones dentro del campamento y cumplir la disciplina como amigo y como hombre, mencionando algunas de las consignas del ambiente urbano del que proceden.

Los casos que nos muestra Sara Gómez en *La otra isla* tienen un carácter muy diferente. Son jóvenes estudiantes, trabajadores, artistas, religiosos, algunos proceden de la clase media. Todos tienen como común denominador alguna clase de inadaptación, de inconsistencia que los alejan del ideal del "hombre nuevo" o la "mujer nueva" considerado por las organizaciones juveniles como desviaciones susceptibles de ser mejoradas mediante el trabajo, el sacrificio, en el ambiente purificador que es la isla.

Tenemos el caso del joven estudiante universitario que disfrutaba de una beca en uno de los países de Europa del Este, socialista entonces. Su desviación consiste en llevar el pelo largo. No mucho, pero más allá de lo permitido. Él declara que es buen estudiante que no entiende por qué le han enviado allí a trabajar en una vaquería y no encuentra nada malo en llevar el pelo de la manera que es de su gusto. No tiene nada que ver con el rendimiento en el estudio, razona. Este joven acepta el castigo pero al menos está consciente de que es injusto y él no ha cambiado su opinión al respecto. Está el caso de la joven de procedencia de clase media que trabaja con conciencia y cree en lo que hace como directora de un campamento de muchachas consideradas pre-delicuentes. Esta se muestra más coherente y maneja con inteligencia los problemas que se le han presentado allí con las muchachas que trabajan como injertadoras en la agricultura. Otro personaje es el "culturoso", que ha encontrado una forma de defenderse, de insertarse en ese medio dirigiendo un grupo de aficionados al teatro. Él cumple con esa manifestación artística como una "meta más" y se manifiesta de una forma humorística pero oportunista y hasta un poco cínica cuando justifica su trabajo.

Sara Gómez en sus entrevistas se muestra sin ambages e incluso transgrede las normas del entrevistador en estos casos. Está el caso del joven ex seminarista católico que se vuelve violento ante el espectáculo de los crímenes de las bandas en el Escambray. Este joven, quizás por su formación cristiana, justifica su situación en la isla. Cree que le falta mucho por aprender y experimentar para llegar a la norma del "hombre nuevo", aunque no menciona esa expresión. Acepta como justo ese "castigo" por no ser exactamente como le han inculcado y está allí, feliz quizás, auto castigándose a pesar de que es un joven culto. Acepta esa situación singular o infamante, una especie de auto-flagelación. En definitiva los que deberían ser castigados son los que le han discriminado por su formación religiosa. Sara no le replica.

El caso más patético e incomprensible es el del joven negro cantante de ópera que ha sido humillado, discriminado y finalmente excluido del grupo lírico a que pertenecía. Ante esta contingencia él va a la isla en busca de una respuesta filosófica y hasta existencial. Se auto-castiga también cuando los que debieron ser castigados son los que lo injuriaron y excluyeron. Incluso, en uno de los momentos más dramáticos de la entrevista, él, como entrevistado, le pregunta a Sara, la entrevistadora, si a través de ese sacrificio, algún día él podrá cantar de nuevo. Qué clase de alienación es la de ese joven negro que encuentra como única respuesta el auto-castigo para enfrentar una situación injusta y humillante, una situación de la que ha sido víctima y no victimario.

En el documental *En la otra isla* ese lugar se nos muestra como una especie de purgatorio. Allí deben pagar sus penas por delitos que todavía no han cometido, o lo que es peor, por haber sido ellos mismos maltratados en una especie de concepción insólita de la ética.

Poder local poder popular (1970), *Mi aporte* (1972), *De horas extra y trabajo voluntario* (1973): una estética cinematográfica singular.

En el otro grupo de documentales, Sara interroga a la realidad y se da cuenta de que por medio de consignas, frases hechas y propósitos preconcebidos no se logra nada. En dos plumazos como se dice, impugna y desmonta dos tinglados sacrosantos en aquel momento. No es que ella estuviera en contra de esos proyectos, sino que realmente deseaba que se realizaran de manera coherente y no como consignas vacías e irrealizables que insultaban seguramente su inteligencia. Ellos son el trabajo voluntario y las horas extras y la problemática de la incorporación de la mujer al trabajo.

En ambos casos se escamotean y tergiversan las verdaderas condiciones y resultados de esos proyectos y se prefiere enarbolar esas consignas y utilizar un discurso triunfalista en detrimento de la realidad, de la economía y de los objetivos que realmente no se han podido cumplir. Se pone en duda la eficacia de la labor de la Federación de Mujeres Cubanas (FMC), cosa que le costó muy caro a Sara en su enfrentamiento con la alta dirigencia de esa organización[15].

Es interesante destacar que gracias a la política del ICAIC como institución cultural y de Alfredo Guevara en particular, se le permite a Sara Gómez realizar una obra sustanciosa y arriesgada aun cuando no pueda ser exhibida de inmediato por las condiciones y los debates que ella supondría no solamente en el campo cultural sino en el político, como es el caso de la confrontación con los métodos del trabajo voluntario o de la FMC.

La forma en que Sara desmonta la lógica supina de las horas extras y el trabajo voluntario. La suspicacia y la claridad aplastante y lapidaria con que lo hace, contrastan con la debilidad de los argumentos que se manejaban en aquella época. Estos proyectos aunque fallidos eran sagrados. Cuestionarlos, analizarlos y refrendarlos con la realidad, con la lógica valiente con que lo hacía Sara, tuvo como consecuencia la poca o ninguna difusión de sus documentales.

Sara realizó a menudo en su documental un cine de largos planos-secuencias ajeno muchas veces a los malabarismos del montaje que fue característica de la obra documental de otros cineastas contemporáneos suyos. Sin embargo, en *De horas extra y trabajo voluntario* se expresa en un montaje acelerado subrayando la rapidez con que convence con sus argumentos.

Por otro lado, podríamos repetir como se ha señalado muchas veces, la influencia de la estética del noticiero ICAIC Latinoamericano en la obra de Sara y en la de muchos documentalistas que pasaban por allí. Este noticiero llegó a convertirse, por su inmediatez y asiduidad en un referente obligado para la vida de todos los cubanos de la época, no solo de los cineastas. En primer lugar podemos decir que entonces asistíamos mucho más a las salas cinematográficas. Estas se convirtieron en escenarios de las batallas ideológicas que se libraban. El noticiero era el detonante de las reacciones del público. La gente iba al cine a aplaudir o chiflar el noticiero ICAIC Latinoamericano.

Los que apoyábamos a la Revolución y sus medidas que se reflejaban sin falta en el noticiero de la semana aplaudíamos desde que aparecía en la pantalla la primera toma. Los que estaban en contra aprovechaban para manifestarse abucheando o chiflando. Las salas de exhibición se convertían en verdaderos campos de batalla ideológica y termómetro de las simpatías del público. Más allá de lo antes señalado, el noticiero, su estética, la manera de abordar las noticias casi siempre referidas a los acontecimientos y avances de la Revolución, su lenguaje se convirtió en un referente, en un medio privilegiado de transmisión de sentido. Muchos de los recuerdos más relevantes, nos vienen en las imágenes del noticiero que alcanza una resonancia que va mucho más allá de lo testimonial o histórico para convertirse en memoria colectiva, sustancia viva de una época. Por lo tanto, no es raro que esa influencia se manifieste de diferentes maneras en la obra de casi todos los directores que iniciaron por esos años sus carreras y que en muchos casos trabajaron en algún momento en el noticiero.

Pero en el caso de la obra de Sara Gómez esta influencia del noticiero se expresa en algunos de sus documentales como una especie de contra-discurso. Ella se apropia del discurso afirmativo y aprovecha su capacidad de comunicación con el público más amplio para problematizar el mensaje. Ya ellos entienden pero con esas mismas imágenes, con ese mismo lenguaje y discurso ella resemantiza, reelabora un contra-discurso, un discurso que haga pensar a la gente, que la saque de la ideología adormecedora y fácil de lo recurrente. Esa intención es muy evidente en documentales como *De horas extra y trabajo voluntario* donde se le ofrecen al espectador el lenguaje y hasta las imágenes mismas que en el noticiero sirvieron como vehículo afirmativo de un discurso propagandístico y sacralizador del trabajo voluntario, de las horas extra y de otras consignas.

Ella no solamente pone en entredicho estas consignas que se promovían a nivel nacional como verdades indiscutibles. Lo hace por medio de las entrevistas a sus propios protagonistas. Ella logra que sin temor expresen su opinión más allá de la consigna y de la doble moral. Se corría el riesgo (Sara lo corrió) de ser conceptuada como contrarrevolucionaria. En este documental, con una argumentación incontestable, se atreve con los símbolos más sagrados por así decirlo. Con un montaje preciso y mucho más ligero, cosa no habitual en sus documentales, Sara desmonta toda la lógica de esta propaganda. Ella nos dice: Miren esto lo desmonto tan rápido porque esto insulta mi inteligencia. Lo hace con imágenes y comentarios de los entrevistados y una lógica únicamente derrotable mediante la censura. Sara en realidad no tenía ni tiempo ni paciencia ni ganas de entrar en otro tipo de negociaciones con los que detentaban el discurso del poder. También tuvo, por supuesto, la valentía para enfrentarlo.

Lo mismo podríamos decir de *Poder local poder popular*. Sara se acerca, y me consta, a este fenómeno llena de esperanzas. Ella creía, cuando se dispone a comenzar su indagación en Matanzas, que aquello iba a funcionar. Y se dispuso a ser testigo excepcional de esos hechos. Pensaba que la praxis del Poder Popular podría resolver muchos de los problemas más acuciantes del momento. Ellos no harían más que cambiar de forma, profundizarse con el tiempo. Ella incursiona agudamente, realiza entrevistas, se muestra alerta y deja hablar, y deja decir a los protagonistas de este experimento, que desgraciadamente fue entorpecido por las mismas actitudes burocráticas y de corrupción que todos conocemos, contra las cuales estamos luchando como con molinos de viento desde hace tantos años.

En *Mi aporte*, no exhibida durante todos estos años[16] y obra a mi entender de madurez, Sara Gómez pone en juego toda la experiencia acumulada y va más allá tanto en los recursos expresivos como en el contenido. El documental comienza con el Himno de la Federación de Mujeres Cubanas refiriéndose irónicamente a la propaganda central de la incorporación de la mujer al trabajo en esos momentos por esa poderosísima organización nacional que dice, "el amor al trabajo es lo más importante". La actuación misma de Consuelo Vidal, una de las figuras más carismáticas de la televisión e identificada por el público precisamente por ser una comunicadora destacada, para conducir las entrevistas del documental es de una ironía que iba, como siempre, más allá de lo permitido. Luego en las entrevistas se acerca a algunas mujeres con dificultades para su incorporación al trabajo. Muchas de ellas con muchísima necesidad de hacerlo. Recoge la opinión de la contraparte, los administradores, hombres que se expresan de una manera pragmática y hasta machista de esa incorporación que ellos deben aceptar como consigna a contrapelo de los resultados económicos y laborales que puedan tener esas mujeres en sus nuevos empleos.

Otro logro del documental es presentar también la opinión de mujeres educadas: intelectuales, periodistas, científicas, la propia Sara, cineasta. Ellas expresan en una entrevista –conversación colectiva y muy espontánea sus puntos de vista– sus propias problemáticas y aspiraciones muy diferentes a las de la mujer obrera. Y va mucho más allá al entrevistar a las que sí están de acuerdo con esta consigna, dirigentes industriales, sindicales, dando una muestra de su voluntad de llegar a la verdad y de respeto a las diversas opiniones al respecto.

La política del momento era considerar un sujeto unitario y excluir la variedad de sujetos subalternos dentro de la sociedad revolucionaria. La obra de la cineasta se opone a esa concepción reduccionista. "Una buena dramatización de este problema (…) fue el examen que hizo la cubana Sara Gómez en su película *De cierta manera* de asuntos referentes a la clase, la raza y el género en la Cuba postrevolucionaria" (Manifiesto 1995, 5).

Deberíamos preguntarnos en qué se basa la coincidencia de los jóvenes creadores con la obra de Sara a nada menos que treinta y cuatro años de su muerte. ¿Por qué aflora esa identificación en este momento crucial de la historia de la cultura y de la sociedad cubana en que está en primer plano la urgencia por ventilar y resolver graves problemas sociales y culturales? Sara trabajó para el futuro y ya evidentemente él está aquí. Con estos tres documentales vemos cómo Sara Gómez se decide por aportar criterios múltiples para problematizar y complejizar los temas. Impugna el sentido inmovilizador de la consigna y la complacencia para convertirse ella misma en agente de cambio desde dentro del campo en que interviene.

Con *Mi aporte* se demuestra la falacia e inutilidad de la consigna a ultranza y de que no es la forma de enfrentar los problemas de la mujer ni el trabajo en sí. Un momento muy emotivo fue la proyección por primera vez de ese documental ante un público, aunque reducido, en el Coloquio de noviembre de 2007. Las reacciones fueron sumamente expresivas: comentarios, risas y exclamaciones incluso ante el himno de la Federación de Mujeres Cubanas. Esta expresión completamente iconoclasta no le fue perdonada a Sara Gómez aunque sí entendida perfectamente por un público contemporáneo.

NOTAS

[1] Sara Gómez Yera, La Habana, 8 de noviembre de 1942 de junio de 1974.

[2] Durante el llamado "quinquenio gris de la cultura cubana" para otros decenio, se excluyeron expresiones del arte y la cultura y también a numerosos artistas e intelectuales por su procedencia clasista, supuestas desviaciones ideológicas, orientación sexual o filiaciones religiosas. Un ejemplo fueron las entrevistas en que se les informaba a los teatristas que iban a ser separados del movimiento teatral. "Usted no tiene los parámetros para trabajar en cultura" se les decía. De ahí el irónico sobrenombre de "parametrados" para todos ellos.

[3] A la psicóloga Sandra Álvarez se debe el rescate de algunos de ellos. Ella defendió su tesis de Maestría sobre la obra de Sara Gómez. en abril de 2008. "¿Quién eres tú, Sara Gómez?" Relectura de su obra cinematográfica desde la Teoría Feminista. Universidad de la Habana, Cátedra de la Mujer, Programa de Maestría en Estudios de Género.

[4] ¿Dónde está Sara Gómez? (2006), Alessandra Müller (Suiza).

[5] Saluts les cubains (1963). Agnes Vardá (Bélgica).

[6] Madre de Ocha (sacerdotisa).

[7] Con respecto a la marginalidad es un tema que aparece solamente en dos de sus obras. En el documental Una isla para Miguel se toca tangencialmente, en realidad ella trata la reeducación en la isla. El hecho de que lo aborde en De cierta manera, su obra más conocida ha dado como resultado que se sobredimensione también en el conjunto de su obra. Sara realizó catorce documentales. La proporción es mínima.

[8] ...la existencia de una pequeña burguesía de negros y mulatos libres con educación, algunos de ellos con dinero, negocios, profesiones libres y lo que era peor, con entrenamiento militar, hacen temer el ascenso de esa clase social. Resultarían líderes naturales de una revolución de esclavos como la ocurrida en Haití. Arango y Parreño tiene razón al referirse a esta clase, son un peligro, diría, al compararlos con los esclavos. "Todos son negros [...] tienen las mismas quejas y el mismo motivo para vivir disgustados con nosotros..." (Arango y Parreño, 1971). Inés María Martiatu, "Plácido" En *Más allá del héroe. Antología crítica de teatro histórico Iberoamericano.* María Mercedes Jaramillo y Juanamaría Cordones Cook editoras, Editorial Universidad de Antioquia, 2008, 181.

[9] En 1959, en una población de más de 6 millones de personas, la tercera parte era social y oficialmente declarada como negros y mulatos y entre el 25-35 % de ellos eran parte de una clase media "de color" (fundamentalmente profesionales). Los cientos de miles de negros y mulatos que en aquel entonces eran médicos, abogados, ingenieros, arquitectos, pedagogos, veterinarios, periodistas, maestros, enfermeras, técnicos, artistas, artesanos y obreros calificados servían como modelo para el resto de esta población. Ellos fueron vistos como los líderes naturales de este segmento de personas de piel oscura que tenían un status inferior en la sociedad. En: Iván César Martínez, *The Open Wound: The Scourge of Racism in Cuba from Colonialism to Communism.* Kingston Jamaica: Arawak Publications, (2007) 155-176.

[10] El protagonismo alcanzado por los miembros de esa clase media en los siglos XIX y XX, a pesar de sus desventajas es evidente en las artes, las letras, la política y la cultura en general. Figuras como Antonio Maceo, Claudio Brindis de Salas o el poeta Plácido en el siglo XIX. Nicolás Guillén, Salvador García Agüero, el arquitecto y periodista Gustavo Urrutia y muchos más en el XX son ejemplos de ello.

[11] Es notable la persistencia de las sociedades regionales españolas que mantienen fuertes lazos con ese país, los grupos artísticos que se dedican a mantener esas tradiciones y sobre todo el número enorme de descendientes que reclaman la ciudadanía española actualmente en Cuba. Lo mismo ocurre con otros grupos como los chinos, árabes, etc.

[12] Con respecto al fracaso de la zafra, Sara comentó lo difícil de ofrecer una explicación a Iddia, su pequeña hija que le preguntó ¿Por qué los diez millones ya no vienen? En cuanto a lo segundo se infiere que ya los tiempos de acercamiento ideológico a una izquierda ajena a la URSS habían terminado.

[13] Sara Gómez fue la primera mujer negra en Cuba que usó el pelo natural, sin desriz. Fue felicitada por el entonces dirigente estudiantil afroamericano Stokeley Carmichael como la primera cabeza libre de Cuba.

[14] *En la otra isla* (1968), *Una Isla para Miguel* (1968), *Poder local/ poder popular* (1970), *Mi aporte* (1972), *De horas extra y trabajo voluntario* (1973).

[15] El 23 de agosto de 1960 nace oficialmente la Federación de Mujeres Cubanas (FMC).

[16] *Mi aporte* (1972) se exhibió por primera vez en público en el evento Sara Gómez. Imagen múltiple. El audiovisual cubano desde una perspectiva de género, en noviembre de 2007, a treinta y cinco años de su realización.

OBRAS CITADAS

Abreu Arcia, Alberto. *Los juegos de la escritura o la (re) escritura de la historia*. La Habana: Editorial Casa de las Américas, Colección Premio 2007.

Álvarez, Sandra. *¿Quién eres tú, Sara Gómez? Relectura de su obra cinematográfica desde la Teoría Feminista*. Universidad de la Habana Cátedra de la Mujer Programa de Maestría Estudios de Género, 2008 (inédita). De la Fuente, Alejandro. *Una nación para todos*.

De Raza, desigualdad y política en Cuba, 1900-2000. Madrid: Editorial Colibrí, (2000)390.

Castro Ruz, Fidel. Discurso pronunciado en la clausura del Primer Congreso Nacional de Educación y Cultura. En revista *Casa de las Américas*, Año XI, No. 65-66, marzo-junio, (1971)21-33.

—. "Palabras a los intelectuales". En *Pensamiento y políticas culturales cubanas*. Comp. Nuiry, Nuria y Graciela Fernández Mayo, La Habana: Editorial Pueblo y Educación, 2(1987)23-42.

Gómez Yera, Sara. "Los documentalistas y sus convicciones" en *Pensamiento crítico*. La Habana, julio, 42(1970)94. Citado por Sandra Álvarez en *De cierta manera feminista de filmar,* p.6.

Guevara de la Serna, Ernesto. "El socialismo y el hombre en Cuba". En *Comunicación y Comunidad*. Comp. Portal Moreno, Rayza Milena Recio Silva, La Habana, (2003)15-23.

Manifiesto Inaugural. Grupo Latinoamericano de Estudios Subalternos. En *Boundary Review, 2.*20(1995)5.

Martiatu, Inés María. "Chivo que rompe tambó. Santería, género y raza en *María Antonia*". En *Una pasión compartida: María Antonia*. La Habana: Editorial Letras Cubanas, (2004)55.

—. "Con Sara Gómez, Palabras para una expo". *La Jiribilla*. Revista de la cultura cubana, no. 339, Año VI, La Habana 3 al 9 de noviembre de 2007.

—. "Plácido" En *Más allá del héroe. Antología crítica de teatro histórico Iberoamericano.* Eds. María Mercedes Jaramillo y Juanamaría Cordones Cook, Medellín: Editorial Universidad de Antioquia, (2008)181.

Martínez, Iván César. *The Open Wound: The Scourge of Racism in Cuba from Colonialism to Communism.* Kingston Jamaica: Arawak Publications, (2007)155-176.

Pérez, Manuel. Entrevista citada por Sandra del Valle La Habana 29-11-05.En: *ICAIC: política cultural y praxis revolucionaria.* Tesis de Diploma Facultad de Periodismo. P. 72. (Inédita).

Pogolotti, Graziella. *Las polémicas culturales de los 60.* La Habana: Editorial Letras Cubanas, 2006.

Revista *Cine Cubano.* 23-24-25, octubre-noviembre de (1964)22.

Zurbano, Roberto. "Se buscan textos invisibles para sonidos hambrientos (siete notas de viaje sobre el Hip Hop cubano en los diez años del Festival de Rap de la Habana". En revista *Movimiento*, Nov 2 p. 13. (sf)

HILDA OATES: UNA ACTRIZ CUBANA AFRODESCENDIENTE

DAISY RUBIERA CASTILLO, LA HABANA

En 1967 la actriz negra Hilda Oates, estrenándose como profesional de las tablas, interpretó magistralmente el difícil personaje trágico de María Antonia[1], mujer negra, transgresora, figura central de la obra de ese mismo nombre. Actuación que consagró a Oates como una de las más destacadas actrices de los escenarios cubanos. Ella nunca se imaginó convertida en actriz aunque ese siempre fue su deseo desde que oía las radionovelas, a través de la radio de una de las vecinas de su casa natal o, cuando veía a la bailarina de un circo, asomada por uno de los huequitos de la carpa, y se decía: "yo quiero ser como esa bailarina". Actriz y bailarina, dos imágenes que alimentaron sus sueños durante muchos años.

Sueño que parecía imposible en una sociedad como la cubana de aquella época en la que históricamente la mujer negra había sido completamente excluida. Su imagen nada tenía que ver con el ideal femenino, "construido a nivel del discurso sobre lo cubano con límites sociopolíticos, espaciales, culturales y genéricos, es decir, referido en términos generales a la mujer blanca, citadina, de clase media a alta, educada en los valores y saberes femeninos, propios de la cultura occidental" (Montero 84). Las mujeres negras no fueron reconocidas a pesar de que con su acción "contribuyeron día a día a fijar en la memoria histórico cultural del país y, por consiguiente, el perfil diferenciador de nuestra nacionalidad" (Montero 62). A lo que se le suma en el mantenimiento en el imaginario popular los estereotipos negativos con que fue modelada su imagen.

Hilda nació en La Habana en 1925 fue la segunda hija de un matrimonio de jamaiquinos de procedencia humilde, como la mayoría de las familias descendientes de antillanos que llegaron a nuestro país en la década de los años veinte del pasado siglo. Su padre era cortador de caña en sus primeros tiempos en Cuba, con un salario de miseria y luego trabajador de patio en la compañía petrolera norteamericana Shell; condición que apenas mejoró su situación económica. Su madre se desenvolvía como trabajadora de servicios domésticos; empleo en el que había una sobre representación femenina negra. La infancia de Hilda, como niña pobre fue muy triste pues nunca pudo "tener una maquinita de coser de juguete para hacer ropitas a la botella que me servía de muñeca", como ella misma refiere.

En su hogar fue una constante lucha el problema de identidad. Su madre insistía mucho en que se identificaran como jamaiquinas. En tal sentido Hilda recuerda:

> Nunca olvidaré a mi mamá gritándome "in English, Hilda, in English". Ella quería que mis hermanas y yo habláramos en inglés, hasta nos llegó a amenazar con llevarnos para Jamaica, porque nunca la obedecimos cuando nos decía "Speak english to me". Pero la desobedecíamos porque nos sentíamos cubanas[2].

Sus primeros años se desarrollaron en un pequeño barrio situado entre el poblado de Regla y el de Guanabacoa. Era como una especie de comunidad de jamaiquinos y jamaiquinas. Los Mac Cleary, Humters, Douglas, Burgher, Machina, Dean, Scout, fueron algunos de los apellidos de los y las residentes de aquel lugar, además del pastor de la iglesia cristiana a la que asistían Hilda y su familia. Por la impresión que le causó, Hilda Oates guardó en su memoria el entierro de miss Scott, "el féretro lo llevaban en una especie de vitrina en un coche tirado por caballos muy adornados" (Oates).

Dos imágenes marcaron su vida para siempre: la del desalojo y la de la discriminación racial. La primera la percibía cuando "al llegar encontraba a mi mamá y a mis hermanas en la calle, con los pocos muebles que teníamos" (Oates). Imagen que le hizo comprender el sentido de clase social, además, de que aquella permanente movilidad no le permitió tener sentido de pertenencia a ninguno de los lugares donde vivió. La segunda, muy fuerte, la vivió en carne propia "en la escuela, mis compañeritos blancos gritándonos a mis hermanas y a mí: "Negrita jabalí sin cabeza y sin nariz", o, "Negrita totí, totí, totí". Y la maestra, blanca también, diciéndonos: "por qué se ofenden, ¿acaso no son negras?" (Oates). Desde aquella temprana etapa Hilda comprendió lo que significaba ser negra en la sociedad que le tocó vivir.

Realizó los estudios de la enseñanza primaria en el poblado de Guanabacoa. Cursó la Escuela Superior e inició su preparación para el examen de ingreso al Instituto de Segunda Enseñanza, nivel educacional del que no pudo pasar del primer año, debido a que la economía familiar no posibilitaba los gastos que aquello implicaba. Se matricula en un curso en la Escuela de Economía Doméstica, donde dos veces por semana enseñaban diferentes labores manuales.

La necesidad de aprender algo que le permitiera cierta estabilidad económica la hace matricularse en un curso para ser comadrona, profesión tradicionalmente desempeñada por mujeres negras. Iniciativa que tuvo que abandonar por dos razones fundamentales: no poder continuar pagando las mensualidades —cinco pesos— y, el efecto que provocaba en su sensibilidad el alto porcentaje de muertes de madres y de recién nacidos. Índice de muerte común en aquella etapa en el país.

A los catorce años se emplea como doméstica en casa de una profesora, empleo en el que devengó en un día el salario de un mes —tres pesos. Al comprobar la dueña de la casa que ella no sabía cocinar, Hilda cuenta con tristeza: "Me dio mucha pena, pero acompañada de la alegría de haber ganado ¡tres pesos! por solo mal cocinar un potaje". Pasada aquella experiencia no podía desanimarse, era importante para ella poder trabajar para contribuir con la economía familiar que era bastante precaria.

Se unió en relaciones maritales en dos ocasiones. Primero, muy joven en concubinato durante siete años. Luego, casada legalmente, su matrimonio no duraría mucho tiempo. De ninguna de las dos uniones tuvo descendencia. Al respecto ella nos planteó: "En el fondo de mi corazón yo sabía que mi destino era otro, lejano, pero otro".

Dos años después del triunfo de la revolución de 1959, Hilda continuaba trabajando como doméstica; fecha en que decide comenzar a estudiar actuación, aprovechando la oportunidad que le brindaba un curso al que estaban convocando. En relación con aquel momento recuerda que:

> Un día, leyendo un periódico, no recuerdo si fue El Diario de la Marina, o El mundo, veo un anuncio convocando a un curso para la Escuela Municipal de Arte Dramático que dirigía Mario Rodríguez Alemán. Me dije: "Hilda, llegó tu oportunidad, ahora o nunca. Entonces le digo a la señora de la casa donde trabajaba:
>
> —A partir de mañana no vengo más.
>
> —Tú estás loca, no te puedes ir hasta que yo tenga con quien sustituirte. No me puedo quedar sin sirvienta.
>
> —Pues lo siento, yo me voy a presentar en una convocatoria que han abierto en una escuela de arte dramático.
>
> —Ja, ja, ja, quién va a querer ir a ver a una actriz negra. ¿Quién va a querer ir a verte actuar? Ja, ja, ja. –Fue la respuesta de la dueña de la casa cuando le hice aquel planteamiento.
>
> —"No importa señora, de todas maneras me voy porque eso me gusta. ¡Yo voy a estudiar teatro!". –Pude responderle después que me repuse, pues sus palabras y sobre todo el tono sarcástico y burlón con que me lo dijo, me lo ennegreció todo. Aquello podía traumatizar a cualquiera pero, levanté la cabeza y con tremenda dignidad me fui a buscar la planilla de inscripción para el curso.

Después de recibir un cursillo de un mes, es admitida y oficializa su matrícula en la Escuela "Florencio de la Colina y Aranguren". Se encontraba en el camino de realizar su sueño ¡ser actriz! Fue mucho el sacrificio para poder mantenerse en aquella escuela que se encontraba en El Vedado mientras que ella vivía en Guanabacoa. Eran municipios muy distantes uno del otro. Tenía que conseguir una vía para que la familia no se sacrificara tanto para poder costearle los cinco centavos del pasaje de ómnibus. Es la época en que sale una convocatoria para cubrir plazas en el "Grupo de Teatro de Muñecos de La Habana", que dirigía Luis Interían.

Hilda se presentó, independientemente, de no haber trabajado nunca con muñecos, ni de haber hecho voces de niños y/o niñas. La prueba para optar por la plaza consistía en la improvisación de un cuento. Sobre eso relata "pensé en mi infancia, en lo feliz que hubiese sido con un muñeco como esos para jugar, deje vagar la imaginación y hablé de un niño que podía volar y lo hizo tal alto, que se encontró con una nube y..." Tres días después le comunicaron haber ganado una de las plazas. Trabajó para los niños con dedicación y gran amor, siempre recordando su triste infancia.

Un año antes de terminar el curso de teatro se plantea el cierre del plantel y se iba a abrir la Escuela Nacional de Arte ENA. Muchos de los requisitos para el ingreso de los alumnos de la Escuela Municipal no los cumplía, entre ellos el de la edad. Hilda temió no poder concluir sus estudios. Ese requisito invalidaba su posibilidad de titularse, situación que quedó resuelta al proponer el Director de la Escuela Municipal, una evaluación que permitiera a los alumnos y alumnas aprobados pasar al Movimiento Profesional. Dicha evaluación consistía en interpretar, ante un tribunal, el personaje de una obra, "Lola", la criada de la obra el *Robo del Cochino* de Abelardo Estorino, papel que fue escogido por Hilda: "No me fue difícil, había sido criada durante mucho tiempo", según nos planteó en una ocasión.

En 1963 comienza a hacer realidad su sueño al integrar el Conjunto Dramático Nacional. Tenía cierta experiencia de lo que era actuar ante un público, aunque de niños y niñas, pero conocía la emoción que provocaban los aplausos. Trabajó en pequeños papeles en obras como: *Un tranvía llamado deseo*, *La lata de pintura*, *El gesticulador*, *Cosas de Platero* y *El robo del cochino*.

Entre los directores y directoras del Conjunto Dramático Nacional, se encontraba Gilda Hernández quien, un tiempo después, fundó el grupo de teatro "Taller Dramático". Oates pasa a trabajar en él. Era una etapa en Cuba de mucho fervor revolucionario y el trabajo fue arduo. Presentaron obras en tabaquerías, fábricas, mercados, centros estudiantiles, bibliotecas. Aquel público que no era muy asiduo al teatro, agradecía mucho aquellas actuaciones.

Es este el momento en que Eugenio Hernández Espinosa[3] le da a leer el guión de su obra *María Antonia* e Hilda recuerda lo impresionada que quedó con el mismo:

> Hubo momentos en que su lectura me produjo llanto porque algunas cosas estaban muy cerca de mí y terminé llorando. Devolví el guión a Eugenio pero muy dentro de mí quedó que aquella, la protagonista de la obra, era yo misma que lloraba como si lo tuviera guardado muy escondido.

Al parecer iba a ser Gilda Hernández la que dirigiera aquella obra. Los personajes ya estaban repartidos en el momento en que fue ubicado como otro de los directores de aquel grupo Roberto Blanco, quien regresaba de África imbuido de las culturas africanas, sobre todo, de la fuerza, la mirada y la vitalidad de las mujeres negras de aquellas tierras. El autor de *María Antonia* decidió entregarle la obra para su montaje, no solo por lo anterior, sino también por su dominio de lo espectacular, de la música, el color, los movimientos coreográficos, etc. Eugenio Hernández le recomendó a Hilda Oates para el protagónico principal.

Hilda Oates fue sometida a muy duras pruebas para que le otorgaran aquel personaje. Sabía que era la gran oportunidad de su vida y no la desaprovechó. Fueron momentos duros y difíciles. Se le asignó en varias ocasiones parte del texto del guión que tenía que estudiar y luego escenificar. Se jugaba su inclusión en el elenco con el personaje que quería. Una de aquellas escenificaciones fue el encuentro de la protagonista con uno de los personajes centrales en el campo. Recordando aquel momento ha planteado:

> Muchas de aquellas vivencias me sirvieron para interiorizar aquel personaje; porque hay dolores en el corazón que no se dejan de sufrir cada vez que piensas en ellos. Por eso siempre encontré el por qué y las razones del comportamiento de "María Antonia", porque hubo mucho de común, sobre todo la pobreza. A mi mente vino cuando tuve que ir a la escuela con un alambre amarrando la punta del zapato porque la suela se había desprendido y, mientras leía el libreto era como si parte de aquella vida y la mía se unieran. Identificaba otros personajes de la obra con personas con esas características

que conocí de niña. Eso era lo que sentía mientras estudiaba aquel texto.

Mi memoria emotiva ayudó mucho, porque era difícil hacer aquel personaje, pero ¡tenía que vencer la prueba! Aquel día, cuando Roberto[4] me dijo: "¡Sube y actúa como si fuera de verdad!; como si ya la obra estuviera montada". Lo hice, pero en aquel momento la que hablaba no era María Antonia, era Hilda Oates. Aída Power, mi madrina vino a mi mente. El texto fluyó sin dificultades:

A lo mejor todos estamos locos. Te dije una mentira. No me importa ahora decirte una verdad. También yo conozco este lugar, pero hacía tiempo que no venía. No me gusta recordar lo que duele. Esto me recuerda cuando era niña. Todos los viernes, Madrina me ponía mi bata punzó y botas blancas, y me llevaba al colegio. Pero un viernes, uno de esos días que parece que el mundo se va a acabar, se me acercó con los ojos perdidos en lágrimas:

—María Antonia, hija, desde ahora en adelante tengo que llevarte conmigo a la colocación.

—¿Por qué?

—Ya has crecido y hay que trabajar.

—Manuela, la hija del carpintero, es más grande que yo y su madre la lleva al colegio.

—Sí, pero su padre trabaja.

—Y tú también trabajas, Madrina.

—Pero él gana más que yo.

—¿Por qué?

—No me preguntes más, María Antonia. Tienes que ayudarme. Ya me canso y cuando no sirva me echarán pa' la calle.

Después de una nueva prueba, el director de la obra exclamó: "Tú eres la 'María Antonia' que yo veo, la que yo creo, la que tenía que ser cuando leí el guión, la que tiene mucho de aquellas mujeres que yo vi en África. ¡Esa 'María Antonia' eres tú! ¡Tú eres mi 'María Antonia!'".

María Antonia fue estrenada en La Habana el 29 de septiembre de 1967, en el teatro Mella. Fue una obra que sorprendió, emocionó y

escandalizó (…) Se polarizaron inmediatamente defensores y detractores. No era posible la indiferencia. Personajes hasta el momento
marginados de la escena la colmaron con su presencia, sus expresiones,
la música de los tambores batá, los cantos y rezos de las ceremonias
de la Santería y las contradicciones que les llevaría irremisiblemente
a la tragedia (Martiatu 5).

Aquel día los aplausos de un público de más o menos ¡veinte mil
espectadores! decían a Hilda Oates: "¡Lo lograste Hilda, lo lograste,
ya eres una actriz!". Fue el premio al esfuerzo, a los sacrificios, dado
a la complejidad de aquel personaje, de su movimiento escénico tan
arduo, de la fuerte entrega interpretativa que requería, que exigía de
principio a fin un acondicionamiento físico superior a las posibilidades
de una actriz de la edad que ella tenía en aquellos momentos, además
de las ¡cincuenta libras! que tuvo que rebajar.

Era una desconocida, por eso con aquel personaje apostó al futuro,
era la gloria o el más rotundo fracaso y alcanzó la gloria porque hubo
mucho de Hilda en "María Antonia". Estuvieron muy compartidas,
muy unidas, con la diferencia que la Hilda era una mujer de paz y
"María Antonia" era un volcán. "Fue muy difícil, por eso ¡lo disfruté
más!", expresa cada vez que le han preguntado.

Hubo crítica positiva, pero la negativa hablaba como si hubiera
sido un pecado haber puesto en escena a *María Antonia*. Hablaban de
la obra, pero no de los actores y actrices. Parece que molestó mucho
que, excepto uno, ¡todos fueran negros! Aquello fue muy reticente,
quisieron darle un matiz que no tenía. Hubo hasta un conversatorio
en el que intervinieron dos actores y una actriz, cuyos nombres ahora
ya no interesa. Se trataba de quitar la importancia que tuvo aquel suceso. Se trató de minimizar el éxito de la obra, intentando identificarla
como algo callejero, del populacho. Era como si los negros y negras
no pudieran contar su historia.

María Antonia no se pudo volver a poner en escena en aquellos años.
El vestuario y la escenografía utilizada fueron mandados a quemar.
Aquello fue incomprensible. Los afrodescendientes nos preguntába-
mos ¿Por qué le cogieron miedo a *María Antonia*? ¿Por qué quemar así
la cultura? ¿Sería porque todas las actrices y los actores eran negros?

Hilda Oates continuó en el "Taller Dramático" hasta que Gilda
Hernández creó el grupo "Escambray", momento en que se trasladó

para el "Teatro de Ensayo Ocuje", grupo creado por Roberto Blanco; bajo cuya dirección trabajó en muchas obras, entre ellas: *Ocuje dice a José Martí* espectáculo en el que combinando el timbre de voz de actrices y actores, en una especie de sonata, los poemas de José Martí se declamaban en tonos agudos, altos, bajos, voces menos brillantes. De Aimée Cesaire *Una temporada en el Congo*, en la que interpretó a la esposa de Patricio Lumumba. Una versión de *Divinas palabras* de Valle Inclán. En la puesta en escena de *El alboroto de Goldini*, Hilda se desempeñó como asistente de dirección. Dirigida por Adolfo de Luís actuó en *Lo que dejó la tempestad* y *La brusca*, de César Renjifo. También en *La chacota* y *La Taya* dirigida por Nelson Door.

Roberto Blanco quedó fuera del Movimiento Teatral al disolverse el grupo "Ocuje" a raíz del traumático proceso de la "parametración"[5]. Hilda Oates fue reubicada en el "Bertold Brecht", grupo teatral en el que por aquel entonces se montaron las obras de los mejores dramaturgos rusos. Allí no se sintió bien, no era esa la línea que le gustaba trabajar. No obstante de su estancia en aquella agrupación recuerda con agrado la interpretación del personaje de "La camarada del distrito 11" en la obra *La Comuna de París*, dirigida por un alemán de apellido Fischer. Luego de un período de inactividad a solicitud suya es reubicada; esta vez en el grupo "Popular Latinoamericano" en el que trabajó con directores como Nelson Door, Adolfo de Luís, Brabuskina, Jhony Amat y otros. La mayoría de las obras eran cubanas *Réquiem por Yaruni,* de Carlos Felipe. *La chacota,* de Nicolás Door, estas puestas tuvieron mucho éxito. Fue del gusto de ella trabajar el teatro de Avilio Estévez porque sus obras se basaban, fundamentalmente, en el rescate de tradiciones cubanas.

Independiente de que *María Antonia* había lanzado a Hilda a los más altos planos de los escenarios cubanos y de la cantidad de actuaciones posteriores, su etapa más fecunda se desarrolla mientras estuvo en el grupo "Teatro Estudio", donde desempeñó diferentes papeles protagónicos, entre ellos los que corresponden a lo que podríamos llamar su ciclo "lorquiano", excelentes interpretaciones de personajes enraizados en la cultura y tradición españolas.

Dirigida por Bertha Hernández asumió el papel de la madre en *Bodas de sangre*, obra que alcanzó 100 funciones incluyendo dos fuera de Cuba, tragedia, que según Hilda Oates:

Hay que hacerla con el alma y con el corazón. El personaje lo interioricé sacando muchas cosas que he tenido muy profundas. En "la madre" traspasé la imagen del hijo al hombre que más he amado en la vida, cuando tengo que decir el bocadillo: cuando yo llegué a ver a mi hijo estaba tumbado en medio de la calle, me moje las manos con su sangre y me las lamí con la lengua, porque era mía. Tú no sabes lo que es eso, yo sí.

Interpretó a "Poncia" personaje que escenifica a la criada en la obra *La casa de Bernarda Alba*. Tanto en la "La madre" como en "Poncia" su color no fue impedimento para que se los asignaran; independientemente de ciertas preocupaciones por parte de la dirección del grupo, cuando viajaron a España, de llevar a una negra en aquellos personajes de obras de Lorca. En aquellos escenarios Hilda fue premiada y muy bien acogida por la crítica, al igual que en otros países donde fueron presentadas esas obras. Hilda Oates marcó a "la madre" y a "Poncia" en el teatro cubano. También interpretó "el ama" en la obra *Doña Rosita la soltera* dirigida por Raquel Revuelta.

Hasta la puesta en escena de *Bodas de sangre* en España, la Comisión evaluadora de "Teatro Estudio" no había otorgado a Hilda su calificación como primera actriz. Es el éxito alcanzado por ella en aquel país lo que forzó a la referida Comisión a reunirse independientemente de no ser un período evaluativo, para otorgarle esa condición.

Armando Suárez del Villar dirigió la obra *Santa Camila de Habana Vieja* en la que Oates interpretó a la "madrina", personaje para el que se tuvo que preparar rigurosamente ya que no era conocedora de las diferentes ceremonias que se realizan en las religiones de origen africano que se practican en Cuba, sobre todo del lenguaje ritual con el que tenía que interpretar uno de los rezos en el escenario.

Con el mismo director trabajó en: *Electra Garrigó*, de Avilio Piñeras donde interpretó a "Clitemnestra", y al personaje de "la Nitrokis" en la obra *Baltasar* de Gertrudis Gómez de Avellaneda; y también interpretó a "La santera" en la obra *Las Impuras* de Miguel Carrión. Fue propuesta para interpretar el papel de "la abuela" en la obra *Parece blanca*, pero hubo muchas contradicciones pues para algunas personas era muy negra para representar ese personaje. Al final le fue otorgado y resultó ser la obra en la que pudo subir a los escenarios norteamericanos con mucho éxito.

Durante su estancia en "Teatro Estudio", Hilda quiso acceder a la licenciatura en Artes Dramáticas. Raquel Revuelta, directora del grupo en aquellos momentos, le negó esa posibilidad: "En el ISA (Instituto Superior de Arte) no vas a aprender nada. Todo lo que tienes que aprender ya lo sabes. Eres una primera actriz", fueron sus palabras al argumentarle que, además tenía mucho trabajo para dedicarse a estudiar. En realidad en aquellos momentos el nivel de trabajo había bajado en el grupo. La falta de esa calificación le impide hoy día poder desempeñarse como profesora de ese Instituto.

En una obra dirigida por Raquel Revuelta en gira por la antigua Unión Soviética, Hilda viajó escenificando una "matica" que iba creciendo poco a poco. En Londres estuvo dos años interpretando a "Lady Salsa" en una comedia musical en la que tenía que comunicarse con el público todo el tiempo en inglés.

Oates se separa de "Teatro Estudio" para incorporarse a "Irrumpe", nuevo grupo creado por Roberto Blanco luego de su reincorporación al Movimiento Teatral. En aquel grupo su trabajo no fue tan intenso como en "Teatro Estudio", pero actuó en casi todas las puestas que se realizaron. También se desempeñó como asistente de dirección. Entre los personajes que más destacaron su calidad como actriz estuvieron: "La lavandera # 4" en *Yerma,* en el que trabajó utilizando muchos paños de tela que representaban el agua. En esa misma obra también representaba "la mujer de la feria". En la puesta en escena de *La Mariana* de Lorca interpretó "La Clavela", personaje creado por Roberto Blanco para resumir en uno solo los muchos y pequeños personajes que decían diferentes textos, lo que posibilitó abreviar la escena y hacerla más asequible. "La Clavela" dio cierto margen a Hilda Oates para trabajarla. Era un personaje de muchos y rápidos movimientos donde declamaba un bellísimo verso de Lorca. El final de su actuación permitió que Hilda se manifestara como lo que era, una primerísima actriz.

Como miembro de la Comisión Evaluadora del grupo "Irrumpe", Hilda estaba en desacuerdo con un fallo tomado por Roberto Blanco, presidente de la Comisión, decidió, entonces, dejar el grupo. Él era muy amigo de ella y debido a eso, para no disgustarlo, ella tomó una decisión que no le fue favorable, y no se reincorporó a "Teatro Estudio" como le pidieron y se unió a uno no muy reconocido "El siglo XXI" dirigido por Suárez del Villar. En este grupo ha trabajado poco, entre otras causas, porque la instalación que le sirve de sede ha quedado, prácticamente, para obras de corte humorístico.

La amistad que unía a Hilda Oates con Roberto Blanco se refleja en una pequeña nota que él le enviara en marzo de 1982 en la que reza:

> Mi querida Hilda:
>
> Si alguna vez me preguntaran sobre la amistad, sobre la temperatura del cariño fiel, la tenacidad –casi empecinado-, no sabría qué decir sino tú nombre.
>
> Tu Roberto Blanco

Hilda Oates ha sido siempre una actriz a la que no le ha gustado trabajar por trabajar. No acepta que la encasillen en un determinado tipo de personaje, como por ejemplo los papeles que representan la condición de desventajas sociales anteriores de las mujeres afrodescendientes: sirvientas, nanas, manejadoras. Tampoco acepta las propuestas que le han hecho cuando no le interesa el personaje que le ofrecen. Por las razones antes expuestas, su experiencia en la televisión no ha sido muy amplia. Representó personajes secundarios en las novelas *Cantar por el Alba, Las honradas* y también en los seriales de aventuras *El espía* y *Los bucaneros*. Por las mismas razones, en el cine ha tenido pocas oportunidades. Trabajó en las películas *Maluala, Patakín, Gallegos* y *Habanera*. En una ocasión, dirigida por Alina Sánchez, formó parte del elenco que representó la zarzuela *María la O*. Ha participado en numerosas Galas dirigidas por destacados directores como Lázaro Sarabia, Nelson Door, Héctor Quintero, José A. Rodríguez y Roberto Blanco.

La calidad de su trabajo, disciplina y dedicación le han valido para obtener innumerables premios y reconocimientos, entre los que se encuentran: "Premio de Actuación" por la interpretación de los personajes: "La madre" en la obra *Bodas de sangre* en 1980, "Poncia" en la obra *La casa de Bernarda Alba,* 1982, "María Antonia" en la obra de ese mismo nombre en 1983 y "La santera" en *Santa Camila de La Habana Vieja,* en 1984.

Hilda ha buscado en la cotidianidad de la vida y en la suya propia los ejemplos que les han servido para armar a los personajes principales o colaterales que ha tenido que representar, razón por la cual no le gustan las poses y los compromisos que se contraen con la fama. En tal sentido expresa:

> Nunca podemos decir ya soy actriz o actor… La actriz o el actor tiene que incorporar a su yo la vida de cada día y la experiencia cotidiana no termina sino con la muerte, por eso yo me exijo vivir intensamente para poder interpretar la vida, por eso trato de abarcar todo lo que me rodea.

> Me gusta mucho la juventud. Conversar con los [las] jóvenes, ofrecerles consejos sobre la vida, sobre el trabajo… Y no sé por qué, pero he tenido la dicha de verme rodeada de mucha gente joven que ha venido a mí buscando un aliento, una palabra, un gesto. Eso ha compensado carencias profundas. No sé que ven en mí pero me buscan.

Hilda Oates ha sido merecedora de las medallas: "Raúl Gómez García", "Por la Cultura Nacional" y la "Alejo Carpentier". También se le ha otorgado el "Primer Sello del Laureado", la "Llave de la ciudad de La Habana", la "Placa Hija Ilustre de la ciudad de La Habana" y la "Distinción XXX Aniversario".

Desde 1987 Hilda Oates fue designada miembro de los Tribunales de Evaluación Artística del Ministerio de Cultura y es, también, integrante del Consejo de Expertos en la especialidad de Teatro de ese mismo Ministerio.

Notas

[1] Personaje que se convirtió en una de las más grandes heroínas de la memoria teatral de nuestro país.

[2] Testimonio de Hilda Oates

[3] Uno de los dramaturgos –vivos- más relevantes del teatro cubano y figura esencial en el ámbito caribeño y latinoamericano.

⁴ Director de la obra para la que se preparaba

⁵ Irónico nombre con que se conoció el proceso a través del cual muchas figuras fueron separadas de sus labores en las artes escénicas.

OBRAS CITADAS

Martiatu, Inés María: *Una pasión compartida: María Antonia*. La Habana: Editorial Letras Cubanas, 2004.

Montero, Susana, *La cara oculta de la identidad nacional*. Santiago de Cuba: Editorial Oriente, 2003.

Divas de la canción cubana: El cuarteto Las D'Aida y la novia del *feeling*

María del Mar López-Cabrales

Omara Portuondo fue una de las cantantes integrantes del cuarteto cubano *Las D'Aida,* uno de los más significativos de la música *feeling* de los años 1940 en Cuba. No obstante, la popularidad internacional de esta cantante tuvo lugar media década después, en los años más difíciles por los que pasó Cuba tras la caída del bloque socialista y la pérdida de la ayuda de la Unión Soviética[1]. Durante estos años Ry Cooder y Wim Wenders estrecharon sus lazos al lanzar un CD *Buena Vista Social Club* (Premio Grammy 1997) y una película con el mismo título (1999) que recibieron un éxito global y para muchos inexplicable. Ambos fueron productos artísticos de un proyecto que a finales de los años 1990, entre otras cosas, resucitó internacionalmente a la vieja trova cubana y sacó del ostracismo a muchos ancianos músicos, convirtiéndolos en estrellas de los escenarios tras ganar el Grammy en 1997. Dentro de este compendio de grandes músicos cubanos del pasado y del presente se encontraba solo una voz femenina, la de Omara Portuondo, quien desde este momento comenzó a sobresalir en la esfera internacional y quien, más de diez años después del premio recibido por Buena Vista Social Club, se convirtió en la primera mujer residente en Cuba ganadora de un Grammy Latino (octubre, 2009) que ha estado presente en la ceremonia de entrega de los premios realizada en Las Vegas para recibirlo en persona. En declaraciones a la prensa, Omara Portuondo dijo con emoción que dedicaba el premio a su Cuba natal y que lo llevaría a la Isla para repartirlo pedacito a pedacito entre su gente.

Poco se sabe de la vida personal de esta cantante cubana, de hecho, una de sus amigas y vecinas, la poeta y compositora Olga Navarro, dice de Omara que es su "patrón de pruebas", "la Tatiana de Bronce" por lo mucho que trabaja y por la forma que tiene de controlar su voz. Navarro y Portuondo viven en el mismo edificio y aquella ha dicho de Omara que se acostaba a las cuatro y se levantaba a las siete para comenzar sus tareas de madre y de ama de casa. "No bebe alcohol ni fuma […] Yo no sé cómo puede dividirse en tantos pedazos. Es una gran amiga, corre al auxilio de cualquiera que tenga algún problema, nunca le falta un pedazo para los demás" (Palacios García 92-93). Navarro explica que Omara Portuondo es una gran artista, formidable persona y ejemplar madre y, a su vez, considera que su vecina es una artista muy cabal y muy versátil: "lo mismo interpreta una canción con lágrimas en los ojos o alguna pieza romántica con gran sensibilidad, que canta una guajira y te hace ver una palma real. La he visto cantar guarachas con una sandunga que solo ella sabe hacerlo" (Palacios García 93).

La mayor información sobre la vida de Omara Portuondo se puede encontrar en el libro de Eliseo Palacios García *Omara Portuondo, la novia del feeling* publicado en 1995. Este texto recoge por primera vez aspectos biográficos y artísticos develados por la propia Omara Portuondo y testimonios de amigos, colegas y admiradores que hablan sobre la cantante. Su infancia y sus años de formación son los temas sobre los que más se sabe. Nacida el 29 de octubre de 1930, cultivadora del *feeling*, se puede considerar a Omara Portuondo una de las personas iniciadoras de lo que se conoce en la actualidad como jazz cubano. Portuondo pasará sin duda a la posteridad, entre otras muchas cosas, por su participación junto a su hermana Haydee Portuondo, Elena Burke y Moraima Secada en el cuarteto Las D'Aida, dirigido por Aida Diestro, y por su vinculación al proyecto Buena Vista Social Club, lo cual le dio proyección internacional y motivó su colaboración discográfica para los sellos EGREM, Nube Negra en España y World Circuit en Inglaterra, hasta llegar a ganar el Grammy Latino.

Portuondo nos recuerda lo que significó el estilo de música *feeling* –calificada por algunos como una versión cubana de la *bossa nova* brasileña– y en concreto la idiosincrasia del repertorio del cuarteto Las D'Aida en el ámbito de música nacional cubana:

> (…) creamos una forma muy peculiar de expresar las obras de nuestro repertorio, en el cual primaba la música de autores cubanos, por lo que la manera en que la interpretábamos resultó ser muy cubana. (…) creamos una forma de movimientos escénicos que lo caracterizó, es decir, que siempre tuvimos muy presentes, aspectos fundamentales de nuestra identidad cultural. No obstante también recogimos lo mejor de la música latinoamericana y general, del repertorio internacional. (*La Jiribilla* 2004)

Elisabeth Hernández Valdez desde Cuba, resume con maestría las características de la voz de Portuondo que le han dado fama nacional e internacional:

> Sus interpretaciones se caracterizan por una variabilidad a nivel de metrorritmo de la relación relieve melodía con texto y fondo acompañamiento armónico. En la agógica[2] predomina el empleo del rubato[3] y la dinámica está en función del clímax y en vocablos finales; donde además varía el sentido de la melodía en algunas secciones usando en su lugar terminaciones melódicas ascendentes. Es costumbre que en la sección intermedia o sea el puente, la melodía esté a cargo del acompañante, pero en Omara es característico que la melodía de toda la obra esté a cargo de su voz. En cuanto a la respiración, está supeditada a la interpretación, en ocasiones es usada antes de concluir una idea lógica del texto, con la finalidad de enfatizar la palabra anterior. Conjuntamente en su cierta libertad de interpretación resulta curioso como reitera y añade algunos vocablos, proponiéndose resaltar aún más el sentido del texto. El fraseo le sirve de apoyo para conducir la melodía en dependencia del carácter de esta. (*La Jiribilla* 2004)

Omara Portuondo nació en el conocido barrio bohemio de Cayo Hueso, en la calle Aramburu, número 210, y creció, cruzando la calle, en Salud número 708, entre Castillejo y Aramburu. En este barrio

> Han convivido figuras esenciales de la música de la isla y en el que pudo frecuentar a Sindo Garay y Eliseo Grenet, entre otros. Cayo Hueso es un barrio de rumbas improvisadas, de extroversión, justo el escenario apropiado para que el *filing* naciera ante los ojos ávidos de Omara adolescente. Ella y su hermana Haydee compartían el latir por la música. Ella Fitzgerald o Sarah Vaughn eran algunas de sus cantantes preferidas. Cualquier excusa parecía suficiente para armar una tertulia junto a sus amigos -en aquel entonces músicos amateur- como Frank Emilio Flynn, César Portillo de la Luz, José Antonio Méndez. (Varios autores)

En todas las entrevistas, Portuondo habla de la influencia de sus padres en su quehacer artístico y en su vida en general y cómo ellos representaron un ejemplo tanto para ella como para sus dos hermanas. Su madre fue una criolla blanca de familia rica española que se casó con un cubano negro jugador del equipo nacional de beisbol (del equipo Cuban Stars y Almendares), cuando los matrimonios mixtos no estaban aceptados ni se veían bien socialmente. Su padre fue uno de los primeros deportistas cubanos que representaron al país en suelo norteamericano como pelotero, sufrió un accidente y se hizo profesor de deporte de la Universidad de La Habana. Portuondo dice que en lo profundo de su corazón su padre llevó siempre la música; estuvo muy vinculado a Eliseo Grenet porque estudiaron juntos y cuando este componía una canción siempre se la mostraba a él y también estuvo relacionado con Sindo Garay, con el historiador José Luciano Franco y con Nicolás Guillén. Sus padres nunca tuvieron mucho dinero pero gozaron de la herencia que dejaron los padres de su madre. Omara recuerda que su madre ocultaba el estar casada con un hombre negro y si se topaban el uno con el otro en la calle tenían que hacer como si no se conocieran. Sin embargo, en casa disfrutaban de lo que la sociedad les negaba, un refugio de paz, armonía y mucho amor. La cantante comenta que sus padres fueron seres fantásticos de quienes tanto ella como sus hermanas recibieron una educación integral:

> Eran personas muy completas como seres humanos, inteligentes, poseían una educación muy buena y como padres entendían muy bien a sus hijos, siempre fuimos estimulados y ayudados en todo lo que nos proponíamos hacer [...] siempre que fuera digno y honesto [...]. (Palacios García 20)

Ella misma expresa que los prejuicios raciales que existían en la vida social no llegaron en general a perturbar su casa. En el ámbito artístico siempre se sintió motivada e incentivada por la presencia de unos padres que después de cada comida –y a falta de un gramófono en casa– cantaban a dúo mientras recogían la mesa:

> [...] fue precisamente mi papá el que me indicó la posibilidad que yo tenía para hacer las segundas voces, así como las primeras. [...] quien descubrió que yo poseía oído musical [...] Mi padre decía: "Ven Omarita para que aprendas esta voz" [...] y dentro de mí, poco a poco, se fue adentrando ese bichito que movía mi inquietud hacia la música. [...]. La trova tradicional comenzó a formar parte de mi mundo espiritual [...]. En aquella época ocupaba un lugar destacado *La bayamesa* del compositor cubano Sindo Garay, con esa obra, siempre que la escucho y la interpreto, recuerdo mi infancia y a mis padres". (Palacios García 22)

Portuondo ha contado en varias ocasiones la anécdota de cómo comenzó a interesarse por lo que se denominada la descarga, la reunion de varios músicos que se juntan en un lugar para improvisar, tocar y cantar juntos. Dice la artista que su madre le mandó a comprar pan y, al pasar por un viejo caserón, escuchó una música que venía del piso de arriba y allí comenzó todo. Portuondo subió las escaleras y quedó pasmada al oír un grupo de personas tocando rumba con cajones y cantando. Parece que cuando salió del edificio era ya de noche y al llegar a su casa y contar lo que había visto, su madre, preocupada por su ausencia, en vez de darle una reprimenda, le dijo que la próxima vez le avisara para que fuera con ella a escuchar la música (Palacios García 23).

La cantante recuerda que desde muy pequeña sintió vocación por el arte (cante, baile, actuación en general) y por ser bailarina de ballet clásico pero no pudo cumplir lo segundo por ser mulata y estar prohibido en esos años que la gente de color bailara ballet. No obstante, la artista cubana siempre estará agradecida a las personas que le ayudaron en sus años de formación. Portuondo estuvo becada y cursó estudios primarios en la escuela Alfredo María Aguayo en la Víbora, donde recibió una enseñanza integral. En esta escuela había un teatro y declamó, por primera vez, una poesía (Cuauhtémoc) del poeta peruano Santos Chocano y desempeñó diversos papeles en obras de teatro así como también participó en la coral de la escuela. Su afición al canto y al baile se precibía desde el principio, ya que en su escuela jugó al baloncesto y la instructora la llamaba la *bailarina* cuando estaban jugando por los movimientos que Portuondo realizaba con la pelota. De esta escuela, tiene muy buenos recuerdos, porque pasó allí una infancia muy feliz y cultivó muy buenas amistades, muchas de ellas actrices, poetas y locutoras conocidas en Cuba como: Margarita Balboa, Violeta Vergara, Elena Huerta, Amelita Pita y Sarita Reyes, entre otras.

Después de terminar la enseñanza primaria, ingresó en el Instituto de Segunda Enseñanza de El Vedado. Recuerda que cuando tenía tiempo libre le gustaba ir al parque que se encuentra enfrente de la escuela y allí observaba la estatua de Mariana Grajales, Madre de los Maceo. Al verla, recordaba todo el amor que su padre le inculcó por la historia de Cuba, por Maceo, por Céspedes, por Martí (Palacios García 28).

El bailarín Rolando Espinosa, amigo de Portuondo, menciona en el libro de Palacios García que la llamaban *Omara Usted* o la *Señorita Usted* porque lo que más llamaba la atención de Omara cuando uno la conocía era su seriedad y el hecho de que tratara a todo el mundo, incluso a los amigos de confianza, de "Usted". En la adolescencia, cuando tenía aproximadamente quince años, conoció a las hermanas Martiatu en el Balneario Universitario y se fraguó una estrecha amistad que conservan hasta el día de hoy. Eva Martiatu y Portuondo comenzaron a asistir juntas a una escuela nocturna de mecanografía y taquigrafía que estaba en el barrio. Eva Martiatu invitó un día a Omara a su casa porque en ella se reunía frecuentemente un grupo de jóvenes que compartía el gusto por la buena música y que se llamaba "*La gente del feeling*: José Antonio Méndez, César Portillo de la Luz, Ángel Díaz, Luis Yáñez, Justo Fuentes, Hilario Durán, entre otros tantos" (Palacios García 32). Omara llevó un día a su hermana Haydee a esa casa y comenta que las dos hermanas eran las más pequeñas del grupo y que, como todo el mundo cantaba, a ellas se les ocurrió cantar a dúo, con diferentes voces, una canción que había popularizado el famoso trío de Las Hermanas Lago titulada *Tailuma*, "[…] imagínense cuál fue la sorpresa para todos, al ver a dos chiquiticas, ¡A dos enanitas! cantar a dos voces, enseguida algunos se pusieron a indagar de dónde habíamos salido, […] nos comenzaron a llamar *Las Tailumitas* […]" (Palacios García 32).

Estas tertulias de *Los muchachos del feeling* se hicieron cada vez más populares y recuerda que también se reunían a "descargar" en casa del compositor y cantante Ángel Díaz,

> […] en el callejón de Hammel, donde se daba cita un nutrido grupo de amigos amantes de la música, recuerdo entre ellos, a Ñico Rojas, José Antonio Méndez, César Portillo, Justo Fuentes, Leonardo Morales, Eligio Valera, Jorge Mazón, Aida Diestro y su hermana Patry, Ilario Durán, Pilo Rodríguez, en cuya casa, situada en Virtudes y Soledad también nos reuníamos, Elena Burke asistía también, después que terminaba sus actuaciones, porque ya cantaba como profesional, Tania Castellanos y Lázaro Peña compartían con nosotros estas reuniones, ¡asistía mucha gente! (Palacios García 35)

A José Antonio Méndez y a Frank Emilio –compañeros del Instituto de la Víbora que ya anteriormente habían creado un trío llamado *Xochimilco*– se les ocurrió crear un grupo musical con el nombre *Loquibambia* e invitaron, entre otros, a Omara Portuondo a cantar con ellos. Este grupo de músicos donde Omara Portuondo se inició en el mundo de la canción retomó lo mejor del legado cultural de su tiempo y "constituyó una continuidad de la trova tradicional: Garay, Manuel Corona, Pepe Sánchez, y otros; de los sones de Arsenio Rodríguez, de Antonio Arcaño, de los Matamoros, unidos a los maestros del jazz de la época" (Palacios García 36). Otra anécdota de la época de *Los muchachos del feeling* que Portuondo comenta es que se reunían e iban a "descargar" a Párraga, donde vivía el Niño Rivera y que a estas reuniones le acompañaba su madre porque el lugar quedaba muy retirado. Así recuerda estas reuniones: "La vivienda del Niño Rivera carecía de alumbrado eléctrico y, al caer la tarde, recuerdo que nos alumbrábamos con velas o con quinqué, y bajo un cielo cuajado de estrellas [...] transcurrían las horas cantando o en largas charlas sobre la música o sus dificultades para dedicarse a ella" (Palacios García 36-37). El grupo, según su testimonio, era muy abierto a todo tipo de formación musical, lo mismo les gustaba Debussy, que Duke Ellington, Nat King Cole o cualquier otro compositor o cantante que fuera de calidad.

Además de cantar, Portuondo era bailarina de *swing* y de *rock and roll* y su debut tuvo lugar junto al grupo Loquibambia que cantaba normalmente en la emisora Mil Diez que auspiciaba el Partido Socialista Popular. Al animador de esta emisora lo llamaban amistosamente *Mister Feeling* y él, para presentar a Portuondo lo hacía bajo el nombre de Omara Brown, *la novia del feeling*, para estar a tono con el ambiente jazzístico del momento (Palacios García 41).

En esta época, en los momentos libres, Portuondo acompañaba a su hermana Haydeé a los ensayos en el cabaret Tropicana donde formaba pareja de baile con Rolando Espinosa y era parte del grupo de danzario *Las mulatas de fuego,* surgido a finales de los años cuarenta, y de gran aceptación popular. Debido a que una de las coristas del grupo carecía de condiciones físicas para realizar uno de los movimientos días antes del estreno, Haydee propuso a su hermana como sustitución, ya que era buena bailarina y se sabía perfectamente los movimientos porque asistía frecuentemente a los ensayos. Al principio, Omara se negó rotundamente porque no le gustó que su hermana hubiera tomado una decisión por ella. Omara era muy tímida y un escenario tan grande le horrorizaba, nunca pensó ser bailarina de cabaret. Cuando volvió a su casa, recuerda que su madre esperó el momento oportuno y le dijo: "Mira Omarita, si no te complace ser bailarina no lo seas, aunque quisiera que lo fueras por mí, porque presiento que es a lo que te vas a dedicar y con esa profesión representarás a tu país, ya que será realmente tu trabajo". Fue una de esas premoniciones que dicen los padres acerca del futuro de los hijos, y se cumplió (Palacios García 47). Como en muchas otras ocasiones, escuchó el consejo de su madre y se incorporó a bailar como corista en el grupo de baile del cabaret Tropicana: "allí gané mi primer salario y recibí el carné del sindicato de artistas que me acreditaba como bailarina profesional" (Palacios García 48). Al poco tiempo de estar bailando en Tropicana, debutó en una revista musical en el teatro Alkázar (donde ahora queda el Teatro

Musical de La Habana). Igualmente, varios meses después de estar bailando en el cuerpo de baile de Tropicana se integró al grupo Las mulatas de fuego e ingresó al Conjunto de Alberto Alonso. Bailaba por las noches y por las mañanas tomaba clases en el Conjunto, con el que realizó diversas presentaciones en el cine-teatro Radiocentro (actual Yara). También en esta época comenzó de pareja de baile con Rolando Espinosa porque su hermana Haydée se casó, quedó embarazada y Omara tomó su puesto. Con Espinosa bailó mucha rumba y trabajó muy duro. Su amiga la bailarina Sonia Calero ha dicho sobre el tesón y la personalidad de la cantante cubana: "Omara es una mujer muy trabajadora y le da mucho aliento a quienes la rodean. Me imagino que muchas veces puede estar caída, como cualquier ser humano, pero sin embargo, la observas y siempre está eufórica, ¡tiene un carácter!"(Palacios García 53).

Además de sus padres, Portuondo comenta que Rita Montaner supuso siempre una fuente de inspiración para la cantante. Cantante, pianista, coreógrafa, trabajadora incansable, Montaner fue una gran mujer de notable éxito nacional e internacional. Hija de un blanco y una mulata, con un enorme conocimiento de la música, Montaner falleció de cáncer en La Habana en 1958 tras una larga trayectoria artística en la que participó en los centros culturales mundiales más famosos. Portuondo comenta que cuando la conoció la admiraba tanto que no se atrevía ni a acercarse a ella por no molestarla. "[…] En todos los momentos difíciles e importantes de mi vida artística la he tenido en mi pensamiento, al salir a escena siempre llevo en la mente a mi madre que me dijo: 'Vas a representar a Cuba' y también a Rita Montaner. Son recuerdos que me dan mucha fuerza" (Palacios García 55).

Es difícil encontrar aspectos personales de la vida privada y familiar de Omara Portuondo en los pocos documentos que se pueden encontrar sobre ella. Sabemos que se casó solo una vez con Jorge, amigo de Aida Diestro y Rolando Espinosa, quienes, a su vez, fueron los testigos de una boda sencilla que se realizó el 30 de diciembre a finales de los años 1960. De este, su único matrimonio, nació su único hijo, Ariel, el amor de su vida, quien en la actualidad se desempeña como representante artístico de su madre y ha dirigido su grupo musical. Sin embargo, antes de este matrimonio, la artista cubana confiesa que amó con intensidad a un bajista muy talentoso que trabajaba en los más prestigiosos night clubs de La Habana. Con este bajista tuvo también una relación muy estrecha en el plano profesional:

> Él me alentó y ayudó a preparar mi carrera como solista vo-
> cal, decía que yo era muy buena cantante y que podía trabajar
> de esa forma. El primer disco que grabé como solista: *Magia
> Negra*, fue a mediados de la década de los años 1950, estando
> en el cuarteto Las D'Aida se realizó por idea de él y tuvo su
> cooperación técnica y aporte económico. (Palacios García 56)

Portuondo comenta que comenzó a cantar de manera profesional cuando formó parte del Cuarteto de Orlando de la Rosa en sustitu-ción de Elena Burke, quien se marchó a México para formar parte del Cuarteto de Facundo Rivero. Portuondo, Aurelio Reinoso, Roberto Barceló, Adalberto del Río formaban el cuarteto, y Orlando de la Rosa era un director muy riguroso, exigente en el trabajo, del cual la cantante cubana aprendió mucho. Cuando Elena Burke regresó de México volvió a incorporarse al Cuarteto de Orlando de la Rosa, ya que Adalberto del Río lo abandonó. En 1953 De la Rosa organizó una gira por Estados Unidos que duró seis meses por lugares como Filadelfia, Cincinnati, Nevada y Las Vegas. Esos meses fueron cruciales para la vida profesional de la cantante:

> …pues me adiestraron en cosas importantes como la forma
> de utilizar un micrófono, la gesticulación de las manos, el
> enfrentar el continuo rigor de una actividad tras otra, el
> montaje de coreografías frente a un espejo para poder detallar
> cada movimiento, la elección del vestuario de cada ocasión
> y sus transformaciones, en fin, gran cantidad de detalles
> que contribuyen a mejorar o arruinar cualquier actuación.
> (Palacios García 61-62)

De la gira por Estados Unidos la artista recuerda sobre todo el hambre que pasaron debido a la falta de recursos y su amistad con Elena Burke, de quien aprendió muchas estrategias para resolver la variedad del vestuario. Las anécdotas de este viaje son interminables pero destaca una. En esos años, los restaurantes italianos eran los más económicos y aumentaban el precio de los platos a medida que se acercaba la noche, por eso Omara Portuondo y Elena Burke se iban lo más pronto que podían a comer para ahorrar dinero. Burke viajaba con unas cazuelas para hacer sopas y, entre las sopas y las pastas italianas, aumentaron tanto de peso que fueron expulsadas del cuarteto a su regreso a Cuba porque a Orlando de la Rosa le propusieron otro contrato para ir a Estados Unidos pero, para los requisitos estéticos que les pedían, Burke y Portuondo estaban demasiado pasadas de peso.

Después de esta experiencia profesional con el cuarteto de De la Rosa, Potuondo se incorporó al grupo *Las Anacaonas* donde su hermana había participado. Este grupo se iba de gira por Haití y necesitaba una cantante que además pudiera tocar la batería y las tumbadoras. En este grupo la cantante coincidió con Moraima Secada, La Mora, y comenzaron a compartir trabajo vocal, La Mora interpretaba los boleros y Portuondo las guarachas y otros géneros movidos.

Al terminar la gira por Haití con Las Anacaonas, volvió al Conjunto de Alberto Alonso pero había poco empleo y, en un momento en que tanto su hermana como ella estaban sin trabajo, contemplaron la posibilidad de formar un dúo vocal. Con esto en mente, ambas hermanas se dirigieron a los estudios de la CMQ, 23 y M en El Vedado para intentar cantar en "El show del mediodía" presentado por Amaury Pérez. En L y 23 se encontraron con Elena Burke y le contaron su proyecto a lo que esta sugirió que formaran mejor un cuarteto ya que ella conocía a la cuarta cantante (Moraima Secada) y a la persona que podía montarles las voces (Aida Diestro, La Gorda de oro). Así se fraguó el cuarteto Las D'Aida que fue una agrupación muy versátil, de muy buena calidad que cantó en todos los clubs de prestigio. Al poco tiempo después de montar las voces del grupo, comenzaron a hacer gestiones para actuar en la televisión y debutaron en un programa llamado "Carrusel de la sorpresa". En la radio también fueron presentadas al público cubano por Amaury Pérez en "El show del mediodía". Desde su formación, el grupo seguía ensayando casi a diario y trabajando con esmero hasta que Luis Yáñez –conocido por su vinculación al grupo Loquibambia y por ser uno de los seguidores del *feeling*– les ofreció trabajo en un cabaret que se iba a inaugurar en un antiguo almacén de toneles de ginebra al que pusieron de nombre La campana. Después de cantar en La campana, el lugar donde el cuarteto Las D'Aida ganó fama y reconocimiento, las contrataron para que actuaran todas las noches en el Club 21 y así llegaron a Sans-Souci, Montmartre, Tropicana y otros lugares.

"A la vez que el cuarteto trabajaba en los centros nocturnos, grabó varios discos de corta y larga duración con la firma RCA Víctor, uno de ellos con el cantante chileno Lucho Gatica" (Palacios García 73), y participó en programas estelares de la televisión con una gran audiencia como Cabaret Regalías y Jueves de Partagás. Actuó en teatros de la capital, viajó a México, Puerto Rico y participó activamente en varias ocasiones en los carnavales de Caracas, Venezuela.

Continuando esta etapa de formación y fama, a principios de los años 60, Elena Burke y Moraima Secada decidieron dejar el cuarteto, la primera para continuar su trabajo de solista y la segunda para trabajar con el Meme Solís, y ambas fueron sustituidas por Leonora Rega y Carmen Lastra. En este momento, un empresario norteamericano contrató al cuarteto para que actuara en el famoso Hotel Fontainebleau de Miami; allí actuaron varios meses con gran éxito, pero, como explica Portuondo, "al romperse las relaciones diplomáticas entre el Gobierno Revolucionario de Cuba y la administración de los Estados Unidos, regresamos a la patria de inmediato" (Palacios García 75). Allí terminó la andadura norteamericana del cuarteto y comenzó el trabajo sin parar en el show del cabaret parisino del Hotel Nacional, la revista musical en el night club del Hotel Capri y las actuaciones estelares en programas de televisión. Trabajaron en Cuba sin cesar. Portuondo comenta que pasó su embarazo actuando en el Hotel Capri en el año 1964.

La fama del cuarteto Las D'Aida residió, además de en sus voces inigualables, en la dedicación de su directora, quien dio los últimos años de su vida a trabajar con sus vocalistas. Aida Diestro enseñó a las integrantes del cuarteto a interpretar, a sentir mientras cantaban para poder hacer sentir al público porque el cantante es un comunicador. El cuarteto Las D'Aida fue como una gran escuela para Omara Portuondo, para quien el género más importante es el "son", porque es la composición musical cubana por antonomasia, pero a quien también le gustan los boleros, las canciones, los danzones, las guarachas, la rumba, una guajira, el son montuno, y, además, la música de mayor elaboración, la de conciertos (Palacios García 80). Según ella, también en la "trova tradicional" cubana existen compositores maravillosos como Sindo Garay, Rosendo Ruiz, Rafael Gómez, Teofilito, Eusebio Delfín, María Teresa Vera, Mauel Corona, entre otros.

En 1967 Portuondo llevaba quince años trabajando en el cuarteto Las D'Aida y había viajado por Estados Unidos, América Latina y varios países de Europa del Este. En ese momento, el director de la Empresa de Grabaciones y Ediciones Musicales (EGREM) le pidió que representara a esta firma discográfica en el Festival Internacional de Sopot en Polonia y esta, por primera vez, se presentó como solista en un escenario. Después de esta experiencia, pidió la aprobación de Aida Diestro para seguir en solitario y su puesto en el cuarteto fue sustituido por Teresa García Caturla, directora actual del grupo.

Los problemas que encaró a la hora de empezar su carrera como solista fueron encontrar un estilo propio, diferente, aprender a desplazarse sola por el escenario y crear un repertorio nuevo en solitario. Ella nunca concibió su voz como solista. De Elena Burke se decía que tenía una voz expresiva, de ahí que se la llamara *La señora sentimiento*, Moraima Secada poseía una gran carga expresiva y Portuondo comenta: "entre ellas, me encontraba como la simpática, la guarachera, soy un poco inhibida, más interior, pero a la hora de cantar me entrego y esas son cualidades que siempre han distinguido a cada una de nosotras" (Palacios García 86-87). En esta época incluso hizo modestas incursiones en la llamada Nueva Trova cubana cuando fue invitada a cantar en el Encuentro de la Música Política en 1967 en Casa de Las Américas e interpretó por primera vez *La era* de Silvio Rodríguez. También ha incorporado en su repertorio canciones de Pablo Milanés, *Vale la pena* de Amaury Pérez Vidal, *Siempre es 26*, *Mujer del mundo tercero* y *Deséame suerte* de Martín Rojas y *Gracias a la vida* de Violeta Parra, entre otras.

Al año de estar cantando como solista, participó junto al cuarteto popular Los Papines en una gira por Japón, estuvo en el Festival Cinematográfico de Cannes, visitó Bulgaria donde ganó el primer premio a la mejor interpretación en el Festival Internacional Orfeo de Oro y ganó otro premio en el Festival Libra de Oro en Bratislava (antigua Checoslovaquia) con la canción *Evocación* de Tania Castellanos. También fue distinguida con el Premio de la Prensa y otros en Alemania, ha visitado diversos festivales en París, Lima y junto a Martín Rojas, su guitarrista acompañante, fue la primera artista cubana que visitó Finlandia. Ha cantado en otros países como Argelia, Bolivia, Ecuador,

Uruguay, Panamá, República Dominicana, Colombia, Nicaragua, Rumania, Bulgaria, Rusia, España, Noruega, Holanda, Inglaterra y Suiza. En todos los países ha sido bien recibida y ha conectado enormemente con el público y con la gente. Dice que la única desventaja de ser popular es que te limita la intimidad pero que, de todas maneras, hay que estar agradecidos con la vida:

> Creo que todo lo que sucede en la vida resulta útil para seguirla viviendo, de todo se puede obtener una experiencia, vivir es tan hermoso que hay que hacerlo intensamente. En ocasiones se presentan situaciones no muy agradables e incluso desagradables, pero tenemos que enfrentarlas con valentía y solucionarlas con honestidad […] sin perder el optimismo, sin dejar nunca de amar la vida. Hay que despertar siempre llenos de alegría, con el corazón repleto de esperanzas y buena voluntad. (Palacios García 102)

Con esta alegría y con este corazón lleno de agradecimiento, –a sus 77 años—presentó su último álbum *Gracias* en el que canta junto a músicos de la talla del gran pianista cubano Chucho Valdés y de los trovadores Chico Buarque y Pablo Milanés. Quizás por este optimismo, por su sonrisa que llena el escenario y su gran voz, Omara Portuondo haya sido la primera mujer residente en Cuba ganadora del Grammy Latino al mejor álbum tropical contemporáneo que ha podido estar presente en la ceremonia de entrega de estos premios tan prestigiosos como presentadora y premiada a la vez el 6 de noviembre de 2009, en Las Vegas. Sus únicas palabras en el escenario de Las Vegas fueron: "Gracias, gracias, gracias", a lo que siguió una enorme ovación.

La carrera de Omara Portuondo ha sido intensa en los últimos años, sobre todo desde su participación en el disco "Buena Vista Social ClubTM presenta..." y sus legendarias apariciones en las actuaciones de Ámsterdam y New York que tuvieron como resultado la conocida película de Wim Wenders. Desde este momento estelar, en los dos últimos años ha lanzado dos discos en solitario que han cosechado excelentes críticas y una nominación a los Grammy ("Flor de Amor" 2003). Otros proyectos recientes han sido su gira en 2006 "Special

Symphonic Project" en la que, acompañada de una orquesta sinfónica, cantó en los teatros y festivales de música clásica más importantes del mundo, y su gira en 2008 en Brasil junto a María Bethania.

En una entrevista hecha para el periódico *La voz de Asturias*, con motivo de un concierto que dio en la ciudad de Gijón, Portuondo dijo que le gustaría que se la recordara como una auténtica cubana: "Yo siento la música desde dentro y creo que tiene una riqueza tremenda" (*La voz de Asturias* 2006). En esa misma ocasión, explicó lo que le ocurre cuando sale a un escenario: "[…] al principio, estoy un poco temblorosa y tímida, porque quiero que salga todo bien. Luego, ya empiezo a disfrutar. El público y yo nos compenetramos. Encima del escenario se nota cuando el público está disfrutando del recital y cuando no" (*La voz de Asturias* 2006). Entre las canciones que le han dado fama figuran: *Siboney*, *Quiéreme mucho*, *El manicero*, *Dos gardenias*, *Siempre en mi corazón*, *Veinte años*, *Lágrimas negras* y *La era está pariendo un corazón* y, por supuesto, *Summertime*. Omara es conocida por su público como "La cubanísima Omara Portuondo", "La sonera mayor", "La voz del sentimiento y la sensibilidad de la música cubana" y "La novia del *feeling*", porque Omara es todo *feeling* por dentro y por fuera.

NOTAS

[1] El período especial en tiempo de paz fue la denominación que el gobierno cubano dio a la crisis que sufrió la Isla después de la caída del telón de acero.

[2] Acento que resalta una nota al extenderla un poco más allá de su tempo normal.

[3] Ligero cambio en la velocidad del tempo de una pieza a discreción del solista o del conductor.

OBRAS CITADAS

Díaz Ayala, Cristóbal. *Cuba canta y baila. Encyclopedic Discography of Cuban Music 1925-1960*. Florida International University Libraries. The Díaz-Ayala Cuban and Latin American Popular Music Collection. http://latinpop.fiu.edu/discography_photos/jpgD/photo_D.html

Gómez Izquierdo, Mariela. *Omara Portuondo*. La Habana: Tesis de la Escuela Nacional de Música, 2004.

Hernández Valdés, Elisabet. "La novia del feeling", *La Jiribilla*, Nro. 178, 2004.

Lichtman, Luis y Bruce Polin. "El original Cuarteto Las D'Aida" Cuba's famous female vocal group. *Descarga.Com*. http://www.descarga.com/cgi-bin/db/archives/Profile13. 11/01/92.

López-Cabrales. *Rompiendo las olas durante el período especial. Creación artística y literaria de mujeres en Cuba*. Buenos Aires: Corregidor, 2008.

Martínez Rodríguez, Raúl. "Moraima Secada, La Mora". Semanario *El Veraz*, Puerto Rico. http://www.elveraz.com/articulo659.htm. 17/12/2003.

Orovio, Helio. *Diccionario de la música cubana*. Editorial Letras Cubanas. La Habana, 1981.

Palacios García, Eliseo. *Omara Portuondo, la novia del feeling*. La Habana-Santiago de Cali: Editorial Letras Cubanas, 1995.

Rodríguez Espulgas, Lucía. *Consideraciones teóricas acerca de la nueva canción*. La Habana: Tesis del ISA, 1995.

Rodríguez González, Mercedes Cecilia. "El cuarteto Las D'Aida. 1952-1985", Memorias, *La Jiribilla*, Nro. 58, 2002. http://www.lajiribilla.co.cu/2002/n58_junio/memoria. html

Valerio-Holguín, Fernando, 2000, "Buena Vista Social Club: Canibalismo cultural y nostalgia imperialista". *Revista Ixbalam: Estudios Culturales y Literatura* (2004): 18-23. http://www.avi-zora.com/publicaciones/cine/textos/textos_002/0025_cani-balismo_cultural_buena_vsita_social_club.htm/

Varios autores. "Entrevista a Omara Portuondo". *La voz de Asturias* 29-10-2006 http://www.conexioncubana.net/index.php?st= content &sk=view&id=1670&sitd=305&limit= 1&limitstart=1

Varios autores 2. "Aida Diestro. El cuarteto Las D'Aida. El feeling. Omara Portuondo", *Son Cubano* http://www.soncubano. com/nsc/ nsc_search_lst.asp?text_search=Aida%20Diest

Panorama del mundo poético de Nancy Morejón[1]

Juanamaría Cordones Cook, University of Missouri, Columbia

Traducida a más de diez idiomas, Nancy Morejón (La Habana, 1944) constituye una figura esencial en el mundo literario y cultural cubano donde en 2008 fue elegida Presidenta de la Asociación de Escritores de la UNEAC (Unión de Escritores y Artistas de Cuba). Principalmente conocida por su labor poética, es una prolífica escritora que ha extendido su creación al ensayo, la traducción, la crítica y el periodismo. Su obra incluye más de treinta y cinco poemarios y siete volúmenes de ensayos sobre historia y literatura cubana y caribeña e innumerables poemas y artículos que han aparecido en antologías, revistas literarias y prensa escrita. Las ediciones de sus libros se agotan rápidamente. Su obra se ha difundido en los Estados Unidos principalmente gracias a las antologías bilingües: *Where the Island Sleeps Like a Win* (1985) y *Looking Within / Mirar adentro: Selected Poems / Poemas escogidos, 1954 / 2000* (2003), incluso esta última fue *best-seller* para la editorial. En su extensa trayectoria ha recibido múltiples reconocimientos, entre otros, el *Premio Nacional de Literatura* (2001) y tres veces el *Premio de la Crítica* (1986, 1997 y 2000), en Cuba; el *Premio de Poesía Corona de Oro* (2006), en el XLV Festival Internacional de Poesía de Struga, en Macedonia, y recientemente el doctorado *Honoris Causa,* de la Universidad de Cergy-Pontoise, en París (2009).

Egresada *magna cum laude* con una licenciatura en Lengua y Literatura Francesas de la Universidad de La Habana, ha traducido a autores de la talla de Arthur Rimbaud, Paul Eluard, Aimé Césaire, Jacques Roumain, René Depestre, Paul Laraque, Ernest Pepin y Édouard Glissant, entre otros. En cuanto a su labor crítica, los volúmenes *Recopilación de textos sobre Nicolás Guillén* (1974) y *Nación y mestizaje en Nicolás Guillén* (1982) se han convertido en clásicos de la crítica sobre este autor y han marcado pautas en este dominio. Asimismo, el interés académico de Morejón abarca la escritura del Caribe incluyendo indagaciones que, en su mayoría, han sido recopiladas en *Fundación de la imagen* (1988) y en *Ensayos* (2005).

En su vocación y dedicación a todas las artes, Nancy Morejón ha colaborado con el Fondo de Bienes Culturales, la Fundación Pablo Milanés, el Teatro Nacional de Cuba. En Casa de las Américas, epicentro de la *intelligentsia* cubana y latinoamericana, Morejón, además de ser directora del Centro de Estudios del Caribe, ha publicado su obra poética y ensayística, organizado y dirigido seminarios, coloquios y conferencias. Con profundos vínculos personales y profesionales con el mundo del teatro, ha trabajado muy de cerca con dramaturgos y actores de la talla de Rolando Ferrer, Roberto Blanco, Vicente Revuelta, Sara Larocca, Luis Brunet, Eugenio Hernández Espinosa y Gerardo Fulleda León, director de la Compañía Rita Montaner. Por otra parte, la dramaturgia es un ingrediente presente en su creación ya sea en su poesía dramática, "Suite recobrada" por ejemplo, o en las piezas dramático-poéticas que ha escrito, de las cuales solo ha publicado *Pierrot y la luna*.

Asimismo, la creación artística de Morejón ha alcanzado la plástica. Hace unos años, comenzó a dibujar unos Pierrots que se aproximan al estilo de García Lorca. Ha continuado cultivando esta veta artística en varios de sus dibujos, sutiles y lúdicos, con ecos de Joan Miró y Paul Klee, que han sido exhibidos en varias exposiciones en Cuba.

RAÍCES

Nacida en Los Sitios, barrio del centro de La Habana, un 7 de agosto de 1944, Nancy Morejón es un ser cuya trayectoria y vida en general ha escapado a todos los moldes. Desde que llegó a este mundo, en un casi milagroso nacimiento, ha roto todos los esquemas previstos. Ella misma interpreta las circunstancias inusitadas de su nacimiento como símbolo premonitorio de las experiencias de lo original que, col-madas de aconteceres no codificados y sin posibles explicaciones, han signado tanto su vida como su creación (Cordones-Cook 1996, 60).

Nancy Morejón creció en un medio humilde a la vez que lleno de amor y rico en experiencias humanas, educacionales y culturales que se constituirían más tarde en estímulo y material referencial de su poesía. Sus padres fueron los forjadores de su temperamento y de su espíritu (Cordones-Cook 1999). Su madre, Angélica Hernández, criada en un orfelinato, llegó a trabajar como despalilladora de tabaco y modista para dedicarse a ser ama de casa cuando nació Nancy. Madre devota y de firme carácter, con escasísimos recursos, educó a su hija inculcándole profundos y enaltecedores valores humanos y ansias de independencia que la han definido indeleblemente. Esta relación temprana con su madre ha constituido un vínculo fundamental en el desarrollo emocional, intelectual y social de la poeta, quien, como Virginia Woolf, cree firmemente que "detrás de cada escritora aletea el fantasma de su madre" (Morejón, "Las poéticas..." 7). Tanto en conversaciones personales como en entrevistas publicadas, en conferencias, y en su poesía, la imagen de su madre surge recurrentemente; nutricia, plena de afectividad, en medio de sus dificultades, carencias y sacrificios, celebrada y glorificada en su dimensión humana, con una capacidad ejemplar para la supervivencia, para el total sacrificio y el amor por su única hija. Esa relación de sostenida e intensa filiación resulta esencial en la cartografía subjetiva de Nancy Morejón, pues encarna la matriz bajo cuya sombra y protección se ha desarrollado, así como también el símbolo de su autoidentificación y autodefinición. Con una leatad que le es característica, Morejón le rindió a su madre casi un reverente culto de amor, solidaridad y respeto hasta los últimos instantes de su vida. *Madre* es el poema con que Morejón siempre inicia las lecturas de su poesía y que, además, leyera en el funeral de Angélica Hernández, el 16 de febrero de 1997[2].

> Mi madre no tuvo jardín
> sino islas acantiladas
> flotando, bajo el sol,

en sus corales delicados.
No hubo una rama limpia
en su pupila sino muchos garrotes.
Qué tiempo aquel cuando corría, descalza,
sobre la cal de los orfelinatos
y no sabía reír
y no podía siquiera mirar el horizonte.
Ella no tuvo el aposento de marfil,
ni la sala de mimbre, ni el vitral silencioso del
trópico.
Mi madre tuvo el canto y el pañuelo
para acunar la fe de mis entrañas,
para alzar su cabeza de reina desoída
y dejarnos sus manos, como piedras preciosas,
frente a los restos fríos del enemigo.

("Madre", *Looking Within* 210)

Con mesurada contención y sin sentimentalismos, más plena de emoción y sentido reconocimiento, Morejón nos presenta a su madre privada materialmente de aquello que el hombre ha creado y llamado civilización, jardines, vitrales, aposentos de marfil. Mujer que, con sus pupilas marcadas con garrotes, va cargando con todo un legado de esclavitud, a la vez que encarna una fuerza creativa, de afirmación de poder, de identidad y fortaleza de carácter mientras que conserva la dignidad, el refinamiento, la creatividad y el poder de reina de una naturaleza paradisíaca con islas flotantes bajo el sol. La construcción poética de su madre, mito de madre primigenia, dadora de vida, le otorga coherencia cultural a la autora, a la vez que se proyecta sobre su comunidad encarnando líricamente una síntesis de historia e identidad colectiva.

En cuanto a su padre, Felipe Morejón, a pesar de una infancia muy difícil e ingrata, era un individuo sumamente abierto, quien enseñó a su hija un profundo sentido de dignidad y orgullo de su condición racial (Morejón, *Afro-Hispanic Review* 7). Su presencia frecuente en las conversaciones de la poeta, no lo es tanto en su poesía. *En Restos del Coral Island*, Morejón, al ver la chatarra de un barco encallado, evoca un pasado lejano y perfila la figura de Felipe Morejón que, en retrospectiva, la propia poeta interpreta como prefiguración de la muerte que le llegaría a su padre meses después. De joven, Felipe Morejón había sido marino mercante, "peregrino occidental impenitente", ocupación que lo había llevado a residir por largas temporadas en los Estados Unidos, pero que, una vez nacida su única hija, abandonó para ser estibador de los muelles habaneros. Había vivido y gozado de la Nueva Orleans, de Louis Armstrong recogiendo en esas experiencias una vasta cultura jazzística que luego pudo compartir con su hija (Valdés 311-20). Morejón, como muchos poetas de su generación, asimiló una profunda apreciación por el jazz y por el *feeling* que luego formaría parte integral de su creación poética, en especial en *Conversando con Filin*, la segunda parte de *Richard trajo su flauta y otros argumentos* (1967). Por otra parte, es con su padre con quien se habían de originar en la poeta su interés y sus vínculos con los Estados Unidos.

Morejón poetiza su hogar, espacio donde aprendió a amar, a sufrir, a vivir, y, en su epicentro, ubica a su madre rodeada de sus familiares. En "La cena," la trémula voz poética, con profunda unción y gozo, describe el momento en que los miembros de su familia se reúnen a la hora de cenar, y, emocionados, se acercan a la mesa dispuestos a recibir y compartir el pan cortado por su madre, sacerdotisa del ritual de comunión de los seres amados de ese mundo, origen y destino, meridiano de vida que guía los andares de Nancy Morejón.

ha llegado el tío Juan con su sombrero opaco
....
yo entro de nuevo a la familia
....
papá llega más tarde
....
ahora vamos todos temblorosos y amables
a la mesa
nos miramos más tarde
permanecemos en silencio
reconocemos que un intrépido astro
desprende
de las servilletas las tazas de los cucharones
del olor a cebolla

de todo mirar atento y triste de mi madre
que rompe el pan inaugurando la noche.
("La cena", *Looking Within* 214-217)

Colección tras colección de poemas, llama la atención —ya sea en el cuerpo de los textos de Morejón como en sus epígrafes— la presencia constante de seres que han marcado su experiencia personal, intelectual, social, ideológica o estética. Al circular por su poesía, tales personalidades van erigiéndose en indicadores textuales de un momento histórico y de un mundo que la poeta desea nombrar, representar y asir. Mediante su poesía, Morejón busca resistir el fluir del tiempo y el inevitable olvido construyendo memoria para retener, sustantivar y perpetuar lo transitorio y efímero de su mundo y experiencia personal.

Como lo manifestara ella misma, siempre ha querido saber de dónde vino, pero, como a otros descendientes de africanos, le es imposible re-construir su árbol genealógico motivo por el cual le pone especial atención a sus abuelas a quienes nunca conoció y a quienes considera víctimas y abusadas (Cordones-Cook 1996 y 1999). Proyectando una conciencia claramente matrilineal que establece filiación y afiliación, su poesía va en pos de sus ancestros femeninos quienes aparecen como elemento fundamental de identificación, desarrollo y recuperación no solo de una memoria personal sino de una genealogía colectiva. Nancy Morejón presenta las figuras familiares legendarias de sus abuelas quienes se constituyen en hitos y símbolos de su propia hibridez biológica y cultural. La abuela paterna, con su piel morena, "...voraz... cañón descuartizado carne hulla lastimosa..." encarna el sufrimiento, a la vez que, "...grano y volcán cuarzo divino", representa el poder y la resistencia del pueblo cubano ("Presente Brígida Noyola", *Looking Within* 212). Mientras que, por su parte, la abuela materna de ojos claros es "más ligera" y canta en la noche con trovadores y guitarras representando el solaz privilegiado de los ancestros europeos ("Presente Ángela Domínguez", *Looking Within* 218).

La ciudad: Los Sitios

En el barrio Los Sitios de La Habana, en la intersección de las calles Peñalver y Manrique, mundo poblado de gente humilde, trabajadora que día a día recorre los caminos de su cultura ancestral,

Morejón nació y vivió con su familia y creó su obra hasta mediados de la década de los años 1980 (Valdés 315). Este contexto humano y cultural le brindó siempre una cotidianeidad plena de conversaciones, de sonoridades, donde "todo suena, todo se mueve, todo tiene una textura particular" (Cordones-Cook 1999). Según Morejón, en "Gestos y voces de Los Sitios," se trata de un espacio de encuentro de incesantes olas migratorias, culturales y étnicas de esta urbe caribeña. Es esta zona de contacto intercultural donde la poeta, desde muy temprano en su vida, se regodea en un constante y lúdico dialogismo cultural, sumergiéndose en toda una tradición de cultura popular –coros de clave habaneros, música ambulante, rumbas de cajón– que habría de penetrar todos sus sentidos[3]. Morejón se deleitaba "oyendo a los negros viejos, a los ñáñigos yerberos de la plazoleta de San Nicolás, a las caseras, a las comadritas", mundo que, con el ritmo fascinante de las comparsas, formaría parte integral de las cadencias interiores de su poesía (Cordones-Cook 1996, 62). Allí absorbió y asimiló la cultura afrocubana llegando a consustanciarse con la esencia viva de su Habana. La ciudad, su barrio, con sus gentes constituye parte de su cosmos, de una mitología personal donde se fue perfilando su historia espiritual y física a la vez que se iban forjando las claves definitorias de su identidad polifacética y, ¿por qué no decirlo?, híbrida, tanto biológica, cultural como literariamente.

Con amor y en imágenes concretas y sensuales, a veces, Morejón representa metafóricamente la ciudad, la cultura popular y sus personajes a partir su segundo volumen de poesía, *Amor, ciudad atribuida* (1964), en una vertiente inagotable que se continúa hasta su obra más reciente. Dentro de los márgenes de las aceras, bajo los hábitos de una canción de esquina, en el rumor de los pregones de los mundos, habita el corazón de la ciudad, teñida de esperanza. "Un vientecillo oscuro y gentil comprende" las miradas de los hombres que carpintean, que atraviesan las calles y miran los cabellos:

> Los carpinteros trabajan con los cabellos enredados,
> llenos de fuego y entre sus ojos hay, de nuevo,
> otra vez, la ciudad que apacigua los árboles.
> Es esta la ciudad que por primera vez nos ama
> y que por última vez nos donará el ragalo preciso de sus labios
> y su sonrisa, y los pasos de los colegiales que

declaman al partir a la escuela.
("La ciudad expuesta," *Looking Within* 90)

Con interés en la cultura popular, en la externalidad y en la ciudad, como elementos constitutivos de la identidad nacional y de la suya propia, la poeta crea una lírica al servicio de la sociedad, poesía objetiva con imágenes y detalles precisos del mundo circundante concreto que tiende hacia lo anecdótico. Se trata de una zona de la poesía de Morejón que da expresión al imperio de lo cotidiano, los aconteceres del hogar, de la calle. Llena de giros familiares y con expresiones naturales y conversacionales, la poeta inscribe, en *Richard trajo su flauta y otros argumentos* (1967), un estilo narrativo que representa la circunstancia temporal y espacial a la vez que asume ideales y preocupaciones colectivas y étnicas. Perfilando diferentes aristas de la cultural popular, de la tradición oral cubana, Morejón ubica a su lector en su cálido entorno personal, su ciudad, su barrio, con sus gentes y sus tertulias familiares. Abraza la realidad cotidiana mediante elementos anecdóticos, prosaicos y concretos con un habla y música popular que apunta hacia un coloquialismo poético. Sin embargo, se trata de un coloquialismo desfamiliarizado que evita los sentimentalismos y los lugares comunes. Con una rápida vuelta de tuerca, cambia el ritmo, da lugar a asociaciones inesperadas de corte surrealista, a veces, logrando extender las posibilidades metafóricas del lenguage coloquial, a la vez que proyecta significados esenciales. En las casas más simples los buenos días son ávidos:

—¿cómo va la señora de Pérez? ¿Le fueron bien los
linimentos? Me alegra que su hijo estudie hoy
el binomio de Newton, buenos días... Había olvidado
de qué color tienen los ojos las honduras marinas...
señora, la bodega me espera.
("Los buenos días", *Looking Within* 92)

Revolución

Nancy Morejón surgió y se formó en un momento histórico de grandes conmociones y cambios, "de una balumba moral, a la cubana, que con mucho desenfado cantó al encuentro de un mundo sustentado por ideales de legitimidad e independencia" (Cordones-Cook 1996, 70).

Morejón tenía catorce años en el momento del triunfo de la Revolución Cubana de 1959. Pertenece a la segunda generación de poetas nacidos después de 1940[4] que entraron a existir como tales con la Revolución y que se identificaron con sus ideales. El impacto de la Revolución se manifestó en todos los niveles: nadie pudo mantenerse ajeno. Desde el primer momento, el estado dio un amplio y desconocido apoyo a artistas y escritores. A esos efectos se alentó y promovió a nivel institucional la vida cultural e intelectual abriéndole las puertas de la cultura, la educación y las letras a toda una humanidad, hasta entonces, excluida. Inmersa en esa atmósfera intelectual y formada bajo esa dimensión ideológica, ética y estética, Nancy Morejón no se sustrajo a la fascinación de la Revolución sino que, como ella misma ha manifestado, no podría explicar ninguno de sus escritos sin la Revolución que los vio nacer (Cordones-Cook 1996, 70). Con profundas convicciones ideológicas, políticas y sociales, aunque sin haber militado nunca como miembro del Partido Comunista, Morejón se volcó intensamente a la vida intelectual promovida por el nuevo orden.

En esa atmósfera cultural que proponía e imponía una serie de expresiones, de esquemas, de ideas filosóficas, políticas y estéticas, Morejón respondió a las exigencias de su momento histórico. Con fuerte gesto político, se identificó con su circunstancia social para dar expresión al momento histórico con temas de orden público, histórico y social, revelando, así, el despertar personal de su conciencia social. La Revolución entró a constituir una esencia de su obra. Insertada en ella "como la astilla en la herida, como la luna cambiante de [sus] barrios..." la Revolución siempre es "...inventada pero siempre visible," afirmó Morejón (Cordones-Cook 1996, 70). Visible, sí, pero no como espejo sino como provocación, particularmente, en *Parajes de una época* (1979), *Cuaderno de Granada* (1984) y *Octubre imprescindible* (1983), poemarios que, además, proyectan, con espíritu combativo de resistencia y de oposición política, la problemática del Caribe.

Parajes de una época, quizás el más logrado de estos tres poemarios, con clara unidad temática recoge algunos textos escritos en la década de los años 1970. Implícita y explícitamente, Morejón va inscribiendo páginas de fervor nacionalista y, en un gesto de reafirmación ideológica del credo cultural-político de la Cuba revolucionaria, se refiere a mártires anónimos cuyos sacrificios no habían de ser en vano: "Corre hacia la mina un héroe nuestro, /solo, /atildado como una paz, /sus jugos gástricos siembran el árbol del provenir" ("La mina de Ocujal," *Parajes de una época*). Asimismo, proyecta semblanzas de grandes héroes reconocidos cuyas memorias se veneran. Así es el caso trágico de Abel Santamaría quien murió en el ataque al cuartel Moncada en Santiago de Cuba cuyos ojos arrancados le fueron llevados a su hermana mientras estaba en la cárcel: "Los ojos de Abel Santamaría/ están en el jardín./ Mi hermano duerme bajo las semillas" ("A una rosa", *Parajes de una época*). En esa vena, se refiere a Camilo Cienfuegos –comandante y compañero de filas de Ernesto "Che" Guevara– quien muriera en un accidente de aviación: "Furias del huracán acostumbrado, /vientos misteriosos golpeando el arrecife, /palos de muerte de coral /inundaron las bahías de la Islas /se tragaron el aire de Camilo" ("Mitologías", *Parajes de una época*).

En *Cuaderno de Granada,* Nancy Morejón responde poéticamente a la invasión de Granada de Estados Unidos en 1983 (Luis 97). Casi como un alegato, ofrece claros mensajes ideológicos de solidaridad política y expone el hecho histórico con sus mártires y héroes caídos. Siempre solidaria con los desposeídos, la poeta se inspira en humildes personajes anónimos empleando una retórica estético-social. En *Obrera del tabaco*, parte de un referente personal, pues su madre había sido despalilladora del tabaco. Como en otros poemas, Morejón se refiere a temas sociales desde una perspectiva marxista, y, sin dejarse limitar por un realismo social, crea una textura elaborada superponiendo otros niveles de escritura y lectura.

> Una obrera del tabaco escribió
> un poema a la muerte. Entre el humo
> y las hojas retorcidas y secas de la vega
> dijo ver el mundo en Cuba.
> ....
> En su poema, estaban todos los deseos y toda la ansiedad
> de un revolucionario contemporáneo suyo.
> ....
> Pero ni sus hermanos, ni sus vecinos,
> adivinaron la esencia de su vida.
> Y nunca supieron la esencia del poema.
> Ella lo había guardado, tenaz y finamente,

junto a unas hojas de caña santa y cáñamo
dentro de un libro empastado,
de José Martí.

("Obrera del tabaco", *Octubre imprescindible* 27-32)

En un lenguaje aparentemente directo, el poema comienza en el plano concreto de una trabajadora para ir entretejiendo las aspiraciones, la experiencia y la ideología social revolucionaria con criterios estéticos que en última instancia apuntan hacia una estética de reivindicación social. Abiertamente metapoético, el texto se refiere a la temática y a la recepción del poema, al acto creador de una poeta anónima, entroncada con una cara tradición literaria cubana –que es Martí; la obrera del tabaco cuya voz y contribución literaria permanecerá incomprendida, sino, desoída y perdida en el olvido.

EXILIO

Es sabido que así como la Revolución concitó y nucleó intenso fervor nacionalista de reivindicación social, también trajo división, separación y exilio. En momentos en que tantos compatriotas emigraban de la Isla, Morejón, leal a su gente, a sus tradiciones e ideales, optó por permanecer, opción que no significó ruptura con aquellos que emigraron. Más aún, el problema de la separación de las familias cubanas, sin haberle tocado directamente, se convirtió en una preocupación propia. Con los años, Morejón había de entablar sólidas amistades con muchos de los cubanos emigrados, amistades de profunda humanidad, empatía y compasión ante el desgarramiento afectivo y cultural sufrido por la mutilación del exilio, experiencia que nunca llegaba a borrar las memorias de la cultura original. Así lo manifiesta en *Ante un espejo*, dedicado a Sonia Rivera Valdés, escritora emigrada a los Estados Unidos, quien como Lourdes Casal realizara el viaje de regreso a Cuba. Como un superego premonitorio e inmensamente sabio, la voz poética habla del abandono obligado del centro vital y cultural de la patria en pos de nuevos horizontes. Separación que indica marginación y dislocación de identidad pero sin cortar las raíces que permanecen ancladas en los niveles conscientes e inconscientes del ser. Siguiendo a la exiliada en su búsqueda de identidad, sin nunca abandonarla, siempre surgen las imágenes de memorias insoslayables, fieles a la tierra, a la cultura, a la ciudad abandonada. La exiliada, receptora de ese mensaje lírico, se desgastará, permanecerá desfasada, marchitándose triste y alienada de su entorno original sin encontrar la confirmación esperada y necesitada de su Otro en el espejo.

> Si decidieras irte de la ciudad,
> de tu ciudad,
> en busca de nuevos horizontes,
> de tu fortuna
> tal vez de una pasión sin precedentes,
> la ciudad, esta ciudad,
> aún consciente de sus ruinas,
> emprenderá tu acecho
> siguiéndote los pasos.
> ....
> A donde quiera que te muevas
> escucharás el mismo pregón de la mañana;
> ....
> esta será la ciudad de todos tus fantasmas.
> Habrás desgastado tu vida un poco inútilmente
> y cuando ya estés vieja,
> ante un espejo como el de Cenicienta
> sonreirás algo triste
> y en tus pupilas secas
> habrá dos rocas fieles
> y una esquina sonora de tu ciudad.
>
> ("Ante un espejo", *Looking Within* 108)

Más allá del exilio por el cual muchos cubanos optaron después de la Revolución, la experiencia de emigración voluntaria o forzada con el desplazamiento territorial y la resultante dislocación de identidad personal y colectiva, constituye un fenómeno característico de la experiencia poscolonial. Como en *Ante un espejo*, varias de las obras de Nancy Morejón poetizan y reflexionan sobre esta experiencia.

ÁFRICANÍA

Como americana de todas las latitudes y tiempos, Nancy Morejón no solo no se sustrae a su pasado sino que lo busca proyectando, en su caso, una conciencia histórica poscolonial. En su esfuerzo de memoria[5], de recuperación de tiempos desvirtuados y desarticulados, va creando una genealogía perdida de ancestros sin identidad definida. Ese proceso revela una voluntad de coherencia y entendimiento de antiguos traumas, reeditados constantemente en el presente, mientras que va iluminando y dando sentido a prácticas culturales con proyecciones de futuro. Consciente de los silencios, borrones y desfases de la historia, Morejón se enfoca en discontinuidades e incongruencias. Se interna en las profundas raíces históricas y míticas activando saberes de esclavitud y de sujeción. En una oposición implícita al saber impuesto, la poeta da voz a un conocimiento subyacente en memorias de encuentros hostiles que, relegados a las márgenes de la conciencia, han estado enterrados y silenciados, configurando así lo que Michel Foucault llamara "la insurreción de los saberes subyugados" (81).

El tema de su origen, de la raza, en sus aspectos histórico-culturales, ha marcado de modo indeleble a Nancy Morejón tanto emocional como intelectualmente (Cordones-Cook 1996, 67). Esencia de su identidad, la africanía emerge desde el meollo de su poesía como componente fundamental, aglutinador y universalizante de la diáspora africana. Como las experiencias reprimidas de la conciencia, el distante mundo ancestral de la esclavitud no se extingue sino que regresa del inconsciente proyectando su sombra sobre el presente.

> Del siglo dieciseis data mi pena
> y apenas lo sabía
> porque aquel ruiseñor
> siempre canta en mi pena.
> ("Mirar adentro", *Looking Within* 160)

En su brevedad, estilización e intensidad, este poema constituye un modelo de concentración verbal, un haikú, construcción poética de extraordinaria simplicidad y brevedad que polisémicamente produce una pluralidad de reflejos y alusiones[6]. Desde el título mismo, el yo poético apunta a un mirar más allá, a un explorar y auscultar la profundidad. Alude a la indagación interior hacia un trasmundo, hacia la otra escena "casi" desaparecida del saber consciente que será recuperable a través del lírico canto del ruiseñor. Morejón proyecta un sentido de dolorosa contemplación de un pasado siempre presente.

Con melancolía, se detiene en una pena acumulada por cuatro siglos que se mitiga con el canto del ruiseñor, símbolo del arte, de la poesía, de la creación lírica, encarnación de una máxima sublimación de dolor, que reaparecerá luego en otros poemas.

Aunque la africanía es un elemento esencial en su identidad, la poeta no va en pos de una pureza africana, que ya Frantz Fanon había identificado como inexistente en América. En Cuba, primero Fernando Ortiz y luego la propia Morejón, entre otros, han elaborado la noción de transculturación. De acuerdo con Morejón, no hay pureza ni española ni africana, sino que, a partir de una simbiosis biológica y cultural, el producto no es ni lo uno ni lo otro, sino una cultura distinta con componentes de lo español y lo africano, que surge profundamente marcada y anclada en el terrible y prolongado episodio de la esclavitud.

¿Feminismo?

La crítica ha sido de opinión prácticamente unánime al afirmar que Nancy Morejón como poeta afrocubana no tenía antecedentes y que, hasta la aparición de su obra, la mujer afro escritora había permanecido en la oscuridad, en el silencio, en el ostracismo, no solo en Cuba sino en el resto de Hispanoamérica. Como resultado, la posición de esa mujer cubana frente a la esclavitud, la colonia, la descolonización y, en general, temas culturales, era desconocida.

La política cultural textual/sexual había autorizado, apoyado y perpetuado una marginación secular articulada en torno a un triple eje de diferencia: el género, la raza y la clase social. Sin embargo el silencio y la invisibilidad resultantes del desconocimiento y la exclusión, habrían de despertar en la mujer caribeña una toma de conciencia en la cultura y la sociedad que naturalmente traería aparejada una necesidad de expresión. De Jamaica a Guadalupe y a Cuba, el fenómeno de la mujer poeta empezó a hacer eclosión. Morejón inició y estableció una tradición de poesía femenina afrohispánica[7].

Hoy en día, es la primera poeta cubana reconocida universalmente que adoptó su identidad de mujer afro y, que aún sin proponérselo, revitalizó y lideró el discurso literario feminista del Caribe contemporáneo (Fido 8-14). Sin embargo, la propia Morejón acaba de descubrir hace un par de años un libro póstumo de sonetos y décimas de una poeta afrocubana nacida en el siglo pasado y muerta en 1920, Cristina Ayala[8], cuya obra había permanecido en total oscuridad, y a otras escritoras afrocubanas posteriores a Ayala, como son los casos de Dámasa Jova y Juana Pastor (Cordones-Cook 1999).

Morejón ha afirmado que no es militante activa con ninguna causa, "ni con su ego". No cree que exista una narrativa o una poesía de mujer, sino que toda creación literaria, artística, requiere y refleja fundamentalmente la condición humana (Cordones-Cook 1996, 68-9). La poeta no simpatiza tanto con el feminismo intelectualizado como con el "callejero", aquel que se manifiesta con fuerza enfrentando el diario vivir. No se considera feminista. Sin embargo, mucha de su obra, como es el caso de otras escritoras contemporáneas, apunta a asuntos más amplios que iluminan y problematizan la existencia y las dificultades de la mujer. Consciente de estas implicaciones, a Morejón le satisface si su obra en alguna medida le es útil o beneficia la causa de la mujer (Cordones-Cook 1996, 68-69).

Precisamente en 1975, el Año Internacional de la Mujer, publicó por vez primera en la revista "Casa de las Américas" "Mujer negra", poema que, junto a "Amo a mi amo", es su obra más antologada. A estos poemas se le unen otros, entre los que se destaca el más reciente, "Persona", escrito en marzo de 1999. En este texto, Morejón, con intertextualidades propias y ecos de procesos creadores anteriores, presenta una visión más totalizadora de la mujer afro, quien marcada por la esclavitud, va en una inacabable búsqueda de raíces y de identidad en reflejos de múltiples espejos humanos.

Movida por un deseo de entendimiento y de recuperación de orígenes culturales, Nancy Morejón ya se había remontado hacia el pasado, entretejiendo la historia oficial con la silenciada y olvidada en su poema historiográfico "Mujer negra". Mediante un hablante singular en primera persona, este texto genera la representatividad metonímica de un yo plural, de una conciencia colectiva, y reconstruye la trayectoria centenaria de la ignominia de la esclavitud africana, de la historia de la diáspora africana. "Mujer negra" se constituye en épica fundacional afrohispánica en que el papel protagónico pertenece a la mujer afro. Arrancada por un violento secuestro de su mundo original, de un tiempo y espacio de protección y armonía, esta mujer evoca vívidamente la travesía del Atlántico: "Todavía huelo la espuma del mar que me hicieron atravesar". Recorre la trayectoria de una heroína mítica incursionando por ámbitos desconocidos y oscuros en la travesía de los mares, y sufriendo los incontables vejámenes y oprobios de la trata de esclavos, las inacabables pruebas de maltrato y abusos físicos, sexuales y morales. Esa protagonista mítica emerge de la exclusión, el silencio y el olvido de los márgenes colonizados portadora de profundos conocimientos que contribuirá a su sociedad en un presente y futuro liberados. En sus desplazamientos, "la mujer negra" ha ido recogiendo fragmentos de sí misma para abandonar la posición de objeto/víctima y construir una nueva identidad, potentizada ya como sujeto y agente de la historia, hacedora de logros materiales y morales, personales y colectivos.

"Mujer negra" inscribe en la mitología de la Revolución cubana una emergente conciencia femenina racial con una misión central redentora que se proyecta sobre el presente y hacia el futuro en espacios de justicia social solidaria, abarcadora de todos los marginados y desposeídos: "Ahora soy: solo hoy tenemos y creamos. /Nada nos es ajeno. /Nuestra la tierra. /Nuestros el mar y el cielo. /Nuestras la magia y la quimera. /Iguales míos, aquí los veo bailar /alrededor del árbol que plantamos...".

Hasta la aparición de Morejón, la mujer afrohispana en la literatura estaba *sous rature,* en una condición marginal que la privaba de su humanidad, de su pensamiento, de su espiritualidad, y cuando aparecía era como objeto erotizado. Esa mujer se hacía culturalmente visible como signo racial de sensualidad, mientras que permanecía invisible en su dimensión cultural, social y política[9]. Repetidamente aparecía inscrita como objeto de la libidinosa imaginación masculina y de su discurso *voyeurista*, no solo en la obra de poetas caucásicos, sino en la de algunos consagrados afrohispanos como es el caso de Jorge Artel, Marcelino Arozarena, entre otros (Kutzinski 163-198). Se trataba de un discurso poético no solo androcéntrico sino homosocial, pues, en la construcción de esa iconografía misógina, pasiva y sin agencia de la mujer afro, aliaba a los hombres más allá de las fronteras raciales.

En "Amo a mi amo", Morejón centra su atención en la materialidad del cuerpo colonizado de la esclava y sobre ese cuerpo inscribe el poder del amo (*Looking Within* 196-199). Desde la perspectiva íntima de la esclava, la voz poética expone la racialización que, entretejida a la sexualidad, se produce en el seno del espacio doméstico colonial.

Parte de coordenadas inscritas en textos canónicos y presenta la dicotomía maniquea con la esclava, objeto de la lujuria del amo, sin otra alternativa que la de ser cómplice de su amo a quien, a pesar de la denigración y opresión que le impone, debe "amar mansa cual cordero". Paulatinamente, Morejón va presentando la evolución de la esclava, desde su domesticación en un espacio de íntima sujeción, en su condición solitaria de objetivación sexual, en que el género determina la específica relación amo/esclava. El cuerpo femenino, cautivo de la "tecnología" del poder colonial y sujeto al pillaje sexual, encarna la desposesión total y representa el *locus* del control del amo registrado allí con violencia: el "amo muerde y subyuga".

Morejón expone los elementos contradictorios inscritos en la relación de domesticidad y sometimiento sexual, dándole voz al espíritu de una intrincada dialéctica de poder que potencia la resistencia y la acción que, eventualmente, la esclava habrá de asumir hacia su emancipación. Desde la pasividad y sumisión, la evolución conduce hacia una fluctuación entre el querer y no querer, simultánea atracción y repulsión, amor y odio, ambivalencia característica de la relación colonizador/colonizado[10]. Esa ambigüedad perturbadora del discurso colonial, enmascarada en la acquiescencia y sumisión de la esclava, marca una transición. A la vez, también apunta hacia una ambivalencia del amo implicándolo con la esclava en un dialogismo que, en última instancia, conducirá a descentrar la autoridad colonial y a desequilibrar la aparentemente monolítica hegemonía[11]. Desde la fluctuación entre la complicidad y la resistencia, el yo poético inscribe el proceso de una paulatina toma de conciencia que junto a la resistencia conlleva la potentización de la esclava: "Amo a mi amo, pero todas las noches, /cuando atravieso el cañaveral /donde a hurtadillas hemos hecho el amor, /me veo cuchillo en mano, desollándolo como a una res /sin culpa". En un final abierto, el llamado ancestral de "ensordecedores toques de tambor" y campanas anuncia, en su tránsito de la sumisión a la venganza, la liberación de la esclava.

"Amo a mi amo" configura un contra-discurso. Interviene en un espacio cultural racializado y sexualizado para descubrir falacias y subvertir textos que cosifican y vilifican a la mujer afro. Parte de la circunstancia colonial con el amo, dueño y señor de esa sociedad e inscribe su discurso mediante la voz de la esclava para ir desmantelándolo y subvirtiéndolo desde su interior, mientras que, a manera de palimpsesto, va dejando los rastros imborrables de la experiencia de la esclavitud. Morejón desconstruye la objetivación de la mujer afro y desequilibra la autoridad de la relación maniquea amo/esclava del discurso colonizador. Libera a esa mujer de la perspectiva erótica del amo, de la definición de identidad impuesta por el lascivo deseo masculino. Rompe esos esquemas y abre brecha presentando la evolución de una esclava cuya identidad distorsionada y mutilada va marcando el tránsito desde el sometimiento y la pasividad hacia la epifanía de una concienciación y asunción de agencia.

Por otra parte, si bien es cierto que Morejón, en sus inicios, alcanzó notoriedad y ha sido y sigue siendo aclamada como poeta afro-cubana, poeta feminista, poeta de la revolución, dejarla identificada exclusivamente con una o todas estas categorías sería tremendamente reduccionista y, por ende, limitante. Pecaría de omisión y distorsión. Como hemos visto al detenernos en algunos de sus poemas, Morejón no se ha dejado restringir por una agenda social ideológica, ni por una estética que corriese el riesgo de caer en simplificaciones y esquematismos repitiendo fórmulas pobres y gastadas. Portadora de un fuerte *ethos* y plena de sutilezas y multidimensional, su voz poética nos conduce hacia una amplia gama de experiencias humanas, sociales, éticas, intelectuales, literarias y estéticas. Su universo lírico abre ventanas hacia un panorama amplio y diverso, vertido en una expresión poética que, por intensa, no deja de ser calibrada y medida, y que, aún en su momento más coloquial, no se diluye en ripios, ingenuidades ni intrascendencias vacías. Con evocaciones del pasado personal y colectivo, inserciones de la alta cultura y de la cultura popular, acompañadas de asociaciones imaginativas, que, a veces, lindan con lo irracional surrealista sin dejar de ser congruentes, Nancy Morejón rescata voces silenciadas, crea una poesía de conciencia social, mientras que, a la vez, se muestra consciente de su poesía. En todo momento, reafirma la creación como ingrediente *sine qua non* de su escritura apuntando hacia la esencia de su contexto humano, social, cultural e ideológico, que siempre nos entrega filtrado "a través de la pupila del arte" (Cordones Cook 1996, 70).

NOTAS

[1] Parte de este ensayo aparece con diferencias en *Looking Within / Mirar Adentro: Selected Poems. Poemas escogidos.* 1954-2000.

[2] Algunos estudiosos de la obra de Morejón han visto aquí un intertexto de Alice Walker, *In Search of our Mother's Garden: Womanist Prose* (1983). Sin embargo, se trata de una mera coincidencia, pues Morejón había escrito su poema antes y no tuvo conocimiento de la obra de Walker hasta años después.

[3] Para una descripción de la vida con los sonidos y personajes de ese barrio, véase el artículo de Marta Valdés (315-17).

[4] Me refiero a Belkis Cuza Malé (1942) que publicó el primer cuaderno de esta promoción, *El viento en la pared* (Santiago de Cuba, 1960); Miguel Barnet (1940), Guillermo Rodríguez Rivera (1944), Raúl Rivero (1945), Luis Rogelio Nogueras (1945) y Víctor Casaus (1944).

[5] Para una lúcida elaboración de la función de la memoria en la literatura poscolonial, véase *Location of Culture,* de Homi K. Bhabha. (63)

[6] Para un desarrollo del haikú en Hispanoamérica, véase el capítulo *La tradición del haikú*, en *El signo y el garabato*, de Octavio Paz (113-128).

[7] Después de Morejón, el público internacional empezó a conocer y reconocer a otras mujeres poetas afrocubanas contemporáneas tales como Georgina Herrera (1936) y Excilia Saldaña (1946-1999), por ejemplo. Tal fenómeno no se limitó a Cuba: Chiquí Vicioso en República Dominicana, Ivonne Truque, en Colombia, Luz Argentina Chiriboga, en Ecuador, y en Uruguay, donde ya se conocía la excepcional Virginia Brindis de Salas, en los últimos años han surgido otras voces.

[8] En sus investigaciones, Morejón descubrió que Cristina Ayala, defensora de la abolición de la esclavitud, además de ser una independentista y animadora cultural, llegó a fundar revistas de acento feminista.

[9] Sobre la invisibilidad de la mujer afro en el Caribe, véase el primer capítulo de *Sugar Secrets,* de Vera Kutzinski.

[10] Para este concepto véase "Of Mimicry and Man: The Ambivalence of Colonial Discourse," de Homi K. Bhabha (*The Location of Culture*).

[11] Para una perspectiva de la ambivalencia como fenómeno que dialogiza el centro y la periferia, véase a Robert Young (161).

Obras citadas

Bhabha, Homi K. *The Location of Culture*. New York: Routlegde, 1994.

Cordones-Cook, Juanamaría. "Conversación de Nancy Morejón con Juanamaría Cordones-Cook." Video. University of Missouri, Columbia, 1999.

—. "Introducción", *Looking Within / Mirar Adentro: Selected Poems. Poemas escogidos. 1954-2000*, de Nancy Morejón. Edición, anotación e introducción de Juanamaría Cordones-Cook. Detroit: Wayne State University Press, 2003.

—. "Nancy Morejón: Rescate de voces silenciadas." *Alaluz*. Año XXXII. Núm. *1-2* (Primavera-otoño 2000) 48-60.

—. "Voz y poesía de Nancy Morejón". *Afro-Hispanic Review*. 15.1 (Spring 1996):60-71.

Fido, Elaine Savory. "A Womanist Vision of the Caribbean: An Interview." *Out of Kumbla: Caribbean Women and Literature*. Eds. Carole Boyce Davies y Elaine Savory Fido. Trenton, N.J.: Africa World Press, 1990. 265-69.

Foucault, Michel. *Power/Knowledge: Selected Interviews and other Writings 1972-1977*. New York: Pantheon, 1982.

Kutzinski, Vera M. *Sugar's Secrets: Race, and the Erotics of Cuban Nationalism*. Charlottesville: University of Virginia Press, 1993.

Morejón, Nancy. *Looking Within/Mirar Adentro: Selected Poems. Poemas escogidos. 1954-2000* (antología bilingüe) Edición, anotación e introducción de Juanamaría Cordones-Cook. Detroit: Wayne State University Press, 2003.

—. *Pierrot y la luna* (Poema dramático). Diseño, dibujos y caligrafía de Rolando Estévez. Estudio preliminar de Juanamaría Cordones-Cook. Matanzas: Vigía, 2006.

Paz, Octavio. *El signo y el garabato*. México: J. Mortiz, 1975.

Walker, Alice. *In Search of our Mother's Garden: Womanist Prose*. San Diego: Harcourt Brace Jovanovich, 1983.

Young, Robert J.C. *Colonial Desire: Hybridity, Culture and Race*. New York: Routledge, 1995.

Alzar la voz: quebrar el margen. Rap y discurso femenino

Carmen González, La Habana

> Del siglo dieciséis data mi pena
> y apenas lo sabía
> porque aquel ruiseñor
> siempre canta mi pena.
>
> (Morejón 294)

Describir el campo artístico cubano resulta polémico. Atravesado por problemáticas existenciales y políticas, muchas veces se ha convertido en arma mortal contra el desarrollo de corrientes alternativas que pretenden concebir el arte desde determinados presupuestos globales.

El marco interpretativo con el cual crece y se fortalece la cultura hip hop en nuestro país ha sido muchas veces manoseado, pocas analizado a profundidad y por omisión de críticos y seguidores, jamás enunciado como continuidad de procesos artísticos e intelectuales. Al arribo de esta vanguardia que ostenta como su divisa fundamental la formación de un movimiento intelectual lejos de la academia y de los centros de pensamiento ya establecidos, crecen especulaciones y "malentendidos" enmarcados en razones excluyentes y discriminantes. Estos vicios inciden en la formación de un marco teórico mutilado que muestra un proceso dependiente de una cultura foránea, ejercida desde la marginalidad y sus limitaciones.

Musicólogos, artistas y compañeros de viajes coinciden en dar certificación filial a los afroamericanos reunidos en los guetos neoyorkinos. Algunos avanzados concurren a los ritmos caribeños y antillanos para señalar las bases del cu-cu-pa –cu-cu-pa característico de la música que acompaña la figura del Maestro de Ceremonias (MC). Sin embargo, la figura del MC está fundamentada en toda la cultura de la diáspora africana en las Américas desde la tradición oral, en la figura del griot africano, resemantizada con la apropiación de nuevos postulados idiomáticos y de asimilación.

Dialogando con un ensayo del saxofonista y uno de los más importantes musicólogos cubanos, Leonardo Acosta, coincido en asegurar que todo comenzó antes.

> Nunca he creído en una música "nueva" o experimental pura,
> al margen de tradiciones a veces ancestrales, y siempre he
> considerado los términos "innovación" y "tradición" como
> parte de una misma cosa, de un proceso que puede decirse
> orgánico o dialéctico. (Acosta 38)

Afronorteamericanos, emigrados caribeños, antillanos y africanos, reunidos en los guetos de Nueva York, aplicaron la dialéctica orgánicamente, adecuaron su tradición a las nuevas urgencias culturales, haciéndolas respirar los tiempos del desarrollo tecnológico y la digitalización y haciéndolas coincidir con su pasado común.

Antes, con la impronta de los que aún en condiciones de exclusión social llegaron a estas tierras y además de hacerlas fértiles aportaron una riqueza espiritual y armónica de la cual no podemos prescindir. Antes y ahora, estamos condenados al silencio en virtud de repetirnos modelos de culturas alejadas de nuestras realidades. En esta nueva etapa del colonialismo mundial, la voz de lo negro se revela utilizando todo lo condenado por convenciones gramaticales, estilos artísticos y herramientas literarias que valoran las palabras según suenan a los oídos del colonizador, sin tener en cuenta las urgencias del emisor. Una palabra articulada con la alienación de las mayorías de ascendencia africana, nacida de su angustia, negada dentro de la ideología burguesa del blanqueamiento, nos vuelve a conectar con el pasado, y es expresada por raperas y raperos. Una palabra nómada, que ha buscado sus raíces entrando y saliendo de círculos de vicios, erigida en acción poética sobre la base de las experiencias de vida y la toma de conciencia frente a la realidad histórico-social de los afrocubanos. En Cuba el binomio, bloqueo tecnológico y causalidad de posibilidades, agregaron (otra) razón a la formación de un discurso urbano reconfigurado a partir de la des-dramatización de lo marginal. La esquina, el barrio, la policía, los turistas, todo lo que inmoviliza y discrimina enunciado por un sujeto que denuncia. Rimas asonantes, vocablos fuertes, encabalgamientos de versos octosílabos, gargantas profundas, van trazando la nueva realidad de la poesía urbana, performativa, de estilo anafórico, construida a partir de un leitmotiv dirigido a la reivindicación y la inclusión de las mujeres y los hombres negros. Todavía hay mucha leña en el monte nuestro que antes ha sido tapiado. Cinco siglos negando lo que somos. Pretendiendo en vez de fundar. Coexistiendo, deambulando con los brazos al lado del cuerpo, dejando que el colonialismo nos agreda la herencia y nos perturbe la paz. Somos responsables. La herencia se defiende, la oralidad es nuestra.

Oralidad en Cuba. Fundamentos para una proyección dentro de la marginalidad

En la órbita europeizante el instrumento de este arte, la escritura, devino en un fin per se, categoría mágica de arte por el arte, en África el transmisor oral o el escrito no se juzgan por encima del contexto social; responden a su comunidad y herencia cultural (Benemelis 9).

Los africanos esclavizados en cuerpo y alma vieron cómo la figura del griot fue sustituida por mayoral con látigo y armas de fuego. La nueva realidad imponía al ritmo acostumbrado de sus horas de labranzas el sonido de la voz seca que en otra lengua entonaba maldiciones, presagiaba infortunios y fustigaba sus movimientos, dejándoles apenas libertad para cubrir necesidades primarias. Ya no tenía sentido la cálida voz que seguida de golpes rítmicos sobre la tierra o percutiendo sobre un tambor ligero los conminaba al trabajo. Es aquí donde se nos pierde la figura del griot en nuestras tierras de América.

Los hombres no dejaron de contar. Contaron de sus pedazos lejanos y de cercanas necesidades en lucumí, mandinga, congo, yoruba, daomeyano. Aprendieron a responder por otros nombres. Perdieron el Casulé, Hiló, Ambrosio, convirtiéndose por obra y gracia del espíritu santo y los latigazos sobre la espalda en el "negro" José Francisco, Antonio el "guardiero", "la Tomasa", o "ma Juliana".

¿Y las mujeres?

Las familias esclavistas que poblaron la isla, llegadas desde Europa, tuvieron en las negras sus nanas. Primero servían como nodrizas y andando el tiempo ayudaron a criar a los hijos, de sus hijos de leche. En "agradecimiento" por el alimento recibido, a costa de dejar sin alimento a sus hijos de vientre, los esclavistas dejaban en manos de las negras viejas la merced de contar y cantar para sus herederos. Así adquirieron la espiritualidad de "ma Julianas" y "taitas" Facundos, además de los dineros. Pero la oralidad de las negras y negros africanos y sus descendientes fue considerada "cosa de barracón".

El surgimiento y lustre de la literatura cubana se enmarca a partir de *Espejo de paciencia,* escrita por Silvestre de Balboa en 1608, aunque todavía existe la polémica sobre la legitimidad de la obra, que vio la luz a partir del descubrimiento de José Antonio Echevarria en 1845. Dudas aparte, el inicio nunca se ha fijado en los cuentos que contaban los negros viejos de antes descendientes de una cultura ágrafa y milenaria. Una literatura que llegó esclavizada por quienes impusieron las reglas de dominación, deshumanizando al hombre y la mujer negra, devaluando además su esencia cultural. Hubo excepciones, condición necesaria para confirmar la regla. Nótese que en cada ocasión la excepción estuvo vinculada al padrinaje de un esclavista o su descendiente. Plácido[1] y Manzano[2] son los ejemplos más visibles de esa excepción. Describieron su realidad utilizando el padrinaje del amo y las influencias literarias europeas.

El siglo XX trajo para la sociedad cubana el desprendimiento civil de la dominación española. La libertad entonada por criollos descendientes de esclavistas dejaba fuera del coro las voces de los negros y las negras. Incluso en el campo político, a pesar de haber anegado los campos de Cuba con su sangre generosa, baste recordar el asesinato de Quintín Banderas[3] y la masacre de mayo de 1912[4].

El capital y las razones continuaron siendo patrimonio de las élites en la isla. La oralidad fue convertida en el lastre histórico que era necesario ocultar como expresión social del miedo a la presencia de lo negro dentro de la literatura y el pensamiento. Se inicia un recorrido hacia una cultura homogénea, jerárquica, asumida también por los presupuestos políticos y estéticos de la Revolución de 1959. Términos como: aculturación, transculturación, postmodernidad, etc., fueron refrenados por el discurso oficial. Se reconoce el aporte de las negras y los negros a la cultura nacional, pero, como divisa del pasado. El afán por insertarse dentro de la "gran cultura", obliga a negar la presencia contemporánea de lo negro. La oralidad primero fue catalogada como legado de barracón, andando el siglo XX como expresión de contracciones solariegas. La postmodernidad la señala como máxima estridencia de lo marginal.

> La literatura oral depende de un artista, un griot, que conjuga la palabra hablada con la música, la danza y la mímica, tono, gestos, expresión facial, dramatismo de las pausas, ritmo, giros danzarios, con lo que se consigue una comunicación más cinematográfica de la fábula, el mito y la épica; no resulta un aditamento ornamental a la literatura, sino una síntesis empírica que lo convierte en un elevado producto artístico. Precisamente al ser desechada esta atmósfera particular se priva a la literatura oral de todo su vigor emocional. (Benemelis 9)

Si se suprimiera la palabra griot de esta cita, tomada del prólogo del libro *Chaka, una epopeya bantú*, de Thomas Mofolo, escrito por Juan Felipe Benemelis, en 1976, se podría pensar que se está describiendo la figura de un MC. La acumulación de barreras políticas y fronteras culturales dentro del gueto en Nueva York, hicieron posible la re-valoración de una conducta ancestral. Asumida no solo como producto artístico, sino que revitalizando sus esencias, desde la comunidad, forma parte de una estrategia en la resistencia frontal contra la exclusión. La nueva identidad del negro, los signos del siglo XXI, su literatura urbana, su música es así convertida en modelo de cultura transnacional.

Resulta sorprendente que en este prólogo, Juan Felipe Benemelis, en fecha tan temprana (1976) estaba señalando valores retomados por los exponentes de la cultura hip hop en el mundo. La diáspora africana, años más tarde, reevaluó esa divisa convirtiéndola en un producto cultural y estético. Evaluar esta cualidad hubiera sido el aporte de los intelectuales de los primeros años después del triunfo revolucionario en Cuba. Aparecieron publicaciones de literatura africana en esa diversidad editorial acontecida entre 1959 y 1990[5], como resultado de la revolución social, pero sin establecer un puente entre lo que sucedía en el continente y lo que ocurría en la isla. La isla debía a toda costa insertarse en el horizonte occidental aunque fuese como satélite adjunto. No se encontró la manera de vindicar esa herencia tan afín con los postulados de emancipación y estructuración de un país nuevo.

Los pensadores de esos primeros años tenían una tarea más urgente, demostrar que la *población no blanca* en Cuba poseía las mismas potencialidades intelectuales de la *población no negra*. Hablaron de África en presente para nombrar las tierras de los ancestros y en pasado para unirla a nuestras propias capacidades.

Obviamente, la discriminación del indio y del negro tiene la misma raíz y al escamotear la presencia y el aporte cultural del indígena (como el africano) solo se consigue hacerles el juego a los teóricos de la "hispanidad", concepto ya en descrédito en la propia España. (Acosta 38)

Pero en nuestro país el problema racial está atravesado por muchas otras aristas; la clase social, el sexo, la elección sexual, el lugar de origen, incluso las diferentes tonalidades que aportó el mestizaje a esta amalgama que somos. Existen espacios donde la raza no es la esencia de la exclusión, como por ejemplo, dentro de las posiciones de poder que ostentan los hombres; negros y blancos se unen frente a la discriminación de la mujer. Los heterosexuales, hombres y mujeres, blancos y negros excluyen a los homosexuales blancos, negros, hombres y mujeres. Dentro de la institución que segrega por raza hombres y mujeres blancos hacen frente común en la discriminación de los hombres y mujeres negros. Las mujeres negras quedamos entonces en estado de indefensión. Subalternas de un sujeto subalterno, discriminadas por género y por raza, hemos sido históricamente obligadas a corresponder al constructo social que niega la capacidad intelectual de las mujeres negras y mestizas. Acorraladas en valoraciones extremas de nuestra sensualidad en detrimento de la producción de pensamiento y el aporte intelectual como mujeres del siglo XXI, somos invisibles dentro de una sociedad conflictiva que cambia a diario, desfigurando nuestros roles sociales, en la literatura, la música y en el imaginario popular. Corresponde entonces alzar la voz desde la realidad que somos y el momento que nos ha tocado vivir. Corresponde al discurso femenino dentro de la exclusión desenmascarar al centro del poder señalando las estrategias que de forma sistemática ha utilizado para dividir y encerrar en preceptos como la moral, la religiosidad, el nacionalismo homogéneo y las diferencias, evitando que surja un discurso alternativo de unidad y desarrollo. La cultura hip hop permite, como apuntara Roberto Zurbano:

> Hablemos claro, alto y fuerte –como decían mis maestras debe cantarse el himno nacional, pues el silencio labra surcos no solo en la vida cotidiana de un país, sino también en su memoria y en su espejo crítico, amordazando el futuro. (Zurbano 80)

Es ahí donde radica la importancia de que la cultura hip hop se haya expandido por nuestras tierras americanas y que haya tocado puerto en la urbanidad decimonónica habanera revitalizando la herencia y haciéndonos libres del colonialismo europeo que marca hace más de 500 años los destinos de sus antiguas colonias. Colonialismo que aún decide bajo la égida de exportar modelos culturales a su imagen y semejanza. Y no hablo del aporte que objetivamente nos llegó de España, Italia, Francia, o Inglaterra, traducido en una vasta apropiación de lenguas, costumbres, comidas, música... Me refiero a las imposiciones que nos atan de pies y manos a sus propios modelos de belleza, académicos, de conocimiento, religiosos, etc. Me refiero al desprecio que sienten las viejas metrópolis por lo que no es blanco heterosexual y masculino.

Retomar la oralidad y demostrar que existe como forma de expresión, utilizarla unida a la nueva tecnología, tomándola como fundamento para restituir la identidad coartada y enunciar una nacionalidad (otra), basada en la diversidad cultural ha sido la impronta del movimiento hip hop en Cuba. Roberto Zurbano, desandando el mercado del silencio ha dicho:

La otra cuestión importante es la conciencia racial de artistas
e intelectuales negros: ese particular emplazamiento desde
el cual se aceptan o rechazan estereotipos y modelos
culturales; conciencia del origen etno-sociocultural donde
se construye una mirada identitaria que –si no se enajena,
discrimina o reprime- enriquece con su plenitud una
cultura y una nación para todos, tal como aspiramos. (Zurbano 80)

LA ERA ESTÁ PARIENDO UN... ¿QUÉ?[6]

En el 2005, después de algunos años atravesando espacios de
la contracultura urbana, me dediqué a iniciar una investigación que
revelase la importancia de estos movimientos que con características
de tribus, propuestas orgánicas y filosofía de resistencia, iniciaban un
trayecto autónomo, irradiando luz y esperanzas desde la marginalidad
estructurada como componente de escape, a procesos históricamente
silenciados como el racismo, el ostracismo, la homofobia y la exclusión
de otras minorías. La producción cultural después de la enajenación
provocada por los tintes con que las instituciones y el oficialismo ca-
muflaron las propuestas estéticas de los últimos años de la década del
ochenta y los primeros del noventa del siglo XX, se vio fortalecida en
virtud del tributo recibido. Nacía una nueva forma de expresión con un
mensaje emitido a partir de una enorme carga de realidad, cimentada
por una voz completamente empírica, en formación, enfrentada a su
destino de personajes subalternos, invisibles en la grandilocuencia del
discurso del centro de poder.

El punto de partida fue el complejo tejido urbano, marcado por el
cruce entre sujetos subalternos y las desventajas construidas, conceptual y físicamente, dentro de la periferia citadina que estaba enrarecida
por sentimientos esencialmente diferentes de cubanidad al amparo de
la interacción global, las convergencias, distanciamientos, paralelismo,
sujeto/nación y diáspora. El propio punto de partida me inclinó hacia
el discurso femenino dentro de la cultura hip hop.

Del otro lado de la razón existe un discurso femenino que se niega
a seguir visitando viejas promesas de liberación. Un discurso que ha
logrado un espacio donde el lenguaje impuesto por la crisis económica, la revalorización de necesidades primarias y el deterioro del
presupuesto moral erigido durante siglos por el patriarcado, dejasen

de ser la única avenida transitable hacia la solución de los problemas de la comunidad. Un discurso basado en experiencias personales, con voces del barrio, sin pretensiones teóricas, pero con total y absoluta proyección universal, que utiliza para ello las cualidades absolutas de la verdad como escudo y de la oralidad como arma de ataque. Una voz femenina que disfruta ser mujer negra, mujer capaz de regir y disfrutar su elección sexual, mujer que no le interesa hablar de las nieves de París sino de las abstinencias nacionales incrustadas al Caribe, mujer dueña de cada sobresalto de la vida; sin cortes contra el mal, ni estridencias por el bien. Es dentro de este contexto que nace el proyecto "Alzar la voz", portador de un discurso femenino que supo imponerse a pesar del papel que dentro del margen tienen asignado en nuestras perpetuas colonias americanas y caribeñas las mujeres y sus conflictos de vida. Los testimonios acumulados durante tres años hablan de un movimiento del margen hacia la periferia con propuestas diferentes (Martiatu 1).

Estas mujeres han logrado identificar arte y vida de manera indisoluble creando espacios de luz donde la estética de la interpretación está basada en la expresión de sus nuevas realidades económicas, éticas y sociales. Aunque continuamente es cuestionado su desenvolvimiento escénico, acusándolas de reproducir gestos masculinos, precisamente en un terreno donde su producción artística ha desvalorizado la hegemonía masculina, animándolo con una gestualidad que juega a la libertad de expresarse sin afeites ni contradanzas[7]. Propios de una mujer (otra) con características (otras) y necesidades emergentes de la marginalidad de sus argumentos artísticos e historias de vida. No se entiende la diferencia entre estas mujeres y el estereotipo común de mujer cubana. Las mujeres que asumen como propia la cultura hip hop han logrado establecer lazos identitarios en defensa de su construcción social, desdeñando las combinaciones elaboradas acerca de lo femenino, relacionadas con la apariencia física, aderezos externos, etc. Con frecuencia se califica masculina la gestualidad enérgica; masculinidad, potencialidad, energía. ¿Cómo sacar del cuerpo la violencia ejercida durante cinco largos siglos? Evaluar el efecto permite que las causas posibles se pierdan en el laberinto de las subjetividades. Estas mujeres no son diferentes en el escenario a las que comparten sus realidades en el barrio, en la esquina, en sus solares de residencia. Lo que aquí sucede es el reflejo de lo que pasa cotidianamente en la comunidad. Precisamente la cultura hip hop se desmarca del concepto occidental del arte por el arte, hablan los hombres y las mujeres de a pie. En el balance que supone la concepción de un espectáculo artístico, la correlación entre su dramaturgia y la puesta en escena fundamenta que los y las artistas crean en el personaje que representan. Ellas se están representando a sí mismas. Es cierto que responden a un estereotipo creado de lo marginal, de las expresiones artísticas de lo negro, pero es la realidad en la cual viven sus verdades.

Existen otros valores igualmente construidos dentro de estereotipos muy marcados como por ejemplo, la figura femenina reseñada como símbolo de pureza y buena venturanza, hombres malos y buenas mujeres. Todo lo blanco es oscuro y lo negro claridad. Sin embargo, es innegable la fuerza que tiene el discurso de sus exponentes. Recordemos que ellos se enfrentan a estereotipos construidos mucho antes de nacer la cultura hip hop. Los salseros lo expresan de una manera, los rumberos de otra, los regueotoneros han impuesto los suyos. La impronta de los estereotipos asumidos por hombres y mujeres dentro del hip hop radica en contraponer los nuevos estereotipos a otros establecidos al amparo del teatro bufo con sus representaciones del *gallego*, el *negrito* y la *mulata* (Martiatu 2009).

¿De qué hablan estas mujeres? Sus argumentos están muy lejos de parecer letanías nostálgicas, ni repuestas directas a reforzar el orgullo del macho en detrimento de la fémina. Sus textos hablan de los hijos muertos en la guerra, de amores y amantes difíciles, senos, orgasmos, clítoris, menstruación, del empeño enredado en viejos principios por blanquear el rostro de la Isla. En fin, sus voces proponen disentir del coro mujeril que le hace el juego al patriarcado encerrando la solución en la condición biológica de la mujer para resolver una parte de los intereses de clases, fundamentalmente. Textos pensados y cantados para la mayoría; los pobres, los discriminados por género, elección sexual, discapacidad psíquica, física o motora, etc.

Del otro lado de la razón existe un discurso femenino diferente, que muestra un rostro sin maquillajes, ni amagos, con vida propia y que defiende la belleza con valor. Las mujeres llegaron a la cultura hip hop mucho antes de lo que parece. Acompañando a sus novios, unas, de la mano de algunos amigos, otras. Caminando por la estrechez de un país vertical, donde los pasos durante quinientos años se han estado dando en círculos. Curiosas, también. Las formas no importan. Llegaron con sus pelos libres, libres sus maneras y así, ponen en crisis viejos axiomas ejecutivos y patriarcales que disponen la moral de lo femenino, sustentando preceptos de la religiosidad católica y sus sentencias. A partir de realidades existenciales llegaron Instinto, Krudas, Atómicas, Omega, Magia[8], moviendo el péndulo a favor de un debate inédito en la cultura y la sociedad cubanas; género y raza. En ese sentido el avance, intrínsecamente ligado a procesos que fueron gestándose hacía el interior de la conciencia nacional, propone un dialogo descolonizador y una propuesta artística, un espacio de reflexión con un marco teórico enrarecido, dinámico, convulso y múltiple.

Muchas veces ellas han sido acusadas por la agresividad de sus textos. Sin embargo, no tienen un discurso agresivo y si fuera necesario dar el calificativo correcto este sería impositivo o de oposición. No solo fustigan con sus textos las posiciones de dominación y dependencia. Proponen, orientan, hablan de mujer a mujer sobre problemas que el discurso hegemónico hace invisible. Con presupuestos elaborados con habilidad, abriendo los brazos para cobijar a marginales y a marginalizadas, cambian el rumbo de artificios como moral, estética, tolerancia y otros encierros que han hecho subalterna la figura de la mujer convirtiéndonos en fregonas universales. Su mensaje no cabe en las cuatro paredes que bloquean la isla, cuatro paredes levantadas hace siglos por una burguesía blanca, heterosexual y masculina que muta sus formas, no sus principios.

Pero los machos evalúan. Sus radiaciones nos alcanzan y emitimos ecos. Repetimos, evaluamos, enjuiciamos a imagen y semejanza del proveedor, del mismo que promueve el tráfico de los cuerpos de negras y mestizas dándole la vuelta al mundo anunciando las bondades del ron producido en sus bodegas. Entonamos el coro de voces que anuncia el nacimiento de una Nueva Era. Ese que nos recuerda lo esclavizadas que fuimos como valor estético y lo liberadas que somos como valor ético. Lo inconstante al esconder la voz, unas veces detrás del discurso de las mujeres blancas, otras detrás del discurso del hombre negro como valor agregado.

La solución está en dinamitar las cuatro paredes con argumentos. Fortalecer las individualidades, imantar el movimiento femenino de tal forma que no sean posibles ni lazos ni ecos ni coros. Un solo palo no hace monte. El tributo debe fluir hacia un bien común donde coexistamos con hermanas blancas y hermanos negros sobre las bases del respeto mutuo. Violentando sus esquemas allí donde sea preciso, pero sin olvidarnos de fundar. Solo entonces, la Era estará en condiciones de estrenar un parto de corazón y cerebro sin dolor.

Alzar la voz,
luego de una larga espera

Desaprender es un proceso doloroso. El tiempo de las mujeres en la cultura hip hop está indicando que hemos estado equivocadas al mirar hacia Occidente buscando teorías y modelos de redención. Ellas encontraron un camino que antes había sido recorrido por otras cubanas, en solitario, pero válido; Férmina Lucumí (levantándose en armas contra el régimen esclavista), Mariana Grajales (desde la manigua redentora), Sara Gómez (imponiendo su impronta en la cinematografía nacional, siendo la primera mujer que realizara un largometraje y liberando sus pelos de la colonización occidental), Georgina Herrera (con una poética elaborada con su voz de mujer negra y excluida), Nancy Morejón (desmontando estereotipos), Inés Maria Martiatu (como ensayista y narradora elevando el pensamiento por encima de las cuatro paredes del encierro). Cada una con sus presupuestos y en el contexto social que les tocó vivir, han sido los referentes históricos, las bases.

Parece que no, pero sí. Y tanto que en los textos de las raperas existe un diálogo entre unas y otras, una conversación inteligente en la cual las raperas emplazan, asumen y discrepan con las que antecedieron. Basta señalar un ejemplo:

> Eres bella siendo tú, ébano en flor, negra luz.
> Eres bella siendo tú, cuerpo no es tu única virtud.
> Eres bella siendo tú ébano en flor, negra luz.
> Eres bella siendo tú, inteligencia es tu virtud.

Cantan las Krudas, grupo emblemático exponente de la cultura hip hop, activistas en defensa de los derechos de la mujer, la diversidad sexual y la emancipación social de negros y negras. No se puede hablar de movimiento de rap en el país sin reconocer su impronta, cantan a la valentía, belleza e integridad de la mujer negra de la misma forma en que Nancy Morejón, poeta y ensayista les escribe en su poesía "Persona".

Yo sé que una mujer ostenta mis huesos y mi carne;
que me ha buscado en su gastado seno
y que me encuentra en la vicisitud y el extravío.
La noche está enterrada en nuestra piel.
La sabia noche reconoce sus huesos y los míos.
Un pájaro del cielo ha trocado su luz en nuestros ojos.

(Morejón 2006)

No es un paralelo establecido sobre conceptos de simplificación. Una y otras se expresan con tesituras diferentes, utilizando soportes interpretativos propios, más, sin duda existe un dialogo planteado que no se limita a sublimizar la imagen femenina, ni a levantar obstáculos entre la sensualidad de hembras fértiles y la tenacidad construida durante siglos, y durante siglos silenciadas o puestas en función de la hegemonía masculina.

Hoy la mujer no es la que era.

Ya no somos fregonas.

Ahora somos raperas.

¡Vamos a vencer, vencer!

Repiten las Krudas en el estribillo de otro de sus temas, demostrando que son las nuevas guerreras de la palabra urbana. Nada comienza en el momento en que se describe. Para que ahora las mujeres negras pudiésemos alzar la voz, antes tuvo que existir la palabra emancipatoria, la trasgresión de muchas.

LAS MUCHACHAS

Esta no es la biografía de una desobediente. Desobedecer se puede hasta por capricho. Las tribus urbanas han reinterpretado la historia, polemizan, trasgreden y fundan. Dentro de esa corriente alternativa, con sentido comunitario, las mujeres imponen un nuevo discurso basado en desacatar viejos principios. No se trata de la inconformidad de una rebelde, son las voces de muchas a quienes les ha tocado vivir con el corazón abierto y los puños cerrados.

Reconocer que entre las generaciones de nuestras abuelas y la nuestra habita un silencio dilatado, oscuro que nos llevó a reflexionar sobre el legado para las próximas generaciones de mujeres negras en Cuba. ¿Qué hacer? ¿Por dónde empezar? Primero pensé en un proyecto de investigación que hablase del fenómeno y lo hiciera visible. No era suficiente. Luego un concierto donde nos agrupásemos poetas y raperas de diferentes generaciones en un abrazo extendido, zanjando distancias. No fue suficiente. Había que hacer más. ¡Unirnos! Esa es la pretensión de este espacio, donde primero somos negras, después mujeres y después cubanas. Ya sabíamos el qué. El con quién, fue depurándose por el camino. Estamos abiertas a recibir a todas las mujeres u hombres que traigan entre sus premisas los fundamentos para una patria nueva. Conciertos, presentaciones colectivas y personales, coloquios, han sido los resultados de trabajo, enfocado a arrebatarle los espacios a quienes nos niegan por la doble condición de sujetos subalternos: negras y mujeres.

Dos momentos cumbres fueron la presentación en el Cubadisco junto a poetas africanos, todos hombres, y otras poetas cubanas que no pertenecen a nuestro proyecto, y la inauguración del Festival Internacional de Poesía de La Habana. Por primera vez se le daba la oportunidad al rap no solo de participar, sino de inaugurarlo. Cuando preguntan bajo cuál concepto nos mantenemos unidas, es muy fácil responder; Porque sí. Se puede derribar un árbol, no el bosque. Poetas, raperas, investigadoras y sociólogas, todas marcando el equilibrio que nos permita atravesar, una vez encontrado, el camino.

La primera en unirse fue Yanelis (Nono). Tiene 33 años y es menuda como una muchacha de quince. MC del grupo Omegas Kilay, empezó su incursión en el hip hop como grafitera (artista plástica). Al principio interpretaba temas que escribía el Adversario MC. Luego empezó a escribir sobre su realidad de marginalizada, como hembra y como mujer negra. Nono vive en una ciudadela en el Vedado. Su casa se distingue por la ambientación alternativa que ha puesto en su entorno. Alta demanda, repiten los muros y las paredes de su casa, así como ella es, marcando sus maneras y la diferencia. En conjunto esta mujer sabe cómo resolver sus conflictos cotidianos sin pedirle permiso al *centro* donde se produce la cultura hegemónica. Se gana la vida *meroliquiando,* término con el cual define la empresa desde donde envía múltiples mensajes en las ropas que rediseña y graba su impronta.

Se expresa con una lírica engañosa. Su maestría radica en esconder detrás de una voz casi infantil argumentos irrebatibles, fuertes. Muchos no entienden la intención, se enganchan con la dulzura de la voz y sus afeites. Cuando se dan cuenta de lo que en realidad está diciendo ya es tarde, el látigo atravesó el rostro sin derecho a réplica. Es un "flow" inteligente, aunque algunos observadores de *corteza* le atribuyen poca potencialidad. Olvidan que esa es una trampa femenina; soplar y morder, como lo hacían las negras viejas de antes. Voz de víctima, intención de victimaria. En uno de sus textos dice Yanelis:

¿Quién te dijo que no puedo ser MC?
¿Quién te dijo que no puedo hacer graffiti?
¿Quién te dijo que no puedo ser DJ?
¿Quién te dijo que no puedo ser B-Girls?

Y termina afirmando:

Yo no soy un búcaro, cabrón.

Lo repite cuatro veces; irónica, pícara, irascible, segura. Cuatro veces le recuerda a él, al *centro de poder* que ella no es, ni quiere ser un adorno. Lo curioso es que es un tema prohibido para la difusión en Cuba. No sé si por negarse a ser un búcaro o porque habla directamente a las víscera a más de un patriarca. Recordemos lo sucedido con el documental "Mi aporte"[9] donde Sara Gómez desenmascara el doble rasero con el cual se miden las problemáticas de género, tomando como muestra, entrevistas realizadas a dirigentes que representan al *centro de poder*, que evalúan la maternidad como una etapa conflictiva para la mujer productora de bienes materiales. A Nono no le importa la censura. Ella lleva su mensaje a los espacios de la contracultura, allí establece el dialogo con sus iguales. Ellos saben que nunca podrán tratarla como un objeto.

"Quieren decirnos de todo y que nos quedemos tranquilitas. Mi vida, así están las cosas". Termina afirmando, muy en su estilo, esta mujer que además dirige un proyecto de grafiteros, todos hombres, llamado "Alta demanda", por la proyección de su estilo contestario y funcional. Para Yanelis vivir es una *fiesta interminable*. Hay pocos espacios donde pierde el aire que ha depositado en sus pulmones para abrirse camino. La MC que *echa pila* con luz verde en los espacios más competitivos de la ciudad de La Habana, la reina de la urbanidad y lo clandestino, ha aprendido a liberarse de las marcas llamando a las cosas por su nombre y sin rodeos.

No todas tienen las mismas experiencias de vida. A Dayana (Amazona) le ha sonreído la maternidad, la asume con valentía y tiene la fuerza que necesita aquí y ahora. Vientre fértil, mente poderosa, movilidad de argumentos, tampoco es un búcaro. No tomada en cuenta durante diez años en los escenarios del rap, ha potenciado su estilo dentro de la corriente "underground" de la periferia habanera. Su "flow" enérgico, avasallador, orgánico, habla de la precariedad existencial, verdadera realidad de las poblaciones emergentes alrededor del cinturón capitalino. Ella misma escribe sus textos, con la seriedad de aquellos que han cargado el lastre de cuatro generaciones viviendo bajo el puente en ruinas, desde que a los oídos sordos les dio por escuchar la paja en el oído ajeno. Cuando la llamé para "Alzar la voz" ella cantaba con dos hombres. Le dije que de momento sería un proyecto integrado por mujeres únicamente. *No hay lío, canto sola*. Me dijo. Los hombres de su grupo la apoyaron, aceptaron su decisión y además la acompañaban a ensayos y reuniones.

> No dejaré camino por vereda.
> En mi empeño nunca cejaré.
> Aunque los amigos me defrauden
> con mi esfuerzo me levantaré.
>
> (No cambiaré, la Amazona)

Así cantó. Con el apoyo de las otras: "Pase lo que pase" (No cambiaré).

Dayana alza la voz, aunque lo que *pase* sea otro embarazo, la ruptura con su pareja emocional o la separación de los hombres de su grupo. "Pase lo que pase" repite el coro de su canción, "No cambiaré", ella es consciente de la dureza de su opción de vida. Sabe que se enfrenta a un mundo diseñado para y por hombres que han pretendido rodearla. Se mantiene firme pase lo que pase. Yo confió en ella. Ha demostrado la grandeza de su espíritu y la voluntad de las desobedientes. Seguirán existiendo Amazonas mientras las causas existan. Las urgencias señalan que la salvación es personal. Ella no puede acogerse a esa máxima, tiene dos hijos. *"Tengo que hacerlo por mis hijos. ¿Viste? Aunque solo sea alzando la voz. No me puedo cansar. OK"*. Y ahí la vemos con su barriga de siete meses sobre la tarima, *echando pila* contra los males sociales que la rodean e impiden la estabilidad de su familia, preparando nuevos temas y dispuesta a rapear como la primera.

Otra de las nuestras es Aynee, Nana, Dj. Es peculiar que una mujer maneje las máquinas de hacer música. De hecho existen muy pocas, todas dentro de la cultura hip hop. Es muy atrevida. Recuerdo que ensayando para el concierto del 5 de marzo del 2008 no habíamos encontrado trasporte para mover las máquinas. Me dijo; *No te preocupes, yo llego*. No sé ni cómo lo hizo. Pues al terminar, las cargamos entre todas y no resultó fácil. Nana se mueve en otros espacios, es ingeniera civil, trabaja mucho y se mueve por todo el país, a veces no puede participar, pero cuando lo hace a nadie le cabe duda; es buenísima. Es uno de esos seres que tiene vocación de servicio y lo hace con amor. En ella se refuerzan las condiciones de subalternidad y exclusión; mujer, negra nacida y criada en la zona oriental. Aynee es más fuerte que sus adversarios, ama y es amada, ¿quién puede algo contra el amor?

Hablando de amores, a Daymelis (Aché Ire)[10] los padres le amortiguan constantemente la caída. Ivón, la madre, hace por su hija lo que cree haber merecido y la escasa visión de la familia no la tuvo en cuenta a la hora de medir sus potencialidades. Me contaron las dos cómo por tradición familiar les llega la vena del arte. El abuelo de Daymelis tenía muy buena voz y cantaba, aunque no lo hacía profesionalmente. Entonces, de casta le viene el galgo, como diría la abuela de mi abuela. A los nueve años cantó con un primo que tenía un grupo. Una de las cantantes no se aprendía la letra y Daymelis tomó su lugar y la oportunidad de hacer realidad un sueño que abrazaba y nunca confesó; subirse al escenario y que mucha gente la mirase.

Ágil, y changanera, tiene aptitudes para interpretar boleros, sones o baladas. Se decidió por el rap, no como aseveran muchos, porque es un género fácil. Para su elección tuvo en cuenta las posibilidades de expresarse libremente en códigos propios. Ella no escribe sus textos. Contrasta con la mayoría de las muchachas y sobre todo cuando estamos discutiendo sobre nuestras vidas cotidianas. No creo que haya tenido una vida cómoda. Dice que *"Alzar la voz"* le ha servido para darse cuenta de fenómenos como la exclusión por género, raza o elección sexual. Existen otras. Las alas que le han ido creciendo la ayudarán a detectarlas.

Cuando la escuché por primera vez me conmovió hasta las lágrimas. No le presté mucha atención a las letras. En los ensayos para el concierto, simulaba un micrófono con una hebilla de pelo, cerraba los ojos y se multiplicaba. Yo solo veía a una mujer resistiendo a la avalancha de conjeturas machistas y rurales. Cuando la emoción me permitió acercarme a las letras y a la producción musical me di cuenta de que había problemas. No estaban a la altura del desarrollo alcanzado por el discurso femenino en los últimos 10 años.

> Irónicamente voy siguiendo pasos tuyos
> para así desenmascararte con mi fe y moral.
> Tengo sufriente ética y estética
> para sacrificarte con mis pensamientos firmes, claros y criollos.
>
> (Consejo sano, Aché)

Un proyecto es eso, calibrar las potencialidades. Lo demás es trabajo, voluntad y rigor profesional. No es difícil, sobre todo si las relaciones están basadas en el respeto, la humildad y el amor. ¿Dónde están los valores? ¿En el contexto? ¿En el marco teórico utilizado a la hora de componer? ¿En el lugar que escogemos para decir? Ivón habla de una realidad que no nos interesa excluir. O ¿acaso solo podemos alzar la voz las que estamos al tanto de los cambios de soportes técnicos e intelectuales? Emitiendo un "Consejo sano" para desenmascarar a los varones, también aportamos a la causa común:

> Entiende de una vez, OK, aprende.
> En el amor quienes son los que se reprenden
> Vamos, no implores.
> Hembra mi nombre, creando, luchando…
>
> (Consejo sano)

Finalmente en la propuesta para las féminas subyacen códigos que varían de una a otra. Nuestra convocatoria está dirigida a la emancipación de la mujer. Todas las voces cuentan. "Siempre mujeres. / Tus obras adelante" (Consejo sano).

Nono, Aché y la Amazona se unieron a nuestro proyecto. A ellas no les importó que quién las iba a dirigir no fuese otra rapera, ni que el proyecto incluyese otras formas de expresión. Existe un hilo conductor. La necesidad de hacer visible la lucha por los derechos de las mujeres negras. Nuestra estrategia se basa en la horizontalidad y la inclusión. Para llegar al campo contrario es preciso encontrar la singularidad de la poética de Georgina Herrera y el estado de sublimación expresado en la poesía hablada (spoken word) de Yudicet, el histrionismo y versatilidad de Lucy y el desbordamiento apasionado de su directora. Ellas son las poetas. Diferentes en sus maneras de expresar, asumen distintos códigos literarios, distantes en el tiempo y experiencias de vida, asumimos la unidad precisamente desde la conexión de nuestras diferencias.

Yudicet es la más joven, tiene 19 años. Sus maneras y movimientos recuerdan el andar de una gacela, indomable. Su mirada también. Algunos amigos no entienden por qué siendo tan joven observa con tanta agudeza y seguridad. Ignoran, sus amigos, que Yudy late con fuerza visceral y que cuando habla de Cuba los ojos se le cargan de nubes:

> Bella consumida
> con miedo a desnudar su verdad.
> Cuadros pintados
> a blanco, blanco, blanco y negro.
> Se niega a mostrar los senos,
> que poco han alimentado a sus hijos (…)[11]

Cuando dice mujer, apunta a la raíz y sus amores. Ella sabe amanecer de frente al espejo, ilustrando incluso sus contradicciones.

> La historia ya no me engaña
> Pero me excluye.
> Mi sangre calmó la guerra
> y alimentó la tierra (…)[12]

Ignoran, sus amigos, que en el medio del pecho, Yudicet acuna el corazón de una poeta.

No puedes hablar de revolución
sin entonar la clave libertad entre mis senos.
No puedes hablar de paz ni guerra
sin mencionar mis ovarios,
porque mis ovarios fueron la respuesta.
No puedes hablar de amor fuerza y libertad
sin antes prenderte a mi clítoris (...)

("Ella es")

Una poeta nacida bajo el signo de aire, tiempo nuevo y mujer negra, como Olofi manda sobre su cabeza y el pasado de los mayores de su familia.

Lucy es un poco mayor. Ha vivido a razón de quinientas opresiones por vida. Pero nada la detiene. Sabe que sus brazos la pueden conducir a puerto seguro y los mueve sin parar. Ni las aguas mansas, ni las corrientes engañosas logran sumergirla. Sonriendo vuelven a la orilla, donde sus pulmones están a salvo. Ella siempre da pie. Lo curioso es que Luz María, Lucy, empezó a escribir con casi 50 años. Cuenta que después de haber sido espectadora durante mucho tiempo un día descubrió que ella podía hacer *spoken word* y de esa forma unirse a la cultura hip hop como una fuerza activa. Acompaña sus textos con una musicalidad impresionante. Interpreta casi siempre amparada en la percusión mayor. La metáfora de la poesía de Lucy está en la palabra urbana contemporánea, en su propio lenguaje, en las marcas que reconoce cada día mientras atraviesa San Isidro, baja por la Plaza Vieja y llega a El Vedado donde hace sus ejercicios.

En el calor de esta Habana tan nuestra y tan lejana, ella saca al viejo Carabalí de su silencio y pide que dé un consejo al padre para que no maltrate al hijo. "Carabalí congo real/muchacho respeta al viejo" así corean sus vecinos, sentados en las puertas de sus encierros. Mira las barbas de los dueños de estribillo, retoca sus cabellos, pone las suyas en remojo y sin olvidar su esencia escribe:

Viejo respeta al muchacho,
respétale su palabra,
su consejo,
su criterio
y recuerda como tú eras antes de llegar a viejo[13].

Recuerda su primera juventud, la del pelo largo (para los muchachos, *melenas,* le llamamos por aquí), las minifaldas, las prohibiciones. A esta mujer le duele alejarse de su juventud, decide remar con todas sus fuerzas hacia ese umbral donde las utopías convergen en realidades distintas entre el ser y el pensar de la isla. "Carabalí congo real/ muchacho respeta al viejo", coreamos todos mientras ella se mueve de recurso en recurso, proponiendo, enjuiciando, dispuesta a enfrentar los motivos de quienes piensan que debe amanerar su gestualidad o componer sus versos en aras de una literatura que no conoce, que no corre por sus venas porque ha sido erigida lejos del San Isidro donde ella mueve sus mareas. Las marcas de esa literatura hegemónica y excluyente que gobierna en la isla, no la rozan. Ella no conoce sus barbas. Los gestores se han encerrado en una poderosa torre donde niegan el acceso a personas como Lucy que se empeñan en mostrar las cicatrices de la exclusión.

Y así, las voces se han ido hilvanando, hasta integrar el coro de "Alza la voz" no solo en defensa de la diversidad. Artísticamente se expresa con las mujeres negras que somos, pero nuestro discurso se enfrenta a todas las formas de exclusión, opresión y conductas hegemónicas.

Las otras mujeres que forman parte de este proyecto; Inés Maria Martiatu, Georgina Herrera y Carmen González, no son raperas. El espacio que comparten con el discurso femenino dentro de la cultura hip hop corresponde a la responsabilidad de muchas y muchos intelectuales dentro de la isla que reconocen la autenticidad de los valores de este movimiento y encuentran en él la forma de evadir el bloqueo que limita la producción de un pensamiento verdaderamente revolucionario, emancipador.

Es una estrategia que agrupa en nuestra órbita a algunos hombres, Roger Arencibia Blanco, MC de la Konfronta, Moisés Whittaker Álvarez; productor musical, director y MC de la Konfronta, Karen Leiva, poeta y promotor cultural; Yoel, productor musical de Aché Iré, además de nuestros esposos, novios hijos y amigos. En los extremos no se puede dialogar. No podemos realizar activismo comunitario en defensa de una exclusión asumiendo posiciones segregacionistas. Todas las voces que se levanten mirando hacia la raíz y por la defensa de un amanecer sin racismo, sexismo, ni opresión, estarán con nosotras quebrando el margen, asegurando las simientes.

No se trata de *coser y cantar*. Nuestras experiencias desde que comenzamos a trazar las estrategias organizativas para dar cuerpo al proyecto han sido enriquecedoras, dolorosas y hasta incomprendidas por críticos y seguidores. En el camino han quedado afectos, muchachas que con entusiasmo se sumaron a la idea inicial y muchísimas horas de entrega. El centro de poder emite sus señales, disfraza sus presupuestos, compromete a sus cómplices, entretiene a los ociosos. Nosotras lo sabemos. Trabajar coherentemente ha sido nuestra opción. Hemos aprendido a batirnos en retirada. Acechadas por el fuego del colonizador y por el *fuego amigo*, confiamos en el futuro y en las desobedientes que aún nos acompañan.

NOTAS

[1] Valdés, Gabriel de la Concepción, Plácido. (La Habana, 18.3.1809-Matanzas, 28.6.1844). Fruto de los amores clandestinos entre la bailarina burgalesa Concepción Vázquez y el mulato peluquero Diego Ferrer Matoso.

[2] Manzano, Juan Francisco (¿La Habana?, ¿1797 ? 1854). Hijo de una esclava de la marquesa Jústiz de Santa Ana, según costumbre llevó el apellido del esposo de su ama.

[3] Quintín Banderas, soldado mambí héroe de las tres guerras contra la dominación española en Cuba. Afrodescendiente de origen, llegó al grado de general por sus dotes guerreras. Una vez concluida la contienda libertaria en 1898 fue humillado en extremo. El 23 de agosto de 1906, durante la guerra conocida como la Chambelona fue ultimado a machetazos.

[4] Masacre perpetrada por el Gobierno de José Miguel Gómez contra el alzamiento de miembros del Partido Independiente de Color en el mes de mayo de 1912.

[5] Período en el que la producción editorial en nuestro país fue extensa. Se publicaron libros de todos los confines del mundo.

[6] "La Era está pariendo un corazón". Canción de Silvio Rodríguez. Para los cubanos significa el arribo de una nueva época, revolucionaria, emancipadora. Dice el autor: "(…) no puede más se muere de dolor

y hay que quemar el cielo si es preciso, por vivir. (…) Por cualquier hombre del mundo… y las mujeres. (…) La madre vive hasta que muere el sol".

[7] Contradanza. Género bailable, situado dentro de las llamadas piezas de cuadro. Su origen se encuentra en la contradanza europea, traída a Cuba por los franceses a finales del siglo XVIII.

[8] Se refiere de las mujeres más visibles dentro del Movimiento de Rap en Cuba. Magia López Cabrera es la actual directora de la Agencia Cubana de Rap.

[9] Documental de Sara Gómez, realizado en el año 1972, a pesar de la problemática tratada y de la campaña oficial por la igualdad de la mujer nunca fue estrenado en Cuba hasta finales del 2007.

[10] Aché en la Santería o Regla de Ocha es el don de hacer que las cosas sucedan. Iré, bendición.

[11] Fragmento del poema "Ella es", dedicado a Cuba.

[12] Fragmento del Poema inédito, "La historia ya no me engaña", de Yudicet, incluido en el disco "Alzar la voz".

[13] Fragmento del poema inédito, interpretado por Lucy. La autora prefiere no poner nombres a sus poemas.

OBRAS CITADAS

Acosta, Leonardo. *Otra visión de la música popular cubana*, Editorial NOMOS, S.A., 2004.

Benemelis, Juan Felipe. "Prólogo". *Chaka, Una epopeya bantú*. Thomas Mofolo, La Habana: Editorial Arte y Literatura, 1976.

Martiatu, Inés María. "Alzar la voz". *La Jiribilla*, revista de cultura cubana, No. 360. Año VI, La Habana 29 de marzo al 4 de abril de 2008.

Mofolo, Thomas. *Chaka, Una epopeya bantú*. La Habana: Editorial Arte y Literatura, 1976.

Morejón, Nancy. *Antología poética*, editorial Monte Ávila, colección "Altazos", 2006.

Orovio, Helio. *Diccionario de la música cubana*. Editorial Letras Cubanas, La Habana, 1981.

Zurbano, Roberto. *Vengo del mercado del silencio*. En: *La Gaceta de Cuba*, 1(2005)80.

CELIA CRUZ: VIVIR PARA CANTAR

NAYLA CHEHADE,
UNIVERSITY OF WINCONSIN, WHITEWATER

La niña tiene apariencia frágil. Es muy delgada, negra y de huesos largos y vive en la sección más pobre de Santos Suárez, un barrio de clase trabajadora de La Habana. La casa tiene dos habitaciones, una sala y un comedor pequeños y un baño. Gran parte del tiempo viven en ella hasta catorce personas, entre padres, hermanos, tías, primos y un niño huérfano adoptado por la madre. Los cuartos de la casa tienen ventanas con barras y están siempre abiertas a la espera de la brisa redentora que a veces no llega. Una de ellas, la de la habitación en que nació la niña, mira a una ceiba enorme, cuyas ramas alcanzan a amortiguar el calor despiadado de los días y de las noches sobre la casa. Entre sus quehaceres, la niña tiene que acostar a los menores e ingeniárselas para que le obedezcan y se duerman, en un espacio de convivencia apretada donde no existe la privacidad. Para que los pequeños concilien el sueño, les canta canciones de cuna, las mismas con las que la hermosa voz de su madre la arrulló muchas veces. Pero los chicos no se duermen. Todo lo contrario. Se exaltan ante el canto de la niña, que con su timbre único y potente se desparrama libre por la casa entera y sale por las ventanas hasta llegar a los oídos de los vecinos que se acercan conmovidos y curiosos por aquella voz singular y se congregan obstinadamente a escucharla cantar cada vez que la niña rompe la noche con su canto.

Úrsula Hilaria Celia Caridad Cruz Alfonso, como fue bautizada la niña nacida el 21 de octubre de 1925 en la casa humilde y abarrotada de Santos Suárez, donde según sus propias palabras comer *ropa vieja*, uno de los platos de carne típicos de la cocina cubana, era un evento reservado para ocasiones especiales, nunca imaginó que su prodigiosa voz sería aclamada más allá de los límites de su barrio y de los confines de la isla y mucho menos que con el paso del tiempo, llegaría a estremecer los escenarios más codiciados del mundo entero. Desde Nueva York a Helsinki, Londres o Madrid; desde Tokio, Bruselas, Kinshasa, Río de Janeiro o Cali, hasta Buenos Aires, Caracas, Bogotá o Santiago de Chile. En su continuo itinerario global de más de cinco décadas, Celia Cruz agrupó y conmovió a las audiencias más diversas del planeta, que en todas las latitudes acudían a oírla cantar con idéntico fervor. Capaz de desafiar y vencer barreras culturales, generacionales, espaciales y lingüísticas, Celia cantó en cabarets pequeños y grandes, en clubes exclusivos y populares, en coliseos, estadios, festivales, tarimas abiertas, teatros fastuosos o modestos con la misma presencia escénica y fuerza en la voz que literalmente haría estremecer de entusiasmo a las multitudes que acudían a verla. Siempre el resultado fue el mismo: un público extático que la aplaudía hasta el cansancio, que sabía de memoria la letra de sus canciones y las cantaba a gritos aunque muchas veces no hablara la misma lengua, mientras se movía contagiado por sus movimientos, seducido por su gracia, entregado por completo al disfrute sin paralelo que significaba oír cantar en persona a quien ya en vida era toda una leyenda. Su presentación en los carnavales de Santa Cruz de Tenerife en marzo de 1987 congregó alrededor de 250 000 personas y hasta hoy ostenta el récord mundial en el *Guinness Book of World Records* como el mayor concierto de la historia realizado al aire libre.

La niña de Santos Suárez que en más de una ocasión tuvo que caminar largas distancias para ir a los concursos de aficionados en los que comenzó su carrera artística, porque no tenía los cinco centavos que costaba el pasaje de autobús, que asistió a la escuela pública de su barrio, *República de México No. 6* y que se prepararía para dedicarse al discreto oficio de la docencia en la Escuela Normal de Maestros, jamás llegó a pensar entonces que gracias a su voz, obtendría decenas de codiciados premios y distinciones que muy pocos cantantes en la historia de la música moderna han alcanzado. Recibiría las llaves de ciudades importantes, de Roma, Miami y Lima, entre muchas otras; obtendría la medalla del *National Endowment for the Arts* a manos de Bill Clinton, la medalla Presidencial de las Artes en Colombia y el galardón conocido como *Lifetime Achievement Award* otorgado por el Instituto Smithsoniano de Washington D.C., entre un sinnúmero de honores de distintas partes del mundo; sería merecedora de tres doctorados honoris causa, uno de Yale y dos de universidades de la Florida; invitada de honor de presidentes, presidentas y renombradas figuras públicas y homenajeada en los más importantes ámbitos artísticos y sociales. Tendría su estrella en el paseo de la fama de Hollywood, una réplica de su figura en el Museo de Cera de Los Ángeles y dos calles que llevan su nombre, *Celia Cruz Way* en La Pequeña Habana de Miami y *Celia Cruz Avenue* en New Jersey, esta última bautizada en su honor después de su muerte. Llegaría a grabar alrededor de 75 álbumes, de los cuales más de veinte alcanzarían la categoría de "oro" y "platino" por su popularidad, y sería seleccionada para participar en películas en Cuba, México y los Estados Unidos, así como en telenovelas y videos hasta poco antes de su muerte, para mencionar solo algunos de los múltiples reconocimientos que recibiría a lo largo de su trayectoria como cantante, dentro de una lista que parece inagotable y que continuaría creciendo póstumamente.

Sin embargo, el asombroso inventario de premios que Celia Cruz cosechó a manos llenas durante su carrera profesional, únicamente confirma la devoción incondicional de sus millones de admiradores en todo el mundo y ratifica un consenso generalizado acerca de sus dotes artísticas como cantante, pero no basta para revelarnos por sí solo una imagen íntegra de la cantante que explique sus contribuciones como tal ni los motivos de su enorme popularidad. Tampoco alcanza a revelar cómo era en realidad Celia Cruz, ni qué factores socioeconómicos, circunstancias o atributos personales confluyeron en ella para que llegara a convertirse en la portentosa figura icónica que es hoy en día. Podemos indagar en los copiosos artículos, reseñas, estudios o biografías que se han escrito sobre ella, escuchar sus canciones una y otra vez, ver sus videos, leer testimonios de amigos o familiares y aún su propia autobiografía, publicada después de su muerte y basada en las grabaciones que le confirió a Ana Cristina Reymundo, cuando ya el cáncer que terminó matándola se encontraba en avanzado estado y cada cual llegará a sus propias conclusiones e invocará y recreará a una Celia única, que encontrará su espacio, su peso y su resonancia en la historia personal de cada quien. La Celia de todos, tendrá, por supuesto, componentes similares indisputables. El primero de ellos, su prodigiosa voz. También, su extraordinaria simpatía, su inigualable don de gentes, su sencillez a toda prueba, su naturaleza bondadosa, su proverbial sentido de la amistad, su impecable disciplina, su arraigado sentido del deber, su puntualidad legendaria, su respeto por el público, su estilo extravagante y claro, su risa escandalosa, su carcajada vital desde la que exhibió sin pudor unos dientes blanquísimos, separados al frente, que parecían más bien un rezago juguetón de la niñez y una extensión de su personalidad vivaz y accesible.

A comienzos de los años 1980, en pleno furor salsero, Umberto Valverde, que la conoció y entrevistó, la entrelaza a sus memorias de adolescente y de su temprana adultez como presencia crucial en su etapa de formación y la coronó *Reina Rumba* en un texto que tiene tanto de biografía como de autobiografía, pero que es ante todo un homenaje a Celia como ídolo popular que alcanzaba ya proporciones míticas. De cierto modo, Valverde traza un paralelo entre el Barrio Obrero de la ciudad de Cali donde nació y el barrio Santos Suárez de Celia y al hacerlo, recoge el sentir colectivo a través de una narración que entreteje vivencias personales y grupales con la cantante cubana como figura central y la letra de sus canciones como contrapunto emotivo a estas experiencias. De esta manera, el escritor caleño conecta directamente a Celia con el sentir de las clases populares y sintetiza lo que estaba ocurriendo en cientos de barrios latinoamericanos, donde también se vivía intensamente la admiración hacia ella. Guillermo Cabrera Infante, quien también la conoció y la oyó cantar por primera vez en La Habana en 1948, y que dice haber visto en escena y oído en Cuba a los grandes de aquel entonces como Beny Moré, Barbarito diez, Bola de Nieve, Olga Guillot, la Lupe y la misma "Emperatriz del danzonete", Paulina Álvarez, por quien Celia sentía profunda admiración y a quien deseaba emular desde adolescente, entre muchos otros, afirma que "Celia Cruz tenía toda la música cubana dentro" y sostiene que "fue la más grande de todas, una original, de las grandes, grandes de la música universal" (Cabrera Infante 47).

Pero si como es sabido, Celia trasciende la mística de barrio y adquiere proporciones universales, su prodigioso y sostenido ascenso no puede comprenderse sin considerar su origen humilde y la importancia que tuvo en su formación como cantante el haber nacido en Santos Suárez, dentro de una familia y en un vecindario donde la música se vivía de muchas formas y era parte integral de la vida diaria, como lo era para muchas otras familias cubanas. Hija de Catalina Alfonso, una sencilla ama de casa, conocida por todos como "Ollita" y de Simón Cruz, trabajador ferroviario que se ganaba la vida duramente como fogonero de locomotora, Celia creció rodeada del estímulo constante de los suyos, que con la excepción de su padre, comprendieron tempranamente el enorme potencial de su prodigiosa voz y la motivaron a dar sus primeros pasos como cantante y a participar en concursos y programas radiales para aficionados, muy comunes entonces. Víctima del prejuicio contra las mujeres cantantes, que todavía en muchos círculos "decentes" vinculaba esta profesión con "las mujeres de la vida" o de dudosa reputación moral, como señal de protesta, durante mucho tiempo Simón Cruz quiso mantenerse al margen de las "andanzas" musicales de su hija, quien con la complicidad de su madre y demás miembros de la familia, cosechaba sus primeros triunfos a sus espaldas y empezaba a ser conocida en toda la isla por su maravillosa voz. Pero la hija de Simón y "Ollita" no era la única que buscaba sobresalir en este medio. Celia hacía parte de una legión de talentosos músicos e intérpretes que trataban a toda costa de ganarse la vida en la Isla gracias a sus dotes musicales, en medio de una economía precaria, afligida por las secuelas de la crisis económica mundial de finales de la década del 20 y de los años 30, que afectó los estratos sociales menos favorecidos de países como Cuba, dependientes en gran parte del monocultivo de productos como la caña y el tabaco y por consiguiente, de las fluctuaciones del mercado internacional.

En casa de Celia, a pesar de la estrechez económica que se vivía, cantar era parte del lenguaje cotidiano. Además de la de Celia, las afinadas voces de su madre y de su hermano Bárbaro, quien llegó a tener pretensiones serias de cantante, se escuchaban a diario como reafirmación natural de una forma de expresión vital y desinhibida. Con Dolores, su hermana mayor, Celia formó parte de "El botón de oro," un grupo musical del barrio que amenizaba fiestas y otros eventos sociales sin recibir paga, únicamente por el placer de cantar y de ser escuchados en el vecindario. Durante su adolescencia y temprana juventud, Celia frecuentó además salones locales de baile, llamados también "academias de música" con amigos y parientes y allí conoció a cantantes y músicos legendarios como Israel "Cachao" López y a su venerada Paulina Álvarez, vecina de Santos Suárez, de quien Celia llegaría a decir que "... modelé mi forma de cantar en Paulina, por lo mucho que la admiraba", (Cruz; Reymundo, 27). Por su estilo individual, por el registro elevado de su voz y el hecho de ser negra como ella y una de las pioneras en la interpretación de la música cubana bailable, oficio entonces reservado mayormente para los cantantes masculinos, Paulina Álvarez sería para Celia no solo un modelo digno de emular, sino una de las mayores fuentes de inspiración en sus años de formación como cantante.

Santos Suárez, como casi todos los barrios de entonces, tenía su comparsa y Celia cuenta que en más de una ocasión, siendo todavía niña, por encima de la prohibición de su madre, se escapó de casa con sus hermanos, primos y amigos para seguir a las comparsas y participar de la euforia callejera del legendario carnaval de La Habana y aunque el miedo de ser descubierta era grande, según explica, era mucho mayor "la pasión que había sentido por esas luces y esa música" (Cruz; Reymundo 21). Este temprano entusiasmo por la música, concebida dentro de una atmósfera perpetua de carnaval, esta precoz fascinación a toda prueba por el performance desinhibido y arrollador, dirigido a electrificar a las multitudes, marcaría indeleblemente su trayectoria artística y contribuiría a definir su misión de entretener al público como compromiso fundamental de su carrera y a crear su propia imagen de cantante a partir de una noción de la vida concebida a manera de un gran escenario, donde penas y tribulaciones de cualquier índole se sobrellevan gracias a la magia de la canción, entretejida en la música y el baile y donde el atuendo en su calculada extravagancia, no sería nunca disfraz ni encubrimiento, sino prolongación de una actitud profundamente vital. Así, a sus entrados setenta años, poco tiempo antes de morir, Celia continuaría fiel a esta filosofía y todavía se la vería en tarimas y videos desplegar su asombrosa energía habitual y celebrar la vida desde un cuerpo ya abatido por el cáncer, como lo demuestra en el video en que interpreta la canción *La vida es un carnaval*, en la que su voz limpia y templada, a pesar del paso de los años, enuncia el grito de "Ay, no hay que llorar que la vida es un carnaval, es más bello vivir cantando". Este ánimo festivo, esta actitud gozosa que Celia parecía extender a todas las facetas de su existencia, es para Cabrera Infante parte de un sentido del humor innato y natural en ella. "Era una cantante feliz", comenta el escritor cubano y nos dice que "Hasta una queja de amor o de abandono, que es casi siempre el bolero, se convertía en su voz en un son alegre" (Cabrera Infante 48). Como también lo expresa Cristóbal Díaz Ayala, refiriéndose a la suma de virtudes que contribuyeron a su triunfo como cantante, Celia siempre tuvo "el carácter de una chavala en su actitud optimista de la vida" (139).

Fue también en Santos Suárez, en el traspatio de su casa, cuya tapia colindaba con la de una vecina que practicaba la santería, donde Celia escucha por primera vez el retumbar de tambores y el canto lucumí, símbolos indiscutibles del legado musical africano en Cuba, cuya aceptación llegaría a ser definitiva en su carrera y en su éxito como cantante. Y aunque en varias ocasiones expresó que jamás practicó ninguna religión afrocubana como tal, sí confiesa que siendo aún muy niña, desde aquel día que oyó el *bembé* en casa de Chela, con "esos tambores y los cantos a los santos en lucumí –la lengua afrocubana de la santería- me asusté, pero también sentí que me llamaban" (Cruz; Reymundo, 23). Celia respondería al llamado con sobrado entusiasmo y más adelante lo entendería claramente como vehículo para reafirmar y articular artísticamente su herencia africana: "Sin embargo, para mí esa música pronto se volvió mucho más que una religión, era una forma preciosa de expresar mis raíces". (Cruz; Reymundo, 25). Pero la aceptación de elementos del ancestro musical africano y su incorporación al repertorio de canciones que interpretó y difundió a lo largo de su vida, se convertiría sobre todo en herramienta clave para proyectar su identidad afrocaribeña y a la vez afrolatinoamericana en un contexto mucho más amplio y sincrético, que le permitió ganar millones de admiradores en el mundo entero que se identificaban con su música. Como lo afirma Raúl Fernández, la labor musical de Celia contribuyó "directamente a la gradual expansión y transformación de la ya híbrida música cubana, en la medida que el género dejó de ser "cubano na má," para entrar a formar parte del patrimonio cubano primero, y después latinoamericano, mediante un proceso constante de amalgama y síntesis" (Fernández 127).

Es preciso mencionar que aunque hoy en día es imposible disociar la riquísima y compleja música cubana de sus múltiples vertientes negras originales, la aceptación de este hecho no ocurrió fácilmente. Las políticas segregacionistas que desde la Colonia determinaron la exclusión de negros y mulatos de cualquier posición de poder en la sociedad y que trataron de suprimir la validez de las contribuciones de estos grupos al patrimonio de la cultura nacional como componentes legítimos, continuaron con la ocupación norteamericana y más allá de la instauración de la República y se manifestaron tanto en el campo de la música y del entretenimiento, como en los demás aspectos de la vida diaria. Según lo indica Robin D. Moore, "La cultura de ascendencia africana, en un sentido abstracto, puede haber sido esencial para las concepciones de la cubanidad dominantes desde los años 1930, pero en muchas de sus formas tradicionales continuó siendo valorada como una cultura atrasada, lasciva o primitiva, tal como es valorada en algunas instancias hoy (24). Todavía en 1925, bajo el gobierno dictatorial de Gerardo Machado, se prohibió el desfile de comparsas en las calles por una ordenanza que hacía ilegal todo tipo de actividad en espacios públicos que utilizara "tambores o instrumentos musicales análogos de naturaleza africana" o que incluyera "contorsiones del cuerpo que ofendieran la moral" (Moore 116). Aunque la prohibición fue abolida en 1937, el proceso de aceptación del papel central de la música afro-cubana como parte del patrimonio cultural nacional no fue uniforme y mostró contradicciones con la situación que se vivía en realidad. En muchos de los clubes y cabarets de La Habana considerados de primera categoría, por ejemplo, se negó la entrada a negros y mulatos como clientes hasta los años 1950 y a veces sus dueños incluso los "rechazaban como ejecutantes" (Moore 69).

Sin embargo, la temprana llegada de la radio a Cuba en 1922, con potentes estaciones que cubrían el territorio nacional, contribuyó, entre otros factores, a la expansión generalizada y a la aceptación de la música popular cubana, incluyendo los ritmos afrocubanos. Ya desde finales de los años 20, debido al bajo costo de los receptores "la radio se había afianzado como el medio más eficaz de difusión masiva en Cuba" (Moore 153) y ofreció a los cubanos de todas las clases sociales, especialmente a las más pobres, alternativas de esparcimiento y recreación en forma de programas musicales, radionovelas y concursos de aficionados, entre otras. De esta manera, la radio sería el primer trampolín para el éxito futuro de una joven cantante negra y pobre como Celia, dotada de una portentosa voz, de una pasión genuina por el canto y de una auténtica gracia. Impulsada por su primo Serafín, que creía ciegamente en las virtudes de su talento, Celia inicia sus primeros pasos como cantante en 1938, en un concurso radial para aficionados titulado *Los reyes de la conga* en el que recibió la primera de sus "coronaciones" al ser nombrada como *Reina de la conga*. El jurado, que supo reconocer a temprana edad el calibre de su voz, estaba compuesto entre otros miembros, nada menos que por la célebre cantante mulata Rita Montaner, intérprete de ritmos afrocubanos de salón y bastante conocida en Europa, cuya voz fue parte del programa de la primera transmisión radial en 1922; por Miguel Matamoros, compositor e integrante del famoso trío Los matamoros y por Gonzalo Roig, autor del aclamado tema *Quiéreme mucho* (Marceles Daconte 14). A esta primera aventura en la radio, le siguió su participación en el programa *La hora del té,* patrocinado por la estación Radio García Serra. Toda vestida de blanco, con peinado de moño, medias de malla a la usanza de entonces y la bendición de su madre, la muchacha de Santos Suárez concursa con el tango *Nostalgia* pero le da un acento tropical y lo interpreta con claves, a la manera de su admirada Paulina Álvarez. Aquel día, estos instrumentos según la propia Celia, la hacían sentir confiada y le daban "un poder casi mágico" (Cruz; Reymundo 31). El *cake* que ganó por su presentación y la cadenita de plata que recibiría como triunfadora en la eliminatoria final, causaron revuelo entre los suyos y serían solo el preludio a los numerosos concursos radiales que Celia ganaría en las mejores estaciones de la isla. Fue en "La corte suprema del arte," uno de los programas más populares de la cadena CMQ, la primera con alcance nacional, donde Celia obtiene en 1940 su primer premio significativo en dinero, 15 pesos, cantidad que entonces representaba una buena suma (Márceles Daconte 14). En estos concursos, muchas veces los premios consistían en cajas de comestibles o artículos de primera necesidad que la familia de Celia recibía con alborozo en medio de su difícil situación económica. Gracias a su éxito en la radio, Celia no solo contaría con una pequeña fuente de ingreso que le permitiría pagar sus libros en la Escuela Normal de Maestros y contribuir al estrecho presupuesto familiar, sino que se daría a conocer en todo el territorio nacional y mucho más allá.

En las dos décadas previas a su exilio en México con la orquesta de la Sonora Matancera en julio de 1960, Celia Cruz forjaría un nombre y un estilo propios y llegaría a sobresalir en un ámbito donde abundaba el talento musical a manos llenas. Poco a poco, gracias a la increíble versatilidad de su voz, capaz de interpretar cualquier melodía, desde boleros, mambos, rumbas, hasta guarachas, sones o tonadas afrocubanas y a una disciplina y ética de trabajo que con el tiempo serían proverbiales, Celia sería contratada para cantar regularmente en estaciones de radio como acompañante de las orquestas fijas que hacían parte de programas radiales populares, por ejemplo, el de las "Estrellas Nacientes," también de la emisora CMQ que se transmitía los domingos. Con el incentivo de los concursos y premios y en la medida en que se abre paso en el mundo del entretenimiento, "La muñequita de chocolate" o "El cisne negro" como empezaba a ser conocida en ciertos círculos de la radio, Celia decide dedicarse por completo a la música y se inscribe en la Academia Municipal de Música, donde recibiría clases de teoría musical, piano y voz por espacio de dos años aproximadamente. En sus años finales, Celia recordaría jocosamente que sus clases de piano con el maestro Oscar Muñoz Boufartique, autor del tema *Burundanga*, uno de sus mayores éxitos, no prosperaron como deberían por su renuencia a cortarse las uñas de las manos, que como se sabe, serían parte esencial de su inconfundible estilo (Cruz; Reymundo 38).

A lo largo de su vida, especialmente durante sus comienzos como cantante, Celia tuvo la suerte de coincidir con otras mujeres de gran talento y creatividad, como Paulina Álvarez y Rita Montaner, cuya influencia sería significativa en el éxito de su carrera, sobre todo porque igual que lo haría Celia, logaron vencer muchos de los prejuicios imperantes y sobresalir por mérito propio como intérpretes de los ritmos afrocubanos y de la música popular cubana. Es así como en la emisora RHC, Radio Cadena Azul, donde Celia cantó en la década del cuarenta, que también conoce a la célebre compositora negra Isolina Carrillo, autora del famoso bolero *Dos gardenias*. Carrillo, quien era la pianista acompañante de la emisora, insiste en que Celia encontraría su mayor potencial artístico dedicándose a la interpretación de la música afrocubana. De esta manera, la compositora prepara arreglos musicales especiales para ella y la contacta con el pianista y director de orquesta Obdulio Morales, con quien a finales de los años 40 Celia realizaría sus primeras grabaciones afrocubanas, *Changó* y *Babalú-ayé*, interpretadas en lengua lucumí, con tambores batá y el Coro Yoruba.

Junto con la bolerista Olga Guillot, Celia también haría parte del conjunto vocal *Siboney* fundado por la talentosa y versátil Carrillo (Marceles Daconte 15, 16).

Debido al impacto de la Segunda Guerra Mundial, los primeros años de la década de 1940, fueron difíciles para los músicos locales. El turismo se redujo considerablemente y, por consiguiente, mermaron las actividades de entretenimiento nocturno en muchos de los clubes y cabarets que ofrecían una importante fuente de trabajo para los intérpretes de la música popular y otros integrantes del gremio musical. No obstante, Celia continuó viviendo de su profesión y solidificando su imagen de cantante de ritmos populares cubanos. Además del trabajo en las diferentes radioemisoras, cantaba amenizando bailes y actividades con distintos conjuntos musicales en teatros y centros sociales como el Centro Gallego y el Centro Asturiano. Con la emisora Mil Diez, que había sido adquirida por el Partido Socialista Popular y apoyaba el talento femenino local, Celia hizo giras alrededor de la isla y trabajó con otras cantantes ya establecidas como Isolina Carrillo, María Cervantes y Elena Burke, entre otras y llegó a cantar acompañada en el piano por Dámaso Pérez Prado, quien sería bautizado más tarde como el "Rey del Mambo".

Después de la guerra, con el resurgimiento del flujo de turistas que invaden la isla en busca de diversión y placer, el auge de los establecimientos nocturnos en La Habana es visible. Acompañada por grandes orquestas, Celia se presenta en fastuosos cabarets como el Tropicana, el Sans Souci y el Montmartre, que ofrecen espectáculos de elaborada coreografía con versiones estilizadas de los ritmos afrocubanos. En esta época, sobresale su trabajo con el conocido coreógrafo Roderico Neyra quien en 1946 la contrata como cantante estelar de su "Sinfonía en blanco y negro". Este exitoso espectáculo, con llamativas bailarinas que resaltaban la actuación de Celia, acabaría convirtiéndose en el legendario "Show de la mulatas de fuego" y por más de dos años no solo se presentaría en los más importantes centros nocturnos de la isla, sino que la llevaría en gira por México y Venezuela (Fernández 134).

Sin embargo, es con la orquesta de la Sonora Matancera donde Celia realmente comienza la que ha sido llamada por muchos su "época de oro". Esta agrupación había sido fundada por Valentín Cané en la ciudad portuaria de Matanzas en 1924 y se dedicaba mayormente a la interpretación del son cubano tradicional. Sin ofrecer grandes innovaciones musicales y con una música contagiosa y complaciente, considerada por algunos críticos como "música fácil" (Fernández 136), por años, La Sonora Matancera logra mantener una aceptación generalizada, especialmente a partir de la década de los cuarenta y gracias a la labor de su eventual director Rogelio Martínez y a un "trabajo colectivo y disciplinado" (Fernández 135), hasta alcanzar una enorme popularidad dentro y fuera de la isla. Celia entra a cantar con La Sonora Matancera en reemplazo de la cantante y compositora puertorriqueña Myrta Silva, el 3 de agosto de 1950 mediante un contrato con el sello discográfico Seeco que se extendería por más de doce años, aunque continuaría haciendo presentaciones con el conjunto matancero aún varios años después de terminado el acuerdo. Es preciso mencionar que antes de comenzar a grabar con La Sonora Matancera, Celia fue víctima de muchos de los prejuicios de su tiempo por ser una "negrita flaca y fea", como lo cuenta un comentarista radial de entonces, el futuro periodista José Pardo Llada (Márceles Daconte 32), en la medida en que no se ajustaba al prototipo de belleza femenina imperante, que exaltaba la "finura" de las facciones y la piel clara y a la vez, toleraba y elogiaba el "exotismo" y la "sensualidad" de las mulatas. Sin embargo, a pesar del escepticismo inicial del dueño de la casa discográfica Seeco a grabar con Celia como vocalista de la Sonora Matancera, sus primeros dos números, *Cao, cao, maní picao* y *Mata Siguaraya* grabados en un disco sencillo que "pegó por toda Cuba" (Cruz; Reymundo 61), llegaron a ser rotundos éxitos, como lo fueron prácticamente los setenta y cuatro elepés que alcanzó a realizar con esta agrupación.

La Sonora Matancera me cambió la vida, afirmaría Celia con sobrada razón, en su autobiografía (56). A nivel personal, conocería a Pedro Knight, la "luz de sus ojos", su "amor eterno", como se referiría a él en múltiples ocasiones, talentoso trompetista de la agrupación, quien sería su inseparable compañero y con quien permanecería casada desde 1962 hasta el día su muerte, en una relación caracterizada por la estabilidad, el compañerismo y el buen humor y de la que Celia se enorgulleció públicamente cientos de veces. "Pedro y yo jugamos mucho, siempre estamos haciéndonos chistes" y añade que "La risa es una parte integral de nuestra relación" (94). De igual forma, gracias a su éxito comercial con La Sonora Matancera, Celia alcanzaría por primera vez estabilidad financiera, suficiente para remediar las penurias económicas de la familia e incluso para comprarle la esperada casa a su madre, "Ollita," y por supuesto, consolidaría de una vez por todas su imagen como cantante de multitudes, dentro y fuera de su país, hecho que la haría merecedora del título de "Guarachera de Cuba", que según explicó la propia Celia, es "el título que más aprecio, ya que refleja mis raíces como una humilde cantante de música popular cubana" (Cruz; Reymundo 73). Con La Sonora Matancera, Celia continuó cantando en emisoras de radio, en establecimientos nocturnos y también en televisión y apareció en varias películas filmadas en la isla, hasta el punto de que "Su voz e imagen se convirtieron en exitosa mercancía en la Cuba de los años 50" (Fernández 137). Su fama internacional se consolidó y las giras por distintos países de América Latina y del Caribe y por Estados Unidos, se repitieron. En todas partes fue admirada y ovacionada y éxitos musicales como *El yerbero moderno, Tu voz, En el bajío, Ritmo tambó y flores* o *Burundanga*, composición que la haría merecedora del primer disco de oro que recibió en Nueva York en 1957, estremecerían los salones de baile y los hogares de sus incontables admiradores y se escucharían incansablemente a lo largo del continente suramericano, de gran parte de Norteamérica y llegarían a convertirse en un importante componente del patrimonio musical latinoamericano contemporáneo. Si bien la inigualable voz de Celia, en perfecto acople con el respaldo musical de La Sonora Matancera fue fundamental en la internacionalización de la música popular cubana, es preciso mencionar también, como lo sugiere Raúl Fernández, la importancia del hecho de que La Sonora contratara a intérpretes que provenían de distintos países de América Latina (136). Estos cantantes de turno como Daniel Santos, de Puerto Rico, Alberto Beltrán, de la República Dominicana, Nelson Pinedo de Colombia o Carlos Argentino Torres, de Argentina, entre otros, gozaron de una inmensa popularidad y con La Sonora Matancera como vehículo, contribuyeron también a la expansión y aceptación de la música popular cubana en sus propios países y en el resto de América Latina.

Celia abandona Cuba para siempre en una gira con La Sonora Matancera en julio de 1960. Con el nuevo orden social, el ámbito de la música tan ligado a la industria turística y al entretenimiento nocturno, pronto se vio adversamente afectado. Ante los cambios que empe-

zaban a materializarse, un gran número de músicos decidió quedarse
en su tierra y otro grupo decidió partir con su talento. A raíz de su
exilio, la música de Celia y su presencia serían vetadas en la isla y en
consecuencia, el Gobierno cubano no le permitiría regresar jamás y
le negaría su petición de estar presente en el funeral de su madre en
abril de 1962. Aunque Celia llegó a decir que no hacía de su arte "una
bandera política" (Márceles Daconte 76) y a pesar de que en la mayoría
de sus apoteósicas presentaciones trataría de dejar de lado el matiz
político en favor de una actitud más universalista, que privilegiara el
disfrute de la música sobre cualquier tendencia o posición ideológica, en numerosas ocasiones expresó públicamente su resentimiento
contra el régimen de Fidel Castro y su sueño de "cantar en una Cuba
sin comunismo". Al mismo tiempo, cabe mencionar también que más
de una vez, Celia llegó a ser acusada de tener una actitud intolerante y
políticamente intransigente, en la medida en que en varias ocasiones
rehusó actuar en el mismo escenario con músicos provenientes de
Cuba contratados por los empresarios (Márceles Daconte 76). De
esta manera, su figura sería usada comúnmente como estandarte de
la lucha anticastrista, especialmente por la mayoría de los cubanos
exiliados en Miami, que no perdieron la oportunidad de promover
su agenda política aprovechando el enorme prestigio de Celia, hecho
que muchos de los admiradores de su música que no compartían su
postura política siempre lamentaron.

A pesar de sus éxitos en México, donde Celia gozó de la devoción
y el respeto incondicional del público y de músicos y compositores
locales de la talla de Agustín Lara o Toña la Negra, en 1964 abandona
este país, adonde continuaría regresando periódicamente para hacer sus
presentaciones y decide mudarse con Pedro a Nueva York. Esta ciudad
no desconocía el talento musical caribeño. En las décadas precedentes
muchos músicos cubanos se habían radicado en Nueva York y habían
hecho de esta ciudad "una especie de meca artística" (Fernández 142)
y junto con otros puertorriqueños habían formado grupos musicales
que ya gozaban de cierto prestigio debido a la calidad artística de sus
integrantes. Tito Puente, de origen puertorriqueño, pero nacido en
Nueva York en 1922, era uno de estos músicos destacados. Notable
por su conocimiento e inteligente reinterpretación de la música popular cubana, el "Rey del Timbal" como sería llamado, invita a Celia a

cantar con él y desde entonces, desarrollarían una entrañable amistad que duraría hasta la muerte de Tito en el año 2000. A partir de 1966, grabarían juntos un total de 7 elepés, que aunque no fueron los éxitos comerciales que se esperaba entonces, porque como explica Celia, "no se les dio la promoción adecuada", estos discos "en sí eran maravillosos" (Cruz; Reymundo 109). Juntos realizan exitosas giras por varios países de América Latina, Europa y Japón, y como indica Eduardo Márceles Daconte, "su mayor logro fue interesar a las audiencias anglosajona y europea que estaban en sintonía con la música caribeña" (94). En retrospectiva, según lo sugiere el mencionado autor, "Tito con sus arreglos y estilo original y Celia con su magnífica ejecutoria y su manera de ser" se consideran dos de las figuras que "mayor significado han tenido en el desarrollo de la música latina en los Estados Unidos y, desde aquí hacia el resto del mundo" (94).

Después de su trabajo a dúo con Tito Puente, a principios de la década de los años 1970, Celia inicia el camino que la llevaría a convertirse indiscutiblemente en la "Reina de la Salsa" y a consolidar su fama mundial como una de las máximas intérpretes de la música popular caribeña. Con su elepé "Celia y Johnny", el primero de los seis que haría con el respetado músico dominicano y de los muchos que grabaría exitosamente para el sello musical Fania Records, en plena cincuentena, Celia comienza una de las etapas más fructíferas de su vida con una energía creativa y una capacidad de trabajo verdaderamente admirables. La salsa emerge con furor en Nueva York como producto híbrido basado en el sincretismo musical y en la reinterpretación de viejos géneros como el son y la guaracha y de temas musicales conocidos, "pero que sonaban diferentes por sus fusiones innovadoras" (Márceles Daconte 95). El término salsa cobija múltiples vertientes de la música caribeña desde la rumba, el mambo o la guajira, hasta la bomba, el merengue, el son montuno o el bolero entre muchas otras, con elementos del jazz y del folclore latinoamericano que confluían mediatizados en el espacio urbano de Nueva York y, por consiguiente, empieza a ser símbolo de cohesión cultural y étnica entre la diáspora de latinos que vivían a diario la nostalgia de sus lugares de origen. La salsa se expande desde Nueva York al mundo entero gracias a la coincidencia en esta ciudad de una serie de músicos, compositores e intérpretes de origen caribeño y latinoamericano de incuestionable virtuosismo y a la sagacidad comercial de empresarios disqueros como Jerry Masucci, que supieron comercializar el nuevo producto y hacerlo accesible a las multitudes a través de su propia casa disquera, la Fania Records y de la agrupación conocida como las Estrellas de Fania, que reunía a los más notables músicos e intérpretes latinos de Nueva York y los llevaba en monumentales giras y conciertos alrededor del mundo.

Como la única vocalista femenina en el proyecto musical de la Fania, la carismática presencia de Celia y su insustituible voz fueron fundamentales en la difusión mundial y en la entusiasta recepción de la música conocida como salsa. Además de Johnny Pacheco, Celia graba con las más prestigiosas orquestas y músicos del momento como Willie Colón, Ray Barreto, Papo Lucca y Pete "el Conde" Rodríguez, entre otros. Con la Fania, Celia no solo canta canciones especialmente compuestas para ella, sino que también reinterpreta viejos temas que se convirtieron en éxitos sin precedentes y con el tiempo en clásicos del género, como es el caso de su famosa *Bemba colorá*, rumba de José Claro Fumero que se oyó en la Cuba de los años 1940, y que hoy continúan escuchándose con renovado interés entre las nuevas generaciones. De igual forma, es importante destacar que el conocido interés que Celia mostró siempre por la música popular del resto de América Latina la llevó a incorporar en estas grabaciones desde rancheras mexicanas hasta canciones del folclore peruano como *Toro Mata* o *Fina estampa*. Reinventadas por su portentosa voz y vocalizadas en su estilo distintivo, estas melodías adquieren una vitalidad sin precedentes que cruza fronteras geográficas, sociales y temporales, y permite que latinos de todas partes, sin importar su lugar de origen o residencia, se identifiquen con estos ritmos. Es así como Celia "contribuye a la elaboración de una salsa que, dejando atrás su origen, se convierte en un género que pertenece a toda América Latina" (Fernández 145).

Ya a fines de los años 1980, la hegemonía de la empresa Fania empieza a decaer. Sus fenomenales músicos e intérpretes buscan caminos separados por distintas razones, entre ellas, los conflictos económicos internos y el furor salsero se ve socavado por la inundación de otros ritmos y géneros que empiezan a ganarse el favor popular, como el merengue, la bachata, la balada sentimental, la llamada salsa romántica y más adelante el rap. Sin embargo, la popularidad de Celia nunca mermó. Por el contrario, el público la seguiría ovacionando y requiriendo hasta el final de su vida y su indiscutida corona de "Reina de la Salsa" sería solo otro más de los preciosos trofeos que su talento le merecería. Situada muy por encima de los gustos caprichosos de modas y tendencias musicales, gracias a su autenticidad, Celia siempre brilló con luz propia en un medio difícil y competitivo. Gracias a su enorme creatividad, logró mantenerse acorde con los tiempos y dar acogida a la experimentación y al cambio, sin renunciar jamás a sus raíces musicales, de modo que las nuevas corrientes se adaptaran a su estilo y lo revitalizaran sin opacarlo. Hasta sus últimos años continuó haciendo múltiples presentaciones individuales alrededor del mundo que siempre sobrepasaron todas las expectativas de recepción del público y se mantuvo llevando a cabo proyectos novedosos que ofrecían distintos retos, desde participar en telenovelas y películas de Hollywood hasta grabar videos musicales con elementos visuales y musicales orientados a audiencias más jóvenes, como el famoso video de su número *La negra tiene tumbao*, que contó con la participación de conocidos raperos y la inclusión de ingredientes de carácter erótico.

El homenaje póstumo que Alexis Rodríguez-Duarte, fotógrafo y amigo personal de Celia le rinde con su hermoso libro de fotografías, recoge numerosos instantes de la vida pública y privada de Celia que tienen lugar entre 1991 y abril del 2003, pocos meses antes de su muerte y a la vez, combina testimonios de muchos de sus amigos, colegas y allegados que la muestran en toda su dimensión humana. Estas fotografías capturan con asombrosa fidelidad toda la fuerza expresiva de sus rasgos y de sus gestos, y hablan con minuciosa precisión de su presencia rotunda, construida a base de la conjugación de elementos únicos: una sonrisa contundente más grande que ella misma, que la signa e identifica a través del tiempo; una cara de rasgos marcados que exhibe sin disimulo el paso de los años, en medio de maquillaje excesivo, pestañas postizas, adornos, turbantes, brillo y pelucas multicolores enormes que se proyectan como expresión honesta de su vitalidad creadora y un profesionalismo irreductible que la llevó a preparar cada una de sus presentaciones con rigor minucioso y atención puntillosa en el detalle. Estas características ilustran ante todo una verdad simple e incuestionable: Celia vivió para cantar y consagró su vida por entero a esta pasión y a compartirla con su público, por quien demostró siempre un profundo respeto, consciente de que eran sus admiradores los que daban sentido a su carrera artística y, por tanto, a quienes tenía que dar lo mejor de sí misma. Y así lo hizo con verdadero fervor y convicción, hasta que los desvaríos del cáncer cerebral le nublaron la razón y no pudo salir más al escenario. En respuesta, cuando llegó el momento final, ríos humanos de seguidores de su música inundaron las calles de Miami y Nueva York –donde se llevaron a cabo dos servicios fúnebres de cuerpo presente– para darle el último adiós a su Reina, que desafiaba la mueca de la muerte con un maquillaje y un atuendo dignos de su mejor presentación. Celia murió el 16 de julio del año 2003 en Nueva York, sin dejar más descendencia que sus canciones y la forma única en que las interpretó y fue enterrada el 22 de julio en el cementerio Woodlawn del Bronx en uno de los funerales más concurridos en la historia de la ciudad. El entierro de quien múltiples veces fuera coronada soberana de cosas que tienen que ver con la alegría, el baile y la música, alcanzó proporciones verdaderamente majestuosas y prácticamente paralizó la urbe en medio de la marea descomunal de dolientes que entonaban sus canciones y lloraban su partida.

Extravagante y sencilla; lúdica, estridente y bulliciosa, pero a la vez reflexiva y profunda; legendaria, icónica y al mismo tiempo accesible y real, Celia Cruz, la "negrita de Santos Suárez" como le gustaba llamarse a sí misma, en homenaje a sus orígenes humildes, tuvo la buena fortuna y el privilegio de poder vivir de su voz, haciendo lo que más amaba. Llegó a la cima del mundo gracias a la combinación de su portentoso talento con un sentido de responsabilidad y de compromiso inquebrantables y a una disciplina férrea que guio todos y cada uno de sus movimientos profesionales. No la amedrentó nunca la pobreza de los primeros tiempos, ni la enfermedad de los años finales y continuó cantando y siendo fiel a su pasión por la música y a su público hasta muy poco antes de morir; echó abajo prejuicios raciales y barreras de género en un mundo controlado por hombres, donde siempre resplandeció por sí misma y contribuyó como nadie a hacer de la música popular cubana un patrimonio del mundo. Cómoda en su propia piel, plenamente satisfecha en su propio cuerpo y siempre fiel a sus raíces, Celia construyó con esmero y devoción una imagen de proporciones míticas asentada bellamente en lo terreno, en el deseo primario de alegría y festejo y en la pulsión de vida que nos identifica como seres humanos en cualquier cultura o espacio.

OBRAS CITADAS

Cabrera Infante, Guillermo. "Por siempre Celia". En Rodríguez-Duarte, Alexis. Torres, Tico. *Presenting Celia Cruz.* New York: Larkson Potter Publishers, 2004.

Cruz, Celia; Reymundo, Ana Cristina. *Celia: mi vida. Una autobiografía.* New York: Harper Collins Publishers Inc., 2004.

Díaz Ayala, Cristobal. *Cuando salí de La Habana. 1898-1997: cien años de música cubana por el mundo.* Santo Domingo, República Dominicana: Editora Centenario, S.A., 1999.

Fernández, Raúl. *Hablando de música cubana.* Manizales, Colombia: Editores S.A., 2008.

Márceles Daconte, Eduardo. *¡Azúcar!. La biografía de Celia Cruz.* Bogotá: AzúcarEditores, 2005.

Moore, Robin. Música y mestizaje. *Revolución artística y cambio social en La Habana. 1920-1940.* Madrid, España: Editorial Colibrí, 2002.

Valverde, Umberto. *Celia Cruz: Reina Rumba.* Bogotá, Colombia: Editorial La Oveja Negra Ltda., 1981.

ECUADOR

LUZ ARGENTINA CHIRIBOGA, "LA ESTRELLA DE ESMERALDAS"

CLEMENTINA E. ADAMS, CLEMSON UNIVERSITY, SOUTH CAROLINA

Luz Argentina Chiriboga nació en Esmeraldas, Ecuador; sus padres fueron Segundo Chiriboga Ramírez y Luz María Guerrero Morales; ambos esmeraldeños. Don Segundo era un pequeño agricultor dueño de las fincas bananeras "Chinca", "Chancama", "Chula" y "El Guayabo", en la parroquia Biche, en Esmeraldas. Luz Argentina fue la sexta de una familia compuesta de diez hermanos. Hizo sus estudios secundarios en el Colegio Nacional Cinco de Agosto. Alrededor del año 1953, la familia sufre una dura crisis económica, debido a que la compañía norteamericana, "Astral", había dejado de comprarle bananos a su padre. Aparentemente, esto ocurrió porque el hermano mayor de la familia, Jorge Chiriboga, se había convertido en un líder sindical muy influyente. Fue una época muy difícil para la familia y esto dejó una fuerte huella en Luz Argentina. En 1955, Chiriboga se trasladó a Quito, la capital ecuatoriana, para terminar la secundaria en el Colegio Nacional 24 de Mayo. En 1958, se graduó de bachiller en la especialidad de Filosófico-Sociales y entró a la Facultad de Filosofía y Letras de la Universidad Central.

Su esbelta y alta figura, su color canela y cabellos negros, llamaban la atención de quien la viera pasar por la calle. En 1960, participó en el concurso de belleza de "Miss Ecuador" en Quito. Se formó una revuelta porque el público la aclamaba a ella, mientras que el jurado eligió a una joven quiteña. En 1962, contrajo matrimonio con el nota-bilísimo escritor Nelson Estupiñán Bass, mucho mayor que ella, autor de la novela típica esmeraldeña *Cuando los guayacanes florecían*. Juntos regresaron a Esmeraldas donde más adelante tuvieron dos hijos. En 1976, fue elegida presidenta de la Unión Nacional de Mujeres del Ecuador –filial de Esmeraldas– donde aún continúa. En 1977, escribió poesía ecologista con cincuenta temas que desarrolla en doscientas coplas octosílabas intitulada *Las voces de la vida*. Ha participado en un sinnúmero de conferencias y seminarios sobre tópicos afrohispanos, no solo en su tierra natal sino también en otros lugares como Colom-bia, Panamá, los Estados Unidos, África, el Caribe y Europa. Su obra ha sido traducida a varios idiomas: inglés, italiano y francés. Ha sido invitada por la UNESCO a dictar conferencias en Europa. También ha sido invitada por numerosas universidades de América Latina, el Caribe, los Estados Unidos y África para presentar ponencias sobre literatura. Es miembro de la Casa de la Cultura Ecuatoriana, del Grupo América y de otras organizaciones ecuatorianas. En 1986, con su cuen-to *El Cristo de la mirada baja*, ganó el primer puesto en un concurso de relatos titulado "Relatos José de San Martín", en Buenos Aires. En el 2006, recibió una mención al mérito cultural, de la Casa de la Cultura Ecuatoriana "Benjamín Carrión", Núcleo de Esmeraldas.

Chiriboga ha sido muy prolífica en su escritura que abarca muchos géneros literarios; sus obras han sido bien recibidas y publicadas por casas y centros culturales de Ecuador; tales como, la revista *Cultura* del Banco Central de Ecuador y las revistas, *Letras del Ecuador*, *Débora* y *El negro en la historia*. En 1975, produjo dos dramas psicológicos, uno de ellos dirigido a un público infantil, titulado *La noche está llegando* y otro dirigido a la mujer titulado, *La música popular y la mujer*. En este artículo, Chiriboga denunció el maltrato psicológico y humillante que se hace a la mujer en muchas de las letras de los cancioneros populares. En 1989, apareció su poesía erótica en su conocida obra, *La contraportada del deseo*. Su producción en los distintos géneros literarios puede resumirse así: novelas: *Bajo la piel de los tambores,* traducida al inglés con el título: *Drums Under My Skin*, en 1991; *Jonatás y Manuela*, cuatro ediciones, 1992; *En la noche del viernes*, 1997, traducida al italiano con el título: *Il Venerdi Sera*; *Cuéntanos, abuela*, en 2002, traducida al francés; *Desde la sombra del silencio*, en 2004. Ensayos: *Este mundo no es de las feas*, en 2006; *Diáspora*, en 1997. *Escritores Esmeraldeños*, tomo 1, 2, 3 (biografía, genealogía, producción y crítica literaria), en 1995; *Between the Silence of Voices: An Anthology of Contemporary Ecuadorean Women Poets*, en 1997. Poesías: *La contraportada del deseo*, en 1992; *Palenque* (décimas), en 1999; y muchas otras (ver bibliografía). Chiriboga, es una escritora de ideas profundas que ha enfocado su creatividad literaria en la denuncia abierta a los abusos y humillaciones que ha padecido la mujer hispana y especialmente, la mujer afrohispana, en una sociedad que aún se ufana de su patriarcalismo. De hecho, Chiriboga ha sido parte de la pléyade de escritoras estudiadas en dos de mis libros (ver referencias). Luz Argentina es poseedora de un estilo narrativo exuberante, con elementos mágicos, y con abundantes descripciones y figuras literarias. Su estilo es a veces convencional, pero siempre con un compromiso, expreso o tácito, con la vida, con las mujeres y con la cultura afroecuatoriana.

Chiriboga le rinde homenaje a la mujer, y le envía un mensaje sincero, convincente y positivo en la búsqueda de su propia identidad, de su propia valía y de su propia voz. Su inspiración viene de su propia experiencia y de la observación de la realidad de la mujer y de la sociedad circundante. La sensualidad es también una parte importante de su obra; se recrea en el cuerpo femenino para incitar a las mujeres a tomar posesión de su propia sexualidad. Rosemary Geisdorfer-Feal menciona la sexualidad como uno de los temas propios de escritoras afrohispanas, al igual que temas como el exilio, el retorno, la toma de posesión y gozo del cuerpo y el papel de la mujer en la sociedad. En un artículo referencial a la obra de Miriam DeCosta-Willis, *Daughters of the Diaspora: Afro-Hispanic Writers*, Geisdofer-Feal describe el papel de la mujer en diferentes etapas de su vida "... la función de la mujer negra en el seno de la familia y de la sociedad, hasta su participación como agente de cambio en los procesos de transformación social, política e histórica" (1).

Sus obras más reconocidas son: *Bajo la piel de los tambores*, *La contraportada del deseo*; *Manual de ecología para niños* -poesías-; y *Jonatás y Manuela*, entre otras. En este trabajo se presenta una mirada breve y crítica a tres de sus obras: *Bajo la piel de los tambores*, *La contraportada del deseo* y *Este mundo no es de las feas*; también se incluye un enfoque más a fondo de su novela mágico-histórica, *Jonatás y Manuela*. Además de su enfoque en la mujer negra, Chiriboga utiliza la técnica humanista para lidiar con las necesidades de sus personajes. El iniciador de esta teoría, A. H. Maslow presenta una escala de valores humanos que necesitan ser satisfechos para poder triunfar y ser feliz en una sociedad. En el caso de la mujer negra, esos valores ocupan las escalas más altas de necesidades propuestas por Maslow, desde la auto valía, la auto identificación, la amistad y el amor, hasta la necesidad de pertenecer y de ser aceptada socialmente. Dinkmeyer y Sherman (1989) dicen con relación a estas necesidades: "Estamos trabajando continuamente desde un sentimiento de sentirnos menos, hacia un sentimiento de sentirnos más" (149)[1]. Boyatzis, 1973 and McClelland, 1984, parecen estar en acuerdo con Dinkmeyer y Sherman. Con relación a la necesidad de pertenecer y de aprobación social, Boyatzis, 1973, and Crowne & Marlowe, 1964, muestran su acuerdo con Maslow. Gordon Allport (1954) and Robert Zajonc se refieren a la necesidad de pertenecer a un grupo como un resultado directo del grado de intimidad, dedicación y permanencia en ese grupo (39). A través de las obras de Chiriboga se aprecian estos aspectos humanistas cuando describe la vida y acciones de los personajes en sus obras.

Bajo la piel de los tambores, es un *bildungsroman* que nos muestra las etapas de iniciación, desarrollo y madurez de la joven Rebeca González, quien sufre discriminación y prejuicios raciales en un colegio cristiano, administrado por religiosas. En esta novela se presenta con un sabor realista la vida y estragos de las adolescentes, incluyendo embarazos no deseados, intentos suicidas, prostitución, tentaciones sexuales, al igual que la violación de votos de castidad por parte de religiosas y sacerdotes.

La joven Rebeca desea encontrar el verdadero amor de su vida, pero sus intentos terminan en insatisfacción y frustración. Una de sus aventuras le enseña, que contrario a sus deseos, el hombre amado la trataba como un objeto para la satisfacción de su apetito sexual, y que como hombre se sentía con derecho. En otra aventura amorosa, Rebeca sufre por su color, el cual se convierte en la barrera que la separaría del deseado amor. Esta vez la discriminación no viene del enamorado sino de la madre de este. Al terminar sus estudios, regresa a su casa con su madre, en un pueblo pequeño, y decide volver con Milton, su novio del pasado. Sin embargo, Milton es un machista que la usa para su satisfacción sexual y la trata como la sirvienta de la casa. Humillada, busca venganza en otros brazos. Con su sensualidad, logra romper las débiles barreras morales del padre Cayetano, con quien hace el amor, pero quien al final decide permanecer en la Iglesia. Después de este episodio, Rebeca y su madre se organizan y ponen fin al control de Milton, esposo de Rebeca. La realidad triunfa, la joven inmadura se convierte en mujer sensata; la idealista, en mujer centrada. La novela se transforma en una especie de documental dirigido a la mujer del campo, que generalmente está resignada a la opresión racial, a la tradición y a la estrechez cultural y se hace el contraste con la vida de la joven Rebeca.

El problema de la aceptación de la propia identidad se hace latente cuando Rebeca enfrenta el problema de su descendencia africana, la cual mantenía oculta; pero una situación inesperada la pone en una coyuntura conflictiva y con la única salida de aceptar o renunciar para siempre a su raza e identidad. De esta reflexión, Rebeca reconoce su ascendencia, lo cual la hace sentirse liberada, orgullosa y dueña de su existencia. En una entrevista con Carol Beane, Chiriboga dice de Rebeca: "Entonces llega un momento en que tiene que decidirse; se decide por su abuela, por sus raíces. Y las raíces que antes le dolían, ahora ya no le duelen: las saca con orgullo; deja sus complejos; se define justamente". En un aparte de la obra, se puede apreciar el momento en que Rebeca se identifica con su raza:

> Una negra fijó sus ojos en mí. Su papá se iba a casar con mi sobrina en Guayaquil, pero cuando ella supo que era Uyanga, ¡Maldita sea!, pensé, lo que no quería que supieran mis amigas, estoy perdida, dio pie atrás, dijo tratando de documentar el recuerdo con otros datos. Pero cuando la mujer hablaba, la abuela me afluyó lentamente a los ojos, la vi enseñándome a elevar cometas, cantándome canciones de cuna aprendidas en su África, me sentí con una nueva identidad, había ocupado mi lugar. Soy su nieta, le dije como en desafío. (104)

De acuerdo con Elba Birmingham-Pokorny, el espacio de la escritura de Chiriboga se centra en la mujer y su cuerpo para proponer en esta base la política de su identidad. Birmingham-Pokorny agrega:

"Estrategia acertada ya que al ser el cuerpo el lugar en que se ejercita el poder, es lógico que sea a través del descubrimiento y la posesión de este –de la sexualidad- que las protagonistas de Chiriboga, busquen no solo recuperar la historia perdida y la identidad borrada sino también constituirse a sí mismas como sujetos" (54).

Miriam DeCosta-Willis dice que Chiriboga explora en esta obra, "…la complejidad y ambigüedad de la experiencia del personaje negro femenino, mediante el trato de la sexualidad femenina como una metáfora de resistencia a la ideología de dominación" (18). Esta obra desmitifica y desafía el discurso y la dominación patriarcal hegemónica, al crear su propia discusión de libertad sexual y de control del propio cuerpo, no sometido a las clausuras y restricciones masculinas. Su narrativa trata de darle voz a los deseos de la mujer y a su pasión latente que crece en sensualidad bajo el embrujo del trópico. En la novela, la búsqueda de su identidad lleva a la joven Rebeca a reflexionar sobre su vida y su pasado hasta llevarle a su origen y ascendencia africana. Es así como acepta su identidad y se siente liberada.

En su obra poética, *La contraportada del deseo*, Chiriboga escribe poemas llenos de amor, sensualidad y naturaleza. La sensualidad se muestra atractiva y contagiosa. Los cuerpos se entrelazan en un éxtasis o comunión espiritual y corporal. La naturaleza se le brinda, sin escrúpulos ni egoísmos, para impregnar de colorido el sentimiento y el sensualismo que sale del verbo de la autora. Sus metáforas y símiles están impregnados de naturaleza, de mar, de astros, de ritmo y música:

> Cuando la luna
> rasga el amanecer,
> crepitantes fuegos
> exploran mi subsuelo.
> Sonámbulos los deseos
> gimen en mis ansias,
> los siento retorcerse
> abriendo surcos
> en todas mis parcelas. (91-92)

Geisdofer-Feal dice que en La *contraportada del deseo*, Chiriboga se recrea en el cuerpo de la mujer negra y sus deseos sexuales y pasionales. Sus versos parecen reproducir a una mujer completa en su auto identificación y en la expresión de su sexualidad. Algunas de sus imágenes poéticas podrían haber sido tomadas directamente de la poesía negrista que explota la ya familiar descripción de la mujer negra. Descripciones que la representan como figura exótica, supersensual, hechizadora, rítmica y frenética, como la describe Ann Venture Young (p. 33). Esta descripción, presenta un concepto altamente arquetípico de la mujer negra, reinante durante la época colonial. Ese concepto ha sido reemplazado por una visión más realista y humanística de la mujer negra. El nuevo concepto ha sido descrito por una pléyade de autores contemporáneos de la Diáspora. Esto no implica, que el ritmo y el movimiento sensual de la mujer negra puedan ser negados sino, más bien, acentuados. En la obra de Chiriboga, la herencia africana sale a relucir en muchos de sus poemas al mostrar el movimiento sensual y rítmico de la mujer negra y el excitante sonido de los tambores y la música:

> Sube un temblor
> asentado
> en la raíz misma
> de mi ancestro.
> Caderona, vení meniate,
> Caderona, vení meniate.
> De copla en copla
> la brisa de mi cuerpo
> traza círculos,
> siete, quince, veinte.
> Se encabrita y se encorva,
> se yergue y se lujuria. (36)

Para mostrar la posesión y control de su cuerpo de mujer, Chiriboga disfruta de versos que se prestan flexibles y sin tapujos a expresar su sensualidad de mujer. La personificación del mar le sirve para darle al río el papel del hombre amante y complaciente; un mar que llega a tocar las cuerdas más sensibles de su cuerpo:

> Para mí el mar
> siempre fue viril,

> y al introducirse entre mis piernas,
> lo siento como un hombre
> que toca mis campanas. (76)

Euler Granda refiriéndose a esta obra poética de Chiriboga, dice: "El litoral, la selva, el viento, la marimba, la tierra y sus consejas, puntualmente concurren a su llamado lírico y se congregan en torno a su palabra" (Prólogo, 2). Chiriboga evoca, en algunos poemas, deidades africanas y su relación con la identidad del cuerpo de la mujer. En este poema, Yemayá es el dios del manantial sexual de la mujer:

> Al norte de mi ombligo
> no importa
> lo que tengo,
> pero al sur
> Yemayá me ha puesto
> una fuente. (106-7)

En otros versos la sensualidad parece encenderse al paso de la Orisha Yemayá:

> Pasan Changó y Yemayá
> rozando los muslos de la noche,
> con el anuncio de coplas
> y tambores. (56)

La sensualidad también se experimenta en la soledad de la playa o de la noche, del mismo modo que se disfruta al lado del hombre seductor. Su nombre aparece para indicar la propiedad de su cuerpo para el disfrute del amor:

> Me diste una punta de tu ovillo
> y en vez de Penélope
> hallaste una Argentina
> y desembarcaste
> en mi tierra del fuego.

Aquí, tus dedos entre mis gajos,
aquí la metáfora
que todas las mañanas
buscas en mis senos.
Con tu llave maestra
abre mis signos inverosímiles,
barájame como tu naipe
para el póker. (112)

Chiriboga también expresa el dolor y frustración de la mujer afrohispana ante la memoria del sufrimiento de los antepasados. Para lograrlo, teje un tapiz de la mujer negra y sus recuerdos recurrentes, marcados para siempre con las cicatrices de las memorias del pasado ancestral.

Desdoblando los dientes
pongo el tiempo en sus rieles,
echo al aire lo reído
y añado alas al placer.
Llorosas las pupilas
de tanto reír
deposito mis sueños en el viento.
La risa de mi cara negra
delata la presencia de todo lo pasado.
Me río de mí misma
cuando un ruido
de cadenas y látigos
anda de nuevo en mi memoria. (69-70)

Las metáforas y símiles, al igual que el elemento geográfico juegan un papel primordial en sus poesías para expresar los sentimientos más profundos, patrióticos y abstractos. En uno de sus poemas describe su profundo amor por Esmeraldas, su patria inolvidable, el terruño de su hogar, tradición y cultura:

Yo, mitimaes,
Esmeraldas, te quiero,

> te quiero, contra ausencias,
> olvidos y nostalgias.
> Un cordón umbilical
> me une a tus azules vientos.
> Color de agosto
> con hilos de cometas,
> me injertaste una marimba
> con que bailo los torbellinos
> hallados al fondo del exilio. (98-99)

Su obra expresa la firmeza y sometimiento voluntario de su vida a su África y a sus dioses. Al mismo tiempo desafía al olvido o a cualquier otro cambio que pudiera traer el tiempo. El poema final de La *contraportada del deseo* lo dedica Chiriboga al amor de su vida, su esposo. Ese poema se titula, *A Nelson*; y en él expresa el amor, la sensualidad y la reacción subyugante y mutua cuando sus cuerpos se rozan y se juntan:

> En estas avenidas
> las olas de tu mar
> lamen mi sueño.
> Tu espuma
> me lleva de la mano
> hacia el país de mis deseos.
> [...]
> A tientas,
> acércame tu oído
> y escucharás el rumor
> de mis acantilados,
> mi piel tiene grabados indelebles
> tus puntos cardinales. (116-117)

Chiriboga describe la participación activa del cuerpo femenino, el cual guía al amado a las zonas de placer, estimuladas por la presencia de los dioses africanos en sus cuerpos; cuerpos fuertes y libres de prejuicios y deterioro, y sin inhibiciones o censuras. Para expresar la belleza física total de la mujer negra, la autora nos recuerda de la época de los años sesenta y setenta, cuando en los Estados Unidos se expresaba públicamente el concepto de "la belleza negra". En el siguiente verso le rinde homenaje a la belleza del cabello negro y crespo de la mujer negra:

> Mi cabellera crespa
> trae un furor,
> un oleaje,
> un ancestro
> que viene desde lejos.
> Aquel brillo tan negro
> arrastra códigos milenarios.
> Detrás de estos rizos
> con su voz quebradiza
> asoman mis abuelos. (84-85)

En resumen, La *contraportada del deseo*, tal como su nombre lo indica, es una colección de poemas con versos llenos de sentimientos, sensualismo y erotismo. La mujer negra es su foco más latente, no solo con referencia a sus sufrimientos y memorias del pasado ancestral, sino principalmente como una mujer sensual, con identidad propia y libre de expresar sus emociones sentimientos y sexualidad.

Una de sus más recientes obras narrativas es *Este mundo no es de las feas*. Se trata de una serie de cuentos que forman parte de la colección *Crónica de sueños*. Cada cuento incluye una protagonista africana o de descendencia africana. Estas mujeres enfrentan una sociedad que no conoce la importancia y valor de la variedad étnica y cultural. Esto trae como consecuencia la discriminación, la separación y los odios. Como víctimas de la discriminación étnica, de la violencia en familia, del desamor, de la pobreza, del machismo, del culto a la apariencia física estándar -considerada aceptable- y de la falta de oportunidades socio-políticas, estas mujeres tienen suficientes razones para sentirse humilladas, heridas o fuera de lugar. Sin embargo, estas mujeres en las diferentes historias tienen un espíritu de batalla, una identidad propia y una fortaleza inquebrantable que las guía a resolver sus dificultades y a enfrentar o a saltar barreras.

La narrativa tiene elementos de realismo mágico, pero incluye también textos de tipo documental. Las descripciones son claras, con un sabor humano. Su enfoque principal recae en la cultura negra y específicamente en la mujer. Las figuras mitológicas y los dioses africanos salen a relucir y a guiar evocados por el clamor de las mujeres, al sonar de los tambores, la marimba, y las danzas típicas.

Al igual que en Gabriel García Márquez, la geografía de la región, en este caso, Esmeraldas, sirve de fondo a sus cuentos, especialmente en la vida del campo y la población rural. Estas historias están sazonadas con el sabor bucólico de la vida sencilla del campesino y la vegetación y verdor de los campos, con el colorido de sus árboles frutales y el aroma y brillantez de la flora; sin embargo, en forma contrastante, también hace referencia a las creencias populares e historias que se desarrollan en el sofocante espacio urbano.

En *Este mundo no es de las feas*, los personajes femeninos provienen de diferentes estratos sociales, edad, apariencia física o preparación académica: por ejemplo, la anciana esclava, la joven universitaria, la profesional, el ama de casa, la fea y la oficinista, entre otras. Uno de los cuentos *El llamado de la sirena*, trata de la vida de Fátima, la protagonista, en la que se recrea su situación sexual lésbica y separada de la norma social, mientras que los otros cuentos incluyen historias de amor, de conflictos y desilusiones sociales y del mito a la belleza física.

Hay un poco de humor en uno de los cuentos de la serie intitulado, "Soy previsiva." De acuerdo con Clara Medina, la vena lúdica de Chiriboga se aprecia en varios apartes de la trama. Así se expresa Jonatás cuando visitaba otros esclavos en sus haciendas:

> Aquí estoy porque he venido,
> porque he venido aquí estoy,
> si no me quieren me avisan,
> si no me quieren me voy. (119)

En otra ocasión, un personaje negro entona una canción divertida e irónica que había aprendido en su niñez: "Los blancos no van al cielo por una solita maña, les gusta comer panela sin habé sembrado caña" (100). Esta obra también sirve para acentuar la calidad, variedad y creatividad de esta autora quien, al mismo tiempo, intercede por la mujer negra en su capacidad de abogada y de conocedora de su realidad. Es así como el lector adquiere un conocimiento de la mujer negra del Ecuador, de su vida y de su pesada carga de injusticia social y humillación. Su texto narrativo juega con el lenguaje subsumiendo entre-textos coloquiales e históricos, con un tinte mágico pero con un sabor altamente documental.

Otra obra fabulosa de Chiriboga, por su realismo periodístico al igual que su realismo mágico es *Jonatás y Manuela*. Podría también definirse como una novela que tiene como base la intrahistoria del esclavo africano. La naturaleza le sirve como marco teórico, personaje principal y elemento de unificación del texto narrativo. Otros autores latinoamericanos han usado la naturaleza como cuadro de fondo, personaje, o elemento de unidad en sus obras como Horacio Quiroga, José Eustacio Rivera, José Hernández, Esteban Echeverría, Jorge Isaac, Ramón Fonseca Mora, Mayra Santos Febres, Gioconda Belli y Laura Restrepo, entre otros.

La selva africana, con sus dioses, su colorido y su ritmo, ha enmarcado y decorado muchas de las obras literarias de Chiriboga y por supuesto, su novela *Jonatás y Manuela*. La selva africana habita al esclavo; lo cuida y vive en su memoria. Es el símbolo de sus alegrías pasadas, sufrimientos del momento y de las predicciones futuras. En contraste, la selva de Quiroga en su obra *A la deriva*, se muestra indiferente al sufrimiento de sus personajes. Personajes que se encuentran solos, desamparados y a merced de esa selva que en ocasiones, se torna sofocante y aterradora. El África de Ba-Lunda, personaje principal de *Jonatás y Manuela*, se asemeja a la selva latinoamericana, pero con diferencias en la flora de los "cañaverales en América Latina, que asemejan gigantescos espejos verdes con el reflejo del sol canicular" (30) lo que se traduce en "trabajo duro bajo un sol devorador".

En las obras de Carpentier, José María Arguedas, Ciro Alegría y Jorge Icaza, el texto narrativo muestra la subyugación, manipulación y abuso al indígena. Ambas etnias, negros e indígenas, eran discriminados y abusados por los españoles. Chiriboga describe al esclavo negro, en su dolor y miseria, usando un tono similar a la descripción del indígena que hace Arguedas. Al igual que Márquez y Alejo Carpentier, en esta obra Chiriboga combina lo real, lo bíblico y lo histórico, con lo mágico, lo legendario y lo fantástico.

En *Jonatás y Manuela*, la voz narrativa del personaje principal Ba-Lunda, la esclava africana, inicia la jornada del lector con una mirada retrospectiva al momento en que esta se debate entre la vida y la muerte, en tierras extrañas. En Sur América a donde ha sido llevada, Ba-Lunda deja que sus recuerdos sagrados y sigilosamente conservados cuenten la historia de su vida, la que refleja al mismo tiempo la vida del esclavo africano. En su nuevo espacio, Ba-Lunda recuerda su mundo perfecto con su esposo Jabí y su linda hija Nasakó, antes de su captura. Después de sobrevivir el viaje agotador en el barco negrero, los esclavos inician su misión en América. Los dioses africanos son la fuente de su estoicismo y esperanza de libertad. En su ruta a la esclavitud llegan los africanos a Cartagena de Indias y de allí a Ecuador, donde son forzados a trabajar en cultivos de caña y algodón. En medio de marchas forzadas, de ataques de felinos, de violaciones a manos de los capataces españoles, de enfermedades varias y multitud de muertes, llegan a "El valle de las calenturas" para laborar arduamente en las haciendas. Allí llega Ba-Lunda con su hija Nasakó. (30).

Desde el punto de vista filosófico y religioso, los esclavos encontraron una salida en un sincretismo religioso que combinó a sus orishas: Obatalá, Ogún, Changó, Yemayá, Oddán y Ochún, con los Santos de la iglesia cristiana. De esta forma sus propias creencias permanecieron vivas mientras complacían a los sacerdotes de la iglesia. Para asegurar su control, los españoles humillan al esclavo para hacerlo sentirse solo y desprovisto de identidad. Así, les cambiaron sus nombres de pila, por ejemplo, Ba-Lunda pasó a ser Rosa Jumandí, y Nasakó pasó a ser Juana Carabalí; marcaron sus cuerpos, al rojo vivo, con las iniciales del patrón; y les impusieron el uso de camisones iguales como única vestimenta, asegurándose de quitarles cualquier posibilidad de individualismo.

Las mujeres en esta novela son fuertes, inteligentes e ingeniosas; Carmen Tate les enseña canciones con sabor independentista a los niños esclavos, Ba-Lunda se ingenia para acabar con la tortura por parte de los españoles usando tretas; por ejemplo, al son de ritmos africanos y con la protección de las orishas y con un deseo pasional de liberación y venganza, Ba-Lunda decide eliminar al padrecito, al mayordomo y a los guardias españoles, agregando hongos venenosos a la cena. Ba-Lunda usa esta treta en dos ocasiones; en la primera, muchos logran escapar y otros son asesinados o por los guardias o por los perros rastreadores. Esa vez, Ba-Lunda y su hija no logran escapar. Cuando Carmen Tate muere, Ba-Lunda sufre una catarsis dolorosa y eleva un canto poético, en medio de la amargura, por la postrimería de su raza:

> Quisiera tener memoria
> para seguir adelante,
> si no hay otra que responda
> para seguir adelante.
> Mi cununo suena duro
> para seguir adelante,
> prima, segunda y tercera
> para seguir adelante. (53)

En el segundo intento durante otra zafra en el campamento, Ba-Lunda les ofrece pepinos rellenos con hongos venenosos, mientras el enemigo mira absorto y casi hipnotizado, los movimientos sensuales y rítmicos de las esclavas danzantes. Muchos otros esclavos mueren, pero muchos otros logran escaparse, incluyendo a Ba-Lunda y a su hija. Los que no logran escapar, son interrogados y torturados, algunos terminan colgados de los pies, mientras que otros son llevados a las mazmorras, condenados a plátano y agua. Ante los hechos, Rosa o Ba-Lunda reflexiona tristemente en que eliminar al dueño no resuelve el problema pues existe una cadena interminable de sucesores.

En la trama, Nasakó o Juana, al ser vendida a otra hacienda, no vuelve a ver a su madre, Ba-Lunda. Juana tiene tres hijos con otro esclavo, de los cuales, solo la última, Nasakó Sanzí, logra sobrevivir. Esa hija pasa a ser propiedad del español, Don Simón Sáenz y Vergara, quien tiene una hija bastarda, Manuela, fruto de su unión con la esclava Joaquina Aizpuru. La niña vive con su madrastra, Doña María, en su hacienda. Este es el inicio del nuevo nombre de Nasakó Sanzí, quien en el futuro sería "Jonatás" y de allí el título de la novela. Manuela y Jonatás se convierten en amigas inseparables. La influencia de la naturaleza africana, reflejada en el colorido de las vestimentas de los negros, llega a influir a Manuelita quien, "... paulatinamente, iba separándose del mundo blanco para entrar al de la negritud, al mundo de los colores alegres, al mundo de la fantasía" (94).

Además de los textos de tipo religioso y mítico, la narrativa incluye una variedad de textos y entretextos, algunos de tipo histórico y otros de tipo social y con un gran despliegue de humanismo. La voz omnisciente nos cuenta la vida de esas dos jóvenes, quienes emprenden una jornada hacia Panamá, donde con otros esclavos libertos, logran liberar a muchos otros esclavos. También recogen fondos para ayudar con la independencia de las colonias y con la ayuda de doña Margarita Campusano y del negro Macario, promueven el levantamiento de la población en contra de los españoles y a favor del general San Martín y logran comprar la libertad de esclavos africanos. Recorren aldeas y enseñan al campesino a usar armas para prepararse contra la tiranía de España.

El sentido patriótico es ferviente para este grupo, así que en una ocasión, a la llegada del General San Martín, se roban las campanas de la catedral para crear un silencio total en el Perú. Más tarde, Manuelita recibe una condecoración y una invitación a unirse al grupo en Pichincha. Juana Carabalí encuentra a su hija Nasakó Sanzí o Jonatás y se dan un abrazo casi eterno. El dinero había cambiado a Juana, quien ahora asesoraba a las autoridades para perseguir y capturar a los esclavos escapados, "en su cuello lucía gruesas cadenas y sus brazos estaban cruzados con pulseras de oro" (163). Jonatás sintió que para siempre, "había perdido a su madre" (165). La historia termina en un momento crucial, con el ascenso de Manuela y Jonatás a Pichincha. En el trayecto, logran liberar esclavos y conseguir seguidores en la lucha independentista. "Por el momento el estallido de los cañones se detiene para volver con mayor estruendo. Jonatás ve a Manuela y siente estar jugando a la guerra, como cuando eran pequeñas" (166).

Carol Beane, reconoce la importancia y valor de la esclava Jonatás al ayudar a formar el espíritu de lucha y de mística revolucionaria y liberadora de su histórica amiga, Manuelita Sáenz. Esta novela aunque histórica, tiene elementos de magia y mitología. La voz omnisciente de Ba-Lunda, al igual que la voz narrativa en tercera persona, se complementan con diálogos y soliloquios que le dan mayor interés y sabor realista a la obra. El uso de *flasbacks* en forma constante en la obra facilita el cruce de los espacios geográficos que separan América y África. También hay entre-textos de poesía y cantos, al igual que de elementos folclóricos de África. Podrían citarse los cantos con sabor libertario que la esclava Carmen Tate enseñaba a los niños esclavos;

también el pasaje poético con el que Manuela, en los momentos felices, describe la naturaleza americana:

> Manuela creyó que ningún otro sitio era tan bello como aquel. Las montañas vestidas con su ropaje verde, con sus árboles, sus arbustos y helechos le daban un encanto sin igual... Las multicolores mariposas, las sinfonías de los pájaros, el bosque con su verdor tan singular, el aire embalsamado, el cielo que parecía haber hurtado su indumentaria al mar. (121)

Un elemento folclórico se observa en un personaje típico africano, el brujo o curandero llamado Merecí, quien protege a Nasakó y a su futura hija a petición de su padre, Jabí. Para protegerla, el brujo le busca un nombre que concuerde con su ánima protectora "como oleaje, selva, caballo" (62). El brujo menciona el nombre Nasakó Sanzí. Nasakó es el nombre seleccionado para esta niña. Misteriosa y coincidencialmente, Juana le da el nombre de Nasakó Sanzí a su hija, con el olor penetrante a sudor de caballo y su llanto como un suave relincho.

Por otro lado, en la costa del Caribe, la curandera africana del valle de las calenturas, prodiga remedios y conjuros para curar las enfermedades y proteger al esclavo necesitado. En Quito, el curandero Mosongó usa plantas y rituales africanos para curar a Manuelita. La misma Jonatás salva la dignidad de Manuelita, al prepararle, "... una solución de leche de espárragos, cristal mineral, clara de huevos, zumo de grosellas y lumbre de roca, con la que recobraría la perdida virginidad" (152).

Un sentido bucólico, decorado de metáforas y símiles se aprecia en las descripciones de la región a través de los ojos inocentes de los niños: "...se deleitaban mirando el cielo, viendo la filtración de luz entre las ramas y, desde allí, veían el arribo de la penumbra con su matiz aceituna y su cesto de pájaros" (84).

Hay simbolismo en la obra, al representar el valor del criollo con el gallo "Negro" y el poderío de España con el gallo "Rojo"; que, según don Pedro Pablo, "... no sería vencido por el gallo de un criollo, un pobre pendejo, un mal nacido, un bastardo. ¡Eso nunca sucederá, maldita sea!" (131). Otro símbolo es el río africano, el que representa el vínculo de unión de Jabí y Ba-Lunda. Mientras se acerca al río a llenar el güiro de agua fresca como acostumbraba hacer Ba-Lunda, Jabí "[la] percibió solidaria con su pena; sintió cariño por el río. Por esa extraña sensación, creyó que Ba-Lunda estaría bañándose también en las mismas aguas, pero lejos, allá donde él suponía era el fin del mundo" (60). Otro aparte, "Vio a su mujer con el sombrero en la cabeza; al secarle el sudor, le dio un beso y, tomados de las manos, bajaron al río (24).

Para Jonatás y Manuelita, la comida y su preparación era una forma de expresión de sus propias emociones, y de transmitir esas sensaciones a las personas a su alrededor:

> Descubrían sabores y olores, se entregaban ellas mismas
> con sus pasiones, sus humores, sus alientos y manejaban
> desde la cocina el comportamiento de todos los de casa.
> En la comida estaba la razón de la existencia, la frescura, la
> lucidez, la lujuria, la inteligencia, las frustraciones, la buena
> salud y las enfermedades. (139)

Otro elemento de unidad en el texto narrativo lo constituyen las predicciones hechas por los esclavos y por la misma Jonatás y de esa forma se establece una continuidad y una fluidez en la obra. En una ocasión, Jonatás predice el futuro de Manuelita como protectora del esclavo e impulsadora de un futuro mejor: "Su Manuela se convertiría en una de esas imágenes que surgen en los caminos para indicar la ruta a los esclavos prófugos, que van delante de ellos y, como por arte de magia, les quitan el cansancio, les ponen alas en los pies y en vez de correr, los hacen volar" (88). Otra predicción del futuro de Manuelita viene del viejo Macó, a petición de Jonatás. La visión muestra un largo viaje para Manuelita al igual que su futura prisión. El cigarro también le predice el viaje de su ama a un país con dos mares (Colombia). Aquí como en un círculo eterno de juego y realidad, estas dos mujeres unidas, no por el color de la piel sino por la herencia africana y la amistad, continúan su lucha sin cuartel contra la esclavitud y la injusticia, inspiradas por el embrujo y colorido de la naturaleza y acompañadas por el ritmo vibrante de los tambores y los olores de la selva africana.

Luz Argentina Chiriboga, la "Estrella de Esmeraldas", ha llenado de luz no solo los senderos de su amada patria sino que ha iluminado el sendero de muchos otros escritores que han disfrutado de su gran creatividad y estilos literarios. El lector ha disfrutado su poesía sensual, sus cuentos misteriosos y reales, su novela mágica realista, su herencia ancestral, su texto histórico y su denuncia abierta de la discriminación, la injusticia, y del temor al autoconocimiento y autoaceptación acompañada de un mejor entendimiento y apreciación de la propia y otras etnias.

NOTAS

[1] Todas las traducciones en inglés son mías.

OBRAS CITADAS

Adams, Clementina R. *Rebeldía. Denuncia y justicia social: voces enérgicas de autoras hispanoamericanas y españolas*. Miami, Florida: Ediciones Universal, 2004.

—. *Common Threads: Afro-Hispanic Women's Literature*. Miami, Florida: Ediciones Universal, 1998.

Allport, Gordon W. *The Nature of Prejudice*. Reading, MA.: Addison- Wesley, 1954.

Arguedas, José María. *Los ríos profundos (Deep Rivers)*. Trans., Frances Horning Barraclough, Intr. John V. Murra. Austin, Texas: University of Texas Press, (1978)3-23.

Beane, Carol. "Entrevista con Luz Argentina Chiriboga." *Afro-Hispanic Review*, Fall, (1993)20-21.

Belli Gioconda. *The Country and my Skin* Trans. Gioconda Belli. New York, New York: Alfred A. Knoph, Random House, Inc., 2002.

Birmingham-Pokorny, Elba. "El legado de Ba-Lunda: La inscripción del cuerpo, la voz y la identidad de la mujer negra en *Jonatás y Manuela* de Luz Argentina Chiriboga". *Diáspora*: Southern Arkansas University. Elba Birmingham-Pokorny, Ed., 12 (2002) 52-59.

Boyatzis, R. E. "Affiliation Motivation". In D. C. McClelland & R. S. Steele, Eds., Human Motivation: A Book of Readings. Morristown, NJ: General Learning Press, 1973.

Chiriboga, Luz Argentina, *Este mundo no es de las feas,* Editorial Libresa, 2006. Ecuador, Quito: Diáspora, Ardilla Editores, 1997.

—. *Capitanas de la historia,* Colección selva, Quito, Ecuador: Producción gráfica, 2003.

—. *Luis Vargas Torres y los Niños,* Quito, Ecuador: SINAB, 2001.

—. *Palenque: Décimas.* Quito, Ecuador: Editorial Instituto Andino de Artes Populares, 1999, 119.

—. Diáspora: por los caminos de Esmeraldas: *Décimas. Cuentos, adivinanzas, leyendas, coplas, refranes, dichos, rompecabezas, trabalenguas, chigualo, arrullos, recetas de cocina.* Esmeraldas, Ecuador: Consejo Provincial de Esmeraldas, 1997, 146.

—. *Manual de ecología,* Quito, Ecuador: SINAB, 1992; 1997.

—. *Jonatás y Manuela.* Quito, Ecuador: Abrapalabra Editora, 1995.

—. *Escritores esmeraldeños, Tomos 1, 2, 3,* (biografía, genealogía, producción y crítica literaria). Quito, Ecuador: SINAB, 1995.

—. La c*ontraportada del deseo.* Quito, Ecuador: Talleres Gráficos ABYA-YALA, 1992.

—. *Bajo la piel de los tambores.* Quito, Ecuador: Casa de la Cultura Ecuatoriana, 1991.

Crowne, D. P. & Marlowe, D. *The Approval Motive: Studies in Evaluative Dependence.* New York, New York: Wiley, 1964.

DeCosta-Willis, Miriam. Ed. *Daughters of the Diaspora: Afro-Hispanic Writers.* Kingston, Jamaica: Ian Randle, 2003; *African American Review,* 2004 http://findar-ticles.com/p/articles/mi_m2838/is_2_38, 544.

—. "The Poetics and Politics of Desire: Erotismo in Luz Argentina Chiriboga's *Bajo la piel de los tambores, Afro-Hispanic Review* 14.1(1995)18.

—. "Poetas afrohispánicas y la política de la identidad." http://www.lousville.edu/a-s/Cml/spanish/jornadas/publicaciones/pub1994/feal.html.

De la Cruz, Sor Juana Inés. *Poems, Protest, and Dreams: Selected Writings*. Trans., Margaret Sayes Peden; Introduction, Ilan Stavans. New York, New York: Penguin Books, 1997.

Dinkmeyer, D., & Sherman, R. "Brief Adlerian Family Therapy". *Individual Psychology*, 45(1989)148-158.

García Márquez, Gabriel. *Collected Stories*. New York, New York: Harper and Row Publishers, 1984.

Geisdorfer-Feal, Rosemary. *Poetas afrohispánicas y la «política de la identidad»* Universidad de Rochester Press, 1996.

Granda, Euler. "Manual para los niños." *El Comercio* (Quito) 25 January, (1993) 2.

—. "Entrevista con Luz Argentina Chiriboga," *Afro-Hispanic Review* 12 (Summer 1993): 15.

—. "Feminist Interventions in the Race Theory: Neither Black nor White," *Afro-Hispanic Review,* 10, 3 (1991):11-20.

Maslow, A. H. *Motivation and Personality*, 3rd Ed. New York, New York: Harper and Row, 1987.

—. "Self-Actualization and People: A Study of Psychological Health," in *Dominance, Self-Esteem. Self-Actualization: Germinal papers of R. J Lowry* Ed. Monterrey, CA: Brooks-Cole, 1973.

—. "Theory of Human Motivation" in *Dominance, Self-Esteem, Self–Actualization: Germinal Papers of A. H. Maslow*. R. J. Lowry, Ed. Monterey, CA: Brooks Cole, 1973.

McClelland D. C & R. S. Steele, Eds. *Human Motivation: A Book of Readings.* Morristown, NJ: General Learning Press, 1973.

Medina, Clara: "Luz Argentina, Chiriboga, Literatura de la Negritud". http://archivo.eluniverso.com/2008/03/23/0217/1103/6D4E A59A4542455CB1C82C0137AE9C79.aspx

Quiroga, Horacio. *Cuentos*. Ed. Raimundo Lazo. México, D. F.: Editorial Porrúa, 1989.

—. *Cuentos completos*. 2 vols. Ed. Alfonso Llambía de Azevedo. Montevideo: Editorial de la Plaza, 1987.

—. *Leaf Storm and Other Stories*. New York, New York: Harper and Row Publishers, 1972.

Viteri, Eugenia; Rumazo, Lupe; Chiriboga, Luz Argentina; Manzano, Sonia; Holst, Gilda. *Cuentos de Mujer*. Quito, Ecuador: Cuarto Creciente, 2004.

Young, Ann Venture, editions. Ed. & trans. *Image of Black Women in Twentieth Century South America Poetry: A Bilingual Anthology*. Washington: Three Continents Press, 1987.

Zajonc, Robert B. "Feeling and Thinking: Preferences Need No Inferences". *American Psychologist* 35(1980)15-175.

HONDURAS

PRÁCTICAS RITUALES DE LA GLOBALIZACIÓN: MUJERES GARÍFUNAS

BETTY OSORIO,
UNIVERSIDAD DE LOS ANDES, BOGOTÁ

Cuando Cristóbal Colón tomó posesión de la isla de Guhananí el 12 de octubre de 1492, le pareció entender que los pacíficos taínos, pertenecientes a la familia lingüística del arawak, decían que eran atacados por otro grupo que se los llevaban y se los comían: se trataba de los míticos y temidos antropófagos del Caribe o caníbales que estaban en pleno proceso de expansión. De esta manera la voz "caribe" entra a formar parte del castellano como sinónimo de caníbal, o sea aquel que come carne humana. Las crónicas de Indias se apropian del imaginario clásico del antropófago redefinido en el *Diario de abordo* de Cristóbal Colón como caníbal o caribe, y construyen uno nuevo que sitúa a estas sociedades al margen de lo humano y que por ello legitima su exterminio.

Mientras los taínos fueron casi totalmente exterminados por el proceso de la expansión española, los caribes mantuvieron un proceso legendario de autonomía y resistencia frente al proceso de colonización agenciado por las potencias europeas como España, Inglaterra y Francia. La metáfora ideológica de la antropofagia para referirse peyorativamente a sus costumbres, legitimó que la reina Isabel La católica promulgara en 1503 una ley que "autorizó la captura y venta de caníbales en el Nuevo Mundo" (Palencia Roth citado por Blaney 10).

Paradójicamente el imaginario anterior y la falta de metales preciosos en el Caribe oriental resguardaron a las sociedades que habitaban estas islas del proceso de conquista y exterminio experimentado por otras sociedades indígenas del continente americano. Un rasgo importante de la relación entre caribes y arawak fue recogida por el misionero francés Jean-Baptiste Labat (1663-1738) que vivió muchos años entre los grupos caribes; él asegura que los caribes tenían una estructura familiar matrilocal. Otro misionero francés compañero del anterior y conocido como Pére Breton, recogió una tradición oral que cuenta cómo los caribes exterminaron a los hombres arawak, pero respetaron a sus mujeres y más aún, se reprodujeron con ellas; esta sería la causa para que la lengua caribe mantuviera estructuras gramaticales del arawak. De acuerdo con los mismos autores, los caribes no se sometían con facilidad, pues apreciaban mucho su libertad y como eran buenos navegantes, huían con frecuencia en sus canoas (E. Sutton 19-21). Las narrativas anteriores constituyen rasgos difusos que luego reaparecen con fuerza en la estructura social y cultural de los pueblos garífunas o caribes negros. El propósito de este trabajo es rastrear la fuerza en lo femenino de estos pueblos como núcleo central que cohesiona la cultura y que ha logrado mantenerla viva hasta el siglo XXI, a pesar de los obstáculos formidables de los procesos de colonialismo y más delante de la expansión del capitalismo.

El principio de formación del pueblo garífuna fue en 1635 y se cree que fue causada por dos barcos españoles, cargados con fuertes cantidades de esclavos negros, que naufragaron sin tener opción a poder llegar a su destino para lograr la entrega de los esclavos a sus nuevos propietarios. Durante esos días era muy común que los caliponan dieran direcciones falsas a los barcos, y de esta forma eran guiados hacia los asientos de los ríos en donde eran despojados de todas sus pertenencias, de los cargamentos de los barcos (oro, vino y esclavos) y luego la tripulación era asesinada en su totalidad. Los nuevos habitantes africanos estaban ansiosos por establecer lazos amistosos para que de esta forma pudiesen evitar ser entregados a sus compradores. Por lo tanto ellos adoptaron sus costumbres y lenguaje nativo y pronto contrajeron matrimonio con las mujeres caliponan dándole de esta forma el nacimiento a una raza nueva. Sus descendientes preservaban la estatura y el color de piel de sus padres, que a diferencia de los caliponan eran altos y corpulentos. Esta nueva sociedad comenzó a centrar su familia en la división sexual del trabajo como la base principal de sus actividades económicas. (Página web de la comunidad garífuna)

La cita anterior resume la tradición oral de los grupos garífunas de Centroamérica y del Caribe. Este relato mítico identifica 1635 como la fecha fundacional de la cultura garífuna en América y la asocia a un acontecimiento peculiar: un galeón que traía un cargamento de esclavos negros naufragó cerca a las islas de San Vicente, en lengua arawac Yurumein (Gargallo 10) o Yurúmai (Sutton 19), frente a las costas de Honduras. Otro referente oral cuenta que los africanos se sublevaron y lograron aniquilar a sus captores blancos. La memoria colectiva también ha recreado este encuentro mítico entre los africanos y los caribes como una alianza para la libertad, como lo señala la mujer garífuna Gilma Fernández de la isla hondureña de Roatán:

> Al recordar nuestra historia y nuestra lengua, los garífunas hemos podido ser libres. Al haber resistido a la esclavitud no hemos perdido nuestra memoria. Los criollos fueron esclavos y aunque hablen inglés y nos menosprecien por ello, no saben quiénes son, están perdidos. (En Gargallo, entrevista grabada en 1997, 14)

Una versión que confirma el relato oral es la de Young, citada en el libro de Constance Sutton, que cuenta cómo los caribes negros fueron descendientes de africanos que iban a ser vendidos en Barbados y su barco naufragó en 1675. Otro dato de archivo se refiere a la pérdida de dos barcos españoles en 1635. Ambas referencias aluden al mito funda-cional de la sociedad garífuna (Cit en Sutton 337-38, nota 1). Se trata de versiones fascinantes elaboradas durante más de trescientos años y que constituyen los mitos fundadores de la sociedad garífuna, una historia peculiar de hibridación, de construcción de identidad y por supuesto de resistencia tanto armada como cultural (Gargallo 13).

El caribe-negro, garífuna, garínagu, término relacionado con la voz caribe "callinagu" o "calipona", comedores de yuca, usada por los caribes para referirse a su identidad colectiva (Web comunidad garífuna), adquiere así un pasado que la sitúa y diferencia de los otros procesos de mestizaje, en los cuales el referente étnico europeo es un factor relevante. Además este gentilicio se opone al término despectivo *zambo* acuñado por los conquistadores para referirse a los procesos de mestizaje entre africanos e indígenas. Los nombres *kalhíphon* y *garífuna* proceden de una palabra caribe con una fonética semejante a *karipona*, nombre con el que se autodesignan los caribes. Este gentilicio, con su significado degradante, fue impuesto por los europeos. Los habitantes tempranos de las islas caribeñas hablaban inyeri, de la cual emergieron las lenguas kalhíphona y la garifuna (http://www.proel.org/index. php?pagina=mundo/amerindia/arawak/garifuna).

Por oposición, el gentilicio "calipona" se refiere a la yuca brava o mandioca, originaria de la selva amazónica, que es la base de la alimentación de numerosos grupos nativos. El gentilicio desafía así uno de los imaginarios más poderosos que sirvió de excusa para arrasar numerosas sociedades nativas, como por ejemplo la de los pijaos del Nuevo Reino de Granada. Desde la perspectiva garífuna, los caribes no son los temidos comedores de carne humana, sino que hicieron parte de la revolución del neolítico al domesticar la yuca (Mann 394).

Por lo tanto, los africanos destinados a servir de máquina de trabajo en las colonias españolas y francesas en América, tampoco son los primitivos salvajes, sino las víctimas liberadas por los caribes de las garras violentas de los traficantes de esclavos. El bárbaro es el conquistador español, el aventurero francés y el corsario inglés u holandés que durante siglos asolaron a sangre y fuego el escenario del mar Caribe. Todos estos conquistadores europeos hacen parte de la historia oral de los garífunas como representantes de la más consumada barbarie llevada a cabo en nombre de la civilización. La cronología de la historia garífuna durante el siglo XVIII, elaborada por la misma comunidad, es un testimonio de su discurso histórico. En ella se muestran claramente las luchas entre España, Francia y Gran Bretaña para consolidarse en el escenario del Caribe. La suerte de los grupos garífunas estuvo en juego en cada uno de estos enfrentamientos y exigió de ellos estrategias de resistencia que impidieran el aniquilamiento cultural.

Según Constance R. Sutton (1997), para el año 1700, los caribes negros estaban ya territorial y políticamente diferenciados ya que su número había aumentado significativamente con los esclavos fugitivos de las plantaciones de Martinica y de Barbados (23). Otra fecha importante que muestra el poco valor que la isla de San Vicente tenía para el naciente Imperio británico, es la venta que hace el rey Carlos I de Inglaterra de las islas de los caribes al conde de Carlisle, por una renta anual de 100 libras (Sutton 20-21). La historia del siglo XVIII en el Caribe occidental está marcada por enfrentamientos entre Francia e Inglaterra como lo registran las siguientes fechas tomadas de la página web de la comunidad garífuna.

1730:   San Vicente, Dominica y Santa Lucia son declaradas libres.

1742:   Una colonia británica es establecida en Roatán.

1748:   Tratado de Aix- La Chapelle es firmado en el cual San Vicente, Dominica y Santa Lucía son declaradas de exclusiva posesión de los caliponan.

1750:   Tratado de paz firmado entre España y Gran Bretaña.

1756:   Guerra entre Francia e Inglaterra comienza.

1759:   Ingleses atacan Martinica y toman posesión de la isla de Guadalupe.

1761:   Ingleses toman posesión sobre Dominica.

1762:   Martinica es tomada por los ingleses (febrero 4). En esta misma fecha Granada, Tobago, San Vicente y Santa Lucía son cedidos a Gran Bretaña.

1763:   Tratado de paz en París es firmado. San Vicente, Granada, y Dominica son cedidas a Gran Bretaña; Cuba es cedida a España; Guadalupe, Martinica y Santa Lucía fueron cedidas a Francia (garífuna.com).

1976   Los ingleses sofocaron una revuelta de los caribes negros, al parecer apoyada e inspirada por las ideas de la Revolución francesa. Esta derrota implicó un período de migración forzada, especialmente hacia la isla de Roatán en la costa de Honduras situada en el Caribe oriental (Sutton 28). Desde allí los caribes negros pasaron a diferentes localidades situadas a lo largo de los territorios actuales de Honduras, Guatemala y Belice.

De esta manera la construcción oral mítica, al no poderse confrontar con datos de archivo, desafía la historia oficial puesta por escrito por los europeos. Una de las consecuencias de este discurso es la puesta en duda del blanqueamiento como un recurso de ascenso social indispensable para la admisión de un individuo o de un grupo al "mundo civilizado". Lo anterior es un ejemplo de cómo las representaciones sobre el pasado ayudan a configurar el presente a partir de un vigoroso y dinámico proceso, que actúa para establecer ámbitos culturales de diferencia, es decir, núcleos simbólicos que logran restaurar la continuidad cultural, tanto en el espacio como en el tiempo, que había sido cercenada por la conquista de América y por la tragedia de la esclavitud.

Enseguida se estudiarán estrategias de resistencia que permitieron construir y fortalecer la identidad de los afrocaribes: desde el comienzo se identificó una huella profunda de la construcción de identidades de género que ayudaron a configurar los roles sociales de los caribes negros. Las siguientes observaciones les deben mucho a los trabajos de Constance Sutton, Virginia Kerns, Carol Henkins, Janet Chernela y Francesca Gargallo; esta última ha difundido su trabajo en español. Todas estas investigadoras consideraran la construcción de género como un factor decisivo en la consolidación y desarrollo de la cultura garífuna que hasta hoy ha logrado mantener su lengua y sus referentes culturales a lo largo de la costa caribe de Centroamérica y en diferentes ciudades de Estados Unidos, en especial en Nueva York.

De acuerdo con la investigación de Francesca Gargallo, debido a las presiones tanto de la Iglesia católica como del Gobierno de Honduras, los caribes negros se convirtieron al catolicismo en el siglo XIX y desde la década de 1980, misioneros de diferentes iglesias de Estados Unidos han emprendido una labor agresiva de conversión (Gargallo 39). A pesar de ello la celebración del dugú, o ritual para convocar a los espíritus de los antepasados continúa celebrándose y contribuyendo a fortalecer las redes de contacto y de afirmación económica y cultural y sobre todo de recuperación del territorio de los garífunas. Keri Vacanti afirma lo siguiente:

El ritual del dugú ha sido llevado por los garífunas de San Vicente a sus comunidades en tierra. El ritual puede todavía

entenderse como un medio para reclamar los derechos de los
garífunas a la tierra. En Honduras, como en San Vicente, la
élite política y económica están intentando tomar tierras de
los garífunas, tierra que ellos habían "retomado" cuando
fueron exiliados de San Vicente. (Vacanti 481, mi traducción)

El dugú es el rito más importante de la religiosidad garífuna, tiene
antecedentes en los rituales de curación del chamanismo africano y en
el culto a los antepasados que es un ritual central de las sociedades de
la selva amazónica. Según Gargallo, las concepciones garífunas sobre
la espiritualidad del ser humano se condensan en el término "áfurugu",
que es la esencia que permanece más allá de la muerte. Esta energía
vital es transmitida por el padre durante la procreación. De acuerdo
con Janet Chernela, para los garífunas el padre da la sangre-semen, y
la madre proporciona el alimento para hacer crecer (60). De acuerdo
con Gargallo, en la noción de áfurugu se pueden encontrar tanto
huellas del nagual de las tradiciones mesoamericanas, como también
del concepto de la cosa misma de las sociedades bantú del África.
Sobre la tradición mítica bantú, la investigadora comenta que todos
los seres humanos son bantú, esto incluye tanto a los vivos como a
los muertos de una comunidad, ya que los muertos no están vivos,
pero existen (Gargallo 42- 43).

La antropóloga Virginia Kerns ha hecho una de las descripciones
más elaboradas del ritual del dugú, basada en su trabajo de campo
realizado entre 1973-1976 en Belice. Muchos de los comentarios y de
las perspectivas de análisis se han tomado de su libro *Women and the
Ancestors. Black Carib Kinship and Ritual,* publicado por primera vez en
1983. Según la investigadora, la ceremonia de adogorohani o dugú es
un ritual para aplacar, "amálihani" (162), el espíritu de un ancestro que
se encuentra enojado con su familia por su abandono y negligencia con
las prácticas rituales. Una enfermedad o una serie de circunstancias ne-
gativas indican que el ancestro exige un dugú para mejorar la salud del
familiar afectado. Así que el difunto, junto con otros amigos también
difuntos, son invitados a reunirse con los familiares vivos. En la cultura
garífuna ni la enfermedad ni la muerte son consideradas experiencias
privadas, la familia, la comunidad y los ancestros se reencuentran para
recuperar un estado de armonía (150). La ceremonia es de curación,

pero también una reunión de los parientes y amigos de una familia para fortalecer sus relaciones y renovar la memoria.

Una vez se ha reconocido la necesidad de convocar a una ceremonia de desagravio, se fija la fecha para su realización y la madre, "núguchun" (Kerns 183), gestiona la colaboración del grupo familiar extendido. Su responsabilidad es reunir los enormes recursos que son indispensables para esta reunión. Las mujeres migrantes son más generosas y confiables para responder a las peticiones de sus madres (Kerns 11). Por ello la líder debe ser una mujer anciana y respetada por la comunidad. Kerns afirma que mientras la fertilidad femenina decrece, la actividad ritual de la anciana crece (191), lo anterior favorece el lugar preferencial que las madres y las ancianas ocupan en la sociedad garífuna.

Lo primero es plantar y cultivar los alimentos necesarios, esta fase está a cargo de los hombres y se conoce con el nombre de "aruguhani": se siembra yuca; luego se recogen los recursos para comprar cerdos, pollos e incluso ganado; los ausentes pueden enviar dinero y bienes (Henkins 435). Todos los animales que van a ser sacrificados deben ser criados cuidadosamente por los anfitriones; incluso a los cerdos se les ponen nombres de los antepasados y deben ser todos machos (Henkins 434), así se enfatiza el sentido sacrificial que forma el núcleo sagrado de la ceremonia. La comida de mar se consigue un poco antes de la ceremonia (Kerns 162). Las mujeres preparan enormes cantidades de pan de mandioca y de chicha de yuca, pues cada fase de la celebración implica alimento, bebida y tambores (Henkins 435). El ritual dura una semana según Gargallo (53), pero puede extenderse a dos semanas (Henkins 433).

De acuerdo con la investigación de Carol Henkins, las mujeres aportan la mayor parte del trabajo requerido para el dugú. Por ello su participación en la ceremonia es notable: traen las ofrendas de yuca en una procesión que se mueve al son de cantos y tambores (Henkins 436), cantan canciones ancestrales, donde el estribillo repite el vocablo femenino naguku, anciana, que es la manera ritual de referirse al antepasado que se está honrando, aunque este haya sido un hombre durante su vida (Kerns (163). Estos cantos son conocidos como mali y tienen una duración de treinta minutos, seguidos por descansos. Los invitados bailan al son de tambores y las mujeres visten unos atuendos especiales teñidos con semillas de annatto (azafrán) (ibid). A veces los danzantes son poseídos temporalmente por los espíritus de los antepasados que aprovechan los cuerpos de los vivos para disfrutar de la comida, la bebida y el baile. Las mujeres experimentan con más frecuencia estos raptos (Kerns 163).

Una parte de los alimentos recogidos se reserva para la ofrenda. Los alimentos se cubren con hojas de plátano y son consumidos privadamente antes del amanecer. El pollo y el pan de mandioca es consumido en su mayoría por los danzantes y cantores. Mientras que los espíritus prefieren la sangre del cerdo preparada en forma de salchicha, conocida con el nombre de rellena o morcilla. Se reparte también, tanto a los vivos como a los espíritus de los muertos, una bebida ceremonial, llamada "tunsú", hecha de ron con huevos batidos El resto de los alimentos debe repartirse totalmente; los anfitriones no deben guardar nada para ellos (Kerns, 164). Finalmente los desperdicios y sobrantes del ritual son enterrados, algunas veces al amanecer, frente al mar como una ofrenda a los ancestros (Henkins 439).

Este núcleo simbólico es una matriz clave para la afirmación de la identidad colectiva de los caribes negros indispensable para hacer reclamos políticos y establecer una relación profunda entre la cultura y el territorio, lo cual puede interpretarse en términos de Arturo Escobar como un "territorio de diferencia" que fue defendido de la rapiña de los británicos, franceses y de los intereses de ciudadanos de Honduras y Belice.

Las mujeres ancianas desempeñan un papel clave en la convocación, organización del dugú. Kerns comenta que las mujeres de edad han acumulado un conocimiento notable sobre los rituales funerarios y sobre los detalles y el desarrollo de un dugú. La capacidad de concentrar los esfuerzos de una comunidad alrededor del dugú, está asociada a la condición de madre que convoca una amplia familia: hijas, nueras, nietas, hermanas y otros familiares (176). De acuerdo con Virginia Kerns, la responsabilidad femenina es un principio organizacional de la sociedad garífuna. La actividad ritual de las mujeres ancianas protege a su familia extendida, se puede decir que teje y fortalece los lazos familiares, honra los preceptos éticos y sirve de punto focal para la redistribución de bienes. Lo anterior promueve, como lo ha señalado también Carol Henkins, el orgullo étnico y establece nexos afectivos y económicos entre los grupos que viven las costas de América Central y los emigrantes a los Estados Unidos, especialmente a Nueva York.

Un ejemplo destacado de estos procesos es el caso de Antonieta Máximo (La Lima-Honduras 1942). Ella se desplazó a Nueva York en 1970, en donde ha llevado a cabo una intensa labor de gestión cultural y ha desarrollado su carrera artística, especialmente en el teatro: ha actuado en producciones de Broadway e incluso ha incursionado en el cine y en la televisión. Desde esta posición de visibilidad, promueve la cultura hondureña y lidera actividades que tengan que ver con las reivindicaciones de los afrohondureños. En la puesta en escena de la obra "Donas", casi todos los papeles fueron representados por garífunas. Su poesía es conocida y comentada en círculos artísticos. También ha investigado la historia fundacional de los garífunas. Antonieta Máximo actúa como un puente dinámico que activa los principios culturales y políticos de los afrohondureños tanto en Estados Unidos como en su propio país. Su actividad demuestra cómo un grupo migrante puede generar y mantener una relación abierta y fluida con las tradiciones locales de su familia y su grupo.

Respondiendo y fomentando el movimiento pendular vivido por numerosos migrantes afrocaribes, la ceremonia del dugú se hace entonces indispensable para fortalecer tanto identidades locales como transnacionales (Gargallo 70). La migración ocasionada por las necesidades económicas es una estrategia para enfrentar la pobreza y la miseria. El dugú activa las redes sociales de los garífunas migrantes para fortalecer sus nexos familiares y culturales, permitiendo una identidad que es al mismo tiempo étnica y transnacional. Así la fuerza mítica de los antepasados canaliza y vitaliza las acciones de la sociedad garífuna que por factores históricos se ha dispersado en diferentes zonas de las costas caribes de Centroamérica e inclusive a ciudades de Estados Unidos como lo muestra el caso de Antonieta Máximo.

Para concluir se puede afirmar que la sociedad garífuna ha logrado reconfigurarse constantemente para incorporar fenómenos como el multilingüismo, la migración y la evangelización. Su sistema ritual dinámico garantiza la permanencia de la identidad cultural y lingüística, al mismo tiempo que construye un sistema de solidaridad económica. Este proceso está respaldado por el respeto que las mujeres mayores inspiran; ellas logran convertirse en el núcleo de una cadena extensa de familiares residentes tanto en comunidades

garífunas como en otras partes de América Central o de Estados
Unidos. Ceremonias como el dugú fortalecen la identidad cultural
del garífuna, al mismo tiempo que promueve un flujo constante
entre lo local y lo externo, dinámica que es propia de los sistemas
globalizados, pero en este caso sus referentes poco tienen que ver con
los mecanismos del capital y del mercado, y encuentran en el mito y
el ritual su agente más poderoso.

Obras citadas

Blaney, Lucy. "Colón y el caníbal". *Divergencias. Revista de estudios lingüísticos y literarios.* Volumen 6 Número 1, Verano (2008)1-10.

Chernela, Janet M. "Symbolic Inaction in Rituals of Gender and Procreation among the Garifuna (Black Caribs) of Honduras". *Ethos* 19(1)52-67.

England, Sarah. *Afro-Central Americans in New York City: Garýífuna Tales of Transnational Movements in Racialize*d Space. Gainesville: University Press of Florida, 2006.

Kerns, Virginia. *Women and the Ancestors: Black Carib Kinship and Ritual.* Urbana: Universityof Illinois Press, 1983.

—. "Gender Ideologies and Domestic Structures Within the Transnational Space of the Garifuna Diaspora". *Selected papers on Refugees and Immigrant Issues,* Volume 6. Arlington, VA: American Anthropological Association Committee on Refugees and Immigrants, 1998.

Gargallo, Francesca. *Garífuna, Garíganu, Caribe.* Mexico: Siglo XXI editores, ms.a de c.v. 2002.

Henkins, Carol. "Ritual and Resource Flow: The Garifuna "Dugu". *American Ethnologist,* vol. 10, 3 Agosto (1983)429-442.

Mann, Charles C.*1491. Una nueva historia de las Américas antes de Colón-* Bogotá: Taurus, 2006.

Swain, Liz."Garífunas Americans". Coun-tries and Their Cultures. http://www.everyculture.com/multi/Du-Ha/Garifuna-Americans.html.

Vacanti Brondo, Keri. "When Mestizo Becomes (Like) Indio… or is it Garífuna?: Multicultural Rights and "Making Place" on Honduras' North Coast. *The Journal of Latin American and Caribbean Anthropology*, Vol. 15, No. 1, pp. 170–194. ISSN 1935-4932, online ISSN.1935-4940. & 2010 by the American Anthropological Association.

FUENTES DE INTERNET
http://www.garifuna. com/index._espa%F1ol.htm, 02/02/2011.
http://www.proel.org/index.php?pagina=mundo/amerindia/arawak/garifuna), consultado 01/05/2011.

MÉXICO

LUZ MARÍA MARTÍNEZ MONTIEL: "EMBAJADORA DEL RENACIMIENTO AFRICANO EN AMÉRICA LATINA Y MÉXICO"[1]

ANGÉLICA SILVA, DESALES UNIVERSITY, PENNSYLVANIA

Hay investigadores que son o no, los afros somos todos, pero no nos perfilamos como tales. Los mexicanos somos afroindoamericanos (Martínez Montiel).

Con Luzma aprendí el "México insólito. El de la militancia, los bailes y la rumba" (Guillermo Bonfil Batalla)[2].

Luz María Martínez Montiel antropóloga y etnóloga mexicana, profesora de la Universidad Nacional Autónoma de México (UNAM) e investigadora del Instituto Nacional de Antropología e Historia (INAH), está dedicada a estudiar la presencia e influencia africana en México, en América Latina, Norteamérica, el Caribe y otros países. Ha escrito una variedad de documentos referentes al tema entre los que destacan: *Afroamérica: La ruta del esclavo* (2006), *Presencia de África en Centroamérica* (1993). Además, es coordinadora del programa: "Nuestra tercera raíz" en la Dirección General de Culturas Populares del Consejo Nacional para la Cultura y las Artes (CONACULTA) de la UNAM. También, es copartícipe del Proyecto de la UNESCO: "La ruta del esclavo"; y fundadora y coordinadora del "Proyecto afroamérica. La tercera raíz" en el Programa Universitario México Nación Multicultural, UNAM. Martínez Montiel es la escritora más reconocida en lo que se refiere a los estudios africanos en México, y por la defensa de su polémica tesis que dice que "a todos los mexicanos el mestizaje nos hizo afroindoamericanos"[3]. Su reputación se extiende a varios países de América Latina, Europa y África, por su cuidadosa exploración del fenotipo humano negro y sus aportes culturales, y por la difusión a través de infinidad de estudios antropológicos y etnográficos de que "solo existe una raza, la raza humana, y que las razas, como se ha venido usando tal connotación, no existen".

Su colaboración ha sido galardonada en varios países. También, ha impartido cursos en diversas instituciones nacionales e internacionales. De igual forma, ha sido partícipe en reuniones internacionales de carácter científico y ha convocado a coloquios, simposios, conferencias y encuentros de especialistas en el campo del afroamericanismo, las culturas migratorias y las minorías étnicas. Así como en festivales y exposiciones que reafirman la existencia y la necesidad de darle atención a esta herencia africana en la vida nacional de aquellos países que aun no la reconocen como tal, como es el caso de México. Ha sido jurado de premios y concursos de temas afroamericanos. Ha promovido a los investigadores afromexicanistas en publicaciones y encuentros de alcance internacional en varias ciudades de México, Cuba, Ecuador, Perú y España. Su contribución en esta área de estudios ha develado una brecha que había sido negada por siglos en su país natal, México: "la tercera raíz de la identidad mexicana"; tarea que el profesor Gonzalo Aguirre Beltrán inició en 1946 con la publicación de *La población negra en México*. La misión de esta investigadora es la difusión de la multi-presencia africana como componente hereditario en el país azteca para su reconocimiento y entendimiento, porque como afirma la doctora Martínez Montiel:

> El censo que se hizo, en 1570, en la Nueva España, decía que había 6.644 europeos, y oye esto: 3.366.000 indios y 20.569 negros. Eso nos aclara por qué en 1.742 había 9.000 europeos, 21.000 africanos, 1.540.000, 266.000 afromestizos y 249.000 indomestizos. (Vega)

Su trabajo es inspiración de jóvenes investigadores que admiran su perseverancia en su incansable compromiso por cumplir esta meta, y que reconocen la necesidad de continuar la labor que esta profesora ha iniciado, la cual tiene un futuro que apenas está germinando sus frutos. Los foros que ha reunido le dicen que no está sola en esta tarea "aunque no somos muchos en este campo", afirma. El compromiso que tiene con su país de descubrir y difundir "La tercera raíz" a sus pobladores, estudiantes, maestros e investigadores, para que a su vez estos sean los portavoces, lo expresa como sigue: "Si yo doy un curso intensivo de veinte horas a un auditorio de cien maestros, esto se multiplicará. Cuanta más difusión haya, lograremos inquietar a los docentes a que nos oigan". Sin embargo, critica el hecho de que en México no haya el suficiente apoyo para los investigadores de este tema del que hay tanto que decir.

Martínez Montiel nació un 5 de julio de 1935 en la zona sagrada de San Juan Teotihuacán en el Estado de México. Su padre era un médico militar veracruzano, su madre era descendiente de militares. Ella fue la "hija sándwich de la familia". Una familia de cinco hermanos: los dos mayores son médicos, luego ella, un economista y un hermano que falleció siendo muy joven. Su abuelo paterno era abogado. De su abuela aprendió "que hay que trabajar todos los días, que la honestidad es la regla ineludible para todo en la vida, que estamos parados en nuestros dos pies y nuestro trabajo, y que lo demás es lo de menos". Su bisabuelo materno, el general Gabriel González Galván, de descendencia manchega, era un terrateniente y militar. Peleó en el ejército libertador de Cuba durante su independencia, y recibió condecoraciones por ello. También, combatió a los franceses en México en tiempos de Benito Juárez y custodió a Maximiliano en Querétaro antes de su fusilamiento. Sobre su niñez conserva muchas memorias que han regido su vida.

> La infancia es destino, y la mía fue claramente una etapa de gran curiosidad, característica que he conservado hasta ahora. Por curiosidad uno descubre muchas cosas del mundo y de la gente. La curiosidad infantil sustituye a veces a la educación y la orientación familiar y se pierde cuando esta no se da en nuestra vida. Es el motor de la indagación y la búsqueda de la identidad. (Martínez Montiel, Silva)

Luego, la familia Martínez se mudó a Puebla donde asistió al Jardín de niños e hizo parte de su primaria. De este tiempo recuerda a la que ha sido su referencia, "mi compañera, el telón de fondo de todos los escenarios en los que ha transcurrido mi vida, la música".

El radio era para mí disfrute cotidiano e indispensable desde la tarde hasta muy noche. Por nada me perdía las radionovelas acompañadas de música como la de *María Antonieta, la trágica historia de la reina de Francia*, el programa abría y cerraba con el tercer movimiento de la 5ª. de Tchaikovsky. Otra delicia del radio además de los programas de A. Lara y Toña la Negra eran las canciones de Cri-Cri; *Negrito Sandía, La negrita Cucurumbé, Jorobita*. Pero sobre todo las canciones de mayor impacto fueron las de Toña la Negra, que dramatizaban el mundo de los negros. *Oración caribe* cimentó la obsesión por una "raza llena de amargura" que lloraba en el mar al mismo tiempo que bailaba al son de los tambores. Por esos años Evita Muñoz, "Chachita" salía en una película disfrazada de negrita cantando angelitos negros. (Martínez Montiel, Silva)

Posteriormente, se fueron a Coatepec, Veracruz, su cuna de crianza.

Zona Mágica... Tierra del café, que brota entre naranjos, manglares y orquídeas. Los patios se perfuman con el Jazmín y el huele de noche. Los difuntos acuden todas las noches al conjuro del rosario de ánimas. En todos los patios hay tesoros enterrados y en la Navidad se adora al Niño Dios. (Martínez Montiel, Franco Ortiz 1)

Aquí, su convivencia con las tradiciones africanas y su historia presentes en la vida típica de los habitantes de la costa del Golfo de México reafirmarían su gusto por la multiherencia cultural que la mayoría de los mexicanos lleva en la sangre. En este lugar, "vi por primera vez a 'negros verdaderos' cantando y bailando". También, comenzó a percatarse de los prejuicios sociales por el tono de la tez, ya que hay muchos veracruzanos con facciones negras. "Lo curioso", dice la investigadora, es que no saben el por qué comparten estos rasgos, y que además no se asumen como negros.

Sus estudios primarios fueron en "una escuela de monjas Tere-
sianas bastante rígidas, ¡casi siniestras!", comenta riéndose. Luego, en
Coatepec, concluyó su primaria en una escuela pública. Ella recuerda
con gran cariño a una de sus maestras, mujer de gran vocación, de
quien aprendió muchas cosas de una manera tradicional, tal y como
era el sistema educativo antes. "De esos años (1946) data mi primer
mapa de África realizado en lo que se llamaba 'trabajos manuales'".
Sin embargo, afirma que:

> La calle le ofrecía un mar de emociones, así como la presencia
> de esas personas que venían de países lejanos y hablaban
> otro idioma. Los libaneses, los chinos... tenía mis cuadernos
> privados escondidos debajo de los muebles; en ellos llevaba
> escrito el registro de mis descubrimientos sobre los extran-
> jeros, incluyendo a los gitanos tan temidos y misteriosos.
> Puebla era entonces un mosaico étnico. (Silva)

Luego, en la Ciudad de México, cursó la secundaria en otra "escuela
siniestra de monjas", donde recibió repetidamente premios y bandas
de honor como estudiante ejemplar. Para su preparatoria, ingresó a
la primera Universidad Femenina de México, de la que expresó lo
siguiente durante una entrevista con el Dr. Franco Ortiz con motivo
de la recepción del *Premio Internacional Fernando Ortiz*:

> Excelente institución donde casi todos los profesores eran
> españoles del exilio, y donde por primera vez se abrió la
> oportunidad a las mujeres de una mejor educación. Yo hice
> dos bachilleratos: el de química por imposición maternal y
> el de humanidades por gusto propio. Todas éramos jóvenes
> inquietas y ansiosas por estudiar. En nuestra generación
> había hijas de refugiados y de familias judías entre quienes
> aprendí, por referencia, a ver el mundo desde distintas
> experiencias. De la experiencia judía aprendí que después
> de un gran dolor se puede recomenzar la vida. Las hijas del
> exilio español estaban rodeadas por una historia de tragedia
> y heroísmo... Las mexicanas éramos la mayoría. Este fue un
> período en que leí todo lo que cayó en mis manos, desde los

clásicos españoles hasta los autores que me fascinaron para siempre: Wilde, Hesse, Zweig. Descubrí la música sinfónica y organicé dos grupos de rumba, solo eran admitidos quienes profesaran esa religión. (2)

En el curso de su educación preparatoria se hizo muy amiga de Harriete Jones, una joven afroamericana de Estados Unidos con quien pudo viajar y vivir en Chicago, Illinois durante un año y en Harlem, Nueva York por otro: "Jalábamos juntas pa todos lados." La convivencia con esta "familia rica que tenía negocios en México", también le permitió conocer importantes personalidades del ambiente afroamericano del Harlem en Nueva York: Louis Armstrong, el gran músico de Jazz de todos los tiempos. "Lo conocí, no porque él me quisiera conocer, sino porque yo estaba con la familia Jones cuando me lo presentaron", explica con gran sentido del humor. También, conoció a la activista, antropóloga, directora y bailarina del Ballet Africano, Katherine Mary Dunham. Ambos, grandes figuras del espectáculo negro del Teatro Apollo: "Catedral del espectáculo negro del mundo. O del Cotton Club", dice. Infortunadamente, la doctora Montiel perdió contacto con su amiga Harriete Jones a quien ha tratado incansablemente de localizar.

Durante este tiempo, la convivencia con su familia afroamericana y el mundo negro incrementó su conocimiento sobre los negros en los Estados Unidos, su lucha por los derechos civiles, sus sufrimientos y la visible discriminación de la que ellos han sido objeto por siglos. Entendió el racismo de los Estados Unidos por experiencia propia porque como mexicana, también vivió la exclusión en su esfuerzo por circunscribirse en la comunidad negra y/o en la blanca en "el país más segregacionista del mundo que hay. Ni en el *South Side* de Chicago, ni en el Harlem me aceptaron. Era invisible porque no era una de ellos. Los sentía, los veía pero ellos a mí, no. Sin embargo, me concentré en el mundo de la música, el baile y los cantos en las iglesias protestantes del Harlem", expresa con melancolía. Estas experiencias no gratas, marcaron su desazón por el idioma inglés. "Lo leo, pero lo hablo y lo escribo muy mal. Mi inglés está ligado al recuerdo y a mis experiencias vividas en Estados Unidos". Igualmente, critica el hecho de que:

En los Estados Unidos se hable de democracia cuando existe
un grupo llamado Ku Klux Klan, ¡esto es Edad Media! Además, en Estados Unidos la burguesía negra se olvida de su
ascendencia, y aun así el negro rico sigue siendo marginado
en la colonia de blancos. No hay convivencia. No hay el
Melting Pot, la mezcla de la que se habla. Todos los grupos
étnicos están separados. (Martínez Montiel, Silva I)

De los Estados Unidos, viajó por varias islas en el Caribe, con
el único propósito de bailar. Después, Martínez Montiel fue a una
escuela privada de monjas en Suiza, "¡una escuela espantosa de niñas
ociosas a donde mi madre me mandó para alejarme de 'los negros'!,
como ella les decía". Sin embargo, desertó de este colegio al conocer
a Keita Fodeba y su Ballet Folclórico Africano a quienes siguió hasta
París por un año. "Este espléndido empresario y artista me permitió
convivir con sus bailarines". Con ellos aprendió los bailes, coreografías y cosas de África. Su estancia en París fue difícil, pero lo hizo por
estar con estos bailarines hasta que su familia le puso un alto: "Mi
madre me levantó la canasta, la herencia de mi abuelo paterno que ella
administraba porque mis planes se le hacían descabellados, y como no
era independiente ni autosuficiente me tuve que regresar a México".

En 1957, regresó a México para continuar formándose en su vocación, donde se recibió como etnóloga por la Escuela Nacional de
Antropología e Historia (ENAH). Luego, en 1965, dejó todo, y regresó
a París "sin beca y con 75 dólares" para estudiar en la Sorbona donde
recibió el diploma como Africanista por el Centro de Estudios Africanos. Durante su estancia en París, trabajó como titular en la Escuela
Práctica de Altos Estudios y fue una mujer muy activa en la academia. Participó en seminarios, conferencias, congresos y en simposios
donde conoció a importantes investigadores, profesores y estudiosos
africanos con quienes se vinculó y formó grandes amistades. Luego,
en la Universidad René Descartes en París, se doctoró (1973) como
etnóloga con la tesis titulada *Arte y Máscaras en País Yoruba*. "Fui alumna
de Levy Strauss de quien no aprendí nada. Confieso que nunca pude
comprender el estructuralismo, esta teoría rebasó mi capacidad, mis
alcances llegaban apenas y no muy bien, a lo elemental del marxismo",

comenta sin turbarse. Parte de sus satisfacciones es el haberse financiado sus propios estudios y su estancia en París trabajando como:

> Mesera en la cafetería de la Casa Italiana en la Ciudad Universitaria, guardarropista en un club nocturno. Me divertí muchísimo. Fui barman también, hasta que conseguí un empleo en el Museo del Hombre en el Departamento de África Negra, con Jacqueline Delange, la notable crítica de arte africano y de Michel Leiris, el gran poeta de Afrique Fantome. Todavía me parece increíble haber estado junto a ellos aprendiendo los fundamentos del arte africano. (Martínez Montiel, Silva II)

Gracias a este empleo, la doctora Martínez Montiel fue incluida en las misiones a África, y así fue como viajó repetidas veces a este continente. Esta experiencia, asegura "fue la más rica de mi juventud porque viajé por toda Europa y África visitando todos los museos y las salas dedicadas a lo africano y la esclavitud. Incluso, tuve acceso especial a muchas colecciones privadas". Sin embargo, también fue presa del racismo francés, el cual no está basado en el color de la piel o el aspecto, sino en lo cultural. "Francia es la civilización, los franceses lo dicen. Los demás pueblos son bárbaros, por eso colonizaron parte de África y las Antillas para civilizar. Idea racista de superioridad que esta cultura siempre ha tenido". En Francia, ella sufrió por mexicana. Sin embargo, reconoce las grandezas que tiene la academia francesa. "Mis maestros eran anticolonialistas".

> Cómo olvidar a los amigos, a los camaradas que me dieron otra visión del mundo y de la vida. Para mí, todo eso y más es Francia, el país que me formó, el espacio académico donde aprendí a pensar, los años juveniles del amor, de la militancia política, la edad de los sueños y de los ideales compartidos. (Martínez Montiel, Silva)

Al terminar sus estudios en París, Martínez Montiel viajó a Cuba, Jamaica, Haití y Trinidad, hasta su regreso a México. Se doctoró en Estudios Latinoamericanos por la UNAM, 2006, donde ha sido docente por treinta y cinco años hasta el 2009, año en que se jubiló. En su tesis propuso establecer un esquema de análisis de las culturas afroamericanas y sus manifestaciones culturales de manera conceptual y teórica. También, ha impartido cursos, conferencias en Europa, América Latina y el Caribe. En el INAH es investigadora de tiempo completo, y donde también está a punto de jubilarse. Algunos de sus cargos fueron: directora de Patrimonio Cultural en Veracruz por tres años, directora del Museo Nacional de las Culturas del INAH, y luego coordinadora de "Afroamérica. La tercera raíz".

Su residencia ha sido mayormente en la Ciudad de México. Sin embargo, la profesora ha vivido en Puebla y Veracruz. En el extranjero, vivió en Paris por doce años, tres años en África, dos años en el Cairo, Egipto, y dos años en Haití: "Aquí el pretexto fue el amor. Eso creía, pero en realidad fue el tema de los negros y el país". Cuba es uno de sus países predilectos:

> Al primer estornudo, viajo a Cuba y me refugio en el 'Callejón de los Rumberos' y con cuatro horas de tambores, me alivio. Cuba es un extraño fenómeno de riquezas intangibles que han creado una cultura única llena de música, ritmo, imagi- nación, espiritualidad, creatividad, alegría, todo en cantidades enormes, casi sin límite que les ha permitido resistir con dignidad todas las vicisitudes. (Martínez Montiel, Silva I)

Incluso, fundó el Museo de la Amistad México-Cuba en Tuxpan, Veracruz. También, ha viajado por varios países y continentes: Europa, América, Oriente Medio y varios países en África, entre otros. Ha realizado un extenso trabajo de campo en sus viajes a México, Argelia, Marruecos, Túnez, Senegal, Nigeria, Haití, Cuba, Puerto Rico, República Dominicana, Estados Unidos (Nueva York), Venezuela, Israel, Líbano, París y Egipto. Su foco de atención ha sido conocer la demografía cultural, no los niveles de racismo o discriminación que existen en el mundo contemporáneo. Siempre ha abogado por "la defensa de los negros como ciudadanos comunes, ya que no es co- rrecto que a los rasgos físicos se les atribuyan rasgos de inferioridad/ superioridad. Cuando se reconozca la diversidad se borrará el estigma que se ha creado en las naciones".

Después de su primera visita a África en 1964, ella ha regresado varias veces. "Llegar al África Negra fue la odisea de mi vida, mi bautizo de fuego, mi *rite de pasage*, el encuentro para el que me había preparado desde mi infancia cuando hice (1946) aquel mapa de África en el sexto año de primaria". La profesora Montiel comenzó su ruta por África visitando el norte, Senegal, las Misiones del Oeste. En sus viajes ha recorrido desde los lugares más contemporáneos y modernos de las ciudades principales, hasta las junglas y villas más remotas del continente. Estos viajes le han permitido familiarizarse con las tradiciones africanas y sus costumbres que la hacen sustentar sus conocimientos sobre sus investigaciones y acrecentar su acervo artesanal y cultural. Incluso, hizo trabajo de campo para su tesis sobre un pueblo Yoruba viviendo ahí por cuatro meses y participó en el Festival Mundial de las Artes.

Luego, en su primera visita a Cuba en 1956 tuvo la oportunidad de conocer a Fernando Ortiz, el gran pionero africanista; por medio de una de sus tías quien se lo presentó. También, comenzó a ir a ceremonias de Santería.

> Voy a ceremonias de santería tanto como puedo. Todo un tratado de cultura en cada ceremonial. El fenómeno religioso es muy importante para mí porque uno no puede olvidarse de la espiritualidad de los pueblos. Actualmente, estoy completando un texto sobre el tema. (Silva II)

Es así como ella ha estudiado e investigado ampliamente la Santería cubana y su relación con las ceremonias africanas. Sin ser creyente ni practicante, Martínez Montiel encontró en la santería una institución fundamental en la que se apoya la cultura cubana: baile, danza, tambor. Por ejemplo, "el poder de la palabra que transmiten los predicadores de las iglesias protestantes viene de África. Los coros, la rítmica. Al habérseles prohibido los tambores a los negros-esclavos, se hacen de la palma y el tap para acomodarse a las exigencias que se les impusieron". Estas experiencias la llevaron a escribir: *Religiones afroamericanas* (2005), un estudio sobre el vudú de Haití, la santería de Brasil, el candombe de Uruguay, el palo mayombe de Cuba, entre otras religiones de descendencia africana.

La africanidad y su gusto por la música han sido fundamentales en su vida y su carrera profesional. La música ha sido un vehículo de conexión con lo que estudia. Estas experiencias definitivamente aumentaron su entusiasmo por el estudio de la africanía, aunque su vocación ya estaba definida desde hacía muchos años.

> Mi vocación nació conmigo, desde niña tuve un encaramiento con todo lo que derivaba de la música, el tambor y la llegada de cubanos a México. La música cubana me inició en la alegría de estos estudios, el diplomado de africanista, así como las religiones africanas, las cuales son manifestaciones musicales en su totalidad. Estudiar sobre las culturas africanas me dio todo un horizonte de nuevas posibilidades. Su versatilidad, originalidad, e intensidad con las que manifiestan las emociones, la danza, la rítmica y la oralidad han sido mi fascinación. (Martínez Montiel, Silva I)

Martínez Montiel comenta que siempre ha sido una mujer afortunada porque ha tenido varias familias: "su familia genética y su familia escogida". La escritora afirma que:

> Desde mi adolescencia, por mi carácter rebelde me la barajé muy bien sin familia. Me inventé solita. A los 17 años renuncié por completo a los proyectos que los demás tenían para mí y me dediqué a buscar a lo negro en el libro del mundo. Mi familia no tiene nada que ver con mi profesión. Soy afortunada de tener familia genética de quienes tengo recuerdos maravillosos de infancia y mi familia escogida: amigos muy preciados que corresponden a una generación que ya se está despidiendo, pero sigo acompañándome con los que quedan. (Silva I)

Sin embargo, una de sus grandes frustraciones fue el que "la Dunham", como la doctora Martínez Montiel llama a la bailarina Katherine Mary Dunham, no le hubiera permitido bailar en su ballet.

> Por güera sufrí esta exclusión, por eso me opongo a ideas relacionadas con el color de la piel. No le llegué al color,

¡ironías de la vida! Los negros bailan distinto. Lo tienen en
la sangre. ¡Gran falacia! La genética no tiene que ver con la
cultura. Todo es asimilable. (Martínez Montiel, Silva I)

Sin embargo, acompañó a "La Dunham" y su *troupe* por México y
Haití, "en calidad de secretaria, que consistía en cargarle el bolso, las
medicinas, ser recadera y acompañarla a todas sus presentaciones". En
este tiempo, ella aprendió las danzas y coreografías de ver y estar con
ellos porque no fue parte del ballet en sí. Martínez Montiel estudió las
danzas africanas para entenderlas y como parte de su fascinación por
lo africano. "Bailo bien, es educación. De hecho, bailé como trompo
en las fiestas y ahora bailo todos los días", dice con alegría.

Durante su formación ha habido varias personas que la han influenciado positivamente. Afirma que su familia no tuvo mucho que ver en
su decisión de estudiar la africanidad. En cambio, la coreógrafa Dunham: "encausó sus inquietudes y la convenció de estudiar antropología
y dedicar su vida al estudio de las cultura africanas y su influencia en
América Latina" (Vega). Recuerda con gran cariño al francés Roger
Marius Cesar Bastide (1898-1974), su tutor y orientador durante su
preparación como africanista y afroamericanista en la Sorbona, París.
"Bastide me tendió el puente entre África y Afroamérica. Ha sido
mi líder teórico, sigue siendo mi oráculo. Con él tracé mi retorno
"Afroamérica se estudia en Afroamérica, me dijo" (Ortiz). Sus libros
e investigaciones le dieron muchas herramientas para continuar estudiando la africanidad y fundamentarla. También, admira los trabajos
y contribuciones hechas por el Movimiento Cultural de las Antillas,
entre los que figuran los poetas de la negritud: la producción del poeta
y político afromartinico, Aimé Fernand David Césaire (1913-2008).
O la del poeta Haitiano, René Depestre (1926). Tampoco olvida a
sus maestros quienes le enseñaron bastante y a quienes admira como
personas y por su trabajo: el mexicano Gonzalo Aguirre Beltrán (1908-
1996), Eli de Gortari (1918-1991), su amigo el arqueólogo José Luis
Lorenzo (1921-1996). Así, como la gran admiración que siente por
la Comandante Ester del Ejército Zapatista quien lucha tenazmente
por la defensa de los grupos indígenas en México.

El año de 1974 marcó el inicio de su larga trayectoria. Ha promovido la educación, la investigación, ha trabajado sin parar y con grandes

satisfacciones, aunque todavía le falta disfrutar la más grande de ellas, afirma la autora. Esto será cuando vea la inclusión de *La tercera raíz* en los programas de educación básica de la Secretaría de Educación Pública (SEP) en México. "Ojalá lo alcance a ver, porque ¡qué difícil ha sido convencer en México a las instituciones de la importancia de los estudios africanos y afroamericanos!", dice.

Algunos de sus logros han sido homenajeados por varios premios como la Presea "Gonzalo Aguirre Beltrán" por su trabajo sobre la "Resistencia Esclava en América". En Cuba fue merecedora del Premio "Fernando Ortiz (2004)", y el premio "La Casa del Caribe 2000". En 1966, Martínez Montiel fue invitada de honor al Primer Festival Mundial de Artes Negras en Dakar. También, fue nombrada "Embajadora del renacimiento africano en América Latina" por la Asociación de Culturas Africanas *(African Culture Association)* de la República de Benin, África; y la Asociación de Historia de Tanzania. En España, Checoslovaquia, Rumania, Puerto Rico, Ecuador también ha sido reconocido su trabajo: "Nadie es profeta en su tierra", dice. Estos son algunos de sus reconocimientos. Sin embargo, su homenaje más grande, dice "tiene que ser el premio a la necedad. Soy necia y persistente en esta tarea que necesita difusión, principalmente en nuestro país".

La profesora Martínez Montiel es fundadora de los estudios de África y Afroamérica en la Facultad de Filosofía y Letras, en la Facultad de Ciencias Políticas y en el Centro de Estudios Latinoamericanos de la UNAM. Dirigió el Programa de Estudios de las minorías étnicas no indígenas. Ha impartido los cursos: "Historia de África", "Seminario de historia de México moderno: Los procesos migratorios siglos XVI-XX", "La presencia africana en América", "Culturas migratorias", "Historia de la cultura en América Latina", "La presencia africana en América", "Mundo africano edad moderna" y "La población negra", entre otros más. Algunas de estas cátedras han sido impartidas en varias universidades nacionales e internacionales, como en Cuba, España, Puerto Rico y París. También ha diseñado cátedras especiales para estudiantes y maestros que reconocen su labor, "ya que en esta área no hay corrientes metodológicas, entonces solo hay agrupaciones por tendencia e intereses". Y ha dirigido tesis de maestría y doctorado, con el tema de la esclavitud africana y otras cuestiones afines.

Al tratar el estudio del negro en México, el marco de referencia se extiende a su contexto latinoamericano, y se recurre al método comparativo que permite aprovechar los numerosos estudios monográficos sobre los temas de la esclavitud en diferentes países de nuestro continente. Este método nos permite las generalizaciones al mismo tiempo que el análisis detallado y la posibilidad de establecer tipologías, a partir de la experiencia particular de cada una de las sociedades esclavistas en la gran formación latinoamericana. (Martínez Montiel, Nación multicultural)

La doctora Martínez Montiel es autora y coordinadora del "Proyecto afroamérica. La tercera raíz". En 1974, ella inicia:

> Este proyecto en el INAH ha tomado como partida la obra de Gonzalo Aguirre Beltrán. El propósito inmediato fue sistematizar la información de las investigaciones que de manera aislada y discontinua se habían realizado hasta el momento, entonces había que elaborar un proyecto que abarcara todos estos temas. La creación de un banco de datos. (Martínez Montiel, Nación multicultural)

Este trabajo continuó, pero bajo la Dirección de Culturas Populares del Consejo Nacional de la Cultura y las Artes (CNCA), en el marco de la conmemoración de los 500 años del descubrimiento de América en 1989. A través de este proyecto, Martínez Montiel ha coordinado varias actividades culturales, como incrementar el acervo de varios museos. En 1987, en el Museo de la ciudad de Veracruz "se instaló por primera vez en un museo mexicano una sala de la esclavitud", incluso la creación concreta del Museo de las Culturas Afromestizas 'Vicente Guerrero Saldaña' en Veracruz. En otros museos, ha contribuido a la difusión de material pictográfico inédito de varios autores, como por ejemplo, en el Museo Nacional de Culturas Populares con exposiciones como: 'México Negro' de Tony Gleaton, 'Afroamérica' de Adalberto Ríos, entre otros más. A la vez varias exposiciones itinerantes en el país incluyen documentales, vídeos y una variedad de artesanías, y artefactos africanos de "Nuestra tercera raíz" que celebran la multi-presencia africana y rememoran la trata de esclavos en el mundo. En sus esfuerzos por contribuir a la difusión de *La tercera raíz* ha tratado de donar un gran acervo cultural a un museo de Veracruz: piezas africanas, tambores, máscaras, objetos rituales, cuadros, pinturas, esculturas, obras de todo tipo; biblioteca, archivo, banco de datos de África y América Latina recabado durante cincuenta años de trabajo de campo; pero no ha sido posible porque el museo no ofrece seguridad de resguardo a este material tan valioso y único. "Se van a morir conmigo porque no hay seguridad". Sin embargo, su donación que ha sido todo un éxito y que ha asombrado a la gente porque esto no se enseña en las escuelas, es su "Exposición gráfica didáctica itinerante de la tercera raíz en México", que ha estado en Veracruz, Jalapa y Córdoba, y está destinada a recorrer toda la República Mexicana y luego, Mallorca y Alcalá en España. Después, continuará en La Habana, Cuba.

Bajo el "Proyecto afroamérica. La tercera raíz", también, han celebrado festivales afrocaribeños con la participación de grupos nacionales e internacionales, de los cuales se han editado discos compactos de música y ritmos tradicionales afroamericanos. De igual forma, se han llevado a cabo foros como el de "La proyección histórica y las perspectivas de los pueblos afroamericanos" en 1992 con la participación de sesenta especialistas mexicanos y extranjeros, y el foro "El Caribe que nos une" (1993) en Santiago de Cuba, donde se rindió homenaje a los humanistas mexicanos: Gonzalo Aguirre Beltrán y Guillermo Bonfil Batalla. En este se trataron temas sobre la identidad, idiomas y lenguas criollas, religión y cultos sincréticos dándose así, el diálogo histórico entre México y la región caribeña. También se presentaron exposiciones de artes plásticas y testimonios fotográficos, cine y video, conciertos didácticos, encuentros de orquestas, teatro y danza. (Martínez Montiel, Nación multicultural)

En 1996, se funda la "Organización no Gubernamental Afroamérica México, A.C." asociada a "La Ruta del Esclavo" UNESCO, quedando como Presidenta la Dra. Luz María Martínez Montiel. Desde el inicio del Proyecto, se impartieron con regularidad: conferencias y cursos sobre diversos aspectos teórico-metodológicos y temáticos de "Nuestra tercera raíz", en diferentes unidades regionales y centros de enseñanza superior en México y el extranjero. Con los guiones que el proyecto documentó, Radio Educación (cuarenta y cinco programas) y la Televisión Cultural trasmitieron información especializada sobre los temas de "Nuestra tercera raíz" y se editaron dos vídeos y discos compactos de música para distribuirlos a la prensa mexicana e internacional.

En 1994, la profesora fue invitada por el Director General de la UNESCO a formar parte del Comité Científico del proyecto "La ruta del esclavo" UNESCO. Este proyecto se inició en Ouidah, Benin en un trascendental foro internacional auspiciado por la UNESCO. En el INAH, la profesora Martínez Montiel dirigió este proyecto inter-disciplinario hasta el 2007.

> El programa "La tercera raíz de México" ha concedido importancia esencial al carácter plural de una identidad por largo tiempo negada. Esta convergencia de iniciativas marcó la preocupación (del Programa) por la verdadera historia y la exigencia ética, con nuevas percepciones sobre las con-secuencias de la trata negrera. (Federico Mayor, Director General de la UNESCO en Martínez Montiel, Nación multicultural)

Martínez Montiel es una figura dominante en el panorama nacio-nal e internacional en lo que se refiere a los estudios africanos y la influencia africana en América por su extensa obra escrita, sus cursos y su participación en festivales que festejan la presencia africana. Su polémica tesis dice que:

> A todos los mexicanos el mestizaje nos hizo afroindo-americanos. El mestizaje no delimita fronteras de los afros o no afroides. México no se divide entre indio, europeo y africano. No. Somos mexicanos con las tres raíces: europea, africana y mexicana. (Martínez Montiel, Silva I)

La defensa de esta polémica tesis ha sido parte de su trabajo diario, ya que en México es muy difícil que una persona reconozca estas tres influencias. Entonces, su reto es lograr la aprobación e integración de esta noción de "La tercera raíz de la identidad mexicana" como parte de la reforma de los programas de educación básica de la SEP. Los niños mexicanos necesitan aprender historia integral sin omitir "La tercera raíz". "Los retos son la burocracia y la política y otros caminos de la oficialidad por los que la educación y la enseñanza ni siquiera transitan", señala la investigadora y agrega que:

Hay que crear conciencia histórica para combatir el criadero de aves siniestras que van difundiendo el virus del racismo y enseñar el respeto por la diversidad cultural, para que deje de haber indios, negros porque todos somos iguales en México, somos indoeuroamericanos. Hay que enseñar la historia que no está en los libros de educación oficial, la que ha sido omitida, negada y ocultada. (Martínez Montiel, Silva I)

Además, este programa integral se debe acompañar de géneros musicales, porque "México es un país que disfruta de la música, y esto ya se tiene en los festivales también. Es un sistema de comunicación que no necesita traducción o interpretación".

En México, la africanía está presente en todos los ámbitos cotidianos de la vida y la idiosincrasia del mexicano afirma la Doctora Martínez Montiel. Por ejemplo, con los chamanes, en la religión; la influencia caribeña está en el danzón, la globalización de ritmos caribeños, los colores vivos, la decoración de las casas, templos y edificios públicos; en la gastronomía en la transformación de alimentos, de ahí vienen las frituras. Las aportaciones africanas a la cultura popular están en la oralidad, lenguas criollas, literatura y poesía populares, los refranes, las leyendas, la tradición oral, la medicina tradicional, la ecología, la religión y la magia. "Signos todos de una africanización del indígena y una indianización del negro". Demográficamente el fenotipo afrodescendiente se puede encontrar en Puerto Escondido, Costa Chica, Acapulco, San Nicolás, Tolentino en Guerrero, Yawar, Coyolillo, Cuajinicuilapa en Veracruz. "Un sello específico de africanía distingue a Veracruz de otros puertos del Golfo de México". Sin embargo, los habitantes de estos pueblos no se reconocen como tales. Ya que la identidad de estos individuos, como la de cualquier otro, está definida por la educación y la cultura, no por el color de la piel. "Si la gente no ha entendido su historia, cómo va a construir su identidad", inquiere.

En sus estudios explica que en México *La tercera raíz* ha sido negada porque se ha dado más atención al sector indígena, al cual se ha tratado de reivindicar por considerárseles como los verdaderos dueños del país. Sin embargo, su estatus social sigue igual. En cambio, la paradoja del negro, es que este ha evolucionado de esclavo a ciudadano y, luego, ha entrado a varios sectores de la economía nacional, pero el indígena, no; y a pesar de esto, el primero sigue en las sombras. "El negro quedó opacado porque no dejó obra física, por más que fue el constructor de América" (Martínez Montiel, Ornelas).

En México, el color de la piel no define nada porque nadie reconoce esta herencia africana. "Los mexicanos hemos perdido al negro de piel, pero hemos retenido su espiritualidad y su herencia cultural. Las dos están integradas a nuestra cultura nacional y a nuestra identidad, lo africano es nuestra tercera raíz, aunque no todos tengamos conciencia de ella" (Silva). "Sin importar el color de la piel, la africanía es una raíz que los mexicanos no conocemos, pero que está en el *México profundo* de Guillermo Bonfil Batalla y, por lo tanto, en la cultura nacional" (Martínez Montiel, Vega). Además agrega que "México es una nación multicultural debido a las migraciones de: judíos, árabes, japoneses, alemanes. Los negros de África se cosificaron. Los desvirtuaron. Los despojaron de su identidad". De suma importancia, encuentra que:

> Los matices que puso el africano a la cultura mexicana, entre
> ellos la extroversión, no viene del español ni del indígena. El
> grito ranchero del mexicano es el del negro que pide salir del
> interior del mexicano. Salida y liberación, a través del grito
> de alegría y/o dolor, porque con esto llama la atención. El
> indígena, en cambio, es reflexivo, introvertido y callado. El
> negro grita, baila, brinca en muchedumbre. (Martínez Montiel,
> Silva II)

También, la doctora Martínez Montiel se detiene en los géneros musicales, como diferentes sistemas sonoros, rítmicos y vehículos de aprendizaje, pero explica que no es lingüista o musicóloga. La cultura tiene mecanismos de retención, de aprendizaje y de transmisión directa, de la familia, de la localidad, y sobre todo de la educación. Entre las variantes unos entienden más la música y el uso de la palabra, la melodía y la rítmica. Por ejemplo:

> En África, no hubo escritura, por cuestiones geográficas.
> Los sonidos viajaban más rápido que la escritura. Entonces,
> se sustituyó la escritura por la rítmica del tambor, su gran

aportación al mundo. El tambor de las ceremonias religiosas mueve a todos, semánticamente da órdenes. Funciona
como lenguaje corporal que no necesita traducción y llega
directamente a la parte afectiva de la persona o el grupo.
Por ejemplo, en la santería de origen Yoruba, el tambor
es específico de acuerdo a la deidad que se llama. Esto es
aplicable a otros rituales en el candomblé, candombe, y el
palo mayombe. (Martínez Montiel, Silva I)

La contribución bibliográfica de esta investigadora es muy rica
en contenido y en número, siempre con la pretensión de divulgar en
México, el continente latinoamericano, el Caribe y Europa la herencia
y presencia africana. La autora agrega que estos "libros son de quien
los lee. No escribo pensando en un público específico". En sus escritos, ella defiende la unidad y el entendimiento, y exhorta a que toda la
humanidad se hermane para lograr los mismos objetivos. "Hay que
borrar el estigma de negro, sinónimo de esclavo. Raíz africana factor
de júbilo y orgullo". Además, objeta que "La tercera raíz en México"
sea parte de una diáspora, lo cual no puede ser, ya que la diáspora
implica la migración voluntaria, el mantenimiento de la identidad del
mismo grupo, a la vez de que participa de la nueva cultura a la que se
ha mudado. En cambio, el caso de los negros no fue una migración
voluntaria. "El negro vino encadenado por la fuerza, y se le obligó
a perder su cultura y a reinterpretarse. Lo marginaron, excluyeron
y explotaron. En otras partes, sí se dio una emigración de afrodescendientes al continente, muchos fueron al Caribe, Kingston, Belice,
Jamaica, a Puerto Limón en Costa Rica".

Entre 1989 y 1998, se publicaron en la editorial del CONACUL-
TA los cuatro libros de la serie "Nuestra tercera raíz" que reúnen los
ensayos monográficos de investigadores mexicanos, latinoamericanos,
caribeños y europeos sobre la presencia africana en México, Centro
América, el Caribe y Sudamérica, además de las memorias de los
Encuentros de afromexicanistas en coedición con las Universidades
de Colima, Michoacán y Veracruz. *La gota de oro* (1988) trata sobre
las minorías étnicas y los procesos de integración económica, social y
cultural de los inmigrantes de diferentes orígenes llegados a México
en distintas épocas. Por otra parte, Gonzalo Aguirre y Silvio Zavala

consideraron *Negros en América* (1992) como la mejor obra de la Profesora Martínez Montiel, una historia monumental del negro y sus aportaciones en América (Franco Ortiz 5). Este estudio constituye un recorrido sistemático de la presencia africana, histórica y antropológica de Canadá a Argentina. "Aunque yo no estuve muy de acuerdo con el título, ahora la voy a reeditar como *Africanos en América. Afroamérica III* (2008)" (Silva III). Por su parte, ella considera que *Afroamérica: La tercera raíz en México* (1995), es el libro que más trabajo le ha costado, por lo polémico y por la falta de bibliografía sobre el tema. Sin embargo, disfruta de su creación porque dice: "es su obligación y compromiso dar respuesta a todo lo que se pregunta sobre la existencia de los negros en México". En esta obra se ocupa del largo proceso de esclavitud anterior al descubrimiento de América, para luego detenerse en la presencia de africanos tanto en el Caribe como en otras zonas de América.

En 2004, la UNAM publicó *Inmigración y Diversidad Cultural en México* una propuesta metodológica para investigar las culturas migratorias. También, el mismo año, la UNAM publicó *Afroamérica I. La ruta del esclavo.* En *Africanos y pueblos originarios* (2006) editado por el Museo Afroperuano se compilan investigaciones de destacados intelectuales, entre ellos Luz María Martínez Montiel, quienes tratan sobre las relaciones armoniosas, solidarias y de confluencia entre afrodescendientes e indígenas en diversos espacios. En la reedición de su libro *Africanos en América. Afroamérica III* (2008) en Cuba, dedica un capítulo a la contribución cultural que dejaron los africanos en los Estados Unidos; donde además el nombre de Barack Obama, recién electo presidente de los Estados Unidos, figura; "no como un mesías, sino como un personaje orientado al cambio, un cambio que se verá en qué consiste, solo en sus acciones por venir" (Silva III). La escritora espera que "Obama no olvide que la Casa Blanca fue construida por esclavos a pesar de que él no tiene la experiencia de la esclavitud en sus ancestros y, espera ver cambios para las minorías también" (Silva III).

A través de sus investigaciones y exposiciones, la autora exhorta a aprovechar la crisis global para construir sociedades más justas, culturas de paz, no para la exportación de armas. "Hay que ver la presencia africana en América como crecimiento de fuerzas productivas, ya que la construcción de América viene de manos esclavas y no se le ha hecho justicia todavía. Cuarenta millones de esclavos nos dieron de comer, cuatrocientos pelearon en la Revolución Industrial en Inglaterra". Además de textos de investigación, la doctora Martínez Montiel ha recolectado sus cuadernos de campo:

> Es la crónica de mi vida, vivo haciendo trabajo de campo y mis escritos tienen de personal y literario, no salen como ciencia. Es una edición muy personal de vivencias no censuradas por la metodología o el discurso de investigación... La obligación del que ha visto algo es transmitirlo, yo dejaré mis cuadernos. (Silva III)

La profesora Martínez Montiel vive con su tía-prima, Silvia Guiot González, entre la Ciudad de México y Cuernavaca. Hace apenas siete años que ambas se reencontraron. "Ella me festeja mis logros, libros, esfuerzos y me acompaña atendiéndome cuando me atacan mis dolencias". Su rutina diaria es caminar tres kilómetros, desayunar frugalmente y bailar a diario. En la comodidad de su casa, se sienta a escribir y trabajar de ocho a tres de la tarde diariamente para abonarle a algún libro, dice. Alternativamente, contesta el teléfono. No asiste a reuniones, bares, bailes. No fuma, no bebe. En cambio le gustan los festivales afrocaribeños, como el festival del Caribe en Santiago de Cuba. Le gusta leer, ver películas sobre negros, cine europeo donde hay negros o el estadounidense donde es clara la presencia afrodescendiente; así como viajar. Disfruta del plato cubano de arroz con frijoles, los plátanos fritos veracruzanos y el queso. Sobre religión comenta que no es practicante, "ni creyente de nada, con todo lo que he visto en Cuba y Haití y leído en el fondo de todas las creencias y religiones está el ser humano, sin el ser humano no habría nada de esto, el ser humano es un elemento fundamental y grande del mundo". Desde que tenía veintiocho años ha sido participante de la "Asociación ciudad del mundo", ideología que propone la noción de que uno puede vivir donde sea con la condición de comprender a las personas. Siempre está a gusto en todas partes, pero está donde le tocó vivir para hacer algo positivo, viaja por interés. Va y viene rodeada de libros, recuerdos y la música, el motor fundamental de la vida. Sus planes son: vivir con salud, relajarse y jubilarse.

Me jubilo, no para quedarme sentada a descansar, sino
sentada para escribir lo que no he hecho. A ver si alcan-
zo. Repensaré lo que hemos aprendido y ver si sale algo.
Rescribiré *La gota de oro*, tengo pendientes dos libros de las
comunidades judías y libanesas de México con las historias
de los primeros inmigrantes. (Martínez Montiel, Silva III)

Además, sus proyectos son continuar la exposición gráfica itinerante:

Afroamérica, la tercera raíz en el Distrito Federal después de
haberse presentado en Veracruz, Jalapa, Córdoba y Mérida.
Seguirá su itinerancia por la república mexicana. Una copia
está en África, la llevé en 2000 y la entregué al Presidente de
la Organización African Cultures, en Benin hará itinerancia
en otros países africanos. Otra está en Cuba, la entregué a
la Fundación Fernando Ortiz también será llevada por toda
la isla. Otra más, se presentó en 2008 en Palma de Mallorca,
España y será llevada a la Universidad de Alcalá de Henares
y a otras universidades de la península. Lo ideal sería fundar
el Museo de las Culturas Afroamericanas. (Silva)

Después de esto, creo que debo pensar en cumplir con el
compromiso que tengo con mis alumnos de transmitir mi
experiencia con mis cuadernos de campo de tantos años de
ver el mundo con diferentes cristales y de hablar con tantos
interlocutores. En esos cuadernos están: la vivencia de la
Segunda Guerra Mundial, la cultura del café en la que me crie,
la Ciudad de México en los años 1950 y 1960, la Revolución
cubana vivida como algo muy nuestro, la lección del 68 en
Francia, la militancia en el Partido Comunista francés, los
viajes a África, la transformación del mundo y las lecciones
recibidas. (Martínez Montiel, Franco Ortiz)

No comenta más de sus planes porque no se vayan a cumplir,
dice. Su contribución a la historia es el estudio de la identidad mexicana, "darle al mexicano el enriquecimiento de la identidad que se ha
ocultado. El México multicultural, independientemente de todo, mi

trabajo me hace feliz, ocuparme de esto me hace feliz". Sin embargo, sus preocupaciones presentes son:

> El silencio de los jóvenes de ahora, me alarma. Las drogas y el SIDA es una lucha para la que no están preparados. México está mal... Es terrible porque a esta edad, no se puede hacer nada. Solo la educación y la cultura ayudarán a combatir la crisis. (Silva III)

Espera la voz de sus alumnos, "Los jóvenes tienen que tomar la estafeta. ¿Qué harán con el país que les dejamos?".

La doctora Clementina R. Adams incluye a Luz María Martínez Montiel como una de las escritoras afrodescendientes que conforman su libro *Common Threads: Themes in Afro-Hispanic Women's Literature* (1998). "Las escritoras afrohispanas en este libro tratan temas de protesta social, la búsqueda de la identidad, y el rechazo de patrones sociales patriarcales; al mismo tiempo que celebran el amor, las maravillas de la naturaleza, y la belleza universal del espíritu humano... tienen un sentido de justicia social e igualdad humana" (Adams 10)[4].

Es evidente que a través de toda su obra y actividades ella ha defendido y transmitido estos elementos. Como escritora e investigadora afroindoeuropea, Martínez Montiel defiende la identidad, la justicia y la igualdad, la protesta social y celebra la diversidad y la multiherencia cultural que define al mexicano. "Todos somos mexicanos, quiero respeto por la diversidad y que todos reconozcamos las raíces".

Finalmente, dos reflexiones sobre la trayectoria personal e intelectual de la investigadora para concluir con el homenaje a esta gran mujer.

> He sido una transgresora, porque he cruzado las fronteras de lo permitido socialmente. Tuve que robar mi destino para darme licencia de hacer todo lo que nadie me hubiera autorizado. Mi generación fue una generación de transgresoras, gracias a lo cual las jóvenes de ahora están más liberadas y pueden hacer todo lo que a nosotras nos estaba vedado (Silva).
>
> En estos últimos años después de reflexionar sobre mi vocación, que se definió por una búsqueda de identidad vital, existencial, me doy cuenta que me fui por todo el mundo

buscando a los negros y cuando volví me los encontré en mi casa. Y como dijo la poeta mexicana Guadalupe Amor: YO SOY MI CASA. (Martínez Montiel, Franco Ortiz)

Publicaciones de Luz María Martínez Montiel

—. *Afroamérica. La tercera raíz.* (Ilustrado) México: UNAM, 2007.

—. *Afroamérica I. La ruta del esclavo.* México: UNAM, 2006.

—. *Antropología.* México: Editorial Esfinge, 2006.

—. *Inmigración y diversidad en el México multicultural.* México: UNAM, 2005.

—. *Afroamérica crisol milenario.* Instituto Histórico Tavera-Fundación Larramendi. Madrid. 2004.

—. *Culturas afroamericanas.* México: Plaza y Valdés/BUAP, 2005.

—. *Religiones afroamericanas.* Madrid: Fundación Mapfre-Instituto Tavera, 2005.

—. *Presencia africana en Sudamérica.* México: Consejo Nacional para la Cultura y las Artes, Dirección General de Publicaciones, 1995.

—. *Presencia africana en el Caribe.* México: Consejo Nacional para la Cultura y las Artes, Dirección General de Publicaciones, 1995.

—. *Presencia africana en México.* México: Consejo Nacional para la Cultura y las Artes, Dirección General de Publicaciones, 1994.

—. *Memoria del tercer encuentro nacional de afromexicanistas.* México: Instituto Colimense de Cultura, 1994.

—. *Nuestra tercera raíz: La cultura africana. Simbiosis de culturas.* Guillermo Bonfil Batalla, compilador. México: Fondo de Cultura Económica, 1994.

—. *Presencia de grupos inmigrantes en México, europeos y asiáticos. Siglos XIX y XX.*

Simbiosis de culturas. Guillermo Bonfil Batalla, compilador. México: Fondo de Cultura Económica, 1994.

—. *Negros en América.* España: Fundación MAPFRE, 1992.

—. *La gota de oro. Migración y pluralismo cultural en América Latina.* Veracruz: Instituto Veracruzano de Cultura, 1988.

—. *La plástica africana.* Coahuila: Museo Biblioteca Pape, 1982.

—. *Asiatic Migrations in Latin American.* México: El Colegio de México, 1981.

Libros en Preparación y/o en Prensa.

—. *La gota de oro.* 2ª. edición.

—. *La tercera raíz. Presencia africana en México.* 2ª. Edición revisada y aumentada. México: UNAM.

—. *Judíos en México: Cien Historias de Vida. México:* UNAM.

—. *Carta de identidad: Libaneses en México.* México: UNAM.

—. *El exilio de los dioses. Las religiones afroamericanas.*

—. *Afroamérica.* Vols. II y III.

Artículos *in extenso* (20), Artículos (48) y Textos para televisión y radio (10).

Notas

[1] Nombrada así por la Asociación Africana de Culturas Africanas - African Culture Association, de la República de Benin, África; y la Asociación de Historia de Tanzania.

[2] Charlas con Luz María Martínez Montiel en la Ciudad de México.

[3] De aquí en adelante, todas las citas que inserto en el texto que vienen de la profesora Martínez Montiel son tomadas verbatim de las charlas y entrevistas telefónicas referidas en la bibliografía de este documento.

[4] La traducción es mía.

Obras citadas.

Adams, Clementina R. *Common Threads. Afro-Hispanic Women's Literature.* Miami: Ediciones Universal, 1998.

"Antecedentes." *Afroamérica. La tercera raíz.* México nación multicultural. Programa Universitario, 21/06/2007.

Franco Ortiz, Aurelio. "Entrevista con Luz María Martínez Montiel con motivo de la entrega del Premio Internacional Fernando Ortiz." *Catauro. Revista Cubana de Antropología. Fundación Fernando Ortiz.* 15. Cuba (2007): 1-7.

"La obra de Gonzalo Aguirre Beltrán fundamental en la concepción del estado-nación." *Notas del Estado de Veracruz.* Consejo Nacional para la Cultura y las Artes. http://www.conaculta.gob.mx/estados/jun 08/10_ver02.html. 10/06/2008.

Martínez Montiel, Luz María. Nación multicultural – UNAM. http://www.nacionmulticultural.unam.mx/Portal/Izquierdo/INVESTIGACION/Afroamerica/afro_ante-ced.html.

Ornelas, Oscar Enrique. "De los africanos viene el mitote mexicano: Martínez Montiel." *El surco del sembrador. El financiero. Sección cultural.* http://www.elsurcodel sembrador.com/ximopa-nolti/content/view/62/43/. 16/02/2007.

Silva, Angélica. *Charlas con Luz María Martínez Montiel.* México. Marzo, 2009.

—. *Entrevista telefónica con Luz María Martínez Montiel, parte I,* 12/07/2008.

—. *Entrevista telefónica con Luz María Martínez Montiel, parte II,* 13/07/2008.

—. *Entrevista telefónica con Luz María Martínez Montiel, parte III,* 20/01/2009.

Vega, Patricia. "Herencia africana, tercera raíz de la identidad nacional." *Galería. Luz María Martínez Montiel.* Jornada – UNAM. 13 julio, 1998. http://www.jornada.unam.mxcien-galeria.html. 13/07/1998.

PERÚ

TRES AFROPERUANAS EXTRAORDINARIAS: VICTORIA SANTA CRUZ, SUSANA BACA Y EVA AYLLÓN

**NORA EIDELBERG, WESLEYAN COLLEGE Y
MARÍA MERCEDES JARAMILLO, FITCHBURG STATE UNIVERSITY**

Vamos a examinar las contribuciones de tres afroperuanas que se han distinguido en el campo de la música, pues han puesto la música afroperuana no solo en el campo nacional sino también en el mapa internacional. Estas son Victoria Santa Cruz, Susana Baca y Eva Ayllón, artistas sobresalientes que han enriquecido el folclore afroperuano con sus investigaciones y *performances* en la música, la danza y otros elementos de la tradición cultural afroperuana. En su libro *Black Rhythms of Peru, Reviving African Musical Heritage in the Black Pacific*, (2006), Heidi Carolyn Feldman presenta un estudio completo de la música afroperuana y de sus artistas principales. Nos hemos basado mayormente en este libro para escribir este ensayo.

VICTORIA SANTA CRUZ

Victoria Eugenia Santa Cruz Gamarra nació en La Victoria, Provincia de Lima en 1922. Es compositora, coreógrafa, diseñadora y exponente del arte afroperuano. Pertenece a una numerosa familia de intelectuales, artistas y músicos negros cuyas contribuciones a la vida cultural del Perú se remontan a seis generaciones. Es hija de Nicomedes Santa Cruz Aparicio y Victoria Gamarra Ramírez. La madre era la hija del pintor peruano José Milagros Gamarra, considerado como el precursor de la pintura indigenista peruana. Victoria y Nicomedes recuerdan a la madre recitando décimas y bailando la zamacueca[1] y la marinera.[2] El padre vivió en los Estados Unidos a fines del siglo XIX durante su juventud y regresó al Perú después de terminar sus estudios. Era conocedor de ópera, el teatro y Shakespeare y escribió obras teatrales que fueron representadas en Lima a principios del siglo XX (Feldman, 54).

Ella y su hermano Nicomedes Santa Cruz son considerados recreadores y renovadores de la música y danzas afroperuanas. Aunque estas manifestaciones artísticas se remontan a los tiempos coloniales no eran conocidas o apreciadas por el público peruano en general, constituido por blancos, mestizos y andinos. Las manifestaciones musicales eran representadas en jaranas y fiestas en casas particulares, ya sea en los callejones urbanos o en las provincias costeñas donde existe una población negra numerosa pero no llegaron a ser apreciadas por el público urbano hasta los años 1950 y 1960 del siglo veinte. Los blancos consideraban la música afroperuana como pequeños rezagos del pasado, afines a las clases bajas, en este caso, música de negros. Otros negaban su existencia. La única manifestación representada públicamente por negros, era *El son de los diablos*[3] exhibida durante las procesiones del Corpus Cristi en tiempos coloniales y retenida hasta el siglo XX. Posteriormente fue secularizada y llevada a las calles durante los desfiles estruendosos y alegres del Carnaval peruano.

José Durand, un criollo blanco, interesado en el folcloree del pasado peruano, fue el primero en fundar una compañía de danza afroperuana en los años cincuenta. Su compañía se llamó Pancho Fierro, en memoria del pintor y caricaturista del siglo XIX del mismo nombre, quien dejó impresiones de las costumbres y vestuario de la época en sus históricas estampas. La compañía de Durand actuó con gran éxito en el Teatro Municipal de Lima y consagró la música y danza afroperuanas como emblema del peruanismo negro. Después de una gira por Chile en 1958, la compañía se disolvió.

En 1959, Victoria y Nicomedes Santa Cruz decidieron formar una compañía de artistas negros, inspirados por una representación de danzas por la compañía de Katherine Dunham en el teatro Municipal de Lima. Nicomedes formó parte de la compañía Pancho Fierro en 1957, y en 1958 estableció su propia compañía de teatro, Cumanana, que incluyó algunos de los artistas de Pancho Fierro. Victoria se unió a la compañía en 1959, fundando la primera compañía de teatro negro en el Perú. Ambos recrearon números musicales basados en antiguas canciones y danzas. Los hermanos tuvieron diferentes formas de expresión. Victoria inventó y desarrolló un método basado en ritmos y en su "memoria ancestral", mientras que Nicomedes se basó en la investigación etnográfica, en las colecciones del folclore y en estudios literarios (Feldman 55). Victoria Santa Cruz define la "memoria ancestral" como:

> ... formas populares y culturales, enraizadas en África que yo heredé y acepté como vocación ancestral y luego creé una cierta disposición hacia el ritmo, la cual, a través de los años se convirtió en una técnica nueva, 'el descubrimiento y desarrollo de un sentido rítmico' (V. Santa Cruz 1978, 18). Habiendo descubierto, primero ancestralmente y luego por medio de estudios y práctica, que cada gesto, palabra y movimiento es consecuencia de un estado de ser, y que este estado está unido a conexiones y desconexiones a centros fijos de plexus ...me permitió redescubrir mensajes profundos en danza y música tradicional que podían ser comunicados ... El hombre negro sabe por medio del ancestro, aun cuando no es consciente de ello, que lo que es elaborado exteriormente tiene su origen o fundamento en el interior de aquellos que lo generan. (V. Santa Cruz 1988, 85)

Su propósito fue establecer una conciencia de la diáspora, o sea el trasplante de las artes africanas a la costa del Pacífico peruano, por lo cual rechazaba la influencia europea.

La primera obra que crearon los hermanos Santa Cruz se llamó *Zanahary*, y fue presentada en el Teatro La Cabaña en 1960. Esta obra tuvo un gran éxito y afirmó a los hermanos Santa Cruz como iniciadores e innovadores de la cultura negra en el Perú.

La segunda obra de Victoria, en 1961, fue *Malató* en la que actuó como una esclava negra, convertida en la amante del amo blanco, quien luego la desdeña. El esclavo negro y brujo que adora a la esclava trata de reclamarla. La obra en tres actos incluye cantos y poesía compuestos por Victoria y Nicomedes así como festejos, cumananas[4], décimas[5], lamentos[6] y panalivios[7].

En 1961, Victoria obtuvo una beca del gobierno francés para estudiar teatro y coreografía en París. Durante cinco años estudió en la Ecole Superieur de Etudes Chorégrapiques y visitó diferentes ciudades en África y en Europa. A su regreso a París montó y dirigió un ballet, *La muñeca negra* con un elenco de actores cubanos, africanos y antillanos.

Regresó al Perú en 1966 y formó una nueva compañía compuesta por gente del público negro que no tenía necesariamente entrenamiento artístico pero sí atracción a los ritmos afroperuanos. "Teatro y danzas negras del Perú" tuvo mucho éxito. Victoria insistió en que los actores asumieran su negritud y desarrollaran una actitud positiva hacia su identidad negra, combatiendo en esta forma, estereotipos negativos de su identidad racial.

Teatro y Danzas Negras del Perú presentó sus obras en los teatros de Lima y en la televisión, y también realizó giras internacionales, incluyendo las Olimpiadas en México en 1968. En 1968, un golpe militar del general Juan Velasco Alvarado produjo muchos cambios sociales y económicos. Velasco nacionalizó varias industrias y se opuso al control de capital extranjero, especialmente de los Estados Unidos. Promovió el patriotismo nacional diseminando la cultura y música nacionales en la televisión y en la radio para contrarrestar la influencia de la música rock. Estableció el Instituto Nacional de Cultura y en 1969 nombró a Victoria Santa Cruz directora de la Escuela Nacional de Folclore. En 1972, Victoria escribió una nueva obra *Un marido paciente*.

En 1973 el Conjunto Nacional de Folclore, bajo la dirección de Victoria, tuvo a su cargo promover dos tipos diferentes de música, la música andina y la música de influencia africana. La meta del Conjunto fue "compilar, preservar, investigar y diseminar el folclore nacional en la forma de danza, música, canciones e instrumentos musicales" (1978ª, 14). Para educar a los artistas, Victoria utilizó métodos originales que explica en su "Descubrimiento y desarrollo del sentido del ritmo" (1978ª, 15).

Entre las danzas que Victoria recreó y coreografió se cuentan el festejo, que se cree proviene del siglo XIX, la zamacueca, una danza de salón, predecesora de la marinera, bailada por parejas por todas las clases sociales, que se baila blandiendo dos pañuelos blancos y agitando rápidamente las caderas. De acuerdo a Feldman (73), la contribución más importante de Victoria Santa Cruz al renacimiento de la cultura artística afroperuana fue la recreación del landó[8], una danza olvidada, que había desaparecido del elenco afroperuano y que ella recreó gracias a su memoria ancestral. Según Victoria, el landó se remonta a África en una forma directa hacia el pasado africano que precedió a la colonización y a la esclavitud de sus habitantes.

Los instrumentos musicales utilizados por conjuntos afro fueron la guitarra, el bongó, los tambores batá, originarios de Cuba, el cencerro y el imprescindible cajón que se origina durante la Colonia, cuando los esclavos negros en las haciendas de la costa peruana, convirtieron un cajón común, en instrumento musical, abriendo un hueco para ampliar el sonido. Existen muchas leyendas y anécdotas referentes al origen del cajón, entre ellas, la prohibición de los amos en el uso de los tambores africanos porque perturbaban la paz, por lo tanto, inventaron el uso del cajón que era menos conspicuo y menos ruidoso que los tambores. Otros instrumentos usados por los conjuntos afroperuanos son la quijada de burro y la cajita.

Varios de los integrantes de Teatro y Danzas Negras del Perú se separaron de la compañía y actuaron en un restaurante para turistas. Victoria los criticó por comercializar su arte pero los jóvenes no ganaban mucho dinero con la compañía de Victoria y necesitaban sostenerse económicamente. En 1969, fundaron una compañía nueva, Perú Negro, que es la compañía más conocida y celebrada mundialmente como representante de la música y danzas afroperuanas con una historia continua de 40 años. En el mismo año de la fundación ganaron el primer premio en el Festival Hispanoamericano de Canción y Danza en el Luna Park en Buenos Aires, Argentina. El gran éxito obtenido los convirtió en un tesoro nacional. Desde entonces, son conocidos y aplaudidos tanto en el Perú como en todo el mundo. Hacen giras con frecuencia en los Estados Unidos y son los representantes indiscutibles de la música y danzas afroperuanas.

La dictadura semibenévola del general Velasco terminó en 1980; con un nuevo gobierno, las artes folklóricas fueron dejadas de lado y Victoria Santa Cruz decidió aceptar un puesto de profesora en la

Universidad Carnegie-Mellon en Pittsburgh, Pennsylvania, donde enseñó a los estudiantes norteamericanos de teatro a redescubrir y conectarse con sus propias culturas. Al mismo tiempo, durante su estadía en los Estados Unidos, continuó montando producciones teatrales colaborando en *Peer Gynt, Antigona* y en el montaje del poema épico, *Mahabarata,* dirigido por Peter Brook. Después de enseñar en Pittsburgh por diecisiete años Victoria Santa Cruz se jubiló y regresó a Lima donde sigue trabajando interdisciplinariamente, con profesionales como médicos, arquitectos, etc. con el objeto de fundar una organización internacional llamada Salud, Equilibrio y Ritmo. Su última publicación en 2005, se titula *Ritmo: El organizador eterno.* Victoria Santa Cruz es un verdadero tesoro no solo de la cultura afroperuana sino de la cultura peruana en general y por extensión de la cultura mundial. Las profundas huellas que ha dejado en la música ha servido para inspiración a las generaciones futuras.

Me gritaron ¡Negra! es un poema en el que Victoria Santa Cruz recrea un doloroso episodio de su infancia que muestra los efectos nocivos del racismo en la gente afrodescendiente. Al ser llamada negra en forma peyorativa se siente humillada y asume los valores del otro. Poco a poco recupera su dignidad y acepta orgullosa el color de su piel y su pelo ensortijado.

Tenia siete años apenas,
apenas siete años,
¡que siete años!
¡no llegaba a cinco siquiera!
De pronto unas voces en la calle
me gritaron ¡Negra!
¡Negra! ¡Negra! ¡Negra! ¡Negra! ¡Negra! ¡Negra! ¡Negra!
"¿Soy acaso negra?"- me dije ¡Sí!
"¿Qué cosa es ser negra?".
Y yo no sabía la triste verdad que aquello escondía.
Y me sentí negra, ¡Negra!
Como ellos decían. ¡Negra!
Y retrocedí. ¡Negra!
Como ellos querían. ¡Negra!
Y odie mis cabellos y mis labios gruesos
y miré apenada mi carne tostada,

y retrocedí.

(...)

Y pasaba el tiempo,
y siempre amargada
seguía llevando a mi espalda
mi pesada carga

(...)

¡Y como pesaba!
Me alacié el cabello,
me polveé la cara,
y entre mis cabellos siempre resonaba
la misma palabra.

(...)

Hasta que un día que retrocedía,
retrocedía y que iba a caer,
¡Negra! ¡Negra! ¡Negra! ¡Negra!

(...)

¿Y qué? ¡Negra! Sí ¡Negra!
Soy ¡Negra, negra, negra!
Negra soy.
De hoy en adelante no quiero
laciar mi cabello...
Y voy a reírme de aquellos,
que por evitar -según ellos-
que por evitarnos algún sinsabor,
llaman a los negros gente de color.

(...)

Y bendigo al cielo porque quiso Dios
que negro azabache fuese mi color,
y ya comprendí...

(...)

¡Negra soy¡ [9]

SUSANA BACA

Susana Esther Baca de la Colina nació en Chorrillos, barrio costero
ubicado en las afueras de Lima, en 1944. Chorrillos es un lugar en el
que han vivido los descendientes de los esclavos desde la época de
la colonia. Desde muy niña estuvo rodeada de músicos; su padre era
guitarrista, su madre bailarina, sus tías cantaban al estilo de Aretha

Franklin y dos de sus vecinos fueron los creadores del grupo Perú Negro. Ellos aportaron la fuerza necesaria que la impulsó a dedicarse de lleno a la música. En sus tres décadas de labor artística ha realizado más de 500 conciertos en diversos lugares del mundo y ha recibido menciones honrosas y reconocimientos de casi todas las ciudades del Perú. Susana Baca es una de las cantantes peruanas más reconocidas en el exterior. Su fama de diva afroperuana se la atribuyen a su poderosa y sugestiva voz. Ella pertenece a la segunda generación de artistas afroperuanas, quienes aceptan sus raíces en la tradición afroperuana pero al mismo tiempo busca diversas formas de expresión, y por eso los puristas las han criticado por no considerarla auténtica. Sus presentaciones son más visuales que auditivas. Susana baila descalza, vestida de blanco (Cornejo Guinassi 2000).

Con el tiempo comenzó sus estudios de música y formó un grupo experimental que combinaba música y poesía local. Ganó dos becas, una del Instituto de Arte Moderno de Perú y otra del Instituto Nacional de Cultura Peruana para investigar las raíces de la tradición musical peruana, además obtuvo el premio de interpretación y composición en el primer Festival Internacional de Agua Dulce.

Susana Baca fue "descubierta" por David Byrne, un musicólogo escocés que creó el sello Luaka Bop y en 1995 sorprendió con la edición de un trabajo recopilatorio que reflejó "El alma del Perú Negro", disco que se hizo famoso en el nuevo movimiento llamado World Music (Música del Mundo). Allí se encontraba *María Landó*, una canción que llevaría a Susana Baca a la fama internacional y a ser considerada un referente indispensable de la tradición musical afroperuana. Le siguió el disco *Eco de Sombras* con el cual Susana Baca consolidó su fama universal.

Chabuca Granda fue otra persona fundamental en la carrera artística de Susana Baca pues reconoció su talento y la contrató como ayudante personal y la reconoció como su sucesora. Baca continuó estudiando y rescatando los sonidos del folclore afroperuano después de la muerte de Chabuca Granda. Baca y su esposo, Ricardo Pereira, recorrieron la costa del Perú para recopilar testimonios y documentos de los afrodescendientes. En 1992, después de 11 años de trabajo el material fue compilado en el volumen *Del fuego y del agua*. Esta pareja dirige el Instituto Negro Continuo que se dedica a difundir la música afroperuana y a coordinar músicos viejos y jóvenes por medio de talleres enfocados en diversos aspectos de la cultura musical.

Como en el jazz su música es improvisada e inventada y requiere contacto visual entre los músicos para compartir y coordinar la música con el canto[10]. Su repertorio es sobre todo poesía con fondo musical.

En 2002, Susana Baca recibió el Premio Latin Grammy por su álbum de música afroperuana "Lamento Negro" en la categoría de Best Folk Album. También en el 2002 fue nominada para el Grammy en la categoria de "Best World Music Album". Este disco se grabó en 1986, y fue el que reeditó David Byrne. El canto de Baca es pausado y melódico cuando interpreta canciones de su compatriota Chabuca Granda o cuando utiliza los versos de Pablo Neruda y César Vallejo, diferenciándose de los ritmos contagiosos y exuberantes de África[11]. Otros premios que ha recibido son la "Orden de las Artes y las Letras de la República Francesa", y la "Orden al Mérito de la Republica del Perú".

El 31 de julio de 2011 fue nombrada por el presidente Ollanta Humala como Ministra de Cultura, posición que por primera vez ostenta una mujer. Y como dice Baca este ministerio fue una sorpresa para ella ya que ha sido siempre para arqueólogos, antropólogos o sociólogos. Baca nunca ha sido parte de la clase política o de la elite peruana pero sí ha defendido los derechos de los afroperuanos, y afirma que ellos, como los indígenas, todavía sufren el racismo y la discriminación. Su último álbum *Afrodiáspora* es una celebración de la africanidad en las Américas. En este trabajo se separa de los ritmos peruanos y canta no solo festejos y landos, sino cumbia colombiana, bomba puertorriqueña, coco brasileño, jorocho mexicano y una canción sobre New Orleans ("Music, activism and Peruvian Cabinet", New York Times, 20 de agosto de 2011).

EVA AYLLÓN

María Angélica Ayllón Urbina, cantante y folclorista peruana, nació en Lima en 1956, y se dio a conocer en el mundo artístico como Eva Ayllón, en honor de su abuela Eva quien le enseñó a vocalizar desde los 3 años. Empezó a cantar en la escuela, en concursos juveniles, en la radio y la televisión. Desde muy joven ensayaba en la casa de Javier Munaico, conocido guitarrista del distrito popular de La Victoria, quien la ayudó a desarrollar la kinesis y la interpretación. Al principio de la década de los años 1970, empezó a cantar en las "peñas criollas", donde se reunían músicos y amigos. Surge así su fama como una de las intérpretes de la Música Criolla peruana más importantes. Hoy en día es considerada como una de las mejores intérpretes de música afroperuana como los festejos y los landós, y por eso se la conoce también como la Reina de los Landós. Interpreta otros géneros afroperuanos y valses criollos. En la música popular se distinguió junto con dos reconocidas cantantes peruanas, María Obregón y Lucía de la Cruz. Luego se unió al famoso trío de Los Kipus como la cantante principal y con ellos hizo giras por todo el Perú. Abandonó el grupo para iniciar su carrera como solista. Hizo giras en Europa, Estados Unidos, Canadá y Japón, y hoy su presencia es requerida en eventos musicales internacionales.

En 1979, presentó su primera producción discográfica "Esta noche... Eva Ayllón", en el curso de su carrera musical ha grabado más de 20 álbumes. A partir de 1980, ella se dio a conocer en diversas ciudades de los Estados Unidos después de haber triunfado en América Latina. En 1989, formó el grupo Los Hijos del Sol compuesto por músicos peruanos cuyo principal objetivo era promover la música peruana a través de las grabaciones y los *performances*. En 2003, su álbum *Eva* fue nominado al premio Grammy Latino como el mejor álbum de música folclórica.

En 2004, salió el primer álbum *¡Eva! Ayllón Leyenda Peruana* en los Estados Unidos con el sello Times Square Records. Este álbum recibió en Alemania el Premio de la Crítica como la mejor grabación de música tradicional. Desde entonces su presencia en el mundo de la música afroperuana continúa creciendo hecho que la llevó a mudarse a New Jersey; y continúa haciendo giras en Europa, Norte América y América Latina.

En 2007, Eva Ayllón fue escogida como juez en el festival de Viña del Mar, uno de los más prestigiosos y grandes festivales de música en América Latina. En este mismo año salió una grabación titulada "Live From Hollywood", donde se registra la admirable interpretación de Ayllón en el Ford Amphitheatre en Hollywood, California. El performance que realizó Eva Ayllón de "Toro Mata"[12], una de las obras favoritas de la música afroperuana, fue de las más destacadas de la presentación. Los *Angeles Times* la llamó la "Tina Turner from Peru." Su última grabación es "Kimba Fa" (energía gozosa) donde recoge los estilos musicales que ha explorado en más de tres décadas de labor artística. Este álbum tiene 17 canciones donde ella experimenta con la música pop y las flautas andinas, el rap y los *blaring keyboards*. Según Banning Eyre: la artista experimenta libremente con la música afroperuana, por ejemplo: añade secciones de piano, de trompetas, armonías de jazz e ideas de otros estilos afrolatinos. En "Huye de Mi," retorna a la música folclórica criolla que predominaba en Lima en el siglo XIX. Su talento y su fama la respaldan y por eso es considerada una de las grandes figuras de la música latina hoy en día.

Por la versatilidad de su voz puede interpretar diversos géneros musicales, lo que le ha permitido compartir escenario con famosos artistas como Marc Anthony, Soledad Pastotutti, El gran combo de Puerto Rico, Gilberto Santa Rosa. Graba "Eva Ayllón Live From Holly-wood" en agosto de 2006[13].

Eva Ayllón, a diferencia de Susana Baca, canta música tradicional peruana y ha grabado más de 20 álbumes. Es muy popular entre los peruanos residentes en los Estados Unidos, quienes acuden a sus conciertos con nostalgia de inmigrantes que echan de menos el país y la cultura dejada atrás. Sus conciertos atraen a los latinos quienes no escatiman pagar $100 por asiento por oírla cantar. Una de las canciones que más gusta a este público es *Vivir lo Nuestro* (2005). Otras interpretaciones de Ayllón son *Nada Soy, La Noche de tu Ausencia, Mi Propiedad Privada* y *Que Somos Amantes*.

Estas tres artistas, Victoria Santa Cruz, Susana Baca y Eva Ayllón han contribuido inmensamente para ensalzar y promover la música y danza afroperuanas en todos los ámbitos universales que aprecian los movimientos étnicos renovadores de la cultura.

NOTAS

[1] La zamacueca es una danza cortés que se conoce desde la colonia española. La pareja baila con rápidos movimientos al ritmo de la música de las guitarras. La pareja se persigue y da vueltas en torno del otro mientras agitan pañuelos rojos.

[2] La marinera es "una danza de galanteo" derivada de la zamacueca vigente en todo el Perú. Los orígenes de la marinera han motivado encendidas polémicas entre africanistas, hispanistas e indigenistas. En la actualidad es una danza que se practica en todo el país adquiriendo en cada región características particulares, siendo las más reconocidas: la marinera limeña o Canto de jarana, la marinera norteña, la marinera serrana -con variantes en cada departamento- la marinera arequipeña o pampeña. En esta danza se mezclan instrumentos que llegaron al Perú con los españoles (el arpa, la guitarra, el violín) con los que aportaron los esclavos (cajón, cucharas, palmadas).

[3] Danza que se origina en Lima y representa al diablo (con máscaras, rabos, tridentes) y salía por las calles como una Comparsa al mando del Caporal hasta la década de 1940 (Vicente Vásquez. Entrevista. 1978). La coreografía incluía pasadas de zapateo y movimientos acrobáticos así como gritos para asustar a los transeúntes. Se acompañaba con guitarras, cajita y quijada de burro. http://es.wikipedia.org/wiki/Danzas_ afroperuanas, 26/07/10.

[4] "Las cumananas son versos fundamentalmente repentistas, el cantor de cumananas debe ser improvisador y tener chispa para crear en el momento preciso la cumanana más adecuada. La temática de las cumananas es variada: primando el amor, el sentimiento, a lo divino, a la muerte, al insulto. Sus versos están agrupados generalmente en cuartetos. Su música es triste, casi como una queja". http://www.vivatumbes.com/miselanios/musica.htm, 25/07/10.

[5] La décima son versos utilizados por la población afroperuana en toda la costa. Las décimas tienen diversos tópicos y "con sutil humor, despliegan su destreza literaria y el ingenio. Cuando se cantan, según Nicomedes Santacruz, se les llama Socabón. La décima, generalmente es trabajada en octosílabos. http://es.wikipedia.org/wiki/Danzas_ afroperuanas, 06/30/10.

[6] Es un estilo de origen ancestral muy relacionado con los aspectos trágicos del drama incaico. Ha evolucionado hacia una forma más moderna de expresión fúnebre. http://pacoweb.net /Danzas/ritmoL.html, 23/07/10.

[7] "Los panalivios eran cantos subversivos con que los esclavos denunciaban abusos y penas. El canto ha permanecido; del baile

que le acompañaba no hay sin embargo ni noticias. No hay pana-livios nuevos, al menos no panalivios "legítimos" o a la manera tradicional. El más conocido es aquel que dice –"A La Molina no voy más porque echan azote sin cesar..." – y este mismo es ya una revisión" http://www.cimarrones-peru.org/nuevo_folklore. htm, 30/07/10.

[8] Es un ritmo típico de la costa peruana y perteneciente al folklore negro. Tiene un ritmo muy complejo acompañado principalmente por el Cajón y los bordones de la guitarra criolla. Surgió del Lundu, danza angoleña de ceremonia nupcial, traída por los esclavos negros, y en la cual se recreaba una pantomima de la copula, terminaba con un golpe de pelvis con pelvis. En Lima, evoluciona dando lugar a la Zamacueca, y fue rebautizada por Abelardo Gamarra, en 1879, como Marinera. http://pacoweb.net/Danzas/ritmoL.html, 15/07/10.

[9] http://musica-peruana.blogspot.com/2007/05/victoria-santa-cruz-victoria-eugenia.html

[10] http://lialdia.com/tag/afroperuano, 22/07/2009.

[11] http://villasdelprado.com/blog2/2010/04/18/susana-baca-lleva-a-eeuu-su-ritmo-afroperuano-con-muestras-de-cumbia-y-forro/, 05/07/10.

[12] Carlos Soto de la Colina (Caitro Soto) tomó antiguas tradiciones de Cañete (su tierra natal) y recreó motivos y canciones reconocidos como clásicos del repertorio afroperuano; como es el caso de "Toro mata", género musical del siglo XIX y que lo hizo popular Cecilia Ba-rraza. La rítmica de "Toro mata", es la base del landó contemporáneo. Soto dice que "Toro mata" viene de lo que le contaban la abuela y la bisabuela y él elaboró la canción con esos relatos. Rosa Mercedes Ayarza de Morales hizo una recopilación de "Toro mata" anterior a la de Soto. En esta el toro mata al torero, y no es landó con fuga, sino lamento. De otro lado, el toro rumbambero es el toro brilloso, agresivo y bailarín. "Hacerle el quite" es sacarle la suerte al toro, pero por ser el torero un negro le quitan mérito y decían que "la color no le permite hacerlo". Por eso decían que el toro se había muerto de viejo y no porque lo hubiera matado el negro. http://es.wikipedia. org/wiki/M%C3%BAsica_criolla_y_afroperuana

[13] http://es.wikipedia.org/wiki/Eva_Ayll%C3%B3n_ Urbina, 06/27/10.

OBRAS CITADAS

Behague, Gerard. "Latin American Folk Music" in Nettle, Bruno, Ed. *Music of the Western Continents*. New Jersey: Prentice Hall, 1990.

Courlander, Harold. *Negro Folk Music,* USA, New York: Dover Publications, Inc., 1991.

Eyre, Banning. http://www.npr.org/templates/story/story. php?storyId=103169173. 01/08/10.

Feldman, Heidi Carolyn. *Black Rhythms of Peru.* Middletown, Connecticut: Wesleyan University Press, 2006.

Romero, Raúl. "Black Music and Identity in Peru: Reconstruction and Revival of Afro-Peruvian Musical Traditions" en Béhague, Gerald H, Ed. *Music and Black Ethnicity: the Caribbean and South America.* Miami, FL: University of Miami, 1994.

Susana Baca con David Byrne *The Soul of Black Peru*, primer disco producido en los Estados Unidos con Susana Baca y otros artistas peruanos como intérpretes representado "música mundial" (world music). *Eco de sombras*, el segundo disco con Susana Baca como intérprete principal fue grabado en Lima, en la casa de Susana Baca. La música de Susana Baca no es típicamente afroperuana sino cosmopolita. Su disco "Espíritu vivo" fue grabado en 2002.

Mujer, madre y dirigente: María Elena Moyano y el valor de la entrega

DIANA VELA,
UNIVERSIDAD TECNOLÓGICA DE PEREIRA

"La balearán, la dinamitarán… ¡Y no podrán matarla!"[1] sentenciaba el titular del diario *La República* la mañana del 16 de febrero de 1992, condenando el asesinato de María Elena Moyano por parte del grupo terrorista Sendero Luminoso. Dos días atrás, la dirigente vecinal afroperuana había desafiado a los subversivos, al encabezar una marcha por la paz en protesta al paro armado que se realizaría en el barrio donde residía. Fue un precio muy alto el que tuvo que pagar. En presencia de sus hijos, le dispararon en el pecho y la cabeza. Luego, dinamitaron su cuerpo (*Comisión de la Verdad y Reconciliación CVR* 618-620). Tal ensañamiento resultaba completamente opuesto al afecto que la llamada "Madre Coraje" había logrado despertar en su comunidad y a la admiración de una sociedad que tajantemente condenó dichos actos con indignación y tristeza.

¿Por qué la mataron? ¿Qué llevó a esta agrupación criminal a ensañarse incluso con sus restos? ¿Cómo una mujer a quien muchos recuerdan como fascinante[2] pudo tener este final? Fue justamente esa personalidad carismática, acompañada de una clara propuesta de desarrollo y un firme espíritu de trabajo, lo que la convirtió en blanco seguro de aquel organismo que hacía ya mucho tiempo había perdido el rumbo.

Son numerosas las imágenes de María Elena que se encuentran disponibles[3]. En la portada del libro de Diana Miloslavich, *María Elena Moyano: en busca de una esperanza*, se le observa de cabello corto y rizado, de facciones finas y ojos pequeños, sonriente y de perfil, mirando al horizonte. En esa fotografía, María Elena sonríe con la mirada, quizás vislumbrando el cumplimiento del ideal que determinó su vida, la construcción de una sociedad igualitaria, a la que desde muy joven dedicó sus esfuerzos.

Niñez y juventud en Villa El Salvador

Se dice que el héroe es el hombre o la mujer que ha sido capaz de combatir y triunfar sobre sus limitaciones históricas personales y ha logrado alcanzar las formas humanas generales (Campbell 26). Declarada heroína nacional en el año 2002, la historia de María Elena se define por la continua superación de obstáculos. En efecto, su infancia se desarrolla durante la emergencia de Villa El Salvador, una barriada que literalmente surgió de un arenal.

María Elena Moyano Delgado nació el 29 de noviembre de 1958 en el distrito de Barranco en la ciudad de Lima. Fue la quinta de los siete hijos de Eugenia Delgado Cabrera y Hermógenes Moyano Lescano[4]. En sus memorias[5], María Elena afirma conservar buenos recuerdos de su familia y específicamente de su padre hasta la edad de cinco años, momento en el cual los abandonó. Aquella temprana infancia, María la vivió en el distrito de Surco, en una casa cerca de un parque y de su colegio. No obstante, a pocos meses de cumplir 13 años, su familia se vería obligada a abandonar dicho lugar. Sin importarle el hecho de instalarse en una barriada, Eugenia Delgado decidió irse con sus siete hijos a la naciente comunidad de Villa El Salvador. Al fin y al cabo, en aquel desierto nadie podría volver a echarlos de ninguna vivienda alquilada (*Miloslavich* 69-70).

Su hermana menor, Narda Moyano, recuerda haber llegado a Villa El Salvador el mes de febrero de 1972, es decir, a casi un año de haberse producido la invasión de tierras que desencadenaría la fundación de esta zona. Efectivamente, la noche del 27 de abril de 1971, alrededor de doscientas familias invadieron las faldas de un cerro situado 13 kilómetros al sur de la capital. A medida que pasaban los días, el número de personas se multiplicaba. Si bien se esperaba que el Estado tomara medidas represivas al respecto, la coyuntura política favoreció a los invasores. En aquel momento, se venía realizando la conferencia internacional del Banco Interamericano de Desarrollo y por consiguiente, al gobierno militar de Juan Velasco le convenía proyectar una imagen de estabilidad social (Blondet 23-25).

En este escenario, tras destituir al ministro que autorizó medidas de violencia en contra de los invasores, el gobierno decidió reubicar a las ya entonces 2.300 familias en un área desértica ubicada a 20 kilómetros al sur de Lima (26-29). Se tenía pensado construir una ciudad modelo, la primera comunidad urbana planificada en el Perú. No obstante, el diseño de esta ciudadela existía únicamente en planos y el Estado se limitaba a otorgar un espacio vacío, un territorio descampado en donde los pobladores debían levantar sus residencias con sus propias manos (Zapata 110). Tal hecho, sin embargo, no significó un real inconveniente. La cantidad de personas que se unían al naciente poblado de Villa El Salvador se incrementaba a medida que pasaba el tiempo. Así, durante la primera semana, el número de familias llegó a superar los 20 000 (Blondet, 30) y dos años después, cuando se llevó a cabo el primer autocenso comunal, la población alcanzó la cifra de 103 334 habitantes (Zapata 94).

La familia Moyano Lescano habría formado parte de este grupo de vecinos censados, dado que para ese entonces había pasado ya un año de su llegada. María Elena nunca olvidaría la desolación del primer día en el arenal ni el miedo de pasar la noche casi a la intemperie:

> En la noche recién terminamos de hacer la choza. Eran cuatro esteras como un cuadrado y una encima. Recuerdo que hacía mucho viento y de noche casi se salía el techo de estera. Era todo oscuro y solo se escuchaba el silbido del viento. No teníamos ni vela. (*Miloslavich* 70)

Pero no todos los recuerdos de María Elena eran amargos. A pesar de haber pasado hambre en más de una ocasión, María Elena recuerda su adolescencia y juventud con alegría. Efectivamente, aquella niña que fuera "la más pequeñita, la más andariega, muy alegre, muy coqueta", como la recuerda su hermana Narda, empezaría a mostrar un serio compromiso con los grupos de la comunidad. Tras participar en las obras de teatro del grupo juvenil vinculado a la parroquia, María Elena fundó "Renovación"[6], una agrupación independiente de jóvenes que amenizaba las asambleas vecinales (73-74).

En este punto, debe destacarse el elevado nivel de organización que alcanzaron los pobladores de Villa El Salvador, ya que desde que fuera fundada en un arenal, esta comunidad se caracterizó por la importancia que le otorgaba a las reuniones y asambleas de vecinos[7]. Asimismo, en Villa El Salvador se promovía la educación y se llevaban a cabo actividades culturales y artísticas. De este modo, no solo se fundaron colegios sino que se inauguró el Centro de Comunicación Popular, una entidad destinada a promover el arte y la cultura fuera de las aulas (Zapata 121-24).

Entre los jóvenes profesores involucrados en estas actividades se encontraba Michel Azcueta, ciudadano español que llegó al Perú a trabajar como maestro en sectores populares, y que años después se convertiría en el primer alcalde de Villa El Salvador y en persona cercana a María Elena. Azcueta no sería el único personaje con quien María Elena iría a trabajar en el futuro, puesto que José "Yoni" Rodríguez, quien fuera también a desempeñarse como alcaldeza mientras ella ocupaba el cargo de teniente alcaldesa, era ya uno de sus interlocutores en aquellos grupos juveniles. Para ese entonces, María Elena había empezado a estudiar Sociología en la Universidad Garcilaso de la Vega, carrera que abandonaría dos años después (*Miloslavich* 74).

Una característica central de aquellos jóvenes de Villa El Salvador de la década de 1970 era su cercanía con las organizaciones políticas de izquierda (Blondet 86). Y si bien María Elena evitaba ser manipulada políticamente, era inevitable que otros universitarios llegaran a la zona con el objetivo de instruir a los jóvenes en el marxismo, la tesis de Mao Tse Tung y el proceso de la Revolución china (*Miloslavich* 73-75). De hecho, María Elena iría a militar en la izquierda, pero se alejaría de aquella vertiente radical que en el futuro condenaría con firmeza, de aquella ala subversiva que habría empezado a instalarse en su comunidad y que tiempo después se convertiría en autora de su muerte.

EDUCADORA EMPÍRICA

En 1976, los dirigentes de Villa El Salvador identificaron la necesidad de construir un colegio para niños pequeños que dependiera de la comunidad y no del Estado. Se estableció entonces el Programa no Escolarizado de Educación Inicial (PRONOEI), un proyecto que requería de jóvenes que, sin necesidad de contar con estudios universitarios, se dedicaran a la enseñanza de los niños. Estas maestras empíricas recibieron el nombre de "animadoras" y María Elena se convirtió en una de ellas a la edad de dieciocho años. Como todo en Villa El Salvador, los Pronoei se iniciaron de cero y las primeras animadoras tuvieron que ingeniárselas para enseñar en un ambiente que carecía de los recursos básicos de un aula de clase: en las instalaciones no había sillas ni mesas y los niños se sentaban en piedras o ladrillos (75-76).

Después de un año y a medida que se iban constituyendo más unidades en la zona, María Elena fue nombrada coordinadora especializada para el asesoramiento pedagógico. Mientras se desempeñaba en dicho cargo, formó junto con sus colegas el Círculo de Estudios de Animadoras, con el objetivo de optimizar de forma autodidacta la labor de estas jóvenes educadoras. Debe recalcarse que la labor de las animadoras no era remunerada y que ello motivó a que instituyeran un Comité de Lucha, exigiendo el sueldo mínimo y el derecho a ser coordinadora. Entre tanto, para pagarse la universidad, María Elena enseñaba por las mañanas en un colegio estatal y cubría licencias por maternidad de otras maestras (76-80).

LA HUELGA QUE MARCARÍA SU VIDA

En mayo de 1979, el Sindicato Único de Trabajadores de la Educación del Perú (Sutep) inició una huelga general indefinida a nivel nacional. Este sindicato era dirigido por uno de los partidos más representativos de la izquierda radical, Patria Roja, de orientación maoísta y con fuerte presencia en universidades y barrios populares (Zapata 137). El gobierno militar de Francisco Morales Bermúdez instauró acciones de violencia en contra de los dirigentes y Villa El Salvador decidió apoyar a los huelguistas (Coronado 53). Se creó entonces un Comité Central de Lucha y se eligió a María Elena como delegada en representación de las animadoras. Luego, al acordarse la toma de los colegios, se le designó la responsabilidad del centro educativo "Pachacútec". Estaba ella tan imbuida en la atmósfera de lucha que reinaba en Villa El Salvador y tan comprometida con las tareas encomendadas que:

> Ya no vivía en mi casa: vivía en el colegio, el "Pacha". Dejé a mi familia. Durante todo el tiempo de huelga tenía otra familia. Mi madre era la "Comandante Cero"[8] y mis hermanos los profesores, alumnos y animadoras [...] Recuerdo cómo nos turnábamos, con qué disciplina y mística revolucionaria. (*Miloslavich* 77-78)

La huelga del Sutep sería para María Elena un recuerdo vivo. En sus memorias, se percibe la gratitud hacia el respaldo de los vecinos, quienes entregaban víveres para las ollas comunes de los combatientes. Del mismo modo, se advierte el miedo ante la violencia a partir de la "retoma" de uno de los colegios:

> Nos decían que [los apristas[9]] tenían pistolas y cuchillos. Nosotros nos conseguimos palos. Yo tenía la responsabilidad de conseguir instrumentos de autodefensa. Tenía mucho miedo, pero igual aceptaba lo que me tocaba hacer [...] nos dijeron que de repente hasta un muerto podía haber, que todos nos cuidemos unos a otros. Ese día yo me encargaba de alcanzar piedras a los compañeros [...] Recuerdo las movilizaciones, las bombas lacrimógenas y los palos. (78-79)

Sin embargo, no se alcanzaron los resultados esperados. Al final de cuentas, el gobierno militar no concedió absolutamente nada a los huelguistas y después de cuatro meses, los maestros tuvieron que regresar a las aulas sin haber obtenido ninguna reivindicación (Zapata 137). La fortaleza de María Elena se vio entonces convertida en frustración y desánimo, puesto que además de haber perdido el semestre en la universidad y de haberse quedado sin trabajo, sentía que todo el esfuerzo había sido en vano, que todas sus energías habían sido malgastadas (*Miloslavich* 80).

Tal situación se complicó aún más al descubrir que estaba embarazada. Al enterarse su familia, no solo fue víctima de una serie de reproches por parte de su madre sino que tuvo que soportar el machismo de sus hermanos: "Mi madre me llora y me reprocha a ese hijo […] mis hermanos me querían matar a golpes. Mi hermano menor me martirizaba en casa mientras estaba enferma" (81). Si bien Gustavo, su novio durante más de cinco años, respondía por el niño y planeaba casarse con ella, María Elena no deseaba ser una carga más para él: el padre de Gustavo se encontraba en la cárcel y él se hacía cargo de la manutención de sus siete hermanos menores, entre ellos, una embarazada. No obstante, María Elena termina casándose con Gustavo Pineki el 28 de marzo de 1980, a la edad de veintiún años (81-82).

EL MATRIMONIO, LA MATERNIDAD Y UNA SERIE DE SENTIMIENTOS ENCONTRADOS

María Elena cumplió el que se dice es el sueño de toda mujer: casarse de blanco, bajo la bendición de Dios. Sin embargo, no nos encontramos ante cualquier mujer. En su autobiografía, María Elena llegaría a confesar que si bien le ilusionaba la idea de formar una familia al lado del hombre que amaba, al entrar a la iglesia no podía dejar de pensar en la huelga y los momentos de lucha: "Estaba triste. ¿Iba a empezar una nueva vida dejando de lado la lucha revolucionaria por mi pueblo? Por otro lado, soñaba con la familia ideal y con la esperanza de mi hijo" (82).

Es a través de sus escritos que conocemos esta nueva etapa en la vida de María Elena. Así, nos enteramos de que al no tener adonde ir, levantó junto a su esposo un cuarto de esteras en la casa de su madre y que Gustavo, pese a que ganaba muy poco, ayudaba económicamente a toda la familia de su esposa (82). De igual modo, descubrimos que durante los primeros meses de casada, María Elena sentía que no encajaba en el típico rol de ama de casa y sufría al no saber cómo desempeñarse en los quehaceres del hogar: "Recuerdo momentos de peleas, de subordinación absoluta a mi esposo. Vivía tan solo para cocinarle, pero a él no le gustaba mi sazón y lloraba por ello" (83).

En un contexto en el cual el dinero no alcanzaba ni para comprar pañales, nace su primer hijo, Gustavito, el 2 de agosto de 1980. Finalmente, Gustavo consigue un buen trabajo. Se trataba de una guardianía en Miraflores[10], la cual les facilitaba un apartamento pequeño en la azotea de un edificio, a cambio de cuidarlo y mantenerlo limpio. Si bien al principio María Elena se encontraba muy entusiasmada con el hecho de iniciar este nuevo ciclo, la estadía en Miraflores terminó por volvérsele intolerable. Los días se le hacían eternos y la indiferencia de los vecinos la entristecía: "Solo amanecía para cuidar a mi hijo y esperar el regreso de mi esposo […] me sentía, por un lado, feliz por mi familia, pero, por otro, me sentía totalmente frustrada como persona. Extrañaba Villa El Salvador, sus reuniones, los vecinos, la vida de mi pueblo" (83-84).

No obstante, fue solo por ocho meses que tuvo que tolerar dicha situación. Un día, robaron la ropa tendida de los vecinos y ella y su esposo fueron señalados como los principales sospechosos. Al ser encarada por una señora que acusaba a sus familiares como posibles autores del robo, María Elena se enfureció y le respondió a gritos. Ese mismo día, fueron despedidos y tuvieron que regresar a Villa El Salvador (84).

A su regreso, María Elena consiguió trabajo en un colegio particular así como la cobertura de una licencia por maternidad. Posteriormente, empezó a participar en labores de alfabetización durante las noches. Bajo estas nuevas circunstancias, nace su segundo hijo, David. A partir de ese momento, su madre y su hermana Narda empiezan a ayudarle en el cuidado y la crianza de los niños (84).

ENTRE CLUBES DE MADRES, VASOS DE LECHE Y COMEDORES POPULARES

A finales de los años 70, el Gobierno norteamericano estableció un convenio con el Perú para enviar sus excedentes agrícolas a la población necesitada. De esta manera, organizaciones filantrópicas y entidades del Estado se hicieron cargo de la distribución de las donaciones, fomentando la aparición de grupos de trabajo "voluntario" en las barriadas, en donde se obligaba a las mujeres a realizar distintas tareas a cambio de víveres (Blondet 96). Ante esta situación, María Elena, Malena o "La negra", como la llamaban cariñosamente en su barrio (*CVR* 615), fundó junto a otras mujeres un Club de Madres autónomo, orientado a detener el asistencialismo de dichas instituciones (*Miloslavich* 24-25).

En 1983, como dirigente de este Club de Madres[11], María Elena organizó a un grupo de mujeres para realizar labores de limpieza en las calles de la comunidad. Fueron justamente ellas quienes le solicitaron las representase en la Primera Convención de Mujeres que

estaba por realizarse. Se trató de un evento crucial para las organizaciones femeninas, dado que de ahí surgió el organismo que asumiría
las funciones de agrupar, proteger y representar a todos los grupos
femeninos de la zona: la Federación Popular de Mujeres de Villa El
Salvador (Fepomuves). De igual modo, fue un evento determinante
para la carrera como dirigente de María Elena, pues fue elegida como
subsecretaria de la Federación (84-86).

El desempeño de María Elena en dicho cargo coincide con la
emancipación de Villa El Salvador del distrito de Villa María del
Triunfo[12]. En efecto, a partir de 1983 Villa El Salvador se convierte en
un municipio autónomo y elige a su primer alcalde, Michel Azcueta.
En aquellos años, empieza a implementarse en los distritos populares
limeños el Programa del Vaso de Leche, avocado a garantizar que todos
los niños necesitados recibieran un vaso de leche al día. Si bien fue la
gestión municipal de la ciudad de Lima la que dio inicio este programa,
su ejecución y consolidación en Villa El Salvador fue posible gracias al
apoyo de la Federación Popular de Mujeres: las madres se organizaban
para preparar la leche y servirla a los más pequeños, muchas veces
haciendo uso de sus propias ollas y utensilios de cocina (28).

Aquella no sería la única injerencia femenina en el programa.
Además de establecer núcleos y Comités del Vaso de Leche al poco
tiempo de inaugurado el proyecto, en 1987, a un año de que María
Elena ocupara la presidencia de la Federación Popular de Mujeres, se
obtuvo la plena dirección del programa. En términos de María Elena,
dicha transferencia afianzó a las mujeres en distintos niveles: "Para
la Fepo muves, el Vaso de Leche es una experiencia de organización,
autogestión y valoración. Las señoras sienten que pueden resolver sus
problemas solas, que también son dirigentes, que tienen capacidad"
(30).

Del mismo modo, teniendo a María Elena como presidenta, la
Federación veló por el buen funcionamiento de los comedores populares, implementó el Programa de Orientadoras de Defensa Legal
de la Mujer, promovió la creación de talleres productivos y talleres de
salud femenina (25-26), y tras establecer convenios con organismos
internacionales, hizo posible la construcción de centros de acopio y
de la Casa de la Mujer, local comunal que contaba con posta médica
y biblioteca (Blondet 174).

Intervención en el plano político y desafío a los movimientos subversivos

Como puede observarse, 1987 fue un año de reafirmación y fortalecimiento institucional tanto para Villa El Salvador como para la Federación de Mujeres. Mientras el distrito recibía el premio "Príncipe de Asturias" de parte del gobierno español, en reconocimiento al grado de organización, participación y desarrollo alcanzado como comunidad, la Federación ganaba presencia en el área distrital y metropolitana. En estas circunstancias, María Elena fue reelecta presidenta en mayo de 1988 (174).

Poco después, dada la fuerza que iba cobrando la Federación en el distrito, los partidos políticos invitaron a las mujeres a formar parte de sus listas en las elecciones venideras. Es así como en 1989, con el apoyo y venia de la Federación, María Elena postuló en la lista de la Izquierda Unida y fue elegida Teniente Alcaldesa de Villa El Salvador. Muchas de las acciones que fomentaría desde el municipio guardaban relación con los objetivos de la Federación de Mujeres. En este sentido, María Elena logró la participación de las pequeñas empresarias y dueñas de talleres en la zona industrial de Villa El Salvador y promovió la creación de programas de salud de la mujer. Asimismo, María Elena consolidó los Comités Femeninos de Defensa de la Economía y Tranquilidad Popular, proyecto en donde las mujeres se desempeñaban como inspectoras de los precios de los alimentos en los mercados, así como de la higiene y seguridad en el distrito[13] (*Miloslavich,* 41-48).

Sin embargo, al mismo tiempo en que se consolidaban estos procesos de empoderamiento femenino, una vertiente totalmente opuesta se fortalecía de modo espeluznante en Lima y Villa El Salvador. Sendero Luminoso, grupo subversivo de tendencia marxista-leninista-maoísta, había logrado infiltrarse en las bases de esta comunidad y desde allí se disponía a arremeter en contra de quienes constituyeran un obstáculo para la llamada "guerra popular".

Si bien durante los años 80 las acciones perpetradas por Sendero Luminoso en Villa El Salvador habían tenido un valor principalmente simbólico[14], es a partir de 1989 cuando la violencia política empieza a alcanzar niveles alarmantes[15]. Así, en mayo de 1991, tras anunciar haber alcanzado el llamado "equilibrio estratégico" (etapa considerada previa a la victoria), la dirección senderista decretó la realización de campañas aún más agresivas en todos los frentes. Acabar con las organizaciones de base, así como con sus líderes y autoridades, se convirtió entonces en consigna del grupo subversivo. Villa El Salvador, en específico, constituía uno de sus blancos principales, en tanto Sendero Luminoso buscaba desenmascarar la supuesta inutilidad de sus intentos pacíficos de cambio social (*CVR* 611-14).

En este contexto, Sendero Luminoso desarrolló una estrategia orientada a desprestigiar a los dirigentes vecinales. *El Diario*, órgano de expresión de la dirección senderista, le dedicó una serie de artículos a Villa El Salvador, en los cuales expresaba su rechazo por el modelo de comunidad autogestionaria según el cual se había fundado (Zapata 258). La mencionada publicación atacó también a la Federación de Mujeres y específicamente a María Elena Moyano, estipulando que sus acciones eran meramente asistencialistas y en ningún caso estaban orientadas a la reivindicación de la mujer, ya que esta solo se emanciparía con la guerra (*Miloslavich,* 49).

Pero estos no serían los únicos ataques. Además de haber iniciado ya una ola de asesinatos a distintos dirigentes populares, el 9 de septiembre de 1991 Sendero Luminoso dinamitó uno de los centros de acopio de la Federación. Ante tal hecho, María Elena tomaría la palabra. Así, en una entrevista al diario *La República,* declaró:

> Hace un tiempo yo pensaba que Sendero era un grupo equivocado y que, de alguna manera, intentaba luchar por lograr justicia. Pero cuando mataron al dirigente obrero Enrique Castillo, en octubre de 1989, tuvieron todo mi repudio [...] Ahora han tocado a las organizaciones de base donde están los más pobres... Yo ya no considero a Sendero un grupo revolucionario, es solamente un grupo terrorista. (*CVR* 616)

Además, junto con las mujeres de la Federación y de los comedores populares de Lima metropolitana, María Elena convocó a una marcha cuyo lema central fue "Contra el hambre y el terror". De esta manera, dos semanas después de ocurrida la explosión en el centro de acopio, 20 000 mujeres salieron a las calles a protestar en contra de los actos terroristas, constituyendo la primera manifestación multitudinaria que se llevaría a cabo en dicho período (*Miloslavich* 63).

Sin embargo, las agresiones a María Elena no irían a detenerse. En ese mismo mes de septiembre, un volante del Movimiento Clasista Barrial (organismo de fachada de Sendero Luminoso para su trabajo en los barrios populares de Lima), la acusaba de ser aliada del Gobierno y las Fuerzas Armadas, de robarle al pueblo y de haber sido ella la autora del atentado al centro de acopio. En respuesta, María Elena escribió una carta abierta, publicada en distintos medios, en donde se defendía tajantemente de cada una de las acusaciones. El fragmento quizás más citado de esta misiva es el párrafo con que concluye:

> La revolución no es muerte ni imposición ni sometimiento
> ni fanatismo. La revolución es vida nueva, es convencer y
> luchar por una sociedad justa, digna, solidaria al lado de las
> organizaciones creadas por nuestro pueblo, respetando su
> democracia interna, gestando los nuevos gérmenes de poder
> del nuevo Perú. Seguiré al lado de mi pueblo, de las mujeres,
> jóvenes y niños; seguiré luchando por paz con justicia social.
> ¡Viva la vida! (57)

Sería justamente esa vida la que sus asesinos se encargarían de arrebatarle; esa vida que tanto defendía y que, no obstante, estaba dispuesta a entregar.

"Ayer tuve a la muerte cerca"

Este es el título de uno de los pensamientos que María Elena Moyano plasmó poco antes de su muerte (89). Era consciente pues del peligro que la acechaba. Al parecer, hacía mucho tiempo que había llegado al punto del no retorno, a aquel momento en que uno no puede dar marcha atrás y debe enfrentar el destino que le espera. En este sentido, el último de sus pensamientos, además de sintetizar las tres aristas que definieron su vida, puede ser interpretado como un último adiós: "Hoy te amo más que nunca. A ti, a mis hijos y a mi pueblo. No sé qué más puedo pedir. Gracias" (95).

Sendero Luminoso había decretado un paro armado en Villa El Salvador para el viernes 14 de febrero de 1992. María Elena, en respuesta, convocó a una "Marcha por la paz" a realizarse ese mismo día. Sin embargo, el miedo había calado ya en la zona. Muchos miembros de las organizaciones vecinales y de los grupos de izquierda se negaron a participar por temor a represalias y la manifestación contó en promedio con solo 50 personas. Aquella noche, María Elena, como venía haciéndolo desde hacía algunos meses, fue a dormir con sus hijos a un lugar desconocido. Al día siguiente, tenía programado ir a la playa para luego dirigirse a una "pollada", actividad pro-fondos que se realizaba en el distrito (*CVR* 617-18).

Aquella tarde del sábado 15 de febrero de 1992, María Elena se encontraba muy animada departiendo con los organizadores del evento. De pronto, vio que un grupo de hombres armados ingresaba al local disparando a quemarropa. Entonces, alcanzó a advertirles a los asistentes que se tirasen al suelo y dijo: "Vienen por mí, a matarme". Sus hijos se agacharon y cubrieron la cara. Una mujer le disparó en el pecho y la cabeza, y cuando el cuerpo de María Elena cayó al suelo, fue arrastrado hasta la salida del recinto. En él colocaron aproximadamente cinco kilos de explosivos. Sus restos quedaron esparcidos en un radio de cincuenta metros (619-20).

EL LEGADO DE LA LLAMADA "MADRE CORAJE"

"En Villa yo nací, en Villa me crie, en Villa yo estudié, en Villa me enamoré. El día que yo me muera y me lleven a enterrar, saldré de mi sepultura y por mi Villa he de luchar", entona la letra de un conocido vals de Villa El Salvador, de aquel canto que se convirtiera en himno de las mujeres del distrito y que bien puede narrar en breves líneas la vida de María Elena Moyano.

En efecto, a casi dos décadas de su muerte, la sola mención de su nombre activa en la memoria de la sociedad peruana la imagen de una mujer valiente que no escatimó esfuerzos en mejorar la calidad de vida de sus pares, y que no dudó un segundo en enfrentarse a aquel grupo armado que sembró el miedo en el país durante más de diez años. Su nombre terminó por convertirse en sinónimo de coraje, su ejemplo en tema de inspiración hasta de una película[16], y su recuerdo en el de una mujer que desde muy joven supo cuál era su misión en esta vida.

Notas

[1] Estas líneas parafrasean el poema de Alejandro Romualdo "Canto coral a Túpac Amaru, que es la libertad": "Lo harán volar con dinamita […] Lo volarán: ¡y no podrán matarlo!" (Ortega 195).

[2] Además de los testimonios brindados por vecinos de Villa El Salvador, destacan las descripciones de quienes tuvieron oportunidad de conocerla y/o entrevistarla. Marina Rodino la recuerda, por ejemplo, como una mujer guapa y cautivadora, con mucho sentido del humor, que utilizaba los ojos y la sonrisa para explicar sus razones. Por su parte, Sonia Luz Carrillo tiene presente su alegría y garbo, su espontaneidad y transparencia (691).

[3] Para acceder a las fotografías quizás más relevantes, se recomienda revisar la edición del libro de Diana Miloslavich publicada por el Centro de la Mujer Peruana Flora Tristán y el Ministerio de Asuntos Sociales de España.

[4] Una de sus hermanas, Martha Moyano, se convertiría a su vez en figura pública, al ser elegida congresista bajo las filas del fujimorismo. A Martha se le reprocha pertenecer a esta agrupación política que exculpa a Alberto Fujimori de las violaciones a los derechos humanos cometidas durante su régimen, y se le acusa de haberse aprovechado del nombre y la memoria de su hermana para iniciarse en la carrera política (Almeyda).

[5] Miloslavich ha recopilado los textos que María Elena escribió en su cuaderno de notas poco antes de su muerte, durante los meses de enero y febrero de 1992.

[6] María Elena sería presidenta de esta agrupación en 1973 y 1975.

[7] Bajo la dirección de la Comunidad Urbana Autogestionaria de Villa El Salvador (Cuaves), organismo creado en 1973 como representante de todo el asentamiento, los vecinos decidían, fiscalizaban, evaluaban y definían los asuntos de su comunidad (Coronado 14-15).

[8] Madre de familia del colegio "Pachacútec", muy reconocida entre los huelguistas.

[9] El APRA (Alianza Popular Revolucionaria Americana) se oponía a la huelga del Sutep.

[10] Miraflores es un distrito de clase media y media alta en la ciudad de Lima.

[11] El Club de Madres se llamó "Micaela Bastidas", en homenaje a la heroína peruana.

[12] Desde varios años atrás, Villa El Salvador resentía pertenecer jurisdiccionalmente al municipio de Villa María del Triunfo, puesto que este obligaba a la comunidad a cumplir con el pago de los tributos sin siquiera prestar los servicios básicos necesarios (Coronado 59).

[13] En aquel entonces, llegó a haber cien inspectoras municipales en el distrito de Villa El Salvador. Lamentablemente, este programa dejaría de recibir apoyo del municipio tras el asesinato de María Elena (48).

[14] Entre 1980 y 1986 hubo pocas incursiones armadas en la zona. Los subversivos realizaban principalmente actividades de agitación y difusión, como la iluminación de los cerros con fogatas que formaban la hoz y el martillo, así como la distribución de volantes en mercados y colegios (CVR 613).

[15] El número de atentados aumentó casi en un 50% en promedio a lo ocurrido en años pasados (Zapata 253).

[16] En 1998, se estrenó la película *Coraje* del director Alberto Durand, basada en la vida de María Elena Moyano.

OBRAS CITADAS

Almeyda, Miguel. "María Elena vive, Martha no." *Recordando. María Elena Moyano*. Asociación Amigos de Villa, 15 feb 2008. 15/04/2009.

Blondet, Cecilia. *Las mujeres y el poder: una historia de Villa El Salvador*. Lima: IEP, 1991.

Carrillo, Sonia Luz. "María Elena: vida y libertad". *Perú: ¿en qué país queremos vivir? La apuesta por la educación y la cultura*. Vol.5. Ed. Cecilia Bákula. Lima: IPAE; Centro de Estudios Estratégicos, (2001)689-703. Print.

Campbell, Joseph. *El héroe de las mil caras. Psicoanálisis del mito*. Trad. Luisa Josefina Hernández. México: Fondo de Cultura Económica, 2006. Print.

Comisión de la Verdad y Reconciliación. CVR. "Los asesinatos de María Elena Moyano (1992) y Pascuala Rosado (1996). *Informe final*. Lima. (2003)611-28. Print.

Coraje. Dir. Alberto Durant. Perf. Olenka Cepeda. Agua Dulce Films, 1998. VHS.

Coronado del Valle, Jaime. "La estructura de autoridad y representación en una comunidad urbana: la experiencia de la CUAVES 1971-1990". Coronado del Valle, Jaime y Ramón Pajuelo. *Villa El Salvador: poder y comunidad*. Lima: Cecosam; Cers, 1996. Print.

Córdova, Patricia, ed. *Mujer y liderazgo: entre la familia y la política*. Ed. Patricia. Lima: Yunta, 1992. Print.

Miloslavich Túpac, Diana. *María Elena Moyano: en busca de una esperanza*. Lima: Centro de la Mujer Peruana Flora Tristán, 1993. Print.

Ortega, Julio. *Antología de la poesía hispanoamericana actual*. 8va ed. México: Siglo XXI Editores, 2001. Print.

Rodino, Marina. "María Elena: la pasión que nunca se vuelve violencia". *Recordando. María Elena Moyano*. Asociación Amigos de Villa, 15/02/2008. 15/04/2009.

Soto, Genaro. "María Elena a los doce. Testimonio de Narda Moyano". *Recordando. María Elena Moyano*. Asociación Amigos de Villa, n.d. 15/04/2009.

Zapata Velasco, Antonio. *Sociedad y poder local: la comunidad de Villa El Salvador. 1971-1996*. Lima: Desco, 1996. Print.

PUERTO RICO

RUTH FERNÁNDEZ, "EL ALMA DE PUERTO RICO HECHA CANCIÓN"

MAYRA SANTOS-FEBRES,
UNIVERSIDAD DE PUERTO RICO

INFANCIA: CALLE COLOMBIA, BARRIO BÉLGICA

Cuenta el mito que la oyeron cantar desde el vientre de la madre; pero nadie en la familia se asombró con el portento. En la casa de Adela Quiñónez, los portentos eran cosa de todos los días.

Ruth Noemí Fernández Cortada nació un 23 de mayo de 1913. Según el registro demográfico, nació ese mismo día, pero en el 1919. Váyase a saber el porqué de la discrepancia. El parto se realizó en la casa de familia. No presentó mayores complicaciones. Su madre, Rosa María Cortada, era paridora de experiencia. Anteriormente, había dado a luz a cuatro retoños, todos mujeres. Laudelina, la mayor, nació bastante clara de color y con una seña particular en una de sus manitas: tenía tan solo dos dedos. Le siguió Aidée, oscura y perfilada. En Bélgica todos la llamaban "la Virgen de la Monserrate". Luego vinieron las gemelas, Lolín y Angélica, que salieron claras, grifas jabás. Entonces llegó Ruth. Nació bastante oscura. Dejémonos de eufemismos, nació bien negra, y, aunque tenía unos grados de color más claros que su hermana Aidée, su nariz ancha, que quería respirarse todo el aire del recinto, delataba una negrura irredenta que la separaba del resto de las hermanas, visiblemente más "mezcladas".

Se supone que todas tenían el mismo padre, Don Santiago Fernández, que trabajaba como técnico de centrífugas en centrales azucareras. Sin embargo, cuando llegó la quinta hija de Rosa María Cortada, corrieron rumores en el barrio de que esta última hija había sido producto de amoríos escondidos. Ruth recuerda el rumor, pero no lo quiere ni mencionar. Lo cierto es que sí, que se comentó eso. Se puso en tela de juicio la "legitimidad" de Ruth, y sobretodo la moralidad de su madre. Pero esto tampoco era inusual en casa de las hermanas Fernández, ni en la Calle Colombia del barrio Bélgica, donde vivían. La madre de Rosa María Cortada, Adela Quiñónez, había sido lo que hoy se conoce como "madre soltera". Su hija fue fruto de la unión consensual con el español canario Rafael Cortada, quien trabajaba como comerciante en la cuidad señorial. Si aún hoy opera la ecuación (pobre, negra, ergo, de moralidad "dudosa") para el 1913, o el 19, la raza y la clase pesaban aún más sobre los hombros de cualquier mujer. Además, el chisme, ya fuera real o inventado, sirvió de diversión popular. Y de alimento para el carácter de Ruthcita. Los comentarios hacen y deshacen destinos. Bien que lo sabe Ruth Fernández. Desde su nacimiento lo sabe.

Con esfuerzos y determinación, Adela Quiñónez logró criar sola a su hija Rosa María y hacerla modista de profesión. Rosa conoció a Santiago Fernández en uno de los bailes que se celebraban en el barrio. Se unieron y fue una unión larga y productiva, con sus altos y bajos, como todas las relaciones. Santiago se la pasaba trabajando de central en central: en Mercedita, en La Sagrada Fortuna, en la Lincoln, y ya de manera más estable, en la Central Juncos. Rosa le paría hija tras hija, mientras trabajaba por encargo y vivía en la casa con su madre. El matrimonio o "junte" o como le queramos llamar, pasaba por momentos difíciles cuando llegó Ruth. Poco después del nacimiento de la quinta hija, vino la separación. Ruth Fernández no recuerda haber visto nunca a su madre y a su padre compartiendo un mismo techo. "Ya cuando nací, vivían separados".

Así Ruth Noemí Fernández Cortada pasó a formar parte de un fuerte clan familiar, compuesto tan solo de mujeres y capitaneado por la figura de Adela Quiñónez. Adela "La Divina', así la conocían en todo Ponce. Calle Colombia, número 43, Barrio Bélgica; la isla entera sabía donde vivía "La Divina". Mamita Adela era negra retinta

de pañuelo en la cabeza, pasas apretadas, nariz ancha, ojos pequeños y penetradores. Con esos ojos fue capaz de mirar más allá del
tiempo y del espacio, ver el futuro en la gente, predecirlo, aconsejar
espiritualmente. Adela Quiñónez era médium, de hecho, una de las
más conocidas en todo el sur de la Isla y figura de importancia en la
frágil jerarquía social del Ponce popular. Porque paralelamente a las
jerarquías sociales legítimas, compuestas por familias de alcurnia y de
dinero, se alzaba otra jerarquía, compuesta por músicos, maestros de
obra, guías espirituales y deportistas que se abrían paso en el Puerto
Rico de principios de siglo, bajo dominio estadounidense. Era ese otro
Puerto Rico, donde el trabajo, y no la clase social, el "buen comportamiento" y no la alcurnia, el sentido de responsabilidad colectiva y no
el pedigrí de familia eran armas con las cuales un sector, mayormente
pobre y mayormente negro, se iba colando en los lugares de poder y
de prestigio, abandonando la marginalidad. Ese era el mundo en el que
nació Ruth Fernández, como un portento, anunciando su llegada con
canciones desde el vientre de la madre. Le tocó nacer en casa de Adela
Quiñónez, quien asumió sin sorprenderse el prodigio de su nieta, y se
dispuso a enseñarle a manejar las cuerdas del poder según su estrategia.

La casa de Adela Quiñónez era lugar de reunión para el Ponce
ilustre y también para el Ponce popular. Muchas familias de prestigio,
los Vilá, los Castel, el mismísimo doctor Celso Barbosa, el doctor
Prieto y muchos más, visitaban a Adela "La Divina" para consultas
espirituales. También iban enfermos del alma y del cuerpo buscando
sanación. Ruth tiene remilgos en nombrar con santos y señas a todos
los ilustres que pasaron por el "consultorio" de su abuela. Responde
a los prejuicios de su época cuando calla. A fin de cuentas, aún hoy
mucha gente "de alcurnia" prefiere que no se sepa que van a visitar a
guías espirituales. Practican, además de su religión "oficial", legítima, y
blanca, otras religiones mucho más "oscuras", populares y cimarronas.
Pero en secreto...

Muchos de estos médicos, abogados, "gente de bien" se hicieron
amigos de "La Divina." Le pagaban por sus consultas (y también por
que les guardara el secreto de sus problemas del alma y de la carne). Por
esa razón, la casa de Adela Quiñónez fue próspera, comparativamente
hablando. Doña Adela hasta tenía una quinta en el Barrio Tiburones,
donde las hermanas Fernández se iban de veraneo. También hubo

dineros para enviarlas a pasarse temporadas con el padre en la Central Juncos. Hubo para trajes, para educación, inclusive para clases de piano y guitarra, porque Mamita Adela pensaba que una dama debía educar su mente y su espíritu; que aprender música era una excelente manera de lograr lo segundo porque la música "es muy espiritual".

Doña Adela Quiñónez mantuvo con sus "poderes" a toda una familia, ella sola. Crio a su hija sola, mantuvo y formó a sus cinco nietas, en especial a Ruth, la benjamina, porque fue ella quien nació más marcada por la pérdida. Cuando Ruth cumplió los 6 años, su madre Rosa María Cortada murió. Entonces, doña Adela "La Divina" se hizo cargo de las huérfanas. "Yo no conocí a otra madre que a mi abuela. Dicen que más parecida a mi mamá era Angélica" recuerda Ruth, serena, cuando habla de la muerte de su madre. Para ella no fue una pérdida, pero Adela Quiñónez sabía que sí lo era, que perder una madre siempre marca. Así que la abuela ocupó el vacío. Se volvió madre para Ruth Noemí. Le dio norte y modelo a seguir. Con su ejemplo, Adela Quiñones le enseñó a Ruth las artes de sobrevivir en este mundo, y de hacerlo con estilo. Cultivó buenas relaciones con los poderosos del pueblo. Actuó como buena administradora de recursos y como mujer sensata y con visión para los negocios. Tuvo a quién salir Ruth Fernández. Por eso es, justo al lado derecho del piano de cola blanco que hoy engalana la sala de su casa, Ruth exhibe un retrato al óleo de Adela Quiñónez, "La Divina." "Recuerdo que en mi niñez la gente del barrio, cruel, a veces comentaba delante de mí: '¿a quién habrá salido esa muchachita tan negra y narizona? A la madre no fue, ni al padre'. Mi abuela atajaba el comentario por lo sano, tomándome de la mano, orgullosa. Les contestaba: '¿A quién va a salir la nena? A mí. El mismo color, la misma nariz. Miren cómo nos parecemos'. Con esa defensa acallaba las maledicencias. De paso, le daba a Ruth Noemí un espejo en dónde mirarse, un futuro dónde proyectarse, una estrategia qué seguir.

"Este es un mundo tan prejuiciado, que cuando se tiene problemas de color y de raza, hay que estudiar porque es la única forma de defenderse y de imponerse". Ruth recuerda las palabras de su abuela. La decencia y la educación fueron las armas que blandió doña Adela para criar a sus cinco hijas/nietas. A todas las sacó adelante y no se amilanó en cargar con toda la responsabilidad. Doña Adela se iba a

ocupar de que sus nietas fueran profesionales, todas, hasta la más
chiquita, hasta Ruth.

Matriculó a Ruth Noemí en una escuelita particular. "Ahora las
llaman kindergarden". La escuelita quedaba en el mismo barrio Bélgica,
y funcionaba bajo la dirección de doña Rafaela Palau. Miss Palau fue
su primera maestra. Cuenta Ruth que, de chiquita, no se portaba muy
bien. "Era voluntariosa y traviesa. Como me criaron consentida, pensaba que fuera de casa me iban a tratar como me trataba mi abuela".
Pero se encontró con la disciplina férrea de Miss Palau. Ella le enseñó
sus primeras letras, los colores, los números. Así la preparó para la
Escuela Abolición, de la calle Cruz, esquina Campos. En la Abolición
Ruth Fernández hizo su escuela primaria e intermedia. La historia tiene
una manera muy curiosa de insistir en sus procesos. Quizás por ello,
no es casualidad que la escuela donde Ruth y otros muchos niños de
Bélgica, San Antón, Canteras, y otros barrios populares de Ponce se
llamara "Abolición".

Desde el primer grado, Miss Teresa Carrera puso a Ruthcita a
cantar y a bailar en todas las fiestas de la escuela. El maestro itinerante
de música Jaime "Perico" le enseñó muchas canciones en la escuela.
Miss Carrera aprovechó esta oportunidad. Animó a Ruth a aprenderse
bien esas canciones, a bailar el Charleston y otros bailes del momento,
a utilizar su voz, que era grave, aún de niña, para entonar canciones
infantiles y poemas. Así fue alimentando su aptitud para el espectáculo.
Sin el apoyo de Miss Carrera, la historia de Ruth Fernández quizás
hubiera sido la de muchas niñas y niños "desobedientes", productos
de las escuelas públicas de este país. Una historia muchísimo más
dolorosa y descontrolada.

Sin embargo, aun con el apoyo de Teresa Carrera, Ruth no pudo
escaparse del prejuicio. Los primeros encontronazos con el racismo
fueron allí mismo, en la Escuela Abolición. Al principio, la cosa no
pasaba de comparaciones y peleitas tontas entre compañeros de clase.
Un día Ruth Noemí llegó llorando a la casa de doña Adela, porque
unas amiguitas habían llegado a la escuela con rizos tirabuzones en el
pelo. "Se los hicieron con papelillos y agua de almidón. Yo también
quiero rizos." Doña Adela le secó las lágrimas. Le explicó, "mi amor,
es que en tu pelo no se puede; pero ya tú verás lo linda que vas a
llegar mañana a la escuela". Doña Adela levantó a Ruth, le puso un

traje hermoso, con puntillas y encajes, que había sido de una de las hermanas mayores y que cosiera su difunta madre, Rosa María. Le engalanó la melena con trenzas que dibujaban un patrón de fantasía sobre su cabeza. La tomó de la mano y ella misma la acompañó a la escuela. Todos se le quedaron mirando. Ruth, orgullosa, cruzó el patio de la Escuela Abolición de manos de su abuela, olvidando del todo el asunto de los rizos de sus compañeras.

Pero ese episodio no fue el único. A sus once años, se dio un suceso definitivo, que marcó a Ruth Fernández para el resto de sus días. Ruth lo ha contado mil veces a la prensa y en todas sus entrevistas aparece como momento determinante en su desarrollo personal. Sin embargo, la experiencia es narrada al paso, sin que los entrevistadores resalten la importancia que supone para el crecimiento y desarrollo de conciencia de la Impostergable. Vale la pena repasar el suceso una vez más:

A instancias de Teresa Carrera, Ruth formó parte de un grupo de música folclórica de la escuela. Dicho grupito recibió la invitación para cantar en un festival escolar, pero no todas las muchachas podían ir. Había que hacer una selección. Ruth, que se distinguía por su voz y su "performance", estaba segura de que caería entre las seleccionadas. Pero, llegado el día de la excursión, cuando las niñas se disponían a montar en el transporte escolar que las condujera a la otra escuela, la maestra encargada de la actividad detuvo a Ruth. Tú no puedes ir. "¿Por qué?", preguntó la niña. "Porque tu abuela no le dio permiso a la escuela para llevarte". Extrañada, Ruth esperó la hora de salida y corrió a donde Mamita Adela para cuestionarla. "Yo sabía que mi abuela era estricta, pero ella siempre me apoyó en actividades de la escuela. De todas formas, estaba furiosa". No pudo contener las lágrimas. Doña Adela intentaba entender lo que Ruth le preguntaba, entre llantos descompuesta. ¿Que por qué no la había dejado ir, si esa actividad era muy importante para ella? "A mí nadie me mandó razón de la escuela. ¿De qué tú hablas, mija?". La abrazó y la consoló. "Ya vendrán más oportunidades". Ambas dejaron pasar el incidente, pensando que todo había sido un malentendido.

Pero el tiempo aclaró la situación y de la peor manera. Una amiguita de las que sí participó en la actividad le contó a Ruth que había oído a la maestra comentando: "Esa muchachita Ruth canta bien, pero es demasiado negra. ¿Imagínatela representando a la escuela? Debería darme las gracias por no dejarla participar. Le ahorré una vergüenza al plantel completo y también a ella".

Atontada por el comentario, la niña Ruth llegó esa tarde a su casa. Se encontró a "La Divina" meciéndose en el sillón de paja del balcón. No quería, pero le contó todo lo que había oído en la escuela. Se le explotaría el pecho si no lo hacía, si no descargaba ese extraño desasosiego que se le había acodado bien adentro. Doña Adela guardó silencio por un rato. Luego abrió la boca. Las palabras que salieron de ella tenían un peso distinto. Aquella vez no habló Mamita Adela, su abuela, acariciándola, aconsejándola, consolándola de los percances en la escuela. Esa vez habló la médium, "Adela la Divina". Le predijo su senda.

> Mira, Ruth. Tú tienes que entender que la gente no sabe mirar por dentro. La gente te ve y no reconoce lo que tú vas a ser cuando crezcas. Lo grande que vas a ser, lo exitosa. Vas a ser una estrella, el orgullo de esta isla; viajarás lejos a donde ninguna otra persona de esta tierra ha llegado. Y vas a tener dinero, mucho dinero. Y poder, un poder que debes usar para ayudar a la gente; así como yo uso los que me dio Dios. Pero los tuyos serán más grandes. Tu voz te abrirá todas las puertas de este mundo. Tu voz, tu educación y tu decencia. Por eso no le puedes guardar rencor a esa maestra, a esa señora, la pobre, que no supo mirarte bien. Porque un día tú te la encontrarás. Va a ser en Panamá, tú estarás en la cima de tu fama. Ella vendrá a escucharte y tú le vas a decir. '¿Recuerda Miss, cuando no me incluyó en aquella actividad de la escuela, porque yo era demasiado negra? Pues yo le voy a dar las gracias. Gracias porque usted me señaló mi camino y me dejó ver a tiempo las vicisitudes con las que tendría que batallar. Gracias a usted hoy yo estoy aquí'. Y tú, Ruth, la vas a abrazar de corazón. Que ella lo sienta, que sienta tu perdón, tu generosidad. Que sienta tu grandeza.

Doña Adela dejó de mecerse en el sillón. Miró a Ruth como despertando de un sueño. Dejó atrás las visiones para sonreírle a su nieta, para limpiarle, una vez más, las lágrimas con las que regresaba de la escuela. Abrió la boca para hablar de nuevo. Esta vez lo hizo Mamita Adela.

Ni el dinero, ni la belleza del rostro, ni el color de la piel determinan el verdadero valor de un ser humano. Tú date a la gente Ruth, que darse es la mejor manera de recibir todas las bendiciones de la vida. Vas a llegar bien lejos, mija. Es cuestión de darse y de saber aprovechar lo que se recibe.

Ruth recuerda estas palabras, sentaba en el balcón de su apartamento en el Miramar, que da al mar. Se mece contra la brisa. Su voz suena distinta. "Mi abuela Adela lo fue todo para mí". Cuando le pregunto por el nombre de aquella maestra, me mira con los ojos tiernos. "¿Para qué tú quieres saber eso, mija. Mejor olvidar". Tiene razón Ruth Fernández. Es mejor que no conste en la memoria los nombres de los que odian.

Caldo de cultivo/barrio musical

Además de los que iban "en secreto", la casa de Adela Quiñónez era visitada en público. La casa de "La Divina" era visitada por muchos músicos. Llegaban a toda hora, acompañados de sus guitarras y violines. No había que llevar más, porque en casa de "La Divina" había piano. Como Doña Adela creía firmemente que la música era parte esencial de la educación de una "dama", sus nietas, todas, tomaron clases de música con don Jaime Díaz y con don Julio Alvarado. De hecho, don Julio Alvarado era uno de los músicos que más asiduamente visitaban la casa de doña Adela en el barrio Bélgica. También la visitaba Panchito Figueroa, que tocaba el violín y don Carlos Dalmau.

Ruth cantaba con Aidée. Le hacía segunda voz a su hermana, la sublime y tímida soprano. Pero la niña Ruth llamaba la atención desde pequeña por el timbre de su entonación. "El color" de su voz era distinto, grave; parecía que sonaba un violoncelo cada vez que Ruthcita cantaba. Y lo hacía mucho, muchísimo, eso de cantar; porque Ruth Fernández no solo creció en una casa "muy musical" sino en un barrio de músicos.

A principios de siglo XX y sobre todo durante los años 1920, el barrio Bélgica de Ponce fue cuna de artistas ilustres que revolucionaron la música popular en el país entero. De hecho, se puede argumentar que uno de los epicentros más importantes en la historia del desarrollo de la música popular del siglo XX en Puerto Rico fue precisamente Ponce y sus barrios populares. El otro epicentro lo fue Santurce, específicamente en sus barrios de Villa Palmeras, Barrio Obrero, Trastalleres y Barrio Gandul. De esos dos epicentros negros surgieron las mejores voces, los mejores músicos, deportistas y artistas de un Puerto Rico internacional y de estrellato.

"Yo nunca tomé clases de vocalización. Nadie me educó la voz. Me la fue educando la experiencia. Cantaba en bailes, serenatas, en reuniones de músicos en casa de mi abuela, con mi hermana Aidée... Tomé unas clasecitas de vocalización pero fue de grande, cuando ya cantaba profesionalmente. La voz en mí es una aptitud natural".

Ruth creció en el Ponce de Bumbúm Oppenheimer. Bumbúm era amigo de su abuela. Ruth lo recuerda bien. "Era bajito, bien oscuro y con mucha presencia. Guapísimo. Las mujeres se le iban detrás. Tenía una sonrisa hermosa y una personalidad eléctrica. Nadie se imagina lo grande que fue Bumbúm Oppenheimer. Su fama arrastraba multitudes". Cuenta Ruth, que el día que tocaba Bumbúm en algún sitio, el lugar se llenaba. El baile se desparramaba por las calles del barrio en que estuviera, Canteras, Cuatro Calles, Bélgica o San Antón. La gente tenía que prestar los bateyes de casas vecinas. El pitorro (ilegal, obviamente) fluía y con él las pendencias. Las "novias" de Bumbúm se enredaban a las galletas, peleando por los favores del músico, por sus derechos de mujer. Y Bumbúm Oppenheimer tocaba plenas y reía. Era un espectáculo él solo. Rompía la rutina obrera con una sola aparición. Donde tocaba el plenero, seguro era que nacían historias qué contar por días venideros.

También conoció a Cocolía. Pero ese era otro tipo de músico, "un músico de atril". Cocolía venía de la escuela de don Juan Morel Campos. Educado para formar parte de la Banda Municipal de Ponce, se distinguió en la composición de danzas, de números de corte de más alcurnia. "No era como Bumbúm. Cocolía era otra cosa," señala Ruth, cuando recuerda su infancia "musical".

Esa infancia fue caldo de cultivo para el portento de su voz, de su presencia internacional, de su historia entera como intérprete de música popular. Porque Ruth Fernández nació cantante (recordemos, desde el vientre de madre). Se crió cantante en la escuela y en las serenatas de su barrio. Por eso nunca fue aficionada. No tuvo tiempo para serlo. Su historia como profesional se dio precisamente al filo de su niñez.

WPRP y la orquesta de los salones elegantes

Acababa de cumplir los quince años. Era flaca, como una vara de matar gatos. También era narizona y prieta, su misma abuela se lo recordaba: "Tú, Ruth, tienes otros atributos, tus manos, tu elegancia, lo bien que sabes vestir; úsalos bien. Sobre todo, usa tu voz". Porque eso sí tenía aquella muchachita enjuta y voluntariosa del Ponce de los años treinta. Tenía una voz del otro mundo. No reparaba en que este mundo disfrutara de ella.

En una tarde de esas, de sus 15 años, Ruth regresaba sola de la escuela. Cruzaba caminando las calles del barrio Bélgica. En una de ellas, no recuerda en cuál (le eran todas tan familiares) oyó tocando a Felo Vega, a Yayo Rangel y a Panchito Figueroa, el violinista. Yayo y Félix eran las mejores guitarras de Ponce, pero Ruth no lo sabía. Ella conocía a Felo por otras razones. De hecho, lo conocía por su apodo, "Patterson". Felix Vega se había ganado el sobrenombre a causa de sus pies. Los tenía tan grandes que parecían patas. De "patas" se llegó al "Patterson"; todo el mundo en el barrio lo llamaba así. Y bien que le vino el apodo, porque cuando Vega decidió armar una orquesta, la llamó la "Orquesta Patterson". Ponce entero sabía que era la suya. Tanto había pegado el sobrenombre.

"Patterson" ensayaba con sus amigos una canción en los balcones de una casa. "Qué cosa tan hermosa" se entrometió Ruth y se acercó a la casa para oírlos tocar. "Ay, yo sé esa canción," interrumpió. La cantó y la cantó bien. Yayo, Felo y Panchito le celebraron su interpretación del bolero "Piénsalo bien" de Agustín Lara.

Como de costumbre, Ruthcita recibió los elogios con aires de diva primeriza, y continuó camino hacia su casa. Entonces, Panchito Figueroa le dijo a sus compañeros: "esta muchachita tiene una voz distinta, puede cantar con nosotros." De esta manera, Ruth pasó a acompañar, como intérprete, al trío de Félix Vega, amenizando los bailes del Barrio Bélgica. A veces le hacía coro a Chalo Damiani, que era cantante de más experiencia. Pero cuando cantaba Ruth, todos se quedaban alelados con su presencia y su voz. No era para menos. En aquella época ninguna mujer cantaba como solista en conjuntos musicales compuestos por hombres.

Otra tarde, de esas de sus quince años, Ruth cantaba en una casa de su barrio con el trío. Pasaba en su Packard don Julio Conesa. Re-

cientemente don Julio había inaugurado a WPRP, emisora de radio en
Ponce, la segunda radioemisora de la isla. Andaba buscando números
musicales para sus shows y establecer una competencia férrea para la
WKAQ de San Juan. Una voz lo llevó a pararse frente a la casa donde
se celebraba jarana. Oyó a Ruth y quedó prendado por las posibilidades para su emisora y (obviamente) para su bolsillo. Esa misma tarde
contrató al conjunto. A Ruth Fernández le ofreció $ 3.00 a la semana
por cantar con Yayo, Félix y Panchito, o acompañada por Ruth Natal,
pianista respetadísima en el Ponce de los años 1930. Los muchachos
aceptaron la oferta. "Pero tenemos que formalizarnos, buscarnos un
nombre; sino ¿cómo nos van a presentar en la radio?". Esa misma
tarde nació el conjunto Los Hijos del Arte. Quedaría compuesto por
Yayo Rangel y Félix "Patterson" Vega. A ellos se les unieron Julio Segovia y Guillermo "la Guinea". Ruth Fernández pasaría a ser conocida
como la única cantante en el país como, de un conjunto musical. Así,
a los quince años, y a la par con el surgimiento de la radio en Puerto
Rico, nació la carrera de Ruth Fernández. El portento de su voz sería
escuchado por la isla entera. Ruth estaba contentísima. Iba a poder
contribuir con algo a las finanzas en casa de la abuela.

Rafo Muñiz una vez dijo que la carrera de un artista está compuesta
por una feliz serie de golpes de suerte. La radio fue, definitivamente,
uno de los golpes de suerte más importantes en la carrera de Ruth.
Le creaba un contexto perfecto para su voz. La protegió de las giras,
de los músicos, del ambiente nocturno que despertaba maledicencias.
Pero, a la vez, la radio le permitió a Ruth Fernández, a la temprana
edad de quince años, desarrollar una fanaticada más allá de los predios
del barrio Bélgica, San Antón y Cuatro Calles y de la comunidad de
músicos y residentes que la conocía.

Los Hijos del Arte fueron un hit instantáneo. No era para menos.
La agrupación contaba con las dos mejores guitarras de Ponce. Ruth,
como solista acompañándose por los dedos prodigiosos de Ruth Natal, tampoco se quedaba atrás. Este comienzo doble (como miembro
de una orquesta y también como cantante interdependiente) quizás
explique la forma tan fluida en que la Impostergable llevó sus dos
carreras musicales. Nunca hubo "transición" entre Ruth la cantante
de orquesta y Ruth la solista. Ambos tipos de interpretaciones, de
"caminos artísticos", siempre se dieron cogidos de la mano. También

este comienzo explica el amplio poder interpretativo de Ruth. Don Pancho Cristal lo comenta en la contratapa del álbum de Ruth Fernández "Yo soy la que soy" (1966); "concurren en ella una capacidad interpretativa que es tan amplia que abarca con la misma naturalidad canciones románticas, folclóricas, rítmicas y cómicas". El taller asiduo de la radio le dio la oportunidad de desarrollarse de esta forma. Allí, a la edad de quince años, la niña Ruth pudo aprender a interpretar todo tipo de canciones; las que había aprendido en la escuela, las que cantaba con su hermana Aidée en el barrio, los boleros y pachangas del momento. Lo hizo todo "con naturalidad". Su corta edad la ayudaba a asumirse y desarrollarse "naturalmente".

Pero Los Hijos del Arte tan solo se presentaban en la radio y quizás en alguna que otra jarana o actividad popular. No era una orquesta formal. Nunca tomaron contratos para amenizar en hoteles ni en casinos. Y Ruth quería más. Además "Adela La Divina" ya se estaba poniendo peligrosamente vieja.

Ruth entró a la Ponce High. Arrasaba con los novios, que no la veían ni tan flaca ni tan fea. De hecho, había uno que la rondaba y que la tenía bastante entusiasmada. Se trataba de un joven de 18 años llamado Juan Guilbe, que en cuestión de nada se había convertido en el pitcher estrella de los *Leones* de Ponce. Negro altísimo, guapo como él solo, además era famoso y con medios. Ruth y Juan Guilbe empezaron a salir.

Doña Adela le hizo prometer a Ruth que estudiaría una carrera universitaria "para tener algo en que apoyarse, que el camino de un artista es muy incierto". Ruth le prometió a su abuela que lo haría. Quería hacerse de una carrera en trabajo social, y después estudiaría leyes. Ruth Noemí Fernández Cortada se haría abogada, para que nadie más cometiera injusticias contra ella, ni contra los suyos.

Corría el año 1937. Todavía Ruth cantaba para Los hijos del Arte, estudiaba y, además, hacía pinitos para la WPRP con Ruth Natal. Un día, precisamente en la emisora, se enteró de que se celebrarían unas audiciones convocadas por la administración para participar en un programa con la ya popular orquesta de Mingo & His Whoopie Kids, que era la mejor orquesta de Puerto Rico en aquel momento. Y todos los músicos de Mingo eran negros. Le hacían férrea competencia a la Orquesta de Rafael Muñoz, que era toda de músicos blancos. Pero los músicos de Mingo vestían de frac. De hecho él y su orquesta fueron los primeros en vestir de smoking para presentaciones en Puerto Rico. Además, el saxofonista-director exigía que cada uno de sus 14 músicos tuviera estudios, como mínimo, de escuela superior. Algunos eran universitarios. La llamaban 'la Orquesta de los Salones Elegantes". Donde tocaran "los Whoopie Kids" llegaba la gente por multitudes. "Todos negros, elegantes, de caché. Trabajar para aquella orquesta era un sueño para mí. Con Mingo tocó Nicomedes Cora, Palomo, Yayo, los mejores músicos. Y yo fui la primera mujer en servirles de voz. Se cumplió mi sueño", recuerda Titi Ruth.

Pero el sueño de Ruth Fernández no se dio sin escollos. Había ciertos detallitos que considerar. El primero, que la orquesta de Mingo viajaba mucho y por toda la isla, inclusive fuera de Puerto Rico. La segunda, que Ruth era mujer. No había orquesta en Puerto Rico que tuviera vocalistas mujeres, sobre todo vocalistas a quienes sus familias las dejaran "patiperrear" la isla entera acompañada de catorce músicos varones. Y aún si ese escollo quedaba resuelto, restaba otro asunto por resolver, la apariencia de la Negra de Ponce.

Terminaron las audiciones en la emisora. Los músicos discutieron la interpretación de cada uno de los participantes. No cabía duda. Ruth Fernández aventajaba por mucho a los otros vocalistas que habían hecho una audición. A Mingo le llamaba la atención la muchachita. Tenían que decidir rápido y anunciar su selección, porque la orquesta partía para Venezuela a cumplir con un contrato musical. Mingo escogió a Ruth adolescente. Consultó su selección con la orquesta, pero los Whoppie Kids tenían una opinión distinta sobre la contratación.

—Mira Mingo, esa nena es negra como el carbón y no está acabada de criar. Además es flaaaca. Se va a perder en el escenario.

—Hasta que abra la boca a cantar. ¿Ustedes la oyeron bien?

—Eso sí, la muchacha tiene voz.

—¿Y para qué otra cosa la queremos?

—Pero si vas a pasarnos el trabajo de contratar a una mujer cantante, que mira que no hay ninguna, al menos busquemos una buena hembra, clarita, que llame la atención.

—Nosotros no somos un show de vaudeville, somos la Orquesta de los Salones Elegantes. Además, ¿quién es el director de esta orquesta?

Con eso acalló a los músicos y salvó su primer escollo. La orquesta anunció su selección a don Juan Conesa y partió para Venezuela. Don Juan le comunicó el veredicto a Ruth. Ruth estallaba de alegría por dentro, pero por fuera supo controlar su entusiasmo. Regresó Mingo de Venezuela y pasó por la emisora. Le dieron el recado de Ruth. Que ella encantada, pero que había que pedirle permiso a su abuela, Doña Adela Quiñónez. De inmediato le sonó el nombre. Da la casualidad que doña Oliva Solís, su madre, era íntima amiga de "La Divina". Segundo escollo salvado. Sellaron el pacto las dos mujeres y se salvó el tercer escollo. Ruth cantaría para la orquesta de Mingo y sus Whoopie Kids, sobre todo en su programación radial. La incluirían en alguno que otro viaje. Cuando viajaran, ella iría acompañada por sus hermanas, por la misma doña Adela o por algún amigo de la familia. Los gastos del acompañante correrían por cuenta de la orquesta. Pero Ruth no soltó su independencia artística. Es decir, que se unió a la orquesta de Mingo, pero también siguió trabajando "por el lado", haciendo pininos de solista o cantando para otras orquestas.

Ruth estuvo cantando un año entero para Mingo y sus Whoppie Kids. Se presentaba mayormente en fiestas patronales y en bailes en Ponce y el resto de la isla. Sin embargo, en 1937, a la vocalista de la orquesta le cayó otro golpe de suerte, una gran oportunidad. Los Whoppie Kids acababan de amenizar un baile en Fajardo. Mingo empezó a repartir la paga. Pero varios músicos estaban en desacuerdo con el importe que recibieron. Se desató una controversia caldeadísima. Varios músicos decidieron desertar. Así fue como "Mingo" perdió a su cantante estrella, Alfonso Gómez «Fatty». El crooner, molesto, fundó seguidamente, junto a Julio Alvarado y varios de los desertores, la Orquesta Casino de Ponce, que luego se haría famosa por mérito propio.

Mientras tanto, Ruth, ya se había acoplado a los Whoppie Kids y conocía su repertorio. No desaprovechó la oportunidad. Dejó a la Pilot y pasó a ocupar la vacante dejada por «Fatty». Fue a partir de entonces cuando su nombre comenzó a cobrar una mayor trascendencia. Empezó a viajar por muchas localidades en la Isla y del exterior. Se presentó en El Escambrón, en El Club Deportivo de Ponce, en la Casa de España.

Salió por primera vez de Puerto Rico a Curazao, Santo Domingo, Venezuela. Cantó en inglés, en español. Y cosechó sus primeros éxitos. En aquella época no había en el mercado ninguna voz de contralto. Todas las voces de orquesta eran altas. La voz grave de Ruth Fernández llamaba la atención dondequiera que se presentara. Además, ella era la única mujer que cantaba con una "big band". Domingo Colón Surís tuvo buen ojo al escogerla. Su orquesta afianzó poderío sobre la de Rafael Muñoz, sobre la de Carmelo Díaz. Competían con la Orquesta de Rafael Moneró. Ruth cantaba boleros, plenas, ampliaba su repertorio. Y además comenzaba a dejarse oír más allá de la Isla.

También su carácter y su temple estaba dando de qué hablar. Poco después de su ingreso como cantante estrella, la orquesta fue contratada para alternar en cuatro bailes –a razón de uno por semana durante un mes– dirigida por Mario Dumont, que era la oficial del Hotel Condado Vanderbilt. El Hotel Condado era el centro social más aristocrático de Puerto Rico. Aquella era la primera vez que una agrupación integrada por negros actuaba en aquel recinto y, de paso, en un hotel de lujo en el país. La norma establecida por la administración señalaba que los músicos (incluso, los blancos) debían entrar al salón por la parte trasera del hotel. Era pauta que debían cumplir todos los que venían a atender y a entretener a la aristocracia criolla y a sus amigos empresarios españoles y norteamericanos. Pero Ruth nunca se consideró una "empleada", "un músico más". Ella ya era La Impostergable, al menos en su cabeza.

"Tú tienes otros atributos Ruth, úsalos bien". Las palabras de doña Adela resonaban en sus oídos mientras Ruth buscaba solución para el dilema de su presentación en el Condado Vanderbilt. Decidió hablar con doña Rafaela Santos, una de las mejores modistas de Ponce. Le dijo "Si esto nos sale bien, desde hoy tú vas a ser mi modista. Vísteme como una reina. Que todos pierdan el respiro cuando entre al escenario". A doña Rafaela le caló el reto. Sin chistar, le cosió un traje blanco en organza entallado arriba, con un amplio escote y brazos desnudos. Sobre el traje, le diseñó una capa negra, en terciopelo, con galones dorados sobre los hombros. El traje llevaba guantes blancos de seda hasta el codo. Además, Ruth llevaría el pelo recogido en un moño engalanado con diamantes que relumbrarían contra su pelo. Una amiga y admiradora se los prestó para la gran noche.

El plan requería una pieza más para completar el golpe de ojos. Ruth le pidió a un admirador suyo que la llevara al hotel en su lujoso Packard. Al llegar y entrar por el recibidor principal, desplegó un altivo porte de reina. Todos la miraron asombrados, preguntándose quién era aquella reina negra. Ruth cruzó el vestíbulo, caminó directo hacia la sala de baile, partió en dos el salón de baile. No se oyó ni un respiro. Todos pararon de bailar, para verla pasar. El tiempo se partió en dos, en lo que Ruth cruzó la pista, entre las parejas que se apartaban como un mar ante el portento de su presencia. Caminó hasta donde estaban los músicos de Mingo, quien reía, asombrado por el plante de la muchachita. "Vamos a empezar con "Una carta" para que los acabes de matar". Ruth comenzó a cantar. Cuando los convidados del Condado Vanderbilt oyeron lo que salía de aquella garganta, no pudieron hacer otra cosa que sentarse a escucharla; esperar que se diera la oportunidad de aplaudirla, para que la lluvia de ovaciones les calmara la emoción. Ruth terminó el primer segmento de su actuación. Entonces se le presentó el otro dilema, ¿dónde pasaría el intermedio?". Pero otro golpe de suerte le cayó entre las manos. Don Manuel González, dueño del hotel y, por aquel enton- ces, el hombre más adinerado de Puerto Rico la invitaba a su mesa. Su esposa, María Hernández Usera, no paró durante todo el intermedio de echarle flores a Ruth. "Niña, pero qué lindo tú cantas, y ese traje, qué hermosura". Ruth tampoco perdió la oportunidad para dejar colar un comentario que trastocaría los sucesos de la noche. Les dijo, como quien no quiere la cosa: "Imagínese, doña María, que hubiera hecho caso a las normas de la administración y entrara, como los demás músicos, por la cocina. De seguro se me manchaba el rodapié del traje". Los dueños del Condado Vanderbilt no podían creer lo que oían. Que quién había dis- puesto una regla tan retrógrada, que eso no podía ser, que mil disculpas, es una vergüenza, eso lo arreglaban ellos ahora mismo. Hicieron llamar al administrador general del hotel y don Manuel González en persona le exigió que se le brindara una habitación a Ruth Fernández para que pasara la noche en el Condado. Los gastos corrían por su cuenta. Aquella noche se hizo historia. Ruth Fernández fue la primera cantante de música popular negra en cantar en un hotel de lujo y también la primera en ser tratada como una estrella por la administración del hotel.

Pero su éxito le llegó con una buena cuota de dolores. Poco tiempo después de su presentación en el Condado Vanderbilt, Ruth

Fernández perdió a la persona más importante de su vida. Doña Adela Quiñónez murió en el 1937, precisamente cuando Ruth comenzaba a convertirse en estrella. El golpe fue duro. Ruth se sintió desolada, por primera vez huérfana. "Me dio un trabajo enorme reponerme de esa pérdida". Sus hermanas fueron testigo de su sufrimiento. Y también fue testigo Juan Guilbe, el novio pelotero. Ruth se encontró sola, esta vez sin asideros. El pitcher decidió entonces convertirse en su apoyo principal. Le pidió a Ruth que se casaran y ese año, Ruth Fernández, de diecisiete años, se convirtió en la esposa del afamado pitcher de los Leones de Ponce, Juan Guilbe.

Fue un matrimonio de juguete. "Eramos demasiado jóvenes", comenta hoy Titi Ruth. Juan Guilbe tenía compromisos deportivos que lo mantenían viajando en la isla por largas temporadas. Igualmente, Ruth vivía concentrada en su trabajo. Un año más tarde de entrar como solista principal de los Whoppie Kids Ruth se convirtió en la estrella de un programa de lunes a sábado, al mediodía, que la orquesta inició en la emisora WPAB. Además, Mingo & His Whoopie Kids comenzaban a grabar. Con ellos Ruth grabó cuatro selecciones que marcaron su debut discográfico: "Lamento de un boricua" y "Una carta" (boleros originales del saxofonista Franco Ascencio); "El que siembra su maíz" (son del cubano Miguel Matamoros), "Y tu abuela, ¿a'ónde está?", afro original de Mingo que toma prestada su letra del famoso poema de Fortunato Vizcarrondo. Dichas grabaciones fueron editadas por la RCA Víctor en 1940 y allanaron el camino para el lanzamiento de Ruth como solista bajo el amparo de la misma compañía al año siguiente (1941).

El matrimonio duraría cinco años. "Casi no nos veíamos. Juan por un lado y yo por el otro. Y pues, pasó lo que tenía que pasar". Imaginable. Corrían los años 1940. Juan Guilbe era pelotero, alto, una guapura de hombre e hijo de sus tiempos. Se casó con Ruth para montar una casa y un hogar. Pero Ruth se la pasaba trabajando. Y peor aún, no quedaba encinta. Entre gira y gira, la cantante visitaba médicos. Le encontraron un padecimiento en los ovarios. A los 18 años se sometió a una operación que la dejaría estéril. "Yo quería tener hijos, siempre quise ser madre. Pero como no se pudo, me dediqué aún más a mi carrera". Juan Guilbe también se dedicó a la suya. Juegos de pelota, una fanaticada que lo hacía sentir como un dios, sobre todo la fanaticada femenina, que se le iba detrás. "Entonces se dio el rompimiento". Titi Ruth no quiere comentar la verdadera razón del suceso. Pero sus amigos comentan. Comentan y yo oigo. En sus andadas, Juan Guilbe había embarazado a una jovencita blanca. Ruth no le dio tiempo para discusiones ni defensas. Midió bien la situación. Estaba al filo de vivir un escándalo. Su carrera se mancharía, la de Juan, ni pensarlo; eso, si escapaba con vida de la venganza de los hermanos. Decidió divorciarse del pelotero. "La cosa ya andaba mal. Aquello fue una situación muy penosa, no quiero que se sepa por mi boca", dice Ruth cuando le pregunto por esta versión de los hechos.

Otra vez se daba en Ruth Fernández la misma dualidad angustiosa. Sus éxitos venían teñidos de fracasos personales. Pero le seguían cayendo golpes de suerte entre las manos. Justo cuando vivía su separación de Juan Guilbe, su carrera le regalaría con el éxito rotundo de sus primeras interpretaciones grabadas: la guaracha *La borrachita* (de Rafael Hernández) y el bolero *Piénsalo bien*, del mexicano Agustín Lara. La historia, repito, tiene una forma muy curiosa de validarse. *Piénsalo bien* fue el bolero que la llevó a formar parte de Los Hijos del Arte, que le abriera las puertas de la WPRP. Ahora, el éxito discográfico del mismo bolero le valió un contrato para debutar en el Teatro Hispano de Nueva York. Ruth, que ya había viajado por las Antillas Menores, por Panamá y por Venezuela, iría ahora a debutar a una de las plazas más importantes para cualquier cantante de música latina. Nueva York era la meca de la música, del jazz, de los inmensos clubes de baile como el Palladium, el Bachelor's House. La comunidad puertorriqueña de "allá' cada vez se hacía más fuerte. Allá estaba Tito Puente, Diosa Costello, Mongo Santamaría. El Canario se había ido para "allá". Pero los boricuas emigrados querían más. La nostalgia los hacía poderosos, hambrientos de todo lo que representara un cantito de su patria, dispuestos a ir, abogar, apoyar todo espectáculo que los dejara regresar a sus pueblos, al menos una hora, en su imaginación. Aquellos jíbaros aguzáos, o "marine tigers" como los llamaran para humillarlos los boricuas que habían llegado antes, habían organizado clubes, bodegas, tomado por asalto barrios enteros de Nueva York. Presentaban un mercado poderoso, en especial para las contrataciones y para los contratos de grabación. No había tiempo para el dolor. Ruth Fernández aceptó la oferta. No había tiempo qué perder. Ella debía aprovecharse, como le dijo Mamita Adela, de todo lo que la vida le ofreciera.

Llegó la noche del estreno en el Teatro Latino. Ruth se acicalaba en su camerino, cuidadosamente vistiendo las creaciones de doña Rafaela Santos. Héctor del Villar salió al escenario. Esperó que amainaran los aplausos ganados por el número anterior. Entonces, micrófono en mano, se dispuso a presentarla. "Con ustedes, damas y caballeros 'El Alma de Puerto Rico Hecha Canción' Ruth Fernández". "Te juro que no me lo esperaba", comenta Titi Ruth. "Pero me gustó, me gustó el nombre". A ella y a todo el público del Teatro Latino. Ese fue el primero de sus bautizos artísticos. Aquel nombre la perseguiría por el resto de su vida, por todos los escenarios en donde se presentara.

A partir de ese debut en Nueva York, fueron muchos los escenarios, los aplausos. Desde entonces, sus triunfos artísticos serían incesantes. Constantemente actuaría en la plaza neoyorkina y República Dominicana. En 1943 visitó Europa, llevando los ritmos afroantillanos a España y Noruega. En 1944 visitó Cuba por primera vez. En 1946 viajó a México. Su carrera como solista floreció, pero esta no competía con sus compromisos con Mingo y sus Whoppie Kids. Doce años duró Ruth Fernández con Mingo. Fueron doce años de viajes y de gloria. Cuando se presentaba sola, contrataba a la orquesta, bien sea completa o a músicos particulares, para que la acompañara. Avelino Muñoz, pianista de Mingo, era su acompañante preferido. Además, siempre insistía en presentaciones de espectáculo, para que la escucharan cantar, y no como parte de actividades en salones de baile, que era el territorio de Mingo y su orquesta. "Mingo siempre me apoyó. Nunca se sintió traicionado, porque yo lo incluía en todos mis proyectos, le consultaba mis fechas de contrataciones. Cuando se rompió la Whoopie Kids, y solo entonces, Ruth Fernández, mejor conocida como "El Alma de Puerto Rico Hecha Canción" se fue con Lito Peña y su Orquesta Panamericana.

LA "NEGRESSE FRA PUERTO RICO": RUTH FERNÁNDEZ EN NORUEGA

Corría el año 1943. Ruth Fernández había sido invitada a presentarse en España. Su presentación fue todo un éxito. Volvió a Puerto Rico por unas semanas. Acá le llegó una invitación asombrosa. El Chat Noir en Noruega la invitaba a presentarse por dos semanas como parte de su acto de variedades. Nunca una negra, salvo Josephine Baker, había pisado ese escenario, ni plaza alguna en ese país nórdico. Y nunca una negra latina había cantado allí. "Yo me puse a pensar qué voy a hacer yo en Noruega, con ese frío. No sé el idioma. Me defiendo en inglés, pero eso es todo. A la verdad que era una situación difícil. Pero yo siempre me he atrevido a todo y no podía dejar pasar esa oportunidad. Así que acepté la invitación".

Partió rumbo a España. Allá hizo gestiones para entrevistarse con el maestro Lecuona, que andaba por Madrid de gira. Sus planes eran sencillos. Le pediría a Lecuona "prestado" uno de sus pianistas. Era cuestión de dos semanas. Tan pronto como terminara su compromiso en Noruega, se lo mandaría de vuelta para Madrid. Lo que no sabía Ruth era que Lecuona era temible y exclusivista con sus músicos. Por todos era sabido que el Maestro les confiscaba sus pasaportes para que no se le fueran a tocar a otras agrupaciones y no se le escaparan en las giras internacionales. Pero, sin enterarse de los rumores, Ruth pidió audiencia con el maestro y Lecuona se la concedió. Le hizo su propuesta, confiada. "Yo te prestaría a alguno de mis músicos y asunto resuelto. Pero cuando esos noruegos te oigan cantar, van a quererse quedar contigo en Oslo. Y yo no voy a volverle a ver ni un pelo a mi pianista. Así que lo siento mucho. No puedo ayudarte Ruth". Llegó al Chat Noir sin su pianista. Los administradores quisieron aprovecharse de la situación y le hicieron una contraoferta a Ruth.

Los noruegos no conocían a Ruth Fernández como la conocía el Maestro Lecuona. Tampoco sabían que ella no negocia, no ruega, se impone. A ella no la posterga nadie. Ya eran demasiadas las batallas que había ganado siguiendo esa estrategia. Estos no eran los momentos de cambiarla. Así que Ruth tragó aire, alzó su porte y sentenció: "Muy bien. Yo no voy a ponerme a regatear por mi trabajo, así que esto es lo que vamos a hacer. Les regalo una semana de presentaciones. Ustedes me prestan a su pianista. Yo me presento gratis, por una semana y después me regreso a mi país. Los noruegos quedaron complacidísimos. El negocio era redondo, para ellos, supusieron. No sabían que la Negra tenía planificado comerse vivo al público, dejarlo pidiendo más. No sabían quién era La Impostergable. Ya tendrían una semana para enterarse. En Noruega Ruth llegó para quedarse dos semanas, pero terminó, como predijo Lecuona, quedándose en Noruega cuatro meses.

Los viajes se sucedieron vertiginosamente. En el 1944, Ruth viajó por primera vez a Cuba, que era la plaza soñada por todos los intérpretes del mundo. Había cabarets "de alta 'vejigancia', era como un imán para todo artista" comenta Titi Ruth. La visitaban revistas de París, crooners del mundo entero. Pero el fuerte de esa plaza era la música bailable no la interpretación de solistas. La mayoría de las contrataciones se las llevaban las orquestas. No era una plaza fácil para solistas, por la fuerte competencia que había entre ellos, que, además, trabajaban poco. Olga Guillot, Celia Cruz y Miguelito Valdés estaban allí. Ruth los conocía desde acá, cuando ellos habían venido a presentarse a Puerto Rico. Y ellos les sirvieron de contacto una vez Ruth llegó a La Habana.

Ruth llegó a La Habana y quedó maravillada. Cantó en el Tropicana, en el RHC, y en el 1010. También grabó con el director Obdulio Morales y su Orquesta Típica Cubana. Desde 1923, el maestro Morales fungía como precursor y defensor del movimiento musical a favor de la música afrocubana. Se dedicó fervientemente a documentar, a grabar y a presentar al público en general este tipo de música. Para Ruth, las colaboraciones con Obdulio Morales fueron fundamentales, un alimento para su ya bien cimentada conciencia racial.

Al llegar a La Habana, Ruth se encontró de nuevo con el maestro Lecuona. "Aproveché para decirle que en Noruega se había cumplido su predicción. Él era bastante inaccesible, pero quiso que colaborara con él". En ese primer viaje, Ruth Fernández grabó *Siboney* de Lecuona, pero no fue un éxito grande porque era para una cantante soprano. Además de grabar, presentó algunos shows. Pero se quedó poco tiempo. Sin embargo, Cuba atraía mucho a Ruth Fernández. La razón era obvia, y abarcaba más que lo musical. Allí, la cultura negra era grande, estudiada, y respetada. Las composiciones afrocubanas ya eran parte de su repertorio y su resonancia espiritual encontraba cauce entre la gente y los colegas de la Antilla hermana. "Yo nunca me sentí fuera de casa al estar en Cuba. Nunca he renegado de mi país, pero allí era parte de algo que también era mío". La entiendo perfectamente.

Gracias a ese primer viaje a Cuba, surgió la oportunidad de regresar muchas otras veces, en especial en 1948. Esa vez, Ruth Fernández fue para trabajar en un proyecto concreto. Iba a grabar con el maestro Montilla la opereta *Cecilia Valdés*, dirigida por Gonzalo Roig. El maestro

Roig la contactó cuando oyó la versión de *Siboney* del maestro Lecuona. Cuando Ruth llegó a donde el maestro Roig, él le comentó "usted no cantó *Siboney*, usted la pintó". Por eso la seleccionó para interpretar el papel de la esclava Dolores Santa Cruz en la opereta *Cecilia Valdés*.

Como Dolores Santa Cruz, Ruth cantaría el número inicial, el tango congo *Popopo* que abre la zarzuela. Este tango narra los dolores de la raza negra que vive a la merced de la sociedad criolla y de sus necesidades y apetitos desmedidos. Ruth tenía vivencias para llenar esa interpretación de vida. El maestro Roig se las adivinaba. Por eso le adjudicó este número, además de *Tanilá*, que abre el segundo acto de la opereta.

Ruth usó todas las armas que había pulido en su carrera como cantante popular para prepararse para la función. Probó con ovaciones y aplausos que la música no vive tan solo de lo clásico, que las fusiones entre lo popular y lo culto son posibles y exitosas. Además, estas fusiones reviven géneros cultos, los hacen accesibles a un público americano, y por lo tanto más universal. Probó también que una cantante de música popular puede ser tan buena como cualquier intérprete de música clásica. Que en esos predios la Negra también podía vencer.

Poco después, en el Teatro Puerto Rico de Nueva York, estrenó el que sería uno de sus éxitos consagratorios: el bolero *Bello amanecer*, escrito por su entonces esposo, Tito Henríquez. Ya para aquellas fechas, Ruth Fernández gozaba de gran cartel en América Latina y, en su patria, había establecido el precedente de convertirse en la primera cantante estrella de la pantalla chica al instituir el programa "Del brazo con Ruth Fernández" en Telemundo / Canal 2. A lo largo de toda la década de los años 1950 grabó intensamente, recorrió América Latina y Europa y ofreció conciertos en regiones tan remotas como Líbano. Durante el primer lustro de los años 1960, apareció en una decena de películas. En 1966, volvió a hacer historia al convertirse en la primera estrella de la música popular contratada por la dirección de la majestuosa sala Metropolitan Opera House de Nueva York para ofrecer dos conciertos, luego de que el presidente de dicha institución, Rudolph Bing, escuchara su impecable interpretación del tema *Oshún* (de Obdulio Núñez), incluida en el LP que grabó en La Habana para Discos Montilla. En 1972, fue la figura reclamada para ofrecer el concierto de apertura de la Semana de la Música Popular del Carnegie Hall.

Precisamente en 1972, Ruth Fernández incursionó en el campo político resultando electa senadora por el Partido Popular Democrático (PPD). Cuatro años más tarde fue reelecta. Durante su gestión legislativa (1973-1981), presidió la Comisión de Arte y Cultura e impulsó el proyecto que dio vida a la Compañía de Variedades Artísticas, academia en la que se pulían a los ya profesionales del ambiente del espectáculo. También fue principal gestora de la Casa del Artista, una especie de albergue para aquellas figuras del ambiente artístico que, en la vejez o en alguna etapa de sus vidas, cayeran en el desamparo. Presidió esta institución desde su creación hasta la desaparición de la misma en el 2000, en medio de enconadas controversias relacionadas a la administración de las finanzas que la sostenían. Concluida su jornada en el Senado de Puerto Rico, se desempeñó como Ayudante Especial de Asuntos Culturales de la Fortaleza hasta el final del mandato del gobernador Rafael Hernández Colón en 1988.

Ha habido voces que le han criticado a Ruth Fernández su interés por cantar composiciones afrocubanas. Estas mismas voces han señalado que ella no incluyó temas afropuertorriqueños hasta más tarde en su carrera artística. Este argumento se cae por varias razones. Desde sus inicios en Mingo y sus Whoopie Kids, Ruth cantó plenas, guarachas y boleros compuestas por músicos puertorriqueños negros. Tal vez sus estructuras o los temas de las canciones no eran evidentemente negros, pero sus compositores sí. Su "conciencia racial" nunca fue un derivado de la cubana, ni un intento por "desviarla" hacia lo exótico y presentarla como un componente "extranjero" de quien era ella. Pero Cuba es Cuba (como Ponce es Ponce), y en esa meca de la música, la presencia de la música afro era definitivamente más fuerte. Hay que entender que para los negros la etnicidad siempre existe más allá de las fronteras nacionales. La pertenencia y resonancia con lo étnico traspasa las fronteras de lo nacional. Así fue con Ruth Fernández y su interés por Cuba. Así también pasa con la raza; la piel la hace viajar más allá de los linderos del mar. *Middle passage* en positivo.

Otro de los lugares más importantes a los que viajó Ruth fue a México, plaza relevante para el desarrollo internacional de cualquier cantante. En 1946, Ruth Fernández viajó por primera vez a México, D.F. Allí estuvo once meses, aunque fue contratada (otra vez) por tres semanas. Trabajó en XQC, XYW, y en El Patio y allí se reunió con su amigo Mario Moreno "Cantinflas". También saludó a Toña la Negra, a quien conocía desde la isla. Pero esa no sería la única vez que viajaría Ruth Fernández a ese país.

Además de las presentaciones en el Festival, Ruth Fernández había agenciado un contrato para presentarse en La cueva de Amparo Montes, en la capital de la república mexicana. Toda una semana iba a estar cantando en ese escenario. Ruth salía al escenario, regia, cantaba y después, al final, obsequiaba un "encore" de alguno de sus éxitos a pedidos del público. Terminó su primera presentación. Ruth señaló que aceptaba pedidos. Entonces, un espectador, sentado a la penumbra de los reflectores, le pidió que cantara *Campanitas de Cristal*, el clásico de Rafael Hernández. Ruth accedió. El aplauso fue magnánimo. Pero el acoso de ese espectador no paró con aquella noche. Fue a cada presentación en La Cueva, y siempre, desde la penumbra, le pedía en el "encore" *Campanitas de cristal*. Terminó el contrato en el Teatro. En su última presentación, la cantante se despidió de su fanaticada mexicana. Fue a su camerino. Hasta allá la siguió el admirador, que tocó a la puerta y esperó a que ella abriera. Cuando salió Ruth, este señor no muy alto, medio rechoncho y de bigote la abrazó y le estampó un beso en la mejilla. "Yo soy el que siempre te pide *Campanitas de cristal*". Sería por lo propasado que sentía al caballero, Ruth sonrió lo mejor que pudo, pero a la vez puso distancia, no fuera a ser que el don ese se creyera lo que no era. Pero, ante la frialdad de Ruth, el admirador comenzó a reírse. "¿Tú no me querías conocer?". le preguntó entre risas. "Yo soy Gabriel García Márquez". Ruth soltó un gritito, dio una pataleta, se le erizó la piel. La distancia que había interpuesto se deshizo en el instante. Le empezó a retumbar el corazón en el pecho. La cantante había leído su obra entera y admiraba la inteligencia del escritor, su estatura en el mundo. Al fin conocía Ruth a uno de sus ídolos.

A Venezuela, país que había visitado con Mingo, fue dos veces más. En 1959 fue condecorada con la Orden Francisco de Miranda, galardón venezolano a las figuras insignes. A Panamá, viajó incontables veces, tantas que en el país del Canal, existe una plaza de recreación que lleva su nombre. Asombra que Ruth Fernández tenga una presencia tan fuerte en esos dos países, pero la razón que lo explica es sencilla. Tanto en Panamá como en Venezuela, Ruth se dedicó, en silencio, a auspiciar obras benéficas. Sus contribuciones a orfelinatos, escuelas y fondos de alivio a víctimas de desastres naturales es incontable. "Pero la caridad se ejerce en silencio, sino es publicidad", responde Ruth cuando le pido que me cuente de sus actividades cívicas. Calla la Negra y ahí muere el tema. Todos saben que cuando Ruth Fernández cierra la boca, ni Dios mismo la convence de que la vuelva a abrir.

Su época de grandes triunfos estuvo marcada en la vida de Ruth Fernández por su relación con su segundo esposo, el compositor Tito Henríquez. "Fue una relación madura, de mucha cercanía emocional y profesional", cuenta Ruth. "Nuestro matrimonio duró 14 años. Yo quise mucho a Tito, pero no nos llevábamos del todo bien. Se puede decir que aquello fue un fracaso matrimonial que duró catorce años y que luego se convirtió en una amistad familiar que duró toda la vida".

No me dejes así:
Ruth Fernández enamorada

Para Ruth Fernández, la universidad nunca fue una plaza conquistada a cabalidad. En 1944, a un año de entrar a la UPI, surgieron nuevas invitaciones profesionales, Cuba, Venezuela y luego México, por una larga temporada. Ruth fue a consultar su dilema con don Jaime. Este la tranquilizó: "Viajar es conocer, Ruth, es otra manera de estudiar. Se te está presentando una oportunidad bien grande para entrar en la universidad de la vida. Vete, que cuando vuelvas, tienes la puertas abiertas de la Universidad de Puerto Rico". Le dio permiso para irse y regresar. Así que Ruth se resignó a lo inestable, a estudiar entre giras y conciertos. "Sin el apoyo de don Jaime y del profesor Villalonga, no lo hubiera logrado". Gracias a ellos pudo terminar su grado en Trabajo Social en la UPR. Le tomó casi diez años. "Pero lo hice", subraya orgullosa.

Fue precisamente en 1943 cuando Ruth se empezó a topar más a menudo con un mulato alto, fornido, al que le encantaba figurar. La cosa solo había alimentadso una curiosidad un tanto persistente. Pero, para 1943, cuando Tito Henríquez y Ruth Fernández se toparon de nuevo en el Club Mayagüezano, ya Ruth andaba divorciada. Tito acababa de enviudar de su esposa. Andaba triste, preocupado sobre todo por el futuro de sus hijas, Mercedes y Tita, que quedaban temporalmente al amparo de los abuelos paternos. El 19 de diciembre de 1948 finalmente se encontraron frente al altar. Ruth cumplía 35 años.

Pero aquel 19 de diciembre, Ruth Fernández estaba feliz. Se casaba, no solo con un compositor de renombre, con un "igual" con quien compartía el mundo musical. Se casaba también con una familia. Iban a ser él, ella, Mercedes y Tita. Al menos eso creyó ella, al principio. Pero la niña Mercedes se quedaría con los abuelos. Tita pasaría a vivir con ellos por temporadas. Las continuas infidelidades de Tito impedían que aquel enlace los transformara en una familia de verdad.

Ya era demasiado mujer para permitirse esa debilidad, demasiado estrella. Ruth Fernández volvió a subir la guardia. A veces se hizo de la vista larga. Otras, se lanzó al ruedo a pelear por que la respetaran como esposa legítima de Tito Henríquez. Hasta que se cansó y no peleó más. Prefirió prepararse para lo que sabía iba a ocurrir tarde o temprano. Pero, definitivamente, Tito Henríquez fue el hombre y el compositor con quién más se identificó Ruth Fernández. Siempre abría y terminaba sus presentaciones con *Bello amanecer*. Siempre cantaba el primer tema que Henríquez compuso para ella, el tan difundido bolero *Sollozo* (1952). También de Tito, Ruth seguiría cantando *Soy la canción*, compuesta exclusivamente para ella, *Caminito de tu amor*, *Fiesta de besos*, *No es posible*, *No me dejes así*, *No te quiero ver*, la canción jíbara *Recordando mi tierrita*, y muchas otras composiciones. Estas canciones permanecerían en su repertorio habitual, aún después de que Ruth se divorciara.

Pero todo en la vida de Ruth es una mezcla de penas y alegrías. En ese año de 1963, año de su separación definitiva del compositor, Ruth Fernández recibió el más alto reconocimiento que ella concibe como cantante. Sucede que Lolín, su hermana, había sido contratada como enfermera particular del compositor de música clásica y chelista don Pablo Casals. Él estaba grave en Puerto Rico, debido a un padecimiento pulmonar. Lolín se esmeró en sus cuidados, tanto que el compositor y ella entablaron una amistad. En una conversación salió el tema de Ruth Fernández. "A mi me encanta el color de su voz. Me recuerda mis pasiones por el violonchelo", le dijo el maestro. "Ruth es mi hermana", le comentó su enfermera. Ese día, Lolín salió de la casa de don Pablo Casals con una encomienda. Don Pablo quería conocer a la Negra de Ponce, el Alma de América Hecha Canción, a la Impostergable. "A la que canta como mi violonchelo" decía él. Ni corta, ni perezosa, Ruth acompañó a Lolín a casa del maestro. Estuvieron conversando la tarde entera.

Don Pablo Casals se recuperó de su enfermedad. Entonces aprovechó la oportunidad para ir a almorzar a casa de Ruth Fernández. Fue no tan solo a "devolverle la visita", ni tampoco a gozar de las ya famosas dotes culinarias de su anfitriona. Le llevaba un regalo. Cuando llegó a casa de Ruth, le entregó una partitura. Había compuesto para ella la única pieza de música popular en su vida, el bolero *Ven a mí*.

"Que todo el mundo te vea entrar": Televisión, cine y Ruth Fernández

Corría el año 1954. Un medio nuevo se abría paso en el país, trayendo espectáculos de variedades, noticieros y películas para el entretenimiento del consumidor promedio en la isla. Se trataba de una cajita iluminada, que proyectaba figuras en blanco y negro. Ya no había que moverse a los salones de conciertos ni a los clubes para oír y ver a los favoritos cantar. Ahora cantaban desde las salas de las casas. Había llegado a Puerto Rico la era de la televisión.

Como muchos otros artistas, Ruth Fernández incursionó en este medio a través de invitaciones a shows de variedades. Pero la cosa no quedó ahí. Ruth midió su oportunidad. Por eso, aceptó la oferta que le hiciera el canal 2 de instituir el programa "Del brazo con Ruth Fernández" en Telemundo. De esa manera, sentó pautas (de nuevo) en el país, convirtiéndose en la primera cantante de música popular en hacerse estrella de la pantalla chica. Sostuvo su show en el canal 2 por 8 años seguidos. Allí también innovó el medio. En este show había una sección titulada "¿Cuál es tu problema?". Ruth atendía llamadas del público, reclamos de gente a la que le hacían falta servicios de agua, luz, o que querían encontrar parientes perdidos, necesitaban una nevera, o buscaban cómo celebrarle el quinceañero a la nena. De esta forma, Ruth Fernández aunó su interés cívico con su lugar televisivo. Fue ella la primera en instaurar ese tipo de programas en la televisión del país y en América Latina entera.

"Del brazo con Ruth Fernández" también contaba con una sección de chismes de farándula. De hecho, fue el primer programa televisivo en tener una sección como esta, adelantándose a la legendaria Myrta Silva y a su personaje Chencha. Cuando cesaron sus contratos con el canal 2, de inmediato a Ruth le surgió la oportunidad de presentarse en el Show de las 12, con un nuevo segmento. Así nació el programa

"Almorzando con Ruth Fernández". Este programa era una continuación del anterior, pero con una interesante variante. Ruth Fernández es una excelente cocinera. Echó manos a este conocimiento y armó un show de cocina. Ruth no era conocida tan solo por los amantes de la música popular o por los que, de una manera u otra se codeaban con ella en las tablas de los salones de baile y hoteles internacionales. Ahora Ruth era estrella del pueblo. En los salones de familia estaba presente Ruth Fernández, ayudando a los necesitados, cantando sus canciones, dándoles de comer a personalidades y amigos. Se metió en la imaginación de los boricuas de su época y de allí no salió nunca más.

Presentaciones musicales, shows de radio, de televisión, coberturas de prensa. Ruth Fernández abarcó todas estas áreas de los medios masivos. Pero, como buena mujer de negocios, su labor con la televisión no fue tan solo como cantante o como animadora y estrella. Ruth también fue productora y directora de oficinas en canales televisivos. Como si esto fuera poco, incursionó en el cine. Durante la década de los años 1960, apareció en una decena de películas: "Calypso" (1957); "Romance en Puerto Rico" (1960); "Friend of Dope Island" (1961); "El ataúd infernal" (1962); "Lamento borincano" (1963); "El látigo sangriento" y "Caña brava" (1965) y "El jibarito Rafael" (1966). Principalmente aparecía haciendo cameos musicales. Su carrera cinematográfica terminó con una aparición en "La gran fiesta", película dirigida por Marcos Zurinaga en el 1986.

Fue la televisión el medio que le otorgó el escenario perfecto para el desarrollo de esa otra faceta en la carrera de Ruth Fernández: el civismo. Desde hacía décadas, ella se encargaba de ayudar a la gente que se le acercaba, consiguiendo favores, conectando a músicos con empresarios, ayudando a comunidades marginales. "No es que me considere una santa, ni mucho menos. Es que aprendí que darse es la mejor manera de recibir", comenta hoy Titi Ruth. Obviamente, la figura tutelar de su abuela "Adela, La Divina" la inspiraba a hacerlo.

Por eso es en esos años de los años 1950 y 1960, Ruth Fernández se dio a la acción benéfica. Pero sus favores no se extendían a cantar en tele-maratones. En secreto, donaba amplias sumas de dinero y resolvía problemas a los miembros de su clase artística. En Nueva York hay una casa para mujeres abandonadas que lleva su nombre. La casa sobrevivió por mucho tiempo gracias a sus generosos donativos. En

Panamá hay un hospital que lleva su nombre. Muchos son los que me cuentan que consiguieron contrataciones por una recomendación de Ruth Fernández. Estas amplias labores cívicas la fueron conduciendo más allá de los escenarios musicales, hacia otro tipo de escenario en el cual también triunfó. En el 1972, Ruth Fernández se hizo senadora. "Legislatura -servirle con amor- no te puedes cansar de darte. Eso te abre todas las puertas, todos los campos te los abre…". Fue la primera cantante de música popular en haber sido elegida al Gobierno de país. Además ganó por mayoría absoluta.

Rompiendo paradigmas y creando nuevos arquetipos: el personaje del negro en la obra de Mayra Santos-Febres

Alejandra Rengifo,
Central Michigan University

La literatura del Caribe en los últimos años se ha destacado por marcar la pauta respecto a su importancia dentro de las letras latinoamericanas. Si en un principio de este archipiélago llegaban las obras literarias al continente[1], con las guerras de independencia y la creación de nuevos estados, la producción literaria de Cuba, Puerto Rico y República Dominicana se vio reducida considerablemente. Sin embargo, el tiempo ha sido el encargado de demostrar que no en vano esta región siempre ha sido de suma importancia para todo aquello que tiene que ver con las letras hispanas.

El siglo XIX, a su vez que fue cáustico y apabullante para esta región, también dejó un trazo indeleble respecto a su creación artística. Poetas de la talla de José Martí (Cuba), ensayistas como Pedro Henríquez Ureña (República Dominicana), novelistas como Manuel Zeno Gandía (Puerto Rico) abrieron las puertas a nuevos talentos que florecieron principalmente en el siglo XX y que a su vez delinearon el camino a seguir para los futuros escritores de la actualidad. Si el XIX fue un siglo turbulento en todos los aspectos de la vida social, política y literaria para el continente americano, lo fue aún más para las islas mayores de las Antillas. Mientras Cuba y República Dominicana luchaban por su independencia[2], Puerto Rico[3] fue cedido, a otro imperio, el estadounidense. Después de las creaciones de estados soberanos o asociados (como fue el caso de Puerto Rico) la vida de los habitantes de estas islas trataron de retornar a una "normalidad", que les permitiera crearse y reinventarse a sí mismos, apartándose de la siempre latente e impertinente sombra de la madre patria, España. Irónicamente este trabajo de autonomía social, económica y política fue relativamente más fácil que el de construir una identidad intelectual nacional. El ejemplo europeo era todavía, incluso a principios del siglo XX, una tacha indeleble, un faro a seguir que dictaba las reglas de un juego difícil de obviar.

Poco a poco cada una de estas naciones fue encontrando su "identidad" dentro de la vastedad misma que ofrecían las naciones hermanas del continente. El tiempo se encarga de dar paso a figuras de todo tipo pero en particular literarias, que facilitan la creación de distintos grupos que marcarían un hito en las letras de la región. Así, de los autores estandarte del siglo XIX, surgen aquellos que en el XX marcaron el sendero para los que en el siglo XXI le han dado una nueva cara a las letras del Caribe; ejemplo de ello, la autora objeto de este estudio, la puertorriqueña Mayra Santos-Febres. Antes de pasar de lleno a hablar de esta escritora es necesario hacer un recorrido somero por lo que ha sido la producción literaria de "la isla del encanto", Puerto Rico.

Desde los albores del siglo XIX, en Puerto Rico ya se vislumbraba una actividad literaria sin igual en el área. Autores como Eugenio María de Hostos[4] dieron el tono para un tipo de literatura única de Puerto Rico: emancipatoria y contestaria. Es así como después de escritores de la talla de Eugenio María de Hostos, Alejandro Tapia y Rivera, Manuel A. Alonso, José Gautier Benítez, Ramón Emeterio Betances[5] se encargaron de la ardua tarea de forjar una primera etapa de la literatura puertorriqueña. De este siglo se destacan tres mujeres que, a su pesar, no solo tuvieron que enfrentarse al sistema ideológico de la época sino al falocentrismo acérrimo imperante que impedía que las escucharan, ellas fueron Julia de Burgos[6], Lola Rodríguez de Tió y Luisa Capetillo, precursoras de las letras femeninas de Puerto Rico y el Caribe hispano.

Los autores mencionados anteriormente fueron estandartes de las letras puertorriqueñas que, conservando vivo el sentimiento independentista de la isla y sin poder lograr mucho por razones ajenas a ellos, fueron la conciencia social de la autonomía nacional. Su lucha para muchos, tal vez, sirvió de poco y nada pero lo que lograron a este respecto fue dejar un legado literario que sirvió de base para la llegada de los nuevos pensadores y creadores del siglo XX.

El nuevo siglo se abre en Puerto Rico con cambios de todo tipo[7] pero las letras siguen alimentándose de nuevos talentos. Algunos que se distinguen son René Márquez, Rosario Ferré, Luis Rafael Sánchez, Lino Novas Calvo, Ana Lydia Vega y Mayra Santos-Febres. La obra de esta escritora se destaca por su carácter contestatario, irreverente y de confrontación. Nacida en Carolina en 1966, esta escritora empezó escribiendo poesía desde muy joven y en 1984 ya publicaba poemas sueltos en diarios y revistas tanto de Puerto Rico como de Cuba, Argentina, Francia, entre otros países. Estudió en la universidad de Puerto Rico e hizo su postgrado en arte y literatura en Cornell University. De ascendencia africana Santos-Febres ha demostrado ser de las escritoras más importantes del Caribe hispano en la actualidad. Sus poemas, ensayos y novelas, que resaltan la opresión de la raza negra, son una transgresión a todo lo establecido por la sociedad blanca de donde proviene.

Sus dos primeros poemarios de 1991 son *Anamú y Manigua* y *El orden escapado*. En la primera colección, tal vez la mejor lograda de las dos, la autora explora, recuerda y recrea, por medio de la metáfora, del símbolo y de la retórica, a sus ancestros más inmediatos, en especial a su abuela. Esta figura milenaria, la mujer de roles múltiples, madre, abuela, esposa, mujer, amante, es la figura que lleva de la mano al lector en el anamú (planta fitolacácea –de Cuba– cuyo olor a ajo logra que lo mismo suceda con la leche de las vacas que la comen) por la manigua (terreno de la isla de Cuba cubierto de malezas) porque:

> Mi abuela es como la tierra, tú sabes:
> mujer helicoidal que extiende su ceiba seca
> a contrapunto, a contraluz,
> para trenzar la ruta que el viento ha de seguir al día
> y obligarlo a entregar
>
> los huevos y obeliscos que arrancara
> de las vitrinas anteayer. (11)

Mujer sabia que se convierte en la eminencia gris de la voz poética, es varias mujeres y una a la vez. En cada poema en el que la abuela se hace presente se revive el pasado de un "yo" incompleto porque es en ella, en el cuerpo de Isabel, de Mariana, de Antonia, de mami, en el que se recarga el pasado de toda una raza; una en la cual la voz poética todavía se busca y se pierde entre los colores del arco iris que es ese mundo en el que vive; el del Caribe, uno de paradigmas y nuevos arquetipos. Esta es una búsqueda que permite remitirse a un pasado real e imaginario, a un presente fugaz y a un futuro incierto del yo que habla.

> Fue como si ayer también
> hubiese matado a dos para anudar la historia
> a una cajita alambrada
> para dejar la vista sucia
> [...]
> viste, abuela, madre
> es que hay que llorar
> hay que llorar. (63)

Desde estos primeros versos ya se perfila en la escritora puerto-rriqueña ese afán por ir contra la corriente de lo establecido por las normas temáticas y estructurales de lo que había sido la literatura ca-ribeña hasta el momento. En Santos-Febres las formas exigidas por el medio acostumbrado a lo tradicional, al 'respeto' al público y su interés literario no son más que un reto para su imaginación y su irreverencia.

En su primer poemario se vislumbra lo que se hace más claro en su novel colección de cuentos *Pez de vidrio*[8] (1994), darle paso al erotismo, no en su forma más pura todavía pero sí en pasos cortos que predicen un erotismo y sensualidad que se hacen más explícitos a medida que la autora encuentra su espacio en las letras puertorriqueñas.

Allá va, oronda la niña, oronda y cansada de sus senos y de sus nalgas. Cómo las había baileoteado aquella noche, cómo las había paseado por las calles de San Juan, con sus tacos nuevos y su pelo nuevo, con sus ojos nuevos y su sexito nuevecito y oloroso a cosa chata, playera, de cerda de sal. [...] Cómo la miraban los chicos sanjuaneros; cómo sabía que volverían a sus casas a hacérsela en su nombre,

> que algunos no esperarían la bonanza del baño y que en el
> carro estacionado por lo oscuro se la harían siete veces siete
> pensando en sus senos y en sus nalgas bailoteantes y en su
> sexo salpicado de neón… (13)

Lo que en estos cuentos se insinúa en su primera novela *Sirena, Selena vestida de pena* sencillamente se destapa, sin recato alguno pero con un estilo muy propio de Santos-Febres.

De *Selena, sirena vestida de pena* a *Nuestra señora de la noche* (2006) pasando por *Cualquier miércoles soy tuya* (2002), su literatura le regala al lector la sensualidad del Caribe negro que se contrapone a ese Caribe blanco que siempre lo quiere invisibilizar. Sus personajes son marginados, y en su mayoría de descendencia africana, como el travesti de *Selena*, la "madama" de principios de siglo XX en San Juan en *Nuestra señora…* y la mujer misteriosa que desencadena grandes pasiones y crímenes en *Cualquier miércoles…* Ellos son los encargados de mostrar la pluralidad de su obra, de la región, de la raza negra que ha sido acallada por siempre pero sigue tan viva como nunca. La autora logra entonces, por medio de los protagonistas de estas tres novelas, rescatar del olvido los preceptos de Aimé Césaire respecto a las negritudes[9] y su importancia, a la vez que demuestra cómo la "colonización" del Caribe fue, y es, un "karma" social tanto para el negro como para el blanco, que de una u otra manera se debe enfrentar; y Santos Febres lo hace por medio de la palabra escrita y los temas polémicos como lo son el erotismo traducido en el travestismo y el homosexualismo de algunos de sus protagonistas más insignes.

Hacer mención de la literatura erótica remite al premio español *Sonrisa Vertical* otorgado anualmente a la mejor novela erótica en esta lengua. En la América hispana no muchos autores han recibido este honor. En el Caribe solo una escritora ha recibido este galardón, Mayra Montero, una cubano-puertorriqueña que con su texto *La última noche que pasé contigo* (1991) sorprendió a muchos al quedar finalista de la versión XIII de esta competencia y en el 2000 volvió a participar y lo ganó con su novela *Púrpura profundo*.

La importancia de la presencia de mujeres como Montero, y posteriormente de Santos-Febres, en este campo radica en la validez que se le da al discurso femenino dentro del masculino. Hombres y mujeres sienten de manera distinta pero igual pueden expresarlo a través de su escritura con distintas palabras. El erotismo y su expresión no son un espacio exclusivo del hombre, ahora la mujer puede participar y así ha sido demostrado. El lenguaje erótico se vuelve uniforme cuando de este género se trata, la palabra "puta" no pierde ninguna acepción si es utilizada en un texto escrito por un hombre o una mujer; es más, adquiere una fuerza inusitada si se da dentro del dialogismo de personajes creados por una mujer debido a que esta se ha apartado de su rol tradicional, el impuesto por una sociedad falocéntrica, para ocupar un espacio de igualdad dentro de la misma. La transgresión es completa y tanto texto como escritor ya no se dan por el sexo del quien escribe sino también por lo que se escribe. Tanto Mayra Montero como Mayra Santos-Febres han demostrado que el ser mujer no importa cuando se trata de hacer literatura y más si es erótica.

Mayra Santos-Febres con *Sirena, Selena vestida de pena*[10] presenta al público una novela que se destaca, como se mencionó anteriormente, por su carácter contestatario, irreverente y de confrontación. *Sirena, Selena*… es una historia de travestis, de ricos, de marginados, de negros, de seducción y de erotismo. Santos-Febres en *Sirena* ha moldeado un personaje a imagen y semejanza de travestis del infra-mundo de la homosexualidad y el travestismo que ha sido invisibilizado por el doble estándar de la sociedad. La música, la ostentación, el color, el lujo son solo acompañantes de una historia de engaños y de sexo prohibido convirtiendo la seducción y el erotismo en armas de alto calibre que sirven para denunciar la hipocresía de la sociedad.

El erotismo de esta historia se basa en la seducción. En ella es donde se explotan los sentidos dejando los sentimientos para momentos en los cuales se debe hacer rodar la trama. Del acto de seducir es que se vale Sirena para manipular a sus clientes y a quien la va a llevar a la cima de su carrera artística Hugo Graubel. Santos-Febres en su novela establece un juego binario entre el poder del dinero y el deseo por lo vedado —una mujer/hombre o un hombre/mujer que de cualquier forma baila entre lo masculino y lo femenino, entre lo legal e ilegal. Selena es un travesti que siendo hombre siempre supo que quería ser y era mujer. La feminidad adquiere nuevas acepciones con las lentejuelas de los vestidos de Selena. Ella en sus clientes crea la incertidumbre del verdadero placer, la pregunta queda en el aire para algunos de ellos de si se goza más con un travesti o con una mujer real porque "si la feminidad es principio de incertidumbre, esta será mayor allí donde la misma feminidad es incierta: en el juego de la feminidad" (Baudrillard 19). Selena es maestra en ese juego de la indistinción del sexo y en su camino a él, lo erótico se hace indispensable, maleable:

> El otro caballero se adelantaba a la presentación. Quería mirar de cerca aquella criatura, aquel ángel caído, aquel perfil de niña marimacha delicadamente hecho, que entre las penumbras del bar brillaba con luz propia.[...] Sirena notó la curiosidad del invitado. Sin proponérselo Hugo Graubel le daba el pretexto para montar su personaje. Adrede, Sirena demoró sus gestos. Fue alzando los ojos lentamente, hasta clavarlos fijamente en la mirada del señor que la auscultaba. En esos momentos, Hugo Graubel no pudo evitar un nervioso parpadeo. (50)

Una feminidad elusiva, intangible, que "sigue siendo lo inaprensible, el enigma cuya seducción permanece inalterable" (Lipovetsky 60) pero es transgredida constantemente por la realidad de Selena, su masculinidad.

El texto de Santos-Febres es una celebración de lo femenino, de la seducción. Es una novela que ha causado polémica desde su aparición en el 2000 por los temas tratados; sin embargo, ha encontrado su nicho en las letras puertorriqueñas y poco a poco, al igual que Montero con *La última noche que pase contigo* y *Púrpura profundo*, *Sirena, Selena vestida de pena* ha demostrado que la literatura erótica también puede ser canónica.

Desde ese momento hasta la actualidad el género ha continuado su curso y en el Caribe autores como Santos-Febres, en especial, siguen experimentando con el mismo. Como se mencionó en un principio, este texto se considera erótico porque, como afirma Bataille en su texto *El erotismo* y para dar una definición aproximada del término, hay que partir de la base de que el erotismo es producto de la actividad sexual reproductiva la cual solo los hombres la han hecho erótica, es "la aprobación de la vida hasta en la muerte" (15). Es de esta manera como al desacralizar el acto sexual, el erotismo se convierte en "una búsqueda psicológica independiente del fin natural dado a la reproduc-

ción y del cuidado que dar a los hijos" [porque paradójicamente] "el
sentido fundamental de la reproducción es la clave del erotismo" (15-
16) cuyo terreno es esencialmente "el de la violencia, de la violación"
(21). Bataille en su disquisición declara que la operación del erotismo:

> …tiene como fin alcanzar al ser en lo más íntimo, hasta el
> punto del desfallecimiento. El paso del estado normal al
> estado de deseo erótico supone en nosotros una disolución
> relativa del ser […]. En el movimiento de disolución de los
> seres, al participante masculino le corresponde, en principio,
> un papel activo; la parte femenina es pasiva. Y es esencial-
> mente la parte pasiva, femenina, la que es disuelta como ser
> constituido. (22)

En *Sirena…* esa parte femenina no es una mujer como cualquier
otra, es un travesti que cuando necesita, cuando no quiere ser disuelta
recurre a su estado natural para sobrevivir en un mundo que lo ha
condenado desde siempre. Selena es un ser humano que nació en
desventaja en varios aspectos. Es un joven negro, pobre y travesti. No
se puede decir que es homosexual porque desde que tuvo conciencia
de sus gustos evitó precisamente ese tipo de relaciones físicas "bien
sabía la Sirena que para él no había gran diferencia entre un hogar de
crianza y un círculo en el infierno. Allí abusarían de él los más fuertes,
le darían palizas, lo violarían para luego dejarlo tirado, ensangrentado
y casi muerto en el piso sucio de un almacén" (9). Su proclividad al
estilo femenino y ese mundo es lo que desea para él, no lo que viene
amarrado con la incomprensión del mismo y las asunciones que se
tienen acerca de él: travesti es ser homosexual. Sin embargo Selena
aprende y entiende que para poder llegar a ser alguien en su infra-
mundo debe saber jugar las reglas del mismo y debe prestar servicios
a hombres con ciertas tendencias sexuales y así lo hace. "Practicar" la
homosexualidad es parte de su trabajo y así lo vive con Graubel, para
lograr su cometido, ser una diva de dinero.

Si con *Sirena* el erotismo se abrió pasó de nuevo en la literatura
puertorriqueña, con los textos posteriores Santos-Febres demostró
que esa línea de romper con lo establecido y subvertir las formas
podía ir más allá de sencillamente "redirigir" la narrativa erótica hacia
nuevos límites.

Después de *Sirena...* los escritos de Santos-Febres se han llenado de otros personajes igual de polémicos al del proyecto de diva quinceañera. Entre ellos se encuentra la esposa de un alto funcionario corrupto que una vez a la semana se escapa de su realidad y se hospeda en un motel donde se hace amante de un incipiente escritor. *Cualquier miércoles soy tuya* (2002) es también la historia de un crimen, de un amor perdido, de una profesión reencontrada. En este texto la autora no causa tanta conmoción como en su primera novela pero conserva su estilo arriesgado respecto a la descripción de las escenas sexuales, del drama que se desenvuelve a raíz de la corrupción política y de las fallidas relaciones interpersonales entre los personajes principales. La novela descubre un aspecto de la versatilidad de la autora, su capacidad de escribir una historia policial con tintes eróticos.

Después del relativo éxito comercial y literario de estos dos textos en 2006 la novela *Nuestra señora de la noche* es finalista del X Premio Primavera[11] causando gran expectativa en el ambiente literario. En efecto en *Nuestra señora de la noche,* cubre la historia de doña Isabel "La Negra" Luberza Oppenheimer, una mujer poderosa en un mundo donde, como el de *Sirena...,* el color de la piel es la marca de Caín y la profesión de meretriz es un calvario que cierra puertas y empuja al hambre, al crimen, al vicio. Sin embargo la vida de doña Isabel demuestra que una mujer con determinación puede enfrentarse de tú a tú con los poderosos, los dueños de los grandes negocios, de las leyes, del país. El telón de fondo del poder adquirido por esa mujer a lo largo de los años es aquel de un país convulsionado por el hambre de poder y por el miedo "al qué dirán". El negocio de la negra Luberza tiene que ver con la prostitución, ella es la propietaria de una casa para caballeros que los años se han encargado de popularizar. Esta casa no es como cualquier otra, Isabel se ha preocupado porque el Elizabeth's sea un negocio limpio, en todas las acepciones de la palabra, con clase y con clientes selectos

> ...tuvo que admitir asombro. Los pisos barridos, la barra bien dispuesta, la amplitud del salón de baile a media luz le hicieron comprender porque el Elizabeth's era un lugar tan frecuentado. [...] Para nada parecía aquello un bar de hombres como se los veía en el pueblo; piso terroso, unos

> cuantos taburetes y una barra grasienta donde se partían
> quesos de Holanda y mortadelas a media tarde. […] Era
> otra dimensión, distinta y alegre; […]. Era otra la alegría del
> Elizabeth's. Una alegría derramada pero consciente de su
> existencia casi imposible. (33)

Los clientes son felices en este lugar pero el "insulto" viene con el hecho de quién es la dueña y señora del Elizabeth's: una mujer y negra. Una vez más Santos-Febres logra una reacción de su público ya sea positiva o negativa porque su texto es un paradigma de los prejuicios de una sociedad que aún hoy en día tiene sus reservas cuando se trata de aceptar el éxito de una clase marginada por su color, por su falta de educación, por su pobreza.

La obra de Santos-Febres se ha destacado principalmente por ser una donde la vida de la autora se puede leer entre líneas y en sus personajes. Desde sus primeros poemas donde su abuela y su madre son figuras centrales hasta las últimas novelas en las cuales la historia de Puerto Rico y la de otras islas del Caribe es eje temático. Santos-Febres es una mujer de color que ha demostrado que cuando se trata de la creación literaria no importa la raza si no el proceso y producto mismo. La obra de esta autora, entre otras particularidades, va contra lo preestablecido, sus protagonistas vienen de un mundo familiar para algunos —el de la clase media—, totalmente foráneo —el de la prostitución—, o nuevo —el del travestismo—. Mayra Santos-Febres poco a poco se ha convertido en una de las figuras literarias más influyentes del Caribe hispano porque rompiendo paradigmas ha ido creando nuevos arquetipos, los negros, los travestis, las prostitutas, todos ellos marginados, también tienen un lugar en las letras de una autora que paulatinamente está entrando en el canon latinoamericano.

NOTAS

[1] Recuérdese que debido a su calidad de colonias fundadoras del imperio español en América, mucho del material literario e intelectual que llegaba al continente primero hacía una "parada" en una de las islas del archipiélago.

[2] Las guerras de independencia en las Antillas mayores sucedieron de la siguiente manera: República Dominicana en febrero de 1844 tuvo una independencia efímera, tanto de la corona española como de Haití, porque en 1861, la corona española una vez más anexó esta nación a su imperio. Sin embargo el sentimiento independentista perduró y fue en 1865 cuando la reina Isabel II validó la independencia de la República Dominicana. Vale la pena anotar que fue durante este primer proceso independentista de 1844 cuando se adoptó el nombre de República Dominicana dejando el de Santo Domingo –con el que inicialmente se le conocía al sector hispano de la isla- para la capital. Por su parte Cuba no logró su independencia hasta mayo de 1898, después de varios años de intentos fallidos. La última nación fue Puerto Rico que ha tenido una historia distinta, porque fue "entregada" a Estados Unidos, en 1898, como parte del botín de guerra después del enfrentamiento de una decrépita armada española contra uno de los ejércitos más fuertes del mundo, el norteamericano.

[3] El único intento independentista que se registra para Puerto Rico en el siglo XIX es aquel del Grito de Lares.

[4] Eugenio María de Hostos, llamado también el Ciudadano de América por su lucha por la independencia de Puerto Rico y la integración de las Antillas y América, es considerado como el padre del ensayo en Puerto Rico y uno de sus escritores más representativos. Aparte de su interés por la emancipación americana, Hostos era filósofo, abogado, sociólogo y educador. En sus obras se pueden encontrar distintos tipos de estudios, sociales, políticos, filosóficos y críticos entre otros.

[5] Este autor fue uno de los gestores del fallido intento de independencia de Puerto Rico en 1868, el conocido Grito de Lares.

[6] Si bien Julia de Burgos se dio a conocer más en el ambiente literario en Nueva York esta mujer empezó su carrera poética en Puerto Rico.

[7] Después de la invasión de 1898 por parte de Estados Unidos el nombre de la isla fue cambiado a Porto Rico (en 1932 de nuevo volvió a llamarse como en la actualidad), la moneda pasó de ser el peso puertorriqueño al dólar y a partir de este año paulatinamente la absorción del sistema isleño por parte del estadounidense ha sido total. De las cosas que han sobrevivido a esta nueva colonización es una latinidad intrínseca, el español como lengua franca, el catolicismo como religión principal, el sentimiento de algunos por la independencia entre otras cosas.

[8] Esta colección ganó el premio "Letras de Oro" en 1994.

[9] La primera mitad del siglo XX se vio marcada por la incursión en la vida diaria americana de las voces de los negros. Esta vez fue para regocijarse dentro de su proceso de participación dentro de la élite cultural de las ex-colonias. Escritores y personajes de la talla de Aimé Césaire en las Antillas Francesas y Nicolás Guillén en Cuba dieron a conocer su pensamiento acerca de la raza africana ahora libre. Es Césaire en 1935 quien acuña el término literario de négritude en la revista *L'etudiant noir* (El estudiante negro). Tanto la historia literaria de habla francesa como la de habla castellana sufrieron una "inyección de amor" por la raza negra y sucedió en ambos casos casi paralelamente. Esa recuperación y reivindicación "del ser negro", de su historia, de su cultura, de su négritude, es un logro inigualable en las letras tanto del Caribe como de los negros. Posteriormente Aimé Césaire expandiría su pensamiento acerca del tema en su texto *Cahiers de retour au pays nátal* mientras poetas como Guillén lo haría en su obra.

[10] El personaje principal de esta historia es un joven de quince años que bajo la tutela de Martha Divine, también travesti y dueña de un bar -El Danubio Azul-, va a República Dominicana en busca de un show que la haga famosa. En este viaje Selena, y el lector, conocen el mundo de los ricos, uno donde el doble estándar domina la escena, el amor, encerrado en la voz de una bolerista travesti, hace que lo mejor y lo peor de un hombre, supuestamente heterosexual, salga a la luz y por ella se verá todo aquello que siempre se ha mantenido oculto: los placeres non-sanctos de los hombres.

[11] Este premio es convocado por la editorial española Espasa Calpe y, desde su creación en 1997, solo dos autores latinoamericanos han sido ganadores, el mexicano Ignacio Padilla en 2000 y el chileno Luis Sepúlveda en 2009.

Obras citadas

Bataille, George. *De la seducción*. Ediciones Cátedra: Barcelona, 2000.

Baudrillard, Jean. *El erotismo*. Fábula: Madrid, 2007.

—. *La felicidad, el erotismo y la literatura*. Adriana Hidalgo: Buenos Aires, 2004.

Lipovetsky, Gilles. *La tercera mujer*. Barcelona: Anagrama, 2002.

Montero, Mayra. *Como un mensajero tuyo*. Barcelona: Editorial Tusquets, 1998.

—. *Púrpura profundo*. Barcelona: Editorial Tusquets, 2000.

Santos Febres, Mayra. *Serena, Selena vestida de pena*. Mondadori. Barcelona: 2000.

—. *Cualquier miércoles soy tuya*. Mondadori. Barcelona: 2002.

—. *Nuestra señora de la noche*. Espasa Calpe. Madrid: 2006.

—. *Boat People*. Ediciones Callejón. San Juan, 2005.

—. *El cuerpo correcto*. R&R. San Juan: 1998.

—. *Pez de vidrio*. Ediciones El Huracán. San Juan: 1996.

—. *El orden escapado*. Tríptico: San Juan, 1991.

—. *Anamú y Manigua*. La Iguana Dorada: San Juan, 1991.

Sénghor, Léopold. "Negritude: A Humanism of the Twentieth Century." Barker, Hulme, and Iversen, 27-36. *Cannibalism and the Colonial World. Eds. Francis Barker, Peter Hulme, and Margaret Iversen. Cambridge, U.K.; New. York. Cambridge University Press, 1998.*

República Dominicana

Salomé Ureña de Henríquez (1850-1897)

FERNANDO VALERIO-HOLGUÍN,
COLORADO STATE UNIVERSITY

Introducción:
EL IMAGINARIO HISPÁNICO

María Salomé Ureña y Díaz, mejor conocida en el mundo literario como Salomé Ureña de Henríquez, nunca se hubiera imaginado que su biografía saldría publicada en un libro sobre mujeres afrocaribeñas o afrodominicanas –y mucho menos junto a una mujer negra, campesina, semianalfabeta como "Mamá Tingó" –. Como mulata o india, es posible que Salomé se viera a sí misma imaginariamente como parte de *Hispania*, la gran comunidad cultural que abarca España e Hispanoamérica. La consagración de Salomé Ureña como poeta de la *Hispania* le fue otorgada por el crítico español Marcelino Menéndez y Pelayo quien escribió: "para encontrar verdadera poesía en Santo Domingo hay que llegar a José Joaquín Pérez y a Salomé Ureña", agregando que

> la egregia poeta... sostiene con firmeza en sus brazos fe-
> meniles la lira de Quintana y de Gallego, arrancando de ella
> robustos sones en loor de la patria y de la civilización, que
> no excluyen más suaves tonos para cantar deliciosamente
> *la llegada del invierno* o para vaticinar sobre la cuna de su hijo
> primogénito. (Citado por R. de Demorizi)

La perpetuación del mito fundado por la novela *Enriquillo* de Manuel de Jesús Galván acerca de la descendencia de los dominicanos a partir de españoles e indios se ha diseminado hasta nuestros días en intelectuales portadores de un discurso nacionalista conservador, hispanófilo y católico. Su propio hijo, el renombrado intelectual Pedro Henríquez Ureña, en sus *Memorias* (1989), después de establecer su linaje paterno y materno, expresa que su abuela paterna "tenía sangre de los últimos indios dominicanos que permanecieron en la población de Boyá, con la jurisdicción concedida al cacique rebelde Guarocuya (Enriquillo) en el siglo XVI, de los cuales existían algunos puros todavía en el siglo XVIII" (Citado por Roggiano 334). No solo elide la raza negra de la que seguro provenía su madre mulata, sino que menciona no casualmente el nombre de Enriquillo, lo que perpetúa el mito creado por Manuel de Jesús Galván en su novela *Enriquillo*.

Las élites de la sociedad criolla dominicana nunca se han reconocido como afrodominicanas. El hecho de que la mayoría de la población sea mezclada permite que muchos dominicanos pasen como blancos aunque tengan "el negro detrás de la oreja" de la madre o la abuela negra (Derby 24). El estatus social, el apellido y el prestigio intelectual son otros aspectos que han "blanqueado" históricamente a las familias dominicanas y les ha permitido verse a sí mismos como blancos.

Para la pota dominicana, el Santo Domingo colonial constituye la búsqueda de un origen en tanto continuación elíptica de la cultura española. Desde mediados del siglo XIX, España se convirtió en el Ideal europeo. Pese a que la República Dominicana se independizó definitivamente de ese país en 1875, España continuó siendo la "madre patria" para la minoría blanca y para la mayoría mulata que se identificaba racial y culturalmente con ese país. En ese sentido, Marie Louise Pratt señala que, en muchos países, la élite criolla "como blancos americanos, buscaba una base estética e ideologica e intentó crear una sociedad y una cultura americanas independiente y descolonizada, mientras retenía los valores europeos y la supremacía blanca" (175, la traducción es mía). Pratt denomina este fenómeno "apropiación transatlántica". Salomé Ureña, perteneciente a este tipo de élite criolla, buscó a través de esa apropiación estética la poética que gobernaba su poesía, a la vez que expresaba un ferviente patriotismo.

FAMILIAS UREÑA DÍAZ Y HENRÍQUEZ UREÑA

María Salomé Ureña y Díaz, cariñosamente "Memé" para su familia, nació en Santo Domingo, capital de la República Dominicana, el 21 de octubre de 1850. Murió en esa misma ciudad el 6 de marzo de 1897[1]. La familia de Salomé pertenecía a las élites dominicanas vinculadas a la independencia de ese país (1844)[2]. Su padre Nicolás Ureña de Mendoza (1822-1875) fue abogado, senador, magistrado, periodista y poeta. Fundó el periódico *El Progreso* (1853) y publicó sus artículos en periódicos tales como *La española libre* (1851), *El porvenir* (1854) y *El oasis* (1855). Además, escribió poemas, villancicos, romances y epigramas. Entre sus poemas más conocidos se encuentran *Un guajiro predilecto, Recuerdos de la Patria* y *A Sánchez* (R. de Demorizi 4). Por su parte, Gregoria Díaz (1819-1914), su madre, fue maestra y aficionada a la poesía. Su tía Ramona Ureña fue también maestra.

Salomé Ureña se casó con Francisco Henríquez y Carvajal (1859-1935) el 11 de febrero de 1880. Este a su vez provenía de una familia de origen judío sefardita e inglesa. Fue médico graduado en la Universidad de París, científico, maestro, abogado, periodista, escritor y presidente de la República en 1916, al principio de la invasión de los Estados Unidos (1916-1924). Su hermano Federico Henríquez y Carvajal (1848-1952) fue periodista, dramaturgo y poeta. Con Francisco Henríquez y Carvajal, Salomé Ureña procreó una de las familias más prestigiosas intelectualmente: Fran, Max, Pedro y Camila. De estos Fran fue el único que no llegó a alcanzar fama como escritor. Los tres restantes viajaron, ocuparon importantes posiciones en academias en los Estados Unidos, Cuba y la República Dominicana. El más conocido de todos es Pedro Henríquez Ureña (1884-1946), quien enseñó en las universidades de Minnesota y Harvard y en la Escuela de Altos Estudios en la Universidad de México (actualmente UNAM), y en la Universidad de La Plata en Argentina. Como americanista, sus libros más importantes son *La utopía de América* (1925) y *Seis ensayos en busca de nuestra expresión* (1928).

Camila Henríquez Ureña (1894-1973), por su parte, pasó muchos años dividida entre Cuba y los Estados Unidos. Enseñó por varios años en Santiago de Cuba. En 1932 viajó a Francia para estudiar en la Sorbona. A principios de 1941 ofreció una serie de conferencias en varios países latinoamericanos, y en 1942 obtuvo una posición de profesora en Vassar College. En 1959, regresó a Cuba para unirse a los esfuerzos de la Revolución de construir una nueva sociedad. En Cuba fundó el Lyceum y el Instituto Hispano-Cubano de Cultura. Sus trabajos, como el *Feminismo y otros temas sobre la mujer en la sociedad* (1985) fueron publicados póstumamente en los años 80.

Maximiliano Adolfo, mejor conocido como Max Henríquez Ureña vivió en Cuba, México y Puerto Rico por varios años. Fue Ministro y Diplomático durante la dictadura de Rafael Leonidas Trujillo y enseñó literatura en la Universidad Autónoma de Santo Domingo (UASD) y en la Universidad Nacional Pedro Henríquez Ureña (UNPHU). Ofreció conferencias en las universidades de California y Yale. Como su hermano Pedro, Max fue escritor, historiador, crítico literario y profesor. Entre sus libros más importantes se encuentran *Panorama histórico de la literatura dominicana* (1935) y su *Breve historia del modernismo* (1960).

Salomé: *Ars longa, vita brevis*

A Salomé Ureña, quien naciera a solo a seis años de la independencia de la República Dominicana (1844), le tocó crecer en una atmósfera de constantes invasiones por parte de Haití, gobiernos dictatoriales, la anexión del país a España (1861-1863) y la posterior restauración de la independencia. Creció en el seno de una familia patriótica. Tanto su padre como su abuelo paterno fueron fervientes luchadores por la independencia del país. Su sentido de patriotismo es expresado en muchos de sus poemas. Realizó sus primeros estudios en las escuelas de alfabetización, pero su formación la realizaría bajo la tutela de su madre, que era maestra, y de su padre, afamado poeta. Aprendió a leer a los cuatro años y ya a los quince escribía poesía. También aprendió a leer en francés e inglés. Publicó sus primeros poemas a los diez y siete años con el seudónimo de Herminia. A los veinte años decidió publicar con su nombre en el Boletín Oficial de Santo Domingo. En 1874, aparecen sus poemas en la primera antología de poesía dominicana, *Lira de Quisqueya*, editada por José Castellanos. En 1878 recibió la medalla de premio costeada por suscripción pública y en 1880 se publica un volumen de sus poemas editado por la Sociedad Amigos del País[3].

En 1881, Salomé Ureña fundó el Instituto de Señoritas, primera institución en el país dedicada a la educación de las mujeres. De ideas positivistas inspiradas en el intelectual puertorriqueño Eugenio María de Hostos, Salomé Ureña revolucionó la educación, no sin antes enfrentar la oposición de la Iglesia católica y de gobiernos conservadores de la época. En 1887 se graduaron las primeras seis alumnas: Leonor María Feltz, Mercedes Laura Aguiar, Luisa Ozema Pellerano, Ana Josefa Puello, Altagracia Henríquez Perdomo y Catalina Pou. El instituto tuvo que cerrar sus puertas en 1893 debido a la precaria salud de la poeta, pero fue reabierto en 1896 por sus exalumnas Luisa Ozema y Eva Pellerano Castro con el nombre de Instituto Salomé Ureña.

LA CANONIZACIÓN
PATRIARCAL DE SALOMÉ UREÑA

Salomé Ureña, poeta, maestra, madre y esposa, creció en una cultura patriarcal, en la cual, la mujer era reducida a su rol maternal y conyugal. Como poeta fue auspiciada y patrocinada por hombres como su padre Nicolás Ureña, quien la guiaba en las lecturas, su esposo, Francisco Henríquez y Carvajal, quien le enseñó matemáticas y ciencias, y su hijo, Pedro Henríquez Ureña, quien comentaba sus poemas. Para este grupo de intelectuales era imposible concebir la poesía escrita por una mujer sin que tuvieran que intervenir parámetros masculinos. Entre algunos de los intelectuales y poetas que coadyuvaron a su canonización se encuentran: Marcelino Menéndez y Pelayo, José Castellanos, Eugenio María de Hostos, José Joaquín Pérez, Manuel de Jesús Galván, Arturo Pellerano Alfau, César Nicolás Penson, Gastón Deligne, Rafael Alfredo Deligne y Alejandro Angulo Guridi. Según Silveria R. de Demorizi, este último, Guridi, al escuchar la declamación del poema *Mi Patria* de Salomé Ureña por parte de su marido Francisco Henríquez y Carvajal, en la Sociedad Literaria Amigos del País exclamó "¡Es mucho hombre esa mujer!" (22). Es posible que fuera en esa misma reunión que César Nicolás Penson, después de escuchar la lectura del poema, expresó lo siguiente: "Aquí se escuchó la hermosa oda de la señora Ureña de Henríquez titulada *Mi ofrenda a la Patria*, que leyó su señor esposo. Rasgos inspirados, viriles, arrancaron tres veces frenéticos aplausos" (Citado por Castro Ventura 118, el énfasis es mío). Cuando Menéndez y Pelayo refiere que Salomé Ureña "sostiene con *firmeza* en sus brazos femeniles la lira de Quintana y de Gallego" y luego agrega que arranca de la lira "*robustos* sones", compara la poesía de Salomé con la de dos hombres, Quintana y Gallego. Las palabras "firmeza" y "robustos" son obviamente en la división de roles de la época atributos masculinos.

En la segunda mitad del siglo XX, poetas e intelectuales como Joaquín Balaguer, Manuel Rueda, José Alcántara Almánzar y Andrés L. Mateo han repetido lo que los canonizadores del siglo XIX establecieron con respecto a la calidad de la poesía de Salomé Ureña. Aunque entre estos, Alcántara Almánzar reconoce el anacronismo de la poesía de Salomé Ureña: "Es cierto que su obra resulta desfasada respecto de la literatura de lengua española decimonónica, pero ese desfase no es un defecto únicamente suyo, sino de toda la literatura dominicana de aquellos tiempos y de otros ulteriores" (52). A diferencia del estudio temático de Alcántara Almánzar, es Diógenes Céspedes en su libro *Salomé Ureña y Hostos* (2003), quien intenta, aunque de manera fragmentaria, construir una poética de la obra de Salomé Ureña. Además de las loas y estudios señalados anteriormente, han contribuido a la canonización de Salomé Ureña el prestigio social e intelectual de sus progenitores –desglosados en las primeras páginas de este trabajo– y de su prole, más específicamente Pedro Henríquez Ureña, quien dedicara grandes esfuerzos a diseminar y promover la obra de su madre.

Es posible que la evaluación más justa y acertada provenga de escritoras dominicanas que se han acercado a la obra de Salomé desde la ficción. Sherezada "Chiqui" Vicioso escribió las obras de teatro *Salomé U: cartas a una ausencia (2001) y Desvelos -diálogo entre Emily Dickinson y Salomé Ureña- (2001),* así como también el ensayo crítico *Salomé Ureña: a cien años de un magisterio* (1997). Fue Julia Álvarez, quien la daría a conocer internacionalmente con su novela *En el nombre de Salomé* (2000), publicada en inglés en los Estados Unidos. En esta novela, Álvarez narra la vida de la laureada poeta dominicana del siglo XIX, Salomé Ureña de Henríquez, y la de su hija Camila Henríquez Ureña. En su novela, Álvarez examina la relación madre/hija al alternar estos dos roles en los diferentes capítulos y al cambiar el punto de vista de la tercera persona (Camila) a la primera (Salomé). A diferencia de la historia de Camila, la de Salomé se encuentra narrada en una cronología progresiva más tradicional, desde su nacimiento hasta su muerte. Este contrapunto entre la madre y la hija constituye una técnica narrativa bastante eficaz ya que ofrece el contexto histórico de la República Dominicana en el que se desarrollan los relatos acerca de las dos mujeres.

La fascinación de Julia Álvarez no es solo con respecto a Salomé Ureña de Henríquez sino también con respecto a toda la familia Henríquez Ureña, cómo llegó a concentrarse tanto talento en una sola familia y cómo la sociedad dominicana produce una familia de esta naturaleza a finales de siglo XIX. La intención por parte de Álvarez de reescribir la historia de las letras dominicanas y sustituir la genealogía masculina con una femenina es evidente desde el título de la novela. *En el nombre de Salomé* constituye una transgresión en varios niveles: la tía Ramona le enseña a Camila a incluir el nombre de su madre en la persignación: "En el nombre del Padre, del Hijo y del Espíritu Santo, y de Salomé. Amén." Este acto constituye un ataque frontal al catolicismo como uno de los discursos más importantes en la cultura dominicana.

También en la dedicatoria, Álvarez le dedica el libro a las "Quisqueyanas valientes". Este es el primer verso del himno dominicano, pero Álvarez feminiza el gentilicio *quisqueyano*. El verso continúa "Alcemos nuestro canto con viva emoción". Esta apelación a las mujeres dominicanas a "alzar su canto con viva emoción" implica desde ese momento que la historia de Salomé Ureña y de su hija Camila pasarán al primer plano y que las ideologías y discursos patriarcales de control se pondrán en evidencia a lo largo de la novela. Todo esto se pone de manifiesto, primero con el afán de controlar las vidas de las mujeres en la novela. Segundo, controlar la voz de la mujer en la literatura. Cuando su esposo, Francisco "Pancho", edita el primer poemario de Salomé, hace cambios en sus poemas a la vez que le sugiere los temas acerca de los cuales debe escribir o no. También el mismo Pedro Henríquez Ureña critica con frecuencia la poesía de su hermana Camila, a partir de lo cual esta última deja de escribir. Las infidelidades que se ponen de manifiesto en la novela constituyen otros de los aspectos de la cultura patriarcal. El padre de Salomé, Nicolás Ureña de Mendoza, tuvo relaciones extramatrimoniales y se marchó de la casa. Francisco Henríquez y Carvajal no solo vivía con una amante, con quien procreó una hija, durante su estadía en París, sino que sostuvo relaciones con su sobrina Natividad Lauranzón (Tivisita) en Cabo Francés, mientras Salomé se batía en su lecho de muerte. Enviudado, Francisco Henríquez y Carvajal terminaría casándose con su antigua amante.

Si me he extendido en los comentarios sobre la novela de Álvarez es porque considero que la misma ofrece no solo informaciónn relevante de la vida de Salomé Ureña sino que también plantea una lectura feminista acerca de esta poeta dominicana, y esboza por primera vez su origen racial en el episodio en el que la alumna de Camila observa la foto de Salomé y la identifica como "negra". Si bien esta ficcionalización de la vida de Salomé Ureña es importante, su obra poética en general aguarda un estudio completo y profundo por parte de los críticos.

Conclusión

Dos aspectos importantes resaltan en la vida de Salomé Ureña: su poesía y su magisterio. Por una parte, tradicionalmente, su poesía, recopilada en tomos completos, ha sido clasificada como de temas patrióticos y de temas íntimos[4]. En un estudio que desbordaría los propósitos de este trabajo, propondría una "poética de la melancolía" en la obra de Salomé Ureña. En muchos de sus poemas, tanto los patrióticos como los íntimos, la melancolía se manifiesta como un principio organizador de su estética poética. La ausencia del padre, las infidelidades y ausencias del marido y el esplendor del pasado colonial, en conflicto con los ideales de independencia, permean muchos de sus poemas. Entre los más destacados se encuentran: *Ruinas, Sombras, La llegada del invierno, La fe en el porvenir, En horas de angustia, El ave y el nido, Mi Pedro,* y *Mi ofrenda a la Patria.* Por otra parte, la fundación del Instituto de Señoritas constituye un hecho sin precedentes en la República Dominicana, ya que planteaba la educación de las mujeres como condición *sine qua non* para la eliminación de la discriminación y la opresión de las mujeres en una sociedad patriarcal. Las primeras promociones del plantel siguieron el ejemplo de Salomé Ureña, que en mucho se adelantó a las conquistas posteriores de las mujeres dominicanas en el plano de la educación, la literatura y la política.

Notas

[1] La biografía más completa de Salomé Ureña fue escrita por Silveria R. de Demorizi. La misma se publicó bajo el cuidado de Pedro Henríquez Ureña.

[2] Su abuelo materno Pedro Díaz firmó el Acta de Independencia dominicana en 1844.

[3] Para mayores detalles, véase la biografía Salomé Ureña de Henríquez de Silveria R. De Demorizi.

[4] Véase Poesías completas de Salomé Ureña (1880), Poesía (1920), Poesías completas (1950), Poesía escogidas (1960), Poesías completas. Biblioteca de clásicos dominicanos (1989).

OBRAS CITADAS

Alcántara Almánzar, José. "Salomé Ureña" En *Estudios de poesía dominicana*. Santo Domingo, República Dominicana: Editora Alfa y Omega, 1979. 51-71.

Álvarez, Julia. *In the Name of Salomé*. Chapel Hill: Algonquin Books, 2000.

Castro Burdiez, Tomás, Ed. *Poemas y biografía de Salomé Ureña*. Santo Domingo, República Dominicana: Fundación para la Educación y el arte, 2006.

Castro Ventura, Santiago. *Salomé Ureña. Jornada fecunda*. Santo Domingo, República Dominicana: Editora de Colores S. A., 1998.

Céspedes, Diógenes. *Salomé Ureña y Hostos*. Santo Domingo, República Dominicana: Secretaría de Estado de Cultura, 2002.

Familia Henríquez Ureña. *Epistolario*. Santo Domingo, República Dominicana: Publicación de la Secretaría de Educación, Bellas Artes y Cultos, 1995.

Mateo, Andrés L. *Pedro Henríquez Ureña. Errancia y creación*. Bogotá, Colombia: Taurus, 2001.

Pratt, Marie Louise. *Imperial Eyes: Travel Writing and Transculturation*. London & New York: Routledge, 1992.

R. de Rodríguez Demorizi, Silveria. *Salomé Ureña de Henríquez*. Buenos Aires, Argentina: Imprenta López, 1944.

Rueda, Manuel. "Salomé Ureña de Henríquez". En *Dos siglos de literatura dominicana* V. X. Santo Domingo, República Dominicana: Editora Corripio, (1996)205-223.

Valerio-Holguín, Fernando. "Pedro Henríquez Ureña: Post-colonial Mulatto intellectual". Actas del Coloquio "The 1950s in the Caribbean. University of California, Los Angeles (UCLA). January 30-31, 2010.

—. "*In the Name of Salomé*. By Julia Alvarez". *World Literature Today* 75:1 (2001): 113.

Vicioso, Sherezada. *Salomé Ureña de Henríquez (1859-1897): a cien años de su magisterio*. Comisión Permanente de la Feria Nacional del Libro, Santo Domingo, 1997.

—. *Salomé U: Cartas a una ausencia, basada en la obra: Y no todo era amor*. Ediciones Librería La Trinitaria, Santo Domingo, 2001.

La triple marginalidad:
Florinda Soriano (Mamá Tingó)

Fernando Valerio-Holguín,
Colorado State University

En una reseña sobre *En el nombre de Salomé* de Julia Álvarez, comentaba que la escritora dominico-americana recurría una vez más a la fórmula de escribir acerca de una de las figuras de las élites sociales dominicanas. En este caso Salomé Ureña de Henríquez, renombrada poeta dominicana de finales de siglo XIX. En una novela anterior, *En el tiempo de las mariposas*, Julia Álvarez abordaba la vida de las hermanas Mirabal, asesinadas brutalmente por el dictador Rafael Leonidas Trujillo. Terminaba la reseña asegurando que tanto *En el nombre de Salomé* como *En el tiempo de las mariposas* intrigarían al lector norteamericano ávido de historias exóticas del "Tercer Mundo".

Sobre Salomé Ureña de Henríquez, las hermanas Mirabal, Elvira de mendoza, Luisa Ozema Pellerano, Abigaíl Mejía, Ercilia Pepín, Antera Mota, y otras mujeres blancas o mulatas de las élites dominicanas, se han escrito ensayos, novelas y piezas teatrales, y han sido erigidas en iconos por la cultura oficial dominicana. No es mi intención denostar el trabajo de Julia Álvarez, así como de otras escritoras dominicanas que se han propuesto devolverles la voz a las mujeres dominicanas que han tenido una participación extraordinaria en la política y las artes. Mi único reparo consiste en que no se han tomado en cuenta las mujeres negras, obreras y campesinas que también han luchado por cambiar las condiciones de explotación social y de género en la República Dominicana. El silencio sobre los agentes anónimos de la historia, sobre todo si son mujeres, pese al avance del feminismo, parecería indicar que los pobres no tienen biografía.

Florinda Soriano, alias "Mamá Tingó", es un ejemplo del anonimato de la mujer negra. Mamá Tingó no tuvo escolaridad, ni escribió ningún libro, ni formó parte de ningún grupo literario de damas de la clase alta. Mamá Tingó fue una mujer negra campesina que trabajó junto a su marido e hijos una parcela de tierra entregada por su suegro. Nació el 8 de noviembre de 1914 en La cueva del Licey, Villa Mella, municipio perteneciente al actual Distrito Nacional de Santo Domingo. Hija "natural" de Eusebia Aquino Soriano, quedó huérfana a la edad de 5 años, por lo cual fue ciada por su abuela, Julita (Niní) Soriano. Recibió el bautismo en la parroquia de Espíritu Santo, Villa Mella, el 6 de diciembre de 1922. De niña trabajó junto a su abuela y hermanos vendiendo carbón por las calles de Santo Domingo. Frecuentemente viajaba a Sabana Grande de Hato Viejo a ver a su hermana mayor Margarita Chalas, casada con Florencio Muñoz, hermano de quien luego sería su esposo.

Una vez asentada en Hato Viejo, Mamá Tingó comenzó a trabajar la tierra desde muy joven. Alternaba su trabajo con el cuidado de sus hijos y con la venta de carne y astillas de palos para las panaderías de Santo Domingo. Además, recolectaba frutos como aguacates y cajuiles para luego venderlos por las calles. Se casó con Felipe Muñoz con quien procreó diez hijos, de los cuales sobrevivieron siete. Al quedar viuda siguió trabajando la tierra con su hijos. Luego se casaría por segunda vez con Jesús María de Paula.

Durante la dictadura de Rafael Leonidas Trujillo (1930-1961), el general Pupo Román se apropió de grandes extensiones de tierra en Hato Viejo y expulsó a las familias que en ellas residían. Pero las familias volvieron a ocupar los terrenos. Luego, vendió estos terrenos a Virgilio Pérez, quien las convirtió en pastos para ganado vacuno. Entonces, los terrenos pasaron a manos de Pablo Díaz quien, apoyado por agentes de la Policía Nacional, desalojó de nuevo a los campesinos. El terrateniente Pablo Díaz reclamaba como propias 8000 tareas de tierra en las que trabajaban Mamá Tingó junto a otros campesinos. El caso fue llevado ante el Tribunal de Monte Plata. El juicio fue pospuesto a causa de la ausencia del terrateniente. El mismo día, primero de noviembre de 1974, se presentó Ernesto Díaz (Turín), capataz del terrateniente y le disparó con una escopeta a Mamá Tingó en la cabeza, hiriéndola mortalmente. Varios familiares de Mamá Tingó fueron arrestados para fines de investigación. El victimario fue puesto en libertad bajo fianza y el caso fue cerrado.

El año de la muerte de Mamá Tingó, el tiranuelo Joaquín Balaguer acababa de reelegirse en su tercer período (1974-1978) y había prometido demagógicamente la repartición de tierras. Dichas promesas alentaron a los campesinos a luchar por su tierra contra los terratenientes, que se habían apropiado de las tierras fraudulentamente. Mamá Tingó se había integrado al Club de Madres y a la Federación de Ligas Agrarias Cristianas (FEDELAC) y se hizo notable como dirigente en movilizaciones y protestas junto a los campesinos de Hato Viejo en la lucha por la defensa de la tierra. La FEDELAC, afiliada a la Confederación Autónoma de Sindicatos Cristianos (CASC), denunciaría en organismos internacionales el crimen de Mamá Tingó, cuyo lema era: "Para quitarme la tierra tendrán que quitarme la vida, porque mi vida es mi tierra y la tierra es de quien la siembra".

A partir de su brutal asesinato, Mamá Tingó se convirtió en un símbolo de lucha de los campesinos sin tierra. El primero de noviembre se conmemora en la República Dominicana el aniversario de su muerte. Se han formado diversas organizaciones de base que llevan su nombre. Algunas de ellas son: Junta de Vecinos Mamá Tingó, Confederación de campesinos Mamá Tingó (CONCOMATI), Cooperativa *Mamá Tingó*, Ligas Agrarias de Mujeres de Hato Viejo y la Federación de Mujeres, que agrupa a más de veinte organizaciones en la provincia de Monte Plata.

Mamá Tingó ha inspirado a artistas y escritores. El merenguero dominicano Johnny Ventura interpretó el merengue *Mamá Tingó* con letra de Jaqui Núñez del Risco. También el compositor y cantante Luis Días compuso la canción *Mamá Tingó*. El novelista Haffe Serulle, por su parte, escribió la novela titulada *La danza de Mingo*, inspirada en la vida de la mártir campesina. La Fundación Prensa Civil Quisqueyana produjo el documental *Mamá Tingó*, dirigido por Óscar Grullón. En el mismo, se entrevistan a sus primos Félix Soriano y Juan Muñoz, su hermana Margarita Soriano, Domingo Muñoz, su hijo, Gracila Selmo, su sobrina. Benita Selmo, otra sobrina expresa : "Esa fue más que un hombre", refiriéndose a Mamá Tingó. Por su parte, Cristino Muñoz, su compadre, dice: "Jesús murió por nosotros. Mamá Tingó hizo algo semejante: murió por nosotros". En el documental también aparece el grupo Hermandad Cultural, compuesto por hombres y mujeres campesinos, que en homenaje a Mamá Tingó, tocan los atabales, bailan, y entonan cánticos inspirados en ella. La socióloga Nuris Eusebio, entrevistada en el documental *Mamá Tingó*, expresa que Mamá Tingó "es un hito en la historia del movimiento campesino dominicano... un hecho que manifestó todo lo grotesco del mundo terrateniente, toda la crueldad, la impunidad del mundo terratiente..." El asesinato de Mamá Tingó no fue un caso aislado sino que hay que ubicarlo en el contexto de las luchas de los campesinos dominicanos en defensa de la tierra.

La historiadora dominicana Valentina Peguero, en su ensayo "Women´s Grass-Roots Organizations in the Dominican Republic", plantea que el movimiento en el que participó Mamá Tingó hay que ubicarlo en el contexto de las luchas de las mujeres caribeñas, y más específicamente dominicanas, contra la opresión política. Peguero pasa revista a las organizaciones de mujeres dominicanas a través de la historia que destacan, entre otras, la Junta Patriótica de Damas, que combatió la ocupación del ejército norteamericano a partir de 1920, Acción Cultural Ferminista (1928), que promovía la educación y la cultura entre las mujeres, el Movimiento Clandestino Catorce de Junio (1J4), fundado en 1960 por Minerva Mirabal, una de las tres hermanas asesinadas por Trujillo. Estos movimientos eran urbanos e integrados por mujeres (generalmente blancas), educadas, de clase media. En contraste, el Club de madres y la Federación de Ligas Agrarias Cristianas, en las que militó Mamá Tingó, eran organizaciones comunitarias de base, integradas por campesinos analfabetos, negros o mulatos. También, estos movimientos campesinos tienen hondas raíces en la cultura popular. Al no tener escolaridad, Mamá Tingó y los campesinos recurrían a la tradición oral, como décimas, salves y otros tipos de versificación y ritmos afrocaribeños. Algunos testigos aseguran que, en las juntas de campesinos, Mamá Tingo cantaba décimas para arengarlos. Una de las décimas es la siguiente:

No me dejen sola, suban la vó
que la tierra e mucha y dá pa tó.
En el campo entero se oye una vó,
vive en Hato Viejo, Doña Tingó.
Agarren la mocha y suban la vó,
que hay una junta de Sol a Sol.

En las últimas décadas, algunos partidos políticos dominicanos de derecha han utilizado la muerte de Mamá Tingó para sus fines políticos. El Partido de la Liberación Dominicana (PLD) ha querido apropiarse del icono de Mamá Tingó en su demagogia revolucionaria. Durante una de sus gestiones en la presidencia se bautizó una estación del Metro de Santo Domingo en Villa Mella con el nombre de Mamá Tingó. Paradójica y tristemente existe otra estacion del Metro con el nombre de Joaquín Balaguer, en cuyo gobierno fue asesinada la dirigente campesina. En 2004, la Cámara de Diputados acogió una solicitud de la comunidad de Hato Viejo de elevar esta comunidad a la categoría de municipio con el nombre de Mamá Tingó.

Mujer negra, de rostro anguloso, con su pañuelo colorao (fulá) en la cabeza, Mamá Tingó va mucho más allá del uso demagógico que han intentado hacer de su figura los partidos políticos de derecha. Mamá Tingó es un símbolo de los explotados en la República Dominicana. Su muerte se ha convertido en un sacrificio, con el cual se identifican los más desposeídos. No en vano su compadre Cristino Muñoz la compara con Jesucristo: "Jesús murió por nosotros. Mamá Tingó hizo algo semejante: murió por nosotros". Como luchadora por la defensa de la tierra y madre de diez hijos, Mamá Tingó se ha convertido en la "madre tierra" (Pachamama), vinculada a la fertilidad y fecundidad. Simbólicamente, Mamá Tingó provee y protege a sus hijos, los campesinos.

Obras citadas

Gómez Cerda, José. "La Lucha Sindical Campesina: Mamá Tingó". http://www.provinciasdominicanas.org

Grullón, Óscar. Documental "Mamá Tingó". Fundación Prensa Civil Quiqueyana. Santo Domingo, 1996.

Peguero, Valentina. "Women´s Grass-Roots Organizations in the Dominican Republic: Real and Imagined Female Figures". En *Contemporary Caribbean Cultures and Societies in a Global Context*. Eds. Franklin W. Knight y Teresita martínez-Vergne. Chapel Hill: University of North Carolina Press, 2004.

Ricourt, Milagros. "From Mamá Tingó to Globalization: The Dominican Women Peasant Movement". *Women´s Studies Review* 9 (2000)1-10.

Rocheleau, Dianne. "Political Landscapes and Ecologies of Zambrana-Chacuey: The Legacy of Mamá Tingó". En *Women and the Politics of Place*. Eds.

Wendy Hartcourt y Arturo Escobar. Bloomfield, CT: Kumarian Press, 2005.

—. "Listening to the Lanscapes of Mama Tingo: From the ´Woman Question´ in Sustainable Development to Feminist Political Ecology in Zambrana-Chacuey, Dominican Republic". En *A Companion to Feminist Geography*. Eds. Lise Nelson y Joni Seager. Malden, MA: Blackwell Publishing, (2005)419-433.

Valerio-Holguín, Fernando. "*In the Name of Salomé*. By Julia Alvarez". *World Literature Today* 75:1 (2001)113.

SHEREZADA VICIOSO Y LA CONSTRUCCIÓN DE UN CARIBE A SU MEDIDA

YOHAINNA ABDALA-MESA,
UNIVERSITY OF COLORADO

> "Desplazada de mi tribu
> encadenada bestia
> al violento temor
> de los vencedores
> decidí desatar mis velas
> y construirme un mar
> a la medida".

En los versos que constituyen el epígrafe que acompaña a este ensayo Sherezada (Chiqui) Vicioso nos habla de una mujer, desarraigada y sujeta a la norma imperante, que tuvo que romper con todo para ser libre y recrear un mundo en el que pudiera seguirlo siendo. Es aquí donde la autora expresa lo que ha significado su vida: construir un mundo a su medida. Para ello ha realizado una importante labor que la ha llevado desde la escritura hasta la gestión social, desde el desarraigo hasta el encuentro con su ser múltiple, desde la depresión hasta el renacimiento y desde la creación hasta la crítica literaria.

Siendo muy joven, la escritora dominicana se dio cuenta de que la escritura era una forma de generar relaciones que podían cambiar las estructuras vigentes. En la entrevista titulada "An Oral History (Testimony)", Una historia Oral (Testimonio)[1] ella señala que la mejor forma de aprobar la clase de matemáticas era escribirle un poema a la maestra; sin embargo durante años pensó que escribir era algo reservado para las clases dominantes, como ocurrió en América Latina casi hasta el siglo XX. Esto explica cómo habiendo nacido en 1948 solo se dedicó a la escritura a los 29 años, pues fue gracias a sus viajes a Cuba y a África como logró establecer los lazos entre su inquietud social y la creación literaria (229).

No obstante su exordio tardío Luisa Angélica Sherezada Vicioso ha escrito cinco poemarios, siete volúmenes de ensayo y crítica, y cinco obras dramáticas. Su obra más reciente es la colección de poemas *Eva/Sión/Es* (2007), que se publicó en edición simultánea para el Caribe en español, inglés y francés.

Vicioso se graduó en Historia de América Latina en el Brooklyn College, obtuvo una Maestría en Educación en la Universidad de Columbia y realizó estudios de Administración Cultural de la Fundación Getulio Vargas de Río de Janeiro. Su trabajo ha sido premiado en varias ocasiones: su colección de poemas *Un extraño ulular traía el viento* recibió el premio Gran Anacaona de Oro y más adelante, en 1988, recibió el renombrado Caonabo de Oro de la Sociedad Dominicana de Periodistas y Escritores. En 1992, la Dirección General de Promoción de la Mujer de su país reconoció sus esfuerzos culturales al otorgarle la Medalla al Mérito como la mujer más destacada del año y en 1997 recibió el Premio Anual de Teatro Cristóbal de Llerena por la obra *Trago amargo (Wish-ky Sour)*. Al año siguiente recibió el Premio Casandra a la mejor producción teatral por *Salomé U: cartas a una ausencia*. También ha sido invitada a distintos programas literarios y ferias del libro, entre ellos el XVIII Festival de poesía de Medellín en 2008 en el que leyó su trabajo al lado de 75 poetas de África, Europa, Asia y América. En 2009, participó como conferencista invitada en la XII Feria del Libro de Santo Domingo y realizó una gira por Europa dictando conferencias sobre la obra del escritor Juan Bosch (1909-2001) en conmemoración de su centenario.

Chiqui Vicioso, como se le conoce literariamente, no solo es poeta, ensayista, periodista y dramaturga; también es pedagoga, gestora de proyectos sociales y embajadora de su país ante organizaciones internacionales. Una mirada detallada de su biografía permitirá comprender su itinerario intelectual y su compromiso social y cultural.

Nació en Santo Domingo el 21 de junio de 1948 en el seno de una familia de tradición intelectual. Su abuelo paterno había sido poeta y periodista y su padre Juan Antonio Vicioso Contín fue compositor y poeta también. Y aunque se podría decir que de este lado de su familia proviene la vena poética de la escritora, ella misma declara que su madre María Luisa Sánchez –aunque nunca se hubiera atrevido a escribir-, es mejor poeta que ella. Y sin duda es la herencia doble de su madre, hija de un oligarca y de una mujer campesina que trabajaba en su fábrica de tabacos ("An Oral History" 230), lo que genera en Vicioso aquella necesidad de búsqueda de un espacio identitario propio. Lo que sí es claro es que tanto para su padre como para su madre Sherezada Chiqui Vicioso venía al mundo a contar historias, como primera y última instancia de supervivencia, pues por eso decidieron llamarla Sherezada.

De su infancia en República Dominicana la escritora menciona algunas anécdotas en su ensayo "Dominicanyorkness", para ella fue muy triste darse cuenta de que el universo parecía ser dominado por el género masculino. Los chicos podían ir a pescar, jugar en las calles y hablar con quien quisieran mientras las chicas como ella estaban confinadas a alisarse el pelo y a usar cremas que aclararan el tono de su piel si querían salir (63-64).

La niña pronto percibió la limitante situación de la mujer y, antes que someterse a los mismos rituales que sus tías y primas, decidió que iba a hacerse monja. Una experiencia de trabajo en los barrios marginales, como parte de un grupo de voluntarios cristianos, le había hecho descubrir su vocación de servicio. Sin embargo, la muerte de su padre cambió sus planes, pues su madre decidió emigrar a los Estados Unidos y le pidió que antes de ingresar al convento aprovechara un poco para conocer el mundo y mejorar su inglés; es así como en 1967 partió hacia Estados Unidos ("An Oral History" 230).

Su llegada a Nueva York sería una nueva confrontación con su esencia, allí comenzó a comprender la intrincada estructura del racismo de su país en la cual los matices raciales están presentes hasta en el carné de identidad y en donde la creciente aspiración para "mejorar" la raza domina a las esferas sociales. Vicioso llega a Estados Unidos con la convicción de que era una "india clara", una persona con rasgos medio indígenas pero con un tono de piel claro ("Dominica-nyorkness" 64), sin embargo pronto se daría cuenta de que ese color (o categoría étnica) no tenía traducción al inglés. En Estados Unidos no existe la diferenciación racial teniendo en cuenta el tono de la piel o el color y la textura del pelo; es así como pasó de ser considerada "clara" en su país, a ser vista como una mulata del Caribe en el norte ("An Oral History" 231). Esto implicó una primera ruptura para Chiqui Vicioso, quien abrazó sus raíces negras y a partir de ese momento comenzó a reivindicar su identidad de afrodescendiente. En República Dominicana esta declaración sería vista casi como un suicidio social, pues las clases altas y medias altas no han podido liberarse del legado de la sociedad piramidal de la colonia española y se discriminan a sí mismas con sus arraigadas actitudes clasificatorias y discriminatorias[2].

Silvio Torres-Saillant menciona en su artículo The Tribulations of Blackness: "Stages in Dominican Racial Identity", que se ha hecho muy famosa aquella afirmación en la cual Vicioso señala que no sabía que era negra hasta su llegada a Estados Unidos (134). Ese autodescubri-miento la lleva a encontrar afinidades con personajes como Angela Davis y a definirse e identificarse a sí misma como una mujer afrodominicana. Curiosamente dentro de su proceso ideológico no hubo un gran espacio para las ideas del feminismo norteamericano (su etapa feminista vendrá más adelante cuando regresa a su país). Vicioso no se sentía especialmente atraída hacia figuras como Gloria Stein y Betty Friedan, quienes implicaban un feminismo blanco y de clase media que poco tenía que ver con las tribulaciones de las mujeres en los países pobres ("An Oral History" 231).

A pesar de haber estudiado inglés en la secundaria, Vicioso se dio cuenta de que su conocimiento de la lengua era insuficiente y por eso se inscribió en clases nocturnas mientras trabajaba como obrera. Trabajó en una fábrica de sombreros y luego en una fábrica de botones donde tenía que usar acetona para lavarlos, algo que le causó un daño permanente en los ojos que la obliga hoy en día a usar gafas ("An Oral History" 230). Sin embargo, a pesar de la precariedad de su situación laboral, tuvo acceso a una oportunidad educativa que cambiaría su destino, fue aceptada en un programa de aprendizaje de inglés financiado por la ciudad de Nueva York. Vicioso recibió una beca para aprender la lengua, lo que más adelante le permitió formar

parte del grupo de ocho estudiantes, pertenecientes a las llamadas
minorías raciales, admitidos en Brooklyn College. Era el comienzo de
la implementación de políticas de acción afirmativa (discriminación
positiva) promovidas por el gobierno de Lyndon B. Johnson (230),
lo que marcaría una etapa de nuevas oportunidades educativas y de
empleo en los Estados Unidos durante el resto del siglo XX.

Su entrada a la academia y la necesidad de supervivencia en un
ambiente muy racista la llevaron a vincularse con otros estudiantes
pertenecientes a las "minorías" (puertorriqueños, otros caribeños y
afroamericanos) y a formar con ellos una alianza tercermundista. Su
idea del Caribe, que hasta ese momento se limitaba a Cuba y a Puerto
Rico, tomó una dimensión distinta; de pronto se vio rodeada de gente
de Barbados y de Trinidad que también hacía parte de ese caleidoscopio
cultural inmenso ("An Oral History" 231). Vicioso sintió por primera
vez que la influencia hispánica era tan solo un elemento más de su
herencia múltiple y comenzó a leer a los intelectuales caribeños entre
los cuales menciona a Frantz Fanon, Marcus Garvey, C.L.R. James y
Archie Singham ("Dominicanyorkness" 65). Otro aspecto interesante
de sus años en Nueva York fue entender que también era parte de
América Latina, durante sus estudios de licenciatura en Historia Latinoamericana y Sociología tuvo la oportunidad de conocer a grupos
de exiliados del cono sur. Esto agregaría un nuevo componente a sus
propios descubrimientos pues sin duda la vivencia de la dictadura es
otro de los grandes temas que desgarran y unen a los latinoamericanos
("An Oral History" 231).

Estos años, sin duda, fueron vitales para su formación y generaron
un cambio total en su visión del mundo, un aspecto que Vicioso señala
en su ensayo "Dominicanyorkness":

> Yo pasé de leer la *Vida y obra de los Santos* y a los místicos
> Jacques y Raisa Maritain, a leer a Teilhard de Chardin y a
> Gabriel Marcel, y luego de Gabriel Marcel a Sartre. Justo
> cuando comencé a pensar que la vida era absurda y que no
> valía la pena continuar viviendo, apareció Camilo Torres.
> Su simbiosis nos ayudó a evitar el suicidio –a nosotros que
> éramos Católicos- que, a los veinte años, estábamos con-
> frontados con la pérdida del sentido de la vida. Después de

> Camilo, tuve la suerte de conocer al joven Marx quien, como
> todos nosotros, era un poeta a los veinte años… Del joven
> Marx, continué hacia los escritos de Ernesto Guevara, el
> hombre más admirado por la generación Latinoamericana y
> Caribeña de los años 1960 y luego a un estudio más serio de
> *El capital*, Engels, Hegel, Fromm, Weber, Marcuse, Gunder
> Frank, Paulo Freire y otros visionarios de la reestructuración
> social. (65. Mi traducción)

Los años pasados en Nueva York la hicieron muy consciente de
la discriminación por etnicidad y por género, pero también le permitieron elaborar y articular unos nuevos ideales sociales alrededor de
sus discusiones intelectuales. Eran los años setenta, la utopía estaba
en marcha y Chiqui Vicioso creyó en las posibilidades de generar una
profunda reforma social, como sus lecturas y sus propias vivencias
se lo estaban mostrando. Sin embargo, esos primeros diez años en la
Gran Manzana fueron poco prolíficos a nivel creativo. De esa etapa
solo sobrevive un poema:

> El único poema que rescaté de esa época, fue uno sobre dos
> puertorriqueños, de dieciséis y diecisiete años, que fueron
> asesinados por un barman al que le habían robado cien
> dólares. Leí un artículo sobre este hecho en el periódico y
> me entristeció terriblemente. ("An Oral History" 232. Mi
> traducción)

Un viaje a África cambiaría esa etapa de mutismo y generaría una
necesidad imperiosa de escribir. Vicioso estuvo durante tres meses y
medio en Guinea Bissau como parte de un equipo de coordinación
de la Primera Reunión de Ministros de Educación de las Naciones de
Habla Portuguesa en ese país. Este viaje sería su propia exploración de
"negritud" algo que, según la escritora, restauraría su esencia caribeña
(232) y creadora. Allí descubre a Amílcar Cabral, líder del movimiento
independentista en Guinea Bissau y en Cabo Verde. Sus ideas la llevaron a entender la importancia del estudio y de la comprensión de
la cultura para generar el cambio social.

La escritora habla de su posterior regreso a los Estados Unidos como una etapa de muertes y de renacimientos, pues sufrió de varias depresiones severas que, como señala: "marcaron la muerte de una Chiqui y el nacimiento de otra" (232. Mi traducción). Algo que sin duda motivó su siguiente paso académico: un programa de Maestría en Educación en la Universidad de Columbia, en el que se especializó en diseño curricular y en metodología de trabajo con grupos.

Y aunque intentó seguir su vida en Nueva York, la necesidad de retornar al origen se hizo imperiosa. Su experiencia en el sector educativo en África la llevaría a querer trabajar para mejorar la educación en su propio país, en donde históricamente ha habido altísimas tasas de analfabetismo. Vicioso menciona, en la entrevista "An Oral History" en 1987, que el 40 % de la población de República Dominicana era completamente analfabeta y que otro 40 % lo era funcionalmente. Y a pesar de que esta cifra ha disminuido, según datos del Ministerio de Educación de este país, hoy en día hay más de un millón de iletrados, es decir casi un 11 % de la población (Heredia par. 1).

Es así como en 1979 regresó a República Dominicana en donde trabajó como coordinadora de programas educativos para la Asociación Dominicana para el Bienestar de la Familia (Profamilia), una institución dedicada a la salud sexual y reproductiva de la mujer.

También encontró el espacio para publicar su primer libro de poemas *Viaje desde agua* (1981), una colección en la cual recoge los poemas que escribió en sus viajes y en la última etapa de su vida en Estados Unidos. Esta colección muestra la cosmovisión de Vicioso, para quien el mundo es tan pequeño que la diaria supervivencia en Nueva York es equiparable a las tribulaciones de la población africana y, al mismo tiempo, comparable con las luchas de los jóvenes dominicanos que estando a la deriva tratan de encontrar un camino (Cocco de Filippis, "Vicioso" 797).

Su actividad literaria incluyó la fundación del Círculo de Mujeres Poetas[3], el primer espacio real de la literatura femenina de la isla, en donde participaron escritoras como: Dulce Ureña, Miriam Ventura, Mayra Alemán, Carmen Imbert Brugal y Sabrina Román (Vicioso, "La mujer en la literatura" 53). Este círculo redactó un manifiesto titulado "Somos y estamos" una declaración de que había llegado el momento para que la mujer dominicana expresara su voz a su manera. (Cocco de

Filipis, "Scherezada" 2). Vicioso menciona que entre sus principales propuestas se encontraban: "1.-El surgimiento de una crítica literaria más afín a la mujer,... 2. El rescate, y difusión, del ejemplo de mujeres creadoras de literatura que para nosotras son símbolos vivientes de la clase de mujer, e intelectual, que nos gustaría promover;..." ("La mujer en la literatura" 53). La hora había llegado para incluir a la mujer en la historia de la literatura, para buscar las propias raíces literarias, para encontrar los textos ocultos y para reescribir la historia desde la otra perspectiva.

El redescubrimiento de algunas de esas "escritoras olvidadas" originará las primeras columnas que Chiqui Vicioso publicaría semanalmente en el *Listín Diario*, invitando a una revisión del canon literario y al rescate de las autoras descartadas por el establecimiento literario. De ahí surgen ensayos sobre Carmen Natalia, Salomé Ureña y Aída Cartagena Portalatín (Cocco de Filippis, "Scherezada" 3).

El Círculo de Mujeres Poetas también organizó el primer Concurso Nacional de Décimas y Poesía para Mujeres Campesinas, Chiqui Vicioso lo comentará en su ensayo "La mujer en la literatura dominicana" en donde habla de la experiencia que el círculo tuvo al trabajar con los clubes de amas de casa campesinas. La tradición era que en estos clubes se cantaban himnos y décimas escritas por algunas de estas mismas amas de casa. Esto hizo que el Círculo de Mujeres Poetas viera su potencial cultural y buscara financiamiento de la asociación Mujeres Unidas para el Desarrollo con Equidad (MUDE) para llevar a cabo el concurso (54). El círculo también buscó un espacio para difundir el trabajo de las ganadoras. Las décimas musicalizadas con ritmos dominicanos como palo, merengue, carabiné y gagá se mostraron en una serie de conciertos titulada *De la loma al llano las campesinas cantan*, dándole a la mujer campesina una visibilidad que nunca había conocido en el país (54).

Este círculo de mujeres poetas, que más adelante cambiaría su nombre a Círculo de Mujeres Creadoras con el fin de ser más inclusivo y plural, cumpliría una labor primordial al sentar las bases críticas de la situación de las mujeres en la cultura en este país, que hasta los años 1980 estaba dominada por los hombres (Cocco de Filippis, "Shereza-da" 1). Al estudiar las relaciones entre las mujeres en la cultura, Carmen Imbert, miembro del círculo, definió la noción de "varona intelectual".

La "varona" es aquella mujer que al ser aceptada por el establecimiento cultural, asume una actitud discriminatoria y de superioridad frente a las otras mujeres. La "varona" rechaza toda noción de solidaridad y hermandad femenina, mientras asume las cualidades "varoniles" de su entorno protector como arma en contra de las advenedizas que la quieren desplazar de su lugar de privilegio entre los hombres (*Algo que decir* 57). La "varona intelectual" está destinada a callar su propia voz y por ende no desea que otras mujeres, con menos "compromisos" creativos, obtengan un espacio de reconocimiento. Una situación que las mujeres del círculo experimentaron constantemente en distintos contextos de su experiencia artística.

Durante esos años 80 en su país Vicioso continuó los pasos de su abuelo como periodista, primero en el diario *Hoy* en donde fue colaboradora del suplemento *Aquí* y más adelante tuvo la oportunidad de crear y dirigir la página literaria *Cantidad hechizada* para el periódico *La Noticia*. Estando allí también conoció al hombre con quien planeaba reestructurar su vida (en sus propias palabras) y lo vio morir de cáncer ("An Oral History" 232), algo que la afectó profundamente. Al regresar a República Dominicana la escritora tuvo un choque con su propia cultura, a pesar de no haberse sentido lejos durante su estadía en Nueva York[4], y de haber vivido experiencias muy difíciles por ser inmigrante extranjera. El regreso la llevó a redescubrir un arraigado racismo y a ser testigo de la discriminación que aún se vivía. De hecho, cuatro años después, tuvo que regresar a Nueva York para intentar recuperarse de una depresión nerviosa.

Vemos en Vicioso una búsqueda constante e interminable, un intento de conciliar la tensión entre sus mundos, el mundo que la vio nacer y el que la obligó a la comprensión. De la misma manera se observa una dialéctica entre la gestora, educadora y promotora de proyectos sociales, y la escritora y crítica, ambas y todas luchando por manifestarse.

En 1985, publicó dos obras, la primera *Bolver a Vivir: imágenes de Nicaragua* en la que habla de su experiencia de trabajo con niños, hijos de mujeres detenidas en las cárceles en ese país (Heredia, "Scherezada" 311). Y la segunda *Un extraño ulular traía el viento,* un poemario en donde deconstruye la noción dominante y elitista de una sociedad criolla hispánica, al crear una visión colectiva de la identidad dominicana y una conciencia común que abraza sus elementos africanos y finalmente su caribeanidad. Esta obra generará un gran interés crítico en la autora quien, a través de su obra, rompe con las estructuras dominantes y reivindica el poder femenino para reescribir la historia.

De alguna manera el hecho de tener tres nombres le ha facilitado a Vicioso esa conciliación entre sus distintas facetas, pues los textos literarios o de crítica están firmados por Sherezada (Chiqui) Vicioso, mientras que su persona social y educativa firma Luisa S. A. Vicioso. Sin embargo esos son solo dos de los aspectos de su complejo universo. La autora afirma que el hecho de haberse convertido en una crítica literaria también trae consigo la negación de su condición de escritora y creadora ("An Oral History" 232). Ese vaivén entre sus distintas vertientes la llevaría a regresar a su país una vez más a mediados de 1987, pues también oscila entre ser dominicana y "dominicayorquina".

La constante mediación entre sus mundos implicó, también para Chiqui Vicioso, traer consigo ese descubrimiento de sus raíces negras en la isla, en su caso como un agente de emancipación racial (Moya–Pons 32), pero también como una "mujer liberada":

> La experiencia de Nueva York, que fue tan crucial para el descubrimiento de mi identidad caribeña y de mi identidad racial, me ha hecho muy, pero muy crítica con respecto a mi propia sociedad. Ahora veo las cosas de las que antes no me daba cuenta. Como el racismo por ejemplo y las diferencias de clase. Santo Domingo es una ciudad de grandes divisiones sociales. La situación de la mujer es atroz. Y a veces soy muy dura a este respecto pues no soporto el grado de machismo que existe en el país. Y por ello se paga el precio del ostracismo. Es muy difícil. Por el hecho de haber vivido en Estados Unidos, me consideran una "mujer liberada", lo que significa que los hombres sienten que tienen luz verde para acosarme sexualmente mientras las otras mujeres desconfían de mí. Esa es la parte más dolorosa. ("An oral History" 233. Mi traducción)

Su incansable actividad en la República Dominicana en la literatura, en el periodismo y en la gestión educativa sin duda, pone a Vicioso en un lugar de alta visibilidad. Sus actividades periodísticas continúan con la columna "Ventana" en el *Listín Diario,* que asume entre 1986 y 1999, y a partir de ese año cambiará de casa periodística y regresará al periódico *Hoy.*

En 1987, publicó *Julia de Burgos, la nuestra* que entra en la historia de la literatura de República Dominicana como el primer texto de crítica dedicado a una escritora en este país. No cabe duda que Julia de Burgos es una figura que inspiró profundamente a Chiqui Vicioso, debido a las similitudes que ambas comparten en el compromiso político (de Burgos tuvo una inmensa afinidad con República Dominicana) y un amor profundo por la literatura. Al comentar uno de los discursos políticos de Julia de Burgos, Chiqui Vicioso señala:

> Este discurso me hizo descubrir al ser determinado y al ser radical que evidencian sus escritos políticos y su poesía. Me hizo descubrir al ser partido en dos, entre la "esencia y la forma" (NY 1940), que hace a Julia una figura contemporánea.
>
> En una época donde la "madurez emocional", la "seriedad," la "adultez"; o la adaptación "exitosa" al medio, se mide por la ausencia de contradicciones, en un afán por destruir la dialéctica, Julia se nos presenta con una complejidad maravillosa, como mujer múltiple… (Julia de Burgos 19)

En el ensayo, el análisis de tipo biográfico se concentra en observar las contradicciones de Julia de Burgos y la forma dialéctica de resolverlas en su poesía, algo que parece tener un eco profundo en la poesía de Vicioso. A este volumen le seguirá en 1991 la recopilación de sus columnas sobre crítica literaria titulada *Algo que decir (ensayos sobre la literatura femenina, 1981-1991).*

Además de su actividad literaria, entre 1992 y 1996 Luisa Vicioso continuó su labor como consultora de programas de apoyo a la mujer y a la infancia para varias agencias de las Naciones Unidas entre las que se encuentran: UNICEF, el Fondo de las Naciones Unidas para el Desarrollo de la Mujer UNIFEM, el Instituto Internacional de Investigación y Capacitación de las Naciones Unidas para el Avance de la Mujer INSTRAW y el Fondo de Población de las Naciones Unidas UNFPA (About par. 3). Durante esta época realizará otro tipo de publicaciones: tres manuales de capacitación en perspectiva de género para UNESCO y UNICEF; el último de estos manuales fue traducido al inglés y al francés, realizando de esta manera una edición para el Caribe ("Escritora" Par. 1).

En 1995, organizó, en el exclusivo Salón de Fiesta del Gran Hotel Lina, el Primer Congreso Dominicano Sobre la Situación de las Trabajadoras Sexuales o Mujeres Prostituidas, (Cocco de Filippis, "Sherezada" 8), como parte de un proyecto en el cual las trabajadoras sexuales se sintieran valoradas como mujeres y buscaran alternativas educativas para el mejoramiento de sus condiciones de vida. Vemos cómo el hecho de llevar a estas trabajadoras a uno de los hoteles más exclusivos de Santo Domingo puede ser en sí mismo considerado un gran desafío a la norma imperante en su sociedad.

Su tercera colección de poemas titulada *Intern-A-miento* fue publicada en 1992, en ella se destaca su poema "Desvelo" en el cual establece un diálogo situado en el siglo XIX entre la norteamericana Emily Dickinson y la dominicana Salomé Ureña (Cocco de Filippis, "Scherezada" 12). Esta obra es un antecedente claro de su ensayo *Salomé Ureña de Henríquez (1859-1897): a cien años de un magisterio* publicado en 1997 y de la obra teatral *Salomé U: Cartas a una ausencia* (1998).

Este trabajo se convertirá en un rescate de la tradición literaria dominicana, porque el estudio que Chiqui Vicioso realizó sobre la obra de Salomé Ureña se enfocó en un conjunto de poemas denominados "poemas íntimos" (poemas que fueron excluidos de los análisis canónicos) y en la correspondencia entre la escritora y su esposo Francisco Henríquez Carvajal, como lo explica Daisy Cocco de Filippis:

> Tanto en su ensayo, como en los poemas y en la obra dramática, Vicioso estudia los poemas menos conocidos de Ureña; aquellos poemas considerados intimistas, "demasiado femeninos" para tener valor alguno. A pesar de esto, como ha sido demostrado en varios estudios, la Salomé Ureña que se encuentra en esos poemas tiene otra historia que contar: la de las luchas y las desgracias en la vida de una mujer poeta que también es educadora, madre y esposa. La lectura e interpretación de Vicioso trae a la esfera pública a la Salomé privada, así como la propia recreación de su voz femenina. La obra dramática es un *tour de force* de la intertextualidad, en la medida en que Vicioso entreteje su propia

> interpretación contemporánea de la mujer, al lado de la de
> Salomé, una mujer cuya vida se desmorona… ("Scherezada"
> 12. Mi traducción)

Esta obra teatral marcará la consolidación de Chiqui Vicioso como dramaturga y mantendrá su propósito de recuperar, defender, rescatar del olvido y dar la otra versión, en este caso, de la literatura de su país.

Aunque en los años 1980 hubo un boom de publicaciones femeninas en la isla, del que surgieron figuras importantes como Carmen Imbert Brugal en narrativa y la misma Chiqui Vicioso en poesía, las antologías no se interesaban en incluir su trabajo. Daisy Cocco de Filippis en su artículo "Sherezada 'Chiqui' Vicioso, Women Writers, and the Dominican Literary Establishment in the 1990s", comenta la forma en que Vicioso tuvo que defender su posición como escritora en 1993, cuando se celebró el Congreso Crítico de la Literatura Dominicana al que no fue invitada[5]. En el discurso de inauguración de este congreso el conocido Marcio Veloz Maggiolo había propuesto que era hora de llevar a cabo una mirada introspectiva y crítica a la situación de la literatura del país; sin embargo pocos escritores dominicanos se atrevieron a llevar a cabo esa reflexión. La respuesta más sonada fue la de Andrés L. Mateo quien señaló que los escritores dominicanos se habían puesto una máscara que los llevaba a negar a la sociedad (5).

Y a pesar de no haber sido invitada al congreso, Chiqui Vicioso se ve envuelta en la controversia cuando Diógenes Céspedes, en su ponencia titulada: "La enseñanza de la literatura en la escuela secundaria y la universidad, ¿valor o ideología?", criticó la "banalización de la literatura" en los círculos culturales y educativos de su país y además se refirió a la participación de la mujer en todo este proceso usando términos como: "susanismo, magalismo, and chiquismo". Aunque el término "chiquismo" era una inevitable alusión a Vicioso, el escritor se encargó de definirla como un derivado de las palabras chico, chiquito o chiquitito (Cocco de Filippis, "Scherezada" 5).

Algunos apartes de esta ponencia se publicaron en el periódico y Chiqui Vicioso tuvo la oportunidad de responder. Su respuesta comenzaba evocando cómo en 1991, durante la Semana de la Lengua de Puerto Rico, Diógenes Céspedes había leído una ponencia en estado de embriaguez y en ella había negado la existencia de mujeres escritoras en su país, salvo aquellas dos que figuraban en una antología que él había publicado. Esto obligó a Vicioso, que sí había sido invitada a esa Semana de la Lengua de Puerto Rico como escritora, a dedicar su ponencia a sus compañeras de lucha literaria[6]. Esa historia le sirve como base para agradecerle al crítico su generosidad al declararla en 1993 cabeza de un movimiento literario feminista luego de haber negado su existencia como escritora tan solo un par de años atrás (Cocco de Filippis, "Scherezada" 5).

1996 será un año muy importante para Vicioso pues escribe su primera obra teatral y recibe el Premio Anual de Teatro Cristóbal de Llerena por ella. La obra fue estrenada en República Dominicana 1996, además se presentaría en las Naciones Unidas en Nueva York y en festivales de teatro en San José y en Miami (Tabares 26). En su libro *El teatro dominicano: una visión femenina o de género*, Chiqui Vicioso describe su propia obra como una fábula:

> Para explicar *Wish-ky Sour* a nivel de la fábula, se reduce a una frase Helena I se desdobla en Helena II para tener el coraje de cortarse las venas. Las dos Helenas son un mismo personaje que se divide en dos actuantes: la protagonista y la antagonista, la muerte y la vida que finalmente se rinde. La estructura dramática es más rica, es polisémica, el planteo es el desdoblamiento, el conflicto es la vida de Helena en el seno de una sociedad machista con la que no quiere conciliar, ni tratar con astucia como su madre y su abuela que caían en el alcoholismo, o una opción de asexualidad. La resolución es el suicidio, que en este caso es una metáfora dolorosa de las mujeres que no claudicaron como Alfonsina, Plath… (El teatro dominicano 49-50; suspensivos en el original)

Después de la obra *Wish-ky Sour*, Vicioso consolidará su vena dramatúrgica al escribir el monólogo antes mencionado: *Salomé U: cartas a una ausencia* en 1998. Este monólogo surge, además del trabajo ensayístico y poético relacionado con Ureña, de una obra dramática anterior escrita por Vicioso llamada *Y todo era amor* una "obra basada en la vida de Salomé Ureña y su epistolario" (*El teatro dominicano* 21)[7].

En 1999, continuó su trabajo en el área de literatura testimonial al publicar *Le decían Lolo: presencia del Che en las mujeres guerrilleras. (Testimonio de Myrna Murillo Gamarra)*, en el que realiza una investigación sobre las mujeres guerrilleras del continente, desarrolla la idea de "mujer nueva" y se centra en el testimonio de Myrna, la única mujer guerrillera que testificó en contra de la dictadura de Hugo Bánzer frente al tribunal de La Haya. Más adelante en 2002 publicó el ensayo *Hostos y su visión sobre la mujer*, una obra en la que se explora la ideología pedagógica del puertorriqueño Eugenio María de Hostos (1839-1903) y la influencia que tuvieron John Stuart Mills (1806-1873) y su esposa, la feminista Harriet Hardy Taylor Mill (1807-1858), en su visión igualitaria sobre la educación de la mujer.

Su inspiración teatral continuaría con *Perrerías* (2001) una obra formada por catorce monólogos fragmentados en las voces de ocho personajes que hablan de la desaparición de una mujer caribeña en París. Esta obra desarrolla el "conflicto entre una intelectual y un hombre marginal" (*El teatro dominicano* 21). Esta intelectual, perdida en París, es sin duda un alter-ego de la escritora. En la obra nunca se escuchará la voz del personaje principal, su historia siempre será mediada por la versión del otro que parece a su vez estar rindiendo un testimonio policial (Tabares 31).

La última obra dramática de la que tenemos noticia es *Nuyor/islas* (2003) que en palabras de Chiqui Vicioso habla de "la soledad que enfrentan los dominicanos y dominicanas que se retiran al país, de regreso desde Nueva York" (*El teatro dominicano* 22). En esta obra se reitera la obsesión de Vicioso por las mujeres que están llegando a la tercera edad, una característica que comparte con el personaje de Helena en *Wish-ky Sour*. En el caso de *Nuyor/islas* la protagonista es una mujer que le habla a un cobrador, ella ha regresado de un largo exilio económico en Nueva York con la ilusión de reencontrarse con una tierra natal en la que solo le queda la visión nostálgica de los tiempos pasados y una inmensa soledad (Tabares 36).

Después de estas obras Chiqui Vicioso siente la necesidad de escribir una historia del teatro en República Dominicana en donde se incluya a la mujer dramaturga. Es así como en 2005 publica *El teatro dominicano: una visión femenina o de género* en donde escribe "sobre el teatro dominicano en relación con la presencia de la mujer, tanto como sujeto de las obras, como autora…". (*El teatro dominicano* 9). El volumen incluye además una reedición de su obra *Trago amargo (Wish-ky Sour)* y dos obras más: *Lo eterno* de Delia Weber, y *Dominicanish* de Josefina Báez. Su ensayo da una visión general del teatro de la isla desde la colonia hasta nuestros días, concentrándose al final en un grupo de autoras contemporáneas y subrayando su importancia.

Y en los últimos años, además de su trabajo actual como Embajadora encargada de los asuntos atinentes a la mujer, niños, niñas y adolescentes de la Secretaría de Estado de República Dominicana, Vicioso ha publicado dos colecciones de poemas: *Wish-ky Sour* en 2006 y *Eva-Sión-E* en 2007 que, como mencionamos antes, fue editada simultáneamente en las tres lenguas del Caribe y ha generado críticas muy positivas de distintos sectores. En *Eva-Sión-Es* se observa el esfuerzo de plasmar la multiculturalidad caribeña, de reflejar su pluralidad e hibridez lingüística, sembrando nuevos orígenes (Cocco de Filippis, "Scherezada" 12). Pero a pesar de la calidad de su obra la autora ha tenido que sortear y sigue sorteando las vicisitudes de ser mujer en un mundo en el que algunos se niegan a abrir espacios de respeto entre los géneros. Un ejemplo de esto es el comentario que el presidente de la Academia de la Lengua de República Dominicana, Bruno Candelier, publicó sobre *Eva-Sión-E*:

> ...este es el primer libro de poesía, de la poesía contemporánea dominicana, escrito por una mujer que rompe con el yo. A mi juicio, los libros de poesía que he leído, escritos por mujeres, tienen una atadura, un amarre con el cordón umbilical, con un *cordón umbilical emocional*, que les impide dirigir su mirada al Mundo sin liberarse de sí mismas. Para crecer como escritora, una mujer tiene que superar esa visión restringida a su propio ser. Nuestras poetas hablan de su propia historia, de sus propias angustias y obsesiones, de sus vivencias personales asumidas desde el yo. El contenido temático de su creación se centra en sí mismas puesto que es su historia personal. No estoy diciendo que esté mal hacerlo, pero si siempre se habla de sí mismas, toda su creación, al estar centrada en su propia vida, carece de trascendencia y proyección. Las buenas poetas que conozco han roto esa vinculación con el yo. (Par. 18)

Este discurso de canonización de Vicioso sin duda la habrá dejado perpleja, pues el mismo establecimiento que antes la criticaba, ahora la felicita por haberse desprendido de su testimonio personal, o de su "cordón umbilical emocional". Sin embargo estas afirmaciones nos dan cuenta de la importancia que Vicioso ha cobrado en su país, gracias a su labor como escritora. El hecho de que el crítico haya aprovechado la celebración del poemario de Vicioso para reprochar a las "otras" escritoras que aún no hayan roto su cordón umbilical, recuerda y reafirma la noción de varona intelectual: una mujer escogida por el establecimiento, en detrimento de sus colegas. Solo queda preguntarse por qué en ese discurso hay una intensión de varonización de Vicioso, sabiendo que ella fue parte vital del mismo grupo que criticó esa actitud tanto de las conocidas varonas como las del entorno que las varonizaba. En el caso de Chiqui Vicioso es posible que la proyección de su obra y su talento la conviertan en un activo al cual hay que atraer, lo que reitera las luchas que durante años Vicioso ha sostenido en su país y nos muestra la dificultad que aún tienen las mujeres creadoras al enfrentarse a un entorno dominado culturalmente por los hombres.

Sherezada (Chiqui) Vicioso, continúa hoy en día en su labor como autora y como gestora social, consciente de que el papel del escritor como parte integral de la cultura en un país con una alta tasa de analfabetismo es prácticamente una quimera si no hay un interés en generar espacios plurales e inclusivos, en los cuales las artes y las letras no sean un privilegio de las clases altas o estén dominadas por el discurso masculino.

Gran parte de su trabajo como consultora lo ha dedicado a trabajar en proyectos que mejoren las condiciones de las mujeres y de los niños, pero también su objetivo esencial ha sido reescribir y redefinir los elementos de la cultura que están llenos de estereotipos. Su objetivo es crear una contracultura feminista que use a las industrias culturales establecidas para crear discursos alternativos, como señala en su ensayo "Ni tanto que queme al santo, ni tan poco que no lo alumbre":

> ¿Por dónde se empieza realmente a subvertir a las industrias culturales? ¿A utilizarlas para nuestros fines?
>
> No lo sé.
>
> Muchas de nosotras estamos haciendo teatro; trabajando como guionistas para programas de televisión y radio;

escribiendo en los periódicos y trabajando en la publicidad
(donde el año pasado se gastaron en América Latina 11921
millones de dólares en la TV; 1833 en la radio; 3667 en
periódicos; 1402 en revistas; 54 en cines y 615 en vallas),
reconociendo implícita o explícitamente que estos *son los
medios* que predominan y predominarán.

Muchas estamos tratando de clarificar las categorías de
análisis, en todas las disciplinas, para poder partir de marcos
teóricos que faciliten otras aproximaciones a la realidad y
que nos permitan soñar con otro orden mundial; con una
"globalización solidaria" (en palabras del Papa), donde las
tareas son inmensas y complicadísimas precisamente porque
son globales. (350)

En su labor como escritora y re-escritora, Vicioso está consciente
de las múltiples barreras históricamente impuestas para el reconocimiento identitario de los hombres y de las mujeres en la propia cultura
dominicana. En el ensayo "Between the Milkman and the Fax Machine:
Challenges to Women Writers in the Caribbean", [Entre el lechero y
el fax: retos para las escritoras del Caribe] se refiere a los desafíos a
los que se enfrentan las escritoras de su país y transfiere al contexto
dominicano la discusión de un conjunto de temas de reflexión que
Edouard Glissant propone como parte quehacer cultural y literario
de cualquier escritora o escritor caribeño:

1. El conflicto entre la homogeneidad y la diversidad.
2. La construcción literaria de la diversidad.
3. La transición de la oralidad a la literatura.
4. La creación de una literatura nacional auténtica.
5. La comprensión de que la lengua nacional es el habla de
la gente.
6. Comenzar a redefinir la dominicanidad y las aproximaciones literarias para lograr una expresión propia.
7. La creación de una poética intercultural y de un sentido
de caribeanidad.
8. La expresión, en un sentido participativo, de las relaciones
dialécticas entre lo que es nuestro y lo que viene de fuera.
("Between the Milkman" 118, Tr. Abdala-Mesa)[8]

Estos principios, quizás más discutidos en las letras del Caribe francófono, son un verdadero manifiesto para la búsqueda de una literatura menos "hispánica" y más caribeña. Chiqui Vicioso de esta manera hace un llamado a la intelectualidad de la isla para que asuma la diversidad de género y de culturas que ha sido negada durante siglos y así supere las ideas criollistas y coloniales.

Luisa Angélica Sherezada (Chiqui) Vicioso ha estado comprometida con una compleja labor de creación en poesía y en teatro, de revisión del canon, de reescritura de la historia literaria, de promoción y socialización de la cultura, de defensa de la mujer y de los niños, de búsqueda propia y del desarrollo de su país. Su constante diálogo con el público dominicano a través de su columna la ha llevado a participar en los debates nacionales y a generar una discusión en torno a los temas que nadie quiere tocar, pues Vicioso sabe que se deben generar espacios de discusión. Ha vivido en constante movimiento entre el centro y la periferia, entre la norma y la iconoclastia, entre la pluralidad y la singularidad de su expresión sin poner en peligro sus ideales, declarándose mujer, escritora, afrodominicana y sobretodo creadora, perfilándose de esta manera como una de las voces más contundentes en las letras del Caribe.

OBRAS DE SHEREZADA (CHIQUI) VICIOSO

POESÍA

Viaje desde el agua. Santo Domingo: Ediciones Visuarte, 1981.

Un extraño ulular traía el viento. Santo Domingo: Editora Alfa y Omega, 1985.

Intern-A-miento. Santo Domingo: Editora Búho, 1992.(*Wish-ky Sour,* 2006. [Publicado en *Salomé U: cartas a una ausencia (y no todo era amor)*]

Eva/Sión/Es. San Martin: House of Nehesi Publishers, 2007.

ENSAYO

Bolver a vivir, imágenes de Nicaragua. Santo Domingo: Editora Búho, 1985.

Julia de Burgos, la nuestra. Santo Domingo: Alfa y Omega, 1987.

Algo que decir. (Ensayos sobre la literatura femenina, 1981-1991). Santo Domingo: Editora Búho, 1991.

Salomé Ureña de Henríquez (1859-1897): a cien años de un magisterio. Santo Domingo: Comisión Permanente de la Feria Nacional del Libro, 1997.

Le decían Lolo: presencia del Che en las mujeres guerrilleras. (Testimonio de Myrna Murillo Gamarra). Santo Domingo: Editora de colores, 1999.

Hostos y su visión sobre la mujer. Santo Domingo: Imprenta de la secretaria de Estado de Educación, 2002.

El teatro dominicano: una visión femenina o de género. Santo Domingo: Editora de colores, 2005.

Teatro

Trago amargo (Wish-ky Sour). Santo Domingo: Secretaría de Estado de Educación, 1997.

Perrerías. Conjunto 123 (2001)54-63.

Salomé U: cartas a una ausencia (y no todo era amor). Santo Domingo: Trinitaria, 2002. *Mujeres en las tablas: antología crítica de teatro histórico latinoamericano,* Eds. Juanamaría Cordones-Cook y María Mercedes Jaramillo, Buenos Aires: Nueva Generación, (2005)395-428.

Desvelos (diálogo entre Emily Dickinson y Salomé Ureña). [Publicado en el poemario *Intern-A-miento*]

NUYOR/islas. Manuscrito inédito, 2003.

Otros

Luisa A.S. Vicioso y Evelyn Pressoir. Módulo de capacitación en género (para el Caribe inglés, francés y español). UNICEF. Puerto Príncipe: Publicación CIFD. 1995.

Notas

[1] "An Oral History (Testimonio)" es la trascripción y traducción (al inglés) de una entrevista realizada por la profesora Nina M. Scott durante el Segundo Congreso de Creación Femenina en la Universidad de Mayagüez de Puerto Rico el 17 de noviembre de 1987.

[2] No sobra recordar las múltiples masacres y la discriminación rampante a los emigrantes haitianos considerados inferiores por su color de piel. En República Dominicana hay distintos términos para describir los rasgos raciales y por ende para clasificar a cada persona según la variación de su tono de piel: jabao, blanco, negro, moreno, indio, rubio, albino son algunas de las clasificaciones. Jabao, por ejemplo, es alguien de tez blanca pero con pelo "malo", es decir pelo que recuerda su ancestro africano ("Dominicanyorkness" 64).

[3] Chiqui Vicioso menciona que el hecho de haberse denominado poetas y no poetisas fue causal de varios inconvenientes para el círculo. Las mujeres poetas han reivindicado que la palabra poeta no tiene género, lo que hace inútil y peyorativo el uso de la palabra poetisa.

[4] Actualmente hay más de un millón de emigrantes dominicanos viviendo en Nueva York (Grieco 24).

[5] Los organizadores sí invitaron a algunas escritoras pertenecientes al Círculo de Creadoras, sin embargo obviaron a Vicioso que para ese entonces ya había publicado tres colecciones de poesía, dos volúmenes de ensayo literario, un testimonio, y que además había realizado una importante labor social y académica en pro de la cultura y la literatura de República Dominicana.

[6] Entre las que señala a Dulce Ureña, Sabrina Román, Mary Mora, Carmen Imbert, Miriam Ventura, Carmen Sánchez y Ángela Hernández (Cocco de Filippis, "Sherezada" 5).

[7] La publicación de este trabajo se realizó en 2002, bajo el título *Salomé U: cartas a una ausencia (y no todo era amor)*.

[8] Este texto fue originalmente publicado en español en la columna "Ventana" del *Listín Diario,* 2 de mayo de 1993 y también hace parte

del ensayo "Between the Milkman and the Fax Machine: Challenges to Women Writers in the Caribbean" traducido al inglés por Daisy Cocco de Filippis. Incluimos esta versión traducida de nuevo a su lenguaje original por la importancia ideológica de su contenido y lo que aporta para la comprensión de la visión de Chiqui Vicioso, pues el documento original no está disponible. La traducción tiene la aprobación de Sherezada Chiqui Vicioso.

OBRAS CITADAS

"About the Authors. Luisa Angélica Sherezada Chiqui Vicioso". *House of Nehesi Publishers.* 2007. <http://www.houseofnehesipublish. com/vicioso.html>. 16/05/2009.

Candelier, Bruno. "Del yo al nosotras: el fondo metafísico de "Eva/sion/ es," poemario de Chiqui Vicioso". *Ediciones Cielo Naranja.* 2008. <http:// www.cielonaranja.com/viciosochi-quibruno.htm >. 17/05/2009.

Cocco de Filippis, Daisy. "Sherezada 'Chiqui' Vicioso, Women Writers, and the Dominican Literary Establishment in the 1990s". N.d. TS. [Copia electrónica por cortesía de Sherezada Chiqui Vicioso.]

—. "Vicioso Sánchez, Sherezada 'Chiqui'." *Latinas in the United States: A Historical Encyclopedia.* Ed. Vicki L. Ruiz & Virginia Sánchez Korrol. Bloomington: Indiana U P. 2006. 797-98. Impreso.

"Escritora invitada: Scherezada Chiqui Vicioso". *Escritores de Santiago - República Dominicana.* 7 mar. 2009. <http://escritoresdesantiago.blogspot.com/2009/03/escritora-invitada-chiqui-vicioso.html>. 15/05/2009.

Grieco M. Elizabeth et al. *The Dominican Population in the United States Growth and Distribution.* Washington: Migration Policy Institute. 2004. Impreso.

Heredia, Aida. The Journey Inward: Sherezada Vicioso's 'Un extraño ulular de voces traía el viento'. *Daughters of the Diaspora: Afra-Hispanic Writers.* Ed. Miriam DeCosta-Willis. Kingston: Randle, (2003) 326-334. Impreso.

—. "Sherezada 'Chiqui' Vicioso." *Daughters of the Diaspora: Afra-Hispanic Writers*. Ed. Miriam DeCosta-Willis. Kingston: Randle, (2003) 310-312. Impreso.

Heredia, Ramón. "Paredes deplora que haya un millón de analfabetos en RD". *Hoy Digital*. 24 febrero 2009. <http://www.hoy.com. do/provincias/2009/2/24/267863/ Paredes-deplora-haya-un-millón-analfabetos-en-RD>. 15/05/2009.

Martínez Tabares, Vivián. "Testimonio, espiritualidad y resistencia en el teatro de Chiqui Vicioso". *Latin American Theatre Review* 37.2 (2004): 25 - 40. Impreso.

Moya Pons, Frank. "Dominican National Identity and Return". *Center for Latin American Studies Occasional Papers*. 1(1981)23-33. Impreso.

Torres-Saillant, Silvio. "The Tribulations of Blackness: Stages in Dominican Racial Identity." *Latin American Perspectives*. 25.3 (1998) 126-138. Impreso.

Vicioso, Sherezada (Chiqui). *Julia de Burgos, la nuestra*. Santo Domingo: Alfa y Omega, 1987. Impreso.

—. "An Oral History: Testimonio". Entrevista transcrita y traducida por Nina Scott. *Breaking Boundaries: Latina Writing and Critical Readings*. Ed. Nina M. Scott & Nancy Saporta. Amherst: U of Massachusetts P, (1989)229-234. Impreso.

—. "La mujer en la literatura dominicana". *Algo que decir. Ensayos sobre literatura femenina (1981-1997)*. Santo Domingo: Editora Búho, (1991)51-55.

—. "Dominicanyorkness. A Metropolitan Discovery of the Triangle". *Caribbean Creolization. Reflections on the Cultural Dynamics of Language, Literature, and Identity*. Ed. Kathleen M. Balutansky & Marie-Agnès Sourieau. Gainesville: U. P. of Florida; Barbados: Press University of the West Indies, (1998)62-67. Impreso.

—. "Between the Milkman and the Fax Machine: Challenges to Women Writers in the Caribbean". Traducción de Daisy Cocco de Filippis. *Winds of Change The Transforming Voices of Caribbean Women*.

Ed. Adele S. Newson y Linda Strong-Leek. Nueva York: Peter Lang, (1998)113-119. Impreso.

—. *El teatro dominicano: una visión femenina o de género.* Santo Domingo: Editora de Colores, 2005. Impreso.

Vicioso, Luisa A. S. "'Ni tanto que queme al santo,' ni tan poco que no lo alumbre: reflexiones de género sobre las industrias culturales". *América Latina un espacio cultural en un mundo globalizado.* Ed. Manuel A. Garretón. Bogotá: Convenio Andrés Bello, (2002)335-52. Impreso.

URUGUAY

ESTRELLAS EN EL SUR: MARTHA GULARTE, LÁGRIMA RÍOS Y ROSA LUNA

ISABEL SANS, UNIVERSIDAD DE LA REPÚBLICA

Martha Gularte (1919-2002), Lágrima Ríos (1924-2006) y Rosa Luna (1937-1993) son hoy reconocidas como destacadas exponentes de la cultura popular uruguaya. Las vedettes Gularte y Luna compitieron en calles y escenarios con su despliegue de plumas y lentejuelas y la sensual desnudez de su danza. Ríos entregó al mundo su voz profunda de candombe[1] y de tango. Pero nada fue fácil para estas marginales, sin otro respaldo en su educación o su carrera que su entrega y su perseverancia.

Criada en asilos de monjas, Martha realizó su vocación gracias a sus condiciones para el baile, su hermosura, sus piernas esculturales, y su aguante para lidiar con el ambiente del cabaret. Sin permiso del padrastro para estudiar, Lágrima cantó en la casa hasta que la escucharon por la ventana, y fue cantante y defensora de madres solteras y de afrodescendientes. Rosa se crio en el conventillo entre grescas futboleras, fue prostituta y mató a un hombre, pero su exuberante alegría se reencontró en la calle con el amor de la gente.

El carnaval −vigoroso inversor de jerarquías−, y el integrador candombe de los ancestros, dieron a las tres un lugar donde verse respetadas, admiradas, apreciadas. Ellas fueron las estrellas que concentraron y retribuyeron el cariño de la gente. Tras ellas iban cientos de tamborileros dándoles a las lonjas, lastimándose las manos. En los desfiles de Llamadas[2] los padres las mostraban a los chicos, para que no olvidaran a las reinas legendarias. Herederas de esclavos africanos que con una maleabilidad extraordinaria sobrevivieron siglos de explotación y miseria, ellas se impusieron por sus valores en el entorno cálido que los suyos les brindaban. Entre incontables versiones que relatan la vida de las artistas o en las imágenes que ellas recrean de sí mismas en sucesivas anécdotas en periódicos y libros, esta es una de las síntesis posibles. Por orden de llegada, suben al escenario.

LA DIOSA GULARTE

Fermina, la futura Martha, nace en Paso del Novillo, Tacuarembó, en campaña, a doce kilómetros de la ciudad, el 18 junio de 1919. Su padre, el brasileño Benigno Gularte, un negro retinto hijo de esclavos senegaleses, muere de gripe dos meses antes de nacer ella. Su madre, la uruguaya de piel blanca Custodia Batista, trabaja en una estancia. Cuando Fermina tiene dos años, llega de visita un familiar de los dueños de la estancia a quien agrada la forma en que la niña baila, con las manitas en la cadera, cantando en portugués, y le dice al tío de Fermina que se la quiere llevar. El hombre, que trabaja de peón también en la estancia, se ofrece a hablar con su hermana: "ella está muerta de hambre ahí con los hijos pequeños, para qué los quiere" (Porzecanski y Santos 29). Le dice a su hermana que lleva a Fermina a dar una vuelta, y pasan los días y no la trae. La madre espera un día y otro, y muere sin volver a ver a su hija. En la cocina de la casa donde está Fermina leen la carta y dicen: "la mamá de la negrita se murió" (30). Esa frase se le queda grabada, pero es muy pequeña, ella no entiende qué es eso. La cocinera, una negra vieja, la abraza compadeciéndola: "tu mamá se fue al cielo, no la vas a ver más" (Porzecanski y Santos 30).

En la residencia de la familia de alta sociedad que la ha recogido reina el lujo. Las mujeres se adornan la cabeza con cofias con perlas, usan chinelas con marabú y mostacillas, los hombres usan zapatos de charol con moñitas blancas, tienen sirvientas negras. En el altillo hay un baúl que a Fermina le fascina, con olor a viejo y con un libro que toca música, y un ropero con vestidos decorados con perlas de azabache y abanicos negros con plumas. Una de las chicas de la familia toca en el piano y a Fermina le gusta ir a la sala a escuchar, presta atención a la música, se pone de pie y baila.

Esta gente tiene poca paciencia para atender a una niña pequeña, cuando llega a los cuatro años la llevan a un asilo. Fermina queda en el Asilo de Huérfanos y Expósitos Dámaso Antonio Larrañaga (Blezio y Ganduglia 21) de la calle San Salvador 1924, administrado por el Consejo de Patronato de Delincuentes y Menores, dependiente a su vez de la Comisión Nacional de Caridad y Beneficencia Pública. La atención está a cargo de las Hermanas de la Comunidad de María del Huerto, junto con las Hermanas de San Vicente y las del Perpetuo Socorro. La vida escolar de Fermina transcurre bajo el control de las maestras y hermanas de estas congregaciones. El orfanato está entre los barrios Parque Rodó y Palermo, donde suenan tambores y se arman comparsas, pero ella no tiene acceso a ese afuera del asilo. "Viví una niñez bastante dura. Me castigaron mucho. Pero nunca me prohibí nada porque la que me mandé siempre fui yo" (Benítez).

La poeta Juana de Ibarbourou, "Juana de América", integra una comisión de beneficencia que colabora con las huérfanas y suele visitar el orfanato para decir sus poemas y dar conferencias. Fermina admira a Juana porque es hermosa: la recuerda con vestidos justos y cortos para la época, de melena, boina de terciopelo verde y zorros grises, con los ojos muy pintados y la boca en forma de corazón. La niña se la imagina una estrella de Hollywood: "qué linda que es usted, ¿es artista?". "No, yo soy escritora" (Porzecanski y Santos 31). Cuando Fermina tiene once años, la maestra se ha dado cuenta de que escribe muy bien, y le dice a Juana: "Esta negrita sabe escribir versos". Juana pregunta: "¿Cómo se llama la niña?" y ella le dice su nombre. Entonces Juana la abraza, y le pregunta: "¿Así que vas a ser poeta como yo?" y ella contesta: "No, yo quiero ser bailarina" (Porzecanski y Santos 31). Juana se ríe, y desde entonces pregunta por "la bailarina". Fermina prefiere el baile, pero la poesía es también uno de sus grandes placeres y la retomará en distintos momentos de su vida.

Llega un momento en que a Fermina y sus amigas las pasan a la Escuela del Hogar de Adolescencia y Trabajo de las Hermanas Vicentinas en la calle Piedras 482 en la Ciudad Vieja. A Fermina la deslumbran el salón de música, la clase de escultura, las lecciones de piano y las de baile. Pero no la invitan. Según la monja, Fermina tiene que aprender a trabajar, a limpiar su casa y a cocinar para cuando se case. Sí puede ir a las clases de gimnasia, y se pone a enseñar baile a sus compañeras. Baila el Pericón Nacional, sale de bastonero, se disfraza de gaucho. En esta escuela también estudian las hermanas Pisanov, de una familia escapada de Rusia. Natacha, bailarina de ballet, pone bailes clásicos en el salón de música. Fermina le pide: "che, poneme", y la rubia Natacha: "vos no podés porque sos negra" (Porzecanski y Santos 33). Igual Fermina se las arregla para aprenderse esos bailes. Y sucede que el día de una de las fiestas Natacha está con un dolor de muelas tan grande que no puede bailar, entonces Fermina baila en su lugar con enaguas y blusa blancas, con una pandereta.

Es una rebelde que hace lo que se le ocurre. Como castigo muchas veces la hacen salir de mucama con familias ricas que van a buscar chicas. Le toca servir donde los Simons, donde los Larrobla, tíos de Washington Beltrán, dueño del diario *El País*. Ella se resiente con eso de ser mucama. Se la pasa bailando, le gustan la música, el canto, la pintura, la poesía, la religión. Aspira a otra vida. A los catorce años, una vez que está de paseo en casa de su tía, inventa un dolor de muelas para que la lleven al pueblo, se pone un vestido de encaje negro de su tía y un par de zapatos de taco alto y se va a un teatro donde se realiza un concurso de baile. No quieren dejarla entrar por ser menor, pero ella se abre el tapado y al verla el brasileño de la puerta le dice: "Voce va a ser la atracción de la noche". La bailarina tendrá el primer permio de su carrera: "salí al final, tiré el tapado, me levanté la pollera y el teatro fue un relajo" (Unamuno "Muere").

En casa de la familia Simons todas las mucamas son del Consejo del Niño, y dos que cumplen la mayoría de edad se quedan a vivir con la familia porque no tienen adónde ir. Un día Fermina sale con una de ellas y el novio de la chica, y el muchacho sugiere: "Vamos al cabaret que queda acá a la vuelta" (Porzecanski y Santos 35). Es el Chanteclaire, en la calle Andes. Fermina está fascinada, la orquesta tocando y las mujeres con vestidos largos, alhajas, pieles, maquilladas a la moda, bailando. En eso sale una argentina a bailar rumba. A Fermina le parece sin vida, de academia. Entonces sale a hacerle la competencia. La gente se enloquece: "negrita, vos sos una artista". Viene el cabaretero y le pregunta la edad: dieciocho. "¿Y si te ponemos más? ¿Te gustaría bailar acá?". "Ay, sí señor, yo quiero bailar acá" (Porzecanski y Santos 35). Con la edad cambiada, la contratan. Deja el servicio doméstico para convertirse en bailarina, a su amiga la contratan de copetinera[3], y entre las dos alquilan un cuarto de pensión. Un negro brasileño que trabaja ahí, que baila boogie boogie y zapateo americano, le enseña danzas brasileñas, africanas, hawaianas, cubanas. Martha está en la gloria. Pero un día llegan los de la comisaría y piden documentos. Ella miente los veintiuno pero descubren que es menor, y de vuelta al colegio y a la vida de mucama. La gente llega al hogar a buscar servicio y dice: "Yo quiero la negrita" (Porzecanski y Santos 36). A las familias pudientes les encanta ponerles el uniforme a las negras. Entonces se escapa otra vez y se queda en una pensión con otra chica, de limpiadora, hasta que cumple los veintiuno y vuelve al Chanteclaire. Con los primeros ahorros se compra unas sedas y se manda a hacer ropa con la modista. Y ahí empieza su carrera ascendente.

Martha se abre paso como bailarina de varieté. Juan Coloretti, responsable del café Monterrey frente a la plaza Independencia, contrata números para locales nocturnos en la región: teatros y cabarets de Chile, Brasil y Argentina llevan a sus escenarios a la deslumbrante vedette. En 1946, en Santiago de Chile la contrata el Circo Caupolicán de Enrico Venturino Soto, que es teatro, cachascán[4] y circo. Le pagan el hotel y el pasaje, y le pagan bien por bailar boleros y rumbas, pero se va porque no aguanta el rugido de los animales. Trabaja también en otros locales de la ciudad, el Kintrala, el Lucerna, el Club de Medianoche. De Santiago va a Mendoza, a un cabaret que también se llama Chanteclaire, y de ahí al Empire en Buenos Aires, en 1947, en el mismo momento en que trabaja allí Aníbal Troilo. En 1948, trabaja en Porto Alegre, luego vuelve a Uruguay. En Argentina además del Empire se presenta en el Tabarís, y es contratada por Carlos Petit y Francisco Petrelli para el Teatro Comedia de Buenos Aires, con Severo Fernández, Lalo Malcom, García Ramos, y Alberto Anchar. Tito Lusiardo es su vecino de camarín en 1951. Es la primera vedette uruguaya en los teatros de revista de la calle Corrientes y en el teatro El Nacional en la década del 50. Actúa en el teatro Balmacedas y en el circo Flainberg. Aparece como vedette y como bailarina de charleston y zapateo americano junto a José Marrone y su mujer, Juanita Fernández. Sammy Davis Jr. queda fascinado con ella y se la quiere llevar a Hollywood. Es una época en que la vida nocturna se destaca por su esplendor. Las mujeres que trabajan en los cabarets son especialmente elegidas, y llevan joyas y pieles, y a Martha le complace verse bien vestida, y bailar y seducir a hombres de todos los países. Pero permanentemente está en contradicción entre la diversión de competir por ser la más escandalosa, levantarse los vestidos, bailar y gritar, y los valores que le trasmitieron las monjas. Se siente incómoda cuando le piden algún estribillo medio "pícaro", y que lleve un sostén más abierto, para que se vean los senos. Se va acostumbrando, al ambiente, a tomar.

A las comparsas las sigue en el carnaval desde los dieciocho años. Pero recién en 1949 le hablan de integrar un grupo lubolo[5]. Debuta entre otras bailarinas, un poco cohibida porque no sabe cómo irá a caerle al público. En 1950, ya más confiada, le dice al director que va a ser la estrella y que irá vestida a su modo, delante del cuerpo de baile y de los tambores. Aparece de la mano del famoso bailarín Carlos "Pirulo" Albín, como bailarina principal de la comparsa "Añoranzas Negras", y tiene tal éxito que la gente se le viene encima y tiene que trabajar con cordón policial. Es una auténtica revelación, porque hasta el momento la figura de la vedette no aparece en el candombe. Hubo una pionera, la "negra Johnson", la hermosa venezolana Gloria Pérez Bravo, que hoy es un mito. Pero Martha modifica radicalmente el rol femenino en el carnaval montevideano al desfilar al frente de la comparsa con unos tacos altísimos, un traje de reminiscencias árabes de danza del vientre, lleno de lentejuelas y brillos, y un turbante adornado con plumas largas, exhibiendo su hermosura, sus piernas esculturales y la sensualidad de su danza.

La despampanante norteamericana Abbe Lane, con las piernas aseguradas en dos millones de dólares, ha sido contratada por la municipalidad para ser la gran atracción del carnaval, pero no puede superar el frenesí y la adhesión popular que despierta Martha Gularte. La gente está molesta porque los organizadores han traído a alguien de afuera en lugar de apreciar la belleza de las mujeres uruguayas. Le dicen a Martha con orgullo: "Tú eres nuestra" (Blezio y Ganduglia 44). Las compañeras de trabajo la apoyan: "Hoy el cabaret cierra porque nos vamos a ver a la negra que va a salir por Dieciocho" (44). Le gritan "Martha, Martha" (45), y la gente aprende su nombre, y la sigue por la avenida hasta la fuente del Parque de los Aliados, donde ella, a las risas, se saca los zapatos y se mete en el agua. Rodeada de reporteros y fotógrafos locales, de Estados Unidos y Europa, ella se siente "un bebé asustado" (45). El esposo de Lane, el director musical cubanocatalán Xavier Cugat, también reconoce el talento de Martha. Otra gran oportunidad de Martha de alcanzar renombre internacional. Pero Martha la desaprovecha. "Esos miedos que tiene uno cuando es joven" (Benítez). Ya envejecidos, Cugat y Martha se vuelven a encontrar en 1986 en España. "Nos vimos en Barcelona. Me dio no sé qué porque se puso a llorar" (Benítez).

"Las otras no podían bailar como yo", dirá de vieja, recordando sus inicios. "La que iba adelante tenía que ser exótica, elegante… lo que bailaba yo no lo baila ninguna" (Benítez). Los entendidos confirman que no ha habido ninguna bailarina como Martha. Ni la negra Johnson, ni Rosa Luna. Tomás Olivera Chirimini, autor de varios libros sobre candombe, dice que Gularte, más que una candombera, era una auténtica bailarina afro. Solo Rosa Luna, casi veinte años más joven, pudo llegar a eclipsarla y compartir con ella la preferencia popular durante décadas. Pero Martha no quiere que la llamen "diosa", no se permitiría equipararse a Dios. Ella se siente orgullosa cuando le dicen "qué lindo bailás Martha" (Porzecanski y Santos 39). Ella baila lo que su cuerpo siente. Su vocación le llega de los ancestros: "yo heredé la danza, yo tengo toda África encima". Prefiere los bailes afro: "me gusta bailar descalza, me gusta escuchar muchos tambores" ("Marta Gularte, 1/2 historia de las llamadas"). No le gusta mucho el carnaval, ve el candombe un poco monótono. Pero siente que el candombe es África. Cuando viene el ballet de Senegal a Montevideo, su hija le llamará la atención sobre lo parecido de sus toques con los del candombe. ("Marta Gularte, 1/2 historia de las llamadas"). Pese a ser ella una artista profesional, define Las Llamadas por su indisciplina. "Si fuera por nosotros y no viniera nadie, igual íbamos a salir. Porque es un día al que le damos rienda suelta al baile, a los tambores y al canto. Sería mejor si no hubiera tanta disciplina" (Benítez).

Le gustan los aplausos y el triunfo, le encanta seducir, le atraen más los hombres negros que los blancos. Nunca se casa, es muy independiente. A ella nunca un hombre le da una cachetada ni un empujón. Tiene la sutileza de manejar situaciones complicadas con una ternura que desarma hasta al más grosero. Después de varias "guerras de camas", aprende a vivir sola. Tiene dos hijos. Jorge Damián Gularte nace en Porto Alegre, Brasil, donde Martha reside en 1953. Es fruto de una relación con Juan, un norteamericano que trabaja en una metalúrgica.

Jorginho no conoce a su padre, se cría con José, el padre de su hermana. En esta época Martha vive en Río de Janeiro y en Porto Alegre. Una vez en Río Marta está teniendo un gran éxito con un estribillo "medio pícaro", lo canta, hace "ademanes y cosas feas" (Blezio y Ganduglia 54), y su hijo se enferma. Martha interpreta el hecho como un castigo de Dios. Entonces promete no volver a decir ese tipo de cosas, y todo se soluciona. La persigue el sentimiento de culpa de la moral de las monjas, siempre acusando el tipo de vida que lleva. Una parálisis facial le deforma la cara cuando está embarazada, ella lo atribuye al alcohol. Katy nace en 1963, pero Martha pasará treinta y dos años con la boca torcida. Debe dejar de cantar, se le hace difícil trabajar, pide que pongan poca luz. Cuando Katy tiene cinco años decide volver a radicarse en Uruguay: "los brasileños son un poco… pícaros… La niña se me va a venir una sinvergüenza" (Blezio y Ganduglia 52).

En los años 1960 Martha se une a la comparsa Morenada, con la que logra los reconocimientos más importantes como vedette. Trabaja en espectáculos, cumpleaños, casamientos, fiestas, en alguna casa nocturna, que va dejando para ocuparse de Katy. Para Katy se repite la historia de su madre con el ballet. Cuando tiene diez años Martha la lleva donde la renombrada profesora Martha Graham: "ay, ¿no la toma a la nena?" (Blezio y Ganduglia 58). Graham mira a la niña, a la madre, y les dice que tiene la clase llena. Más adelante Katy será vedette. Jorginho se dedica a la música, compone y canta. Hubiera preferido que su madre fuera una mujer corriente, un ama de casa que lo esperara con una torta, que los hombres no la miraran. Le dedica *Fermina*, una canción en que le dice "antes de subir al escenario sabes qué difícil es la vida fácil" ("Caso Jorginho"). En 1982, Martha funda con sus hijos la comparsa Tanganika. Jorginho compone, Katy baila y canta. Martha está orgullosa de sus hijos, pero piensa que tienen mucho más para dar.

Después de una vida fatal y milonguera, una mañana, a los 68 años, Martha decide dejar la bohemia. Se ha despertado con la idea de reescribir la Biblia. En pleno invierno, con un poncho por encima y la estufa a los pies, con gran entusiasmo, comienza. Escribe cuatro a cinco carillas por día, "con una facilidad bárbara" (Blezio y Ganduglia 61). Sus versos reflejan la moral del convento, los valores con los que se formó de niña y la culpa que la persiguió toda la vida, condenan la lujuria, y las libertades de los círculos del ambiente nocturno, el bar y el cabaret.

Lo que más le aflige en la vida es la idea de morir y no estar en la gracia de Dios. Tal vez por eso en *El barquero del río Jordán. Canto a la Biblia* narra su versión de la Biblia en verso. Después de visitar varias editoriales sin resultado, encuentra eco en la Multiversidad Franciscana de América Latina, que publica el libro en 1998. La introducción es de Cecilia Blezio y Nestor Ganduglia, que repasan la vida de Martha junto a la de la sociedad montevideana. Ganduglia y Blezio reciben de Martha un "hermoso y terrible sacudón de identidad" (12). Se dan cuenta de todo lo que dice este poema sencillo e ingenuo de lo que somos: "cuando Martha nos habló de sí misma, entendimos con horror y fascinación que estaba hablando de nosotros. De los aspectos a menudo olvidados por la historia de nuestra propia racionalidad, del origen de nuestros valores y de algunas contradicciones todavía flagrantes" (10-11). Después de *El barquero* Martha se pone a redactar sus memorias. También tiene muchos poemas acumulados que quisiera publicar. Uno de sus grandes dolores es el desalojo de los conventillos Medio Mundo y Ansina[6], a los cuales les dedica un poema conmovedor. Para ella los conventillos eran los templos de los negros, y el desalojo fue un ataque a los negros. "En parte nosotros tenemos la culpa. Hemos aceptado muchas cosas malas" (Benítez).

En 1997, sube por última vez al escenario del Teatro de Verano, con la comparsa de Kanela, a recitar su poema *El tamborilero* en homenaje a Eduardo "Malumba" Giménez. Hace un espectáculo propio sobre los años 1940, en que canta, baila y recita sus poemas. Cuenta anécdotas sobre sus años de cabaret, sobre las mujeres en la prostitución y las pensiones de la calle Andes, sobre el desalojo del conventillo Medio Mundo. Dos años después está buscando la manera de financiar un nuevo espectáculo en una sala teatral de Montevideo. En febrero de 2000 anuncia su retirada de Las Llamadas. Es su última vez con los preparativos de la tarde, la casa llena de parientes, amigos y vecinos, el asado en la azotea con todos acompañándola. Va a salir de tacos tan altos como siempre y con menos ropa y con más plumas que antes. Sacan las últimas fotos de la vedette en carnaval, ahora con ochenta y un años. En 2001 integra el elenco de *En la puta vida*, de la cineasta uruguaya Beatriz Flores Silva.

Los sábados sigue sin faltar al Mercado del Puerto, vestida de lamé, adornada con strass[7] y subida a sus tacos alfiler. Le gusta conversar con desconocidos. "Hablo con la gente, recito poemas que la gente me pide. Pero además también me acerco a las barras de muchachos. Los aconsejo y ellos me escuchan. A veces les digo que están alegres y que no metan la pata para que la alegría les dure muchos años. Si veo a alguna llorando por un hombre, le digo que no tome, que se ponen fea y barriguda, y que el que viene después siempre es mejor que el anterior" (Benítez). Los domingos no se pierde la misa.

La casa de Martha está en el barrio Sur, cerca de la Rambla. Al entrar se ve en la pared una imagen de Cristo envejecida. Los muebles son viejos, por ellos no le darían dos cobres, pero no los renueva porque podría tener necesidad de venderlos. En el dormitorio, lleno de trajes de brillos y plumas enormes, hay un sitio especial para la colección de zapatos. Martha es una anfitriona cordial, en su casa siempre hay visitas, amigos y colegas —como Lágrima Ríos y Juan Ángel Silva–, vecinos, gente anónima, niños y niñas aprendiendo a bailar y a cantar. Es feliz, dice, porque es cristiana, y porque tiene amigas y amigos que la visitan y la llaman, porque la comunidad negra la quiere.

El 6 de mayo del 2002, Jorginho es encontrado inconsciente y con graves lesiones en la cabeza, tirado al pie de la escalera de la discoteca W Lounge, a donde había ido invitado a una lujosa fiesta de casamiento. Lo que le ha sucedido está rodeado de circunstancias muy oscuras, datos y testimonios contradictorios, sobre todo por el gran silencio de parte de todos los que estuvieron en la fiesta. Nunca se hace una investigación a fondo, y el caso jamás se aclara. Una emergencia móvil lo lleva al hospital Maciel, donde queda internado en coma, sin ser nunca examinado por un médico forense. Padece una destrucción irreversible de parte de su cerebro que le produce afasia severa. Martha consigue que uno de los abogados de mayor renombre del país se ocupe del caso, que sin embargo no avanza. Ella está todos los días en el hospital Maciel varias horas, acompañando a su hijo y recibiendo a la gente que viene a verlos. Jorginho tiene en el Maciel dos neurocirugías y mejora ("Caso Jorginho"). De alta en el Maciel, lo invitan al centro de rehabilitación de la Sociedad Española, donde lo operan nuevamente. A partir de ese momento Jorginho entra en un proceso descendente y deja de hablar.

Por esos días, con 83 años de edad, fallece Martha. La encuentran muerta en la zona del Mercado del Puerto el 12 de agosto de 2002, de un ataque de presión alta, según la autopsia, de depresión, según su familia. Llevaba cuatro meses yendo cada día al hospital a ver a Jorginho, sin que su estado de salud evidenciara una mejora. La acompañan rumbo al cementerio miles de personas. En el entierro Servando Ruiz, "El Boyero", presentador eterno de los concursos oficiales de agrupaciones carnavalescas, la llama "Martha pueblo", "Martha candombe" ("Caso Jorginho"). Y la siguen las cuerdas de tambores.

Lágrima, La Voz

Lágrima Ríos nace el 26 de septiembre de 1924 en el departamento de Durazno, a 183 kilómetros de Montevideo. Su madre Isabella Tabárez la da a luz soltera, con solo quince años, y la llama Lida Melba. Siendo la niña muy pequeña se van a vivir a la capital, y se instalan en uno de los conventillos del Barrio Sur, en la calle Durazno 1182. Isabella trabaja como empleada doméstica. A veces lleva a su hija con ella, otras veces la deja a cuidar de ocho de la mañana a cuatro de la tarde en la institución estatal Consejo del Niño. Los discos en las vitrolas de las casas donde la madre trabaja despiertan en Lida el amor por el canto. En el Consejo de Niño le enseñan a bailar y a cantar. Está de moda la cantante negra Josephine Baker, que actúa y baila el charleston con un bastón. A Lida le enseñan a hacerlo igual, y la visten como la Baker se vestía. Lida adora a su madre, con esa vida tremenda, siempre de sirvienta, de lavar pisos a cepillo, de rodillas, pero siempre tierna, aferrada a su hija, y que canta precioso. La niña viste ropa que le dan a la madre, cuando tiene un par de zapatos de su número es un acontecimiento. Con el tiempo Isabella forma un hogar con el hombre que da su apellido a Lida y con quien madre e hija comienzan una vida diferente. Benavídez es estibador y tiene un ingreso, pero tiene el vicio de las carreras, entonces siempre es Isabella la que aporta más, y en la casa sigue siempre sin verse el dinero. Isabella tiene con Benavídez otras dos niñas. Todas ellas cantarán.

Lida va a la escuela pública N° 27, al lado de su casa. Enloquece de alegría cuando la maestra le dice "Benavídez, a canto, a la voz más alta" (Moreno). Es un gran orgullo para una escolar que la elijan como solista en el himno nacional. Luego quiere ir al liceo y aprender contaduría pero el padrastro no se lo permite. Entonces desde los once años se queda en casa a ocuparse de los quehaceres domésticos y cuidar a las hermanitas. Trabaja en fábricas de tejidos. Hace ojales y teje por encargo. Entretanto unos vecinos paraguayos le enseñan galopas[8], guarañas, rancheras, y mientras trabaja, Lida canta, en el verano con las ventanas abiertas.

Un día llegan dos señores italianos: "Nosotros sabemos que acá hay una muchacha que canta muy bien y la queremos invitar a un recreo que vamos a inaugurar" (Moreno). Los recreos eran lugares al aire libre con una pequeña plataforma como escenario. Le ofrecen un jornal de $2,50. Lida dice que sí, pensando aportar en la casa. Ya tiene dieciocho años. Le mandan un guitarrista para ensayar, ella le da partituras de galoperas y de zambas, y del tango *Ventanita Florida*. No tiene qué ponerse para su debut, las amigas le prestan ropa. No está nerviosa. Le va muy bien y se acostumbra a andar por los locales con su guitarrista. Un día de 1945 la mamá le dice: "Allá afuera hay un señor que dice que es Alberto Mastra" (Moreno). Cuando Lida oye el nombre del famoso compositor y guitarrista es como si le hubiesen dicho "afuera está Dios". Mastra le dice: "¿Conoces el tema *No la quiero más*?" (Moreno). Busca su tono en la guitarra. Es zurdo pero tiene una guitarra con las cuerdas sin invertir y toca de abajo hacia arriba, de una manera que llama la atención. Hace dúo con Lida: su voz es muy melodiosa, a ella le encanta. Empiezan a ensayar con Alejandro De Luca y se arma el trío. Mastra le da su nombre artístico: "A partir de ahora sos Lágrima Ríos" (del Mazo). A mediados de los años 1950, el trío da a conocer la voz de contralto de Lágrima desde la fonoplatea de CX 30 Radio Nacional. Ella maneja su voz con sencillez, con buen gusto, sin exageraciones, con tonos sutiles, logra una interpretación sentida.

En diciembre, como siempre, empiezan a ensayar los conjuntos de carnaval. A la vuelta de lo de Lágrima vive un compañero de bar y de truco de Benavídez, José Antonio Lungo "el Macho", que saca el conjunto Añoranzas Negras. Un día Benavídez llega y dice a Lágrima: "Dice el Macho que si querés salir con el conjunto. Que él te lleva y después te trae" (Moreno). Ella nunca ha cantado candombe, pero sale en este carnaval de 1946. La modista le empieza a recoger la falda. Lágrima se escandaliza: "¡Yo no voy a bailar, voy a cantar!" (Moreno). Le ha cortado un escote hasta medio pecho y una falda con un tajo enorme. Cuando se viste, Lágrima lo cierra con un alfiler de gancho por dentro. ¿Cómo va a mostrar las piernas? Es muy católica. Desfila adelante del cuerpo de baile con la ropa hasta el cuello. Desde entonces Lágrima Ríos, sin exhibir su cuerpo, sin grandes gestos, sin haber estudiado nunca música, seguirá adelante entre el tamboril y el bandoneón. La llamarán "la Perla Negra del Tango" y "la Dama del Candombe".

A lo largo de los años canta con las comparsas Miscelánea Negra, Morenada, Marabunta, Kanela y su Barakutanga, Yambo Kenia y Serenata Africana. Casi todas las comparsas que salen en la actualidad la han tenido alguna vez como cantante. En 2003, inaugura el desfile de Llamadas al frente de la Organización Mundo Afro. No se pierde un carnaval. A los 81 años, con problemas de salud que no le permiten subirse al escenario, seguirá yendo al Teatro de Verano, invitada por DAECPU[9] y la IMM[10], acompañada por el hijo y la nuera: "cómo disfruto y cómo aplaudo, porque me encanta… me enloquece, …cuando entran los tambores, no puedo conmigo" ("Murió Lágrima Ríos").

A pesar de su éxito y su popularidad a los veintiséis años nunca ha tenido un novio. Por fin conoce a quien cree su gran amor, el italiano Bernardini, representante del trío de Mastra. Se casa en el barrio, en la Iglesia de San Pedro, sin traje largo por no tener con qué. Tiene a su hijo Eduardo Bernardino a los 29 años, a los 30 ya está de nuevo sola. Lágrima le da a su hijo su apellido propio. Lo adora pero va a ser severa con él, cuando él embaraza a una chica lo hace casar. Le duelen las madres solteras.

Una noche se cruza en un baile con un pardo que la impresiona por su forma de bailar. Tejera, un gigoló. Vive con Lágrima porque ella trae dinero a la casa, es un hombre violento. Una noche sus compañeros de tambores, los hermanos Buonasorte, se sorprenden de todo el maquillaje que ella se ha puesto en un intento de disimular las marcas de los golpes. Se preocupan: "Mañana a la mañana la sacamos de allá" (Moreno). Le avisan a Paco Guda, nuevo representante de Mastra, y entre todos le alquilan una pieza en una pensión. Con un bolsito y los documentos Lágrima se escapa de Tejera. Lágrima y Paco se han conocido en 1956, cuando él la invita a su audición de tango, le hace grabar por primera vez como solista y la lleva al destacado programa de televisión "Sábados de Tango". Con el tiempo se enamoran, y Paco será su amor para siempre.

En 1956, Lágrima Ríos gana el concurso "La voz del aire", organizado por el diario *La Tribuna Popular* y la radio CX 24. Uno de los premios es la actuación por seis meses con el conjunto de Orosmán, de "Gato" Fernández, un músico español radicado en Montevideo con quien empieza a recorrer locales nocturnos de la ciudad, como el Teluria. Esto le permite dedicarse por completo a lo artístico y dejar de lado la fábrica. Lágrima sigue toda la vida en el ambiente de la noche y no es de aventuras amorosas, no fuma, no bebe. En los años 1960 arma un quinteto vocal a capela con los hermanos Ramos, Luis Alberto Gómez y Juan Píriz. Uno es chofer del ministro del Interior, otro enfermero, el otro cuida la casa importadora donde vive, el otro es zapatero. Empiezan cantando *spirituals* negros. Llaman al conjunto Brindis de Sala, nombre del violinista cubano que tocó por toda Europa, el "Paganini negro", que en 1910 murió de frío en el Paseo de Julio de Buenos Aires, frente a la casa donde había tocado para el general Bartolomé Mitre, con la boleta de empeño de su Stradivarius en el bolsillo. Con Brindis de Sala Lágrima Ríos actúa diez años en Montevideo, Punta del Este y Buenos Aires, a donde viaja llevada por Juan Carlos Mareco "Pinocho", cada vez con mayor frecuencia, para actuaciones en vivo y presentaciones en la televisión argentina. También se dedica al candombe canción en las salas de espectáculos montevideanas, con Romeo Gavioli y Pedro Ferreira. Viaja con Morenada a Ecuador, Brasil y Argentina, allí graba con Odeon y actúa con Hugo Del Carril, Luis Sandrini y Palito Ortega en las películas *Fantoche* y *Viva la vida*. En los 1970, crea el espectáculo *Noches del Uruguay* junto a la orquesta de Walter Silva y los hermanos Buonasorte, y participa en elencos de películas argentinas. En Montevideo Paco le abre las puertas de la Tanguería del Cuarenta, donde se presenta junto a Los Plateros, que se la quieren llevar. En 1972, edita su primer disco como solista, *La Perla Negra del Tango*, con acompañamiento de guitarra. Luego viaja nuevamente a Buenos Aires y en 1973 es la primera uruguaya contratada por La Casa de Gardel en la calle Jean Jaurés, la mismísima casa en que residió "el Zorzal". También actúa en Mar del Plata junto al clarinetista Santiago Luz, e inaugura su espectáculo de candombe en el hotel "La Capilla" de Punta del Este. En 1976, graba *Luna y tamboriles* para la RCA-Victor, que incluye doce candombes. Viaja a Santa Cruz Do Sul, Brasil, para los festejos de los doscientos años de la ciudad, y a Chile, donde se presenta en televisión.

En 1982, se radica en Madrid, recorre toda la península Ibérica, graba en Marbella para el programa "300 Millones", y participa en el Festival Internacional de Huelva. Por esa época saca la larga duración *Vamo' al candombe*. Vive tres años en España dedicada exclusivamente a su profesión de cantante. De ahí viaja a Nueva Jersey y Nueva York para actuar para la colonia de uruguayos en Estados Unidos. Es su oportunidad de proyectar su carrera hacia el mundo, pero Paco está trabajando en Uruguay y ella elige volverse para estar con él. Renuncia a un contrato en España y regresa en 1985. "Todo es precioso en el mundo, pero a mí déjenme en mi querido barrio Sur, en mi calle, con mi gente" ("Murió Lágrima Ríos"). "Aunque no nací en él, lo tengo dentro mío, es parte de mí, porque estas calles donde hoy transito las corrí de niña. Allí lloré, allí jugué, allí viví toda, toda mi vida, por eso aún sigo en el barrio y digo siempre, de aquí voy al más allá" ("Lágrima Ríos"). En 1989, graba con Orfeo *Mamá Isabel*. Se presenta en el Teatro Solís de Montevideo y en el San Martín de Buenos Aires. Luego vuelve a Europa y canta en el Royal Albert Hall de Londres. En 1990, es destacada como "mejor figura" en la categoría negros y lubolos del carnaval, y al año siguiente es primer premio como solista. En 1993, es embajadora del tango en la primera cumbre mundial realizada en Granada con un grupo liderado por el guitarrista Daniel Petruchelli, y recibe el premio Fabini a la trayectoria. Su ciudad natal la nombra "hija dilecta" en 1994. En 1995, la organización Mundo Afro, una institución de protección de la comunidad afrouruguaya y de lucha contra la xenofobia y el racismo, la elige presidenta. En ese rol recorre Europa nuevamente, combinando su tarea de representante de Mundo Afro con una serie de recitales en que la acompaña el tecladista Duglas Castillo. Además, recibe el premio Morosoli de plata. Un año después canta para la tercera cumbre mundial del tango realizada en Montevideo. También en 1996 graba su primer disco compacto, *Cantando sueños*. Más adelante aparece con su grupo, conducido por Walter Díaz, y graba con Petrucelli "Canción para mi pueblo", en el estudio Naif de Montevideo para el sello Perro Andaluz, con tangos, milongas y candombes. En 1998, la institución Joventango la homenajea por su trayectoria de cincuenta y cinco años. En el carnaval de 1999 vuelve a ganar el primer premio y recibe la mención de "Figura de mejor trayectoria artística" en reconocimiento a su carrera. También aparece como artista invitada en el disco *Candombe*, y filma el videoclip del tema

"Danza sur". También en los 1990, en Argentina, Fernando Peña la presenta en su espectáculo "La lágrima de la Mega" en el Paseo La Plaza de Buenos Aires: el público la aclama.

En 2000, es la primera mujer en ser nombrada miembro honoraria por la Academia Nacional de Tango de Uruguay. La ciudad de Buenos Aires la declara "visitante ilustre". La Junta Departamental de Montevideo le hace un homenaje. En 2001, la homenajean el Departamento de Cultura de la Intendencia de Montevideo, DAECPU y AGADU[11]. Viaja a París, donde es la primera uruguaya que se presenta en La Sorbona, y a Suecia, donde actúa y además visita a su hijo, cuatro nietos y cinco bisnietos. En 2002, vuelve a París, donde la designan madrina del Festival de Música Latinoamericana. También recibe de la Cámara de Representantes el trofeo que lleva el nombre "Rosa Luna". La ciudad de Artigas crea la Primera Escuela de Candombe del Uruguay, y la Intendencia Municipal la bautiza "Lagrima Ríos". Al año siguiente en Uruguay la distinguen en marzo como "Mujer del año 2002" en el Hotel Sheraton, y en septiembre la Intendencia de Montevideo la nombra presidenta de la Unidad Temática de Afrodescendientes, dedicada a la defensa y promoción de la colectividad afrouruguaya. La Cámara de Representantes le hace otro homenaje. En Argentina empiezan a reeditar sus discos: Lágrima Ríos en Buenos Aires se convierte en una artista de culto. Gustavo Santaolalla la convoca para su película *Café de los Maestros*, junto a Mariano Mores, Leopoldo Federico, Horacio Salgán y Atilio Stampone. También aparece en el documental *Candombe*, realizado por el pintor uruguayo Carlos Páez Vilaró.

Lágrima se complace de haber conocido al cantante de tango Agustín Magaldi. En 1928, Carlos Gardel visita el inquilinato donde vive Lida en el Barrio Sur buscando al guitarrista Carlos Portela. Lágrima recuerda a "el Mago" alto, hermoso. Pero a la que más admira es a Mercedes Simone. Actúa junto a Jorge Cafrune, Mercedes Sosa, Horacio Guaraní, Aníbal Troilo, Héctor Mauré y Alberto Castillo. El Polaco Goyeneche decide cederle el cierre: "¿Qué tenés en esa garganta, mujer? Mejor canto yo primero y vos cerrás porque después, con la locura que dejas ahí adentro, incluidos los tambores, no hay nada que hacer" (Moreno). Comparte escenarios con Danny Glover y con Celia Cruz. Es la primera uruguaya en ser embajadora musical de Uruguay.

La han reconocido en todo el mundo, pero aún le duelen los episodios de discriminación que ha sufrido en su vida. De joven se da cuenta que a veces a su alrededor, sin palabras hirientes, sin un rechazo explícito, se crea un clima de distancia, de vacío. Una vez le prohíben la entrada: a poco de ganar el concurso "La voz del aire", en los salones de Casa de Galicia un hombre le dice al director que "si él seguía teniendo una cantante negra en el grupo, se iba a quedar sin trabajo". "La casa se reserva el derecho de admisión", explica (Moreno). Permiten que Lágrima cante con la condición de que luego se vaya. "Lo lamento mucho, Lágrima, pero nosotros tenemos firmados aquí varios contratos y si yo sigo contigo me los borran", dijo el Gato. Muchos años después Casa de Galicia le hace un desagravio. "Pero una cosa así te marca para toda la vida", se lamenta (Moreno). "Hay cosas que podría contar pero por respeto a mí misma no las digo" ("Murió Lágrima Ríos").

También le pesa el 25 de agosto de 1988, cuando se celebra la Declaratoria de la Independencia en la embajada de Uruguay en Alemania, el embajador Agustín Espinosa sale por la puerta principal mientras hace entrar a Lágrima Ríos por la cocina. Ella recuerda el gran jardín lleno de mesas con representantes de distintos países. El señor embajador dijo que "mientras él estuviera en una embajada no iba a entrar un negro" (Moreno), cuenta Lágrima, que no pudo reaccionar por su tremenda timidez, que lloró mucho por sentirse maltratada y se prometió enfrentarlo algún día. A Lágrima la política le gusta desde que conoce a la doctora Alba Roballo, que en una época era muy amiga de la comparsa Morenada. Roballo le enseña, siempre tiene una palabra para explicarle. Lágrima quiere apoyar a la mujer madre, a la madre soltera, que no haya más niños con hambre. Se considera una mujer "inevitablemente de izquierda". Hace campaña por el Frente Amplio y brinda su apoyo –crítico– al presidente Tabaré Vázquez. Su hijo Eduardo, militante del Movimiento de Liberación Nacional Tupamaros, se exilia en Suecia cuando el golpe de Estado de 1973, no se ven durante nueve años. Luego regresa y se vuelve a ir, por motivos económicos. Pero regresa otra vez. Además de la hija uruguaya, Eduardo tiene ahora hijos suecos.

Lágrima Ríos es figura honoraria en Mundo Afro, la organización multicultural que promueve y da a conocer la cultura afrouruguaya.

Entre sus actividades Mundo Afro enseña tamboril y organiza espectáculos, eventos y conferencias. Lágrima es una destacada luchadora por los derechos de la colectividad afrodescendiente, contra la discriminación y la falta de oportunidades. Considera que el colectivo negro está cambiado: ahora hay doctoras, abogadas, y por primera vez un diputado negro. Pero piensa que hace falta unión interna, y que todavía cuesta hacer entender que el negro no es solo carnaval, no es solo tamboril. En 2001, participa como presidenta de Mundo Afro de la "Conferencia Mundial contra el Racismo, la Discriminación Racial, la Xenofobia y las Formas Conexas de Intolerancia", realizada en Durban, Sudáfrica. La conmueve el abrazo de Mandela: un personaje que siempre vio en el diario, "pero sentirme estrechada por él y por su hija en un abrazo interminable… había cariño, comprensión" ("Murió Lágrima Ríos").

Seis meses antes de morir, cuando la entrevistan en *Página 12*, Lágrima vive en un apartamento de la calle Durazno donde las fotos llegan hasta el techo: Lágrima recibiendo un premio de Mercedes Sosa, dándole la mano a Edmundo Rivero, Lágrima con París o Nueva York de fondo, con la mamá, con el grupo vocal Brindis de Sala. Guda, siempre su pareja y representante, guarda las fotos que la muestran en la Sorbona de París o el Royal Albert Hall de Londres o junto a La Mega de Fernando Peña, o cuando Páez Vilaró le pinta un mural en la calle Policía Vieja. Pero este apartamento va a tener que dejarlo, porque sube el alquiler. Cantante desde los dieciocho, presentaciones nacionales e internacionales, discos, películas, premios. Pero la compensación económica no llega. Lágrima controla su arritmia cardíaca con un cardofibrilador, pagado en un setenta y cinco por ciento por el Fondo Nacional de Recursos, el resto por el importador. Cuando la operan de la vista, alguien organiza una colecta y le donan los lentes de contacto. Pero no por eso deja de hacer planes: está por salir su nuevo disco editado por Acqua, apronta un traje dorado para actuar en el Teatro Colón y planea un nuevo ciclo en el Centro Cultural Torquato Tasso de la ciudad de Buenos Aires. Tiempo atrás Lágrima había dicho: "pienso que yo nací cantando …y el canto está en mí desde siempre … soy feliz porque canto y moriré feliz cantando" ("Lágrima Ríos"). Muere en Montevideo a los 82 años, a causa de una insuficiencia cardíaca, al cabo de una semana de estar en un centro asistencial de

Montevideo. Es la Navidad de 2006. El féretro es trasladado a la sede de Mundo Afro. Familiares, amigos y exponentes de la política y la cultura uruguayas se hacen presentes en el velatorio y acompañan a Lágrima hasta el panteón de AGADU, en el Cementerio del Norte. La sigue en un último homenaje el dolido cortejo de infaltables tambores.

ROSA PASIÓN

Rosa Amelia Luna nace el 20 de junio de 1937 en el conventillo Medio Mundo, en Cuareim 1080, en el barrio Sur de Montevideo. Es hija del letrista de carnaval Luis Alberto "Fino" Carvallo, que nunca le dará su nombre ni se ocupará de ella, y de Ceferina Luna "la Chunga", de veinticuatro años, lavandera. Es la segunda de quince hijos que tendrá "la Chunga" con distintos compañeros, de los cuales siete morirán antes de crecer.

No le gusta recordar su primera infancia. La madre maltratada, el padrastro vago e infiel, la pieza fría y oscura, el llanto de los hermanos. Ve morir a un hermanito y lleva el cajoncito al cementerio. Carecen de juguetes, de ropa, de escuela, de comida. Rosa solo se divierte jugando al fútbol en la calle con los varones, con una pelota de trapo, todos descalzos. Cree que su fanatismo por el club Nacional de fútbol viene de esa etapa, de llevarles la contra a los manyas[12] que la rodean. Para Rosita desde niña la vida es lucha: "Mil batallas en las que perdí y gané, caí, pero me levanté y sigo" (Luna 21), escribirá más tarde.

A los nueve años el padrastro la manda a trabajar de mucama, de cofia y delantal. Vive entre los maltratos de este hombre y de sus empleadores, es la etapa más triste de su vida. Descubre cómo la gente que disfruta de todos los lujos se cree dueña de las personas pobres. La marcan el hostigamiento de las patronas y el manoseo de los hombres tras una aventura fácil, que no tiene caso denunciar porque ni las patronas ni en su casa le creen. Varias veces la despiden por rebelde. Dice que hereda de su padre la elegancia, y el amor por las lonjas y las letras. Aunque el candombe más bien le viene del Medio Mundo, donde permanentemente repiquetean los tambores, nunca falta el vino y la moralidad no importa. Ella se cría callejera, impulsiva, apasionada, aprende que hay que guerrear para defender lo propio: su compañero, Nacional, sus hermanos de raza. Siempre está en cada esquina en que se juntan los tambores, en la cantina Yacumenza, de donde sale la comparsa Morenada. Admira a la negra Johnson, con quien Martha Gularte ha salido a competir. A los catorce años debuta en carnaval. Más tarde vive en el conventillo Ansina con la familia Quiroz. Allí, donde los tamborileros templan las lonjas en el fuego con todo el barrio alrededor, ensayan con Pirulo, la Chichí, el italiano y el trompetista Pedro Ferreira. Bailando Rosa se libera de las cadenas de la tristeza, la necesidad, la opresión" (Luna 47).

Todavía es menor Rosa cuando su amiga la Chichí Píriz la integra al mundo del Antequera. Pasa toda una época de su vida en este bar enorme y bullicioso, uno de los refugios de la última bohemia montevideana, sobre la plaza Independencia, con un público cambiante según la hora del día. Hacia la madrugada se arma la farra con travestis, mujeres de la noche, borrachos, jugadores de cartas, ajedrez y generala,[13] con cantantes y músicos de tango, deportistas y políticos de familias prestigiosas. Rosa se mueve en este ambiente como pez en el agua. Le divierte enloquecer a los hombres con polleras ajustadas con tajo, tacos altos y la *mota laciada*[14], y esquivar al comisario "Sebo Negro" con la complicidad de Felichi, propietario del local. En su mesa, donde la excusa es el póker, no deja de codearse con los famosos, hasta la trágica noche del 28 de septiembre de 1965 en que acuchilla a un hombre. El "Tano" Nicodemo Renzo Gabione muere poco después en el hospital Maciel. "No quise matarlo" declara Rosa al semanario *Al rojo vivo*, "esperé con el cuchillo que frenara la agresión; no ocurrió así y levanté la mano armada… No sé cómo pude herirlo de muerte" (Dubra 167). La detienen en casa de su madre, dos días después el juez declara defensa propia y la libera.

Algunos dicen que el Tano, italiano, soltero, de cuarenta años, con antecedentes policiales, era fiolo[15] de Rosa y discutieron. Según otros la Chichí, es decir la prostituta Manuela Rosa Píriz, casada, de treinta y dos años, le habría sacado un novio a Rosa, y las mujeres pelearon; el Tano, pareja de la Chichí, habría salido a defenderla. Que él le gritó "negra de mierda" y le pegó una cachetada (Dubra 167). Lo cierto es que ahí Rosa, todavía conocida como "la negra Rosita", desaparece del Antequera y del carnaval.

Pero después del Antequera surge el Yo Yo, entre el Sport del Jockey Club y el Teatro Artigas. Para Rosa la Ciudad Vieja es la Ciudad Luz, llena de gente de madrugada, con el Sevilla, Los Vikingos, el Club de

París repletos. Hay "asaltos" en las casas y canyengues[16] de las esquinas, bailes con la Cubanacam, Romeo Gavioli y Donato Raciatti. Su generación es alegre y le da vida a la ciudad sin descanso. Disfruta de las farras, las barras de amigos, las vaquitas[17] para la bebida y la comida, los bailes del Salvo y el Mercado del Puerto los sábados a mediodía.

Recién en 1968, todavía con miedo a la reacción del público, Rosa vuelve al carnaval, contratada por José Antonio "Macho" Lungo para salir con Añoranzas Negras. Enfrenta el miedo gracias al apoyo de José de Lima, un negrito bailarín principiante, aspirante a coreógrafo y vestuarista. Se harán amigos para toda la vida. La ovación del público en el desfile de Llamadas la hace llorar, y ese año tienen el primer premio.

Rosa Luna atribuye su éxito a la sinceridad de su sonrisa, a su relación con los niños, a que ella vive para el amor de la gente. Desde septiembre está pendiente de que le salga el contrato que venga a cortar la rutina de la limpieza y la cocina. Eligiendo plumas, bordando lentejuelas, pensando en los aplausos, ensayando frente al espejo para deslumbrar. Le critican que no es una gran bailarina, que es pura teta, que se mueve con el paso pesado clásico del candombe, pero ella se defiende: "no creo en coreografías, dejo ir mi cuerpo al repiquetear de las lonjas" (Dubra 158). Su primer maestro de baile es el popular travesti Carlos "Pirulo" Albín. Pirulo le exige mucho, le grita; Rosa llora pero admira la fuerza con que él se hace respetar.

Ella se envanece de caminar como nadie sobre unos zapatos taco alfiler que llevan casi al metro noventa su monumental figura, y de sus pechos descomunales sin ayuda de la cirugía. En las Llamadas se ubica al frente de los tambores, para sentirlos mejor. Dice que tiene un millón de colegas, que solo Martha Gularte es su rival. Rosa afirma haberla desplazado de su reinado: "La Johnson, luego Marta, hoy yo" (Luna 91). Según Rosa, Martha se molesta con su exitoso debut y su foto en la tapa del diario *Mundo Uruguayo*, y la pasa por alto en un tablado[18] cuando Zulú, compañero de baile de Rosa, las presenta. Agrega que Martha desdibuja su imagen por no retirarse a tiempo. Y no ve a ninguna joven que pueda quitarle su lugar, porque incluso Katy, la hija de Martha, que tiene todas las condiciones, no ha tenido continuidad.

Antes de Martha la negra Johnson había sido la favorita, también vedette y bailarina de charleston en el Chanteclair. Johnson ya es vieja cuando Rosa la toma como madre adoptiva, en la época en que

la bohemia amenaza destruirla y se refugia en casa de la negra. Dice
Rosa que con ella aprende a sonreírle a la vida, a ser orgullosa sin ser
envidiosa, a ocuparse del dinero sin endiosarlo, a compartir el pan y
la casa con prostitutas y homosexuales desamparados.

A lo largo de su carrera Rosa Luna sale con las comparsas Zorros Negros, Palán Palán, Farándula Negra, Añoranzas Negras, Piel
Morena, Serenata Africana, con su propia comparsa Afro Oriental,
con La Candombera, con los Esclavos de Nyanza de la familia Gares;
con Raíces, de "el Grillo" y Armando Ayala; con Festival Carnavalero,
Fantasía Negra, Marabunta, Kanela y su Barakutanga, y Morenada.
Sale con la que mejor le paga, y se entrega por entero. Ha llegado a
arrancar las cortinas de su casa para vestir a una comparsa, para que
la suya sea la mejor. Actúa en las peñas de De Cojinillo, Los Cocuyos,
Altamar, El Infierno, Las Telitas. Muchos cantautores la nombran en
sus canciones: El Sabalero, Horacio Guaraní, Los Olimareños, Jaime
Roos. Acumula en su carrera más de veinte primeros premios y actúa
en Estados Unidos, Australia, y en distintos sitios en Sur América y
Europa.

Con su primer marido Rubén Silveira se conocen en las peleas de
box del club Platense, se ven en el Antequera, comparten la pasión por
Nacional. Una noche después de bailar salen sin dormir por la feria
de Tristán Narvaja, almuerzan en lo de la Chunga y de noche siguen a
otro baile. Cruzan a Buenos Aires a trabajar, vuelven sin dinero. Discuten, se celan, se separan, vuelven. Con o sin él Rosa no se pierde un
baile. Le gusta vivir la noche. Vivir la vida a lo loco. En 1970, después
de un baile ella le propone que se casen: el matrimonio dura un mes.

Por el año 1979 conoce a Raúl Abirad, un adolescente que la ha
seguido por la avenida Dieciocho de Julio durante todo el desfile. Él
le dice que está enamorado, que tiene fantasías eróticas con ella. A la
semana están viviendo juntos. En pleno carnaval, ellos encerrados en la
pieza y el ómnibus de la comparsa esperando, con cantidad de tablados
por hacer. Con él Rosa encuentra el "amor amor" (Dubra 160). Deja
los trasnoches y las borracheras, y se dedica a la casa y a su hombre. Es
feliz en las tareas del hogar y atendiendo a Raúl, cuando lo acompaña
al hipódromo, con los ravioles con pollo del domingo, cuando miran
videos juntos. Se casan después de nueve años de convivencia. Raúl
hace que ella cuide su figura, que corra y haga gimnasia, que sea más

profesional. Sin apartarse de las comparsas, ella crea La Tribu de Rosa Luna, un conjunto con el que hace fiestas. Tiene un buen cachet[19], le va bien económicamente y hasta tiene auto. Nunca ha querido tener hijos, por no perderse de salir en carnaval, y por miedo a repetir su propia infancia. Pero finalmente logra una seguridad económica y la felicidad absoluta le llega cuando adoptan un niño de cinco años, Rulito.

No le gustan los viajes, rechaza propuestas en Italia, Alemania, Francia y Australia, pero luego se decide y viaja a Canadá, Estados Unidos y México. Le cuesta desprenderse de su hombre, tiene miedo de que otra ocupe su lugar, le da pena dejar sus gatitos y perros mimados, luego también extrañará a Rulito. Sin embargo la conmueve el cariño y hospitalidad con que la reciben los uruguayos en Toronto, en Sidney, en Melbourne, y el dolor que sienten por no poder volver a su país. Y comprueba que aunque estos han sido los trabajos más importantes y mejor remunerados de su carrera, no se acostumbrará jamás a otro sistema de vida. Necesita a sus seres queridos y sus ravioles de los domingos, las parrilladas con los amigos, las calles de Montevideo, el ambiente del barrio, las canchas de fútbol.

Es tan fanática en el fútbol como apasionada en el amor. Antes de un clásico duerme con la camiseta de Nacional. Si su cuadro pierde, llora y deja de hablar y de comprar el diario, pero nunca saca el banderín de su balcón. Baila en todas las fiestas importantes de la institución. No se pierde un partido, si puede sigue a Nacional hasta São Paulo y Buenos Aires. Con la política igual. "Soy blancaza, como 'costilla e bagual'[20], y wilsonista" (Dubra 162). Se hace blanca por su admiración por líderes como el carismático Wilson Ferreira Aldunate. Incluso integra una lista electoral de su movimiento Por la Patria. En 1989, tiene el placer de entrevistarse durante una hora con Wilson, que siempre la ha seducido con su sonrisa y su inteligencia, y que la llama "caudilla". Hablan del exilio, de Zelmar –Rosa lo conoció en el Antequera– y el Toba, los dos parlamentarios asesinados en Argentina durante la dictadura. Rosa no es extremista y tiene amigos colorados[21], socialistas y comunistas. Recuerda con amargura que en 1976 la casa de unos vecinos comunistas que están cenando con sus niños es violentada por tres hombres de sobretodo, botas y armas automáticas, que se llevan al padre de la familia. La esposa queda sola con los hijos, que no recuperan a su padre hasta años después.

Cuando el plebiscito contra la ley de impunidad –en que el Estado renuncia a investigar las violaciones a los derechos humanos durante la dictadura– Rosa no está de acuerdo con Wilson y junta firmas en apoyo al referéndum. En esa actividad conoce al general Líber Seregni, líder del Frente Amplio, una mañana de sábado en la esquina de una feria. En esa época Rosa escribe una carta abierta al presidente de la República Julio María Sanguinetti pidiendo que apoye el referéndum, para que se haga la consulta popular.

Durante casi dos años Rosa Luna es columnista del diario *La República*. Se expresa con total libertad: habla de lo que haría si fuese presidente, de las noches de boliche, la injusticia social, la política, la mujer. Entiende que la opinión de hombres y mujeres debe tener el mismo valor, pero no le convencen las mujeres en trabajos de fuerza física ni los hombres en las tareas domésticas: "que lavemos la ropa o cocinemos no nos hace débiles, ni a ellos fuertes" (Luna 64). No le importa no saber o contradecirse "para mí es como ser candombera, lo importante es bailar –bien o mal–, cantar –mejor o peor–, pero el aplauso final, si sos auténtica, llega" (Dubra 162). Además escribe canciones, algunas las graba ella, otras las interpretan Lágrima Ríos, Ruben Rada y Horacio Guaraní. Le han pedido que escriba sobre sus experiencias sexuales con políticos o deportistas famosos, pero no quiere, porque "no son tantas" y además "comprometer a esas personas sería un error" (Luna 60).

En 1988, publica *Sin tanga y sin tongo*[22], en que hace un "desnudo espiritual" y se da el gusto de "hablar a calzón quitado" (Luna 106). Es una escritura en que se mezclan pasado y presente, recuerdos, opiniones y vivencias con absoluta espontaneidad. Habla de sí misma a su antojo, de su infancia y juventud, su familia, el carnaval, la noche, los amigos, sus viajes, el amor, la política y el fútbol. También reflexiona sobre las injusticias sociales.

Escribe por ejemplo sobre los problemas de los negros. Aunque siempre está rodeada de blancos, no recuerda que la hayan ofendido. No entiende que se diga "negro" como un agravio, aunque si hay un enfrentamiento se solidariza con los de su raza. Resume el problema en tres aspectos: racial, según el cual los blancos se reservan los lugares de poder en la sociedad; social, ya que casi el cien por ciento de los negros en Uruguay son pobres; y el complejo de inferioridad, que en su opinión es el primer problema a atacar. Señala que tanto ella como Lágrima Ríos y otros afrodescendientes notorios formaron su pareja con blancos por una voluntad de integración. Se apena de que no le haya salido un viaje al África, que quiere visitar por su conexión étnica y musical.

En plena actividad, a punto de adoptar una nena de año y medio, trabajando para tener una casa con jardín para que sus hijos jueguen, un ataque al corazón le quita la vida el 13 de junio de 1993, al día siguiente de una actuación en Toronto. El 19 llega desde Canadá su cuerpo, embalsamado con garantía por cincuenta años.

A las cinco de la tarde se inicia el velorio en el Teatro Blanca Podestá de AGADU, el cajón en el escenario, abierto, ella maquillada, vestida con una túnica blanca de puntillas y volados. El día en que hubiera cumplido los cincuenta y seis, la carroza fúnebre, cubierta con una bandera de Nacional, la lleva a su último destino. El cortejo, con la bandera de treinta metros de la hinchada de la Ámsterdam[23], con paradas en los barrios Sur y Palermo, la acompaña hasta el Cementerio Norte. Luego se suceden los homenajes. Su tumba, con floreros en forma de corazón, no pasa un día sin flores. En la despedida de su libro había escrito: "si volviera a nacer, no tengo dudas de que recorrería el mismo camino" (Luna 109), porque Rosa Luna o la negra Rosa alcanzó la gran fortuna de tener el cariño del pueblo, y eso la hizo feliz hasta los últimos días de su vida.

Notas

[1] Género musical afrouruguayo, originado en la época colonial, que se toca con tres tipos de tambores –chico, repique y piano– en general en grandes grupos de tamborileros. En la actualidad su manifestación más multitudinaria es el desfile de Llamadas en carnaval, que incluye los personajes clásicos –gramillero, mama vieja, escobero, bailarinas– y la vedette como figura de incorporación más reciente.

[2] Desfile de comparsas de candombe por los barrios Sur y Palermo. Es el desfile más importante en el carnaval uruguayo.

[3] Camarera que sirve licor, a veces también acompañante de los clientes.

[4] Lugar donde se realizan espectáculos de lucha libre.

[5] Blancos con la cara pintada de negro.

[6] Conventillos residenciales de negros en los barrios Sur y Palermo respectivamente, ambos desalojados por la dictadura militar en 1978. El Medio Mundo fue demolido, del Ansina persisten las ruinas.

[7] Pequeño pedazo de vidrio con mucho plomo que imita los diamantes.

[8] Galopas y galoperas: bailes populares paraguayos del estilo de la polka.

[9] Directores Asociados de Espectáculos de Carnaval y Populares del Uruguay.

[10] Intendencia Municipal de Montevideo.

[11] Asociación General de Autores del Uruguay.

[12] Hinchas de Peñarol, eterno rival de Nacional.

[13] Popular juego de dados.

[14] Pelo planchado para quedar sin rulos.

[15] Cafiolo, proxeneta.

[16] Bailes de tango orillero.

[17] Colectas.

[18] Escenario barrial para espectáculos de carnaval.

[19] Pago por función o espectáculo.

[20] Adherente del partido Nacional (Blanco) como hueso de un caballo.

[21] El otro partido histórico o tradicional, que gobierna el país casi todo el siglo XX.

[22] Tongo: engaño.

[23] Tribuna en el Estadio Centenario donde se ubica usualmente la hinchada de Nacional.

Obras citadas

"Ayer al mediodía falleció Martha Gularte. Su reinado será eterno". 13 agosto 2002. *La República.* http://www.larepublica.com.uy/cultura/88736-su-reinado-sera-eterno. 08/10/2008.

Benítez, Susana. "Martha Gularte: la llamada eterna de la reina mayor". vecinet-notici@s - Especial de Carnaval (V) Nº 343 - marzo 2001. *Vecinet.* http://www.chasque.net/vecinet/martagu.htm. 20/11/2008.

"Carlos Páez Vilaró: el hombre que atrapó al sol". 26 octubre 2003. *La Nación Revista.* http://www.lanacion.com.ar/nota.asp?nota_id=537743. 08/10/2008.

"Carnaval 2005". *MontevideoCOMM.* http://www.montevideo.com.uy/carnaval2005/marta.htm. 08/10/2008.

"Caso Jorginho". Bloques 1 a 5. 4 abril 2008. Youtube. http://www.youtube.com/watch?v=nwPLPk Av5PQ. 07/10/2008.

Chagas, Karla. "Rosa Luna. Alma de candombe". *Culturas afrouruguayas.* Montevideo: Comisión del Patrimonio Cultural de la Nación, (2007)21-22.

del Mazo, Mariano. "Ríos y ríos de lágrimas". 27 diciembre 2006. *Clarín.com*. http://www.clarin.com/diario/2006/12/27/espectaculos/c-00501.htm. 09/10/2008.

Dubra, Adela. "Rosa Luna. Vivir a lo loco". *Mujeres uruguayas*. Montevideo: Alfaguara, 1997.

Ganduglia, Néstor, y Cecilia Blezio. "Marta Gularte, *El barquero del Río Jordán. Canto a la Biblia,* Ed. MFAL, 1998". http://www.franciscanos.net/mfal/recensio.htm. 08/10/2008.

Ganduglia, Néstor, y Cecilia Blezio. "Notas de historia viva". Introducción a *El barquero del río Jordán. Canto a la Biblia*, de Martha Gularte. Montevideo: Multiversidad Franciscana de América Latina, 1998.

García Blaya, Ricardo. "Lágrima Ríos". *Todo Tango*. http://www.todotango.com/english/Creadores/lrios.asp. 20/10/2008.

Gularte, Martha. *El barquero del río Jordán. Canto a la biblia*. Montevideo: Multiversidad Franciscana de América Latina, 1998.

"Jorginho Gularte visitó la exhibición de partidas de nacimiento de su madre". *La República*. http://www.larepublica.com.uy/comunidad/278531-jorginho-gularte-visito-la-exhibicion-de-partidas-de-nacimiento-de-su-madre 27 setiembre 2008. 08/10/2007.

"Lágrima Ríos". *Youtube*. 27 setiembre 2008. http://www.youtube.com/watch?v=ziDkMq2YwT4 &feature=related. 20/01/2008.

"Los negros y el candombe". *Youtube*. 27/09/2008.

Luna, Rosa, José Raúl Abirad. *Sin tanga y sin tongo*. Montevideo: Proyección/Ediciones Deltaller, 1988. 31/07/2008.

"Marta Gularte en muestra fotográfica". vecinet-notici@s - Especial de Carnaval (V) Nº 343 - Marzo 2001. *Vecinet*. http://www.chasque.net/vecinet/carna060.htm. 08/10/2008.

"Marta Gularte, 1/2 y 2/2 historia de las llamadas". *Youtube*. http://www.youtube.com/watch?v=Jk7pwP7WOVk. 27/09/2008. 19/01/2008.

Michelena, Alejandro. "Lágrima Ríos: señora del tango y dama del candombe". junio de 2002. Periscopio # 78. http://letras-uruguay. espaciolatino.com/michelena/lagri-ma_rios.htm. 20/10/2008.

Montaño, Óscar. "Martha Gularte. Madre, poeta, primera vedette". *Culturas afrouruguayas.* Montevideo: Comisión del Patrimonio Cultural de la Nación, (2007)17-18.

Moreno, María. "El tango es lágrima". *Página12, Radar.* http:// www.pagina12.com.ar/diario/suplementos/radar/9-3063-2006-06-22. html. 22/06/2006.

"Multitudinaria despedida en Montevideo a la cantante Lágrima Ríos". *Clarin.com.* 8 octubre 2008. http://www.clarin.com/ diario/2006/12/26/um/m-01334211.htm. 08/10/2008.

"Murió Lágrima Ríos". 26 diciembre 2006. Asuntos Pendientes. *El Espectador.* http://www.espectador.com/1v4_contenido. php?id=85980&sts=1. 27/09/2008.

Muro, Fabián. 2002. "Momo se quedó sin su reina". http://www. colon.com.uy/noticias/martag.htm. 20/11/2008.

Porzecanski, Teresa, y Beatriz Santos. "Marta: no me digan diosa" *Historias de exclusión: afrodescendientes en el Uruguay.* Montevideo: Linardi y Risso, (2006)27-41.

"Rosa Luna". Tompkins, Cynthia, y David William Foster, Eds. *Notable Twentieth-Century Latin American Women.* Greenwood Publishing Co., 2001. 04/11/2008.

Silveira, Silvana. "En el origen estaba el baile, el ritmo, la danza". 1 setiembre 2007. *Dossier.* http://www.revistadossier.com.uy/content/ view/108/69/. 08/10/2008

Stalla, Natalia. "Lágrima Ríos. Cantante y luchadora social". *Culturas afrouruguayas.* Montevideo: Comisión del Patrimonio Cultural de la Nación, (2007)19-20.

Unamuno, Miguel. "Comunicación académica N° 1576. Martha Gularte". *Academia Porteña del Lunfardo.* 8 octubre 2008. http:// ar.geocities.com/lunfa2000/1576.html. 31/08/2002.

—. "Muere con Marta Gularte un pedazo grande del carnaval montevideano". Carnaval 2005. *MontevideoCOMM*. http://www.montevideo.com.uy/carnaval2005/marta.htm. 08/10/2008.

Alba Roballo:
"De cualquier manera estoy viva"

*Silka Freire, Universidad
de la República, Uruguay*

"Orientales yo me pregunto esta noche de qué está hecha esta multitud inmensa, histórica, tremenda, de que está hecha me pregunto, está hecha primero lo digo con dolor de nuestra inmensa desgracia nacional, de nuestra vergüenza, de nuestra náusea, de nuestro ver transcurrir tres años inacabables, sombríos, sangrientos, duros, únicos en la historia uruguaya, está hecha de nuestro dolor de velar el cadáver de la libertad que para los uruguayos es como el aire que respiramos y la luz de nuestros ojos, está hecha del martirio de los perseguidos, de los torturados, de los destituidos, de los agujeros del horror..."[1].

La mujer que comenzaba así un discurso memorable, estaba dando inicio a lo que ella denominaba el comienzo de la revolución histórica que nos dé nuestra segunda liberación, esa voz era la de la senadora doctora Alba Roballo, quien por sus antecedentes era un referente claro para la población. Luchadora infatigable (1908-1996), de total entrega y probada honestidad, con un único objetivo: darle a la causa pública lo mejor de sus capacidades, lo más afinado de su talento político y la mayor energía de su destacada elocuencia.

Siempre se destacó por su trabajo incansable para lograr una patria, no solo más justa y solidaria, sino fundamentalmente una patria cuya preciada libertad y sus sólidos principios democráticos, se mantuvieran, a pesar de que los mismos habían empezado a desaparecer en la etapa de predictadura, y los hechos que corroboraban el avasallamiento de las libertades individuales e institucionales, eran cada vez más evidentes y dolorosos. Eran tiempos de contar muertos y fusilados, presos y destituidos, es decir, era tiempo para pensar en otro Uruguay, a través del desarrollo de unos acontecimientos que llevaron al país a entrar en el período más nefasto de su historia en el siglo XX. La dictadura militar que se oficializó el 27 de junio de 1973 y duró doce años, hasta que después de las elecciones de 1984, comicios que fueron restringidos para algunos candidatos claves, como el líder del Partido Nacional: Wilson Ferreira Aldunate (1919-1988), y el del Frente Amplio: General Líber Seregni (1916-2004), el candidato del Partido Colorado doctor Julio Ma. Sanguinetti (1936) ganó las elecciones y en marzo de 1985 asumió como primer presidente constitucional, después del período dictatorial.

Recordemos brevemente que es durante el gobierno de Juan M. Bordaberry (1928-2011) cuando se produce el golpe, justificado por él como: una nueva institucionalidad, Bordaberry fue procesado y murió en régimen de arresto domiciliario condenado por su actuación, como jefe de Estado, en contra de los derechos humanos y acusado del asesinato de los legisladores Zelmar Michelini y Héctor Gutiérrez Ruiz. Durante su mandato Sanguinetti, paradójicamente, se había desempeñado como Ministro de Educación y Cultura y desde allí impulsó una Ley de Educación, que fue un símbolo claro del afán represor del nuevo régimen, pero la historia tiene esas ironías y nuestro país lamentablemente no está exento de ellas. En el correr de la década de los setenta y tras oficializarse el régimen de facto, la proscripción política también le llega, pero es levantada en 1981 y en las memorables elecciones de 1984, sin contar con la participación de los líderes opositores de mayor arraigo popular, es declarado ganador por un indiscutido y amplio margen.

Pero volvamos a la mujer que hoy nos convoca y que merece realmente ser recordada y homenajeada, como lo ha sido siempre y especialmente en los últimos años, no solo al cumplirse 100 años de su nacimiento, sino también antes, porque en 2005, se concretó la denominación con su nombre de una sala del Palacio Legislativo, para tenerla siempre presente, como ejemplo de valentía, lucha, inteligencia y entrega a la causa del pueblo.

Esta mujer, a quien el pueblo llamaba cariñosamente "la Negra Roballo"[2], había nacido en 1908 en el departamento más al norte del Uruguay, que lleva el nombre del héroe de nuestra patria: Artigas. Ella se identifica de la siguiente manera:

> Yo tengo ascendencia toda americana, tal vez india o negra. Mi abuelo paterno era portugués [...] Murió bailando un vals a los 30 años dejando muchos hijos y sin un peso. Tengo alguna sangre portuguesa. El apellido era Rocha, él se cambió de nombre por una leyenda que tuvo en Portugal, vino por un lío de mujeres o algo así. (Sapriza 1988, 207)

Por cierto, que a este hombre, la vida no le dio tiempo para imaginar que sería el abuelo de una de las mujeres más famosas en la historia política de América Latina. La formación de Alba comienza en la escuela primaria donde su madre, Rosa Berón era maestra. La figura materna fue fundamental para ella, la recuerda como una verdadera heroína, que luchaba por criar en la extrema pobreza a ocho hijos, sin dejarse doblegar por las adversidades, poseedora de una enorme vitalidad y un estado de ánimo plantado en el optimismo, que era transmitido permanentemente a su familia y amistades. Con su padre en cambio, reconoce que: no tuvo nada que ver en su vida, pero sin embargo lo recuerda como un caudillo colorado, que supo trabajar el campo, pelear por su divisa, ser un buen policía, sin dejar de resaltar especialmente, su gesto de lealtad al no haber aceptado el puesto de Jefe de Policía de Artigas, después de la inmolación de su amigo y correligionario el doctor Baltasar Brum (1883-1933), en defensa de los valores democráticos, personalidad a la que nos referiremos seguidamente.

Alba Roballo nació en 1908 en un pueblo, que en ese momento se denominaba Cabellos, pero que actualmente se llama Baltasar Brum, nombre especialmente significativo en la vida de Alba, porque corresponde a quien no solamente fuera uno de los presidentes de la República en el período 1919-1923, sino porque fue una de las figuras ejemplares dentro del tradicional Partido Colorado. El político era oriundo también de Artigas y en su partido Alba comenzaba su activa militancia, cuando la joven logró iniciar sus estudios universitarios en

Montevideo. Es Brum, por pedido de su padre, quien se preocupó especialmente por el bienestar de la joven estudiante de abogacía, que vivía en una residencia religiosa y provenía de un hogar tan lejano como humilde, en el cual su madre maestra y su padre paisano, soñaban con un futuro mejor para su hija.

Esta oportunidad, de estudiar en la capital, toda una hazaña para la gente del interior, y más aún perteneciendo a una familia humilde y siendo mujer, fue ampliamente aprovechada por Alba, quien siempre lograba distinguirse en sus exámenes. Pero en este período, la tragedia estuvo presente, el Dr. Brum, quien se sentía políticamente huérfano desde la muerte en 1929 de la figura consular del Partido Colorado don José Batlle y Ordóñez (1854-1929), decide frente al denominado Golpe de Estado del 33, personificado en la figura de Gabriel Terra y en un acto sin parangón en la historia uruguaya, suicidarse frente a su casa, rodeado de su esposa, su madre y sus amigos que trataban de disuadirlo. Prefiere la muerte antes de acatar la orden de arresto del gobierno de facto, el 31 de marzo de 1933, el experto tirador acaba con su vida, en una tarde para el recuerdo y el ejemplo; Roballo lo revive de esta forma: "Bueno siento el balazo de Brum, yo estaba afuera cuando vino la explosión, el estampido y el grito de él de Viva Batlle... Viva la Libertad..." (Sapriza 1988, 216). Terra, opositor al legendario Pepe Batlle, había logrado asumir como presidente constitucional en 1930, dio el golpe en 1933 y gobernó hasta 1938, fecha en la cual se reinició el ciclo democrático, poniendo fin a lo que se conoce como la "dictablanda".

Si hasta este momento Brum había sido el político que mayor influencia había demostrado en la formación de Roballo, a partir de ese trágico desenlace, la joven mujer tomaría su mensaje como herencia y ese mismo día convocaría a los estudiante a salir a las calles de la capital para expresar su repudio por el avasallamiento de las instituciones democráticas y para homenajear la memoria de su mentor. Un número nada despreciable, dadas las circunstancias la acompañan, porque cinco mil jóvenes responden a su llamado, con lo cual también se advierte el poder de convocatoria de esta mujer, que la acompañaría como una de las mayores virtudes durante su extensa y reconocida carrera.

En 1939, Alba Roballo consigue, con las mejores calificaciones, el título de abogada por parte de la Universidad de la República y prácticamente junto con su recibimiento incrementa una incansable lucha política, que incluye no solo los intereses de los uruguayos, sino que se refleja en su militancia a favor de la España republicana.

En el marco de su carrera política desempeñó cargos públicos de especial relevancia y la segunda mitad del siglo la recibe, asumiendo puestos estatales notables; por ejemplo, en 1950 es Presidenta de Asignaciones Familiares. Es importante recordar que en este año se presenta a las elecciones nacionales con una lista integrada únicamente por mujeres, la 103, alcanzando un importante porcentaje de votos, pero sin llegar a lograr la banca porque le faltaron solamente trescientos sufragios.

Entre 1951 y 1954, fue directora de la Caja de Jubilaciones y también su vicepresidente siendo la primera vez que una mujer logra ese cargo. Más tarde es pionera al ser intendente de Montevideo, cargo similar al de gobernador estatal, que tiene acceso al legislativo capitalino por proclamación del presidente de la república, Luis Batlle Berres (1897-1964). Su ascendente carrera política dentro de las filas del histórico Partido Colorado la lleva a ocupar un puesto en el senado en 1958, banca que mantiene en 1966, dos años más tarde el electo presidente Jorge Pacheco Areco (1920-1998) quien la nombra ministra de Educación y Cultura, y se convierte en la primera mujer en América Latina en ser elegida para esa función. Lamentablemente su capacidad de trabajo y su entera dedicación a las tareas asignadas, no pudieron dar sus frutos como era esperado, porque el nombre de Pacheco Areco estaba unido al proceso que desembocaría en el golpe del 73, y cuando el mandatario decretó en 1968 las Medidas Prontas de Seguridad, instrumento que cercena las libertades individuales, se oficializa el preámbulo del período histórico más cruento en la historia uruguaya del siglo XX. La doctora Roballo, frente a estos hechos y con firme decisión, renuncia a la cartera apenas tres meses después de su nombramiento, acontecimiento que también marca la antesala de su alejamiento definitivo de las filas del partido tradicional que la vio crecer con ostensible orgullo. La separación del Partido Colorado se concreta, según su propias palabras, el 14 de agosto de 1968, día que las fuerzas represoras mataron al estudiante Líber Arce (1940-1968), quien participaba de una manifestación estudiantil y quien, a partir de esa tarde se convirtió en todo un símbolo de la lucha de la juventud en contra del terrorismo de estado.

La exuberante como carismática personalidad de Alba Roballo, ha generado diferentes puntos de vista, en este caso nos vamos a detener en lo expresado recientemente, en agosto del 2008, por la periodista Isabel Oronoz en un artículo titulado "Homenaje a Alba Roballo".

> [....] Alba Roballo. Negra. Sin pelos en la lengua. Perfume de mujer. Marcó un antes y un después en la imagen de la mujer en la política y la acción social de América. De espíritu avasallante se destacó como brillante penalista y tuvo una prolongada actuación política. Sus discursos en el parlamento y fuera de él reflejaban a una mujer visceral, de fuertes convicciones políticas, preocupada siempre por los más pobres[3].

Estas palabras reflejan prácticamente la imagen con que el pueblo percibía a esta mujer, que le tocó protagonizar momentos bien diferentes en la historia política y social del Uruguay. A medida que se acerca la década de los años 1970, los tiempos que corren son el presagio de la larga noche que se avecina políticamente, ya que desde las últimas elecciones se ubica a Roballo con el denominado "Grupo de los Senadores", formado por reconocidos dirigentes colorados, entre los que figuraban Manuel Flores Mora, Amílcar Vasconcellos y Glauco Segovia entre otros, y que marcaron una posición más progresista dentro del tradicionalismo colorado. Es precisamente dentro de ese grupo que Roballo se atreve a impulsar la figura del general Líber Seregni, como la persona indicada para lograr un efecto renovador dentro de las filas batllistas. La propuesta no tuvo eco y la definitiva separación de Roballo de las filas coloradas, fue un hecho consumado, e irreversible, y señala el surgimiento de Seregni como el líder nato de un grupo renovador dentro del desgastado escenario político uruguayo marcado por un legendario bipartidismo. Recordemos que el Partido Colorado estuvo en el poder por casi cien años y con el otro partido tradicional denominado Nacional o Blanco, supieron acaparar la mayoría de los votantes de derecha del país, situación que se mantendría hasta entrado el siglo XXI, porque recién en las elecciones de 2004, se produce el quiebre del tradicionalismo y en marzo de 2005 la coalición de izquierda, a quien Alba le había entregado lo mejor de su vida, asume el poder nueve años después de su fallecimiento, acaecido el 3 de noviembre de 1996. En esta jornada el país pierde una mujer emblemática dentro del espectro político uruguayo en general y referente de primera línea para los militantes del Frente Amplio, y con proyección por demás significativa en las actividades militantes de las mujeres latinoamericanas.

Alba Roballo llega a la coalición de izquierda a través de la agrupación Pregón, que se caracterizaba por representar el ala izquierdista del Partido Colorado, y junto a la figura excepcional de Zelmar Michelini (1924- 1976), político notable, asesinado en el exilio bonaerense, con una inteligencia privilegiada y un poder de convocatoria memorable, a quien Alba lo distingue de esta manera: "Nunca tuve un hombre que me apoyara, salvo Zelmar [...] Yo tuve en total soledad mi lucha" (Sapriza 1988, 223).

Este grupo disidente de las tradicionales filas coloradas, se va a convertir en parte fundamental dentro de los miembros fundadores del denominado históricamente como Frente Amplio y del cual el general Seregni será la cabeza del mismo, tanto en libertad, como desde la cárcel, en la cual permaneció casi diez años padeciendo torturas y todo tipo de agravios que no sirvieron para doblegar su entereza y valentía. La figura de Seregni se levanta hasta ahora como la de un verdadero líder, recordado e insustituible, convirtiéndolo en un referente ineludible más allá de su desaparición física, acaecida poco antes de que la izquierda conquistara el poder en las elecciones de 2004. Su multitudinario entierro fue una dolorosa y clara imagen de la proyección de su liderazgo y del paso definitivo de su trayectoria a formar parte de nuestra mejor historia contemporánea.

La escalada golpista que se perfilaba desde años antes tuvo su concreción, como señalamos anteriormente en 1973, los historiadores uruguayos, G. Caetano y J. Rilla lo sintetizan de esta forma:

> El proceso culminó finalmente el 27 de junio, cuando Bordaberry decretó la disolución de ambas cámaras legislativas y la creación en su lugar de un Consejo de Estado. Por si alguien tenía alguna duda, los sucesos que sobrevivieron inmediatamente después del golpe dejaron en claro que quienes hegemonizaban la situación eran los jerarcas castrenses más

"duros", imponiendo como base programática del nuevo
régimen la Doctrina de la Seguridad Nacional. (Caetano,
Rilla 1994, 237-238)

En este contexto de represión, seguimientos, prisión y allana-
mientos, todos los integrantes del Frente Amplio se convertirían en
peligrosos y entre ellos por supuesto estaba, la Negra Roballo, que
supo encontrar formas más sutiles de militancia y sabias estrategias
de colaboración con los más necesitados, extendiendo palabras de
aliento para evitar la dispersión y el impacto que significaba para un
país de reconocida trayectoria democrática, un quiebre institucional
de esta magnitud, que no por inesperado, fue menos devastador. En
la década de los años 1970, los tiempos y los espacios políticos habían
cambiado radicalmente; la clave no estaba en militar, sino en sobrevivir
sin claudicar, manteniendo el espíritu alejado de la intimidación de
los sables y la conciencia íntegra a pesar de las presiones. Todo eso lo
supo hacer de manera ejemplar la compañera Alba Roballo, porque
como en otras circunstancias había estado destinada a ser primera y
en esta situación difícil y riesgosa no pudo ser menos. Esta vez utilizó
inteligencia y energía para defender con todas sus fuerzas los valores
de la democracia que había visto reivindicar en forma trágica cuarenta
años antes en su admirado doctor Baltasar Brum.

La situación represiva, cambió la vida y la imagen del país y sus
componentes; acentuó el divisionismo, agudizó ingenios, trajo noticias no deseadas, tuvo despedidas imprevistas, mensajes con sentido
de advertencia o de orden, silencios necesarios y de los otros, encuentros fugaces y peligros constantes. Nunca Uruguay, a pesar de
las crisis anteriores, había pasado por una situación tan prolongada,
como traumática, tan agresiva como indignante. El país se convierte
paulatina pero definidamente en un pequeño lugar acosado durante
doce años por un sistema dictatorial, que sin poseer una estructura
ideológica determinada, calificó de enemigo a todo ciudadano que
hubiera estado vinculado a la izquierda o expresara su oposición a las
ambiciones y atropellos que caracterizaron este período. A propósito
para ver la magnitud de lo hechos y los significados en relación a la
población uruguaya, citaremos a L. Weschler, quien parte de la base
que según Amnesty International, los doce años de dictadura colo-

caron a Uruguay como el país con el porcentaje más alto de presos
políticos por habitante:

> En 1980, uno de cada cincuenta uruguayos había sido
> detenido y la detención implicaba tortura; uno de cada
> quinientos habitantes había recibido una sentencia de seis
> años o más, bajo condiciones extremadamente difíciles;
> aproximadamente entre trescientos o cuatrocientos mil
> uruguayos debieron exiliarse. Si comparamos las cifras con
> la población de Estados Unidos, equivaldrían en porcentaje
> a la emigración de treinta millones de personas, la detención
> de cinco millones, y a la prisión prolongada de quinientos
> mil. (Weschler 1989, 48)[4]

Las conclusiones vistas por observadores exteriores hacen más
desoladora, si es posible, la imagen de la nación bajo un régimen
que aún después de más de veinte años de derrocado, hace sentir sus
marcas en la sociedad uruguaya, que todavía no se puede desprender
del interminable período de la posdictadura, aunque el siglo haya
cambiado y la izquierda esté ejerciendo su segunda oportunidad de
hacer gobierno.

Este es, a grandes rasgos, el país y las circunstancias que le tocaron
enfrentar y vivir a esta mujer tan particular, reconocida por seguidores
y adversarios, como una política de primera línea, con una elocuencia
vibrante y una sagacidad afinada en las luchas parlamentarias o en
los avatares clandestinos. Un ser humano que nunca perdió su gran
objetivo: preocuparse y favorecer a los más necesitados, defender y
proteger los derechos de la mujer y de los niños, escuchar a los que
no eran atendidos y atender a todos aquellos que requirieran su ayuda. Fue evidentemente una vocacional de la política, en lo que esta
tiene de servicio comunitario, no de beneficio personal, fue una hábil
expositora de sus ideas, no para fines clientelistas, sino para colaborar
desinteresadamente con quienes necesitaban apoyo. Fue una rebelde
con causa justa y objetivo certero, que supo lidiar con las peores incle-
mencias, apoyada en la coherencia de sus ideales y en la firmeza de sus
convicciones. Así ha quedado en el recuerdo de quienes trabajaron a su
lado y/o de aquellos que le dieron su voto, seguros que lo ponían en

manos fértiles. Fue en definitiva, una mujer que por primera vez hizo pensar al espectro político en la posibilidad de que una dama, pudiera ser candidata a la primera magistratura, hecho por demás singular y por cierto totalmente trasgresor para la política del continente.

Si bien la vida de Alba Roballo estuvo marcada por la actividad política, eso no le quitó tiempo para formar una familia junto a Walter Previtale y tener un hijo Sergio Previtale (1939- 2007), quien fue diputado y ejerció una permanente militancia dentro de la izquierda. Alba a la vez realizó una destacada labor periodística a través del semanario Pregón y de la Mujer Batllista.

Antes de terminar esta breve reseña de la Negra Roballo, creemos necesario destacar su faceta dentro de la labor literaria. En sus comienzos laborales, se había desempeñado como Profesora de Literatura en la enseñanza media y encontró en la poesía, una forma natural de expresión, vocación que se encuentra plasmada en varios libros, por ejemplo: *Réquiem para Miguel, Tiempo de lobos, Heredarás la tierra, Canto a la tierra prometida, El libro de los adioses, La tierra prodigiosa* y *Poemas del miedo*.

Es justamente de este último volumen el poema número XVII, titulado simbólicamente *Mujeres libres*, con el que cerraremos este acercamiento a una mujer que supo defender su género cuando el feminismo era un palabra infrecuente en la agenda política y hacerlo con la pretensión original de configurarlo como un movimiento de masas, de apoyar a su gente cuando estos la requerían y mantener sus ideales democráticos, cuando la adversidad se hizo presente.

Por todo lo expuesto y por lo mucho que realizó en su trayectoria, cerraremos esta semblanza, con el poema antes mencionado:

> De cualquier manera
> estoy viva, tibia
> y todos/as me ven como una llama.
> Me voy como he venido
> entre relámpagos.
> Mi despedida se abre
> a pleno cielo
> con su salva de pájaros
> que ascienden
> y que se van como el sol

que se ha caído al centro de la noche partiéndola
en cien cuervos de cenizas verdes.

NOTAS

[1] Discurso pronunciado en la jornada histórica conocida como Acto del 26 de marzo de 1971, donde se oficializa la conformación de la coalición de izquierda denominada: Frente Amplio, dos años antes que la dictadura se impusiera en la tradicional e irónicamente denominada: "Suiza de América. http // www.radio36. com.uy/entrevistas/2004/03/260304_ roballo.htm.

[2] Su afrodescendencia, no es un dato genéticamente seguro, como ella misma lo afirma, pero dentro del imaginario colectivo fue distinguida con ese sobrenombre, influyendo en ello el apego que mantuvo con la raza negra y la presencia de grupos afrodescendientes, con sus típicos tamboriles y la música: el candombe en sus actos políticos. Además según sus propios testimonios, su madre siempre les recordaba, a ella y a sus hermanas, que eran negras, feas, pero graciosas, lo cual entre otras desventajas, les significaba una dificultad para encontrar pareja y bailar la clásica danza uruguaya llamada: El pericón nacional.

[3] Isabel Oronoz. Homenaje a Alba Roballo. http://archivo cervantes.com

[4] La traducción del inglés es mía.

OBRAS CITADAS

Caetano, Gerardo y José Rilla. *Historia Contemporánea del Uruguay. De la Colonia al Mercosur*. Montevideo: Fin de Siglo, 1994.

Oronoz, Isabel. Homenaje a Alba Roballo. http//archivo cervantes.com.

Roballo, Alba. *Poemas del miedo*. Montevideo: Cuadernos Julio Herrera y Reissig 1971.

—. *Discurso*. Acto del 26 de marzo de 1971. http//www.radio36 .com.uy/entrevistas/2004/03/260304. roballo.htm.

Sapriza, Graciela. *Memorias de Rebeldía. Siete historias de vida*. Montevideo: Puntosur, 1988.

Weschler, Lawrence. "A Reporter at Larger (Uruguay-Part I)", *The New Yorker*, 3 de abril (1989)43-85

DE PROCESOS IDENTITARIOS, INFLUENCIAS LITERARIAS Y CREACIÓN POÉTICA. ENTREVISTA A LA POETA URUGUAYA CRISTINA RODRÍGUEZ CABRAL

SILVIA VALERO, UNIVERSITÉ DE MONTRÉAL

Cristina Rodriguez Cabral nació en Montevideo en 1959, un año después de la muerte de la primera poeta afrouruguaya, Virginia Brindis de Salas. Al igual que esta, su figura como poeta y su obra permanecen desconocidas en la región a pesar de que ha escrito nueve libros de poesías, gran parte de ellos recopilados en la antología *Memoria y resistencia*, del 2004: *Pájaros sueltos* (Uruguay, 1987); *Entre giros y mutaciones* (Uruguay, 1988); *Desde el sol* (Brasil, 1989); *La del espejo y yo* y *De par en par* (Uruguay, 1989); *Quinientos años después y hoy más que nunca* (Uruguay, 1992); *Desde mi trinchera (1993); Pedirán más (*Uruguay, 1996); *Memoria y resistencia* (1998); *Noches sin luna, días con sol (1999)*. Luego de un paso durante su juventud por Brasil, donde comenzó su viaje introspectivo cuya expresión simbólica fue la obra *Bahía, mágica Bahía*, premio Casa de las Américas 1986, retornó a Uruguay para trasladarse, tiempo después, a Estados Unidos, donde reside y trabaja como profesora universitaria.

Como bien dice Miriam DeCosta-Willis, las primeras obras de Cabral se centran en el amor, los sentimientos íntimos y la experiencia de la mujer afrohispana. Será en las obras posteriores a 1995 que dé cuenta de su militancia social, del racismo, y de su identidad cultural[1]. El relato de Cristina Cabral en esta entrevista no habla de etnicidades fijas ni pre-establecidas sino de las múltiples fuentes que contribuyeron en la construcción de su propia identidad cultural y su consecuente producción poética. De este modo, el testimonio del proceso que atravesó la poeta en los últimos veinte años, se proyecta en parte en su obra y se continúa aquí con su propia voz, lo que da cuenta, al mismo tiempo, de la capacidad reflexiva que le permite manifestar una evolución en su pensamiento en relación con algunos temas expuestos en entrevistas realizadas años atrás. En este sentido la poeta confiesa que debió abandonar su ámbito montevideano para, por un lado, tomar conciencia de una realidad ignorada por ella misma en cuanto a las condiciones sociales de la comunidad negra de su país con la que no mantenía ningún vínculo y, por otro, asumir una afroetnicidad que nunca había sido parte de su subjetividad. Sin embargo, y sin abandonar esta conciencia, hoy entiende que la lucha debe exceder la problemática racial[2].

Así, el relato de Cristina Rodríguez en esta entrevista no habla de etnicidades fijas ni pre-establecidas sino de múltiples fuentes que, en una dinámica en la que se conjugaron elementos internos y externos a sí misma, contribuyeron en su proceso de identificación cultural y su consecuente producción poética.

En la década del 80 viaja a Brasil y a partir de allí su vida, no solo profesional sino también personal, tomará un rumbo impensado hasta ese momento:

CRC: Mi experiencia en Uruguay fue muy sui géneris, porque mi familia no vive en el barrio negro, digamos, tampoco pertenece a la clase baja, y eso… me aisló de lo afro en Uruguay. En otras palabras, yo tenía una mirada blanca, iba a un colegio de monjas donde era la única negra y yo nunca me di cuenta de ser diferente.

SV: ¿No sentiste nunca ningún grado de prejuicio?

CRC: Tuvo que haber habido, pero no fue nada que me abofeteara, que me despertara… yo ahora pienso que no hay posibilidad de que en un colegio de monjas una sola negra no haya tenido un signo de racismo o de discriminación.

SV: Entonces, tu mirada sobre las comunidades negras de Montevideo se vería atravesada por las mismas improntas de tus compañeras.

CRC: Lamentablemente sí, era la misma mirada con que creo que las ven los blancos uruguayos. Yo estaba totalmente separada de ellos, no porque eran negros sino porque pertenecían a otra clase social. Ahora creo que va todo junto, que pertenecen a otra clase social y que son negros.

SV: Pero luego de eso llegaría el primer contacto profundo con las comunidades negras, aunque brasileñas, que te provocaría un impacto vital…

CRC: Sí. Fue un viaje de búsqueda existencial a Brasil, por eso en mi obra es algo clave. Me fui a los 25 o 26 años pero fue mi primer viaje sola en la vida.

"Hoy sentí a Bahía cantarme/ y bailé samba con ella/ la vi son-reírme/ y besé su sonrisa/sentí nuestros pasos encontrándose en la calle/ haciéndonos el amor/ El olor de mis fuentes/ es igual al de sus olas, de su mar/ Bendita seas mi Reina, bendita sea Nuestra Señora, bendita seas Bahía siempre tan dentro de mí y ahora más profundamente. (De *Bahía, Mágica Bahía*, 1985. Traducción de Cristina Cabral).

SV: ¿Por qué elegiste Brasil?

CRC: En realidad fue un viaje a partir de una situación trágica. Tenía un novio que se había ido a Bahía y había vuelto maravillado, y poco después de regresar, murió. Yo estaba en estado de shock y me convencí de que me iba a morir también, y como me quedaba poco tiempo de vida decidí hacer el mismo camino que él. Se había ido por una semana o dos y yo me quedé tres meses. Llegué ahí, conocí a otra persona, pero sobre todo descubrí mi negritud. Yo nunca me había hecho ningún cuestionamiento étnico hasta que estuve en Brasil y ahí me empecé a acercar al movimiento negro, a la literatura negra brasileña.

SV: ¿A quiénes leías?

CRC: A Enrique Cunha, Oliveira Silveira, Paulo Colina, Ele Semog, la gente que forma parte del grupo literario Quilombhoje San Pablo, de los Cuadernos negros[3] de San Pablo, los escritores que están en Río Grande del Sur liderados por Silveira. De Bahía, Jaime Sodré, escritor que estaba en la universidad estatal de Bahía. Su escritura era sobre la cuestión racial pero con problemática actual, yo siempre leía sobre la esclavitud pero estos hablaban, por ejemplo, de que no podían entrar a la universidad. Todo un grupo de escritores de denuncia social, un grupo que trabajaba la autoestima del negro en el Brasil, para eliminar la mentalidad de favela y tratar de potenciar sus posibilidades. Cunha era profesor de la universidad, uno de los pocos en ese momento. Yo me nutría con esa gente. De ahí paso a África.

SV: Ah, fue un doble descubrimiento para vos.

CRC: Sí, descubrí los escritores del África portuguesa. Angolanos y mozambiqueños, sobre todo. Conocí a varios de ellos en Brasil, como Agostinho Netto[4]. Yo no sabía que el primer presidente de Angola era poeta, que muchos escritores de Mozambique estaban en el gobierno, yo me preguntaba por qué allí estaban tan insertos en la política y aquí no. Vi que eran escritores conocidos en sus países. Cuando volví a Uruguay me acerqué a la Fundación de la Cultura Africana Agostinho Netto, era una fundación dirigida por uruguayos que habían estado exiliados en Angola y estaba apoyada por la embajada de ese país, de ahí que teníamos el material literario de toda el África lusófona. Agostinho fue el primer presidente de Angola independiente y su mayor poeta. Entonces propuse hacer un taller literario para empezar a dar a conocer a esos escritores y hablar de la literatura del África lusitana. Las embajadas nos enviaron libros e hicimos una biblioteca. Los estudiantes eran en general de Antropología y de Historia porque eran los más preparados.

SV: Todavía había un gran desconocimiento desde el ámbito literario por esos temas.

CRC: Claro, la gente de literatura no tenía ninguna base sobre los códigos literarios africanos ni sobre la historia de África, tal vez por eso no le interesaba tampoco.

SV: Vos decís que llegás a Brasil y comenzás a adquirir conciencia étnica. Entonces es algo que vas construyendo, que no forma parte de tus orígenes familiares cercanos.

CRC: Yo creo que hubo de todo. Fue un despertar, porque por ejemplo mi abuelo fue historiador y fundador de la primera revista negra uruguaya *Nuestra raza*[5], que fue la que más duró. Y ellos sí tenían una conciencia étnica. Yo casi no uso el término racial, porque… ya a esta altura no sé lo que significa… se usa mucho el término étnico por lo cultural, el auto-percibirse como negro y compartir algunos valores propios de la comunidad negra.

SV: ¿Por ejemplo?

CRC: Por ejemplo el candombe, pero hoy por hoy el candombe es música nacional. Vas a la salida de los tambores que salen todos los fines de semana en todos los barrios, ya no solo en el barrio de negros, entonces es un poco complejo el fenómeno que se da allá. Los tambores no es una cosa exclusiva de los negros sino compartida por todos los uruguayos. A mí a veces me pueden tildar, y quizás con cierta justicia, de que no pueda percibir totalmente los factores raciales en el Uruguay, porque toda mi educación, fue, ya te dije… de hecho, hasta el 2004 era la única persona negra en el Uruguay con un doctorado. Entonces, mi educación fue blanca…

SV: Jamás habías ido a una llamada…

CRC: A la llamada iba como podía ir cualquier otro blanco.

SV: Sin asumir ningún tipo de "conciencia" cultural…

CRC: No, no, no, no era lo mío, era lo mío en cuanto uruguaya pero no en cuanto negra. Ahora lo percibo diferente, pero en aquellos momentos no. Por ejemplo vuelvo a Montevideo, y mi hija no va a los tambores, mi madre no fue nunca.

SV: ¿Por qué?

CRC: Ay, porque no soportaba eso.

SV: "Cosa de negros…"

CRC: Exactamente. Porque dentro de la comunidad negra había un división entre el negro usted y el negro che. El negro che era el que salía con los tambores y la botella de vino. El negro usted iba a la universidad. Y jamás se mezclaba con el otro. Y mi madre eso me lo puso muy claramente durante mi juventud. Cuando yo empiezo a ir al barrio Sur, que era el barrio de los negros y empiezo a darme con la gente y entrar en todo eso, lo hago sola, y entro por esa visión que había traído de Brasil.

SV: ¿Y con qué te encontraste?

CRC: Lo que me daba lástima era el estado de ignorancia de los afrouruguayos en cuanto al grado de discriminación. Era lo mismo que yo. Yo en Brasil lo primero que dije fue "en Uruguay no hay racismo". Y ellos me dijeron "¿cuántos coroneles negros tiene el ejército uruguayo y cuántos diputados, directores de escuela?". Ninguno. Ese tipo de preguntas nadie se las había hecho en Uruguay, yo creía que "no llegan porque no quieren, porque no estudian" y los brasileños me empezaron a mostrar. Yo lo comprobé cuando trabajaba con la cuestión de los técnicos. Veía muchos porteros y limpiadoras negras en la oficina. Todo el mundo los quería pero ninguno de ellos se atrevía a competir con un blanco.

SV: Con esa experiencia, ¿pudiste incorporarte con comodidad a la comunidad negra uruguaya?

CRC: Ellos me hicieron ver muchas cosas que yo no había visto por no vivir en comunidad en esos barrios. Hay toda una vivencia comunitaria en torno al carnaval que en cuanto a vivencia comunitaria puede asemejarse a la brasileña. Yo nunca viví esa experiencia, había una diferencia cultural grande...

SV: ¿No te integrabas?

CRC: De ambas partes, creo... No te digo que me veían como una *outsider* pero yo era diferente... me hice una barra de amigos que eran más jóvenes, iba a los conciertos, era muy amiga de [Rubén] Rada[6] que era del barrio, me quedaba a dormir en la casa de algunos de ellos, tomaba, hacía lo mismo que ellos, pero al otro día, a las 7 de la mañana yo me iba a trabajar y ellos se quedaban en la rambla todo el día, en la playa. Había, por ejemplo, una cuestión de machismo que yo no me aguantaba y las mujeres la aceptaban, donde las mujeres son objetos de los hombres y ya, entonces, desde ese punto de vista, había problemas.

SV: Es decir que estabas entre un grupo de gente que no tenía nada que ver con vos, lo único que compartían era el color de la piel.

CRC: Sí. Y la "joda".

SV: Entonces, cuando escribís sobre la mujer negra en tus poemas, no te estás refiriendo a vos.

CRC: No, en realidad no, o estoy escribiendo sobre cuando empecé a mirar lo étnico, las diferencias, pero no necesariamente mi persona.

SV: Porque en el prólogo a *Memoria y Resistencia* decís "Por eso yo, Cristina, hablo de 'resistencia'; porque ha sido mi cotidiano vivir en base a mi situación de madre pobre, latina y negra, en un mundo donde, digamos… no somos nosotros los que regimos".

CRC: Es que fue después de mi salida de Uruguay, o digamos después de mi concientización. A los 25 años yo estaba inmensamente feliz, viviendo bárbaro. Aunque si bien no tuve ningún problema con las monjas que me acuerde, sí le hice dos juicios al estado por racismo… ahora me estoy acordando, que tampoco fue todo maravilla.

SV: ¿Eso fue antes o después de Brasil?

CRC: No, después, antes capaz que no lo hubiera ligado al color.

SV: ¿Durante cuánto tiempo mantuviste el vínculo con la comunidad negra uruguaya a tu regreso de Brasil?

CRC: Hasta ahora seguimos siendo amigos, pero en práctica eso duró cinco años.

SV: ¿Y qué sentís que modificaste o conseguiste desde el punto de vista ideológico?

CRC: En esa época comienza *Mundo afro*[7]… yo estoy desde que empieza *Mundo afro*.

SV: Si no te hubieras ido a Brasil quizás nunca te hubieras contactado con *Mundo afro*…

CRC: Yo creo que no, yo creo que no me hubiera interesado.

SV: ¿Cómo llegás a ellos?

CRC: Desde la política. *Mundo afro* es de izquierda, nunca existieron como grupo afro, estaban en distintos partidos: comunista, socialista, etc. Pasado un tiempo se comienzan a juntar porque ya existía un grupo -que existe todavía- llamado ACSU, Asociación cultural y social de Uruguay, que era de negros pero era social, era para eventos culturales. La gente de *Mundo afro* sale de ahí y empieza a poner una connotación política, empieza a exigir derechos y a hablar de números en cuanto a estadísticas, a censos. Entonces, de ACSU que era fundamentalmente cultural, se suman sobre todo dirigentes comunistas y se forma *Mundo afro* con esa connotación de clase y empiezan con algunos cuestionamientos de raza. Pero fue la clase lo que los movilizó, es decir, qué lugar ocupamos en la estructura social. Después empiezan muchos blancos a compartir, historiadores… Yo en ese momento, o estaba por recibirme de socióloga o ya lo era, no recuerdo, pero la cuestión de los números, del censo me interesaba muchísimo porque uno tiene que saber de qué está hablando cuando va a reclamar. En el Censo Nacional no existía el módulo "etnia". Yo era la que conversaba con la gente del centro para incluirlo y hoy en Uruguay existe.

SV: ¿Etnia? Qué difícil me parece… ¿Y cómo se define?

CRC: Por la autopercepción…

SV: Pensé que todos se dirían uruguayos…

CRC: Muchos, porque no ven ninguna diferencia.

SV: En esa época escribiste "25 de agosto de 1988 (Declaratoria de la independencia uruguaya)".

CRC: Efectivamente, allí hay una reflexión sobre la declaración de la independencia donde yo veo que estamos todos de marcha, en el centro de Montevideo y los tambores saliendo del barrio Sur, sin habernos cuestionado que no nos liberamos de nada.

> No debemos olvidar que somos hijos de reyes y de guerreros, por eso baten fuerte los tambores al nacer, en las bodas, en los funerales y hasta en las festividades nacionales celebradas con floridos blanqui-discursos que ignoran absolutamente lo concerniente a la participación del negro. Como hijos de reyes y guerreros resistimos desde hace siglos al emblanqueci-miento, filosofía racista que ayer nos prohibía salir a la calle y, hoy, pretende mantenernos dispersos. (Del libro *De par en par*)

SV: Hace un momento dijiste que no creés en las razas, sin embargo, hay una presencia constante de este tema en tu obra. No solo en reflexiones de tipo histórico sino también en la intersección del género con la raza.

CRC: Bueno, hay un patrón que yo he percibido y es que muchas mujeres negras tienen algo en común que es tener hijos solas, a veces cuando tienen al hombre son ellas quienes los mantienen. Las mujeres negras en general son matriarcas y no lo veo tanto en la mujer blanca. Se percibe que la mujer negra es más fuerte… que soporta cosas que ya soportaron su madre y su abuela… Conozco muchísimas, una gran mayoría que son divorciadas o solteras y han hecho sus carreras con hijos y el padre negro desaparece o nunca estuvo…

SV: ¿De esta reflexión surge el poema "Memoria y resistencia", entonces?

CRC: Exactamente.

> Hombre Negro/ si tan solo buscas/ una mujer que caliente/ tu comida y tu cama/ sigue ocultando tus bellos ojos/ tras la venda blanca./ La de la lucha y los sueños./ es quien te habla./Ese es mi reino./ […] Negro, / nuestro ausente de siempre, / generación tras generación, / yo te parí, / como a tu padre/ y a tus hermanos./ Yo curvé la espalda/sujetándote durante la cosecha; /sangro, lucho, resisto/ y desconoces mi voz./ […]/ Yo:/ Madre, / Negra, /Cimarrona; / Iemanjá, / Oxúm, / e Iansá a la vez. (Del libro *Memoria y resistencia*)

CRC: Este poema surge de la experiencia, porque cuando llegué a Estados Unidos lo confirmé. Y veo qué pasa en Brasil, en Uruguay, en Estados Unidos, y siempre con las mujeres negras y es por eso que [Barack] Obama al principio de su mandato llama al hombre negro a que sea padre porque los hogares están desestructurados. El hombre negro no asume su responsabilidad de padre, si se divorcia se divorcia del hijo también. Y sin embargo, sí lo están cuando se casan con una mujer blanca, no sé si es que lo perciben como un cambio de cultura, yo no sé qué es, pero sucede. Hay muchas cosas para reprocharle al hombre negro y yo con ese poema quería iniciar una discusión interna porque estaba en un grupo donde reclamábamos los derechos para los negros, entonces, yo digo: hay unos derechos para la mujer negra que son internos a la comunidad y no se discuten, como cuál es el lugar que el hombre negro le da a la mujer.

SV: ¿Y tuviste una respuesta, hubo alguna reacción?

CRC: Fue muy celebrado por las mujeres y algunos hombres negros, como dice en la dedicatoria[8]. Pero lo presenté en el Yari Yari en Nueva York, en 1997, un congreso de mujeres escritoras negras.

Todo el mundo del ambiente literario estuvo ahí. Compartí la mesa con Nancy Morejón y fue muy fuerte porque yo a ella ya la conocía y la quería mucho pero no le había leído nada y cuando leí ese poema, Nancy lo alabó muchísimo y después que salimos me preguntó si había leído *Mujer negra*. Y yo le pregunté "¿de quién?.." "Mío", me dice Nancy (risas). Bueno, la cuestión es que leo *Mujer negra* y me quería morir. Le dije que parecía que le había hecho un plagio pero ella me dijo que el punto es que las experiencias son similares porque somos mujeres negras, entonces percibimos las dos lo que ha sido nuestra historia y nuestra vida.

SV: ¿Y antes de irte a Estados Unidos, qué escritores afrolatinoamericanos leías?

CRC: ¡No! No conocía a ninguno. Marvin [Lewis] iba siempre a Uruguay y en 1992 o 1993, me invitó a un congreso que organizó en Missouri. Al lado mío estaba sentado Manuel Zapata Olivella a quien yo conocía porque iba siempre a Brasil. Pero no conocía a ninguno de los otros y estaban Argentina Chiriboga, Nelson Estupiñán Bas, Quincey Duncan, Zapata Olivella, Arnoldo Palacio, Nancy Morejón, críticos como Richard Jackson. Yo venía de leer coplas de autores antiguos afroargentinos, afrouruguayos, con un tema repetitivo, siempre volviendo el pasado, sin hacer una reflexión sobre los problemas presentes, como si todo el problema del negro hubiera quedado en el tiempo Juan Manuel de Rosas o José Artigas. Vi que esta gente podía competir en el mercado. Entonces fue empezar a escucharlos, ¡yo nunca había estado expuesta a esto de que hubiera críticos que ya estuvieran por jubilarse de hacer crítica literaria en relación a lo afro…! Yo no conocía a ninguno y le dije a Zapata "¿Vos conocés a todos estos?" y me contestó "Sí, y te diría que los conozcas vos también". Era escuchar a toda esa gente hablando de cuestiones y problemas actuales del negro. Eso fue muy fuerte… fue decirme: "Cristina, si te querés dedicar a la literatura -en ese momento no se me había pasado por la cabeza la crítica literaria- hay que hacerlo en serio, hay que leer más y ver, si sirve algo". Yo me sentía muy impactada, y me empecé a dar cuenta de mi pobre ignorancia. Porque me sabía toda la generación del 98, del 27, y nunca había escuchado a Zapata Olivella, por ejemplo, siendo que cuando yo lo conocí en Brasil se le hacía un homenaje, a pesar de que era de los pocos que no escribía en portugués. Cuando empecé a escuchar hablar a Zapata, daba clases cuando hablaba, era un placer escucharlo.

SV: A partir de ahí los comenzaste a leer, entonces.

CRC: Sí, fue mi primer encuentro, fue cuando quise pertenecer al grupo, vi que eran de distintos países del mundo y podíamos intercambiar cuestiones literarias. Ver que había gente que escribía sobre nosotros, fue muy fuerte… yo conocía a Marvin pero no había leído ninguno de sus libros. Era un mercado, un mundo que no conocía porque hasta ese momento no había publicado nada, salía alguna cosita en alguna revista pero no era demasiado en serio, sin embargo, y eso sí tengo que decirlo, la gente de *Mundo afro* sí lo había tomado en serio, en el sentido en que si tenían que referirse, -hasta el día de hoy ¿no?- a una escritora afrouruguaya se refieren a Cristina Cabral. Y eso fue desde antes, sabían que siempre andaba con un poema bajo el brazo.

SV: ¿Vos creés que sos leída en Uruguay como en Estados Unidos?

CRC: No, todo sale de Estados Unidos, ellos tienen la plata como para armar el circo.

SV: ¿Por qué le dedicás el libro a Zapata?

CRC: Él fue uno de los guías, como ha sido Marvin y como ha sido Bahía, es decir, son gente y lugares que me han despertado una chispa de algo, me han cuestionado algo, porque se dio que no solo los admiré como profesionales sino que empezamos una amistad. Ahora que murió Blas[9] yo no puedo volver a República Dominicana, porque para mí República Dominicana era él. Fue muy importante en mi vida, el poema *Cimarrones* surge de una conversación con Blas[10].

> […] El africano que / es el que habita mi cuerpo / el que recorre la América mestiza / cargando cocos, semillas y tiempos. / […]
> El que junto a las manos del indio / alzan sus voces, rugen al viento, / hemos roto las fronteras impuestas / mis hermanos indios / mis gemelos negros. / Fíjate bien, que no te confundan / los slogans publicitarios, / somos aquel mismo / africano cimarrón / en el camino del encuentro. (*Desde mi trinchera*)

CRC: Blas fue un hombre que toda la vida trabajó por la cuestión racial en Dominicana y Haití y entonces, claro, él me cuestionó todo. Yo era muy linda en esa época y Blas me llamaba la atención en esto, como los brasileños unos años antes, y me decía "tu realidad de mujer negra es muy light, muy suave, muy linda, porque aparte de todo lo que tuviste de educación y de familia sos linda y entonces a la gente le caés bien". Yo pensaba que estaba loco, pero después de los años consideré que tenía parte de razón. "A una mujer bonita le das 30 % de atención de entrada, pero esa ventaja tiene que trabajar a tu favor, tenés que decir cosas para nuestra gente, no escribas para los blancos, necesitamos gente que escriba para nuestra comunidad", me decía. Todo eso me fue quedando... qué es eso de nuestra gente, nuestra comunidad, cuál es mi comunidad, me llevó a todo un replanteo ¿no? No me sentía parte de eso, no había tenido las mismas vivencias. Tal vez Blas tampoco pero la situación de República Dominicana es distinta, tienen otra problemática interna con respecto a los negros, el racismo es brutal. Tal vez hasta ahora no tengo claro cuál es mi comunidad, ahora estoy en la fase de la vejez, como muchos, volcándome hacia el terreno holístico, ¿no?, mi comunidad es el mundo y tú la puedes integrar, no tienes por qué ser mujer negra y haber pasado por esas cosas... la gente de mi comunidad tiene valores que van más allá de lo étnico muy estricto, es gente que lucha por la paz, que trata de hacer una convivencia más pacífica en la tierra, sin importar de dónde sos, no creo más en los ismos, pienso que hemos sido rehenes de emblemas políticos, que fueron muy válidos y costaron mucha sangre y no sé qué se ha logrado, no quiero decir que esas muertes no valieron nada, sino que no hubo los cambios que ellos quisieron.

SV: De alguna manera es algo que siempre sostuviste a partir de tu educación y a pesar de aquel despertar de tu juventud en Brasil.

CRC: Mirá, yo no sé cuántas cosas incidieron en mí que lo racial nunca me dio tanto problema. Estoy convencida de que los racistas tienen un problema, el problema es de ellos, no mío, pero no me van a comer la cabeza con sus actitudes, paso de eso, paso... Yo no tengo problemas de racismo en cuanto a pareja, que es algo crucial. Aún hoy encuentro mujeres negras que jamás estarían con un blanco. Eso ya me ayudó a romper una cantidad de cadenas. El estudio… fui minoría donde estuve estudiando… esos problemas no los tengo, no me achica ir a pedir un empleo porque soy negra, me dirán que no pero no me impide ir. Me gustan los desafíos, cuando yo vine a ese primer congreso en Missouri estuve una primera semana en la Universidad de Indiana invitada por Carol Young, dando clases, visitando las cátedras, y un día que estaba nevando, salgo a fumar y empiezo a mirar la universidad, que es relativamente pequeña, pero me dije a mí misma "yo voy a estudiar en una universidad así", lo cual era una locura, casi imposible… Pero en lugar de decir "no me dejan entrar porque soy negra", se me ocurrió pensar qué hay que hacer para entrar acá, por qué yo no, si acá entran millones. Siempre me sentí en un plano de igualdad, ni más arriba ni más abajo, igual que el otro. Me costó dos años conseguir todo lo que hacía falta y fui a esa misma universidad. Vine con beca, me partí el alma, Silvia, sí, costó mucho, pero no tiene que ver con que haya sido negra. Pero yo no lo encaré así, yo no fui a buscar becas para negros… cuando entro a la universidad y una profesora me ve cómo soy, me dice "Cuidado que estás en Estados Unidos, esto no es América Latina, aquí sos negra, así que tené cuidado, no te acerques a la gente de la misma manera porque va a haber gente que te acepta y gente que te rechaza". Y tuve un profesor racista, yo no lo podía creer, nunca había estado en contacto con un racista… tenía un cargo altísimo, además.

SV: ¿Tenías compañeros negros?

CRC: No. Y los que había en la universidad eran extranjeros. Y mirá vos que hay unas fiestas famosas que son muy elitistas, las fiestas de la fraternidad, de grupos blancos, el emblema blanco, son órdenes, hermandades de hombres, en casi tosas las universidades existen. Hacen fiestas y es un lugar para crear conexiones y se juntan con otras hermandades que son de mujeres, de la misma clase. De ahí salen los casamientos, contratos de trabajo, etc. Yo salía de fiesta todos los sábados y recorría hermandades y donde la fiesta estaba mejor me quedaba. Aquella profesora no lo podía creer. Yo le decía "no tengo plata, busco una fiesta y son gratis…" Me decía que tuviera cuidado, que era peligroso, y yo le decía "me crié entre blancos".

SV: Claro, pero el problema no es cómo te ves vos sino como te ven ellos.

CRC: ¡Exactamente lo que me dijo ella! "Es en el último lugar donde irían a buscarte porque no hay negros ahí. Si ves algo raro, andate". Entonces, Estados Unidos me vuelve a replantear el tema del ser negro de la forma más brutal, como se lo hizo a Zapata hace tantos años y él lo escribió en *He visto la noche*. Sin embargo, como te decía antes, estoy en otra etapa. En ese sentido, ya Zapata estaba en una etapa así, en su libro de Hemingway, en su retorno literario a África, lo veo más con esa filosofía del *muntú* universal, y su respeto por la vida, algo más global. Cuando me encuentro en un lugar rodeada de negros, y no tengo nada que decir por ellos... me digo "vamos a luchar por lo humano", yo ya pasé de lo racial, de lo político... a no ser que te encuentres en una situación extrema, como de *apartheid*...

SV: ¿Hablás de esto con algún escritor?

CRC: Con Edelma (Zapata Olivella)[11] tengo mucho contacto o con escritores guineanos como Juan Tomás Ávila.

SV: ¿Y cuál es la respuesta?

CRC: Lo comparten totalmente, se adecuan al medio, al momento histórico que están viviendo, porque, por ejemplo, con Juan, de Guinea Ecuatorial: lo comparte totalmente pero cuando tenés el problema inmediato no podés estar en la trascendencia humanista, porque te matan, porque lo primario es sobrevivir, ese es un estadio para cuando ya has superado el anterior, no podés pensar en lo que es mejor para la humanidad en plena guerra, por ejemplo. Primero es sobrevivir.

SV: ¿Estás escribiendo algo ahora?

CRC: Estoy con una novela pero voy demasiado lenta porque me requiere viajar, y estar tranquila... y estoy en el principio. Tiene que ver con mujeres y el exilio.

NOTAS

[1]   De-Costa Willis, Miriam. *Daughters of the Diaspora*. Kingston, Jamaica: Ian Randle Publishers, 2003.

[2] Me refiero a la concepción de comunidad que elabora Cristina Cabral. En la entrevista con Lorna V. Williams, "Entrevista con Cristina Rodriguez Cabral en Montevideo en julio de 1993", *Afro Hispanic Review* 14 (1995): 57-63, la poeta define a su comunidad "en un sentido amplio […] me refiero a todos los negros" (61). Actualmente, como se verá más adelante en nuestra entrevista, extiende su comunidad a "lo humano".

[3] A partir de 1978, se organizan, en San Paulo, un grupo de escritores con el objetivo de publicar anualmente sus poemas. Hasta 2004 se editarán los *Cuadernos negros* para hablar de la cultura y la lucha por la superación de las desigualdades raciales. Será recién a partir de la quinta edición de *Cuadernos negros,* en 1982, que el grupo de poetas se constituya como grupo Quilombhoje.

[4] Agostinho Neto dirigió el Movimiento Popular para la Liberación de Angola (MPLA) y tuvo una acción decisiva en la liberación de su país. En 1975 asumió la presidencia de la nación debiendo resistir la avanzada de los países colonialistas e imperialistas.

[5] Se refiere a Elemo Cabral (1887-1969), fundador, junto con los hermanos Barrios, de la revista *Nuestra Raza* (1933-1948) y que además formó parte del Partido Autóctono Negro (1933-1948).

[6] Cantante, compositor y percusionista uruguayo conocido como El Negro Rada.

[7] Organización uruguaya cuyo objetivo es luchar contra la discriminación y promover socioculturalmente a la comunidad afrouruguaya.

[8] "A las de siempre, / las pioneras / las infatigables hijas de la Noche, / Mujeres Negras/ que ennoblecen la historia. /Y para aquellos hombres/que también lo hacen Axé".

[9] Blas Jiménez, poeta dominicano fallecido en noviembre de 2009.

[10] El poeta dominicano escribió "Cimarrón", un poema que forma parte de su libro *Exigencias de un cimarrón,* luego convertido en obra teatral.

[11] Edelma Zapata Olivella, hija del escritor colombiano Manuel Zapata Olivella, falleció poco después de realizada esta entrevista.

VENEZUELA

CARMEN VERDE AROCHA: "CREO QUE SER POETA ES UN DESTINO"

PATRICIA A. GONZÁLEZ,
UNIVERSIDAD CENTRAL DE VENEZUELA

INVITACIÓN A LA POESÍA

¿Por qué aceptas y perdonas / a un hombre
que ama profundamente / la música?

Carmen Verde Arocha

La voz poética de Carmen Verde Arocha (Venezuela, 1967) canta a los ancestros, a lo espiritual, a lo religioso, a la infancia, a la mujer, a la vejez y al sueño. Los muertos hablan a través de la tradición oral, las costumbres, la espiritualidad y la religión. En el futuro la poeta será un ancestro, en el presente recurre a versos que cantan la grandeza humana, invita a la poesía.

Durante la realización de este ensayo la escritora accedió a hablar sobre su trabajo creativo y visión acerca de lo afrodescendiente.

LA POETA NACE AFROLATINA

"… ¿cuántas veces / me he visto / en los ojos de mi padre?" (Carmen Verde Arocha).

La poeta nació en un pueblo del estado Miranda llamado Caucagua. A los pocos meses de nacida sus padres la llevaron a vivir a

Santa Teresa del Tuy, ciudad situada en los Valles del Tuy. La familia vivió en los Altos Mirandinos aproximadamente cuatro años, luego se trasladaron a Caracas. Su padre era de Barlovento y su madre de Santa Teresa del Tuy. Su línea afrodescendiente procede de la rama paterna. De su bisabuela materna, Rosa Arocha, es la ascendencia española.

Su poesía va de lo local a lo universal. Desde el río Cuira en Barlovento hasta Guaicoco lugar donde vivió parte de su infancia y que trasciende a lo universal cuando se transforma en Ginebra, ciudad de Rousseau.

Lo simbólico está presente en esta poesía donde la nostalgia, el amor y la sensualidad de la vida se enfrentan con sabiduría a lo trágico; todo dentro del ciclo vital, muerte, renacer, vida. La idea de transformarse para crear y sanar es una constante.

Es placentero encontrar en sus escritos sabiduría, sin embargo también es hermoso poder leer su proceso de aprendizaje, cómo muestra incertidumbres, duda y siente, para luego encontrar respuestas. Esto se observa en versos del libro *Magdalena en Ginebra* (1994):

> Ignoraba que en la vida / había pesadumbre / Creíame eterna / Perversa / Intocable... La ironía de los lagos / diseña una vida andrajosa / Caí / Conocí vidrios en el paraíso... El miedo es felicidad / aunque sea estéril... Amanece / mi sombra / en el horror / de una luz que no entreveo / risueña / creo que la soledad es alegría / y que este cuerpo / oculto / debajo de la ropa / es como un ciego labrador. (Verde A. 2005, 4-6)

Sus estudios los realiza en la ciudad de Caracas y su carrera literaria comienza desde muy pequeña. A los siete años fabulaba y en primaria ya escribía cuentos. Verde Arocha recuerda: "Una vez pasé toda la noche escribiendo un cuento, veinte veces el mismo cuento, de cinco líneas. Lo escribí en varias hojas y el día siguiente lo llevé para que mi maestra, Berbelys Navas, lo repartiera a los niños, así podrían leer mi cuento".

Desde niña estuvo relacionada con la literatura. Al principio no necesariamente con la poesía, escribía cuentos de extraterrestres, de terror, entre otros. Los allegados presentían que sería poeta, mientras ella pensaba ser narradora. La escritora afirma: "La relación de amor que he tenido con la creación ha sido muy hermosa, a veces cuando duro mucho tiempo sin escribir, siento que se da en mí una especie de estancamiento...".

Su vocación fue siempre artística. Entre sus intereses se encuentran la poesía y la danza. No en vano encontramos entre sus versos a la Magdalena danzando. Nunca bailó a nivel académico pero sí confiesa hacerlo en casa: "… danzo en mi casa sola. La vida y los cuerpos los veo como una constante danza. Veo las cosas en movimiento, vida, muerte, vida, una constante transformación."

Lo poético en su creación está relacionado con el proceso de danzar y contemplar. Cuando la poeta escribe, las ideas suelen venir a través de una imagen "Es como si a través de una danza las cosas giraran, luego se detienen y en ese detenerse tú ves un cuadro, ese cuadro lo escribo. En parte ese es mi proceso de escritura".

Hizo primaria en el Colegio Andrés Eloy Blanco y bachillerato en el Instituto Elena de Bueno. Seguidamente, estudió Letras en la Universidad Católica Andrés Bello. A pesar de tener vocación para muchas carreras tan diversas como aviación, economía, psicología o sociología, se decidió por su pasión, la literatura. La escritora comenta: "En la Universidad Católica Andrés Bello estudié letras. Tuve profesores extraordinarios, estudié cinco años, pero no fue realmente en ese lugar donde creció mi vocación por el trabajo cultural".

Su tesis de grado la hizo sobre la obra de Francisco Herrera Luque, a quien conoció en la última etapa de su vida y con quien tuvo una gran amistad.

La poeta no cree que sea difícil el ingreso de la mujer afrodescendiente a la literatura venezolana y quizás sea precisamente por esto que logra ser escritora. Piensa que lo afrodescendiente tiene que ser tratado con cuidado, no está de acuerdo con los parcelamientos mentales que hace el hombre.

Para la poeta el hombre y la mujer tienen una procedencia común, una misma Fuente, sean indígenas, negros, blancos o asiáticos. Este pensamiento otorga a todo ser humano un mundo de oportunidades.

El Origen siempre se va a colar en la obra de un escritor y se trasmitirá de mejor manera al no ser forzado, al no querer buscar lo que distingue de maneraególatra para que brille al lado del resto. Toda raza brilla, el encargado de pulir con esmero para que eso suceda debe

ser el escritor. En su poesía lo afrodescendiente está implícito, esto es
característico de una obra que apunta a lo universal.

La poeta no se ha sentido fuera del ámbito literario por su condición
de afrodescendiente, propiciar un pensamiento semejante significa
no solo limitar al escritor sino al ser humano. Para la poeta todas las
razas se conectan con un Origen. De esa Fuente principal deriva todo.
Lo afrodescendiente le interesa para averiguar su conexión ancestral,
cómo aproximarse más a su esencia y a las historias de sus pueblos;
su pretensión es indagar qué tanto hay de esos pueblos dentro de ella.

No atribuye la dificultad de entrar en el ámbito literario a la ascendencia, cree en la poesía como un destino que no cuestiona. Para ella
no es el racismo la razón de que escaseen mujeres poetas afrodescendientes en Venezuela, pues según ella, las mujeres están ocupadas en
otras actividades de igual importancia, como tener hijos por ejemplo,
que es una creación inmensa, también pueden estar dedicadas a la
política, a la medicina; son parte de otros entornos.

Verde Arocha considera que la muerte, la sexualidad y el nacimiento
son destinos inamovibles del hombre. Ser poeta es una dádiva recibida, un llamado a escribir. En su poesía no ha habido una búsqueda
incesante de lo afrodescendiente, sus orígenes se reflejan porque son
parte de su ser. La poeta mira dentro de sí, hasta llegar al vientre, es
ahí donde se encuentra la herencia de todas las mujeres, todas las
madres ancestrales que nos han precedido en la tierra. Sin necesidad
de teorizar reconoce: "No investigo sobre lo afrodescendiente porque
soy afrodescendiente, se trata de mirar dentro de mí".

PASIÓN POR LO LITERARIO

"¿Acaso el cielo te conmueve?" (Verde Arocha). En la vida hay
etapas de creación, otras que marcan y dejan heridas. La poeta está
convencida que a los años de dificultad se les debe colocar una cruz,
deben ser el descanso que provoque nuevas etapas. También está consciente de que existen años de producción, en que emergen mundos y
lo que está muerto renace.

Cuando comienza a trabajar en La Casa de la Poesía Pérez Bonalde,
conoce al poeta Santos López quien se ha destacado como director
y fundador de esta entidad. Más tarde él realizaría el prólogo a su
obra *Mieles. Poesía reunida* (2005). Yolanda Pantin y Ana Teresa Torres,

autoras del libro *El hilo de la voz. Antología crítica de escritoras venezolanas del siglo XX*, destacan el valioso trabajo literario que Verde Arocha ha desarrollado en Venezuela:

> Es licenciada en Letras por la UCAB. Fundadora del grupo literario Eclepsidra junto a Israel Centeno, Graciela Bonnet, Luis Gerardo Mármol, José Luis Ochoa, entre otros poetas, con quienes ha desarrollado una intensa labor editorial en la publicación de poesía. Ha sido gerente de La Casa de la Poesía José Antonio Pérez Bonalde, bajo la dirección de Santos López. En 1999 ganó el Premio de Poesía del II Concurso Literario Anual 'Arístides Rojas' de la Contraloría General de la República, con el poemario *Amentia*. (Patin y Torres 2003, 894)

En sus años universitarios, tuvo la oportunidad de estudiar a los escritores clásicos, a los que relee constantemente. Comprendió todo lo que significa el rigor de la academia. Durante esta etapa supo apreciar el arte desde el punto de vista intelectual. Sin embargo, su verdadera relación con los poetas venezolanos comenzó en La Casa de la Poesía Pérez Bonalde, en 1991.

En lecturas universitarias había conocido a los muertos, luego llegó el turno de conocer a los vivos, escritores venezolanos y extranjeros como José Balza, Rafael Cadenas, Juan Sánchez Peláez, Ana Enriqueta Terán, Ramón Palomares, Vicente Gerbasi, Yolanda Pantin, Santos López, Rafael Arráiz Lucca, Luis Alberto Crespo, Eugenio Montejo, Elizabeth Schön, Gonzalo Rojas, Blanca Varela, Francisco Madariaga, José Emilio Pacheco, Juan Manuel Roca, Darío Jaramillo Agudelo, Juan Liscano, Francisco Herrera Luque, Denzil Romero, entre otros. Todos de gran significación para la autora. Fue una época importante, en la que destaca la búsqueda del conocimiento, la preocupación por la lectura y la pasión de descubrir la línea poética ancestral a partir del estudio de los poetas vivos.

Carmen Verde Arocha consideraba a estos maestros portadores de voces del pasado y el presente literario. En ellos se encontraba la influencia de escritores que les precedieron, esto los hacía mensajeros de sus propias voces y de muchas más. La escritora sabía que lidiaba con calidad literaria y supo valorarlo.

Elementos afrolatinos
diluidos en otras razas

"Amarra los velones, / reza el padre nuestro al revés" (Verde Arocha). Los pueblos originarios se vinculan con la Fuente, es decir, con el Origen. La poeta tiene en cuenta que el hombre lleva dentro de sí a toda la naturaleza. Dentro de un hombre pueden estar todos los ríos, todas las montañas, todos los océanos, todos los fuegos, todo el viento o el cielo. Una idea similar plantea el prologuista Santos López: "... la naturaleza se ama a sí misma y se repite, a manera de espejo, en lo minúsculo, lo escaso, así como también en lo extenso o grandioso" (Verde A. 2005, VII).

Escribe versos que dejan ver cómo el espíritu de un hombre se desarrolla en su entorno, cómo la naturaleza debe ser respetada y no transgredida. Confiesa ser afrodescendiente en la medida en que se acerca más a la contemplación de la naturaleza. Los seres originarios de África viven en alineación constante con lo natural. La poeta está estrechamente vinculada al mundo espiritual, a la contemplación absoluta de la naturaleza y, a la interacción entre el hombre y la naturaleza. "Lo mismo sucede con los indígenas venezolanos o latinoamericanos, conectarse con ellos es vincularse con la naturaleza porque son pueblos que viven en armonía con su entorno", afirma.

Lo espiritual y lo religioso

"La religión y lo espiritual conviven en mi poesía, se unen, se encuentran, van y vienen. Cada cual tiene su espacio. Tanto en la poesía como dentro de mí" (Verde Arocha).

Espiritualidad y religión recorren los versos de la poesía reunida en *Mieles* (2003). Verde Arocha es católica, bautizada, confirmada y casada por la Iglesia. La obra se ve influenciada por su manera de concebir la religión. Una voz poética recibe la herencia religiosa, la acepta como un obsequio, la interpreta y pone al descubierto. No necesita deslastrarse del regalo que recibió al nacer. Este sirve como soporte que la acompañará toda la vida, independientemente de que lo comparta o no, es un soporte moral que agradece.

En su poesía está presente la imagen del cordero, de Cristo crucificado. El momento de la crucifixión se convierte en imagen relevante.

Otra idea religiosa que cobra vida en letras es la representación de la culpa heredada. Para la poeta el ser humano arrastra con la culpa ancestral de los primeros padres. Desde el punto de vista religioso el hombre se siente culpable e ignora qué hacer con esa carga. En cambio, desde el punto de vista espiritual esta carga se comprende como herencia ancestral, venida de los comienzos del mundo; se puede ir limpiando con diferentes transformaciones, nacimientos o muertes que se vayan dando dentro del hombre. De esta manera confluyen en su obra espiritualidad y religión.

En *Mieles* se escucha la voz de los ancestros. Se manifiestan a través de muchas formas, son la herencia arquetípica de familiares, consanguínea, espiritual, de poetas, muertos, de historias y mitos. Los muertos aparecen no solo como hombres fallecidos sino también como tristezas, dolores, frustraciones, culpas y seres sabios llenos de grandes alegrías. Para la poeta es a través de lo espiritual que el hombre se conoce a sí mismo constantemente.

LA INFANCIA PECULIAR

"En mi poesía la infancia ha sido vista desde lo adulto y desde lo adulto ninguna infancia es linda." (Verde Arocha). En su obra la infancia puede tener un toque de crudeza, sensualidad y perversión. Esto ocurre debido a que la autora escribe sobre la niñez desde la visión de un adulto. De esta forma logra crear una infancia peculiar. La escritora explica "esa infancia no necesariamente es un acontecimiento que me ocurrió de niña, sino que le ocurrió a la niña que hay en mi adultez". La niñez aún viva ha perdido inocencia y se ve marcada con características propias de una persona adulta, por eso encontramos descripciones fuertes, duras y curiosas. Santos López señala en el prólogo a *Mieles* que la imagen de la infancia no guarda relación con la edad de la inocencia:

> *Magdalena en Ginebra*, de Carmen Verde, representa la infancia como la edad del sueño –no de la inocencia- y que por muy a-*terra*-dora que esta sea y nos separe el cuerpo de nuestro espíritu –ya que el cuerpo se torna más terrestre-, existe la posibilidad de redención, de salvación, de re-unión, de trascendencia a través del amor. (Verde A. 2005, XI)

La infancia sigue formando parte de la voz poética madura, pero de alguna manera muere. El hecho de que muera no quiere decir que desaparezca, más bien se transforma en algo más, es recreada. El ser humano busca mantener viva la infancia así sea anciano; en cambio, la poeta revela que lleva en sí una infancia muerta y no por eso deja de ser bella. Los siguientes son versos de su libro *Magdalena en Ginebra* (1994) "No ha sido fácil / adivinar el color / del cadáver de la infancia / si me creo hechura de alguien / que empieza a descubrirme / ¿Qué hago desnuda / en el centro de sus manos? / ahora duerme / y la vida es un viento / que se deshoja / y vuela / como azahares marchitos". (Verde A. 2005, 12-13)

En versos del libro *Cuira* (1997) afirma la voz poética "En la calle Rosa María / la infancia / tiene algo de sepulcro." (2005, 45) El poema XI de *Amentia* (1999) comienza de la siguiente manera "¿Dónde reúne el arroz mi madre? / Ella durmió mientras transcurría la infancia. / No se dio cuenta / cuando nos pusieron el pedazo de rabia / en las piernas." (Verde A. 2005, 75)

La ancianidad

"Los años siguen su curso" (Verde Arocha). La experiencia y los ancestros son parte fundamental de su obra poética, revelan la herencia ancestral. La vejez es valorada como la etapa de mayor sabiduría del hombre. El anciano se va volviendo joven, hasta llegar a la condición de un niño, de un bebé, del no nacido. Así se manifiesta nuevamente el círculo de vida, muerte, vida; de cambio y transformación que se refleja en *Mieles*.

La sapiencia llega en la vejez, el hombre retorna de nuevo a la infancia, pleno de sabiduría pero con una inocencia que vuelve a estar presente. Este aspecto es importante tanto para la autora como para su voz poética. En sus poemas se descubren voces sabias que aportan enseñanzas y transforman, son voces que van, vienen y dialogan con futuras generaciones.

El sueño vital

"En una tarde calurosa como ala de cuervo / he soñado mi espanto" (Verde Arocha). El sueño es básico en la obra y vida de la poeta.

No solo contemplado como un proceso mental sino también el hecho de acostarse a dormir. Durante el sueño se establece una conexión con el inconsciente y es durante ese momento que se desarrolla el proceso espiritual que devendrá en aprendizaje, soluciones y búsqueda de respuestas. La poeta, a través del sueño, convierte estados de conciencia en escritura poética. Vida, sueño y obra se vinculan para convertirse en creación: "El sueño es tan importante para mí como tomar agua, como un alimento, como hacer el amor. Forma parte de los estados del hombre. El sueño, el soñar, el dormir, el ensoñar, son estados de conciencia del hombre." Para la poeta el sueño está al mismo nivel que los estados de vigilia del hombre. Afirma que cuando el hombre duerme está en un estado de inocencia puro, en ese momento se conecta con su Fuente. También cree que el sueño se relaciona con el aprendizaje y el conocimiento. Está consciente de que la vida es distracción constante que a veces no permite procesar vivencias, experiencias e inquietudes. El sueño procesa información, enseña y da respuestas, por eso es importante estar atentos. Según Carmen Verde Arocha, hay muchas cosas que el ser humano en su cotidianidad no puede aclarar, el sueño anuncia, explica y hasta marca destinos.

La poeta considera que el hombre al soñar está en otro estado de conciencia. En esa fase se conecta con la esencia, con sus ancestros y el Origen. Cree que el hombre al dormir entra en contacto con espíritus que rigen el destino humano, "entra además en conexión con estados donde surge la capacidad de adelantarse a lo que va a suceder; es la expansión de la conciencia que puede abarcar varios tiempos y acceder a diferentes planos del destino".

RITUALES DEL MUNDO AFROLATINO

"Debo rezar, / impedir / que las nubes maduren con el viento. / El camino es tan lejos" (Verde Arocha). En *Mieles* la poesía está relacionada con lo sagrado y todo aquello que se vincula con lo sagrado forma parte de un ritual. Sin embargo, la poeta no plasma los rituales de manera vidente ni ilustrativa como si se tratara de una clase de folclore. Su intención es que el lector los encuentre y los disfrute a través de otras formas, incluso mediante el silencio. El libro está cargado de rituales, cuentos, historias, mitos, de lo espiritual y lo mágico. El encantamiento de lo afrodescendiente está allí, pero no se dice con nombre y apellido, no hace falta nombrarlo, surge de la misma poesía.

No se encuentran descripciones de algún ritual en específico, pero los rituales están presentes de modo tácito. De existir forman parte de un misterio no develado. Su poesía puede ser incluso en sí misma un ritual. Cuando un escritor fuerza la exposición de sus orígenes en un poema o trabajo creador, de manera no natural, limita lo afrodescendiente a algo local. El texto se vuelve muy erudito. Verde Arocha coloca rituales propios del mundo negro en sus poemas, sin nombrarlos y de manera explícita.

LA CULPA

"Una culpa de fuego / asalta mi vientre" (Verde Arocha). El sentimiento de culpa se encuentra relacionado con el dolor, elemento que a su vez se vincula con el sueño y la sanación. En el poemario *Amentia* se señala "Tu anhelo es curarte. / Está bien. Hazlo pronto". Para la poeta la culpa tiene que ver con el reclamo cristiano, con la religión que es impuesta a la personas. Según la religión católica el hombre nace con un pecado, la poeta afirma: "Desde el punto de vista religioso soy católica y no puedo separarme de eso. Naces responsable de un pecado original que cometieron los primeros padres, Adán y Eva, según la Biblia. Naces con eso, vienes arrastrando una culpa".

Pero si bien la poeta desde el punto de vista religioso manifiesta que la fatalidad acompaña al hombre desde su nacimiento, también está consciente de que el hombre nace con un albedrío, una divinidad interior. El albedrío es visto como el poder de decisión sobre la vida. Sobre estos elementos que conviven en el hombre comenta: "La fatalidad y el infortunio acompañan a todos los seres humanos, también la bendición y la luz. ¿Qué hace el albedrío? O te inclina hacia el infortunio o te lleva hacia la divinidad, hacia tus ancestros, hacia la luz".

Así concibe la culpa en materia religiosa. En cambio, desde el punto de vista espiritual entiende que el hombre es heredero de un destino ancestral que debe limpiar en esta tierra.

La autora comenta "Todos los procesos creativos son altamente respetables para mí y todo proceso creativo es muy doloroso. Ese dolor de cada creador, de mayor o menor intensidad, hay que respetarlo y las vías de expresarse son múltiples y variadas, no hay una única forma".

MIELES. POESÍA REUNIDA

"En algún lugar está escrito / que el hombre y la mujer sean uno" (Verde Arocha). El trabajo poético de Carmen Verde Arocha reunido en *Mieles* puede ser leído como un viaje. Los libros que integran esta obra son *Magdalena en Ginebra, Cuira, Amentia,* y *Mieles.*

El trayecto comienza con *Magdalena en Ginebra* la poeta pinta a una mujer andariega que danza y termina caminando por las calles con un cigarrillo encendido. El viaje poético se inicia con los versos: "Bailé en Ginebra / ciudad / de jardines / con olor a mar / silbidos de trenes / y simulados / parajes montañosos / con anécdotas de muerte" (Verde A. 2005, 3).

La figura de la Magdalena de Jesús es una constante en su obra poética. La poeta expresa "El personaje de la Magdalena es un arquetipo femenino que me ha acompañado en todos los poemas, ha habido todo un proceso de maduración de este arquetipo, del primer libro hasta el último".

En este primer libro se toma en cuenta la religión. Una iglesia es un refugio como también puede serlo un césped "El silencio cerró las heridas / aunque el anhelo era / un temprano despertar / hallar el rincón de un iglesia / con muros entramados / o una extensión de césped / y dormir tranquila" (Verde A. 2005, 4). Ambos espacios representan lugares de paz.

El tema de la infancia es parte del libro "Crecí en un pueblo / de calles estrechas / de muchas piedras / sus casas eran de barro / y de felices encantos / La infancia fue / entre flores de cayenas / que nunca despertaron de su sueño / Mi madre / nos narraba cuentos de / lechuzas y leones" (Verde A. 2005, 7).

En *Magdalena en Ginebra* se describe a una niña que vive rodeada de espíritus. El lector podría considerar lo no conocido como presencias sobrenaturales, ficticias, pero para la poeta es una situación normal hablar de aparecidos, los pinta reales, no solamente porque las bondades de la ficción literaria lo permiten sino también porque en su imaginario existen, forman parte de su vida y cotidianidad. Para la voz poética no es algo sobrenatural, es más bien natural, recrea un mundo que para el pueblo de Guaicoco existe: "La casa de madera / sin vitrales / cercada por espíritus / era miserable / en los atardeceres de lluvia... En Guaicoco / el tiempo era la muerte / nos hundía en el espanto / hablaba por mi boca / o nos mordía el sueño / murmullo / de sayonas espíritus y muertos". (Verde A. 2005, 7-8)

Santos López comenta sobre el tratamiento del pueblo natal de la poeta lo siguiente "... la autora nos adentra en un rincón, la infancia en el pueblo donde nació su Magdalena, en Guaicoco, en medio de la soledad, las lluvias atronadoras y la desdicha, rodeada por su madre y la imponente figura del padre" (Verde A. 2005, X).

La infancia de la mujer que baila en Ginebra transcurre en Guaicoco. Imágenes intensas atraviesan fragmentos de versos, transmiten sensaciones humanas que solo un poeta es capaz de expresar "Tengo arenas en el iris" (Verde A. 2005, 9). La lucha entre la concepción tradicional de lo religioso, la intuición y el deseo queda plasmado con erotismo sutil:

> Jesucristo / leía el futuro a destiempo / limpiábame de pecado / el vientre tibio / los labios teñidos / la cicatriz de la muerte / era mentira / yo anhelaba / acostarme en muchos cuerpos / ser adúltera en la Cruz / ver el cielo carcomido por hormigas... Castidad / « ¿Qué mujer / no ha tenido amantes / en este siglo desdichado?» / Pecado. (Verde A. 2005, 10-11)

Más adelante admite con desenfado "Soy un triste camino / no límite de castidad y lujuria" (Verde A. 2005, 12) La molestia continúa en la visión "Tengo los ojos / cubiertos de cal / y el dolor aciago" (Verde A. 2005, 13) Personajes que cualquier lugar del mundo puede alojar en mayor o menor cantidad, aparecen "Despierto / en el rincón de una plaza / llena de mendigos / prostitutas / viajeros / locos / buhoneros / niños / que venden boletos" (Verde A. 2005, 14).

Al final del libro el lector vuelve a deleitarse con la imagen de la Magdalena en Ginebra que camina descalza así esté nevando. En el cierre se describe al personaje compenetrado con el entorno: "El cielo de la noche / se viene adentro de mis ojos / Tengo los zapatos en las manos / El cabello húmedo / Enciendo el único cigarrillo que me queda / Cae la nieve" (Verde A. 2005, 17)

En *Cuira* se aprecia la versatilidad del trabajo poético, Verde Arocha escribe poemas en verso y también en prosa. Desarrolla un poema en prosa y el mismo tema del poema lo trabaja seguidamente en verso. El título de cada par de escritos (en prosa y verso) abrirá cada poema escrito en verso. Esta estructura se mantiene en todo el libro, con excepción del primer poema sobre el ángel Gabriel, que pareciera estar a la vez en verso y prosa. Al ser esta la excepción destaca de manera inmediata. Todos estos elementos indican que el primer poema encierra un significado importante.

En este segundo libro persiste el puesto especial que se otorga a la naturaleza y a lo religioso. Todo comienza con la presencia del ángel Gabriel en el primer poema. La figura conserva apariencia divina pero a la vez humana "Mi ángel de la guarda / tiene una casa de tamarindo / en la recta de Martinzote... Y quién no ha tenido un ángel con incrustaciones de huesos?... Cuando llueve se queda a mi lado. Guardo su cuerpo tibio, en una cesta de piña que hay en la habitación" (Verde A. 2005, 21).

La religión también se presenta en un par de poemas (uno en prosa, otro en verso) que llevan por título "Jueves Santo". El río "Cuira" es otro tema central, que tiene que ver con la naturaleza, es utilizado como título del libro a través del cual la poeta establece una relación con su padre. El tema de los familiares sigue siendo parte de la voz poética, un ejemplo es el poema en prosa titulado "He recibido orejas y miedos":

> Mi padre aparece en el Cuira con el frío en los huesos, y la piel seca como hojas de topochos cuando juega a la cebada en el cielo. A nadie le preocupa ahora dónde está mi padre. Él vive en un lugar anterior a la muerte. A veces voy a su río a beber un vaso de agua o le escribo un padrenuestro. Lo lastimoso, su carne impasible al borde del verbo. (Verde A. 2005, 28)

El río está presente en muchos poemas de *Cuira* (1997). También se toman en cuenta muchas ideas que tienen que ver con la religión católica, entre estas, la conciencia del alma, el Jueves Santo, el arrepentimiento, la imagen del cordero y el pan, el arrodillarse, el bautizo. El erotismo también se encuentra presente:

Cuando se oyen en el verde las voces de un ave marina los encantados duermen con el mar en la boca, para que no se despierten los santos en un noviazgo de agua; y la mujer espera, todos los años, hasta dejar su corazón en blanco a la llegada del novio que lame sus labios y en un duro carnoso apetito se descubre en mancha. (Verde A. 2005, 36)

LA COTIDIANIDAD ES BIEN TRABAJADA EN VERSOS:

La tos amarilla / como la misericordia / se esconde en las hendiduras / de la casa. / Las ollas en el suelo / recogen / gotas de agua; / bailamos al ritmo / del canto de los sapos. / Allí, / ¿cuántas veces / me he visto / en los ojos de mi padre? / ¿cuántas veces he buscado en el cielo / una blancura / que se parezca a la vida? (Verde A. 2005, 37)

El tercer libro se titula *Amentia* que significa locura. El prologuista Santos López afirma que "Todo el libro transcurre en torno al sentimiento de la piedad, porque sin ella no se entiende lo sagrado ni se puede amar al otro." (Verde A. 2005, XII)

La advertencia de los niños que no reciben bautizo pareciera ser una constante en su obra: "Beberé un trago. / Y los dos bebieron / por los niños que mueren / sin recibir bautizo" (Verde A. 2005, 55) Como también es una constante la danza "Duelen las piedras, / después de andar en el sol / y bailar para siempre / con la falda raída" (Verde A. 2005, 57).

El remordimiento también es tratado. Hay intención de mostrar sentimiento de culpa, sin embargo la voz poética no deja de ser obscena, se convierte queriéndolo o no en un llamado a lo prohibido y a lo erótico "Un ángel con suéter de cuello tortuga / me camina por dentro, / el tiempo borra sus huellas / con un algodón / untado de aceite de oliva / y limpia con yerbabuena / el remordimiento de mis partes" (Verde A. 2005, 57) La sensualidad y el erotismo forman parte de su obra poética, son elementos que bien podrían ser considerados característicos del afrodescendiente.

En *Amentia* al inicio de cada poema, la escritora revela el lugar en que se desarrollan las acciones. Dos personajes figuran, Regina Coeli, a quien sitúa en una iglesia y Amentia que es ubicada en un manicomio. Al final del libro las coloca a ambas en una avenida llamada Los Haticos en Guaicoco, donde Regina y Amentia parecieran establecer una suerte de diálogo.

Se observa la dicotomía naturaleza-religión, representada esta vez a través de dos lugares, la iglesia y el manicomio; y a través de dos personajes, Regina Coeli y Amentia respectivamente.

Mieles es el libro que cierra la poesía reunida en su obra completa. Santos López comenta que en este:

> ... el reino de lo femenino se nos aparece con múltiples oficios, tareas y rostros que se cruzan: la concubina, la lavandera, la costurera, la cocinera, la esposa, la madre... a manera de metáforas transparentes de un drama cotidiano. Todo oficio cumple un rol crucial en la continuación de lo tradicional, y eso digno y respetable que nos enseña *Mieles* es que sin la participación de la mujer en la realidad inmediata, familiar, nuestros ciclos se detienen, pierden perpetuidad. (Verde A. 2005, XII-XIII)

No solo son tomados en cuenta los oficios de la mujer, sino también las ocupaciones de los hombres tales como las del caballero, el que práctica la cetrería, el tiro al blanco, la equitación, el que trae leña, el mendigo, el barrendero, los obreros, el herrero.

En el poema inicial de *Mieles* se percibe la conexión que este libro tiene con el anterior, es decir, *Amentia*. En dos versos se observa lo siguiente: "Una voz expulsada de adentro dijo: / *El hombre que aman duerme en el purgatorio*" (Verde A. 2005, 91) Esta frase, que incluso aparece subrayada, también se encuentra de manera similar en el último poema de *Amentia* de la siguiente manera "El hombre que esperas duerme sobre el purgatorio" (Verde A. 2005, 87). En ambos casos la frase parece venir de una voz espiritual, divina. En un caso las palabras son pronunciadas por Amentia y en el otro las enuncia "una voz expulsada de adentro", es decir, una voz interior que bien podría ser espiritual.

Sus poemarios guardan relación unos con otros, forman un todo. El recorrido comienza a partir del primer libro y continúa hasta *Mieles* donde aparece una mujer. Se trata de la misma Magdalena que la poeta congeló danzando en Ginebra. La voz poética, después de haber hecho todo un recorrido, habla de detenerse en una estera.

OBRAS CITADAS

Adams, Clementina. *"Magdalena en Ginebra" (fragmentos) en Common Threads Afro-Hispanic Women's Literature.* Edición Bilingüe. Miami: Ediciones Universal, 1998.

Lander, Astrid. *La Antología de versos de poetas venezolanas.* Caracas: Diosa Blanca, 2006.

Marcotrigiano, Miguel. *Las voces de la hidra. Antología de la poesía venezolana de los años 90.* Caracas: Conac - Mucuglifo - UCAB, 2002.

Marta Sosa, Joaquín. *Navegación de tres siglos. Antología básica de la poesía venezolana.* Caracas: Fundación para la cultura urbana, 2003.

Ortega, Julio (compilador). *"Cuira" (fragmentos) en Antología de la Poesía latinoamericana del siglo XXI. El turno y la transición.* México: Siglo Veintiuno Editores, 1997.

Pantin, Yolanda y Torres, Ana Teresa. *El hilo de la voz. Antología crítica de escritoras venezolanas del siglo XX.* Caracas: Angria Ediciones y Fundación Polar, 2003.

Verde Arocha, Carmen. *Magdalena en Ginebra.* México: Editorial Tinta de Alcatráz, 1997.

—. *Mieles.* Caracas: Editorial Binev. 2005. *Mieles.* Caracas: Monte Ávila Editores Latinoamericana, 2003.

—. *Amentia.* Caracas: Contraloría General de la República, 1999.

—. *Cuira.* Caracas: Grupo Editorial Eclepsidra, 1997, 1998.

—. *"Magdalena en Ginebra"* en *Antología vitrales de Alejandría,* 1994. Caracas: Grupo Editorial Eclepsidra.

—. *El quejido trágico* en *Herrera Luque.* Caracas: Editorial Pomaire, 1992.

COLABORADORES

Yohainna Abdala-Mesa (Colombia) ha publicado varios artículos sobre la obra de Marvel Moreno. Es doctorada de la Universidad de Toulouse-Le Mirail bajo la dirección de Jacques Gilard. Obtuvo en 2004 la Beca Nacional de Investigación en Literatura del Ministerio de Cultura de Colombia para el desarrollo de la página web: www.marvelmoreno.net y la publicación de un volumen de ensayo sobre la autora. Ha sido profesora en el departamento de Lenguas Románicas de la Universidad Lumière Lyon II en Francia y en el departamento de Lenguas y Literaturas Extranjeras en Colorado State University. Su investigación se concentra en las relaciones entre memoria, cultura y literatura en contextos transnacionales y multilingüísticos y en los escritores de las diásporas caribeñas, colombianas y en la cultura popular.

Simone Accorsi (Brasil) es profesora de la Universidad del Valle, Cali, Colombia. Licenciada en letras de la Universidad Federal Fluminense. Hizo una maestría en Historia Andina en la Universidad del Valle. Ha publicado *Terra Brasilis* (2004) y las compilaciones *Buscando la escritura, una cuestión de identidad* (2007) y *Género y literatura en debate* (2004). Ha publicado varios ensayos en revistas académicas sobre literatura escrita por mujeres.

Clementina Adams (Colombia) hizo su maestría y doctorado en Psicología educativa y sistemas de instrucción en Florida State University. Ha estado trabajando como profesora de español, cultura y literatura en la Universidad de Clemson, en Carolina del Sur, desde 1998. Su trabajo de investigación y publicación incluye tres libros: *Rebeldía, denuncia y justicia social: voces enérgicas de autoras hispanoamericanas y españolas*; *Common Threads: Afro-Hispanic Women's Literature* y *Referencias Cruzadas: Entrevistas al escritor panameño Enrique Jaramillo-Levi, con Elba Birmingham-Pokorny*. Además ha publicado artículos y capítulos en libros, como parte de selecciones de conferencias y revistas académicas referidas.

Mónica Ayala-Martínez (Colombia) hizo la maestría en español en la Universidad de West Virginia y el doctorado en español en la Universidad de Miami en Florida. Es profesora asociada de español, portugués, literatura y cultura latinoamericana en la Universidad de Denison en Ohio. Su área de investigación es el análisis comparado sobre literatura y cultura brasileña y cubana contemporánea. Publicó un texto sobre el tema del amor en la poesía de Sor Juana Inés de la Cruz y ha publicado artículos sobre escritoras brasileñas y cubanas contemporáneas en diversas revistas literarias.

Epsy Campbell Barr (Costa Rica) es economista y magíster en Cooperación Internacional para el Desarrollo. Presidenta del Partido Acción Ciudadana, 2005-2009. Diputada del período 2002-2006. Candidata a la Vicepresidencia de la República en 2006. En 2009 se presenta como precandidata presidencial del Partido Acción Ciudadana. Investigadora y activista de derechos humanos. Fundadora y Secretaria General del Parlamento Negro de las Américas. Coordinó y promovió diversas redes sociales de mujeres y afrodescendientes. Fundadora del Centro de Mujeres Afrocostarricenses. Ha publicado diversos artículos y libros sobre mujeres, democracia, afrodescendientes, sexismo y racismo.

Pércio B. de Castro, Jr. (Brasil) es profesor del Departamento de Lenguas Extranjeras de la Universidad de Dayton en el estado de Ohio. Estudió derecho en la Universidad Federal Fluminense y obtuvo la maestría y el doctorado en Literatura Iberoamericana de la Universidad Temple en Filadelfia. Autor de *De la Península hacia Latinoamérica: el naturalismo social en Emilia Pardo Bazán, Eugenio Cambacérès y Aluísio de Azevedo* (1993). Ha publicado también artículos y poemas en revistas como *Alba de América, Universitas Humanística, Hispanófila, Revista Chilena de Literatura, Texto, Reflejos, Acta Literaria*, entre otras.

Juanamaría Cordones-Cook (Uruguay) recibió el doctorado en Literatura Hispanoamericana Contemporánea en la Universidad de Kansas. Es miembro de la Academia de Letras Uruguayas. Profesora de literatura hispanoamericana contemporánea en la Universidad de Missouri. Ha publicado extensamente en Estados Unidos, Latinoamérica y Europa. Entre sus libros están: *Poética de transgresión en la novelística de Luisa Valenzuela* (1991); *¿Teatro negro uruguayo? Texto y contexto del teatro afrouruguayo de Andrés Castillo* (1996); *Mirar adentro/ Looking Within* (2003), antología crítica bilingüe de la poesía de Nancy Morejón que fue best-seller para la editorial. También, con María Mercedes Jaramillo, ha publicado en coedición dos antologías críticas de teatro: *Mujeres en las tablas: Antología crítica de teatro biográfico hispanoamericano* (2005) y *Más allá del héroe: Antología crítica de teatro biográfico hispanoamericano* (2008). Tiene en preparación una antología crítica de teatro afrolatinoaomericano, *Del palenque a las tablas*.

Nayla Chehade (Colombia) recibió la maestría y el doctorado en Literatura Latinoamericana Contemporánea en la Universidad de Wisconsin-Madison. Actualmente es catedrática en el Departamento de Lenguas y Literaturas de la Universidad de Wisconsin-Whitewater. Su volumen de cuentos *A puerta cerrada* fue seleccionado en Bogotá como primer finalista del concurso nacional de Libro de Cuento, auspiciado por el Ministerio Colombiano de Cultura en 1997. Otras de sus publicaciones son: *Cuentos colombianos del siglo XXI* (2005); *Cuentos cincuenta* (2003); *Letras femeninas* (2002); *Veinte asedios al amor y a la muerte* (1998) y *Cruel Fictions, Cruel Realities: Short Stories by Latin American Women Writers* (1997).

Nora Eidelberg (Perú) es Ph.D. de Arizona State University y ha enseñado Literatura Iberoamericana en diversas universidades del país. Ha traducido al inglés obras de teatro de autores hispanoamericanos. Autora de *Teatro experimental hispanoamericano 1960-1980: la realidad social como manipulación* (1985), y coeditora con María Mercedes Jaramillo de *Voces en escena, antología de dramaturgas latinoamericanas* (1991). Sus ensayos sobre teatro han aparecido en revistas especialidades y como capítulos en varios libros. Eidelberg está jubilada y se dedica a escribir ensayos y cuentos cortos.

Silka Freire (Uruguay) realizó sus estudios de posgrado en la Universidad Estatal de Michigan donde obtuvo el Master y el Doctorado y se especializó en Teatro Latinoamericano del Siglo XX. Es docente de Teoría literaria en la Facultad de Humanidades de la Universidad de la República (Montevideo). En 2007 publicó: *Teorías literarias del siglo XX: saberes opuestos, saberes desordenados* y *Teatro documental latinoamericano: El referente histórico y su (re) escritura dramática*.

Adriana Genta (Uruguay) es egresada de la Escuela Nacional de Arte Dramático en Argentina. Se inició como actriz dedicándose posteriormente a la dramaturgia. Sus obras *Compañero del alma* (en coautoría con Villanueva Cosse, sobre la vida de Miguel Hernández), *Estrella negra*, (Premio Teatro Breve de Valladolid y 2do. Premio Municipal de Buenos Aires), *En el aire* (radioteatro) y *La Pecadora, habanera para piano* (Premio María Teresa León de la Asociación de Directores de Escena de España y 1er Premio Municipal de Buenos Aires) fueron estrenadas en Argentina y en el Exterior. Desde hace unos años trabaja también en el área social (Hogares y Comedores infantiles).

María del Carmen González Chacón (Cuba). Es poeta, dramaturga, narradora y promotora cultural. Además, es directora del Proyecto Alzar la Voz. Recibió el premio Memoria en la edición de 2005 del Centro Pablo de la Torriente Brau. Ha sido correctora y coordinadora de la *Revista Movimiento,* de la Agencia Cubana de Rap, actualmente continua colaborando con esa y otras publicaciones.

Patricia A. González (Venezuela) se desempeña como comunicadora social en Monte Ávila Editores Latinoamericana y es productora del programa de radio "La carpeta literaria", transmitido por la emisora venezolana Alba Ciudad. Es egresada en Letras de la Universidad Católica Andrés Bello. Actualmente realiza una Maestría de literatura venezolana en la Universidad Central de Venezuela. Ha participado en varias ferias internacionales del libro y en encuentros de intelectuales y de artistas en Venezuela y Cuba.

Georgina Herrera (Cuba). Autodidacta creció oyendo cuentos de personas negras mayores. Desde los nueve años ha publicado poemas en varios periódicos. También ha trabajado en la radio haciendo programas históricos. Ha publicado ocho libros de poemas, ha recibido premios y menciones tanto por sus novelas radiales como por su poesía. También ha participado en numerosas conferencias internacionales sobre género y racismo.

Doris Lamus Canavate (Colombia) es socióloga, Magister en Ciencias Políticas y Doctora en Estudios Culturales Latinoamericanos. Es docente titular de la Universidad Autónoma de Bucaramanga, Colombia e investigadora del Instituto de Estudios Políticos de esta institución y del Grupo de Investigación Democracia Local, línea movimientos sociales: género y cultura. Realiza proyectos sobre identidades étnicas y de género en contextos de pobreza y violencia. Tiene varias publicaciones sobre estos temas y en 2010 publicó *De la subversión a la inclusión: movimientos de mujeres de la segunda ola en Colombia* 1975-2005.

Alain Lawo-Sukam (Camerún) es profesor asistente de Estudios Hispánicos y de la Diáspora Africana en la Universidad de Texas A&M, College Station. Recibió su doctorado en Estudios Hispánicos de la Universidad de Illinois en Urbana-Champaign. Su área de concentración es la literatura y cultura latinoamericanas con interés especial en los estudios afrohispanos, afrofranceses, postcoloniales y el ecocriticismo. Es el autor del libro titulado *Hacia una poética afrocolombiana: el caso del Pacífico* (2010). También tiene ensayos en varias revistas académicas. Ha recibido premios por su investigación y su docencia.

María del Mar López-Cabrales (España) trabaja en Colorado State University. Su investigación se centra en la escritura y el discurso socio-histórico de las mujeres en España y América Latina. Ha publicado los libros: *Rompiendo las olas durante el periodo especial. Creación literaria y artística de mujeres en Cuba* (2008); *Arenas cálidas en alta mar. Entrevistas a escritoras contemporáneas en Cuba* (2007); *Una isla con cara de mujer. Prominentes mujeres de la cultura en Cuba* (2007); *La pluma y la represión: Escritoras contemporáneas argentinas* (2000) y *Palabras de mujeres. Escritoras españolas contemporáneas* (2000). Tiene artículos y entrevistas en revistas especializadas, e introducciones y entradas enciclopédicas en España, los Estados Unidos y América Latina.

Paola Marín (Colombia) obtuvo el doctorado en Cultura Hispana y Lusobrasileña en la Universidad de Minnesota. Actualmente es profesora en la facultad de artes y letras de California State University, Los Ángeles, donde también ejerce como co-editora de la Revista KARPA (publicación en línea sobre teatralidades y cultura visual). Ha publicado ensayos y reseñas sobre teatro y poesía de

América Latina en compilaciones y revistas académicas de México, Colombia y EEUU.

Inés María Martiatu Terry (Cuba) es crítica cultural y narradora. Es Licenciada en Historia por la Universidad de La Habana y ha realizado también estudios de música, etnología y teatro. Su obra narrativa trata la influencia africana en la cultura cubana, la problemática de la mujer negra y la historia de las relaciones interraciales en Cuba. Ha recibido varios premios por su trabajo y ha participado en eventos en Estados Unidos, Venezuela y Colombia. Sus trabajos han aparecido en publicaciones especializadas y antologías en Cuba y en el extranjero. Ha publicado, entre otros libros, *Algo bueno e interesante* (cuentos 1993), *El rito como representación* (crítica 2000), *Bufo y Nación. Interpelaciones desde el presente* (ensayos 2008) *y Over the Waves and Other Stories/Sobre las olas y otros cuentos* (2008).

Alberto Morlachetti (Argentina) es sociólogo. Fue titular de Teoría Sociológica en la Universidad Nacional de Buenos Aires. Fundador de la obra Pelota de Trapo en la que lleva trabajando más de 30 años con niños y jóvenes en situación de pobreza. Coordinador nacional y fundador en 1987, junto con el Padre Carlos Caja, del Movimiento Nacional de los Chicos del Pueblo. Fue Secretario Nacional de Derechos Humanos de la Central de los Trabajadores Argentinos (CTA). Dirigió la *Revista Pibes* y desde el año 2003 es Editor Responsable y Redactor de la Agencia de Noticias de Niñez y Juventud Pelota de Trapo (APE).

Betty Osorio (Colombia). Es Ph.D. en Literatura Española e Hispanoamericana de la Universidad de Illinois. Ha sido profesora visitante de la Pontificia Universidad Javeriana, Purdue University y University of Illinois y está vinculada como profesora desde 1989 a la Universidad de los Andes. Ha recibido varios premios por su trabajo y es líder del Grupo Mujer, Literatura y Cultura en la Universidad de los Andes. Durante estos años ha dictado cursos de literatura hispanoamericana y colonial y ha publicado varios libros y artículos sobre literatura colombiana.

Ana Mercedes Patiño Mejía (Colombia) es profesora en Bucknell University en Pensilvania. En Literatura Latinoamericana cursó estudios de doctorado en la Universidad de California (Riverside), de maestría en la Universidad de Colorado (Boulder) y en el Instituto

Caro y Cuervo (Bogotá). Se especializa en cuento latinoamericano contemporáneo y actualmente adelanta una investigación sobre relatos del archipiélago colombiano de San Andrés, Providencia y Santa Catalina.

Alejandra Rengifo M. (Colombia) es Ph.D. en Literatura Hispanoamericana de la Universidad de Kentucky y es Profesora Asociada de Central Michigan University. Su área de especialización es literatura del caribe y colombiana y se ha concentrado principalmente en la autora cubana Mayra Montero de la cual ha publicado artículos en revistas de Colombia e Inglaterra. También es una de las autoras del libro *Rosario Ferré y Mayra Montero: entre la espada y la cruz* (2009). Ha publicado artículos sobre Manuel Zapata Olivella, Jorge Artel y Jorge Franco, entre otros.

Patricia Rodríguez Martínez (Colombia-Gran Bretaña) es profesora de lengua especializada, traducción e interpretación en la Universidad de Swansea, País de Gales, Reino Unido. Contribuye a los programas de licenciatura y máster en los Departamentos de Lenguas Modernas y Traducción y Comunicación Digital. Sus temas de investigación son la poesía afro-latinoamericana y la enseñanza digital (e-learning). Es miembro fundador y directora asociada del Centro de Estudios Latinoamericanos en Swansea (CLASS – Centre for Latin American Studies in Swansea).

Diana Rodríguez Quevedo (Colombia) es Ph.D. de la Universidad de Toronto y se dedica a la investigación sobre literatura latinoamericana contemporánea, con enfoque en la literatura colombiana de los siglos XX y XXI y estudios culturales. Ha trabajado distintas formas de testimonio, la canción y el entrecruzamiento de géneros musicales como vehículos para la comunicación colectiva. Su tesis doctoral se centró en el análisis de narrativas literarias de desplazamiento interno forzado en Colombia. Es profesora asistente en Virginia Polytechnic Institute and State University.

Daisy Rubiera Castillo (Cuba). Es Licenciada en Historia. Entre sus publicaciones se destacan *Dos ensayos* (1996) y *Reyita, sencillamente: testimonio de una negra cubana nonagenaria* (1997) obra traducida y publicada también en el Reino Unido, Estados Unidos y Alemania. Tiene varias publicaciones sobre la mujer negra cubana, la mitología cubana y la cosmovisión yoruba y su influencia en la Regla de Ocha.

Isabel Sans (Uruguay) es Ph.D. en Estudios Culturales Hispanoamericanos de Arizona State University y es profesora de español, teatro y cultura latinoamericana en Tulane University. Estudió actuación en Montevideo, donde participó de la creación del Centro de Estudios del Teatro Rioplatense (CETRI). En Arizona actuó en numerosas producciones de la compañía bilingüe Teatro Bravo. En Uruguay trabajó como periodista y como comunicadora y realizadora de video para cooperativas y organizaciones de derechos humanos. Coeditó *Generaciones: de los 60 a los 90* (1995-1996), y contribuyó con el libro de referencia *The World Guide* (1999-2000). Publicó *Identidad y globalización en el carnaval* (2008).

Mayra Santos-Febres (Puerto Rico). Comienza a publicar poemas desde 1984 en revistas y periódicos internacionales tales como *Casa de las Américas* en Cuba, *Página doce,* Argentina, *Revue Noir,* Francia y *Latin American Revue of Arts and Literature,* New York. En 1991 aparecen sus dos poemarios: *Anamú y manigua* seleccionado como uno de los 10 mejores del año por la crítica puertorriqueña, y *El orden escapado*, ganador del primer premio para poesía de la *Revista Tríptico* en Puerto Rico. En el 2000 publicó Tercer Mundo, su tercer poemario. Además de poeta, Mayra Santos-Febres es ensayista y narradora. Como cuentista ha ganado el Premio Letras de Oro (USA, 1994) por su colección de cuentos *Pez de vidrio*, y el Premio Juan Rulfo de cuentos (Paris,1996) por su *Oso blanco*. En 2000 Grijalbo Mondadori en España publicó su primera novela *Sirena, Selena vestida de pena* traducida al inglés, italiano, francés y finalista del Premio Rómulo Gallegos de Novela 2001. En 2002 Grijalbo Mondadori publica su segunda novela *Cualquier miércoles soy tuya*. En 2005, Ediciones Callejón publica su libro de ensayos *Sobre piel y papel* y su poemario *Boat People*. En 2006 es primera finalista en el Premio Primavera de la editorial Espasa Calpe con su novela *Nuestra Señora de la Noche*. Ha sido profesora visitante en Harvard y Cornell University. En 2009 ganó la Beca John Simmon Guggenheim. Actualmente es catedrática y dirige el taller de narrativa de la Universidad de Puerto Rico.

Angélica Silva (México) es Ph.D. en Estudios Culturales Hispanoamericanos con concentración en literatura mexicana por Michigan State University. Es profesora de español y estudios culturales en el departamento de Humanidades de DeSales University en Pensilvania desde 1997. Sus investigaciones se concentran en la literatura mexicana de finales del XIX y principios del XX y los discursos culturales con perspectiva de género. Ha publicado artículos en varias revistas académicas.

Graciela Uribe Álvarez (Colombia) hizo el doctorado en la Universidad Complutense en Didáctica de la Lengua Materna y la Literatura. Es profesora del Departamento de Español y Literatura de la Facultad de Educación de la Universidad del Quindío, Colombia. Ha desarrollado varias investigaciones en el área de la lengua materna y la literatura. Entre sus publicaciones se encuentran los libros *Didáctica de la comprensión y producción de textos académicos* y *Narradoras del Gran Caldas*. También ha publicado diversos artículos divulgados en revistas colombianas y españolas.

Fernando Valerio-Holguín (República Dominicana). Se doctoró en Tulane University y actualmente es Profesor Titular de Literatura Latinoamericana en Colorado State University. Ha publicado cuentemas, prosemas y ensayos en revistas, periódicos y antologías internacionales. Sus libros publicados incluyen: *Viajantes Insomnes* (cuentos, 1983); *Poética de la frialdad: La narrativa de Virgilio Piñera* (ensayo, 1996); *Arqueología de las sombras: La narrativa de Marcio Veloz Maggiolo* (ensayo, 2000); *Memorias del último cielo* (novela, 2002); *Autorretratos* (poesía, 2002); *Café Insomnia* (cuentos, 2002); *Banalidad Posmoderna* (Crítica, 2006); *Presencia de Trujillo en la narrativa contemporánea* (Crítica, 2006); *Los huéspedes del Paraíso* (novela, 2008); *Las eras del viento* (poesía, 2006); *El Bolero Literario en Latinoamérica* (crítica, 2008); *Rituales de la Bella Pagana* (poesía, 2009); *Poemas al óleo* (Poesía. Edición Artesanal, 2010) y *Elogio de las salamandras* (cuento, 2010) .

Silvia Valero (Argentina) es Ph.D. de la Universidad de Montreal y se dedica al estudio de la literatura afrolatinoamericana. Ha publicado diversos artículos para revistas especializadas. Ha participado en numerosas conferencias internacionales y ha coordinado y editado el número especial de la *Revista de Estudios Hispánicos* de la Universidad de Montreal: "Entre las 'ruinas' y la descolonización. Reflexiones desde la literatura del Gran Caribe".

Diana Vela (Perú) obtuvo el doctorado en Literatura Hispanoamericana en The State University of New York at Buffalo. Actualmente enseña en la Universidad Tecnológica de Pereira. Sus intereses de enseñanza e investigación abarcan la literatura e historia latinoamericana, las teorías del espacio urbano, así como los mecanismos del discurso racista y exclusión social.

Juan David Zambrano Valencia (Colombia) es Licenciado en Español y Literatura de la Universidad del Quindío y es profesor de literatura en esta institución. Investiga la lengua materna y la literatura. Ha participado en congresos nacionales e internacionales y ha publicado varios artículos en revistas académicas.